오정화
세법

기출플러스

저자의 글 | Preface

공무원 시험에서의 세법 과목은 타 시험에서 다루는 '세법' 시험과 확연한 차이가 있습니다. 계산형 문제의 비중이 절대적으로 낮다는 점입니다. 타 시험(회계사 시험, 세무사 시험 등)이 객관식 서술형 문제와 계산형 문제의 비중을 3:7 정도로 유지하고 있는 반면, 공무원 시험은 계산형 문제의 비중이 전체의 10~20% 정도에 지나지 않습니다. 2024년 7급 시험에서는 단 한 문제도 출제되지 않았으며 2025년 9급 시험에서 한 문제가 출제되었습니다. 즉, 공무원 시험에서의 세법 과목은 객관식 서술형 문제를 출제하고 있는 철저한 암기 과목입니다. 다만, '세법'은 양이 많은 과목으로 유명합니다. 절대적인 양으로는 '회계학' 보다도 많습니다. 주로 나오는 영역이 정해져 있는 '회계학' 과목은 전체 회계학의 60%를 공무원 시험에서 다루고, 90% 이상의 문제가 그 60% 안에서 출제됩니다.

반면에 '세법' 과목은 전체 세법의 90% 이상을 다룹니다. 다만, 계산형 문제가 거의 출제되지 않고 있기 때문에 원리를 이해하고 법문 자체를 암기하는 것이 대부분이고, 주로 나오는 주제가 60%, 그 외의 주제에서도 나머지 40%를 다루고 있기 때문에 범위가 산발적이라고 할 수 있습니다. 그래서 절대적인 양이 더 많게 느껴집니다. 그렇다면, 세법의 이러한 특성을 바탕으로 '공무원 시험을 완벽하게 대비할 수 있는 방법을 무엇일까?'

저는 항상 이 고민을 바탕으로 교재 작업을 시작합니다.

저의 솔루션은 이러합니다.

❶ '그 어떤 법보다도 불친절한 세법의 조문을 정확히 이해한다' 입니다.

이 과정은 이미 기본서와 PPT를 기반으로 한 강의를 통해 충분히 달성되었다고 자부합니다.

❷ '암기의 강약을 살린다' 입니다.

이해를 바탕으로 이제는 많은 양을 암기해가는 과정이 필요합니다. 모든 양을 한꺼번에 다 암기할 수는 없습니다. 주요 주제를 중심으로 내용들을 정리하고 해당 내용들이 어떤 식으로 오답지문을 만들어 제시하는지 경험치를 쌓아가며 완벽히 암기해야 합니다. 이 과정이 바로 '기출 과정'입니다.

❸ '빠짐없이! 암기하는 과정 + 각종 응용문제 풀이 + 시간 내 풀어내는 연습'

기출을 중심으로 주요 주제에 대한 뼈대 암기가 완성되었다면, 그 다음은 여유를 가지고 눈에 안보이던 조항들을 암기해 가야 합니다. 또한 우리 공무원 시험을 벗어나 유사 시험에서 다루었던 조문들을 모두 다 풀어보고, 응용문제들을 대비해야 합니다. 그리고 무엇보다도 공무원 시험만이 가지고 있는 '시간 안에 풀어내는 연습' 과정도 마지막 단계에서 반드시 필요합니다.

제가 구상한 기출문제집은 이러합니다.

저와 함께 기출 단계로 돌입했다면, 이제 우리는 전체 여정 중 허리춤 정도를 걷고 있는 겁니다. 이 단계를 탄탄히 받쳐주어야 나머지 단계를 '할만하다, 수월하다!' 할 수 있게 됩니다.

기출문제 풀이 단계는 앞에서 학습했던 내용들을 기출된 내용을 중심으로 정리해가는 단계입니다. 그러므로 Teacher's Map 맵을 활용해 기본서 강의를 통해 공부한 내용을 다시 한번 효과적으로 정리하고, 기출의 선지 등을 보다 완벽히 정리하고 이해할 수 있도록 기출 문제마다의 '친절한 해설'을 구성하였습니다. 또한 각 문제별로 기본서 및 오진다 링크를 달아 교재간의 연계성을 극대화하였습니다. 더불어 각 주제마다의 '빈출도'를 분석함으로써 수험생 스스로 강약을 판단할 수 있는 지표를 만들었습니다. 지치지 않고 마지막까지 완주해갈 수 있도록 이정표를 만들어주는 것도 수험서의 역할이라고 생각합니다. 기본서의 날개에 구성된 확인문제와 기출 OX에서 사실 거의 모든 기출 문제를 다루었습니다. 그럼에도 불구하고 4개의 선지로 구성된 지문을 주제별로 묶어서 풀다 보면, 문제의 정답을 골라내는 요령이나 공무원 세법에서 묻고자 하는 관점 등을 익힐 수 있게 됩니다. 그에 앞서 관련 내용들을 기본이론에서 진행했던 내용들을 바탕으로 완벽히 정리해가는 단계도 물론 기출에서 진행됩니다.

세법을 시작하면서, 끊임없이 고민하고 노력하고 있습니다. 안 하면 모를까, 하겠다고 시작한 이상 세법 시장의 판도를 바꾸어 가며 효율적인 세법 학습의 시스템을 만들겠다고 내걸고 시작한 과업입니다. 강의하는 매 순간 학생들의 눈빛이 보여주는 정보를 읽어내고, 세무직 수험생의 대다수가 머리를 맞대고 학습하는 카페의 질문들을 분석해가면서 그 눈높이에서 가장 적합한 수험서를 만들기 위해 불철주야 노력하고 있습니다.

아직은, '노력으로 안되는 것이 없다'고 믿고 살아갑니다. 그 믿음을 저의 수험생들에게도 열과 성을 다해 피력하고 함께하고 있습니다. 그 믿음 하나만 믿고 따라와 준 많은 수험생들에게 감사하는 마음으로 오늘 하루도 열심히 살아갑니다.

저의 모든 고민과 노력이 어려운 세법 과목을 학습하는 우리 수험생들에게 단비와 같은 희망이 되기를 소망합니다.

2025년 9월
오 정 화

구성과 특징 | How to Use

본서는 2000년부터 2025년까지 가능한 많은 문제들을 담았습니다. 또한 각 단원별 세부적인 주제를 나누어 빈출되는 영역을 확인할 수 있도록 분석했습니다. 국가직 9급과 7급을 각각 분석하여 시험별 특징과 트렌드를 파악할 수 있습니다. 각 시험을 앞두고 최근 출제되었던 주제를 중심으로 집중적으로 정리한다면 학습의 효율이 더 높아질 것입니다.

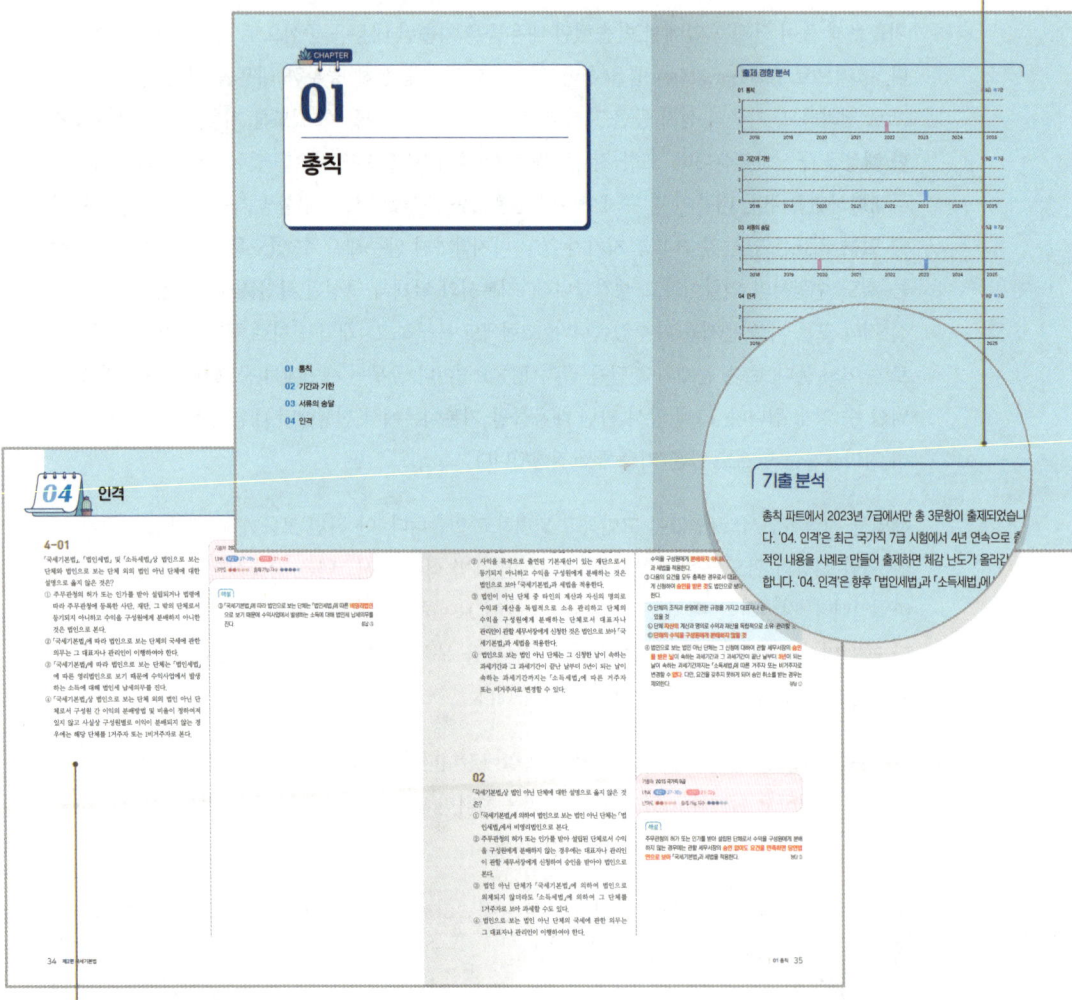

문제 배치

공무원 시험에서의 기출 문제집은 족보와 같은 역할을 합니다. 특히 세법은 법조문을 중심으로 출제가 되기 때문에 동일한 지문이 출제되기도 하므로 선지들을 익숙하게 하는 것이 중요합니다. 본서는 각 주제별로 최근 출제순으로 배치되어 있으며, 최신 기출의 경우 번호를 달리해 찾아보기 쉽도록 했습니다. 예를 들어, 소단원 4의 첫번째 최신 기출문제의 번호는 '4-01'입니다.

기본서 및 오진다와의 연계

본서는 기본서 및 오진다 교재와 구성을 연계하였습니다. 문제풀이 중에 개념이 헷갈릴 경우 바로 그 주제와 연결된 기본서나 핵심이론을 찾아서 확인할 수 있습니다. 이런 과정을 통해 회독수를 늘리면서 실력이 더욱 탄탄해질 것입니다.

난이도 구분 및 출제가능지수 구분

모든 문제에 각각 난이도가 구분되어 있습니다. 그러므로 본인이 느끼는 체감도와 비교하여 부족한 부분을 복습할 수 있고, 난도 높은 문제들을 반복하여 학습함으로써 효과를 높일 수 있습니다. 또한 문제별 출제가능지수를 구분하여 그 지수가 높은 문제들을 중심으로 회독을 할 수 있도록 하였습니다.

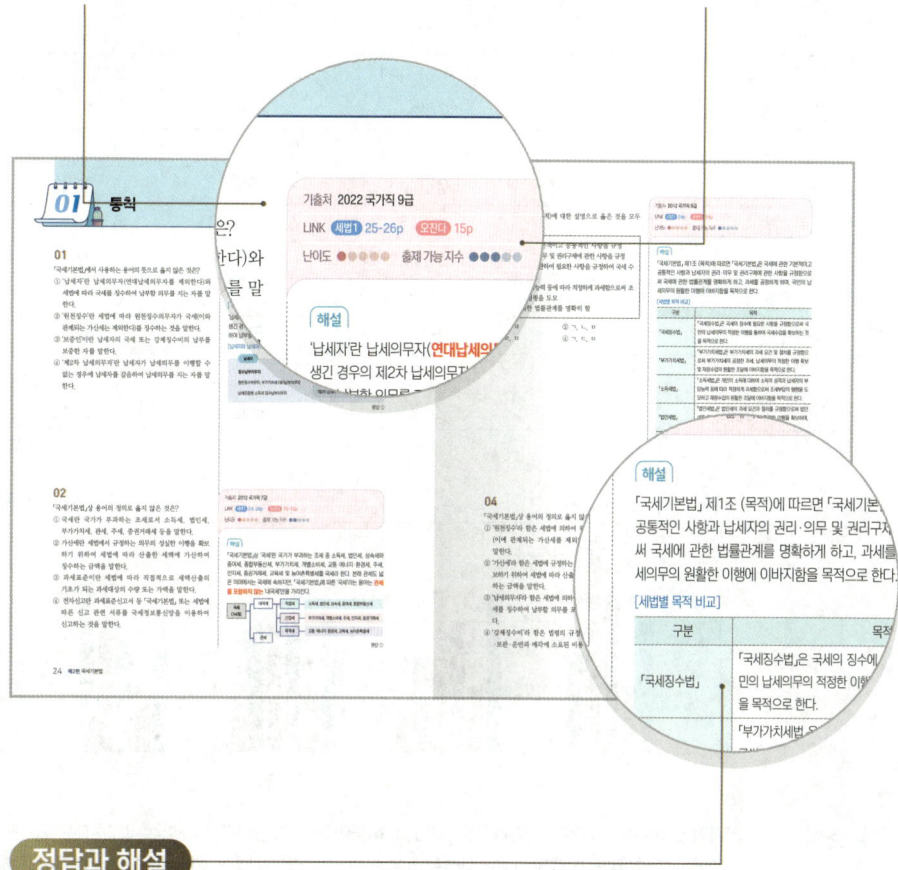

정답과 해설

정답을 확인차 책을 넘기는 시간도 아끼기 위해 답안은 바로 확인할 수 있도록 문제의 우측에 배치하였습니다. 보충이 필요하거나 정리가 필요한 내용을 첨가함으로써 해설은 가능한한 자세하고 상세하게 기술하였습니다.

세법 5개년 전범위 문항 분석표 | Item Analysis

국가직 9급

주제	2025		2024		2023		2022		2021	
	서술형	계산형	서술형	계산형	서술형	계산형	서술형	계산형	서술형	계산형
조세총론	0	0	0	0	0	0	0	0	0	0
출제비율	0%		0%		0%		0%		0%	
국세기본법	4	0	4	1	4	0	5	0	5	0
출제비율	20%		25%		20%		25%		25%	
국세징수법	2	0	2	0	2	0	2	0	2	0
출제비율	10%		10%		10%		9%		10%	
부가가치세법	4	0	3	1	4	0	3	1	4	0
출제비율	20%		20%		20%		17%		20%	
법인세법	5	0	3	2	5	0	5	1	4	0
출제비율	25%		25%		25%		26%		20%	
소득세법	3	1	3	0	4	0	5	1	4	1
출제비율	20%		15%		20%		26%		20%	
상증법	1	0	1	0	1	0	0	0	1	0
출제비율	5%		5%		5%		5%		5%	
합계	19	1	16	4	20	0	20	3	20	0
계산형 출제비율	5%		20%		0%		16%		0%	

5개년 출제 경향

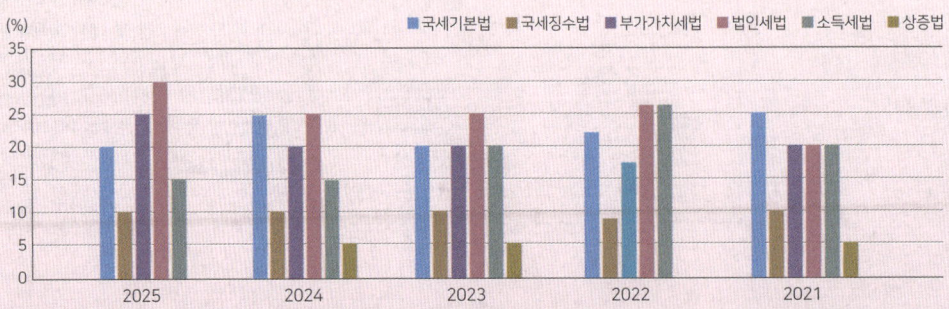

문항 분석

국가직 9급에서는 「국세기본법」과 「법인세법」의 비중이 가장 높습니다. 「국세징수법」은 매년 2문항 정도로 출제되고 있고, 상증세법은 1문항 정도가 출제됩니다. 대부분의 수험생들이 「법인세법」을 어려워하므로, 「법인세법」의 출제비중이 높거나 2022년 및 2024년의 경우처럼 계산형 문제의 출제비중이 높아지는 경우 체감 난도가 많이 높아집니다. 수험생들이 부담을 느끼는 계산형 문제는 주로 법인세, 소득세, 부가가치세의 기본 3법에서 출제되므로, 말 문제 위주의 「국세기본법」과 「국세징수법」에서 무조건 점수를 득하고 또 짧은 시간 안에 풀어내야 합니다. 그 외 계산형 문제의 경우도 복잡한 계산보다는 간단한 원리 위주로 출제되고 있으므로 계산형 문제만을 위한 대비가 따로 필요합니다. 2025년 9급에서는 계산형 문제 비중이 낮아 체감 난이도가 낮았지만, 반대로 2024년 9급에서는 계산형 문제 비중이 높아져 체감 난이도가 높았습니다. 언제든지 계산형 문제 및 복합문제가 출제될 수 있으므로 이에 대비해 여러 세법에 걸친 같은 주제에 대해 다각도로 학습할 필요가 있습니다.

국가직 7급

주제	2024 서술형	2024 계산형	2023 서술형	2023 계산형	2022 서술형	2022 계산형	2021 서술형	2021 계산형	2020 서술형	2020 계산형
조세총론	0	0	0	0	0	0	0	0	0	0
출제비율	0%		0%		0%		0%		0%	
국세기본법	9	0	9	0	8	0	8	1	8	0
출제비율	33%		36%		35%		40%		40%	
국세징수법	3	0	2	0	4	0	2	0	2	0
출제비율	12%		8%		15%		10%		10%	
부가가치세법	4	0	3	1	4	0	3	1	3	0
출제비율	15%		16%		15%		15%		15%	
법인세법	6	0	4	1	3	2	5	1	4	0
출제비율	22%		20%		15%		20%		20%	
소득세법	5	0	5	0	3	1	4	0	3	0
출제비율	18%		20%		15%		15%		15%	
상증법	0	0	0	0	0	0	0	0	0	0
출제비율	0%		0%		0%		0%		0%	
합계	27	0	23	2	22	3	20	3	20	0
계산형 출제비율	0%		8%		15%		15%		0%	

5개년 출제 경향

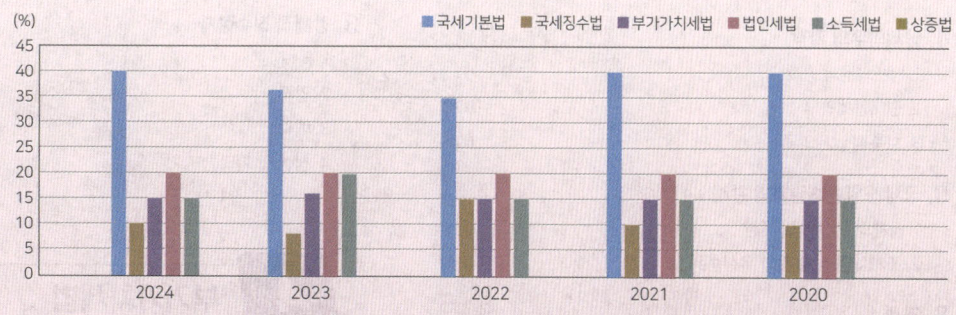

문항 분석

국가직 7급에서는 「국세기본법」의 비중이 압도적으로 높습니다. 그 외, 「법인세법」이 기본 3법 중에서는 가장 높은 편입니다. 「국세징수법」의 경우 일반적으로 국가직 9급과 동일하게 2문항 정도 출제되었으나 2022년에는 4문제나 출제되었고, 상증세법은 2018년 이후 출제되지 않고 있습니다. 국가직 7급은 국가직 9급과 다루는 범위는 거의 유사하지만, 각 문항당의 난도가 국가직 9급에 비해 높은 편입니다. 2024년과 2023년에는 문제의 난도가 다소 평이하게 출제되었으나 언제든 2022년처럼 난도가 높은 계산형 문제가 출제되고 「국세기본법」·「법인세법」 및 「소득세법」 내용이 섞인 복합문제가 출제될 수 있으므로 **수험생들은 고난도 문제에 대한 대비를 해야 할 것으로 판단됩니다.**

차례 | Contents

제 5 편   법인세법

차례 | Contents

제 6 편 소득세법

01 조세법 총론

제 **1** 편

조세법 총론

01

조세법 총론

01. 조세의 개념과 분류

■ 9급 ■ 7급

	2018	2019	2020	2021	2022	2023	2024	2025

(그래프: 2019년 9급 1문항)

기출 분석

조세법 총론은 최근 8개년간 거의 기출된 적이 없었습니다. 다만, '조세법의 기본원칙' 내용에서 2019년 1문항이 출제되었고, 앞으로 출제된다고 하더라도 '조세법의 기본원칙'의 내용에서 출제될 가능성이 가장 높다고 판단됩니다. 기본적인 내용을 중심으로 정리해두시기 바랍니다.

조세의 개념과 분류

01

조세법률주의에 대한 설명으로 옳지 않은 것은? (단 다툼이 있는 경우 판례에 의함)

① 조세법률주의는 과세권의 자의적 발동으로부터 납세자를 보호하기 위한 대원칙으로 헌법에 그 근거를 두고 있다.

② 엄격해석으로 세법상 의미를 확정할 수 없는 경우 세법규정의 유추적용이 허용된다.

③ 1세대 1주택에 대한 양도소득세 비과세요건(거주요건)을 추가하여 납세자가 양도소득세 비과세를 받기 어렵게 규정을 개정하였지만 경과규정을 두어 법령시행 후 1년간 주택을 양도한 경우에는 구법을 적용하도록 하였다면 이러한 법개정은 소급과세금지에 반하지 않는다.

④ 조세의 과세요건 및 부과·징수 절차는 입법부가 제정하는 법률로 정해져야 한다.

기출처 2019 국가직 9급
LINK 세법1 17p 오진다 9p
난이도 ●●●○○ 출제 가능 지수 ●●○○○

해설

② 세법의 엄격해석의 원칙에 따라 그 문언 해석에 있어서 논리해석이 허용되지만 확장해석이나 유추해석은 **허용되지 않는다**는 것이 통설이다.

④ 과세요건 법정주의란 과세요건과 조세의 부과·징수절차를 모두 입법부가 제정하는 법률로써 규정해야 한다는 원칙이며 조세법률주의의 가장 핵심적 내용을 이루고 있다. 단, 모든 과세요건과 부과·징수 절차를 모두 법률로 규정하는 것은 현실적으로 불가능하므로 시행령 또는 시행규칙에 이를 위임할 수 있다.

[해석의 정의]

문리해석	해당 조문의 문자·문구·문장에 대한 국어학적 또는 문법적으로 해석하는 것
논리해석	해당 조문의 목적, 취지, 관련된 다른 조항과의 관계, 해당 법률의 다른 일반조항 등에 비추어 논리적으로 분석하여 해석하는 것
확장해석	법령에 사용된 문언을 그것이 통상 사용되고 있는 의미보다 넓은 의미로 해석하는 것
유추해석	법규정에 있는 사항과 없는 사항 사이의 공통·유사성을 발견하고 전자의 규정을 후자의 사항에 보충·적용하도록 해석하는 것

정답 ②

02

조세법률주의에 대한 설명이다. 틀린 것은? (이설이 있을 경우 통설에 따른다)

① 과세요건 및 부과징수절차는 법률에 의하여야 한다.

② 구체적·개별위임은 인정되지만, 포괄위임·백지위임·골격위임은 인정되지 아니한다.

③ 유추해석이나 확장해석도 세법의 해석방법으로 인정된다.

④ 과세요건은 애매하고 불명확하지 않고 구체적이고 명확하게 규정하여야 한다.

⑤ 해당 사업연도 중에 입법하여 해당 사업연도 초에 발생한 소득에 대하여 과세하는 것은 소급과세금지원칙에 위배되지 아니한다.

기출처 2007 서울시 9급
LINK 세법1 17p 오진다 8p
난이도 ●○○○○ 출제 가능 지수 ●●○○○

해설

세법은 그 문언에 충실하게 해석해야 하며, 해석에 있어서 보정이나 보충을 원칙적으로 허용하지 않는다는 것이다. 그러므로 세법의 해석은 원칙적으로 문리해석에 의해야 하며, 문리해석만으로는 그 의미를 확정할 수 없는 경우에 한정하여 보충적·제한적으로 논리해석이 허용된다. 이때 확장해석이나 유추해석은 엄격원칙에 반하므로 **허용되지 않는다**. 정답 ③

03

다음의 〈보기〉 중 국세가 아닌 것으로만 묶어 놓은 것은?

〈보기〉
(가) 소득세	(나) 레저세
(다) 인지세	(라) 주민세
(마) 종합부동산세	(바) 등록면허세
(사) 재산세	(아) 농어촌특별세

① (가), (나), (마), (사) ② (나), (라), (바), (사)

③ (다), (라), (사), (아) ④ (라), (마), (바), (아)

기출처 2006 국가직 9급
LINK 세법1 16p 오진다 9p
난이도 ●●○○○ 출제 가능 지수 ●○○○○

해설

레저세, 주민세, 등록면허세, 재산세는 지방세에 해당한다.

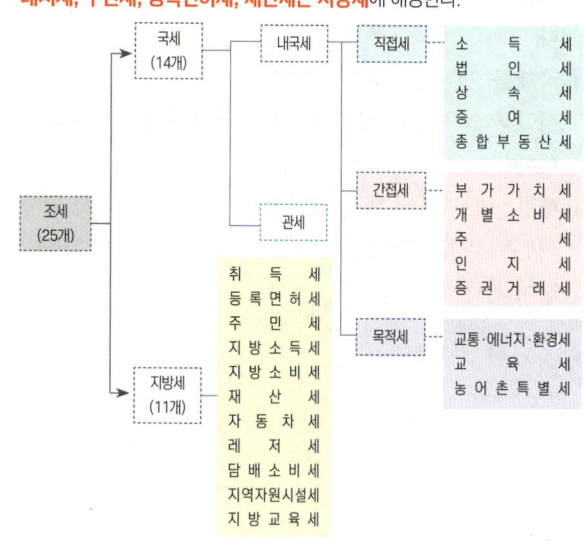

정답 ②

04

조세의 특성에 관한 설명으로 옳지 않은 것은?

① 상공회의소 회비는 미납한 경우 자력집행권을 행사할 수 있다는 점에서 조세의 일부를 구성한다.

② 국가질서유지를 목적으로 부과하는 벌금·과료 등은 재정수입의 조달이 목적이 아니므로 조세로 분류되지 아니한다.

③ 조세는 법률에 의한 과세요건을 충족한 자에게 당연히 부과되며 과세권자와의 합의 또는 계약을 요건으로 하지 아니한다.

④ 조세는 금전납부를 원칙으로 하되 「상속세 및 증여세법」의 경우에는 예외적인 물납규정을 두고 있다.

기출처 2002 국가직 9급
LINK 세법1 14p 오진다 8p
난이도 ●●○○○ 출제 가능 지수 ●●●○○

해설

① 조세를 부과하는 주체는 국가 또는 지방자치단체이다. 따라서 상공회의소가 필요한 경비에 충당하기 위하여 부과하는 회비는 공과금으로서 **조세가 아니다.**

② 조세는 국가 또는 지방자치단체의 경비충당을 위한 재정수입을 조달할 목적으로 부과된다.
따라서 위법행위에 대한 제재에 주된 목적을 두고 부과되는 벌금·과료·과태료 등은 조세가 아니다.

③ 조세는 법률에 규정된 과세요건을 충족한 모든 자에게 부과된다. 과세요건은 국회가 제정한 법률에 따라 규정되며, 그러한 과세요건이 충족되면 당사자의 의사에 관계없이 조세가 부과되는 것이다.

④ 조세는 금전급부이다. 다만, 세법에서는 국세 중 상속세, 지방세 중 재산세에서 물납을 허용하고 있다.

정답 ①

05

조세법률주의에 대한 설명으로 옳지 않은 것은?

① 사법상의 계약에 의하여 조세채무를 부담시키는 것은 허용되지 않는다는 것이 판례의 입장이다.

② 지방자치단체의 조례로써 등록면허세의 면제대상범위를 축소하는 것은 조세법률주의에 위배된다는 것이 판례의 입장이다.

③ 국세를 납부할 의무가 성립한 소득에 대하여는 그 성립 후의 새로운 세법에 의하여 소급하여 과세하지 아니한다.

④ 행정청이 부관에 의하여 납세의무가 없는 자에게 납세의무를 부담시키는 것은 허용되지 않는다는 것이 판례의 입장이다.

기출처 **2005 국가직 7급**
LINK 세법1 17, 19p 오진다 9-11p
난이도 ●●●●○ 출제 가능지수 ●●○○○

해설

'조례'란 지방의회가 제정하는 법규이며, '규칙'이란 지방자치단체의 장이 제공하는 법규이다. 지방세의 경우에는 이러한 조례와 규칙도 법원이 된다. 따라서 지방자치단체의 조례로써 등록면허세의 면제대상범위를 축소하는 것은 조세법률주의에 **위배되지 않는다**.

[사업상 계약에 의한 조세채무 부담에 대한 대법원 판례]

조세에 관한 법률이 아닌 **사법상 계약에 의하여 납세의무 없는 자에게 조세채무를 부담**하게 하거나 이를 보증하게 하여 이들로부터 조세채권의 종국적 만족을 실현하는 것은 앞서 본 조세의 본질적 성격에 반할 뿐 아니라 과세관청이 과세징수상의 편의만을 위해 법률의 규정 없이 조세채권의 성립 및 행사 범위를 임의로 확대하는 것으로서 **허용될 수 없다**(대법원 2017. 8. 29. 선고 중요판결).

[지방자치단체의 조례에 대한 판례]

지방세법 제7조 및 제9조에 의한 과세면제를 할 것인가의 여부는 각 지방자치단체가 재정사정 등을 감안하여 각각의 필요에 따라 결정할 사항이고, **과세면제에 관한 조례를 제정할 것인지의 여부 및 그러한 조례를 어떠한 내용으로 제정할 것인지의 여부는 모두 지방자치단체의 자치권에 속하는 것**이므로, 부산광역시 강서구만 감면조례를 제정하지 않음으로써 결국 다른 지방자치단체와 달리 종합부동산세가 부과되는 결과가 되더라도 이를 **조세평등의 원칙에 위배되는 것이라고 할 수 없다**(부산고등법원 2010. 1. 13. 선고 2009누5336 판결, 대법원 1996. 1. 26. 선고 95누13050 판결 참조).

[행정청의 부관에 의하여 납세의무를 부담시킬 수 있는지 여부에 대한 대법원 판례]

국가에 대한 납세의무는 각 세법에 의하여 정하여질 성질의 것이지 **행정청의 부관에 의하여 납세의무없는 자에게 납세의무를 부담시킬 수 없으므로** 직할시장이 자동차운송사업 양도양수 인가시에 양수인이 양도인의 체납 국세 등을 청산할 것을 인가조건으로 하였다고 하더라도 그로써 양수인에게 세금을 납부해야 할 의무가 생기는 것은 아니다(대법원 1989. 2. 14., 선고, 88누1653, 판결).

정답 ②

MEMO

제 **2** 편

국세기본법

CHAPTER

01

총칙

출제 경향 분석

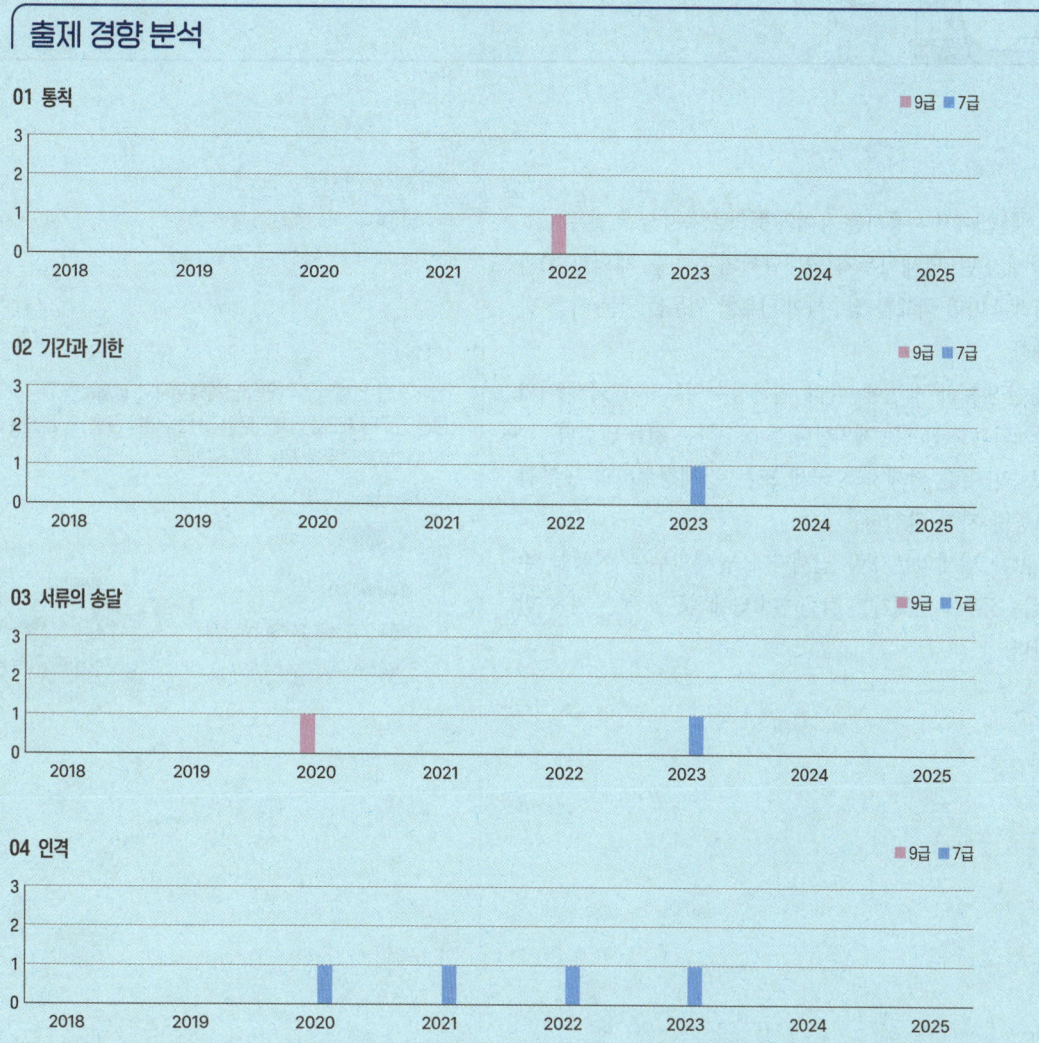

01 통칙 ■9급 ■7급

02 기간과 기한 ■9급 ■7급

03 서류의 송달 ■9급 ■7급

04 인격 ■9급 ■7급

기출 분석

총칙 파트에서 2023년 7급에서만 총 3문항이 출제되었습니다. 총칙에서는 모든 내용이 출제 가능하니 골고루 학습하여야 합니다. '04. 인격'은 최근 국가직 7급 시험에서 4년 연속으로 출제되었으며, 2021년에는 사례 문제로 어렵게 출제되었습니다. 기본적인 내용을 사례로 만들어 출제하면 체감 난도가 올라갑니다. 이러한 사례 문제는 내용을 정확히 이해하고 있을 때 판단이 가능합니다. '04. 인격'은 향후 「법인세법」과 「소득세법」에서도 다루어지므로 정확히 정리를 해 두시기 바랍니다.

01 통칙

01

「국세기본법」에서 사용하는 용어의 뜻으로 옳지 않은 것은?

① '납세자'란 납세의무자(연대납세의무자를 제외한다)와 세법에 따라 국세를 징수하여 납부할 의무를 지는 자를 말한다.

② '원천징수'란 세법에 따라 원천징수의무자가 국세(이와 관계되는 가산세는 제외한다)를 징수하는 것을 말한다.

③ '보증인'이란 납세자의 국세 또는 강제징수비의 납부를 보증한 자를 말한다.

④ '제2차 납세의무자'란 납세자가 납세의무를 이행할 수 없는 경우에 납세자를 갈음하여 납세의무를 지는 자를 말한다.

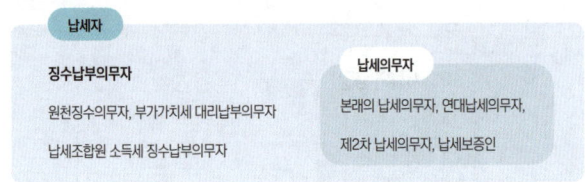

해설

'납세자'란 납세의무자(**연대납세의무자**와 납세자를 갈음하여 납부할 의무가 생긴 경우의 제2차 납세의무자 및 보증인을 **포함**)와 세법에 따라 국세를 징수하여 납부할 의무를 지는 자를 말한다.

[납세자와 납세의무자]

납세자	
징수납부의무자	**납세의무자**
원천징수의무자, 부가가치세 대리납부의무자	본래의 납세의무자, 연대납세의무자,
납세조합원 소득세 징수납부의무자	제2차 납세의무자, 납세보증인

정답 ①

02

「국세기본법」상 용어의 정의로 옳지 않은 것은?

① 국세란 국가가 부과하는 조세로서 소득세, 법인세, 부가가치세, 관세, 주세, 증권거래세 등을 말한다.

② 가산세란 세법에서 규정하는 의무의 성실한 이행을 확보하기 위하여 세법에 따라 산출한 세액에 가산하여 징수하는 금액을 말한다.

③ 과세표준이란 세법에 따라 직접적으로 세액산출의 기초가 되는 과세대상의 수량 또는 가액을 말한다.

④ 전자신고란 과세표준신고서 등 「국세기본법」 또는 세법에 따른 신고 관련 서류를 국세정보통신망을 이용하여 신고하는 것을 말한다.

해설

「국세기본법」상 '국세'란 국가가 부과하는 조세 중 소득세, 법인세, 상속세와 증여세, 종합부동산세, 부가가치세, 개별소비세, 교통·에너지·환경세, 주세, 인지세, 증권거래세, 교육세 및 농어촌특별세를 국세라 한다. 본래 관세도 넓은 의미에서는 국세에 속하지만, 「국세기본법」에 따른 '국세'라는 용어는 **관세를 포함하지 않는** '내국세'만을 가리킨다.

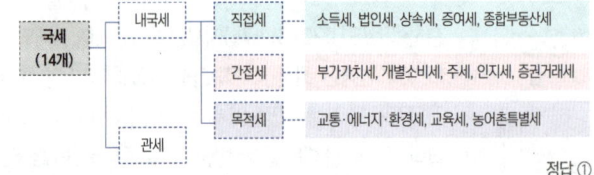

정답 ①

03

「국세기본법」 제1조(목적)에 대한 설명으로 옳은 것을 모두 고른 것은?

> ㄱ. 국세에 대한 기본적이고 공통적인 사항을 규정
> ㄴ. 납세자의 권리·의무 및 권리구제에 관한 사항을 규정
> ㄷ. 국세의 징수에 관하여 필요한 사항을 규정하여 국세 수입을 확보
> ㄹ. 납세자의 부담능력 등에 따라 적정하게 과세함으로써 조세부담의 형평을 도모
> ㅁ. 국세에 대한 법률관계를 명확히 함

① ㄱ, ㄴ, ㄹ   ② ㄱ, ㄴ, ㅁ
③ ㄱ, ㄹ, ㅁ   ④ ㄱ, ㄷ, ㅁ

「국세기본법」상 용어의 정의로 옳지 않은 것은?

① '원천징수'라 함은 세법에 의하여 원천징수의무자가 국세(이에 관계되는 가산세를 제외함)를 징수하는 것을 말한다.

② '가산세'라 함은 세법에 규정하는 의무의 성실한 이행을 확보하기 위하여 세법에 따라 산출한 세액에 가산하여 징수하는 금액을 말한다.

③ '납세의무자'라 함은 세법에 의하여 국세를 납부할 의무(국세를 징수하여 납부할 의무를 포함함)가 있는 자를 말한다.

④ '강제징수비'라 함은 법령의 규정에 의한 재산의 압류·보관·운반과 매각에 소요된 비용을 말한다.

--- 우측 열 ---

기출처 **2012 국가직 9급**
LINK **세법1** 24p **오진다** 14p
난이도 ●●●●● 출제 가능 지수 ●●●●●

해설

「국세기본법」 제1조 (목적)에 따르면 「국세기본법」은 국세에 관한 기본적이고 공통적인 사항과 납세자의 권리·의무 및 권리구제에 관한 사항을 규정함으로써 국세에 관한 법률관계를 명확하게 하고, 과세를 공정하게 하며, 국민의 납세의무의 원활한 이행에 이바지함을 목적으로 한다.

[세법별 목적 비교]

구분	목적
「국세징수법」	「국세징수법」은 국세의 징수에 필요한 사항을 규정함으로써 국민의 납세의무의 적정한 이행을 통하여 국세수입을 확보하는 것을 목적으로 한다.
「부가가치세법」	「부가가치세법」은 부가가치세의 과세 요건 및 절차를 규정함으로써 부가가치세의 공정한 과세, 납세의무의 적정한 이행 확보 및 재정수입의 원활한 조달에 이바지함을 목적으로 한다.
「소득세법」	「소득세법」은 개인의 소득에 대하여 소득의 성격과 납세자의 부담능력 등에 따라 적정하게 과세함으로써 조세부담의 형평을 도모하고 재정수입의 원활한 조달에 이바지함을 목적으로 한다.
「법인세법」	「법인세법」은 법인세의 과세 요건과 절차를 규정함으로써 법인세를 공정하게 과세하고, 납세의무의 적절한 이행을 확보하며, 재정수입의 원활한 조달에 이바지함을 목적으로 한다.
「상속세 및 증여세법」	「상속세 및 증여세법」은 상속세 및 증여세의 과세 요건과 절차를 규정함으로써 상속세 및 증여세의 공정한 과세, 납세의무의 적정한 이행 확보 및 재정수입의 원활한 조달에 이바지함을 목적으로 한다.

정답 ②

기출처 **2008 국가직 9급**
LINK **세법1** 25-26p **오진다** 15p
난이도 ●●●●● 출제 가능 지수 ●●●●●

해설

「국세기본법」상 '납세의무자'란 세법에 따라 국세를 납부할 의무(국세를 징수하여 납부할 의무는 **제외한다**)가 있는 자를 말한다.

정답 ③

02 기간과 기한

2-01

국세기본법령상 기한에 대한 설명으로 옳지 않은 것은?

① 세법에서 규정하는 신고기한 만료일에 국세정보통신망이 프로그램의 오류로 가동이 정지되어 전자신고를 할 수 없는 경우에는 그 장애가 복구되어 신고를 할 수 있게 된 날의 다음날을 기한으로 한다.

② 과세표준신고서를 우편으로 제출 시 「우편법」에 따른 우편날짜도장이 찍히지 않았거나 분명하지 않은 경우에는 통상 걸리는 배송일수를 기준으로 발송한 날로 인정되는 날에 신고된 것으로 본다.

③ 관할 세무서장은 납세자가 경영하는 사업에 현저한 손실이 발생하거나 부도 또는 도산의 우려가 있는 경우 세법에서 규정하는 신고기한을 연장할 수 있다.

④ 관할 세무서장은 납세자의 장부가 권한 있는 기관에 압수되어 세법에서 규정하는 신고를 정하여진 기한까지 할 수 없다고 인정하는 경우에는 그 기한을 연장할 수 있다.

기출처 **2023 국가직 7급**
LINK 세법1 30-31, 204p   오진다 18, 116p
난이도 ●●○○○   출제 가능 지수 ●●●●○

해설

③ 납세자가 경영하는 사업에 현저한 손실이 발생하거나 부도 또는 도산의 우려가 있는 경우는 납부기한 등의 연장사유에 해당할뿐 **신고기한 연장사유에는 해당하지 않는다.**

신고, 신청, 청구, 서류제출, 통지 등 기한 연장	납부기한 등의 연장
㉠ 천재지변	㉠ 재난·도난으로 재산에 심한 손실을 입은 경우
㉡ 화재, 전화, 그 외 재해, 도난	**㉡ 사업에 현저한 손실이 발생하거나 부도 또는 도산의 우려가 있는 경우**
㉢ 납세자 또는 동거가족이 질병이나 중상해로 6개월 이상의 치료 또는 사망	㉢ 납세자 또는 동거가족이 질병이나 중상해로 6개월 이상의 치료 또는 사망
㉣ 정전, 프로그램의 오류나 그 외 사유로 한국은행·체신관서의 정보통신망의 비정상	㉣ 정전, 프로그램의 오류나 그 외 사유로 한국은행·체신관서의 정보통신망의 비정상
㉤ 금융회사 등 또는 체신관서의 휴무나 그 외 사유로 정상적인 세금납부가 곤란하다고 국세청장이 인정하는 경우	㉤ 금융회사 등 또는 체신관서의 휴무나 그 외 사유로 정상적인 세금납부가 곤란하다고 국세청장이 인정하는 경우
㉥ 권한 있는 기관에 장부·서류가 압수·영치	㉥ 권한 있는 기관에 장부·서류가 압수·영치
㉦ 납세자의 장부 작성을 대행하는 세무사 또는 공인회계사가 화재, 전화, 그 밖의 재해를 입거나 도난을 당한 경우	㉦ 납세자의 장부 작성을 대행하는 세무사 또는 공인회계사가 화재, 전화, 그 밖의 재해를 입거나 도난을 당한 경우
㉧ 그 밖에 ㉡, ㉢ 또는 ㉥에 준하는 사유가 있는 경우	㉧ 위의 사유에 준하는 사유가 있는 경우

정답 ③

01

「국세기본법」상 신고, 신청, 청구, 제출 또는 통지기한의 연장사유에 해당하지 않는 것은?

① 납세자가 화재, 전화 그 밖의 재해를 입거나 도난을 당한 경우
② 납세자가 경영하는 사업에 부도 또는 도산의 우려가 있는 경우
③ 납세자 또는 그 동거가족이 질병이나 중상해로 6개월 이상의 치료가 필요하거나 사망하여 상중인 경우
④ 권한 있는 기관에 장부나 서류가 압수 또는 영치된 경우

기출처 2016 국가직 7급 수정
LINK 세법1 31, 203p 오진다 18, 116p
난이도 ●●●○○ 출제가능지수 ●●●●○

해설

납세자가 경영하는 사업에 현저한 손실이 발생하거나 부도 또는 도산의 우려가 있는 경우는 「**국세징수법」상 납부기한 등의 연장사유에 해당**한다. 정답 ②

02

「국세기본법」상 기간과 기한에 대한 설명으로 옳지 않은 것을 모두 고르면?

ㄱ. 우편으로 과세표준신고서를 제출한 경우로서 우편날짜도장이 찍히지 아니하였거나 분명하지 아니한 경우에는 신고서가 도달한 날에 신고된 것으로 본다.
ㄴ. 신고기한일이나 납부기한일에 프로그램의 오류로 국세정보통신망의 가동이 정지되어 전자신고 또는 전자납부를 할 수 없게 되는 경우에는 그 장애가 복구되어 신고 또는 납부할 수 있게 된 날을 기한으로 한다.
ㄷ. 천재지변 등의 사유로 세법에서 규정하는 신고를 정해진 기한까지 할 수 없다고 관할 세무서장이 인정하는 경우에는 납세자의 신청이 없는 경우에도 그 기한을 연장할 수 있다.
ㄹ. 「국세기본법」 또는 세법에서 규정하는 신고, 신청, 청구, 그 밖에 서류의 제출, 통지, 납부 또는 징수에 관한 기한이 토요일 및 일요일, 공휴일 및 대체공휴일, 근로자의 날일 때에는 토요일 및 일요일, 공휴일 및 대체공휴일, 근로자의 날의 다음 날을 기한으로 한다.

① ㄱ, ㄴ　　② ㄴ, ㄷ　　③ ㄴ, ㄹ　　④ ㄷ, ㄹ

기출처 2012 국가직 7급 수정
LINK 세법1 30-31p 오진다 17-19p
난이도 ●●●○○ 출제가능지수 ●●●●○

해설

ㄱ. 우편날짜도장이 찍히지 않았거나 분명하지 않은 경우에는 통상 걸리는 배송일수를 기준으로 **발송한 날로 인정되는 날**에 신고된 것으로 본다(국기법 5의2 ①).
ㄴ. 신고기한일 또는 납부기한일에 프로그램의 오류로 국세정보통신망의 가동이 정지되어 전자신고나 전자납부를 할 수 없는 경우에는 그 장애가 복구되어 **신고 또는 납부할 수 있게 된 날의 다음 날**을 기한으로 한다(국기법 5 ③, 국기령 1의3 ①).　　　　　정답 ①

03

「국세기본법」상 천재지변 등으로 인한 기한의 연장 등에 관한 설명으로 옳은 것은?

① 기한을 연장하는 경우 신고와 관련된 기한연장은 9월을 초과하지 아니하는 범위 안에서 관할 세무서장이 이를 연장할 수 있다.

② 천재지변 등의 사유로 인하여 「국세기본법」 또는 세법에 규정하는 신고를 정하여진 기한까지 할 수 없다고 인정하는 경우에도 납세자의 신청이 있는 경우에 한하여 연장할 수 있다.

③ 납세자가 화재·전화 기타 재해를 입거나 도난을 당하여 신고기한을 연장하는 경우 관할 세무서장은 납부할 금액에 상당하는 담보의 제공을 요구할 수 있다.

④ 납세자가 경영하는 사업에 현저한 손실이 발생한 때에는 「국세기본법」 또는 세법에 규정하는 신고기한을 연장할 수 있다.

기출처 **2007 국가직 9급 수정**

LINK 세법1 31-32, 203, 206p   오진단 18, 116-117p

난이도 ●●●○○   출제 가능 지수 ●●●●○

해설

② 천재지변 등의 사유로 인하여 「국세기본법」 또는 세법에 규정하는 신고를 정하여진 기한까지 할 수 없다고 인정하는 경우 납세자의 신청에 의해서 연장할 수 있고, **관할 세무서장의 직권으로도 연장할 수 있다.**

③ 신고기한 연장에 있어서는 **담보의 제공을 요구하거나 요건으로 할 수 없다.** 반면, 관할 세무서장은 부득이한 사유로 납부기한 등의 연장 또는 납부고지의 유예를 하는 경우 그 연장 또는 유예와 관계되는 금액에 상당하는 납세담보의 제공을 요구할 수 있다.

④ 납세자가 경영하는 사업에 현저한 손실이 발생한 때에는 **「국세징수법」에서 규정하는 납부기한 등을 연장**할 수 있으나 「국세기본법」에서 규정하는 신고기한을 연장할 수 있는 사유에 해당하지 않는다.

정답 ①

03 서류의 송달

3-01

국세기본법령상 서류의 송달에 대한 설명으로 옳지 않은 것은?

① 연대납세의무자에게 납부의 고지에 관한 서류를 송달할 때에는 그 대표자를 명의인으로 한다.

② 납부의 고지와 관계되는 서류의 송달을 우편으로 할 때에는 등기우편으로 하여야 하나, 「소득세법」에 따른 중간예납세액이 50만원 미만인 경우 납부고지서를 일반우편으로 송달할 수 있다.

③ 교부송달의 경우 서류를 송달할 장소에서 송달받아야 할 자를 만나지 못하였을 때에는 그 사용인이나 그 밖의 종업원 또는 동거인으로서 사리를 판별할 수 있는 사람에게 서류를 송달할 수 있다.

④ 서류를 송달받아야 할 자의 주소 또는 영업소가 분명하지 아니한 경우 서류의 주요 내용을 공고한 날부터 14일이 지나면 서류송달이 된 것으로 본다.

기출처 **2023 국가직 7급**
LINK 세법1 33-34, 36p 오진다 19-21p
난이도 ●●○○○ 출제 가능 지수 ●●●●○

해설

① 연대납세의무자에게 서류를 송달할 때에는 그 대표자(대표자가 없을 때에는 연대납세의무자 중 국세를 징수하기에 유리한 자)를 명의인으로 한다. 다만, 납부의 고지와 독촉에 관한 서류는 연대납세의무자 **모두에게 각각 송달**해야 한다.   정답 ①

01

「국세기본법」상 서류의 송달에 대한 설명으로 옳지 않은 것은?

① 서류명의인, 그 동거인 등 법정된 자가 송달할 장소에 없는 경우로서 서류를 등기우편으로 송달하였으나 수취인이 부재중인 것으로 확인되어 반송됨으로써 납부기한 내에 송달이 곤란하다고 인정되는 경우에는 공시송달할 수 있다.

② 독촉에 관한 서류는 연대납세의무자 모두에게 각각 송달하여야 한다.

③ 송달할 장소에서 서류를 송달받아야 할 자가 부재중인 경우에는 송달할 장소에 서류를 둘 수 있다.

④ 상속이 개시된 경우 상속재산관리인이 있을 때에는 세법에서 규정하는 서류는 그 상속재산관리인의 주소 또는 영업소에 송달한다.

기출처 **2020 국가직 9급**
LINK 세법1 33, 36p 오진다 20-21p
난이도 ●●○○○ 출제 가능 지수 ●●●●●

해설

교부송달 또는 등기우편송달의 경우에 송달장소에서 송달받을 자를 만나지 못한 때에는 그 사용인이나 그 밖의 종업원 또는 동거인으로서 사리를 판별할 수 있는 자(보충수령인)에게 서류를 송달할 수 있다. 다만, 보충수령인이 정당한 사유 없이 수령을 거부하는 경우에는 송달할 장소에 서류를 두고 오는 '유치송달'이 가능하다(국기법 10 ④). 즉, **부재중이라 하여 송달할 장소에 서류를 두고 올 수 있는 것은 아니다.**   정답 ③

02

「국세기본법」상 공시송달에 대한 설명으로 옳지 않은 것은?

① 서류를 송달받아야 할 자의 주소 또는 영업소가 국외에 있고 송달하기 곤란한 경우에 서류의 주요 내용을 공고한 날부터 14일이 지나면 서류 송달이 된 것으로 본다.

② 서류를 송달받아야 할 자의 주소 또는 영업소가 분명하지 아니한 경우에 서류의 주요 내용을 공고한 날부터 14일이 지나면 서류 송달이 된 것으로 본다.

③ 국세정보통신망을 이용하여 공시송달을 할 때에는 다른 공시송달 방법과 함께 하여야 한다.

④ 세무서의 게시판이나 그 밖의 적절한 장소를 이용하여 공시송달을 할 때에는 다른 공시송달 방법과 함께 하여야 한다.

기출처 2017 국가직 7급

LINK 세법1 36p 오진다 21p

난이도 ●●●○○ 출제 가능 지수 ●●●●●

해설

국세정보통신망을 이용하여 공시송달을 할 때에는 다른 공시송달 방법과 함께 해야 하지만, 세무서의 게시판이나 그 밖의 적절한 장소를 이용하여 공시송달을 할 때에는 **다른 공시송달 방법과 함께 할 필요가 없다.**　정답 ④

03

「국세기본법」상 서류의 송달에 대한 설명으로 옳지 않은 것은?

① 국세정보통신망에 접속하여 서류를 열람할 수 있게 하였음에도 불구하고 해당 납세자가 3회 연속하여 전자 송달된 해당 서류의 납부기한까지 열람하지 아니한 경우(납세자가 전자 송달된 납부고지서 또는 독촉장에 의한 세액을 그 납부기한까지 전액 납부한 경우는 제외)에는 세 번째로 열람하지 아니한 서류의 납부기한의 다음 날에 전자송달 신청을 철회한 것으로 본다.

② 전자송달은 송달받을 자가 지정한 전자우편주소에서 해당 서류를 열람한 것으로 확인되었을 때 그 송달받아야 할 자에게 도달한 것으로 본다.

③ 서류를 송달받아야 할 자의 주소 또는 영업소가 분명하지 아니한 경우에는 공시송달을 할 수 있고 서류의 주요 내용을 공고한 날부터 14일이 지나면 「국세기본법」 제8조에 따른 서류 송달이 된 것으로 본다.

④ 교부에 의한 서류 송달은 해당 행정기관의 소속 공무원이 서류를 송달할 장소에서 송달받아야 할 자에게 서류를 교부하는 방법으로 해야 하지만 송달을 받아야 할 자가 송달받기를 거부하지 아니하면 다른 장소에서 교부할 수 있다.

기출처 2017 국가직 9급

LINK 세법1 34-36p 오진다 20-21p

난이도 ●●○○○ 출제 가능 지수 ●●●●○

해설

전자송달의 경우에는 송달받을 자가 **지정한 전자우편주소에 입력된 때**(국세정보통신망에 저장하는 경우에는 **저장된 때**)에 그 송달을 받아야 할 자에게 도달한 것으로 본다(국기법 12 ①).　정답 ②

04

「국세기본법」상 서류의 송달에 대한 설명으로 옳은 것은?

① 서류를 송달받아야 할 자 또는 그 사용인이나 그 밖의 종업원 또는 동거인으로서 사리를 판별할 수 있는 사람이 정당한 사유 없이 서류 수령을 거부할 때에는 송달할 장소에 서류를 둘 수 있다.

② 공시송달의 경우 서류의 공고일시가 2023년 4월 1일 오전 9시인 경우 서류송달의 효력발생시기는 2023년 4월 14일 오전 9시이다.

③ 등기우편에 의한 송달의 경우 당해 우편물이 보통의 경우 도달할 수 있었을 때에 도달한 것으로 추정한다.

④ 국세정보통신망을 이용하여 공시송달을 할 때에는 다른 공시송달 방법과 함께 할 필요가 없다.

기출처 2013 국가직 7급
LINK 세법1 33, 36p 오진다 19-21p
난이도 ●●○○○ 출제 가능지수 ●●●●○

해설

② 공시송달의 경우 서류의 공고일시가 2023년 4월 1일 오전 9시인 경우 서류송달의 효력발생시기는 **2023년 4월 16일**이다.

③ 등기우편에 의한 송달의 경우 당해 우편물이 **송달받아야 할 자에게 도달한 때부터** 효력이 발생한다. 송달일에 대해서는 추정을 적용하지 않는다.

④ 국세정보통신망을 이용하여 공시송달을 할 때에는 **다른 공시송달 방법과 함께 해야 한다.**

정답 ①

05

「국세기본법」상 서류의 송달에 대한 설명으로 옳은 것은?

① 연대납세의무자에게 부가가치세 신고 안내에 관한 서류를 송달할 때에는 연대납세의무자 모두에게 각각 송달하여야 한다.

② 소득세 중간예납세액이 100만원인 납부고지서의 송달을 우편으로 할 때는 일반우편으로 하여야 한다.

③ 정보통신망의 장애로 납부고지서의 전자송달이 불가능한 경우에는 교부에 의해서만 송달을 할 수 있다.

④ 납부고지서를 송달받아야 할 자의 주소를 주민등록표에 의해 확인할 수 없는 경우, 서류의 주요 내용을 공고한 날부터 14일이 지나면 서류 송달이 된 것으로 본다.

기출처 2014 국가직 7급
LINK 세법1 33-36p 오진다 19-21p
난이도 ●●●○○ 출제 가능지수 ●●●●○

해설

① 납부의 고지와 독촉에 관한 서류는 연대납세의무자 모두에게 각각 송달해야 하며 **그 외의 서류를 연대납세의무자에게 송달할 때에는 그 대표자(대표자가 없을 때에는 연대납세의무자 중 국세를 징수하기에 유리한 자)를 명의인으로 한다.**

② 소득세 중간예납세액이 100만원인 납부고지서는 **등기**우편으로 송달해야 한다.

③ 국세정보통신망의 장애로 인하여 전자송달이 불가능한 경우나 정보통신망의 장애로 전자송달이 불가능한 경우에는 **교부 또는 우편의 방법으로 송달할 수 있다**(국기법 10 ⑨, 국기령 6의3).

[50만원[*1] 미만에 해당하는 납부고지서로서 일반우편으로 송달가능한 납부고지서]

㉠ 소득세 중간예납세액의 납부고지서

㉡ 부가가치세 예정고지세액의 납부고지서

㉢ 신고납부제도를 취하는 국세에 대한 과세표준신고서를 법정신고기한까지 제출하였으나 과세표준신고액에 상당하는 세액의 전부 또는 일부를 납부하지 않아 발급하는 납부고지서

[*1] 소득세 중간예납세액이 50만원(30만원 → 50만원으로 2021. 12. 8. 개정) 미만인 경우 징수하지 않으며 징수하여야 할 금액이 50만원(30만원 → 50만원으로 2021. 12. 8. 개정) 미만인 경우 부가가치세 예정부과기간에 세액을 징수하지 아니하므로 「국세기본법」도 개정되어야 함이 옳다.

정답 ④

06

「국세기본법」상 서류의 송달에 대한 설명으로 옳지 않은 것은?

① 서류송달을 받아야 할 자의 주소가 분명하지 아니한 경우에는 서류의 주요내용을 관보에 공고한 날부터 14일이 지나면 서류 송달이 된 것으로 본다.

② 전자송달은 당사자가 그 방법을 신청한 경우에만 적법한 송달방법이 된다.

③ 전자송달은 송달받을 자가 지정한 전자우편주소에서 직접 출력한 때부터 효력이 발생한다.

④ 세무공무원이 고지서를 적법한 송달장소에서 교부송달을 시도하였는데 납세자가 부재중이었고, 대신 사리를 판별할 능력이 있는 종업원을 발견하여 송달을 시도하였으나, 그 종업원이 정당한 이유 없이 서류수령을 거부하는 경우 송달장소에 고지서를 두고 와도 적법한 송달이 된다.

기출처 **2012 국가직 9급**

LINK 세법1 33, 35-36p 오진다 19-21p

난이도 ●●○○○ 출제 가능 지수 ●●●●○

> **해설**

전자송달의 경우에는 송달받을 자가 **지정한 전자우편주소에 입력된 때**(국세 정보통신망에 저장하는 경우에는 **저장된 때**)에 그 송달을 받아야 할 자에게 도달한 것으로 본다(국기법 12 ①).　　　　　　　　정답③

07

「국세기본법」상 서류의 송달에 관한 설명으로 옳지 않은 것은?

① 납부의 고지와 독촉에 관한 서류는 연대납세의무자 중 국세 징수상 유리한 자에게만 송달하면 된다.

② 「소득세법」 규정에 의한 중간예납세액의 납부고지서로서 50만원 미만에 해당하는 납부고지서는 일반우편으로 송달할 수 있다.

③ 연대납세의무자에게 서류를 송달하고자 할 때에는 그 대표자를 명의인으로 하며, 대표자가 없는 때에는 연대납세의무자 중 국세 징수상 유리한 자를 명의인으로 한다.

④ 납부의 고지·독촉·강제징수 또는 세법에 의한 정부의 명령에 관계되는 서류의 송달을 우편에 의하고자 할 때에는 등기우편에 의하여야 하는 것이 원칙이다.

기출처 **2009 국가직 7급**

LINK 세법1 33-34p 오진다 19-20p

난이도 ●●○○○ 출제 가능 지수 ●●●●○

> **해설**

연대납세의무자에게 서류를 송달할 때에는 그 대표자(대표자가 없을 때에는 연대납세의무자 중 국세를 징수하기에 유리한 자)를 명의인으로 한다. 다만, **납부의 고지와 독촉에 관한 서류는 연대납세의무자 모두에게 각각 송달해야 한다.**　　　　　　　　정답①

08

「국세기본법」의 송달에 대한 설명으로 옳지 않은 것은?

① 50만원 미만에 해당하는 법인세 중간예납세액(무신고로 인하여 결정된 세액임)의 납부고지서는 일반우편으로 송달할 수 있다.

② 독촉장은 전자송달이 가능하다.

③ 공시송달의 효력은 서류의 주요 내용을 공고한 날부터 14일이 지나면 송달이 된 것으로 본다.

④ 교부·우편 및 전자송달에 의하여 송달하는 서류는 그 송달을 받아야 할 자에게 도달한 때부터 효력이 발생한다.

기출처 2005 국가직 7급 수정

LINK 세법1 34-36p 오진다 20-21p
난이도 ●●●○○ 출제 가능 지수 ●●●●○

해설

① 50만원 미만에 해당하는 **소득세** 중간예납세액의 납부고지서는 일반우편으로 송달할 수 있다. 50만원 미만에 해당하는 법인세 중간예납세액(무신고로 인하여 결정된 세액임)의 납부고지서는 등기우편으로 송달해야 한다.

② 전자송달이 가능한 서류는 다음과 같다.

[전자송달이 가능한 서류와 구체적인 방법]

전자송달 할 수 있는 서류	전자송달의 구체적인 방법
㉠ 납부고지서 ㉡ 독촉장 ㉢ 국세환급금통지서	국세청장이 해당 납세자로 하여금 국세정보통신망에 접속하여 해당 서류를 열람할 수 있게 함
㉣ 신고안내문 ㉤ 그 밖에 국세청장이 정하는 서류	국세청장이 해당 납세자가 지정한 전자우편 주소로 송달해야 함

정답 ①

04 인격

4-01

「국세기본법」, 「법인세법」 및 「소득세법」상 법인으로 보는 단체와 법인으로 보는 단체 외의 법인 아닌 단체에 대한 설명으로 옳지 않은 것은?

① 주무관청의 허가 또는 인가를 받아 설립되거나 법령에 따라 주무관청에 등록한 사단, 재단, 그 밖의 단체로서 등기되지 아니하고 수익을 구성원에게 분배하지 아니한 것은 법인으로 본다.

② 「국세기본법」에 따라 법인으로 보는 단체의 국세에 관한 의무는 그 대표자나 관리인이 이행하여야 한다.

③ 「국세기본법」에 따라 법인으로 보는 단체는 「법인세법」에 따른 영리법인으로 보기 때문에 수익사업에서 발생하는 소득에 대해 법인세 납세의무를 진다.

④ 「국세기본법」상 법인으로 보는 단체 외의 법인 아닌 단체로서 구성원 간 이익의 분배방법 및 비율이 정하여져 있지 않고 사실상 구성원별로 이익이 분배되지 않는 경우에는 해당 단체를 1거주자 또는 1비거주자로 본다.

기출처 2023 국가직 7급

LINK 세법1 37-39p 오진다 21-22p

난이도 ●●○○○ 출제 가능 지수 ●●●●○

해설

③ 「국세기본법」에 따라 법인으로 보는 단체는 「법인세법」에 따른 **비영리법인**으로 보기 때문에 수익사업에서 발생하는 소득에 대해 법인세 납세의무를 진다.

정답 ③

01

「국세기본법」상 법인으로 보는 단체에 대한 설명으로 옳은 것은?

① 주무관청의 허가 또는 인가를 받아 설립된 단체로서 등기되지 아니하고 수익을 구성원에게 분배하지 아니하는 것은 법인으로 보아 「국세기본법」과 세법을 적용한다.

② 사익을 목적으로 출연된 기본재산이 있는 재단으로서 등기되지 아니하고 수익을 구성원에게 분배하는 것은 법인으로 보아 「국세기본법」과 세법을 적용한다.

③ 법인이 아닌 단체 중 타인의 계산과 자신의 명의로 수익과 재산을 독립적으로 소유 관리하고 단체의 수익을 구성원에게 분배하는 단체로서 대표자나 관리인이 관할 세무서장에게 신청한 것은 법인으로 보아 「국세기본법」과 세법을 적용한다.

④ 법인으로 보는 법인 아닌 단체는 그 신청한 날이 속하는 과세기간과 그 과세기간이 끝난 날부터 5년이 되는 날이 속하는 과세기간까지는 「소득세법」에 따른 거주자 또는 비거주자로 변경할 수 있다.

기출처 2022 국가직 7급
LINK 세법1 37-38p 오진다 21-22p
난이도 ●●○○○ 출제 가능 지수 ●●●●○

해설

② **공익**을 목적으로 출연된 기본재산이 있는 재단으로서 등기되지 아니하고 수익을 구성원에게 **분배하지 아니하는** 것은 법인으로 보아 「국세기본법」과 세법을 적용한다.

③ 다음의 요건을 모두 충족한 경우로서 대표자나 관리인이 관할 세무서장에게 신청하여 **승인을 받은 것**도 법인으로 보아 「국세기본법」과 세법을 적용한다.

> ㉠ 단체의 조직과 운영에 관한 규정을 가지고 대표자나 관리인을 선임하고 있을 것
> ㉡ 단체 **자신의** 계산과 명의로 수익과 재산을 독립적으로 소유·관리할 것
> ㉢ **단체의 수익을 구성원에게 분배하지 않을 것**

④ 법인으로 보는 법인 아닌 단체는 그 신청에 대하여 관할 세무서장의 **승인을 받은 날**이 속하는 과세기간과 그 과세기간이 끝난 날부터 **3년**이 되는 날이 속하는 과세기간까지는 「소득세법」에 따른 거주자 또는 비거주자로 변경할 수 **없다**. 다만, 요건을 갖추지 못하게 되어 승인 취소를 받는 경우는 제외한다.

정답 ①

02

「국세기본법」상 법인 아닌 단체에 대한 설명으로 옳지 않은 것은?

① 「국세기본법」에 의하여 법인으로 보는 법인 아닌 단체는 「법인세법」에서 비영리법인으로 본다.

② 주무관청의 허가 또는 인가를 받아 설립된 단체로서 수익을 구성원에게 분배하지 않는 경우에는 대표자나 관리인이 관할 세무서장에게 신청하여 승인을 받아야 법인으로 본다.

③ 법인 아닌 단체가 「국세기본법」에 의하여 법인으로 의제되지 않더라도 「소득세법」에 의하여 그 단체를 1거주자로 보아 과세할 수도 있다.

④ 법인으로 보는 법인 아닌 단체의 국세에 관한 의무는 그 대표자나 관리인이 이행하여야 한다.

기출처 2015 국가직 9급
LINK 세법1 37-38p 오진다 21-22p
난이도 ●●○○○ 출제 가능 지수 ●●●●○

해설

주무관청의 허가 또는 인가를 받아 설립된 단체로서 수익을 구성원에게 분배하지 않는 경우에는 관할 세무서장의 **승인 없이도 요건을 만족하면 당연법인으로 보아** 「국세기본법」과 세법을 적용한다.

정답 ②

03

다음은 국내에 거주하는 甲이 고교동창생들과 함께 결성한 A동 창회에 대한 자료이다. A동창회에 대한 과세방법으로 적절한 것은?

> ○ A동창회는 주사무소를 서울에 두고 있고, 매달 회비를 걷 어서 친목모임에 사용하기로 하였다.
> ○ A동창회는 운영규정도 만들었으며, 수익은 분배하지 않 기로 하고 甲이 대표가 되기로 하였다.
> ○ A동창회는 주무관청에 등록되지 않았고, 甲은 A동창회와 관련된 사항을 관할 세무서장에게 신고하거나 신청한 적이 없다.

① A동창회를 「법인세법」상 영리법인으로 보아 법인세를 과세한다.

② A동창회를 「법인세법」상 비영리법인으로 보아 법인세를 과세한다.

③ A동창회를 「소득세법」상 1거주자로 보아 소득세를 과세한다.

④ A동창회의 소득을 대표자 甲의 소득으로 보아 소득세를 과세한다.

기출처 2021 국가직 7급

LINK 세법1 37-39p 오진다 21-22p

난이도 ●●●●● 출제 가능 지수 ●●●●●

해설

주무관청에 등록되지 않았으며 공익목적으로 출연된 기본재산이 있는지에 대한 단서도 없고 관할 세무서장에게 신고하거나 신청한 적이 없다면 A동창회는 법인으로 보는 단체에 해당하지 않는다. 따라서 법인으로 보는 단체 외의 법인 아닌 단체로 본다. 이때 A동창회는 구성원 간 이익의 분배방법이나 분배비율이 정해져 있지 않거나 확인되지 않은 경우에 해당하므로 **그 단체를 1거주자로 본다.**

㉠ 당연법인으로 보는 단체 (비영리법인으로 봄)	[조건1] 수익을 구성원에게 분배하지 않음 +	충족
	[조건 2] 주무관청의 허가·인가를 받아 설립 또는	단서 없음
	[조건 2] 법령에 따라 주무관청에 등록한 사단, 재단, 그 밖의 단체로서 등기되지 않은 것 또는	**불충족**
	[조건 2] 공익을 목적으로 출연(出捐)된 기본재산이 있는 재단으로서 등기되지 않은 것	단서 없음
㉡ 신청에 따라 법인으로 보는 단체 (비영리법인으로 봄)	[조건 1] 수익을 구성원에게 분배하지 않음 +	충족
	[조건 2] 조직과 운영에 관한 규정이 있음 +	충족
	[조건 3] 단체가 수익과 재산을 독립적으로 소유·관리 +	단서 부족
	[조건 4] 관할 세무서장에게 신청하여 승인받음	**불충족**
㉢ 공동사업자로 보는 경우	㉠, ㉡ 외의 경우로서 구성원 간 이익의 분배방법이나 분배비율이 정해져 있고 사실상 이익이 분배되는 경우	**불충족**
㉣ 1거주자로 보는 경우	㉠, ㉡ 외의 경우로서 구성원 간 이익의 분배방법이나 분배비율이 정해져 있지 않거나 확인되지 않은 경우	충족

정답 ③

04

법인으로 보는 단체 등에 대한 설명으로 옳지 않은 것은?

① 「국세기본법」에 따른 법인으로 보는 단체는 「법인세법」상 비영리법인에 해당한다.

② 「소득세법」상 법인으로 보는 단체 외의 법인 아닌 단체에 해당하는 국외투자기구를 국내원천소득의 실질 귀속자로 보는 경우 그 국외투자기구는 1비거주자로서 소득세를 납부할 의무를 진다.

③ 「국세기본법」상 2020년 1월 1일 이후 성립하는 납세 의무부터 전환 국립대학 법인이 해당 법인의 설립근거가 되는 법률에 따른 교육·연구 활동에 지장이 없는 범위 외의 수익사업을 하는 경우의 납세의무를 적용할 때에는 전환 국립대학 법인을 별도의 법인으로 보지 아니하고 국립대학 법인으로 전환되기 전의 국립학교 또는 공립학교로 본다.

④ 「국세기본법」에 따라 법인으로 보는 단체의 국세에 관한 의무는 그 대표자나 관리인이 이행하여야 한다.

기출처 2020 국가직 7급

LINK 세법1 37-39p 세법2 290p 오진다 21-22, 427p

난이도 ●●●○○ 출제 가능 지수 ●●●●○

해설

전환 국립대학 법인이 해당 법인의 설립근거가 되는 법률에 따른 교육·연구 활동에 지장이 없는 범위 외의 수익사업을 하는 경우의 납세의무에 대해서는 국립대학 법인으로 전환되기 전의 국립학교 또는 공립학교로 보지 아니하고 **전환 국립대학 법인을 별도의 법인으로 본다.** 즉, 별도의 법인으로 보아 법인세를 과세한다.

정답 ③

05

법인격 없는 단체에 대한 개별세법상의 취급에 대한 다음 설명 중 옳은 것은?

① 법인으로 보는 법인격 없는 단체는 「법인세법」상 영리법인으로 본다.

② 법인으로 보지 않는 법인격 없는 단체는 대표자 또는 관리인이 선임되어 있고, 이익의 분배방법 및 비율이 정해진 단체를 1거주자로 본다.

③ 법인으로 보는 법인격 없는 단체는 「상속세 및 증여세법」상 영리법인으로 본다.

④ 법인으로 보는 법인격 없는 단체는 상속세 및 증여세 납세의무가 있다.

⑤ 부가가치세법은 법인격 없는 단체의 취급에 대한 명문 규정을 두고 있다.

기출처 2008 서울시 9급

LINK 세법1 37-39p 오진다 21-22p

난이도 ●●●○○ 출제 가능 지수 ●●●●○

해설

① 법인으로 보는 법인격 없는 단체는 「법인세법」에 따른 **비영리법인으로 본다.**

② 법인으로 보지 않는 법인격 없는 단체는 대표자 또는 관리인이 선임되어 있고, 이익의 분배방법 및 비율이 정해진 단체를 **공동사업자**로 본다.

③ 법인으로 보는 법인격 없는 단체는 「상속세 및 증여세법」상 **비영리법인으로 본다.**

⑤ 「부가가치세법」은 법인격 없는 단체의 취급에 관한 **명문 규정을 두지 않고 있다.**

정답 ④

06

「국세기본법」상 법인격이 없는 사단·재단·기타 단체에
관한 설명으로 옳지 않은 것은?

① 법인격이 없는 단체 중 공익을 목적으로 출연된 기본재
산이 있는 재단으로서 등기되지 아니한 것(수익을 구성
원에게 분배하지 아니함)은 이를 법인으로 보아 「국세기
본법」과 세법을 적용한다.

② 법인격이 없는 단체 중 법령에 의하여 주무관청에 등록한
사단으로서 등기되지 아니한 것(수익을 구성원에게
분배하지 아니함)은 이를 법인으로 본다.

③ 법인으로 신청하여 관할 세무서장의 승인을 얻은
법인격이 없는 단체는 승인을 얻은 날이 속하는 과세
기간 종료일부터 5년이 되는 날이 속하는 과세기간
까지는 거주자로 변경할 수 없다.

④ 법인으로 보는 법인격이 없는 단체의 국세에 관한 의무는 그
대표자 또는 관리인이 이행하여야 한다.

기출처 2007 국가직 9급
LINK 세법1 37-38p 오진다 21-22p
난이도 ●●●○○ 출제 가능 지수 ●●●○○

해설

신청에 따라 법인으로 보는 단체는 그 신청에 대하여 관할 세무서장의 승인을
받은 날이 속하는 과세기간과 그 과세기간이 끝난 날부터 **3년**이 되는 날이 속
하는 과세기간까지는 「소득세법」에 따른 거주자(또는 비거주자)로 변경할 수
없다.

정답 ③

07

세법상 '인격'에 대한 설명으로 옳은 것은?

① 법령에 의해 주무관청에 등록한 사단으로서 등기되지
아니한 것은 관할 세무서장의 승인을 얻어 법인으로 인
정받을 수 있다.

② 일정요건을 갖추어 법인으로 의제된 법인격 없는 단체는 「법
인세법」상 영리법인으로 본다.

③ 관할 세무서장의 승인에 의하여 법인으로 인정받은
단체는 일정기간이 경과하더라도 거주자로 변경할 수
없다.

④ 법인으로 보지 않는 단체 중 1거주자로 간주되는
법인격 없는 단체의 소득은 대표자의 다른 소득과
합산과세하지 않는다.

기출처 2005 국가직 9급
LINK 세법1 37-38p 세법2 291p 오진다 21-22, 427p
난이도 ●●○○○ 출제 가능 지수 ●●●●○

해설

① 법령에 의해 주무관청에 등록한 사단은 당연법인으로 보는 단체이며 해당
단체는 관할 세무서장의 **승인 없이도 요건을 만족하면 법인으로 보아** 「국
세기본법」과 세법을 적용한다.

② 일정요건을 갖추어 법인으로 의제된 법인격 없는 단체는 「법인세법」에 따
른 **비영리법인으로 본다**.

③ 신청에 따라 법인으로 보는 단체는 그 신청에 대하여 관할 세무서장의 승인
을 받은 날이 속하는 과세기간과 그 과세기간이 끝난 날부터 3년이 되는 날
이 속하는 과세기간까지 는 「소득세법」에 따른 거주자(또는 비거주자)로 변
경할 수 없다. 즉, 관할 세무서장의 승인을 얻은 법인격이 없는 단체는 해당
제한 기간이 지나면 **거주자로의 변경이 가능하다**.

정답 ④

CHAPTER 02

국세부과의 원칙과
세법적용의 원칙

출제 경향 분석

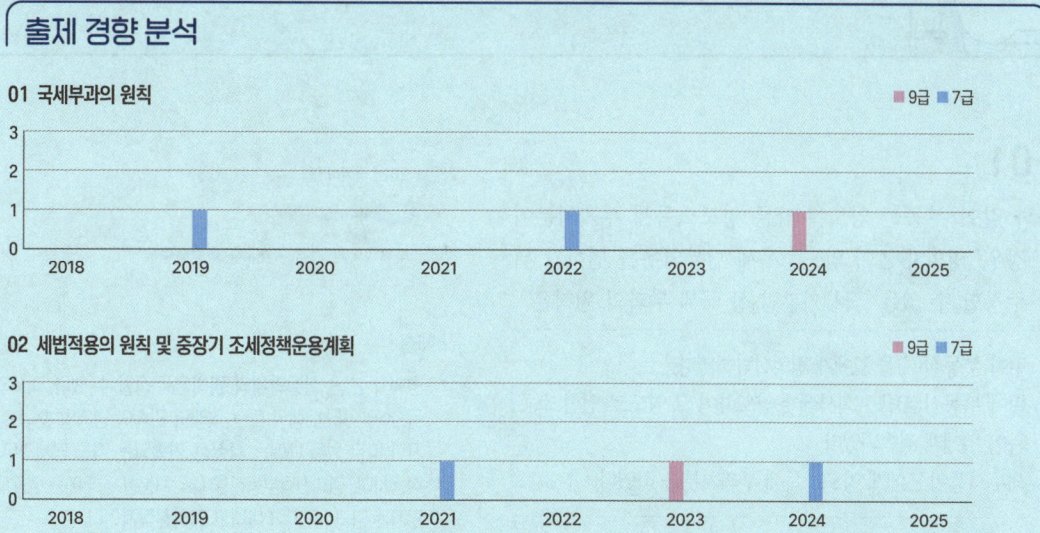

01 국세부과의 원칙
■ 9급 ■ 7급

02 세법적용의 원칙 및 중장기 조세정책운용계획
■ 9급 ■ 7급

기출 분석

9급과 7급에서 골고루 나오는 주제입니다. 최근 4년간 '국세부과의 원칙'과 '세법적용의 원칙' 내용이 연속 출제되었으며, 특히 2021년에는 법령의 세부적인 내용까지 알고 있어야 풀 수 있는 난도 높은 문제가 출제되었습니다.

기본적인 내용을 다룰수록 출제위원이 출제할 때는 난도가 높아질 수 있음을 주의해야 합니다. 기출된 내용을 중심으로 법령까지 정확히 정리하시기 바랍니다.

01 국세부과의 원칙

1-01

다음과 같이 부동산 양도에 따른 양도소득세 부과처분이 있는 경우, 명의자 乙이 양도소득세 납부의무를 면하기 위하여 주장할 수 있는 「국세기본법」상 국세 부과의 원칙은?

> ○ 甲이 부동산(X)을 乙에게 명의신탁하였다.
> ○ 甲이 부동산(X)을 A회사에게 양도하여 그 양도로 인한 소득이 甲에게 귀속되었다.
> ○ 세무서장이 乙에게 양도소득세 부과처분을 하였다.

① 실질과세
② 신의성실
③ 세무공무원의 재량의 한계
④ 조세감면의 사후관리

기출처 **2024 국가직 9급**
LINK 세법1 44-45p 오진다 23p
난이도 ●●●●● 출제 가능 지수 ●●●●●

해설

① 명의자 乙은 **실질과세의 원칙**을 주장할 수 있다. 과세의 대상이 되는 소득, 수익, 재산, 행위 또는 거래의 귀속이 명의일 뿐이고 사실상 귀속되는 자가 따로 있을 때에는 **사실상 귀속되는 자**를 납세의무자로 하여 세법을 적용하며, 명의신탁부동산을 매각처분한 경우에는 양도의 주체 및 납세의무자는 명의수탁자가 아니고 **명의신탁자**이다. 정답 ①

01

「국세기본법」상 국세 부과의 원칙에 대한 설명이 아닌 것은?

① 과세의 대상이 되는 소득, 수익, 재산, 행위 또는 거래의 귀속이 명의일 뿐이고 사실상 귀속되는 자가 따로 있을 때에는 사실상 귀속되는 자를 납세의무자로 하여 세법을 적용한다.
② 세무공무원이 국세의 과세표준을 조사·결정할 때에는 해당 납세의무자가 계속하여 적용하고 있는 기업회계의 기준 또는 관행으로서 일반적으로 공정·타당하다고 인정되는 것은 존중하여야 한다. 다만, 세법에 특별한 규정이 있는 것은 그러하지 아니하다.
③ 납세의무자가 세법에 따라 장부를 갖추어 기록하고 있는 경우에는 해당 국세 과세표준의 조사와 결정은 그 장부와 이와 관계되는 증거자료에 의하여야 한다.
④ 정부는 국세를 감면한 경우에 그 감면의 취지를 성취하거나 국가정책을 수행하기 위하여 필요하다고 인정하면 세법에서 정하는 바에 따라 감면한 세액에 상당하는 자금 또는 자산의 운용 범위를 정할 수 있다.

기출처 **2022 국가직 7급**
LINK 세법1 44, 47-48, 51p 오진다 23-26p
난이도 ●●●●● 출제 가능 지수 ●●●●●

해설

① **실질과세의 원칙**에 대한 내용으로서 **국세 부과의 원칙**에 해당한다.
② **기업회계의 존중**에 대한 내용으로서 **세법 적용의 원칙**에 해당한다.
③ **근거과세의 원칙**에 대한 내용으로서 **국세 부과의 원칙**에 해당한다.
④ **조세감면의 사후관리**에 대한 내용으로서 **국세 부과의 원칙**에 해당한다.

국세부과의 원칙	세법적용의 원칙
① **실**질과세의 원칙	① **세**법 해석의 기준(납세자 재산권의 부당한 침해 금지)
② **신**의성실의 원칙	② **소**급과세의 금지
③ **근**거과세의 원칙	③ **세**무공무원의 재량의 한계
④ **조**세감면의 사후관리	④ **기**업회계의 존중

정답 ②

02

거주자 甲이 A회사와 판매수익의 귀속주체를 甲으로 하는 판매약정을 체결한 후 A회사 영업이사 직함을 사용하여 A회사가 생산한 정제유를 A회사 명의로 판매하였다. 甲이 독자적으로 관리·사용하던 A회사 명의의 계좌를 통한 거래 중 무자료 거래에서 확인된 매출누락 등에 따른 세금을 과세관청이 A회사가 아닌 甲에게 부담시키기 위한 국세부과의 원칙은?

① 실질과세의 원칙
② 신의성실의 원칙
③ 근거과세의 원칙
④ 조세감면의 사후관리의 원칙

기출처 2019 국가직 7급
LINK 세법1 44-45p 오진다 23-24p
난이도 ●●●●● 출제 가능 지수 ●●●●●

해설

과세의 대상이 되는 소득, 수익, 재산, 행위 또는 거래의 귀속이 A회사의 명의일 뿐이고 사실상 귀속되는 자는 거주자 甲인 경우로서 사실상 귀속되는 자인 거주자 甲를 납세의무자로 하여 세법을 적용하는 것은 **실질과세원칙**에 해당한다(국기법 14 ①).　　　　　　　　　　정답 ①

03

「국세기본법」상 실질과세의 원칙에 대한 설명으로 옳지 않은 것은?

① 세법 중 과세표준의 계산에 관한 규정은 소득, 수익, 재산, 행위 또는 거래의 명칭이나 형식에 관계없이 그 실질내용에 따라 적용한다.
② 과세의 대상이 되는 소득, 수익, 재산, 행위 또는 거래의 귀속이 명의일 뿐이고 사실상 귀속되는 자가 따로 있을 때에는 명의자를 납세의무자로 하여 세법을 적용한다.
③ 제3자를 통한 간접적인 방법이나 둘 이상의 행위 또는 거래를 거치는 방법으로 「국세기본법」 또는 세법의 혜택을 부당하게 받기 위한 것으로 인정되는 경우에는 그 경제적 실질내용에 따라 당사자가 직접 거래를 한 것으로 보거나 연속된 하나의 행위 또는 거래를 한 것으로 보아 「국세기본법」 또는 세법을 적용한다.
④ 세법에서 「국세기본법」상 실질과세원칙에 대한 특례규정을 두고 있는 경우에는 그 세법이 정하는 바에 따른다.

기출처 2016 국가직 9급
LINK 세법1 44-45p 오진다 23-24p
난이도 ●●●●● 출제 가능 지수 ●●●●●

해설

과세의 대상이 되는 소득, 수익, 재산, 행위 또는 거래의 귀속이 명의일 뿐이고 사실상 귀속되는 자가 따로 있을 때에는 **사실상 귀속되는 자**를 납세의무자로 하여 세법을 적용한다(국기법 14 ①).　　　　　　　　　정답 ②

04

「국세기본법」상 실질과세원칙에 관한 설명으로 옳지 않은 것은?

① 과세의 대상이 되는 거래의 귀속이 명의일 뿐이고 사실상 귀속되는 자가 따로 있는 때에는 사실상 귀속되는 자를 납세의무자로 본다.

② 사업자등록 명의자와는 별도로 사실상의 사업자가 있는 경우에는 사실상의 사업자를 납세의무자로 본다.

③ 세법 중 과세표준의 계산에 관한 규정은 거래의 명칭이나 형식에 불구하고 그 실질 내용에 따라 적용한다.

④ 제3자를 통한 간접적인 방법으로 거래한 경우 「국세기본법」 또는 세법의 혜택을 부당하게 받기 위한 것인지 여부와 관계없이 그 경제적 실질 내용에 따라 당사자가 직접 거래를 한 것으로 본다.

기출처 2013 국가직 9급
LINK 세법1 44-45p 오진다 23-24p
난이도 ●●○○○ 출제 가능 지수 ●●●●○

해설

제3자를 통한 간접적인 방법으로 거래한 경우 **「국세기본법」 또는 세법의 혜택을 부당하게 받기 위한 것으로 인정되는 경우**에는, 그 경제적 실질내용에 따라 당사자가 직접 거래를 한 것으로 보아 「국세기본법」 또는 세법을 적용한다(국기법 14 ③). 정답④

05

「국세기본법」상 실질과세의 원칙에 관한 설명으로 옳지 않은 것은?

① 제3자를 통한 간접적인 방법으로 「소득세법」의 혜택을 부당하게 받기 위한 것으로 인정되는 경우에는 그 경제적 실질내용에 따라 당사자가 직접 거래를 한 것으로 보아 「소득세법」을 적용한다.

② 「상속세 및 증여세법」상 명의신탁재산의 증여의제 규정은 「국세기본법」상 실질과세의 원칙에 대한 세법상의 특례규정에 해당된다고 볼 수 없다.

③ 국세에 관하여 세법에 별도의 규정이 있는 경우를 제외하고는 「국세기본법」에서 정하는 바에 따른다.

④ 세법 중 과세표준의 계산에 관한 규정은 소득·수익·재산·행위 또는 거래의 명칭이나 형식에 불구하고 그 실질내용에 따라 적용한다.

기출처 2009 지방직 9급
LINK 세법1 44-45p 오진다 23-24p
난이도 ●●●●○ 출제 가능 지수 ●●●●○

해설

「상속세 및 증여세법」상 조세 회피의 목적으로 타인의 명의로 재산의 등기 등을 하거나 소유권을 취득한 실제소유자 명의로 명의개서를 하지 않는 경우 「국세기본법」에 규정된 실질과세원칙에도 불구하고 그 명의자로 등기 등을 한 날(명의개서를 해야 하는 재산인 경우에는 소유권취득일이 속하는 해의 다음 해 말일의 다음 날)에 그 재산을 실제소유자가 명의자에게 증여한 것으로 보아 증여세를 과세한다. 이는 **개별세법의 특례규정에 해당**한다. 정답②

06

「국세기본법」상 신의성실의 원칙에 관한 판례의 내용으로 옳은 것은?

① 과세관청이 납세의무자에게 부가가치세 면세사업자용 사업자등록증을 교부하였다면 그가 영위하는 사업에 관하여 부가가치세를 과세하지 아니함을 시사하는 언동이나 공적인 견해를 표명한 것으로 볼 수 있다.

② 조세법률주의에 의하여 합법성이 강하게 작용하는 조세 실체법에 대한 신의성실의 원칙 적용은 합법성을 희생하여서라도 구체적 신뢰보호의 필요성이 인정되는 경우에 한하여 허용된다.

③ 납세의무자가 자산을 과대계상하거나 부채를 과소계상하는 등의 방법으로 분식결산을 하고 이에 따라 과다하게 법인세를 신고·납부하였다가 그 과다납부한 세액에 대하여 취소 소송을 제기하여 다툰다는 것만으로도 신의성실의 원칙에 위반될 정도로 심한 배신행위를 하였다고 할 수 있다.

④ 과세관청에게 신의성실의 원칙을 적용하기 위해서는 객관적으로 모순되는 행태가 존재하고, 그 행태가 납세의무자의 심한 배신행위에 기인하였으며, 그에 기하여 야기된 과세관청의 신뢰가 보호받을 가치가 있는 것이어야 한다.

기출처 **2009 국가직 7급**

LINK 세법1 46-47p 오진다 24p

난이도 ●●●●○ 출제가능지수 ●●●○○

해설

① 과세관청이 납세의무자에게 면세사업자등록증을 교부하고, 수년간 면세사업자로서 한 부가가치세 예정신고 및 확정신고를 받은 행위만으로는 과세관청이 납세의무자에게 그가 영위하는 사업에 관하여 **부가가치세를 과세하지 아니함을 시사하는 언동이나 공적인 견해를 표명한 것이라고 할 수 없다**(대법2001두9370, 2002.09.04.).

③ 납세의무자가 자산을 과대계상하거나 부채를 과소계상하는 등의 방법으로 분식결산하고 이에 따라 과다하게 법인세를 신고, 납부하였다가 그 과다 납부한 세액에 대하여 취소소송을 제기하여 다툰다는 사정만으로 신의성실의 원칙에 위반될 정도로 심한 **배신행위를 하였다고 볼 수는 없다**(대법 2005두6300, 2006.01.26.).

④ **납세자**에게 신의성실의 원칙을 적용하기 위해서는 객관적으로 모순되는 행태가 존재하고, 그 행태가 납세의무자의 심한 배신행위에 기인하였으며, 그에 기하여 야기된 과세관청의 신뢰가 보호받을 가치가 있어야 한다.

정답 ②

07

국세부과의 원칙에 대한 설명 중 옳은 것은?

① 국세부과의 원칙은 세무공무원에게만 적용된다.

② 국세부과의 원칙은 국세를 부과하는 과정, 즉 납세의무의 확정과정에서 지켜야 할 원칙을 말한다.

③ 국세부과의 원칙은 실질과세, 소급과세금지, 근거과세, 조세감면의 사후관리 규정이 이에 해당한다.

④ 국세부과의 원칙은 조세법률주의를 벗어나서 적용될 수 있다.

기출처 2006 국가직 9급
LINK 세법1 44-45p 오진다 23-24p
난이도 ●●●●● 출제 가능 지수 ●●●●●

해설

① 국세부과의 원칙은 **과세관청과 납세자 모두에게** 준수가 요구되는 원칙에 해당한다.

③ 국세부과의 원칙은 실질과세의 원칙, **신의성실의 원칙**, 근거과세의 원칙, 조세감면의 사후관리 규정이 이에 해당된다. **소급과세의 금지는 세법적용의 원칙**에 해당한다.

④ 국세부과의 원칙 중 실질과세원칙은 조세평등주의를 실현하기 위해 필요불가결한 원칙이지만, 이를 무제한적으로 적용하는 경우에는 납세자의 법적안정성과 예측가능성을 침해할 위험성이 있다. 따라서 조세법률주의에 대한 침해를 최소화하도록 **제한적으로 적용되어야 한다.**

[국세부과의 원칙 VS 세법적용의 원칙]

국세부과 원칙	세법적용 원칙
① **실**질과세의 원칙	① **세**법해석의 기준 (납세자 재산권의 부당한 침해 금지)
② **신**의성실의 원칙	② **소**급과세의 금지
③ **근**거과세의 원칙	③ **세**무공무원 재량의 한계
④ **조**세감면의 사후관리	④ **기**업회계의 존중

정답 ②

08

실질과세의 원칙에 대한 설명으로 옳지 않은 것은?

① 실질과세의 원칙은 법상 명문의 규정이 있어야 그 기능을 갖는 것이 아니라는 것이 일반적 견해지만 현행 「국세기본법」은 실질과세의 원칙을 명문으로 규정하고 있다.

② 「소득세법」 및 「법인세법」상 부당행위계산부인은 실질과세원칙의 구체적인 사례가 아니라 조세법률주의에 그 근거를 두고 있다.

③ 실질과세의 원칙은 실질귀속의 원칙과 실질거래내용의 원칙 및 우회거래 등에 관한 실질계산의 원칙으로 이루어져 있다.

④ 실질귀속의 원칙은 과세물건이 형식상 귀속하는 자와 실질상 귀속하는 자가 다를 경우 후자에게 귀속된 것으로 보는 것이다.

기출처 2005 국가직 9급
LINK 세법1 44-45p 오진다 23-24p
난이도 ●●●●● 출제 가능 지수 ●●●●●

해설

「소득세법」 및 「법인세법」상 부당행위계산부인은 실질과세원칙의 **구체적인 사례에 해당되며 조세평등주의**에 그 근거를 두고 있다.

정답 ②

2-01

「국세기본법」상 국세 부과의 원칙 및 세법 적용의 원칙에 대한 설명으로 옳지 않은 것은?

① 세무공무원이 국세의 과세표준을 조사·결정할 때에는 세법에 특별한 규정이 있는 경우에도 해당 납세의무자가 계속하여 적용하고 있는 기업회계의 기준 또는 관행으로서 일반적으로 공정·타당하다고 인정되는 것이 있으면, 이를 우선 적용한다.

② 세법의 해석이나 국세행정의 관행이 일반적으로 납세자에게 받아들여진 후에는 그 해석이나 관행에 의한 행위 또는 계산은 정당한 것으로 보며, 새로운 해석이나 관행에 의하여 소급하여 과세되지 아니한다.

③ 과세의 대상이 되는 소득, 수익, 재산, 행위 또는 거래의 귀속이 명의일 뿐이고 사실상 귀속되는 자가 따로 있을 때에는 사실상 귀속되는 자를 납세의무자로 하여 세법을 적용한다.

④ 세법을 해석·적용할 때에는 과세의 형평과 해당 조항의 합목적성에 비추어 납세자의 재산권이 부당하게 침해되지 아니하도록 하여야 한다.

기출처 **2024 국가직 7급**

LINK 세법1 44, 48, 50-51p 오진다 23, 25-26p

난이도 ●●●●● 출제가능지수 ●●●●●

해설

① 세무공무원이 국세의 과세표준을 조사·결정할 때에는 해당 납세의무자가 계속하여 적용하고 있는 기업회계의 기준 또는 관행으로서 일반적으로 공정·타당하다고 인정되는 것은 존중해야 한다. 다만, **세법에 특별한 규정이 있는 것은 그렇지 않다**.　　　　정답 ①

01

「국세기본법」상 국세 부과의 원칙과 세법 적용의 원칙에 대한 설명으로 옳지 않은 것은?

① 정부는 국세를 감면한 경우에 국가정책을 수행하기 위하여 필요하더라도 감면한 세액에 상당하는 자금 또는 자산의 운용 범위를 정할 수 없다.

② 세법을 해석·적용할 때에는 과세의 형평과 해당 조항의 합목적성에 비추어 납세자의 재산권이 부당하게 침해되지 아니하도록 하여야 한다.

③ 제3자를 통한 간접적인 방법이나 둘 이상의 행위 또는 거래를 거치는 방법으로 「국세기본법」 또는 세법의 혜택을 부당하게 받기 위한 것으로 인정되는 경우에는 그 경제적 실질 내용에 따라 당사자가 직접 거래를 한 것으로 보거나 연속된 하나의 행위 또는 거래를 한 것으로 보아 「국세기본법」 또는 세법을 적용한다.

④ 세법의 해석이나 국세행정의 관행이 일반적으로 납세자에게 받아들여진 후에는 그 해석이나 관행에 의한 행위 또는 계산은 정당한 것으로 보며, 새로운 해석이나 관행에 의하여 소급하여 과세되지 아니한다.

기출처 2023 국가직 9급 ●
LINK 세법1 44, 48, 50p 오진다 23-26p
난이도 ●●●●● 출제 가능 지수 ●●●●●

해설

① 정부는 국세를 감면한 경우에 그 감면의 취지를 성취하거나 국가정책을 수행하기 위하여 필요하다고 인정하면 세법에서 정하는 바에 따라 감면한 세액에 상당하는 자금 또는 자산의 운용 범위를 정할 수 **있다**.   정답 ①

02

「국세기본법령」상 세법 해석에 대한 설명으로 옳지 않은 것은?

① 세법을 해석·적용할 때에는 과세의 형평(衡平)과 해당 조항의 합목적성에 비추어 납세자의 재산권이 부당하게 침해되지 아니하도록 하여야 한다.

② 기획재정부장관 및 국세청장은 세법의 해석과 관련된 질의에 대하여 세법해석의 기준에 따라 해석하여 회신하여야 한다.

③ 세법이 새로 제정되거나 개정되어 이에 대한 기획재정부장관의 해석이 필요한 경우 기획재정부장관이 직접 회신할 수 있으며, 이 경우 회신한 문서의 사본을 국세청장에게 송부하여야 한다.

④ 국세청장은 세법의 해석과 관련된 질의가 세법과 이와 관련되는 「국세기본법」의 입법취지에 따른 해석이 필요한 사항에 해당하는 경우 기획재정부장관에게 해석을 요청하지 않고 민원인에게 직접 회신할 수 있다.

기출처 **2021 국가직 7급**
LINK 세법1 47, 49p   오진다 25p
난이도 ●●●●●   출제 가능 지수 ●●●●○

해설

③ 기획재정부장관에게 제출된 세법 해석과 관련된 질의는 국세청장에게 이송하고 그 사실을 민원인에게 통지하여야 한다. 다만, 다음 중 어느 하나에 해당하는 경우에는 기획재정부장관이 직접 회신할 수 있으며, 이 경우 회신한 문서의 사본을 국세청장에게 송부해야 한다(국기령 10 ⑤).

㉠ 세법 및 이와 관련되는 이 법의 입법취지에 따른 해석이 필요한 사항과 「관세법」 등의 입법 취지에 따른 해석이 필요한 사항 등 아래 ④의 ㉠~㉢에 해당하여 국세예규심사위원회의 심의를 거쳐야 하는 질의

㉡ 국세청장의 세법 해석에 대하여 다시 질의한 사항으로서 국세청장의 회신문이 첨부된 경우의 질의(사실판단과 관련된 사항은 제외)

㉢ 세법이 새로 제정되거나 개정되어 이에 대한 기획재정부장관의 해석이 필요한 경우

㉣ 그 밖에 세법의 입법 취지에 따른 해석이 필요한 경우로서 납세자의 권리 보호를 위하여 필요하다고 기획재정부장관이 인정하는 경우

④ 국세청장은 세법의 해석과 관련된 질의가 다음 중 어느 하나에 해당하는 경우에는 **기획재정부장관에게 의견을 첨부하여 해석을 요청해야 한다**(국기령 10 ③).

㉠ 세법 및 이와 관련되는 **「국세기본법」의 입법취지에 따른 해석이 필요한 사항**과 「관세법」 및 이와 관련되는 「자유무역협정의 이행을 위한 관세법의 특례에 관한 법률」·「수출용 원재료에 대한 관세 등 환급에 관한 특례법」의 입법 취지에 따른 해석이 필요한 사항

㉡ 기존의 세법 및 이와 관련되는 「국세기본법」의 해석 또는 일반화된 국세행정의 관행을 변경하는 사항과 「관세법」 및 이와 관련되는 「자유무역협정의 이행을 위한 관세법의 특례에 관한 법률」·「수출용 원재료에 대한 관세 등 환급에 관한 특례법」 해석 또는 일반화된 관세 행정의 관행을 변경하는 사항

㉢ 그 밖에 납세자의 권리 및 의무에 중대한 영향을 미치는 사항

정답 ④

03

「국세기본법」상 국세부과의 원칙과 세법적용의 원칙에 대한 설명으로 옳지 않은 것은? (다툼이 있는 경우 판례에 의함)

① 국세를 조사·결정할 때 장부의 기록 내용이 사실과 다르거나 장부의 기록에 누락된 것이 있을 때에는 그 부분에 대해서만 정부가 조사한 사실에 따라 결정할 수 있다.

② 과세기간 진행 중 법률의 개정이나 해석의 변경이 있는 경우 이미 진행한 과세기간분에 대하여 소급과세 하는 것은 원칙적으로 허용되지 아니한다.

③ 납세자가 그 의무를 이행할 때에는 신의에 따라 성실하게 하여야 한다. 세무공무원이 직무를 수행할 때에도 또한 같다.

④ 과세의 대상이 되는 소득, 수익, 재산, 행위 또는 거래의 귀속이 명의일 뿐이고 사실상 귀속되는 자가 따로 있을 때에는 사실상 귀속되는 자를 납세의무자로 하여 세법을 적용한다.

기출처 **2016 국가직 7급**
LINK 세법1 44, 46-47, 50p 오진다 23-25p
난이도 ●●●○○   출제 가능 지수 ●●●●○

해설

① 국세를 조사·결정할 때 장부의 기록 내용이 사실과 다르거나 장부의 기록에 누락된 것이 있을 때에는 '그 부분에 대해서만' 정부가 조사한 사실에 따라 결정할 수 있다. 즉, 장부의 내용이 사실과 다르거나 장부에 누락되었다고 하더라도 장부의 내용을 전면적으로 부인할 수는 없다.

② 과세기간 진행 중 법률의 개정이나 해석의 변경이 있는 경우 이미 진행한 과세기간분에 대하여 소급과세 하는 것은 **부진정소급이라 하여 허용**된다.

정답 ②

04

「국세기본법」상 세법해석의 기준 및 소급과세의 금지에 대한 설명으로 옳지 않은 것은?

① 세법의 해석·적용에 있어서는 과세의 형평과 해당 조항의 합목적성에 비추어 납세자의 재산권이 부당하게 침해되지 아니하도록 하여야 한다.

② 국세를 납부할 의무가 성립한 소득·수익·재산·행위 또는 거래에 대하여는 그 성립 후의 새로운 세법에 의하여 소급하여 과세되지 아니한다.

③ 세법의 해석 또는 국세행정의 관행이 일반적으로 납세자에게 받아들여진 후에는 그 해석이나 관행에 의한 행위 또는 계산은 정당한 것으로 보며, 새로운 해석이나 관행에 의하여 소급하여 과세되지 아니한다.

④ 세법 이외의 법률 중 국세의 부과·징수·감면 또는 그 절차에 관하여 규정하고 있는 조항에 대해서는 세법해석의 기준에 대한 「국세기본법」 규정이 적용되지 아니한다.

기출처 **2011 국가직 9급**
LINK 세법1 48-50p 오진다 25p
난이도 ●●○○○   출제 가능 지수 ●●●○○

해설

세법 외의 법률 중 국세의 부과·징수·감면 또는 그 절차에 관하여 규정하고 있는 조항은 세법해석의 기준과 소급과세금지원칙을 적용함에 있어 **세법으로 본다**(국기법 18 ⑤).

정답 ④

CHAPTER

03

납세의무의 성립·확정·소멸

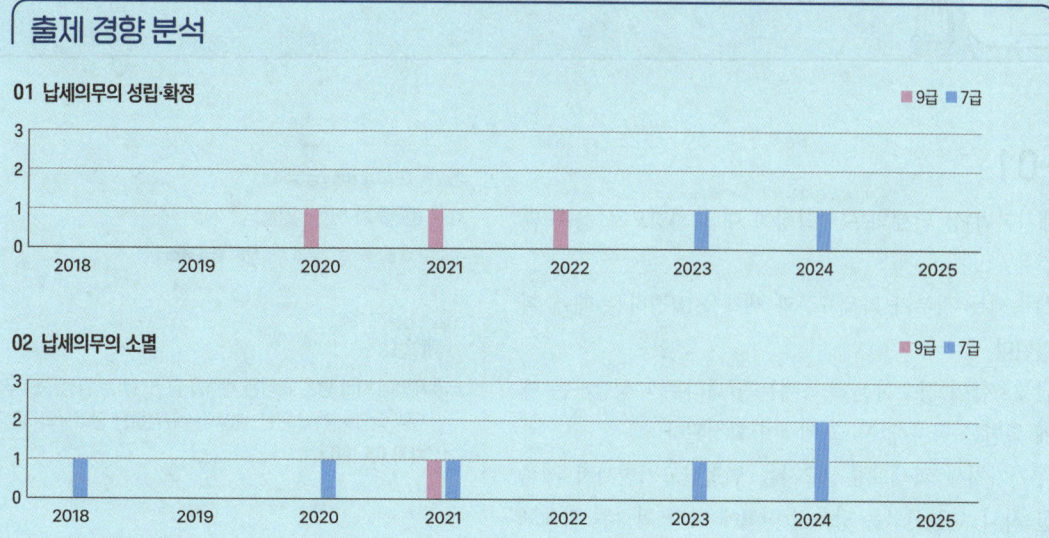

01 납세의무의 성립·확정

02 납세의무의 소멸

기출 분석

'납세의무의 성립·확정·소멸' 파트는 「국세기본법」에서 빈출되는 파트입니다. 특히나 '02. 납세의무의 소멸'은 2024년까지 국가직 7급에서 거의 매년 출제가 되었으며 '01. 납세의무의 성립·확정'은 2024년까지 5년 연속 출제되었습니다. '01. 납세의무의 성립· 확정'은 법문에 나오는 기본적인 내용을 다루고 있지만, '02. 납세의무의 소멸'은 사례형으로 출제되기도 하고, 법령까지 세세한 내용이 출제되고 있으므로 기출된 내용뿐만 아니라 다양한 응용 문제를 통해 대비할 필요가 있습니다.

01 납세의무의 성립·확정

1-01

「국세기본법」상 납세의무의 확정에 대한 설명으로 옳지 않은 것은?

① 상속세는 정부가 과세표준과 세액을 결정하는 때에 확정된다.

② 납세조합이 징수하는 소득세는 납세의무가 성립하는 때에 특별한 절차 없이 그 세액이 확정된다.

③ 부가가치세 과세표준신고서를 법정신고기한까지 제출한 자의 수정신고는 당초의 신고에 따라 확정된 과세표준과 세액을 증액하여 확정하는 효력을 가진다.

④ 세법에 따라 당초 확정된 세액을 감소시키는 경정은 그 경정으로 감소되는 세액 외의 세액에 관한 세법에서 규정하는 권리·의무관계에도 영향을 미친다.

기출처 2023 국가직 7급
LINK 세법1 59-61p 오진다 29-30p
난이도 ●●●●● 출제 가능 지수 ●●●●●

해설

④ 세법에 따라 당초 확정된 세액을 감소시키는 경정은 그 경정으로 감소되는 세액 외의 세액에 관한 세법에서 규정하는 권리·의무관계에도 영향을 **미치지 아니한다**.
정답 ④

01

「국세기본법」상 납세의무의 성립과 확정에 대한 설명으로 옳지 않은 것은?

① 청산소득에 대한 법인세의 납세의무 성립시기는 그 법인이 해산을 하는 때이다.

② 원천징수하는 소득세의 납세의무 성립시기는 과세기간이 끝나는 때이다.

③ 소득세와 법인세는 납세의무자가 과세표준과 세액의 신고를 하지 아니한 경우에는 정부가 과세표준과 세액을 결정하는 때에 그 결정에 따라 확정된다.

④ 납세조합이 징수하는 소득세는 납세의무가 성립하는 때에 특별한 절차 없이 그 세액이 확정된다.

기출처 2022 국가직 9급
LINK 세법1 57-60p 오진다 27, 29-30p
난이도 ●●●●● 출제 가능 지수 ●●●●●

해설

원천징수하는 소득세의 납세의무 성립시기는 **소득금액을 지급하는 때**이다.
정답 ②

02

「국세기본법」상 납세의무가 성립하는 때에 특별한 절차 없이 그 세액이 확정되는 국세만을 모두 고르면?

> ㄱ. 예정신고납부하는 소득세
> ㄴ. 납세조합이 징수하는 소득세
> ㄷ. 중간예납하는 법인세(세법에 따라 정부가 조사·결정하는 경우는 제외한다)
> ㄹ. 원천징수 등 납부지연가산세(납부고지서에 따른 납부기한 후의 가산세로 한정한다)
> ㅁ. 중간예납하는 소득세
> ㅂ. 수시부과하여 징수하는 국세

① ㄱ, ㄴ, ㄷ   ② ㄴ, ㄷ, ㄹ
③ ㄷ, ㄹ, ㅁ   ④ ㄴ, ㄹ, ㅁ, ㅂ

기출처 2021 국가직 9급
LINK 세법1 60p 오진다 29-30p
난이도 ●●●○○ 출제 가능 지수 ●●●●●

해설

납세의무가 성립하는 때에 특별한 절차 없이 그 세액이 확정되는 국세는 다음과 같다.

인지세	과세문서를 작성하는 때
원천징수하는 소득세·법인세	소득금액 또는 수입금액을 지급하는 때
납세조합이 징수하는 소득세	과세표준이 되는 금액이 발생한 달의 말일
중간예납하는 법인세(세법에 따라 정부가 조사결정하는 경우는 제외)	중간예납기간이 끝나는 때
납부지연가산세 및 원천징수납부 등 납부지연 가산세(납부고지서에 따른 납부기한 후의 가산세로 한정)	납부고지서에 따른 납부기한이 지난 후 1일마다 그 날이 경과하는 때

정답 ②

03

국세를 납부할 의무의 확정 또는 그 관련 쟁점에 대한 설명으로 옳은 것은?

① 기한 후 신고는 과세표준과 세액을 확정하는 효력을 가진다.
② 세법에 따라 당초 확정된 세액을 증가시키는 경정은 당초 확정된 세액에 관한 「국세기본법」 및 기타 세법에서 규정하는 권리·의무관계에 영향을 미치지 아니한다.
③ 과세표준신고서를 법정신고기한까지 제출한 자가 수정신고를 하는 경우, 당해 수정신고에는 당초의 신고에 따라 확정된 과세표준과 세액을 증액하여 확정하는 효력이 인정되지 아니한다.
④ 상속세는 상속이 개시되는 때, 증여세는 증여에 의하여 재산을 취득하는 때에 각각 납세의무가 성립하고, 「상속세 및 증여세법」에 따라 납부의무가 있는 자가 신고하는 때에 확정된다.

기출처 2020 국가직 9급
LINK 세법1 57, 59-61, 106p 오진다 28-29, 31, 51p
난이도 ●●●●● 출제 가능 지수 ●●●●●

해설

① '기한 후 신고'란 법정신고기한까지 신고서를 제출하지 않은 자가 법정신고기한 경과 후에 자진해서 신고서를 제출하는 것을 말하는데, 이러한 기한 후 신고는 해당 국세의 과세표준과 세액을 **확정하는 효력은 없다.**
③ 과세표준신고서를 법정신고기한까지 제출한 자가 수정신고를 하는 경우, 당해 수정신고가 신고납부제도를 취하는 국세인 때에는 당초의 신고에 따라 확정된 과세표준과 세액을 **증액하여 확정하는 효력을 가진다.**
④ 상속세와 증여세는 납세자에게 신고의무가 있음에도 불구하고 정부부과세 세목이므로 **신고하는 때에 확정되는 것이 아니다.** 따라서 상속세 및 증여세의 경우 해당 국세의 과세표준과 세액을 **정부가 '결정(즉 부과처분)' 하는 때에 확정**된다.

정답 ②

04

「국세기본법」상 납세의무의 성립시기에 대한 설명으로 옳지 않은 것은?

① 종합부동산세를 납부할 의무는 과세기준일에 성립한다.

② 원천징수하는 소득세·법인세를 납부할 의무는 소득금액 또는 수입금액을 지급하는 때에 성립한다.

③ 수시부과하여 징수하는 국세를 납부할 의무는 수시부과할 사유가 발생한 때에 성립한다.

④ 수입재화의 경우 부가가치세를 납부할 의무는 과세기간이 끝나는 때에 성립한다.

기출처 2015 국가직 7급
LINK 세법1 57-58p 오진다 28p
난이도 ●●○○○ 출제 가능 지수 ●●●●○

해설

수입재화에 대한 부가가치세의 경우에는 **세관장에게 수입신고를 하는 때** 납세의무가 성립한다.　　　　　정답 ④

05

「국세기본법」상 과세관청이 납세의무를 확정하는 결정을 한 후 이를 다시 경정하는 경우에 관한 설명으로 옳지 않은 것은? (단, 다툼이 있을 경우에는 판례에 의함)

① 세법의 규정에 의해 당초 확정된 세액을 증가시키는 경정은 당초 확정된 세액에 관한 권리·의무 관계를 소멸시킨다.

② 과세관청의 당초 결정에 대하여 「행정소송법」에 따른 소송에 대한 판결이 확정된 경우, 판결확정일로부터 1년이 지나기 전까지는 판결에 따라 경정결정이나 기타 필요한 처분을 할 수 있다.

③ 납세의무자는 증액경정처분의 취소를 구하는 항고소송에서 당초 결정의 위법사유도 주장할 수 있다.

④ 세법의 규정에 의해 당초 확정된 세액을 감소시키는 경정은 그 경정으로 감소되는 세액 외의 세액에 관한 권리·의무 관계에 영향을 미치지 아니한다.

기출처 2014 국가직 7급
LINK 세법1 61, 65p 오진다 30, 33p
난이도 ●●○○○ 출제 가능 지수 ●●●●○

해설

세법에 따라 당초 확정된 세액을 증가시키는 경정은 당초 확정된 세액에 관한 「국세기본법」 또는 세법에서 규정하는 권리·의무관계에 **영향을 미치지 아니한다**(국기법 22의3 ①).　　　　　정답 ①

06

「국세기본법」상 납세의무의 성립시기에 관한 설명으로 옳지 않은 것은?

① 납세조합이 징수하는 소득세와 예정신고납부하는 소득세는 과세표준이 되는 금액이 발생한 달의 말일이 된다.

② 금융·보험업자의 수익금액에 부과되는 교육세는 과세기간이 끝나는 때가 된다.

③ 청산소득에 대한 법인세는 당해 법인이 해산하는 때가 된다.

④ 상속세는 상속신고를 완료하는 때가 된다.

기출처 2013 국가직 9급
LINK 세법1 57-58p 오진다 27-28p
난이도 ●●●●● 출제 가능 지수 ●●●●●

해설

상속세는 특정한 행위시점을 기준으로 수시로 부과하는 국세다. 따라서 상속세의 경우 **상속을 개시하는 때에 납세의무가 성립**한다. 정답 ④

07

「국세기본법」상 당초처분과 경정처분 간의 관계에 대한 설명으로 옳지 않은 것은? (다툼이 있는 경우 판례에 의함)

① 당초처분보다 증액하는 경정처분이 있는 경우 당초처분의 소멸시효는 영향을 받지 않고 진행된다.

② 당초처분보다 감액하는 경정처분이 있는 경우 당초처분에 대한 강제징수절차는 감액된 범위 안에서 계속 진행된다.

③ 감액경정처분은 당초처분과 별개의 독립된 과세처분이 아니라 그 실질은 당초처분의 변경이다.

④ 당초처분에 대해 전치절차를 거친 경우라 하더라도 경정처분은 형식적으로 별개의 행위이므로 전치절차를 생략할 수 없다.

기출처 2012 국가직 7급
LINK 세법1 61p 오진다 30p
난이도 ●●●●● 출제 가능 지수 ●●●●●

해설

① 세법에 따라 당초 확정된 세액을 증가시키는 경정은 당초 확정된 세액에 관한 「국세기본법」 또는 세법에서 규정하는 권리·의무관계에 영향을 미치지 아니한다(국기법 22의3 ①). 따라서 당초 처분의 소멸시효는 영향을 받지 않고 진행된다.

② 세법에 따라 당초 확정된 세액을 감소시키는 경정은 그 경정으로 감소되는 세액 외의 세액에 관한 「국세기본법」 또는 세법에서 규정하는 권리·의무관계에 영향을 미치지 아니한다(국기법 22의3 ②). 따라서 당초처분에 대한 강제징수절차는 감액된 범위 안에서 계속 진행된다.

③ 경정(또는 경정결정)이란 이미 확정된 납세의무의 내용을 과세관청이 다시 고쳐 결정하는 처분을 말한다. 즉, 감액경정처분은 당초처분의 변경이라 볼 수 있다.

④ 당초 처분에 대해 전치절차를 거친 경우라면 경정처분은 전치절차를 생략할 수 **있다**.

[전심절차 생략]

과세처분의 불복절차 진행 중에 과세관청이 그 대상인 처분을 변경하였는데 그 위법사유가 공통되는 경우 선행처분에 대하여 적법한 전심절차를 거친 때 등과 같이 국세청장 및 국세심판소로 하여금 기본적 사실관계와 법률 문제에 대하여 다시 판단할 수 있는 기회가 부여되었을뿐더러 납세의무자로 하여금 굳이 또 전심절차를 거치게 하는 것이 가혹하다고 보이는 등의 사유가 있는 때에는 납세의무자는 **전심절차를 거치지 아니하고도 과세처분의 취소를 구하는 행정소송을 제기할 수 있다**(대법원 96누 2200 (1)).

정답 ④

08

「국세기본법」상 납세의무의 성립에 대한 설명으로 옳지 않은 것은?

① 청산소득에 대한 법인세는 그 법인이 해산하는 때에 성립한다.
② 무신고가산세는 법정신고기한이 경과하는 때 납세의무가 성립한다.
③ 금융업자의 수익금액에 부과되는 교육세는 해당 금융업자의 법인세 납세의무가 확정하는 때에 성립한다.
④ 납세조합이 징수하는 소득세 또는 예정신고납부하는 소득세는 과세표준이 되는 금액이 발생한 달의 말일에 성립한다.

기출처 2012 국가직 9급
LINK 세법1 57-58p 오진다 27-28p
난이도 ●●●●● 출제 가능 지수 ●●●●●

해설

금융업자의 수익금액에 부과되는 교육세는 해당 금융업자의 **과세기간이 끝나는 때**에 납세의무가 성립한다. 정답 ③

09

「국세기본법」상 납세의무의 성립시기로 옳지 않은 것은?

① 부가가치세는 과세기간이 끝나는 때 납세의무가 성립한다. 단, 수입재화의 경우에는 세관장에게 수입신고를 하는 때 납세의무가 성립한다.
② 각 사업연도 소득에 대한 법인세는 과세표준과 세액을 정부에 신고하는 때 납세의무가 성립한다.
③ 상속세는 상속이 개시되는 때 납세의무가 성립한다.
④ 인지세는 과세문서를 작성하는 때 납세의무가 성립한다.

기출처 2010 국가직 7급
LINK 세법1 57, 59p 오진다 27-29p
난이도 ●●●●● 출제 가능 지수 ●●●●●

해설

법인세와 같이 과세기간이 정해진 국세는 기간단위로 과세하는 국세이므로 **과세기간이 끝나는 때** 납세의무가 성립한다. 법인세는 납세의무자가 과세표준과 세액을 정부에 신고했을 때에 **확정**된다. 정답 ②

10

다음 중 납세의무의 확정시기로 틀린 것은?

① 소득세는 과세표준과 세액을 신고하는 때
② 개별소비세를 부과·결정하는 경우에는 부과·결정하는 때
③ 종합부동산세를 신고하는 경우에는 신고하는 때
④ 상속세는 상속개시일
⑤ 인지세는 과세문건을 작성하는 때

기출처 2007 서울시 9급
LINK 세법1 59-60p 오진다 29-30p
난이도 ●●●●● 출제 가능 지수 ●●●●●

해설

상속세는 상속개시일에 납세의무가 성립된다. 상속세는 납세자에게 신고의무가 부여되나, 정부부과과세 세목이므로 납세의무자의 과세표준신고가 아무리 정당하다 하더라도 정부는 반드시 과세표준과 세액의 결정을 해야 한다. 따라서 상속세는 **정부가 결정하는 때**에 납세의무가 확정된다. 정답 ④

11

세법상 납세의무의 성립시기로서 옳지 않은 것은?

① 증권거래세: 증권의 매매거래가 확정되는 때
② 부가가치세: 재화나 용역을 공급하는 때
③ 증여세: 증여에 의하여 재산을 취득하는 때
④ 소득세: 과세기간이 끝나는 때

기출처 **2005 국가직 9급**
LINK 세법1 57p 오진다 28p
난이도 ●●●●● 출제가능지수 ●●●●●

해설

부가가치세와 같이 과세기간이 정해진 국세는 기간단위로 과세하는 국세이므로 **과세기간이 끝나는 때** 납세의무가 성립한다. 다만, 수입재화에 대한 부가가치세의 경우에는 세관장에게 수입신고를 하는 때 납세의무가 성립한다.

정답②

12

납세의무의 확정에 대한 설명으로 옳지 않은 것은?

① 추상적인 납세의무를 일정액의 현실적인 금전채무로 구체화하는 것이 납세의무의 확정이다.
② 상속세 및 증여세의 경우는 납세자가 과세표준을 신고하여야 하나, 이 경우 납세자의 신고는 정부의 과세처분에 참고자료가 될 뿐이고 그 자체로서는 세액을 확정하는 기능을 갖지 못한다.
③ 원천징수하는 소득세 또는 법인세는 납세의무가 성립하는 때에 특별한 절차없이 그 세액이 확정된다.
④ 과세표준신고서에 기재된 결손금액이 세법에 의하여 신고하여야 할 결손금액을 초과하는 때에는 경정청구를 할 수 있다.

기출처 **2005 국가직 9급**
LINK 세법1 59-60, 100p 오진다 29-30, 48p
난이도 ●●●●● 출제가능지수 ●●●●●

해설

과세표준신고서에 기재된 결손금액이 세법에 의하여 신고하여야 할 결손금액을 초과하는 때에는 **수정신고**를 할 수 있다. 이미 신고한 과세표준 및 세액이 과소한 경우 뿐만 아니라 이미 신고한 결손금액 또는 환급세액이 과대한 경우 또는 이미 신고한 내용이 불완전한 경우에도 납세의무자는 이를 정정하는 수정신고를 할 수 있다.

정답④

02 납세의무의 소멸

2-01

「국세기본법」상 국세징수권의 소멸시효 진행이 정지되는 기간에 해당하지 않는 것은?

① 세법에 따른 징수 유예기간
② 체납자가 국외에 6개월 이상 계속 체류하는 경우 해당 국외체류 기간
③ 압류해제까지의 기간
④ 세법에 따른 압류·매각의 유예기간

기출처 **2024 국가직 7급**

LINK 세법1 68p   오진다 35p

난이도 ●●●○○   출제 가능 지수 ●●●●○

해설

③「국세기본법」은 징수권 소멸시효의 정지사유로 다음과 같이 규정하고 있다.

- ㉠ 세법에 따른 분납기간
- ㉡ 연부연납기간
- ㉢ **세법에 따른** 납부고지의 유예·지정납부기한·독촉장에서 정하는 기한의 연장·**징수 유예기간**
- ㉣ **세법에 따른 압류·매각의 유예기간**
- ㉤ 세무공무원이 「국세징수법」에 따른 사해행위 취소소송이나 「민법」에 따른 채권자대위 소송을 제기하여 그 소송이 진행 중인 기간
- ㉥ **체납자가 국외에 6개월 이상 계속 체류하는 경우 해당 국외 체류 기간**

압류해제까지의 기간은 소멸시효 진행이 **중단**되는 기간에 해당한다.   정답 ③

2-02

다음은 ㈜한국의 2023년 제1기 과세기간(1. 1. ~ 6. 30.) 부가가치세 관련 자료이다. 이에 대한 설명으로 옳지 않은 것은? (단, 기한의 특례, 기한의 연장 및 재화의 수입은 고려하지 않는다)

○ ㈜한국은 2023년 제1기에 대한 부가가치세 과세표준 및 세액을 2023. 7. 25.까지 신고납부하지 않았다.
○ 이에 관할 세무서장은 과세표준과 세액을 2023. 10. 4. 결정하여 같은 날 납부고지서(납부기한: 2023. 10. 31.)를 우편송달하였으며, 2023. 10. 6. ㈜한국에 도달되었다.

① 부가가치세 납세의무는 2023. 6. 30.에 성립한다.
② 부가가치세 납세의무는 2023. 7. 25.에 확정된다.
③ 부가가치세 부과제척기간의 기산일은 2023. 7. 26.이다.
④ 부가가치세 징수권은 2023. 11. 1.부터 행사할 수 있다.

기출처 **2024 국가직 7급**

LINK 세법1 57, 59, 66-67p   오진다 28-29, 34p

난이도 ●●●●○   출제 가능 지수 ●●●○○

해설

② 부가가치세는 원칙적으로 납세의무자가 과세표준과 세액을 정부에 신고했을 때 확정된다. 그러나 ㈜한국은 2023년 제1기에 대한 부가가치세 과세표준 및 세액을 신고납부하지 않았으므로 국세의 과세표준과 세액을 **정부가 결정하는 때(2023. 10. 4.) 확정되며 ㈜한국에 도달되었을 때(2023. 10. 6.) 확정의 효력이 발생한다.**

[종합소득세부과처분취소(대법원 1984. 6. 26. 선고 83누679 판결)]

부과납세방식의 국세에 있어서는 과세관청이 조사확인한 과세표준과 세액을 부과결정한 때에 납세의무가 구체적으로 확정되는 것이나 그 확정의 효력은 납세의무자에게 그 결정이 고지된 때에 발생한다.

정답 ②

2-03

국세기본법령상 국세 부과제척기간에 대한 설명으로 옳지 않은 것은?

① 과세표준과 세액을 신고하는 국세(「종합부동산세법」에 따라 신고하는 종합부동산세는 제외)의 경우 해당 국세의 과세표준신고기한의 다음 날을 국세 부과제척기간의 기산일로 한다. 이 경우 중간예납·예정신고기한과 수정신고기한은 과세표준신고기한에 포함된다.

② 경정청구가 있는 경우 원칙적인 부과제척기간에도 불구하고 지방국세청장 또는 세무서장은 경정청구일부터 2개월이 지나기 전까지 해당 경정청구에 따라 경정이나 그 밖에 필요한 처분을 할 수 있다.

③ 소득공제를 받은 금액에 상당하는 세액을 의무불이행으로 인하여 징수하는 경우 국세 부과제척기간의 기산일은 해당 공제세액을 징수할 수 있는 사유가 발생한 날로 한다.

④ 상속세 및 증여세의 납세의무자가 해당 세액에 대한 연부연납을 신청하더라도 그 부과제척기간은 정지되지 않는다.

기출처 2023 국가직 7급
LINK 세법1 65-66p 오진다 31, 34p
난이도 ●●●○○ 출제 가능 지수 ●●●●○

해설

① 과세표준과 세액을 신고하는 국세(「종합부동산세법」에 따라 신고하는 종합부동산세는 제외)의 경우 해당 국세의 과세표준신고기한의 다음 날을 국세 부과제척기간의 기산일로 한다. 이 경우 중간예납·예정신고기한과 수정신고기한은 과세표준신고기한에 **포함되지 아니한다.** 정답 ①

01

「국세기본법」상 납부의무의 소멸에 대한 설명으로 옳지 않은 것은?

① 국세 및 강제징수비를 납부할 의무는 국세를 부과할 수 있는 기간에 국세가 부과되지 아니하고 그 기간이 끝난 때에 소멸한다.

② 교부청구가 있으면 국세징수권 소멸시효는 중단된다.

③ 납세자가 법정신고기한까지 부가가치세 과세표준신고서를 제출하지 않은 경우 부가가치세를 부과할 수 있는 날부터 5년을 부과제척기간으로 한다.

④ 체납자가 국외에 6개월 이상 계속 체류하는 경우 해당 국외 체류기간에는 국세징수권의 소멸시효가 진행되지 않는다.

기출처 2021 국가직 9급
LINK 세법1 62-63, 68p 오진다 31, 32, 35p
난이도 ●●●○○ 출제 가능 지수 ●●●●○

해설

납세자가 법정신고기한까지 부가가치세 과세표준신고서를 제출하지 않은 경우(무신고 시) 부가가치세를 부과할 수 있는 날부터 **7년**을 부과제척기간으로 한다.

[국세의 부과제척기간]

구분	상속·증여세 외		상속·증여세
	일반거래	역외거래	
원칙	5년	7년	10년
무신고	**7년**	10년	15년
부정행위 (국세 포탈 등)	10년	15년	15년

정답 ③

02

「국세기본법」상 국세징수권 소멸시효의 기산일에 대한 설명으로 옳지 않은 것은?

① 과세표준과 세액을 정부가 결정, 경정 또는 수시부과결정하는 경우 납부고지한 세액에 대해서는 그 법정 신고납부기한의 다음 날부터 기산한다.

② 과세표준과 세액의 신고에 의하여 납세의무가 확정되는 국세의 법정 신고납부기한이 연장되는 경우 그 연장된 기한의 다음 날부터 기산한다.

③ 원천징수의무자로부터 징수하는 국세의 경우 납부고지한 원천징수세액에 대해서는 그 고지에 따른 납부기한의 다음 날부터 기산한다.

④ 인지세의 경우 납부고지한 인지세액에 대해서는 그 고지에 따른 납부기한의 다음 날부터 기산한다.

기출처 2020 국가직 7급
LINK 세법1 67p 오진다 34p
난이도 ●●●● 출제 가능 지수 ●●●○○

해설

과세표준과 세액을 정부가 결정, 경정 또는 수시부과결정하는 경우 납부고지한 세액에 대해서는 **그 고지에 따른 납부기한의 다음 날**부터 기산한다.

정답 ①

03

거주자 甲의 2021년 귀속 종합소득세에 대한 자료이다. 「국세기본법령」상 국세의 부과제척기간과 국세징수권의 소멸시효에 대한 설명으로 옳지 않은 것은?

○ 거주자 甲이 2021년도 귀속 종합소득세를 신고하지 않자 관할 세무서장은 종합소득세 2,000만 원을 결정하여 2023년 2월 27일 납부고지서(납부기한: 2023년 3월 20일)를 우편송달하였고, 2023년 3월 2일 甲에게 도달되었다.

○ 납부고지된 종합소득세는 역외거래에서 발생한 것이 아니고, 부정행위로 포탈한 것도 아니다.

○ 甲은 2023년 12월 31일 현재 위 고지된 세액을 납부하지 않고 있다.

○ 甲은 성실신고확인대상사업자가 아니다.

---

① 甲의 2021년 귀속 종합소득세의 부과제척기간의 기산일은 2022년 6월 1일이다.

② 국세징수권의 소멸시효는 2023년 3월 3일부터 5년이 경과하면 완성된다.

③ 甲의 2021년 귀속 종합소득세 부과제척기간은 해당 국세를 부과할 수 있는 날부터 7년이다.

④ 관할 세무서장의 납부고지는 국세징수권의 소멸시효를 중단시키는 효력을 가진다.

기출처 2021 국가직 7급
LINK 세법1 63, 66-68p 오진다 32, 34-35p
난이도 ●●●○○ 출제 가능 지수 ●●●○○

해설

① 「국세기본법」상 신고납부세목의 부과제척기간의 기산일은 과세표준신고기한의 다음 날이다. 거주자 甲의 2021 귀속 종합소득세의 경우 과세표준신고기한은 2022년 5월 31일이므로 부과제척기간의 기산일은 2022년 6월 1일이다.

② 「국세기본법」상 신고납부세목에 대해 신고하지 아니하여 과세표준 및 세액을 정부가 결정하는 경우 납부고지한 세액의 국세징수권 소멸시효는 그 납부고지에 따른 납부기한의 다음 날부터 5년(5억 이상은 10년)이다. 거주자 甲의 2021 귀속 종합소득세의 경우 관할 세무서장이 결정 고지한 납부기한이 2023년 3월 20일이므로 **2023년 3월 21일**부터 5년이 경과하면 완성된다.

정답 ②

04

「국세기본법」상 국세 부과의 제척기간과 관련한 다음 제시문의 괄호 안에 들어갈 내용으로 옳은 것은?

> 「국세기본법」 제26조의2제1항에서 규정하고 있는 일반적인 국세부과제척기간에도 불구하고 「국세기본법」 제7장에 따른 이의신청, 심사청구, 심판청구, 「감사원법」에 따른 심사청구 또는 「행정소송법」에 따른 소송에 대한 결정이나 판결이 확정된 경우에 그 결정 또는 판결에서 명의대여 사실이 확인된 경우에는 그 결정 또는 판결이 확정된 날부터 (   ) 이내에 명의대여자에 대한 부과처분을 취소하고 실제로 사업을 경영한 자에게 경정 결정이나 그 밖에 필요한 처분을 할 수 있다.

① 2개월
② 3개월
③ 6개월
④ 1년

기출처 2018 국가직 7급
LINK 세법1 65p 오진다 33-34p
난이도 ●●●○ 출제 가능 지수 ●●●●○

해설

제척기간의 특례에 대한 내용으로서 원칙적인 부과제척기간에도 불구하고 **조세쟁송**에 대한 결정 또는 판결에 의하여 명의대여 사실이 확인된 경우에는 당초의 부과처분을 취소하고 **그 결정 또는 판결이 확정된 날부터 1년 이내**에 실제로 사업을 경영한 자에게 경정이나 그 밖에 필요한 처분을 할 수 있다. 여기서 '조세쟁송'이란, 「국세기본법」에 따른 이의신청, 심사청구, 심판청구, 「감사원법」에 따른 심사청구 또는 「행정소송법」에 따른 소송을 말한다.　　정답 ④

05

「국세기본법」상 국세를 납부할 의무가 소멸되는 사유로 옳지 않은 것은?

① 세무서장이 국세환급금으로 결정한 금액을 체납된 국세에 충당한 때
② 국세를 부과할 수 있는 기간에 국세가 부과되지 아니하고 그 기간이 끝난 때
③ 국세의 부과결정이 철회된 때
④ 국세징수권의 소멸시효가 완성된 때

기출처 2017 국가직 7급
LINK 세법1 62p 오진다 31p
난이도 ●●●○ 출제 가능 지수 ●●●●○

해설

부과의 철회는 「국세징수법」에 의해 송달불능으로 징수유예한 국세의 징수가 불가능하다고 인정될 때 이루어진다. 부과철회 후 납세자의 행방 또는 재산을 발견한 경우에는 부과할 수 있다. 따라서 **부과의 철회는 납세의무의 소멸 사유에 해당하지 않는다.** 반면, 유효하게 성립한 부과처분에 대하여 그 성립에 하자가 있음을 이유로 당초 부과시점으로 소급하여 그 처분의 효력을 상실시키는 **부과의 취소는 납세의무의 소멸 사유에 해당한다.**

[납세의무의 소멸]

구분		내용
실현되면서 소멸	⊙ 납부	세액을 국고에 납입함에 따라 소멸
	ⓒ 충당	환급받을 세액을 납부할 다른 세액과 상계함에 따라 소멸
미실현 상태에서 소멸	ⓒ 부과의 취소	성립에 하자가 있음을 이유로 당초 부과시점으로 소급하여 그 처분의 효력을 상실시킴에 따라 소멸
	ⓔ 국세부과 제척 기간의 만료	국세를 부과할 수 있는 권리의 행사기간이 끝남에 따라 소멸
	ⓜ 국세징수권 소멸시효 완성	국세를 징수할 수 있는 권리를 일정기간 행사하지 아니하여 소멸

정답 ③

06

「국세기본법」상 납세의무에 대한 설명으로 옳지 않은 것은?

① 농어촌특별세는 본세의 납세의무가 성립하는 때에 납세의무가 성립된다.

② 신고납부제도가 적용되는 세목일지라도 과세표준과 세액을 정부가 결정한 경우에는 그 결정하는 때를 납세의무 확정시기로 한다.

③ 상속세의 경우 납세의무자의 신고는 세액을 확정시키는 효력이 있다.

④ 국세 부과의 제척기간이 만료되면 부과권을 행사할 수 없고 징수권도 발생하지 아니한다.

기출처 2014 국가직 7급 수정
LINK 세법1 58-59, 66p   오진다 28-29, 31p
난이도 ●●●●●   출제 가능 지수 ●●●●●

해설

③ 상속세와 증여세는 납세자에게 신고의무가 있음에도 불구하고 정부부과과세 세목이므로 납세의무자의 신고는 세액을 확정시키는 효력이 **없다**. 상속세 및 증여세의 경우 해당 국세의 과세표준과 세액을 **정부가 '결정(즉 부과처분)'하는 때에 확정**된다.

④ 제척기간이 만료되면 장래를 향하여 부과권이 소멸되므로 그 후에는 징수권을 포함한 국세부과에 관한 어떠한 행위도 할 수 없게 된다. 정답 ③

07

내국법인 ㈜D(성실신고확인서 제출 대상 법인에 해당하지 않음)는 제22기(2022년 1월 1일 ~ 12월 31일) 귀속분 법인세 과세표준 및 세액을 법정 신고기한까지 신고·납부하지 않았다. 관할 세무서는 2023년 4월 29일 과세표준과 세액을 결정하여 납부고지서를 발송하였다(발송일: 2023년 5월 2일, 도달일: 2023년 5월 4일, 고지서상 납부기한: 2023년 5월 31일). ㈜D의 제22기 귀속분 법인세 납세의무의 소멸에 대한 견해 중 옳은 것만을 모두 고른 것은?

○ 갑: 법정 신고기한의 다음 날, 즉, 2023년 4월 1일이 법인세 부과 제척기간의 기산일이다.

○ 을: 납부고지서를 발송하지 않았다면 제척기간이 만료된 후의 부과처분은 당연히 무효가 되므로, 납부고지를 2033년 3월 31일까지 하여야 한다.

○ 병: 납부고지서 발송일의 다음 날(2023년 5월 3일)이 징수권 소멸시효의 기산일이다.

○ 정: 소멸시효가 완성되는 경우 법인세의 강제징수비 및 이자상당세액에도 그 효력이 미친다.

① 갑, 을   ② 갑, 정   ③ 을, 병   ④ 병, 정

기출처 2016 국가직 9급 수정
LINK 세법1 63, 66-67, 69p   오진다 31-32, 34p
난이도 ●●●●●   출제 가능 지수 ●●●●●

해설

[을]

㈜D가 제22기 귀속분 법인세 과세표준 및 세액을 법정신고기한(2023년 3월 31일)까지 신고·납부하지 않았으므로 **무신고**에 해당한다. 무신고의 경우 제척기간은 국세를 부과할 수 있는 날부터 7년이다. 따라서 납부고지를 **2030년** 3월 31일까지 하여야 한다.

[병]

납부고지에 따라 확정되는 국세의 소멸시효 기산일은 그 납부고지에 따른 납부기한의 다음 날이다. 따라서 납부고지서상 납부기한인 2023년 5월 31일의 다음 날(2023년 **6월 1일**)이 징수권 소멸시효의 기산일이다. 정답 ②

08

「국세기본법」상 국세부과의 제척기간에 대한 설명으로 옳지 않은 것은? (단, 납세자의 모든 거래는 국내거래로 가정한다)

① 법정신고기한까지 소득세 과세표준신고서를 제출하지 아니한 경우에는 소득세를 부과할 수 있는 날부터 7년간을 부과의 제척기간으로 한다.

② 이중장부의 작성에 의하여 소득세를 포탈한 경우에는 소득세를 부과할 수 있는 날부터 10년간을 부과의 제척기간으로 한다.

③ 사기나 그 밖의 부정행위로 법인세를 포탈한 경우 「법인세법」제67조에 따라 처분된 금액에 대한 소득세에 대해서도 그 소득세를 부과할 수 있는 날부터 10년간을 부과의 제척기간으로 한다.

④ 「민사소송법」에 따른 민사소송에서 명의대여 사실이 확인되는 경우에는 그 판결이 확정된 날부터 1년 이내에 언제든지 명의대여자에 대한 부과처분을 취소하고 실제로 사업을 경영한 자에게 경정결정이나 그 밖에 필요한 처분을 할 수 있다.

기출처 **2015 국가직 9급**

LINK 세법1 63, 65p   오진다 32, 34p

난이도 ●●●●○   출제 가능 지수 ●●●○○

해설

지방국세청장 또는 세무서장은 「국세기본법」에 따른 이의신청, 심사청구, 심판청구, 「감사원법」에 따른 심사청구 또는 「행정소송법」에 따른 소송에 대한 결정이나 판결에 의하여 명의대여 사실이 확인된 경우 당초의 부과처분을 취소하고 그 결정 또는 판결이 확정된 날부터 1년 이내에 실제로 사업을 경영한 자에게 경정이나 그 밖에 필요한 처분을 할 수 있다(국기법 26의2 ⑦ (1)). **「민사소송법」에 따른 민사소송에 대한 결정 또는 판결은 해당되지 않는다.**

정답 ④

09

「국세기본법」상 국세부과의 제척기간과 국세징수권의 소멸시효에 관한 설명으로 옳지 않은 것은?

① 국세부과의 제척기간은 권리관계를 조속히 확정시키려는 것이므로 국세징수권 소멸시효와는 달리 진행기간의 중단이나 정지가 없다.

② 주된 납세자의 국세가 소멸시효의 완성에 의하여 소멸한 때에는 제2차 납세의무자, 납세보증인과 물적납세의무자에도 그 효력이 미친다.

③ 납부고지, 독촉, 교부청구 및 연부연납의 허가는 국세징수권 소멸시효의 중단사유에 해당한다.

④ 국세의 소멸시효가 완성한 때에는 그 국세의 강제징수비 및 이자상당세액에도 그 효력이 미친다.

기출처 **2011 국가직 7급**

LINK 세법1 66, 68-69p   오진다 31, 35p

난이도 ●●○○○   출제 가능 지수 ●●●○○

해설

납부고지, 독촉, 교부청구 및 **압류**는 국세징수권 소멸시효의 중단 사유에 해당하며, **연부연납의 허가는** 국세징수권 소멸시효의 **정지사유에 해당**한다.

정답 ③

10

「국세기본법」상 제척기간과 소멸시효에 대한 설명으로 옳지 않은 것은?

① 국세환급금에는 제척기간과 소멸시효가 적용되지 않는다.

② 제척기간에는 중단과 정지가 없지만, 소멸시효에는 중단과 정지가 있다.

③ 제척기간은 부과권에 관한 것이고, 소멸시효는 징수권에 관한 것이다.

④ 과세표준과 세액을 신고하는 상속세 및 증여세의 경우 제척기간과 소멸시효의 기산일은 서로 다르다.

기출처 2008 국가직 9급
LINK 세법1 63, 66-68, 124p   오진단 31, 34, 63p
난이도 ●●●○○   출제 가능 지수 ●●●○○

해설

납세자의 국세환급금과 국세환급가산금에 관한 권리는 행사할 수 있는 때부터 **5년간 행사하지 아니하면 소멸시효가 완성**된다(국기법 54 ①).   정답①

11

「국세기본법」상 제척기간과 소멸시효에 관한 설명으로 옳은 것은?

① 국세의 제척기간은 모든 세목에 있어서 동일하다.

② 소멸시효에는 정지사유가 없으나, 제척기간은 정지되는 경우가 있다.

③ 납부고지, 독촉, 교부청구, 압류는 소멸시효의 중단사유이다.

④ 제척기간과 소멸시효기간의 기산일은 동일하다.

기출처 2007 국가직 9급
LINK 세법1 63-64, 66-68p   오진단 31-32, 34-35p
난이도 ●●○○○   출제 가능 지수 ●●●●○

해설

① 국세의 제척기간은 상속세 및 증여세와 그 외 세목으로 **구분되어 다르게 적용**한다.

② **제척기간**에는 정지되는 경우가 없으나, **소멸시효** 기간은 정지되는 경우가 있다.

④ 국세의 부과제척기간은 '국세를 부과할 수 있는 날'부터 기산되며, 국세징수권의 소멸시효는 '징수권을 행사할 수 있는 때'부터 기산된다. 즉, 부과제척기간 기산일은 미확정된 국세에 대한 부과권 행사를 할 수 있는 시점을 말하며, 소멸시효 기산일은 확정된 국세에 대한 징수권 행사를 할 수 있는 시점을 말하므로 둘의 **기산일은 동일하지 않다.**   정답③

12

「국세기본법」상 국세부과 제척기간과 국세징수권 소멸시효에 대한 설명으로 틀린 것은?

① 국세부과의 제척기간이란 국세부과권의 법정존속기간을 말하며, 국세징수권의 소멸시효란 국가가 징수권을 일정기간 행사하지 아니하면 당해 권리를 소멸시키는 제도를 말한다.

② 국세부과의 제척기간이 만료된 경우와 국세징수권이 소멸시효의 완성에 의하여 소멸하는 경우에도 이후 납세자의 행방 또는 재산이 발견되면 즉시, 부과·징수 절차를 진행하여야 한다.

③ 국세징수권 소멸시효의 중단사유는 납부고지·독촉·교부청구·압류가 있다.

④ 국세징수권의 소멸시효는 분납기간, 징수유예기간, 강제징수 유예기간, 압류·매각유예기간, 연부연납기간 또는 세무공무원이 「국세징수법」에 따른 사해행위취소의 소를 제기하여 그 소송이 진행 중인 기간 및 6개월 이상 국외체류 체납자의 국외체류기간에는 진행되지 아니한다.

기출처 2011 국가직 9급

LINK 세법1 63, 66-69p 오진다 31, 35p

난이도 ●●●●● 출제 가능지수 ●●●●●

해설

국세부과 제척기간의 만료와 국세징수권 소멸시효 완성은 납세의무의 소멸사유에 해당하므로 이후에 납세자의 행방 또는 재산이 발견된다 하더라도 이미 소멸한 납세의무에 대해서는 **부과·징수절차를 진행할 수 없게 된다.** 정답②

13

현행 「국세기본법」상 국세부과의 제척기간과 국세징수권의 소멸시효에 대한 다음 설명 중 옳은 것은?

① 제척기간의 기산일은 예외 없이 과세표준 신고기한 다음 날이다.

② 제척기간에도 소멸시효와 마찬가지로 중단과 정지가 있다.

③ 제척기간이 만료되면 소급하여 부과권이 소멸한다.

④ 국세징수권은 이를 행사할 수 있는 때로부터 5년간 (5억원 이상의 국세는 10년간) 행사하지 않으면 소멸시효가 완성한다.

⑤ 소멸시효가 완성하면 징수권이 장래에 향하여 소멸한다.

기출처 2008 서울시 9급

LINK 세법1 66-67, 69p 오진다 31, 34p

난이도 ●●●●● 출제 가능지수 ●●●●●

해설

① 원칙적으로 과세표준과 세액을 신고하는 국세(종합부동산세는 제외)의 부과제척기간 기산일은 과세표준 신고기한의 다음 날이다. 다만 다음과 같은 **예외가 있다.**

㉠ 종합부동산세 및 인지세	납세의무 성립일
㉡ 원천징수의무자 또는 납세조합에 대해 부과하는 국세	법정납부기한의 다음 날
㉢ 과세표준신고기한 또는 법정납부기한이 연장되는 경우	그 연장된 기한의 다음 날
㉣ 공제·면제·비과세 또는 낮은 세율의 적용 등에 따른 세액을 의무불이행 등의 사유로 징수하는 경우	공제세액 등을 징수할 수 있는 사유가 발생한 날

② 소멸시효의 경우 시효의 중단과 정지제도가 있지만 **제척기간은** 권리관계를 조속히 확정시키려는 목적이므로 그 진행기간의 **중단과 정지가 없다.**

③ 제척기간이 만료되면 **장래를 향하여** 부과권이 소멸된다.

⑤ 국세징수권의 소멸시효가 완성되면 기산일에 **소급하여 징수권이 소멸**한다.

정답④

14

국세부과 제척기간과 국세징수권의 소멸시효에 관한 설명으로 옳지 않은 것은?

① 일반적으로 국세의 징수를 목적으로 하는 국가의 권리는 이를 행사할 수 있는 때로부터 5년간 (5억원 이상의 국세는 10년간) 행사하지 아니하면 소멸시효가 완성된다.

② 납부고지는 국세징수권 소멸시효의 중단사유이다.

③ 국세징수권 소멸시효는 세무공무원이 법령의 규정에 따른 사해행위취소의 소를 제기하여 그 소송이 진행 중인 기간 동안에는 진행되지 아니한다.

④ 국세부과 제척기간에는 제척기간의 중단 또는 정지가 가능하다.

기출처 2007 국가직 7급
LINK 세법1 66-68p 오진다 31, 34-35p
난이도 ●●●○○ 출제 가능 지수 ●●●○○

해설

소멸시효의 경우 시효의 중단과 정지제도가 있지만 **제척기간은** 권리관계를 조속히 확정시키려는 목적이므로 그 진행기간의 **중단과 정지가 없다.** 정답④

15

국세부과권의 제척기간에 대한 설명으로 옳지 않은 것은?

① 납세자가 법정신고기한 내에 소득세 과세표준신고서를 제출하지 아니한 경우: 해당 국세를 부과할 수 있는 날부터 7년간

② 상속세 납부의무가 있는 상속인 또는 수유자가 법정신고기한 내에 상속세 과세표준신고서를 제출하지 않은 경우: 해당 국세를 부과할 수 있는 날부터 10년간

③ 납세자가 역외거래에서 발생한 부정행위로써 법인세를 포탈한 경우: 해당 국세를 부과할 수 있는 날부터 15년간

④ 납세자가 부정행위로써 증여세를 포탈한 경우로서 그 포탈세액 산출의 기준이 되는 재산가액이 50억원 이하인 경우: 해당 국세를 부과할 수 있는 날부터 15년간

기출처 2007 국가직 9급
LINK 세법1 63-64p 오진다 32p
난이도 ●●●○○ 출제 가능 지수 ●●●○○

해설

납세자가 부정행위로 상속세·증여세를 포탈하거나 환급·공제받은 경우와 마찬가지로 무신고한 경우 또는 거짓신고·누락신고를 한 경우(그 거짓신고 또는 누락신고를 한 부분만 해당)에도 모두 동일하게 부과제척기간은 국세를 부과할 수 있는 날부터 **15년**으로 한다. 정답②

16

소멸시효에 대한 설명이 아닌 것은?

① 이미 확정된 납세의무에 관해 납부고지·독촉·강제징수 등에 의해 그 이행을 청구하고 강제할 수 있는 권리를 징수권이라고 하며, '국세징수권의 소멸시효'란 국세징수권을 일정기간 동안 행사하지 아니하여 그 권리가 소멸되는 것을 말한다.

② 소멸시효가 완성되면 납세의무가 소멸된다.

③ 원천징수의무자가 징수하는 국세의 소멸시효 기산일은 해당 원천징수세액의 법정 납부기한이다.

④ 소멸시효의 정지는 정지의 사유 발생 시 그 정지 사유가 종료된 후 잔여기간이 경과되면 시효가 완성되는 것을 말하며, 여기에는 분납기간·납부고지의 유예기간·압류 및 매각유예기간·연부연납기간·사해행위취소소송기간 또는 채권자대위소송기간 및 6개월 이상 국외체류 체납자의 국외체류기간이 해당한다.

기출처 2006 국가직 7급
LINK 세법1 67-68p   오진다 35, 42-43p
난이도 ●●●○○   출제 가능 지수 ●●●●○

해설

③ 원천징수의무자 또는 납세조합으로부터 징수하는 국세의 경우 납부고지한 원천징수세액 또는 납세조합징수세액의 소멸시효 기산일은 **그 고지에 따른 납부기한의 다음 날**이다(국기법 27 ④ (1)).

④ 시효의 진행 중에 권리자가 권리를 행사할 수 없는 사유가 발생하면 권리자에게 가혹하지 않도록 하기 위해 그 기간만큼 시효의 완성을 유예하는데 이를 소멸시효의 '정지'라고 한다. 이 경우에는 이미 진행한 시효가 효력을 잃어버리지 않고 그 사유가 종료한 후 잔여기간만의 진행에 의해 시효가 완성된다. 따라서 기간이 지난 때부터 새로 시작하여 다시 전체 기간을 진행해야 소멸시효가 완성되는 '중단'과 대조된다.

정답 ③

17

국세부과 제척기간에 대한 설명 중 옳지 않은 것은? (단, 제시된 국세는 모두 국내거래에서 발생한 것으로 가정한다.)

① 상속·증여세 포탈 - 15년

② 상속·증여세 무신고 - 10년

③ 상속·증여세 외 포탈 - 10년

④ 상속·증여세 외 무신고 - 7년

기출처 2006 국가직 9급
LINK 세법1 63-64p   오진다 32p
난이도 ●●●●○   출제 가능 지수 ●●●●○

해설

「상속세 및 증여세법」에 따른 신고서를 제출하지 아니한(무신고) 경우 상속세·증여세의 부과제척기간은 국세를 부과할 수 있는 날부터 **15년**으로 한다.

정답 ②

18

납세의무의 소멸사유에 대한 설명으로 옳지 않은 것은?

① 국세의 납부, 충당 또는 부과처분의 취소가 있는 경우 납세의무는 소멸한다.

② 국세부과의 제척기간이 만료되어도 납세의무가 소멸하며, 국세부과의 제척기간은 국세징수권의 소멸시효와는 달리 진행기간의 중단이나 정지가 인정된다.

③ 5억원 미만의 국세의 징수권 소멸시효기간은 5년이다.

④ 주된 납세의무가 국세징수권의 소멸시효 완성으로 소멸하면 보증인의 납세의무나 제2차 납세의무도 소멸한다.

기출처 2005 국가직 9급
LINK 세법1 62, 66-67, 69p   오진다 31, 34p
난이도 ●●●●○   출제 가능 지수 ●●●●○

해설

제척기간은 권리관계를 조속히 확정시키려는 목적이므로 그 진행기간의 **중단과 정지가 인정되지 않는다.** 소멸시효의 경우 국세부과제척기간과 달리 시효의 중단과 정지제도가 있다.

정답 ②

CHAPTER

04

납세의무의 확장

출제 경향 분석

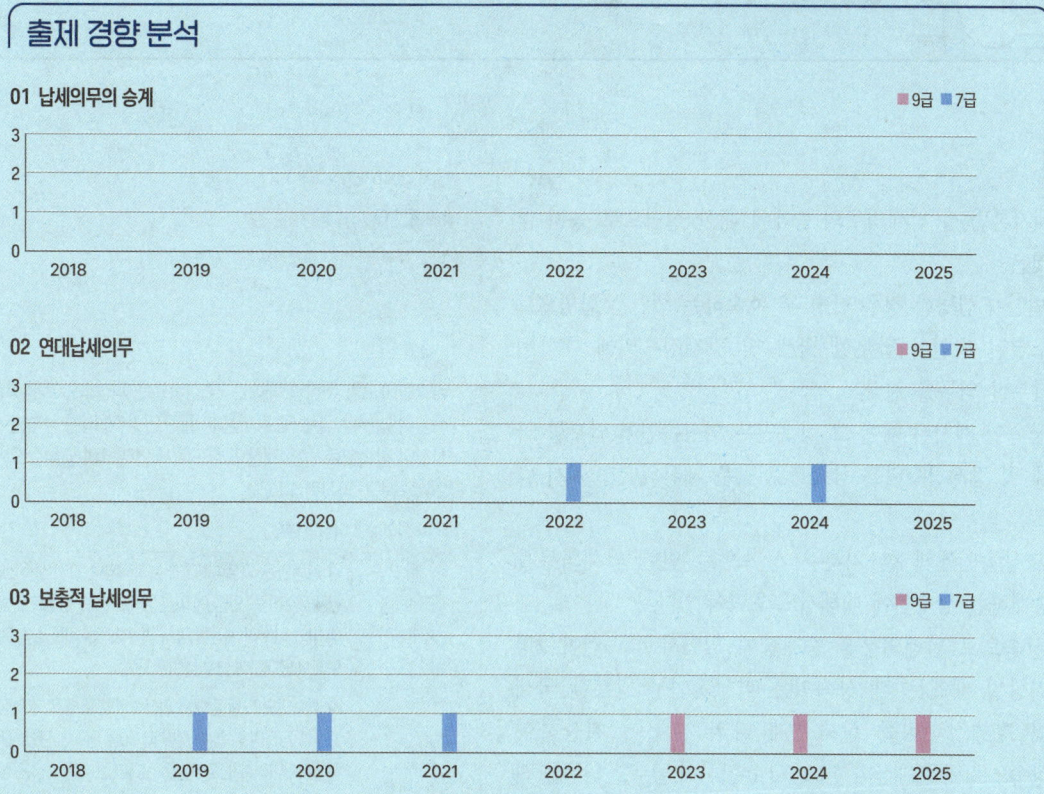

01 납세의무의 승계

■ 9급 ■ 7급

02 연대납세의무

■ 9급 ■ 7급

03 보충적 납세의무

■ 9급 ■ 7급

기출 분석

'납세의무의 확장' 중 '03. 보충적 납세의무'는 거의 매해 꾸준히 기출되고 있는 빈출 주제입니다.

특히 '03. 보충적 납세의무'는 2021년까지 3년간 7급 시험에서 연달아 출제된 후 2023년부터 2025년까지 9급 시험에 3년 연속 출제되었습니다.

최빈출 파트이므로 기출된 내용뿐만 아니라 모든 내용을 꼼꼼하게 학습하여야 하겠습니다.

01

「국세기본법」상 납세의무의 승계에 대한 설명으로 옳지 않은 것은?

① 법인이 합병한 경우 합병 후 존속하는 법인은 합병으로 소멸된 법인이 납부할 국세 및 강제징수비에 대하여 납부할 의무를 진다.

② 상속이 개시된 때에 그 상속인은 피상속인이 납부할 국세 및 강제징수비를 상속으로 받은 재산의 한도에서 납부할 의무를 진다.

③ 피상속인에게 한 처분은 상속으로 인한 납세의무를 승계하는 상속인에 대해서도 효력이 있다.

④ 상속으로 납세의무를 승계함에 있어서 상속인이 2명 이상일 때에는 각 상속인은 피상속인이 납부할 국세 및 강제징수비를 상속분에 따라 나누어 계산하여 상속으로 받은 재산의 한도에서 분할하여 납부할 의무를 진다.

기출처 **2016 국가직 7급**

LINK 세법1 72-74p 오진다 37-38p

난이도 ●●●●○   출제 가능 지수 ●●●●○

해설

상속인이 2명 이상일 때에는 각 상속인은 피상속인에게 부과되거나 그 피상속인이 납부할 국세 및 강제징수비를 「민법」에 따른 상속분에 따라 나누어 계산하여 상속으로 받은 재산의 한도에서 **연대하여** 납부할 의무를 진다(국기법 24 ③ 전단, 국기령 11 ④).

[상속인이 2명 이상인 경우]

연대하여 승계	각 상속인은 피상속인에게 부과되거나 그 피상속인이 납부할 국세 및 강제징수비를 「민법」에 따른 상속분 또는 상속으로 받은 재산가액 비율에 따라 나누어 계산한 국세 및 강제징수비를 상속으로 받은 재산의 한도에서 연대하여 납부할 의무 승계
절차	각 상속인은 그들 중에서 피상속인의 국세 및 강제징수비를 납부할 대표자를 정하여 상속개시일부터 30일 이내에 관할 세무서장에게 신고해야 하며, 이러한 신고가 없을 경우에는 세무서장은 상속인 중 1명을 대표자로 지정

정답 ④

연대납세의무

2-01

납세의무에 대한 설명으로 옳지 않은 것은?

① 공유물, 공동사업 또는 그 공동사업에 속하는 재산과 관계되는 국세 및 강제징수비는 공유자 또는 공동사업자가 연대하여 납부할 의무를 진다.

② 공동으로 소유한 자산에 대한 양도소득금액을 계산하는 경우에는 해당 자산을 공동으로 소유하는 거주자가 연대하여 납부할 의무를 진다.

③ 내국법인이 해산한 경우에 「법인세법」 제73조 및 제73조의2에 따라 원천징수하여야 할 법인세를 징수하지 아니하였거나 징수한 법인세를 납부하지 아니하고 잔여재산을 분배한 때에는 청산인과 잔여재산의 분배를 받은 자가 각각 그 분배한 재산의 가액과 분배받은 재산의 가액을 한도로 그 법인세를 연대하여 납부할 책임을 진다.

④ 법인이 합병한 경우 합병 후 존속하는 법인 또는 합병으로 설립된 법인은 합병으로 소멸된 법인에 부과되거나 그 법인이 납부할 국세 및 강제징수비를 납부할 의무를 진다.

기출처 **2024 국가직 7급**

LINK 세법1 72, 75p 세법2 249, 300p 오진다 37, 39, 398, 430p

난이도 ●●●○○ 출제 가능 지수 ●●●●○

해설

② 공동으로 소유한 자산에 대한 양도소득금액을 계산하는 경우에는 해당 자산을 공동으로 소유하는 **각 거주자가 납세의무를 진다.** 정답 ②

01

「국세기본법」 또는 세법령상 납세의무에 대한 설명으로 옳은 것만을 모두 고르면?

> ㄱ. 「소득세법」에 따른 주된 공동사업자가 없는 공동사업에서 발생한 소득금액에 대해서는 공동사업자 간에 연대하여 납부할 의무를 진다.
>
> ㄴ. 법인이 「채무자 회생 및 파산에 관한 법률」에 따라 신회사를 설립하는 경우 기존의 법인에 부과되거나 납세의무가 성립한 국세 및 강제징수비는 신회사가 연대하여 납부할 의무를 진다.
>
> ㄷ. 법인이 해산한 경우에 「법인세법」에 따라 원천징수하여야 할 법인세를 징수하지 아니하였거나 징수한 법인세를 납부하지 아니하고 잔여재산을 분배한 때에는 청산인과 잔여재산의 분배를 받은 자가 각각 그 분배한 재산의 가액과 분배받은 재산의 가액을 한도로 그 법인세를 연대하여 납부할 책임을 진다.
>
> ㄹ. 법인이 합병한 경우 합병 후 존속하는 법인 또는 합병으로 설립된 법인은 합병으로 소멸된 법인에 부과되거나 그 법인이 납부할 국세 및 강제징수비를 합병으로 소멸된 법인과 연대하여 납부할 의무를 진다.

① ㄱ, ㄷ ② ㄱ, ㄹ ③ ㄴ, ㄷ ④ ㄴ, ㄹ

기출처 2022 국가직 7급
LINK 세법1 72, 75p 세법2 240, 382p 오진다 37, 39, 398, 472p
난이도 ●●●●○ 출제 가능지수 ●●●○○

해설

ㄱ. 「소득세법」에 따라 공동사업에 관한 소득금액을 계산하는 경우에는 해당 공동사업자별로 납세의무를 지며, 주된 공동사업자에게 합산과세되는 경우에만 그 합산과세되는 소득금액에 대해서는 주된 공동사업자의 특수관계인은 손익분배비율에 해당하는 그의 소득금액을 한도로 주된 공동사업자와 연대하여 납세의무를 진다. 따라서 주된 공동사업자가 없는 공동사업에서 발생한 소득금액에 대해서는 공동사업자 간에 연대하여 납부할 의무가 **없다.**

ㄹ. 법인이 합병한 경우 합병 후 존속하는 법인 또는 합병으로 설립된 법인은 합병으로 소멸된 법인에 부과되거나 그 법인이 납부할 국세 및 강제징수비를 **납부할 의무를 진다.** 즉, 법인의 합병은 납세의무의 승계 대상이지 **연대납세의무 사유에 해당하지 않는다.**

정답 ③

02

「국세기본법」상 연대납세의무에 대한 설명으로 옳지 않은 것은?

① 공유물 및 공동사업에 관계되는 국세 및 강제징수비는 공유자 또는 공동사업자가 연대하여 납부할 의무를 진다.

② 법인이 분할되는 경우 분할되는 법인에 대하여 분할일 이전에 부과되거나 납세의무가 성립한 국세는 분할되는 법인과 분할로 설립되는 법인 및 존속하는 분할합병의 상대방 법인이 분할로 승계되는 재산가액을 한도로 하며 연대하여 납부할 책임을 진다.

③ 연대납세의무자에 대한 고지와 독촉에 관한 서류는 그 대표자를 명의인으로 하여 송달하여야 한다.

④ 연대납세의무자 1인에 대한 부과처분의 무효 또는 취소의 사유는 다른 연대납세의무자에게 그 효력이 미치지 아니한다.

기출처 2011 국가직 9급 수정
LINK 세법1 33, 74-76p 오진다 19, 39p
난이도 ●●○○○ 출제 가능지수 ●●○○○

해설

연대납세의무자에 대한 고지와 독촉에 관한 서류는 **연대납세의무자 모두에게 각각 송달**하여야 한다.

정답 ③

03 보충적 납세의무

3-01

「국세기본법」과 「국세징수법」상 양도담보권자의 물적납세의무와 납부고지에 대한 설명으로 옳지 않은 것은?

① 납세자가 국세 및 강제징수비를 체납한 경우에 그 납세자에게 양도담보재산이 있을 때에는 그 납세자의 다른 재산에 대하여 강제징수를 하여도 징수할 금액에 미치지 못하는 경우에만 「국세징수법」에서 정하는 바에 따라 그 양도담보재산으로써 납세자의 국세 및 강제징수비를 징수할 수 있다. 다만, 그 국세의 법정기일 전에 담보의 목적이 된 양도담보재산에 대해서는 그러하지 아니하다.

② 「국세징수법」에 따라 양도담보권자에게 납부고지가 있은 후 납세자가 양도에 의하여 실질적으로 담보된 채무를 불이행하여 해당 재산이 양도담보권자에게 확정적으로 귀속되고 양도담보권이 소멸하는 경우에는 납부고지 당시의 양도담보재산이 계속하여 양도담보재산으로서 존속하는 것으로 보지 아니한다.

③ 양도담보재산이란 당사자 간의 계약에 의하여 납세자가 그 재산을 양도하였을 때에 실질적으로 양도인에 대한 채권담보의 목적이 된 재산을 말한다.

④ 관할 세무서장은 납세자의 체납액을 양도담보권자로부터 징수하는 경우 징수하려는 체납액의 과세기간, 세목, 세액, 산출 근거, 납부하여야 할 기한(납부고지를 하는 날부터 30일 이내의 범위로 정한다), 납부장소, 양도담보권자로부터 징수할 금액, 그 산출 근거, 그 밖에 필요한 사항을 적은 납부고지서를 양도담보권자에게 발급하여야 한다.

기출처 2025 국가직 9급

LINK 세법1 82-84p 오진다 42-43p

난이도 ●●●●○ 출제 가능 지수 ●●●●○

해설

② 「국세징수법」에 따라 양도담보권자에게 납부고지가 있은 후 납세자가 양도에 의하여 실질적으로 담보된 채무를 불이행하여 해당 재산이 양도담보권자에게 확정적으로 귀속되고 양도담보권이 소멸하는 경우에는 납부고지 당시의 양도담보재산이 계속하여 양도담보재산으로서 존속하는 것으로 **본다**.

정답 ②

3-02

「국세기본법」상 제2차 납세의무에 대한 설명으로 옳지 않은 것은?

① 법인이 해산하여 청산하는 경우에 청산인의 제2차 납세의무는 분배하거나 인도한 재산의 가액을 한도로 한다.

② 법인이 해산하여 청산하는 경우에 잔여재산을 분배받거나 인도받은 자의 제2차 납세의무는 각자가 받은 재산의 가액을 한도로 한다.

③ 사업을 양도한 경우에 사업양도인은 양도한 대가를 한도로 제2차 납세의무를 진다.

④ 국세의 납세의무 성립일 현재 합명회사의 사원은 법인의 재산으로 그 법인에 부과되거나 그 법인이 납부할 국세 및 강제징수비에 충당하여도 부족한 경우에는 그 부족한 금액에 대하여 제2차 납세의무를 진다.

기출처 2024 국가직 9급
LINK 세법1 76-77, 82p 오진다 40p
난이도 ●●●●○ 출제 가능 지수 ●●●●○

해설

③ 사업을 양도한 경우에 **사업양수인**은 **양수한 재산가액**을 한도로 제2차 납세의무를 진다. 　　　　정답 ③

01

국세기본법령상 제2차 납세의무의 한도에 대한 설명으로 옳지 않은 것은?

① 잔여재산을 분배받거나 인도받은 자의 제2차 납세의무는 각자가 받은 재산의 가액을 한도로 한다.

② 과점주주의 제2차 납세의무는 법인의 재산으로 그 법인이 납부할 국세에 충당하여도 부족한 경우, 그 부족한 금액을 법인의 발행주식 총수(의결권이 없는 주식도 포함) 또는 출자총액으로 나눈 금액에 해당 과점주주가 실질적으로 권리를 행사하는 주식 수(의결권이 없는 주식도 포함) 또는 출자액을 곱하여 산출한 금액을 한도로 한다.

③ 법인의 제2차 납세의무는 법인의 자산총액에서 부채총액을 차감한 금액을 발행주식 총액 또는 출자총액으로 나눈 금액에 출자자의 소유주식 금액 또는 출자액을 곱하여 산출한 금액을 한도로 한다.

④ 사업장별로 그 사업에 관한 모든 권리(미수금에 관한 것은 제외한다)와 모든 의무(미지급금에 관한 것은 제외한다)를 포괄적으로 승계한 자로서 양도인과 특수관계인인 자의 제2차 납세의무는 양수한 재산의 가액을 한도로 한다.

기출처 2023 국가직 9급
LINK 세법1 77-81p 오진다 40-41p
난이도 ●●●●○ 출제 가능 지수 ●●●●○

해설

② 과점주주의 제2차 납세의무는 법인의 재산으로 그 법인이 납부할 국세에 충당하여도 부족한 경우, 그 부족한 금액을 법인의 발행주식 총수(의결권이 없는 주식은 **제외**) 또는 출자총액으로 나눈 금액에 해당 과점주주가 실질적으로 권리를 행사하는 주식 수(의결권이 없는 주식은 **제외**) 또는 출자액을 곱하여 산출한 금액을 한도로 한다. 　　　　정답 ②

02

「국세기본법령」상 제2차 납세의무에 대한 설명으로 옳지 않은 것은?

① 청산인의 경우 분배하거나 인도한 재산의 가액을 한도로, 잔여재산을 분배받거나 인도받은 자의 경우에는 각자가 받은 재산의 가액을 한도로 제2차 납세의무를 진다.

② 사업양수인의 제2차 납세의무에 있어서 사업양수인이란 사업장별로 그 사업에 관한 모든 권리(미수금에 관한 것은 제외)와 모든 의무(미지급금에 관한 것은 제외)를 포괄적으로 승계한 자로서 양도인과 특수관계인인 자이거나 양도인의 조세회피를 목적으로 사업을 양수한 자를 말한다.

③ A법인의 과점주주가 아닌 유한책임사원 甲의 재산으로 甲이 납부할 국세에 충당하여도 부족한 경우에는 A법인은 법률에 의하여 甲의 소유주식의 양도가 제한된 경우에만 그 부족한 금액에 대하여 제2차 납세의무를 진다.

④ 유가증권시장에 상장된 법인의 과점주주는 그 법인의 재산으로 그 법인이 납부할 국세에 충당하여도 부족한 경우 그 부족한 금액에 대하여 제2차 납세의무를 지지 아니한다.

기출처 2021 국가직 7급

LINK 세법1 77-81p   오진다 40-41p

난이도 ●●●○○   출제 가능 지수 ●●●●○

해설

A법인의 **무한책임**사원 甲의 재산으로 甲이 납부할 국세에 충당하여도 부족한 경우에는 A법인은 법률에 의하여 甲의 소유주식의 양도가 제한된 경우 그 부족한 금액에 대하여 제2차 납세의무를 진다.

[법인의 제2차 납세의무]

국세의 납부기한 만료일 현재 법인의 무한책임사원 또는 과점주주(이하 '출자자')의 재산(그 법인의 발행주식 또는 출자지분은 제외)으로 그 출자자가 납부할 국세 및 강제징수비에 충당하여도 부족한 경우로서 다음의 어느 하나에 해당하는 경우 법인이 제2차 납세의무를 진다.

㉠ 매각불능: 정부가 출자자의 소유주식 또는 출자지분을 재공매하거나 수의 계약으로 매각하려 하여도 매수희망자가 없는 경우

㉡ 강제징수제한: 그 법인이 외국법인인 경우로서 출자자의 소유주식 또는 출자지분이 외국에 있는 재산에 해당하여 「국세징수법」에 따른 압류 등 강제 징수가 제한되는 경우

㉢ 양도제한: 법률 또는 그 법인의 정관에 의하여 출자자의 소유주식 또는 출자지분의 양도가 제한된 경우(「국세징수법」에 따라 공매할 수 없는 경우는 제외)

정답 ③

03

양도담보와 관련된 설명으로 옳지 않은 것은?

① 「국세기본법」상 납세자가 국세 및 강제징수비를 체납한 경우에 그 납세자에게 국세의 법정기일 후 담보의 목적이 된 양도담보재산이 있을 때에는 그 납세자의 다른 재산에 대하여 강제징수를 집행하여도 징수할 금액에 미치지 못하는 경우에만 「국세징수법」에서 정하는 바에 따라 그 양도담보재산으로써 납세자의 국세 및 강제징수비를 징수할 수 있다.

② 「국세기본법」상 세무서장은 납세자가 제3자와 짜고 거짓으로 재산에 양도담보 설정계약을 하고 그 등기를 함으로써 그 재산의 매각금액으로 국세를 징수하기가 곤란하다고 인정할 때에는 그 행위의 취소를 법원에 청구할 수 있다.

③ 「국세기본법」에서 양도담보재산이란 당사자 간의 계약에 의하여 납세자가 그 재산을 양도하였을 때에 실질적으로 양도인에 대한 채권담보의 목적이 된 재산을 말한다.

④ 「부가가치세법 시행령」상 양도담보의 목적으로 부동산상의 권리를 제공하는 것은 재화의 공급으로 본다.

기출처 2020 국가직 7급
LINK 세법1 82-84p 오진다 41-42p
난이도 ●●●○○ 출제 가능 지수 ●●●●○

해설

② 세무서장은 납세자가 제3자와 짜고 거짓으로 재산에 양도담보 설정계약을 하고 그 등기를 함으로써 그 재산의 매각금액으로 국세를 징수하기가 곤란하다고 인정할 때에는 그 행위의 취소를 법원에 청구할 수 있다. 이 경우 납세자가 국세의 법정기일 전 1년 내에 특수관계인 중 대통령령으로 정하는 자와 양도담보 설정계약을 한 경우에는 짜고 한 거짓 계약으로 추정한다 (국기법 35 ⑥).

④ 사업자가 양도담보의 목적으로 동산·부동산 및 부동산상의 권리를 제공한 경우 이는 채권담보목적에 불과하므로 **재화의 공급으로 보지 아니한다.** 따라서 원칙적으로 부가가치세 대상이 아니다(부령 22).　　　　정답 ④

04

양도담보권자의 물적납세의무의 성립 및 존속요건에 대한 설명으로 옳지 않은 것은?

① 납세자의 양도담보재산으로써 납세자의 국세 및 강제징수비를 징수하려면 납세자가 국세 및 강제징수비를 체납하여야 한다.

② 양도담보권자에게 납부고지가 있은 후 납세자가 양도에 의하여 실질적으로 담보된 채무를 불이행하여 해당 자산이 양도담보권자에게 확정적으로 귀속되고 양도담보권이 소멸하는 경우에는 납부고지 당시의 양도담보재산이 계속하여 양도담보재산으로서 존속하는 것으로 본다.

③ 납세자의 재산(양도담보재산 제외)에 대하여 강제징수를 하여도 징수할 금액에 미치지 못하는 경우에 해당하여야 한다.

④ 양도담보재산이 납세자가 체납한 국세의 법정기일 전에 담보의 목적이 되어야 한다.

기출처 2019 국가직 7급 수정
LINK 세법1 83p 오진다 41-42p
난이도 ●●●○○ 출제 가능 지수 ●●●●○

해설

양도담보재산이 납세자가 체납한 국세의 법정기일 **후**에 담보의 목적이 되어야 한다. 즉, 국세의 법정기일 전에 담보의 목적이 된 양도담보재산의 경우에는 양도담보권자에게 물적납세의무를 지울 수 없다.　　　　정답 ④

05

「국세기본법」상 사업양수인의 제2차 납세의무에 대한 설명으로 옳은 것은?

① 사업양도일 이전에 양도인의 납세의무가 성립된 그 사업에 관한 국세 및 강제징수비를 양도인의 재산으로 충당하여도 부족할 때에는 대통령령으로 정하는 사업의 양수인은 그 부족한 금액에 대하여 양수한 재산의 가액을 한도로 제2차 납세의무를 진다.

② 사업을 양도함에 따라 납부하여야 할 사업용 부동산(토지·건물 등)에 대한 양도소득세는 당해 사업에 관한 국세가 아니므로 사업양수인은 제2차 납세의무를 지지 않는다.

③ 사업의 양도인에게 둘 이상의 사업장이 있는 경우에 하나의 사업장을 양수한 자는 양수한 사업장 외의 다른 사업장과 관계되는 국세 및 강제징수비에 대해서도 제2차 납세의무를 진다.

④ 사업장별로 그 사업에 관한 모든 권리(미수금에 관한 것을 포함)와 모든 의무(미지급금에 관한 것을 포함)를 포괄적으로 승계한 사업양수인에 한하여 제2차 납세의무를 진다.

기출처 2017 국가직 9급
LINK 세법1 81-82p 오진다 40-41p
난이도 ●●●○○ 출제 가능 지수 ●●●○○

해설

① 사업양도일 이전에 양도인의 납세의무가 **확정**된 그 사업에 관한 국세 및 강제징수비를 양도인의 재산으로 충당하여도 부족할 때에는 대통령령으로 정하는 사업의 양수인은 그 부족한 금액에 대하여 양수한 재산의 가액을 한도로 제2차 납세의무를 진다.

③ 사업의 양도인에게 둘 이상의 사업장이 있는 경우에 하나의 사업장을 양수한 자는 **양수한 사업장과 관계되는 국세 및 강제징수비에 대해서만** 제2차 납세의무를 지며, 만일 둘 이상의 사업장에 공통되는 국세 및 강제징수비가 있는 경우에는 양수한 사업장에 배분되는 금액(소득금액에 따라 안분계산하며 소득금액을 계산할 수 없을 경우에는 수입금액에 따라 안분계산)에 대해서만 제2차 납세의무를 진다.

④ 사업장별로 그 사업에 관한 모든 권리(미수금에 관한 것을 **제외**)와 모든 의무(미지급금에 관한 것을 **제외**)를 포괄적으로 승계한 **사업양수인으로서 양도인과 특수관계인이거나 양도인의 조세회피를 목적으로 사업을 양수한 자**는 제2차 납세의무를 진다. 정답②

06

「국세기본법」상 납세의무의 확장에 대한 설명으로 옳지 않은 것은?

① 피상속인이 체결한 보험계약의 수익자로서 단독 상속인이 피상속인의 사망으로 보험금을 수령하고 상속을 포기한 경우 상속포기를 한 상속인은 피상속인이 납부할 국세를 그 보험금의 한도 내에서 납부할 의무를 진다.

② 공동사업에 관계되는 부가가치세 및 강제징수비는 공동사업자가 연대하여 납부할 의무를 진다.

③ 법령이 정하는 바에 따라 제2차 납세의무를 지는 법인에는 비상장법인뿐만 아니라 상장법인도 포함된다.

④ 사업양수인은 양도일 이후 성립된 사업양도인의 국세에 대해 납세의무가 있다.

기출처 2016 국가직 9급
LINK 세법1 73-74, 80-81p 오진다 37, 39-40p
난이도 ●●●○○ 출제 가능 지수 ●●●●○

해설

사업양수인은 양도일 **이전에 확정**된 사업양도인의 국세에 대해 납세의무가 있다.

[상속포기자]

「민법」에 따른 상속포기자는 피상속인의 납세의무를 승계하지 않는다. 단, 상속인을 수익자로 하는 손해보험·생명보험 보험금 등을 받는 때에는 보험금을 상속받은 재산으로 보아 재산의 가액을 계산한다.

정답④

07

「국세기본법」상 제2차 납세의무에 대한 설명으로 옳지 않은 것은?

① 법인의 제2차 납세의무는 그 법인의 자산총액에서 부채총액을 뺀 가액을 그 법인의 발행주식 총액 또는 출자총액으로 나눈 가액에 그 출자자의 소유주식 금액 또는 출자액을 곱하여 산출한 금액을 한도로 한다.

② 사업이 양도·양수된 경우에 양도일 이전에 양도인의 납세의무가 확정된 그 사업에 관한 국세 및 강제징수비를 양도인의 재산으로 충당하여도 부족할 때에는 대통령령으로 정하는 사업의 양수인은 그 부족한 금액에 대하여 대통령령으로 정하는 양수한 재산의 가액을 한도로 제2차 납세의무를 진다.

③ 법인이 해산한 경우에 그 법인에 부과되거나 그 법인이 납부할 국세 및 강제징수비를 납부하지 아니하고 청산 후 남은 재산을 분배하거나 인도하였을 때에 그 법인에 대하여 강제징수를 하여도 징수할 금액에 미치지 못하는 경우에는 청산인 또는 청산 후 남은 재산을 분배받거나 인도받은 자는 그 부족한 금액에 대하여 제2차 납세의무를 진다. 이에 따른 제2차 납세의무는 청산인의 경우 분배하거나 인도한 재산의 가액을 한도로 하고, 그 분배 또는 인도를 받은 자의 경우에는 각자가 받은 재산의 가액을 한도로 한다.

④ 법인(단, 유가증권시장 및 코스닥 상장법인 제외)의 재산으로 그 법인에 부과되거나 그 법인이 납부할 국세 및 강제징수비에 충당하여도 부족한 경우에는 그 국세의 납부기간 만료일 현재 그 법인의 무한책임사원은 그 부족한 금액에 대하여 제2차 납세의무를 진다.

기출처 2017 국가직 7급

LINK 세법1 77-81p 오진단 40-41p

난이도 ●●●●◌ 출제 가능 지수 ●●●●◌

해설

법인(단, 유가증권시장 및 코스닥 상장법인 제외)의 재산으로 그 법인에 부과되거나 그 법인이 납부할 국세 및 강제징수비에 충당하여도 부족한 경우에는 그 국세의 **납세의무 성립일** 현재 그 법인의 무한책임사원(합명회사 사원, 합자회사 무한책임사원)과 과점주주 및 과점조합원은 그 부족한 금액에 대하여 제2차 납세의무를 진다.   정답 ④

08

「국세기본법」상 납세의무에 대한 설명으로 옳지 않은 것은?

① 합병 후 존속하는 법인은 합병으로 소멸된 법인이 납부할 국세 및 강제징수비를 납부할 의무를 진다.

② 공동사업에서 발생하는 부가가치세는 공동사업자가 연대하여 납부할 의무를 진다.

③ 비상장법인의 재산으로 그 법인이 납부할 국세 및 강제징수비에 충당하여도 부족한 경우에는 그 국세의 납세의무 확정일 현재의 무한책임사원은 그 부족한 금액에 대하여 제2차 납세의무를 진다.

④ 사업이 양도·양수된 경우에 양도일 이전에 양도인의 납세의무가 확정된 그 사업에 관한 국세 및 강제징수비를 양도인의 재산으로 충당하여도 부족할 때에는 대통령령으로 정하는 사업의 양수인은 그 부족한 금액에 대하여 양수한 재산의 가액을 한도로 제2차 납세의무를 진다.

기출처 **2015 국가직 7급**

LINK 세법1 72, 75, 78, 81p 오진다 37, 39-40p

난이도 ●●●●○ 출제가능지수 ●●●●○

해설

비상장법인의 재산으로 그 법인이 납부할 국세 및 강제징수비에 충당하여도 부족한 경우에는 그 국세의 **납세의무 성립일** 현재의 무한책임사원(합명회사 사원, 합자회사 무한책임사원)과 과점주주 및 과점조합원이 제2차 납세의무를 진다.   정답 ③

09

「국세기본법」상 제2차 납세의무자에 관한 설명으로 옳지 않은 것은?

① 법인이 해산한 경우 법인이 납부할 국세에 대하여 청산인은 제2차 납세의무를 질 수 있다.

② 법인이 납부할 국세에 대하여 그 법인의 무한책임사원은 제2차 납세의무를 질 수 있다.

③ 사업양도에서 양도일 이전에 확정된 국세에 대하여 법령으로 정하는 사업의 양수인은 제2차 납세의무를 질 수 있다.

④ 분할법인이 납부해야 할 분할일 이전에 부과된 국세에 대하여 분할로 신설된 법인은 제2차 납세의무를 질 수 있다.

기출처 **2013 국가직 9급**

LINK 세법1 75, 77-78, 81p 오진다 39-40p

난이도 ●●●○○ 출제가능지수 ●●●●○

해설

분할법인이 납부해야 할 분할일 이전에 부과된 국세에 대하여 분할로 신설된 법인은 **연대납세의무**를 진다.   정답 ④

10

「국세기본법」상 제2차 납세의무에 대한 설명으로 옳지 않은 것은?

① 청산인 등의 제2차 납세의무는 청산인의 경우 분배하거나 인도한 재산의 가액을 한도로 하고, 그 분배 또는 인도를 받은 자의 경우에는 각자가 받은 재산의 가액을 한도로 한다.

② 「자본시장과 금융투자업에 관한 법률」에 따른 유가증권시장에 상장한 법인의 과점주주는 그 법인이 납부하는 국세에 대하여 제2차 납세의무를 지지 아니한다.

③ 법인의 출자자가 소유한 주식의 양도가 법률에 의해 제한된 경우에는, 그 출자자가 납부할 국세에 대하여 법인은 제2차 납세의무를 진다.

④ 사업양수인의 제2차 납세의무에 있어서 사업양수인이란 사업장별로 그 사업에 관한 미수금을 포함한 모든 권리와 모든 의무를 포괄적으로 승계한 자를 말한다.

기출처 **2013 국가직 7급**
LINK 세법1 77-81p 오진다 40-41p
난이도 ●●○○○   출제 가능 지수 ●●●●○

해설

'사업의 양수'란 계약의 명칭이나 형식에 관계없이 사업장별로 그 사업에 관한 모든 권리(미수금에 관한 것은 제외)와 모든 의무(미지급금에 관한 것은 제외)를 포괄적으로 승계하는 것을 말한다. 즉, 사업양수인의 제2차 납세의무에 있어서 '사업양수인'이란 사업장별로 그 사업에 관한 **미수금, 미지급금을 제외한** 모든 권리와 모든 의무를 포괄적으로 승계한 자를 말한다.   정답④

11

세법상 양도담보와 관련된 규정에 대한 설명으로 옳지 않은 것은?

① 납세자가 국세 또는 강제징수비를 체납한 경우에 그 납세자에게 양도담보재산이 있을 때에는 그 납세자의 다른 재산에 대하여 강제징수를 하여도 징수할 금액에 미치지 못하는 경우에만 「국세징수법」에서 정하는 바에 따라 그 양도담보재산으로써 납세자의 국세 또는 강제징수비를 징수할 수 있다.

② 양도담보계약에 의하여 자산의 소유권을 이전하더라도 「소득세법」상 양도로 보지 아니한다.

③ 양도담보의 목적으로 동산이나 부동산을 제공하더라도 「부가가치세법」상 재화의 공급에 해당하지 아니한다.

④ 양도담보설정자인 사업자가 양도담보로 제공한 자산을 사업에 직접 사용하고 있는 경우에는 양도담보권자가 그 자산에 대한 감가상각비를 손금에 산입할 수 있다.

기출처 **2012 국가직 7급**
LINK 세법1 82-84p 오진다 41-42p
난이도 ●●○○○   출제 가능 지수 ●●●●○

해설

양도담보설정자인 사업자가 양도담보로 제공한 자산을 사업에 직접 사용하고 있는 경우에는 **양도담보설정자**가 그 자산에 대한 감가상각비를 손금에 산입할 수 있다.   정답④

12

「국세기본법」상 출자자의 제2차 납세의무에 관한 설명으로 옳지 않은 것은?

① 비상장법인의 재산으로 그 법인이 납부할 국세에 충당하여도 부족한 경우에도 그 국세의 납세의무 성립일 현재 과점주주가 아닌 유한책임사원은 그 부족한 금액에 대하여 제2차 납세의무를 부담하지 않는다.

② 비상장법인의 재산으로 그 법인이 납부할 국세에 충당하여도 부족한 경우에도 그 국세의 납부기간 만료일 현재의 과점주주는 그 부족한 금액에 대하여 제2차 납세의무를 부담한다.

③ 비상장법인의 재산으로 그 법인이 납부할 국세에 충당하여도 부족한 경우에는 그 국세의 납세의무 성립일 현재의 무한책임사원이 그 부족한 금액에 대하여 제2차 납세의무를 진다.

④ 비상장법인의 납세의무에 대하여 과점주주가 부담하는 제2차 납세의무는 그 부족한 금액을 그 법인의 발행주식 총수로 나눈 금액에 해당 과점주주가 실질적으로 권리를 행사하는 주식 수를 곱하여 산출한 금액을 한도로 한다.

기출처 2010 국가직 9급 수정

LINK 세법1 78p 오진다 40-41p

난이도 ●●●●○ 출제 가능 지수 ●●●●●

해설

비상장법인의 재산으로 그 법인이 납부할 국세에 충당하여도 부족한 경우에는 그 국세의 **납세의무 성립일** 현재의 과점주주는 그 부족한 금액에 대하여 제2차 납세의무를 부담한다.

정답 ②

13

「국세기본법」상 양도담보권자의 물적납세의무에 관한 설명으로 옳지 않은 것은?

① 제2차 납세의무자의 소유재산에 대한 양도담보권자는 물적납세의무를 지지 아니한다.

② 양도담보권자가 물적납세의무를 부담하는가의 여부는 양도담보권의 설정일과 양도담보설정자가 체납한 국세의 법정기일의 선후(先後)와 밀접한 관련이 있다.

③ 양도담보권자의 물적납세의무에 있어서 양도담보재산이란 당사자 간의 계약에 의하여 납세자가 그 재산을 양도한 때에 실질적으로 양도인에 대한 채권담보의 목적이 된 재산을 말한다.

④ 양도담보권자에게 납부고지가 있기 전에 납세자가 양도에 의하여 실질적으로 담보된 채무를 불이행하여 해당 자산이 양도담보권자에게 확정적으로 귀속되고 양도담보권이 소멸하는 경우에는 물적납세의무를 지울 수 없다.

기출처 2008 국가직 9급

LINK 세법1 82-83p 오진다 41-42p

난이도 ●●●●○ 출제 가능 지수 ●●●●○

해설

'양도담보권자의 물적납세의무'란 본래의 납세자(양도담보설정자)가 국세 등을 체납한 경우에 그 납세자에게 양도담보재산이 있을 때에는 그 납세자의 다른 재산에 대하여 강제징수를 집행하여도 징수할 금액에 미치지 못하는 경우에만 「국세징수법」이 정하는 바에 따라 양도담보권자에게 제공된 양도담보재산으로써 납세자의 국세 등을 징수할 수 있는 제도를 말한다(국기법 42 ①). 이때 본래의 납세자(양도담보설정자)에는 **제2차 납세의무자도 해당하므로 그 소유재산에 대한 양도담보권자는 물적납세의무를 진다**.

정답 ①

14

「국세기본법」상 납세의무의 확장에 대한 설명으로 옳은 것은?

① 법인이 합병한 때에 합병 후 존속하는 법인은 합병으로 인하여 소멸된 법인이 납부할 강제징수비를 제외한 국세만을 납부할 의무를 진다.

② 상속이 개시된 때에 그 상속인은 피상속인에게 부과된 국세를 상속으로 인하여 얻은 재산의 가액에 상관없이 모두 납부할 의무를 진다.

③ 법인이 분할되는 경우 분할되는 법인에 대하여 분할일 이전에 부과된 국세 및 강제징수비는 분할로 인하여 설립되는 법인이 연대하여 납부할 책임을 지지 아니한다.

④ 비상장법인의 재산으로 그 법인에게 부과되거나 그 법인이 납부할 국세 및 강제징수비에 충당하여도 부족한 경우에는 그 국세의 납세의무의 성립일 현재 무한책임사원은 그 부족액에 대하여 제2차 납세의무를 진다.

기출처 **2007 국가직 9급**
LINK 세법1 72-74, 78p 오진다 37, 39-40p
난이도 ●●●●○ 출제 가능 지수 ●●●●○

해설

① 법인이 합병한 경우 합병 후 존속하는 법인은 합병으로 소멸된 법인이 납부할 **국세 및 강제징수비를 납부할 의무를 진다**(국기법 23).

② 상속이 개시된 때에 그 상속인은 피상속인에게 부과된 국세 등을 상속으로 인하여 얻은 **재산의 가액을 한도**로 납부할 의무를 진다.

③ 법인이 분할되는 경우 분할되는 법인에 대하여 분할일 이전에 부과된 국세 및 강제징수비는 분할로 인하여 설립되는 법인(분할합병의 경우 존속하는 분할합병의 상대방 법인)이 **분할로 승계된 재산가액을 한도로 연대하여 납부할 의무가 있다.**

정답 ④

15

제2차 납세의무에 대한 설명으로 옳지 않은 것은?

① 제2차 납세의무를 지는 과점주주란 주주 또는 유한책임사원 1명과 그의 특수관계인 중 그들의 소유주식 합계 또는 출자액 합계가 해당 법인의 발행 주식 총수 또는 출자총액의 100분의 50 이상이면서 그 법인의 경영에 대하여 지배적인 영향력을 행사하는 자들을 말한다.

② 청산인의 제2차 납세의무의 한도는 그가 분배 또는 인도한 재산의 가액으로 한다.

③ 법인의 제2차 납세의무의 한도는 그 법인의 자산총액에서 부채총액을 공제한 가액을 그 법인의 발행주식총액 또는 출자총액으로 나눈 가액에 그 출자자의 소유주식금액 또는 출자액을 곱하여 산출한 금액을 한도로 한다.

④ 사업양도인의 재산으로 충당하고도 부족한 체납세액에 대하여 제2차 납세의무를 지는 사업양수인은 사업장별로 그 사업에 관한 모든 권리(미수금에 관한 것 제외)와 모든 의무(미지급금에 관한 것 제외)를 포괄적으로 승계한 자이다.

기출처 **2007 국가직 7급**
LINK 세법1 77-81p 오진다 40-41p
난이도 ●●●○○ 출제 가능 지수 ●●●●○

해설

제2차 납세의무를 지는 과점주주란 주주 또는 유한책임사원 1명과 그의 특수관계인 중 그들의 소유주식 합계 또는 출자액 합계가 해당 법인의 발행 주식 총수 또는 출자총액의 100분의 50을 **초과하면서** 그 법인의 경영에 대하여 지배적인 영향력을 행사하는 자들을 말한다.

정답 ①

16

제2차 납세의무와 물적납세의무에 대한 설명으로 옳지 않은 것은?

① 사업양수인은 사업양도일 현재 사업양도인에게 납세의무는 성립하였지만 아직 확정되지 아니한 국세에 대하여는 제2차 납세의무를 지지 아니한다.

② 제2차 납세의무자의 경우 그 소유재산에 대한 양도담보권자는 물적납세의무를 지지 않는다.

③ 법인의 제2차 납세의무는 무한책임사원 또는 과점주주가 납부할 국세에 대하여 그 법인의 순자산가액을 법인의 발행주식총액으로 나눈 금액에 그 주주 등의 소유주식금액을 곱하여 산출한 금액을 한도로 한다.

④ 청산인 등의 제2차 납세의무에 있어서 강제징수를 집행하여도 징수할 금액에 부족한 경우의 판단은 그 법인에 대하여 현실적으로 강제징수를 실행함이 없이도 가능하다.

기출처 2006 국가직 7급
LINK 세법1 77, 80-81, 83p   오진다 40-41p
난이도 ●●○○○   출제 가능 지수 ●●●●○

해설

양도담보설정자에는 제2차 납세의무자도 해당하므로 그 소유재산에 대한 양도담보권자는 **물적납세의무를 진다.**

정답 ②

17

납세의무승계 및 제2차 납세의무에 대한 설명 중 맞는 것은?

① 상속이 있는 경우, 한도 없이 납세의무가 있다.

② 사업양수인은 양도일 이후 성립된 국세에 대해 납부의무가 있다.

③ 상장법인은 제2차 납세의무가 없다.

④ 법인의 합병으로 인한 납세의무의 승계 시에는 확정 여부에 관계없이 성립된 국세는 모두 승계된다.

기출처 2005 국가직 7급
LINK 세법1 72-73, 80-81p   오진다 37, 40p
난이도 ●●○○○   출제 가능 지수 ●○○○○

해설

① 상속인은 피상속인의 국세 및 강제징수비를 **상속으로 받은 재산의 한도 내에서** 납부할 의무를 진다.

② 사업양수인은 양도일 **이전에 확정된 그 사업에 관한 국세**에 대하여 제2차 납세의무를 진다. 즉, 양도일 이전에 확정되지 아니한 국세와 사업에 관한 국세가 아닌 부동산을 양도함으로써 납부하여야 할 양도소득세에 대하여는 제2차 납세의무를 지지 않는다.

③ 국세의 납부기한 만료일 현재 법인의 무한책임사원 또는 과점주주(이하 '출자자')의 재산으로 그 출자자가 납부할 국세 및 강제징수비에 충당하여도 부족한 경우로서 다음의 어느 하나에 해당하는 경우에는 **법인이 제2차 납세의무를 진다.**

㉠ 매각불능: 정부가 출자자의 소유주식 또는 출자지분을 재공매하거나 수의계약으로 매각하려 하여도 매수희망자가 없는 경우

㉡ 강제징수제한: 그 법인이 외국법인인 경우로서 출자자의 소유주식 또는 출자지분이 외국에 있는 재산에 해당하여 「국세징수법」에 따른 압류 등 강제징수가 제한되는 경우

㉢ 양도제한: 법률 또는 그 법인의 정관에 의하여 출자자의 소유주식 또는 출자지분의 양도가 제한된 경우(「국세징수법」에 따라 공매할 수 없는 경우는 제외)

정답 ④

CHAPTER

05

국세와 일반채권과의 관계

출제 경향 분석

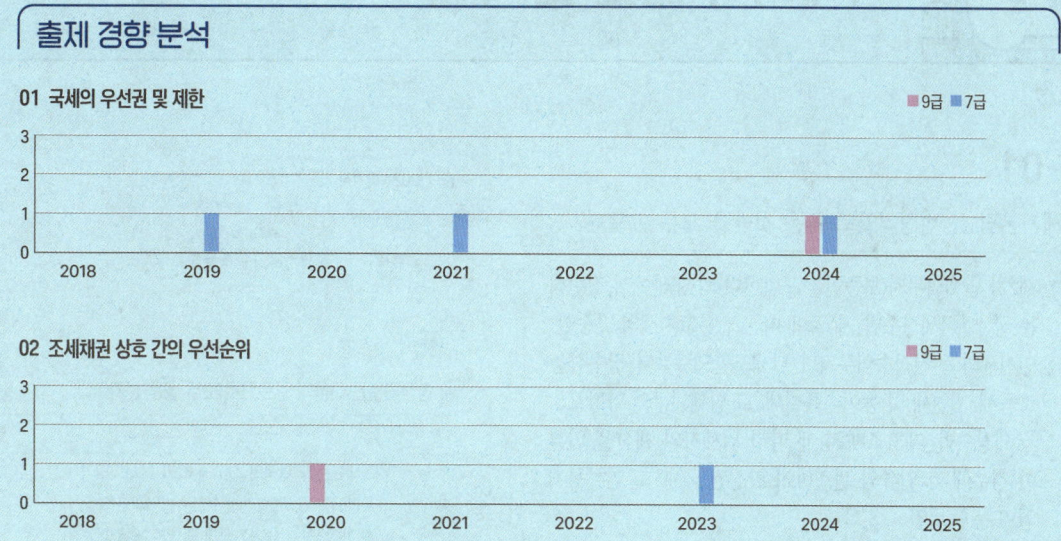

01 국세의 우선권 및 제한

■9급 ■7급

02 조세채권 상호 간의 우선순위

■9급 ■7급

기출 분석

'국세와 일반채권과의 관계' 파트는 국가직 7급에서 계산형 문제로 빈출되는 주제였으나, 2024년 9급 시험에도 계산형으로 출제되었습니다. 「국세기본법」에서도 비교적 난도가 있는 주제이므로 관련 내용들을 유기적으로 학습하셔야 합니다. 또한 2023년에 중요한 개정사항들이 있어 이와 관련된 문제가 출제될 수 있으니 해당 내용을 정확하게 학습하여 대비할 필요가 있습니다.

국세의 우선권 및 제한

1-01

「국세기본법」상 법정기일로 옳은 것만을 모두 고르면?

ㄱ. 제2차 납세의무자(보증인을 포함한다)의 재산에서 징수하는 국세: 「국세징수법」 제7조에 따른 납부고지서의 발송일
ㄴ. 인지세와 원천징수의무자나 납세조합으로부터 징수하는 소득세·법인세 및 농어촌특별세: 그 납세의무의 확정일
ㄷ. 「국세징수법」 제31조제2항에 따라 납세자의 재산을 압류한 경우에 그 압류와 관련하여 확정된 국세: 그 압류등기일 또는 등록일

① ㄱ, ㄴ
② ㄱ, ㄷ
③ ㄴ, ㄷ
④ ㄱ, ㄴ, ㄷ

기출처 **2024 국가직 7급**
LINK 세법1 90p 오진다 46p
난이도 ●●●○○ 출제 가능 지수 ●●●●○

해설

④ 법정기일은 다음과 같으므로 모두 옳은 선지이다.

	구분	법정기일
원칙	과세표준과 세액의 신고에 따라 납세의무가 확정되는 국세(중간예납하는 법인세와 예정신고납부하는 부가가치세 및 양도소득세 포함)의 경우 신고한 해당 세액	그 신고일
	과세표준과 세액을 정부가 결정·경정 또는 수시부과 결정을 하는 경우 고지한 해당 세액	그 납부고지서의 발송일
예외	**제2차 납세의무자(보증인 포함)의 재산에서 징수하는 국세 또는 양도담보재산에서 징수하는 국세**	**그 납부고지서의 발송일**
	「부가가치세법」에 따른 신탁 관련 수탁자의 물적납세의무 규정에 따라 신탁재산에서 부가가치세 등을 징수하는 경우	그 납부고지서의 발송일
	「종합부동산세법」에 따라 신탁재산에서 징수하는 종합부동산세	그 납부고지서의 발송일
	인지세와 원천징수의무자나 납세조합으로부터 징수하는 국세	**그 납세의무의 확정일**
	「국세징수법」에 따라 납세자의 재산을 확정 전 보전압류하는 경우 그 압류와 관련하여 확정된 국세	**그 압류등기일 또는 등록일**

정답 ④

1-02

거주자 甲이 2020년 귀속 소득세 6,000만 원을 신고납부하지 않아 관할 세무서장이 납세고지서를 2022년 5월 30일 발송하였으나, 甲이 이를 체납하자, 관할 세무서장이 甲의 주택을 2022년 10월 1일 압류하여 2023년 4월 5일 매각하였다. 주택의 매각대금이 5,000만 원이고, 甲에 대한 채권명세가 다음과 같은 경우 매각대금 중 소득세에 배분할 수 있는 금액은?

○ 강제징수비: 500만 원
○ 해당 주택의 등기부에 설정된 저당권에 의해 담보되는 채권: 1,000만 원(저당권 설정일 2021년 5월 20일)
○ 甲이 운영하는 개인기업 근로자의 임금채권: 2,000만 원(국세에 우선하여 변제되는 금액이다)

① 1,500만 원 ② 2,000만 원
③ 2,500만 원 ④ 4,500만 원

기출처 2024 국가직 9급
LINK 세법1 88-92p 오진다 43-47p
난이도 ●●●○○ 출제 가능 지수 ●●●●○

해설

순위	구분	금액
1	강제징수비	500만원
2	근로자의 임금채권(국세에 우선하여 변제)	2,000만원
3	저당권에 의해 담보되는 채권(설정일 2021.5.20.)	1,000만원
4	소득세(법정기일 2022.5.30.)	1,500만원
합계		5,000만원

정답 ①

01

거주자 甲이 2020년 귀속 종합소득세를 납부하지 않아 관할 세무서장은 甲의 주택을 2021년 10월 7일에 압류하고, 2023년 4월 5일에 매각하였다. 다음 자료에 따라 주택의 매각대금 70,000,000원 중에서 종합소득세로 징수할 수 있는 금액은?

○ 강제징수비: 7,000,000원
○ 종합소득세: 80,000,000원 (신고일: 2021년 5월 20일)
○ 해당 주택에 설정된 저당권에 의해 담보되는 채권: 10,000,000원 (저당권 설정일: 2021년 5월 25일)
○ 해당 주택에 대한 임차보증금(확정일자: 2021년 5월 30일): 40,000,000원 (이 중 「주택임대차보호법」에 따라 임차인이 우선하여 변제받을 수 있는 금액은 15,000,000원임)
○ 甲이 운영하는 기업체 종업원의 임금채권: 30,000,000원 (이 중 최종 3개월분의 임금은 18,000,000원임)

① 0원 ② 20,000,000원
③ 30,000,000원 ④ 53,000,000원

기출처 2021 국가직 7급
LINK 세법1 89-93p 오진다 43-47p
난이도 ●●●●○ 출제 가능 지수 ●●●●○

해설

종합소득세의 법정기일은 2021년 5월 20일(신고납부세목의 신고일)이다. 따라서 2021년 5월 25일에 설정등기한 저당권은 종합소득세에 우선하지 못한다. 주택의 매각대금 70,000,000원에 대한 우선변제 순위는 다음과 같다.

순위	항목	금액	변제 누계
1순위	강제징수비	7,000,000원	7,000,000원
2순위	소액임차보증금	15,000,000원	22,000,000원
	최우선 변제대상 임금채권 (최종 3개월분)	18,000,000원	40,000,000원
3순위	종합소득세 (법정기일: 2021. 5. 20.)	80,000,000원	70,000,000원
4순위	담보채권 (설정등기일: 2021. 5. 25.)	10,000,000원	-
	확정일자를 갖춘 임차보증금 (확정일자: 2021. 5. 30.)	25,000,000원	-
5순위	기타의 임금채권	12,000,000원	-

거주자 甲이 체납한 소득세로 징수될 수 있는 금액은 매각대금 70,000,000원에서 종합소득세보다 우선변제되는 40,000,000원을 제외한 30,000,000원이다.

정답 ③

02

A은행은 저당권에 의하여 담보된 채권(종합부동산세의 법정기일 전에 저당권 설정을 등기한 사실이 증명됨) 1억 7천5백만 원을 회수하기 위하여 의류업을 하는 채무자 甲의 주택을 강제경매 신청하고 경매개시결정에 따라 압류하였다. 첫 매각기일까지 경매법원에 배당을 요구한 비용과 채권은 다음과 같다. 甲의 주택매각대금이 3억 원일 경우 甲의 납세지 관할 세무서장이 배당받을 수 있는 금액은?

> ○ A은행이 해당 주택을 경매하는 데 든 비용:
>   1천5백만 원
> ○ 경매 개시 결정된 주택에 대하여 甲에게 부과된
>   종합부동산세: 2천만 원
> ○ 甲이 종업원에게 변제하여야 할 근로관계로 인한
>   채권 중 「근로기준법」에 따른 최종 3개월분의 임금과 재
>   해보상금: 1억 원
> ○ 저당권에 의하여 담보된 A은행의 채권:
>   1억 7천5백만 원

① 0원
② 1천만 원
③ 1천5백만 원
④ 2천만 원

기출처 2019 국가직 7급 수정
LINK 세법1 89-93p 오진다 43-47p
난이도 ●●●○○   출제 가능 지수 ●●●●○

해설

재산에 대하여 부과된 종합부동산세는 법정기일 전에 설정된 저당권에 의하여 담보된 채권보다 우선한다(국기법 35 ③). 따라서 그 재산 자체에 부과된 국세는 저당권의 설정시기를 불문하고 항상 피담보채권보다 우선 징수되는 것이다(국기통 35-18…1).

순위	항목	대상 금액	변제 금액	변제 누계액
1순위	주택 경매비	1,500만원	1,500만원	1,500만원
2순위	최종 3개월분의 임금과 재해보상금	10,000만원	10,000만원	11,500만원
3순위	종합부동산세(재산 자체에 부과된 국세)	2,000만원	2,000만원	13,500만원
4순위	A은행의 채권	17,500만원	16,500만원	30,000만원

납세지 관할 세무서장이 배당받을 수 있는 금액은 주택매각대금 3억원에서 종합부동산세보다 우선변제되는 11,500만원을 제외한 18,500만원 중 종합부동산세에 해당하는 2,000만원이다.

정답 ④

03

한국세무서는 거주자 甲의 2020년도 귀속분 소득세 100,000,000원이 체납되어 거주자 甲 소유의 주택D를 2023년 6월 1일에 압류하여 2023년 7월 20일에 매각하였다. 다음 자료에 따라 주택D의 매각대금 100,000,000원 중 거주자 甲이 체납한 소득세로 징수될 수 있는 금액은?

> • 거주자 甲의 소득세 신고일: 2021년 5월 30일
> • 강제징수비: 3,000,000원
> • 주택D에 설정된 저당권에 따른 피담보채권(저당권 설정일: 2021년 3월 28일): 50,000,000원
> • 주택D에 대한 임차보증금: 25,000,000원(이 중 「주택임대차보호법」에 따른 우선변제금은 12,000,000원이다)
> • 거주자 甲이 운영하는 기업체 종업원의 임금채권: 30,000,000원(이 중 「근로기준법」에 따른 우선변제금액은 15,000,000원)
> • 주택D에 부과된 국세는 없음

① 5,000,000원
② 17,000,000원
③ 20,000,000원
④ 70,000,000원

기출처 2017 국가직 9급
LINK 세법1 89-93p 오진다 43-47p
난이도 ●●●●○ 출제 가능 지수 ●●●●○

해설

종합소득세의 법정기일은 신고일인 2021년 5월 30일이다. 따라서 2021년 3월 28일에 설정등기한 저당권은 종합소득세에 우선한다. 주택D의 매각대금 100,000,000원에 대한 우선변제 순위는 다음과 같다.

순위	항목	대상 금액	변제 금액	변제 누계액
1순위	강제징수비	300만원	300만원	300만원
2순위	소액임차보증금	1,200만원	1,200만원	1,500만원
	최우선 변제대상 임금채권	1,500만원	1,500만원	3,000만원
3순위	담보채권 (설정등기일: 2021. 3. 28.)	5,000만원	5,000만원	8,000만원
4순위	기타의 임금채권	1,500만원	1,500만원	9,500만원
5순위	종합소득세 (법정기일: 2021. 5. 30.)	10,000만원	500만원	10,000만원
6순위	임대보증금	1,300만원	-	-

거주자 甲이 체납한 소득세로 징수될 수 있는 금액은 매각대금 1억원에서 종합소득세보다 우선변제되는 9,500만원을 제외한 500만원이다. **정답 ①**

04

「국세기본법」상 국세의 법정기일로 옳지 않은 것은? (단, 확정 전 보전압류는 고려하지 않는다)

① 양도담보재산에서 국세를 징수하는 경우: 그 납세의무의 확정일
② 과세표준과 세액의 신고에 따라 납세의무가 확정되는 국세의 경우: 신고한 해당 세액에 대해서는 그 신고일
③ 원천징수의무자나 납세조합으로부터 징수하는 국세와 인지세의 경우: 그 납세의무의 확정일
④ 예정신고납부하는 부가가치세에 있어서 신고한 해당 세액: 그 신고일

기출처 2016 국가직 7급
LINK 세법1 90p 오진다 45p
난이도 ●●●○○ 출제 가능 지수 ●●●○○

해설

양도담보재산에서 징수하는 국세의 법정기일은 「국세징수법」에 따른 납부고지서의 발송일이다. **정답 ①**

05

甲세무서장은 법인세를 체납하고 있는 乙회사에 대하여 회사 소유 A부동산을 압류하고 이를 매각한 금액으로 법인세를 충당하려고 한다. 그런데 乙회사에게는 체불임금도 있고, A부동산을 담보로 한 丙은행 대출채권도 있다. 이 경우 A부동산의 매각대금에 대한 변제 순위가 빠른 순서대로 바르게 나열된 것은?

① A부동산에 법인세의 법정기일 이전에 저당권이 설정된 경우: 丙은행 대출채권>법인세>최종 3월분 이외의 임금채권

② A부동산에 법인세의 법정기일 이전에 저당권이 설정된 경우: 최종 3월분 이외의 임금채권>丙은행 대출채권>법인세

③ A부동산에 법인세의 법정기일 이후에 저당권이 설정된 경우: 법인세>丙은행 대출채권>최종 3월분 이외의 임금채권

④ A부동산에 법인세의 법정기일 이후에 저당권이 설정된 경우: 최종 3월분 이외의 임금채권>법인세>丙은행 대출채권

기출처 2014 국가직 7급
LINK 세법1 90, 93p   오진다 43-44, 47p
난이도 ●●●○○   출제 가능 지수 ●●●○○

해설

A부동산에 법인세의 법정기일 이전에 저당권이 설정된 경우의 우선순위는 다음과 같다.

> 丙은행 대출채권 > 최종 3월분 이외의 임금채권 > 법인세

A부동산에 법인세의 법정기일 이후에 저당권이 설정된 경우의 우선순위는 다음과 같다.

> 법인세 > 丙은행 대출채권 > 최종 3월분 이외의 임금채권

최종 3개월분의 임금, 최종 3년간의 퇴직급여, 재해보상금 등은 강제징수비 등을 제외한 모든 국세에 항상 우선하는 반면에 최종 3개월분 이외의 임금채권은 담보채권을 제외한 다른 채권에 우선하여 변제되나, 담보채권에 우선하여 변제되는 채권에는 그러하지 아니하다.

정답 ③

06

관할 세무서장은 개인사업자인 甲에 대한 세무조사 결과 종합 소득세를 9,000만원 증액경정하고 납부고지서를 2023년 5월 30일에 발송하여 2023년 6월 4일에 송달되었다. 그러나 甲이 종합소득세를 기한 내에 납부하지 않아 관할 세무서장은 甲 소유의 주택을 압류하여 공매하였으며, 매수인은 공매대금 1억원을 전액 납부하였다. 공매 과정에서 배당을 신청한 채권자 및 채권액이 다음과 같을 때, 관할 세무서장이 배당받을 수 있는 금액은?

> ○ 「주택임대차보호법」에 따라 우선 변제받는 임차인의 임차보증금 중 일정액: 1,000만원
> ○ 종업원 乙에 대한 임금채권: 2,400만원 (월 200만원 × 12개월, 퇴직금과 재해보상금은 없는 것으로 가정한다)
> ○ 압류된 주택에 대한 A은행의 채권: 4,000만원 (채권 최고액 5,000만원, 근저당권 설정등기일: 2023년 6월 2일)

① 44,000,000원   ② 66,000,000원
③ 84,000,000원   ④ 90,000,000원

기출처 2012 국가직 7급
LINK 세법1 89-93p   오진다 43-47p
난이도 ●●●●○   출제 가능 지수 ●●●●●

해설

종합소득세의 법정기일은 신고일이다. 그러나 과세표준과 세액을 정부가 결정하는 경우 고지한 해당 세액의 법정기일은 그 납부고지서의 발송일이다. 따라서 개인사업자인 甲의 종합소득세의 법정기일은 2023년 5월 30일이며 2023년 6월 2일에 설정등기한 근저당권은 종합소득세에 우선하지 못한다. 공매대금에 대한 우선변제 순위는 다음과 같다.

순위	법정기일 후 담보설정	금액
1순위	소액임차보증금	1,000만원
	최우선 변제대상 임금채권 (200만원/월 × 3개월)	600만원
2순위	종합소득세 (법정기일: 2023. 5. 30.)	9,000만원
3순위	압류된 주택에 대한 A은행의 채권 (담보설정일: 2023. 6. 2.)	4,000만원
4순위	기타의 임금채권	1,800만원

관할 세무서장이 배당받을 수 있는 금액은 공매대금 1억원에서 종합소득세보다 우선변제되는 1,600만원을 제외한 8,400만원이다.

정답 ③

07

국세채권과 기타채권이 경합되는 경우 그 변제순서로 옳은 것은?

> ㄱ. 강제징수에 관계된 소득세
> ㄴ. 강제징수비
> ㄷ. 소득세에 대한 신고일 이후에 설정된 저당권에 의하여 담보된 채권
> ㄹ. 「주택임대차보호법」에 의한 소액보증금 중 우선하여 변제 받을 수 있는 금액 (최우선변제요건 충족)

① ㄴ → ㄹ → ㄱ → ㄷ 　② ㄹ → ㄷ → ㄴ → ㄱ
③ ㄴ → ㄹ → ㄷ → ㄱ 　④ ㄷ → ㄹ → ㄴ → ㄱ

기출처 **2009 지방직 9급**
LINK (세법1) **89-90, 93p** (오진다) **43-45p**
난이도 ●●●○○　출제 가능 지수 ●●●●○

해설

소득세의 법정기일은 신고일이다. 따라서 소득세에 대한 신고일 이후에 설정된 저당권에 의하여 담보된 채권의 경우 소득세보다 우선하지 못한다. 국세와 다른 채권의 우선순위는 다음과 같다.

순위	법정기일 후 담보설정	구분
1순위	ⓐ 강제집행·경매·파산절차 소요비용 ⓑ 선집행 지방세·공과금의 체납처분비 또는 강제징수비	
2순위	당해 국세의 강제징수비	ㄴ
3순위	소액임차보증금 및 최우선 변제대상 임금채권	ㄹ
4순위	재산 자체에 부과된 국세	
5순위	당해 국세	ㄱ
6순위	담보채권 및 확정일자를 갖춘 임대차보증금(소액임차보증금 제외)	ㄷ
7순위	기타의 임금채권	
8순위	공과금 및 일반채권	

정답 ①

08

「국세기본법」상 국세의 우선징수에 관한 설명으로 옳지 않은 것은?

① 지방세의 체납처분 또는 강제징수에 있어서 그 체납처분 또는 강제징수금액 중에서 부가가치세를 징수하는 경우의 그 지방세의 체납처분비 또는 강제징수비는 그 부가가치세에 우선한다.

② 경매에 의한 재산의 매각에 있어서 그 매각금액 중에서 법인세를 징수하는 경우의 그 경매에 소요된 비용은 그 법인세에 우선한다.

③ 종합소득세로 신고한 해당 세액에 대하여 그 신고일 이후에 저당권 설정등기를 한 재산의 매각에 있어서 그 매각대금 중에서 종합소득세를 징수하는 경우의 그 저당권에 의하여 담보된 채권은 그 종합소득세에 우선한다.

④ 파산절차에 의한 재산의 매각에 있어서 그 매각금액 중에서 증여세를 징수하는 경우의 그 파산절차에 소요된 비용은 그 증여세에 우선한다.

기출처 **2007 국가직 9급**
LINK (세법1) **89-90p** (오진다) **43-44p**
난이도 ●●○○○　출제 가능 지수 ●●●○○

해설

종합소득세 법정기일은 그 신고일이다. 따라서 종합소득세로 신고한 해당 세액에 대하여 그 신고일 이후에 저당권 설정등기를 한 재산의 매각에 있어서 그 매각대금 중에서 종합소득세를 징수하는 경우의 그 저당권에 의하여 담보된 채권은 그 종합소득세에 **우선하지 못한다**.

정답 ③

09

국세우선권의 제한에 대한 설명이다. 틀린 것은?

① 「근로기준법」에 의한 최종 3월분 임금은 국세에 우선한다.

② 소액주택 및 상가임차보증금은 국세보다 우선 변제된다.

③ 법정기일 전에 전세권을 설정한 경우에는 전세권에 의하여 담보된 채권은 국세보다 우선 징수한다.

④ 지방세 또는 공과금은 국세 또는 강제징수비보다 우선 징수된다.

⑤ 국세의 법정기일 후에 「주택임대차보호법」에 따른 대항요건과 확정일자를 갖춘 임대차보증금(소액임대차보증금 제외)은 국세보다 우선 변제되지 못한다.

기출처 2007 서울시 9급
LINK 세법1 89-91, 93p 오진다 44-45, 47p
난이도 ●●●●○ 출제 가능 지수 ●●●●○

해설

공과금 자체는 국세 등에 우선하지 못하며, 지방세 자체는 국세와 동순위이므로 압류선착수주의에 의하여 국세와 지방세 중 먼저 압류한 것이 나중에 교부청구하는 것보다 우선한다. 즉 지방세 또는 공과금은 국세 또는 강제징수비보다 **우선 징수되지 않는다.**　　　　　　　정답 ④

10

「국세기본법」상 전세권의 설정시기 여부와 관계없이 항상 우선으로 징수되는 국세로 틀린 것은?

① 상속세　　　　　② 종합부동산세

③ 양도소득세　　　④ 증여세

기출처 2006 국가직 7급
LINK 세법1 91p 오진다 45p
난이도 ●○○○○ 출제 가능 지수 ●●○○○

해설

해당 재산에 부과된 **상속세, 증여세 및 종합부동산세**는 전세권의 설정시기 여부와 관계없이 항상 우선으로 징수되는 국세다.　　　　　　정답 ③

11

「국세기본법」상 법정기일 중 틀린 것은?

① 신고하지 않은 법인세 - 납부고지서 발송일

② 수시부과결정하는 경우에 고지한 해당 세액 - 납부고지서 발송일

③ 상속세를 신고기한 내에 신고한 세액에 대해 납부고지한 세액 - 신고일

④ 부가가치세를 신고기한 내에 신고한 해당 세액 - 신고일

기출처 2004 국가직 7급
LINK 세법1 90p 오진다 45p
난이도 ●●○○○ 출제 가능 지수 ●●○○○

해설

상속세는 정부부과세목에 해당되므로 법정기일은 **납부고지서의 발송일**이다.　　　　　　정답 ③

02 조세채권 상호 간의 우선순위

2-01

「국세기본법」상 국세와 일반채권의 관계 및 국세 상호 간의 관계에 대한 설명으로 옳지 않은 것은?

① 강제집행·경매 또는 파산 절차에 따라 재산을 매각할 때 그 매각금액 중에서 국세 및 강제징수비를 징수하는 경우의 그 강제집행, 경매 또는 파산 절차에 든 비용은 국세 및 강제징수비보다 우선하여 징수한다.

② 해당 재산에 대하여 부과된 상속세, 증여세 및 종합부동산세는 법정기일 전에 저당권이 설정된 경우에도 담보 있는 채권에 우선한다.

③ 과세표준과 세액의 신고에 따라 납세의무가 확정되는 국세(중간예납하는 법인세와 예정신고납부하는 부가가치세 및 예정신고납부하는 양도소득세를 포함한다)의 경우 신고한 해당 세액의 법정기일은 그 신고일이다.

④ 조세 상호 간의 우선순위를 다툴 때에는 압류한 국세, 담보 있는 국세, 교부청구한 국세의 순서로 징수한다.

기출처 **2023 국가직 7급**
LINK 세법1 89-91, 96p 오진다 44-45, 47p
난이도 ●●●●● 출제 가능 지수 ●●●●●

해설

④ 조세 상호 간의 우선순위를 다툴 때에는 **담보 있는 국세, 압류한 국세**, 교부청구한 국세의 순서로 징수한다.

납세담보에 관계된 조세 >	강제징수한 조세 (압류에 관계된 조세) >	교부청구에 관계된 조세

정답 ④

01

국세의 우선에 대한 설명으로 옳지 않은 것은?

① 과세표준과 세액을 정부가 결정하는 경우 고지한 해당 세액 관련 법정기일은 그 납부고지서의 발송일이다.

② 납세자가 국세의 법정기일 전 1년 내에 저당권 설정 계약을 한 경우에는 짜고 한 거짓 계약으로 간주한다.

③ 임금채권(최종 3개월분의 임금채권, 재해보상금채권이 아님)에 우선하는 저당권부채권이 있고, 국세채권이 그 저당권부채권에 우선하는 경우에는, 국세채권이 임금채권에 우선한다.

④ 지방세 체납처분에 의하여 납세자의 재산을 압류한 경우에 국세 및 강제징수비의 교부청구가 있으면 교부청구된 국세 및 강제징수비는 압류에 관계되는 지방세의 다음 순위로 징수한다.

기출처 **2020 국가직 9급**
LINK 세법1 84, 90, 93, 96p 오진다 43, 45, 47p
난이도 ●●●●● 출제 가능 지수 ●●●●●

해설

납세자가 국세의 법정기일 전 1년 내에 **특수관계인 중 대통령으로 정하는 자와** 저당권 설정계약을 한 경우에는 짜고 한 거짓 계약으로 **추정**한다(국기법 35 ⑥). 정답 ②

06

과세

01 관할관청

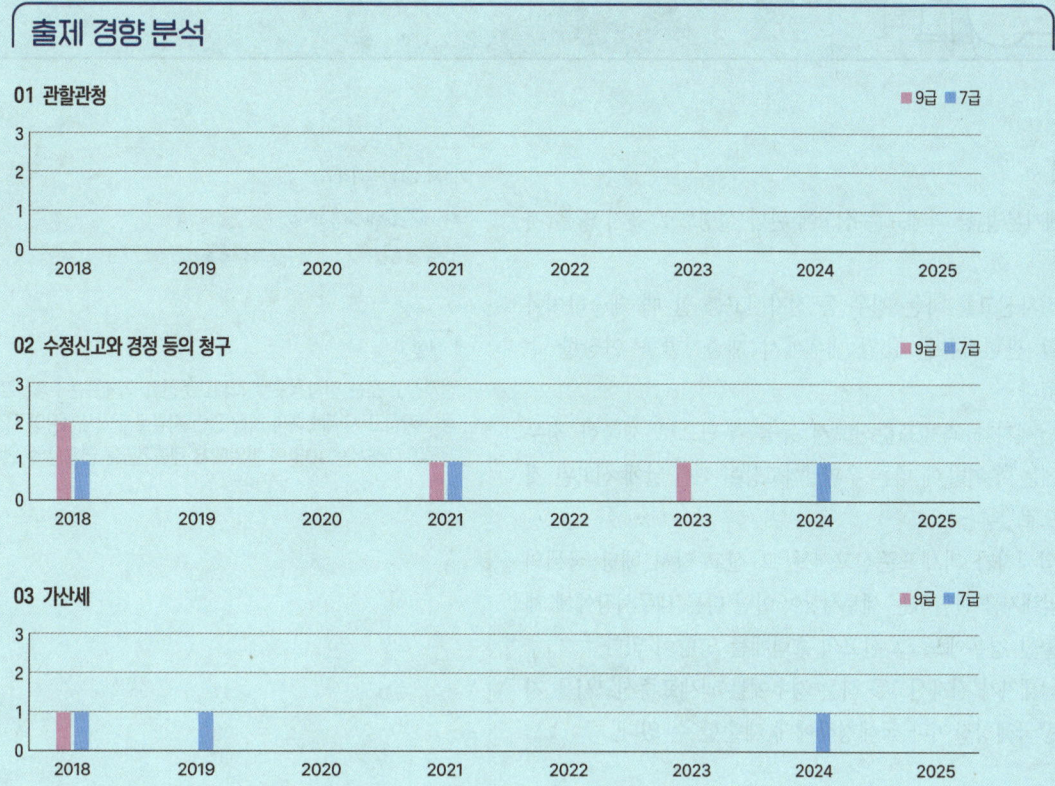

02 수정신고와 경정 등의 청구

03 가산세

기출 분석

'과세' 파트 중 '02. 수정신고와 경정 등의 청구'는 9급과 7급을 막론하고 빈출되는 주제이므로 다양한 응용문제를 통해 완벽하게 대비해 둘 필요가 있습니다. 또한 가산세는 각 세법에서보다 「국세기본법」에서 출제되고 있는 편이라서 '03. 가산세'는 잘 정리해 두셔야 합니다.

01 관할관청

01

「국세기본법」상 과세표준 신고에 관한 설명으로 옳지 않은 것은?

① 전자신고를 하는 경우 동 전자신고를 할 때 제출하여야 할 관련서류는 15일 범위에서 제출기한을 연장할 수 있다.

② 납세자가 과세표준신고서 등을 우편으로 제출한 경우에는 「우편법」에 따른 우편날짜도장이 찍힌 날에 신고된 것으로 본다.

③ 납세자가 과세표준신고서를 그 신고 당시 해당 국세의 납세지를 관할하는 세무서장이 아닌 다른 세무서장에게 제출한 경우에도 그 신고의 효력에는 영향이 없다.

④ 납세자가 전자신고를 하는 경우에는 과세표준신고서를 지방국세청장이나 국세청장에게 제출할 수 있다.

기출처 2010 국가직 7급

LINK 세법1 30-31, 100p   오진다 18, 48p

난이도 ●●●○○   출제 가능 지수 ●●●○○

해설

전자신고 또는 전자청구된 과세표준신고·과세표준수정신고와 관련된 서류 중 전자신고 시 제출해야 하는 관련 서류로서 국세청장이 지정하여 고시하는 서류에 대해서는 **10일의 범위에서** 제출기한을 연장할 수 있다(국기법 5의2 ③).   정답 ①

02 수정신고와 경정 등의 청구

2-01

「국세기본법」상 수정신고와 경정 등의 청구에 대한 설명으로 옳지 않은 것은?

① 국세의 과세표준신고서를 법정신고기한까지 제출한 자의 수정신고는 당초의 신고에 따라 확정된 과세표준과 세액을 증액하여 확정하는 효력을 가지므로, 그 수정신고는 당초 신고에 따라 확정된 세액에 관한 「국세기본법」 또는 세법에서 규정하는 권리·의무관계에 영향을 미친다.

② 과세표준신고서를 법정신고기한까지 제출한 자 또는 국세의 과세표준 및 세액의 결정을 받은 자는 소득이나 그 밖의 과세물건의 귀속을 제3자에게로 변경시키는 결정 또는 경정이 있을 경우, 그 사유가 발생한 것을 안 날부터 3개월 이내에 결정 또는 경정을 청구할 수 있다.

③ 법정신고기한까지 과세표준신고서를 제출하지 아니한 자는 관할 세무서장이 세법에 따라 해당 국세의 과세표준과 세액(「국세기본법」 및 세법에 따른 가산세를 포함한다)을 결정하여 통지하기 전까지 기한후과세표준신고서를 제출할 수 있다.

④ 과세표준신고서를 법정신고기한까지 제출하였으나 과세표준신고액에 상당하는 세액의 전부 또는 일부를 납부하지 아니한 자는 그 세액과 「국세기본법」 또는 세법에서 정하는 가산세를 세무서장이 고지하기 전에 납부할 수 있다.

기출처 2024 국가직 7급

LINK 세법1 102, 104, 106-107p 오진단 30, 51-53p

난이도 ●●●●○ 출제가능지수 ●●●●○

해설

① 국세의 과세표준신고서를 법정신고기한까지 제출한 자의 수정신고는 당초의 신고에 따라 확정된 과세표준과 세액을 증액하여 확정하는 효력을 가지며, 그 수정신고는 당초 신고에 따라 확정된 세액에 관한 「국세기본법」 또는 세법에서 규정하는 권리·의무관계에 영향을 **미치지 아니한다.**

정답 ①

01

국세기본법령상 후발적 사유로 인한 경정 등의 청구가 가능한 사유에 해당하는 것만을 모두 고르면?

> ㄱ. 최초의 신고·결정 또는 경정을 할 때 과세표준 및 세액의 계산 근거가 된 거래 또는 행위 등의 효력과 관계되는 관청의 허가나 그 밖의 처분이 취소된 경우가 해당 국세의 법정신고기한이 지난 후에 발생하였을 때
> ㄴ. 소득이나 그 밖의 과세물건의 귀속을 제3자에게로 변경시키는 결정 또는 경정이 있을 때
> ㄷ. 조세조약에 따른 상호합의가 최초의 신고·결정 또는 경정의 내용과 다르게 이루어졌을 때

① ㄱ, ㄴ   ② ㄱ, ㄷ   ③ ㄴ, ㄷ   ④ ㄱ, ㄴ, ㄷ

기출처 **2023 국가직 9급**
LINK 세법1 104p 오진한 50p
난이도 ●●●●● 출제 가능 지수 ●●●●●

해설

④ ㄱ~ㄷ 모두 국세기본법령상 후발적 사유로 인한 경정 등의 청구가 가능한 사유에 해당한다.

[후발적 사유]

> ㉠ 최초의 신고·결정 또는 경정에서 과세표준 및 세액의 계산 근거가 된 거래 또는 행위 등이 그에 관한 「국세기본법」에 따른 심사청구, 심판청구, 「감사원법」에 따른 심사청구에 대한 결정이나 소송에 대한 판결(판결과 같은 효력을 가지는 화해나 그 밖의 행위를 포함)에 의하여 다른 것으로 확정되었을 때
> ㉡ **소득이나 그 밖의 과세물건의 귀속을 제3자에게로 변경시키는 결정 또는 경정이 있을 때**
> ㉢ **조세조약에 따른 상호합의가 최초의 신고·결정 또는 경정의 내용과 다르게 이루어졌을 때**
> ㉣ 결정 또는 경정으로 인하여 그 결정 또는 경정의 대상이 된 과세표준 및 세액과 연동된 다른 세목(같은 과세기간으로 한정)이나 연동된 다른 과세기간(같은 세목으로 한정)의 과세표준 또는 세액이 세법에 따라 신고하여야 할 과세표준 또는 세액을 초과할 때
> ㉤ **최초의 신고·결정 또는 경정을 할 때 과세표준 및 세액의 계산 근거가 된 거래 또는 행위 등의 효력과 관계되는 관청의 허가나 그 밖의 처분이 법정 신고기한이 지난 후[1] 취소된 경우**
> ㉥ 최초의 신고·결정 또는 경정을 할 때 과세표준 및 세액의 계산 근거가 된 거래 또는 행위 등의 효력과 관계되는 계약이 해제권의 행사에 의하여 해제되거나 해당 계약의 성립 후 발생한 부득이한 사유로 법정신고기한이 지난 후[1] 해제되거나 취소된 경우
> ㉦ 최초의 신고·결정 또는 경정을 할 때 장부 및 증거서류의 압수, 그 밖의 부득이한 사유로 과세표준 및 세액을 계산할 수 없었으나 그 후 해당 사유가 법정신고기한이 지난 후[1] 소멸한 경우

[1] 종합부동산세를 부과·고지받은 자의 경우는 종합부동산세의 납부기한이 지난 후

정답 ④

02

「국세기본법령」상 후발적 사유에 의한 경정청구에 대한 설명으로 옳지 않은 것은?

① 과세표준신고서를 법정신고기한까지 제출한 자는 소득이나 그 밖의 과세물건의 귀속을 제3자에게로 변경시키는 결정 또는 경정이 있을 때에는 후발적 사유에 의한 경정을 청구할 수 없다.

② 국세의 과세표준 및 세액의 결정을 받은 자는 조세조약에 따른 상호합의가 최초의 신고·결정 또는 경정의 내용과 다르게 이루어졌을 때에는 후발적 사유에 의한 경정을 청구할 수 있다.

③ 과세표준신고서를 법정신고기한까지 제출한 자는 최초의 신고·결정 또는 경정에서 과세표준 및 세액의 계산 근거가 된 거래 또는 행위 등이 그에 관한 소송에 대한 판결에 의하여 다른 것으로 확정되었을 때에는 후발적 사유에 의한 경정을 청구할 수 있다.

④ 후발적 사유가 발생하였을 때에는 그 사유가 발생한 것을 안 날부터 3개월 이내에 결정 또는 경정을 청구할 수 있다.

03

「국세기본법」상 수정신고와 경정 등의 청구에 대한 설명으로 옳은 것만을 모두 고르면?

> ㄱ. 상속세의 수정신고는 당초의 신고에 따라 확정된 과세표준과 세액을 증액하여 확정하는 효력을 가진다.
>
> ㄴ. 과세표준신고서를 법정신고기한까지 제출한 자 또는 국세의 과세표준 및 세액의 결정을 받은 자는 후발적 사유가 발생한 경우 그 사유가 발생한 것을 안 날부터 4개월 이내에 결정 또는 경정을 청구할 수 있다.
>
> ㄷ. 과세표준신고서를 법정신고기한까지 제출한 자 및 기한후과세표준신고서를 제출한 자는 관할 세무서장이 과세표준과 세액을 결정 또는 경정하여 통지하기 전으로서 국세의 부과제척기간이 끝나기 전까지 수정신고를 할 수 있다.
>
> ㄹ. 과세표준신고서를 법정신고기한까지 제출한 자뿐만 아니라 기한후과세표준신고서를 제출한 자도 과세표준 및 세액의 결정 또는 경정을 청구할 수 있다.

① ㄱ, ㄴ   ② ㄱ, ㄷ   ③ ㄴ, ㄹ   ④ ㄷ, ㄹ

기출처 **2021 국가직 9급**

LINK [세법1] 103-104p [오진다] 50p
난이도 ●●○○○ 출제 가능 지수 ●●●○○

해설

과세표준신고서를 법정신고기한까지 제출한 자는 소득이나 그 밖의 과세물건의 귀속을 제3자에게로 변경시키는 결정 또는 경정이 있을 때에는 후발적 사유에 의한 경정을 청구할 수 **있다.**

정답 ①

기출처 **2021 국가직 7급**

LINK [세법1] 101-103p [오진다] 49-50p
난이도 ●●●○○ 출제 가능 지수 ●●●○○

해설

㉠ 상속세는 정부부과세목으로서 당초 신고 시 그 신고에 의하여 납세의무가 확정되지 않고 과세관청의 경정절차를 거쳐 확정되는 세목이므로 수정신고 시에도 과세관청의 경정을 거쳐 확정된다. 즉, 상속세의 수정신고는 당초의 신고에 따라 확정된 과세표준과 세액을 증액하여 **확정하는 효력이 없다.**

㉡ 과세표준신고서를 법정신고기한까지 제출한 자 또는 국세의 과세표준 및 세액의 결정을 받은 자는 후발적 사유가 발생한 경우 그 사유가 발생한 것을 안 날부터 **3개월** 이내에 결정 또는 경정을 청구할 수 있다.

[과세표준신고서를 당초의 법정신고기한까지 제출하지 않은 자]

과세표준신고서를 당초의 법정신고기한까지 제출하지 않은 자는 수정신고를 할 수 없다?	No, 기한후과세표준신고서를 제출한 자도 수정신고를 할 수 있다.
과세표준신고서를 당초의 법정신고기한까지 제출하지 않은 자는 통상적인 경정청구를 할 수 없다?	No, 기한후과세표준신고서를 제출한 자도 통상적인 경정청구를 할 수 있다.
과세표준신고서를 당초의 법정신고기한까지 제출하지 않은 자는 후발적 사유로 인한 경정 등의 청구를 할 수 없다?	No, 국세의 과세표준 및 세액의 결정을 받은 자 및 과세기준일이 속한 연도에 종합부동산세를 부과·고지받은 자도 후발적 사유로 인한 경정 등의 청구를 할 수 있다.

정답 ④

04

「국세기본법」상 수정신고에 대한 설명으로 옳지 않은 것은?

① 「소득세법」 제73조제1항제1호(근로소득만 있는 자)에 따라 소득세 과세표준확정신고의무가 면제되는 자는 수정신고를 할 수 있는 자에 해당한다.

② 적법한 수정신고를 하였더라도 그 신고로 인하여 납세의무확정효력이 발생하지 않는 경우도 있다.

③ 과세표준신고액에 상당하는 세액을 자진납부하는 국세에 관하여 수정신고를 한 자는 과소신고세액 등을 추가로 납부하여야 하는데 이를 납부하지 않은 경우에는 수정신고에 따른 과소신고가산세를 감면해주지 않는다.

④ 납세자의 과소신고에 대해 관할 세무서장이 해당 세법에 따라 과세표준과 세액을 경정하여 통지한 경우 그 경정통지한 부분에 대해서는 수정신고를 할 수 없다.

기출처 2018 국가직 7급
LINK 세법1 101-102, 116p 오진다 49-50, 58p
난이도 ●●●●○ 출제 가능 지수 ●●●○○

해설

수정신고만 하고 납부하지 않은 경우에도 수정신고에 따른 과소신고가산세를 **감면한다**.

정답 ③

05

「국세기본법」상 경정청구의 청구기간과 관련한 다음 제시문의 ㉠ ~ ㉢에 들어갈 내용을 바르게 연결한 것은?

> 납세자가 법정신고기한까지 과세표준신고서를 제출한 경우 및 기한후과세표준신고서를 제출한 경우에는 「국세기본법」 제45조의2 제1항에 따라 경정청구를 할 수 있는데 이 경우 법정신고기한이 지난 후 (㉠) 이내에 관할 세무서장에게 그 경정청구를 해야 한다. 다만, 결정 또는 경정으로 인하여 증가된 과세표준 및 세액에 대하여는 해당 처분이 있음을 안 날(처분의 통지를 받은 때에는 그 받은 날)부터 (㉡) 이내[법정신고기한이 지난 후 (㉢) 이내로 한정한다]에 경정을 청구할 수 있다.

	㉠	㉡	㉢
①	5년	60일	5년
②	3년	60일	3년
③	5년	3개월	5년
④	3년	3개월	3년

기출처 2018 국가직 9급
LINK 세법1 103p 오진다 49p
난이도 ●●○○○ 출제 가능 지수 ●●●●○

해설

법정신고기한 내에 과세표준신고서를 제출한 자 및 기한후과세표준신고서를 제출한 자는 최초신고 및 수정신고한 국세의 과세표준 및 세액의 결정 또는 경정을 **법정신고기한이 지난 후 5년 이내**에 관할 세무서장에게 청구할 수 있다(국기법 45의2 ①).

결정 또는 경정으로 인하여 증가된 과세표준 및 세액에 대해서는 해당 처분이 있음을 안 날(처분의 통지를 받은 때에는 그 받은 날)부터 **3개월 이내**(법정신고기한이 지난 후 5년 이내로 한정)에 경정을 청구할 수 있다(국기법 45의2 ①).

정답 ③

06

「국세기본법」상 기한 후 신고에 대한 설명으로 옳지 않은 것은?

① 납세자가 적법하게 기한후과세표준신고서를 제출한 경우 관할 세무서장은 세법에 따라 신고일부터 30일 이내에 해당 국세의 과세표준과 세액을 결정하여야 한다.

② 적법하게 기한후과세표준신고서를 제출한 자로서 세법에 따라 납부하여야 할 세액이 있는 자는 그 세액을 납부하여야 한다.

③ 적법한 기한 후 신고가 있다고 하더라도 그 신고에는 해당 국세의 납세의무를 확정하는 효력은 없다.

④ 납세자가 적법하게 기한후과세표준신고서를 제출한 경우이지만, 세무서장이 과세표준과 세액을 결정할 것을 미리 알고 그러한 신고를 한 경우에는 기한 후 신고에 따른 무신고가산세 감면을 해주지 않는다.

07

「국세기본법」상 후발적 사유에 의한 경정청구(제45조의2 제2항에 따른 경정청구)에 대한 설명으로 옳지 않은 것은? (단, 다툼이 있는 경우 판례에 의함)

① 최초에 결정한 과세표준 및 세액의 계산근거가 된 거래가 그에 관한 소송에 대한 판결에 의하여 다른 것으로 확정된 때에는 그 사유가 발생한 것을 안 날부터 3개월 이내의 경우라도, 납세의무자는 해당 거래에 대한 국세부과제척기간이 경과하였다면 경정청구를 할 수 없다.

② 국세의 과세표준 및 세액의 결정을 받은 자는 소득이나 그 밖의 과세물건의 귀속을 제3자에게로 변경시키는 경정이 있는 경우 「국세기본법」 제45조의2 제1항에서 규정하는 기간에도 불구하고 그 사유가 발생한 것을 안 날부터 3개월 이내에 경정을 청구할 수 있다.

③ 「국세기본법」에 따라 경정의 청구를 받은 세무서장은 그 청구를 받은 날부터 2개월 이내에 과세표준 및 세액을 경정하거나 경정하여야 할 이유가 없다는 뜻을 그 청구를 한 자에게 통지하여야 한다.

④ 최초의 결정을 할 때 과세표준 및 세액의 계산 근거가 된 거래의 효력과 관계되는 계약이 국세의 법정신고기한이 지난 후에 해제권의 행사에 의하여 해제된 경우도 경정청구사유가 된다.

기출처 2018 국가직 9급
LINK 세법1 106, 117p 오진다 51, 58p
난이도 ●●○○○ 출제 가능 지수 ●●●○○

해설

납세자가 적법하게 기한후과세표준신고서를 제출한 경우 관할 세무서장은 세법에 따라 신고일부터 **3개월** 이내에 해당 국세의 과세표준과 세액을 결정 또는 경정하여 신고인에게 통지해야 한다(국기법 45의3 ③).　　　정답 ①

기출처 2015 국가직 7급
LINK 세법1 103-104p 오진다 50p
난이도 ●●○○○ 출제 가능 지수 ●●●○○

해설

후발적 사유가 발생하였을 때에는 통상적인 경정청구 등 청구기한에도 불구하고 그 사유가 발생한 것을 안 날부터 3개월 이내에 결정 또는 경정을 청구할 수 있다(국기법 45의2 ②). 즉, 후발적 사유로 인한 경정 등의 청구는 해당 거래에 대한 국세부과제척기간이 경과하였더라도 경정청구를 할 수 **있다**.

　　　정답 ①

08

「국세기본법」상 경정청구에 대한 설명으로 옳지 않은 것은?

① 근로소득만 있어서 소득세 과세표준확정신고를 하지 않은 납세자도 일정한 경우에는 「국세기본법」 제45조의2 제1항에 따라 경정청구를 할 수 있다.

② 법정신고기한까지 과세표준신고서를 제출한 납세자가 「국세기본법」 제45조의2 제1항에 따라 경정청구를 하려면(결정 또는 경정처분을 받은 경우는 제외) 법정신고기한이 경과한 후 3년 이내에 청구를 해야 한다.

③ 최초의 신고를 할 때 과세표준 및 세액계산의 근거가 된 거래 행위의 효력과 관계되는 계약이 해제권의 행사에 의하여 해제된 경우에는 후발적 사유에 의한 경정청구를 할 수 있다.

④ 후발적 사유에 의한 경정청구는 그 사유가 발생한 것을 안 날로부터 3개월 이내에 할 수 있다.

기출처 2015 국가직 9급

LINK 세법1 103-105p 오진다 49-50p

난이도 ●●○○○ 출제 가능 지수 ●●●○○

해설

법정신고기한까지 과세표준신고서를 제출한 납세자가 「국세기본법」 제45조의2 제1항에 따라 경정청구를 하려면(결정 또는 경정처분을 받은 경우는 제외) 법정신고기한이 경과한 후 **5년** 이내에 청구를 해야 한다.　　　　　정답②

09

「국세기본법」상 수정신고와 경정청구에 대한 설명으로 옳지 않은 것은?

① 과세표준신고서를 법정신고기한까지 제출한 자 또는 기한후과세표준신고서를 제출한 자는 과세표준신고서에 기재된 과세표준 및 세액이 세법에 따라 신고하여야 할 과세표준 및 세액보다 큰 경우 과세표준수정신고서를 제출할 수 있다.

② 국세의 과세표준 및 세액의 결정 또는 경정을 받은 자가 소득의 귀속을 제3자에게로 변경시키는 결정 또는 경정이 있을 때에는 그 사유가 발생한 것을 안 날부터 3개월 이내에 결정 또는 경정을 청구할 수 있다.

③ 과세표준신고서를 법정신고기한까지 제출한 자 또는 기한후과세표준신고서를 제출한 자는 과세표준신고서에 기재된 환급세액이 세법에 따라 신고하여야 할 환급세액을 초과할 때는 법에 정한 바에 따라 과세표준수정신고서를 제출할 수 있다.

④ 결정 또는 경정의 청구를 받은 세무서장은 그 청구를 받은 날부터 2개월 이내에 과세준 및 세액을 결정 또는 경정하거나 결정 또는 경정하여야 할 이유가 없다는 뜻을 그 청구를 한 자에게 통지하여야 한다.

기출처 2014 국가직 9급

LINK 세법1 101, 103-104p 오진다 49-50p

난이도 ●●○○○ 출제 가능 지수 ●○○○○

해설

과세표준신고서를 법정신고기한까지 제출한 자 또는 기한후과세표준신고서를 제출한 자는 과세표준 신고서에 기재된 과세표준 및 세액이 세법에 따라 신고하여야 할 과세표준 및 세액보다 **적은** 경우 과세표준수정신고서를 제출할 수 있다. 과세표준 신고서에 기재된 과세표준 및 세액이 세법에 따라 신고하여야 할 과세표준 및 세액보다 큰 경우에는 **경정청구를 할 수 있다.**　　정답①

10

「국세기본법」상 경정청구에 관한 설명으로 옳지 않은 것은?

① 법인세 납세의무자가 법정신고기한까지 과세표준확정신고를 한 후 다시 적법한 경정청구를 한 경우에는 그 금액에 대해 납세자의 경정청구만으로도 납세의무가 확정되는 효력이 있다.

② 납세자의 신고에 의하여 확정되는 국세뿐만 아니라 정부의 결정에 의하여 확정되는 국세도 경정청구를 할 수 있다.

③ 납세자가 과세표준신고서를 법정신고기한까지 제출하였으나 해당 국세를 자진 납부하지 않은 경우에도 경정청구를 할 수 있다.

④ 납세자가 과세표준신고서를 법정신고기한까지 제출한 후 관할 세무서장이 경정처분을 한 경우에도 납세자는 경정청구를 할 수 있다.

기출처 **2011 국가직 7급**

LINK 세법1 102-103, 105p 오진다 49-50p

난이도 ●●●○○ 출제 가능 지수 ●●●○○

해설

경정 등의 청구를 한 당해 납세의무자는 신고납부세목, 정부부과세목을 불문하고 세무서장이 결정 또는 경정하여 통지한 때에 확정의 효력이 발생한다. 즉, 경정 등의 청구는 그 자체만으로는 납세의무를 확정되는 효력이 **없다**.

정답 ①

11

「국세기본법」상 수정신고에 대한 설명으로 옳은 것은?

① 납부세액의 감액수정신고는 물론 증액수정신고도 허용된다.

② 세무조정과정에서의 누락으로 인하여 불완전한 신고를 한 경우에는 수정신고를 할 수 있다.

③ 수정신고에 의한 가산세의 감면에 있어 과소신고가산세는 전액, 납부지연가산세는 50%를 경감한다.

④ 법정신고기한까지 신고서를 제출하지 않은 자가 법정신고기한 경과 후에 과세표준신고서를 제출한 경우에는 수정신고를 할 수 없다.

기출처 **2009 국가직 9급 수정**

LINK 세법1 101, 116p 오진다 49, 58p

난이도 ●●●○○ 출제 가능 지수 ●●●○○

해설

① 과세표준신고서 또는 기한후과세표준신고서에 기재된 납부세액을 초과신고하여 세액을 **감액수정해야 하는 경우는 경정청구 사유**에 해당한다.

③ 과세표준신고서를 법정신고기한까지 제출한 자가 법정신고기한이 지난 후 2년 이내에 수정신고를 한 경우 해당 과소신고(초과환급신고)가산세액에서 **기간별로 10%~90%의 감면율을 적용한 일정액을 감면한다.** 수정신고에 의한 가산세의 감면에 있어 **납부지연가산세는 감면되지 않는다.**

④ 기한후과세표준신고서를 제출한 자도 **수정신고를 할 수 있다.** 정답 ②

12

「국세기본법」상 경정청구에 대한 설명으로 틀린 것은?

① 「국세기본법」상 경정청구가 거부되었을 경우에는 불복이 가능하다.

② 연말정산되는 근로소득만이 있는 경우, 각종 소득공제를 적용받지 못하여 세액을 과다납부하였을 경우에는 경정청구가 불가능하다.

③ 경정청구는 최초에 과세표준 신고를 하지 않은 경우에도 가능하다.

④ 조세조약에 의한 상호합의가 최초의 신고 및 결정 또는 경정의 내용과 다르게 이루어진 때에는 사유가 발생한 것을 안 날로부터 3개월 이내에 경정청구가 가능하다.

기출처 2006 국가직 7급
LINK 세법1 102-105p 오진다 49-51p
난이도 ●●●●● 출제 가능 지수 ●●●●●

해설

법정신고기한까지 과세표준신고서를 제출한 자는 물론, 원천징수의무자 또는 원천징수대상자도 연말정산 및 원천징수로 납세절차가 종결되는 소득에 대해서 과다원천징수하거나 환급할 세액보다 미달하게 환급된 경우에는 경정청구할 수 있다. 따라서 연말정산되는 근로소득이 있는 자도 각종 소득공제를 적용받지 못하여 세액을 과다납부하였을 경우에는 **경정청구가 가능하다.** 정답②

13

「국세기본법」상 수정신고, 결정 또는 경정청구, 기한후신고에 관한 설명으로 옳지 않은 것은?

① 과세표준신고서를 법정신고기한까지 제출한 자 또는 기한후과세표준신고서를 제출한 자는 과세표준신고서에 기재된 과세표준 및 세액이 세법에 의하여 신고하여야 할 과세표준 및 세액에 미달하는 때에는 당해 국세의 과세표준과 세액을 결정 또는 경정하는 통지를 하기 전까지 과세표준수정신고서를 제출할 수 있다.

② 과세표준신고서를 법정신고기한까지 제출하지 아니한 자가 기한후과세표준신고서를 관할 세무서장의 결정·통지 전까지 제출한 경우 관할 세무서장은 세법에 의하여 해당 국세의 과세표준과 세액을 결정하여야 한다.

③ 과세표준신고서를 법정신고기한까지 제출한 자는 소득기타 과세물건의 귀속을 제3자에게로 변경시키는 결정 또는 경정이 있는 때에는 법정신고기한 경과 후 5년 이내에 최초 신고 및 수정신고한 국세의 과세표준과 세액에 대해 결정 또는 경정을 청구할 수 있다.

④ 과세표준신고서를 법정신고기한 내에 제출한 자로부터 과세표준 및 세액의 결정 또는 경정의 청구를 받은 세무서장은 그 청구를 받은 날부터 2월 이내에 이를 결정 또는 경정하거나 결정 또는 경정하여야 할 이유가 없다는 뜻을 그 청구를 한 자에게 통지하여야 한다.

기출처 2008 국가직 7급
LINK 세법1 101, 104, 106p 오진다 49-51p
난이도 ●●●●● 출제 가능 지수 ●●●●●

해설

소득이나 그 밖의 과세물건의 귀속을 제3자에게로 변경시키는 결정 또는 경정이 있는 경우는 후발적 사유에 해당한다. 따라서 과세표준신고서를 법정신고기한까지 제출한 자는 소득 기타 과세물건의 귀속을 제3자에게로 변경시키는 결정 또는 경정이 있은 때에는 **그 사유가 발생한 것을 안 날부터 3개월** 이내에 최초 신고 및 수정신고한 국세의 과세표준과 세액에 대해 결정 또는 경정을 청구할 수 있다. 정답③

14

「국세기본법」상 수정신고와 경정청구에 대한 설명으로 옳지 않은 것은?

① 과세표준신고서에 기재된 결손금액이 세법에 의하여 신고하여야 할 결손금액에 미달하는 때에는 경정청구를 할 수 있다.

② 과세표준신고서에 기재된 환급세액이 세법에 의하여 신고하여야 할 환급세액을 초과하는 경우 수정신고의 대상이 된다.

③ 수정신고는 과세표준신고서를 당초의 법정신고기한까지 제출한 납세자에 대해서만 인정되나, 후발적 사유로 인한 경정 등의 청구를 제외한 통상적인 경정청구는 과세표준신고서를 당초의 법정신고기한까지 제출하지 아니한 경우에도 가능하다.

④ 최초의 신고·결정 또는 경정에 있어서 과세표준 및 세액의 계산근거가 된 거래 또는 행위 등이 그에 관한 소송에 대한 판결에 의하여 다른 것으로 확정된 때에는 이를 안 날로부터 3월 이내에 결정 또는 경정을 청구할 수 있다.

기출처 2007 국가직 9급

LINK 세법1 101-104p 오진다 49-50p

난이도 ●●●●● 출제가능지수 ●●●●●

해설

수정신고(또는 통상적인 경정청구)는 *과세표준신고서를 당초의 법정신고기한까지 제출한 납세자*뿐만 아니라 *기한후과세표준신고서를* **제출한 자도 수정신고(또는 통상적인 경정청구)를 할 수 있다.**

[후발적 사유로 인한 경정 등의 청구]

후발적 사유로 인한 경정 등의 청구의 경우 과세표준신고서를 법정신고기한까지 제출한 자 또는 국세의 과세표준 및 세액의 결정을 받은 자라면 그 사유가 발생하였을 때에 경정 등을 청구할 수 있다(국기법 45의2 ②). 즉, 법정신고기한 내 과세표준신고서를 제출하지 않은 경우에도 과세표준 및 세액의 결정을 받은 경우라면 후발적 사유로 인한 경정 등의 청구를 할 수 있다.

정답 ③

03 가산세

3-01

국세기본법령상 가산세에 대한 설명으로 옳은 것은?

① 가산세는 해당 의무가 규정된 세법의 해당 국세의 세목으로 하고, 해당 국세를 감면하는 경우 가산세도 그 감면대상에 포함한다.

② 신고 당시 소유권에 대한 소송으로 상속재산으로 확정되지 아니하였던 사유로 상속세 과세표준을 과소신고한 경우 이와 관련하여 과소신고한 부분에 대해서는 과소신고·초과환급신고가산세를 적용하지 아니한다.

③ 소득세를 과세기간을 잘못 적용하여 신고납부한 경우에는 납부지연가산세를 적용할 때 실제 신고납부한 날에 실제 신고납부한 금액의 범위에서 당초 신고납부하였어야 할 과세기간에 대한 소득세를 자진납부한 것으로 보며, 이는 부정행위로 과소신고한 경우에도 적용된다.

④ 과세표준신고서를 법정신고기한까지 제출한 자가 해당 국세에 관하여 관할 세무서장으로부터 과세자료 해명 통지를 받고 법정신고기한이 지난 후 과세표준수정신고서를 제출한 경우에는 과소신고·초과환급신고가산세를 감면한다.

기출처 **2024 국가직 7급**

LINK 세법1 108, 110, 113, 116p 오진다 54, 56-57, 59p

난이도 ●●●●○ 출제 가능 지수 ●●●○○

해설

① 가산세는 해당 의무가 규정된 세법의 해당 국세의 세목으로 하고, 해당 국세를 감면하는 경우 가산세는 그 감면대상에 **포함시키지 아니한다.**

③ 소득세를 과세기간을 잘못 적용하여 신고납부한 경우에는 납부지연가산세를 적용할 때 실제 신고납부한 날에 실제 신고납부한 금액의 범위에서 당초 신고납부하였어야 할 과세기간에 대한 소득세를 자진납부한 것으로 보며, 부정행위로 과소신고한 경우는 **제외한다.**

④ 다음과 같이 과세표준과 세액을 경정할 것을 미리 알고 과세표준수정신고서를 제출한 경우에는 과소신고·초과환급신고가산세 감면대상에서 **제외한다.**

> ⊙ 해당 국세에 관하여 세무공무원이 조사에 착수할 것을 알고 과세표준신고서 또는 기한후과세표준신고서를 제출한 경우
> ⓒ **해당 국세에 관하여 관할 세무서장으로부터 과세자료 해명 통지를 받고 과세표준수정신고서를 제출한 경우**

정답 ②

01

「국세기본법령」상 국제거래 등에 관련된 설명으로 옳지 않은 것은? (단, 조세조약과 「국제조세조정에 관한 법률」 관련 규정 등은 고려하지 아니한다.)

① 「국세기본법」에 따른 역외거래에서 발생한 부정행위로 국세를 포탈하거나 환급·공제받은 경우에는 국세는 그 국세를 부과할 수 있는 날부터 15년이 끝난 날 후에는 부과할 수 없다.

② 납세의무자가 역외거래에서 발생한 부정행위로 법정신고기한까지 세법에 따른 국세의 과세표준신고를 하지 아니한 경우에는 「국세기본법」에 따른 무신고납부세액에 100분의 60을 곱한 금액을 가산세로 한다.

③ 납세의무자가 법정신고기한까지 세법에 따른 국세의 과세표준을 신고한 경우로서 역외거래에서 발생한 부정행위로 납부할 세액을 과소신고한 경우에는 「국세기본법」에 따른 과소신고납부세액 등에 100분의 40을 곱한 금액을 가산세로 한다.

④ 역외거래를 이용하여 세금을 탈루하거나 국내 탈루소득을 해외로 변칙유출한 혐의로 조사하는 경우에는 「국세기본법」에 따른 세무조사 기간의 제한 및 세무조사 연장기간의 제한을 받지 아니한다.

기출처 2019 국가직 7급

LINK 세법1 63, 108, 156p 오진다 32, 54, 84p

난이도 ●●●● 출제 가능 지수 ●●●●

해설

역외거래에서 발생한 부정행위로 납부할 세액을 무신고 또는 과소신고한 경우에는 「국세기본법」에 따른 과소신고납부세액 등에 **100분의 60**을 곱한 금액을 가산세로 한다.

[신고불성실가산세]

구분			가산세 산출 방법 [원칙] ㉠ <예외> Max[㉠, ㉡][*1]	
			㉠ 납부세액기준[*2]	㉡ 수입금액 기준
신고 불성실 가산세[*3]	무신고 가산세	일반	무신고납부세액 × 20%	수입금액 × $\frac{7}{10,000}$
		부정	무신고납부세액 × 40% (역외거래분 60%)	수입금액 × $\frac{14}{10,000}$
	과소신고 가산세	일반	과소신고납부세액 × 10%	-
		부정	과소신고납부세액 × 40% (역외거래분 60%)	수입금액 × $\frac{14}{10,000}$
	초과환급 신고 가산세	일반	초과신고환급세액 × 10%	-
		부정	초과신고환급세액 × 40% (역외거래분 60%)	

*1 「소득세법」에 따른 복식부기의무자 또는 법인인 경우

*2 「부가가치세법」에 따른 사업자가 영세율과세표준을 과소신고·무신고한 경우(부정행위 포함)에는 ㉠의 금액에 영세율과세표준의 0.5%에 상당하는 금액을 더함

*3 「국세기본법」 및 세법에 따른 가산세와 세법에 따라 가산하여 납부하여야 할 이자 상당 가산액이 있는 경우 그 금액은 제외하고 신고불성실가산세를 산출함   정답 ③

02

「국세기본법」상 가산세에 대한 설명으로 옳지 않은 것은?

① 가산세는 납부할 세액에 가산하거나 환급받을 세액에서 공제한다.

② 「소득세법」에 따라 소득세를 원천징수하여 납부할 의무를 지는 자에게 원천징수 등 납부지연가산세를 부과하는 경우에는 납부하지 아니한 세액의 100분의 20에 상당하는 금액을 가산세로 한다.

③ 과세전적부심사 결정·통지기간에 그 결과를 통지하지 아니한 경우 결정·통지가 지연됨으로써 해당 기간에 부과되는 납부지연가산세액의 100분의 50에 상당하는 금액을 감면한다.

④ 납부고지서에 따른 납부기한 후의 납부지연가산세는 해당 가산세의 납세의무가 성립하는 때에 특별한 절차 없이 그 가산세액이 자동으로 확정된다.

기출처 **2018 국가직 9급**

LINK 세법1 60, 108, 111, 117p 오진다 30, 53, 55, 58p

난이도 ●●●○○   출제 가능 지수 ●●●○○

해설

「소득세법」에 따라 소득세를 원천징수하여 납부할 의무를 지는 자에게 원천징수 등 납부지연가산세를 부과하는 경우에는 납부하지 아니한 세액의 **100분의 50**(단 아래 ㉠의 금액과 ㉡중 법정납부기한의 다음 날부터 납부고지일까지의 기간에 해당하는 금액을 합한 금액은 100분의 10)**에 상당하는 금액을 한도로 하여 아래 ㉠과 ㉡의 금액을 합한 금액을 가산세**로 한다. 그 상세 산식은 다음과 같다.

> 원천징수납부 등 납부지연가산세 = MIN[㉠ + ㉡, ㉢]
> ㉠ 미납세액·과소납부세액 × 3%
> ㉡ 미납세액·과소납부세액 × 일수[*1] × $\dfrac{22}{100,000}$[*2]
> ㉢ 한도: 미납세액·과소납부세액 × 50%[*3]

[*1] 일수: 법정납부기한의 다음 날부터 납부일까지의 기간(납부고지일부터 납부고지서에 따른 납부기한까지의 기간은 제외한다). 이때, 납부고지서에 따른 납부기한의 다음 날부터 납부일까지의 기간(지정납부기한·독촉장에 정하는 기한을 연장한 경우 그 연장기간은 제외)이 5년을 초과하는 경우에는 그 기간은 5년으로 함.

[*2] 체납된 국세의 납부고지서별·세목별 세액이 150만원 미만인 경우에는 ㉡의 가산세를 적용하지 아니함

[*3] 단, 위 ㉠의 금액과 ㉡중 법정납부기한의 다음 날부터 납부고지일까지의 기간에 해당하는 금액을 합한 금액은 10%를 적용함

정답 ②

03

「국세기본법」상 가산세에 대한 설명으로 옳지 않은 것은?

① 원천징수 등 납부지연가산세가 부과되는 부분에 대해서는 납부지연가산세를 별도로 부과하지 아니한다.

② 가산세는 납부할 세액에 가산하거나 환급받을 세액에서 공제한다.

③ 과세기간을 잘못 적용하여 소득세를 신고납부한 경우, 그 신고가 「국세기본법」상 부정행위로 인한 무신고 등에 해당하지 않는 한, 실제 신고납부한 날에 실제 신고납부한 금액의 범위에서 당초 신고납부하였어야 할 과세기간에 대한 국세를 자진납부한 것으로 보아 납부지연가산세를 계산한다.

④ 국가가 가산세를 납부하는 경우는 없다.

기출처 **2018 국가직 7급**

LINK 세법1 108, 110, 112p 오진다 53, 56-57p

난이도 ●●●●○   출제 가능 지수 ●●●○○

해설

국가와 지방자치단체·지방자치단체 조합의 경우 가산세를 적용하지 않는다는 규정이 없으므로 정부는 세법에서 규정한 의무를 위반한 자라면 국가 등에게도 「국세기본법」 또는 세법에서 정하는 바에 따라 **가산세를 부과할 수 있다.**

정답 ④

04

「국세기본법」상 가산세에 대한 설명으로 옳지 않은 것은?

① 세법에 따른 제출기한이 지난 후 1개월 이내에 해당 세법에 따른 제출의무를 이행하는 경우 제출 의무위반에 대하여 세법에 따라 부과되는 해당 가산세액의 100분의 50에 상당하는 금액을 감면한다.

② 납세자가 의무를 이행하지 아니한 데 대한 정당한 사유가 있는 때에는 해당 가산세를 부과하지 아니한다.

③ 가산세는 해당 의무가 규정된 세법의 해당 국세의 세목으로 하며, 해당 국세를 감면하는 경우에는 가산세도 그 감면대상에 포함한 것으로 한다.

④ 가산세 부과의 원인이 되는 사유가 「국세기본법」에 따른 기한연장 사유에 해당하는 경우에는 해당 가산세를 부과하지 아니한다.

기출처 2015 국가직 7급
LINK 세법1 108, 114, 117p 오진다 53, 58p
난이도 ●●○○○ 출제 가능 지수 ●●●○○

해설

가산세는 해당 의무가 규정된 세법의 해당 국세의 세목으로 하며, 해당 국세를 감면하는 경우에는 가산세는 그 감면대상에 **포함시키지 않는다**(국기법 47 ②).

정답 ③

05

「국세기본법」상 가산세의 감면에 대한 설명으로 옳지 않은 것은?

① 양도소득세 예정신고기한(2022.4.30.)까지 예정신고를 과소신고한 경우로서 확정신고기한(2023.5.31.)까지 과세표준을 수정하여 신고한 경우에는 과소신고 가산세의 50%를 감면받을 수 있다.

② 법정신고기한이 지난 후 6개월 초과 1년 이내에 「국세기본법」에 따라 수정신고한 경우에는 과소신고·초과환급신고 가산세액의 30%에 상당하는 금액을 감면한다. 다만, 과세표준과 세액을 경정할 것을 미리 알고 과세표준수정신고서를 제출한 경우는 제외한다.

③ 법정신고기한이 지난 후 「국세기본법」 제45조의3에 따라 기한후신고를 한 경우에 그 신고납부가 법정신고기한이 지난 후 1개월 이내에 이루어진 경우에는 무신고 가산세의 50%에 상당하는 금액을 감면한다. 다만, 과세표준과 세액을 결정할 것을 미리 알고 기한후과세표준신고서를 제출한 경우는 제외한다.

④ 「국세기본법」 제81조의15에 따른 과세전적부심사 결정·통지 기간에 그 결과를 통지하지 아니한 경우에는 신고·납부관련 가산세의 50%에 상당하는 금액을 감면한다.

기출처 2012 국가직 7급
LINK 세법1 116-117p 오진다 70-71p
난이도 ●●○○○ 출제 가능 지수 ●●●●○

해설

「국세기본법」 제81조의15에 따른 과세전적부심사 결정·통지 기간에 그 결과를 통지하지 아니한 경우에는 **납부지연가산세**의 50%에 상당하는 금액을 감면한다.

정답 ④

06

「국세기본법」상 가산세에 관한 설명으로 옳지 않은 것은?

① 「소득세법」상 지급명세서 제출의무를 부담하는 자가 이를 고의적으로 위반한 경우에는 가산세의 한도를 두지 아니한다.

② 정부가 「국세기본법」에 따라 가산세를 부과하는 경우 납세자가 의무를 이행하지 아니한 데 대한 정당한 사유가 있는 때에는 해당 가산세를 부과하지 아니한다.

③ 가산세는 해당 의무가 규정된 세법의 해당 국세의 세목(稅目)으로 한다. 다만, 해당 국세를 감면하는 경우에는 가산세는 그 감면대상에 포함시키지 아니하는 것으로 한다.

④ 납세의무자가 대법원 판결과 다른 조세심판원의 결정취지를 그대로 믿어 세법에 규정된 신고·납부의무를 해태한 경우에는 가산세를 부과하지 않는다.

기출처 2010 국가직 9급

LINK 세법1 108, 115, 118p 오진다 53, 58p

난이도 ●●●●○ 출제 가능 지수 ●●○○○

해설

납세자가 의무를 이행하지 아니한 데 대한 정당한 사유가 있는 경우에는 가산세를 부과하지 않는다. 여기서 '정당한 사유'란 세법 해석상 첨예한 견해의 대립이 있는 경우 등 의무불이행을 탓할 수 없는 사유를 말한다. 따라서 납세의무자가 대법원 판결과 다른 조세심판원의 결정취지를 그대로 믿어 세법에 규정된 신고·**납부의무를 해태한 경우는** 납세자가 의무를 이행하지 아니한 데 대한 **정당한 사유에 해당하지 않는다.**

[대법원 판례]

세법상 가산세는 과세권의 행사 및 조세채권의 실현을 용이하게 하기 위하여 납세자가 정당한 이유 없이 법에 규정된 신고, 납세 등 각종 의무를 위반한 경우에 개별 세법이 정하는 바에 따라 부과되는 행정상의 제재로서 납세자의 고의, 과실은 고려되지 않는 반면, 납세의무자가 그 의무를 알지 못한 것이 무리가 아니었다고 할 수 있어 그를 정당시할 수 있는 사정이 있거나 그 의무의 이행을 당사자에게 기대하는 것이 무리라고 하는 사정이 있을 때 등 그 **의무해태를 탓할 수 없는 정당한 사유가 있는 경우에는 이를 과할 수 없으나, 납세의무자가 세무공무원의 잘못된 설명을 믿고 그 신고납부의무를 이행하지 아니하였다 하더라도 그것이 관계 법령에 어긋나는 것임이 명백한 때에는 그러한 사유만으로 정당한 사유가 있다고 볼 수 없다** 할 것이다(대법원 1997. 8. 22. 선고 96누15404 판결 등).

정답 ④

07

「국세기본법」상 가산세액의 100분의 50에 상당하는 금액을 감면하는 사유에 해당하지 않는 것은?

① 과세표준과 세액을 신고하지 아니한 자가 법정신고기한 경과 후 1개월 이내에 법령의 규정에 따라 기한후신고를 한 경우 (무신고가산세에 한함)

② 「국세기본법」 또는 세법에 따라 가산세를 부과하는 경우 그 부과의 원인이 되는 사유가 법령의 규정에 따른 기한연장 사유에 해당하는 경우

③ 과세표준수정신고서를 제출한 과세표준과 세액에 관하여 경정이 있을 것을 미리 알고 제출한 경우를 제외하고 법정 신고기한 경과 후 3개월 초과 6개월 이내에 법령의 규정에 따라 수정신고를 한 경우(과소신고가산세와 초과환급신고가산세에 한함)

④ 결정·통지가 지연됨으로써 해당기간에 부과되는 납부지연가산세에 있어서 법령의 규정에 따른 과세전적부심사 결정·통지기간 이내에 그 결과를 통지하지 아니한 경우

기출처 2008 국가직 9급

LINK 세법1 115-117p 오진다 57-58p

난이도 ●●○○○ 출제 가능 지수 ●●●●○

해설

국세기본법 또는 세법에 따라 가산세를 부과하는 경우 그 부과의 원인이 되는 사유가 법령의 규정에 따른 기한연장 사유에 해당하는 경우 **해당 가산세를 부과하지 아니한다.** 즉 100% 감면율을 적용한다.

[100% 감면 사유]

㉠ 「국세기본법」 제6조에 따른 기한연장 사유에 해당하는 경우
㉡ 납세자가 의무를 이행하지 아니한 데에 정당한 사유가 있는 경우
㉢ 세법해석에 관한 질의·회신 등에 따라 신고·납부하였으나 이후 다른 과세처분을 하는 경우
㉣ 수용, 도시계획결정, 기타법률 규정 등으로 인해 세법상 의무이행을 할 수 없게 된 경우
㉤ 「소득세법」에 따라 실손의료보험금 관련 의료비를 지출한 과세기간과 해당 보험금을 지급받은 과세기간이 달라 해당 보험금을 지급받은 후 의료비를 지출한 과세기간에 대한 소득세를 수정신고하는 경우(해당 보험금을 지급받은 과세기간에 대한 소득세 확정신고기한까지 수정신고하는 경우로 한정)

정답 ②

08

「국세기본법」상 가산세 감면 등이 적용될 수 없는 것은?

① 납세자가 입은 화재로 인한 신고·납부의 지연이 가산세 부과의 원인인 경우로서 그 화재가 기한연장사유에 해당하는 경우

② 과세전적부심사 결정·통지기간 이내에 그 결과를 통지하지 아니하고 지연됨으로써 그 지연된 기간에 부과되는 가산세인 경우

③ 납세자가 세법에서 정한 의무를 이행하지 아니한 데 대한 정당한 사유가 있는 때

④ 과세표준수정신고서를 제출한 과세표준과 세액을 경정할 것을 미리 알고 법정신고기한이 지난 후 6개월 이내에 수정신고서를 제출한 경우

기출처 2010 국가직 7급
LINK 세법1 115-117p   오진다 57-58p
난이도 ●●●●●   출제 가능 지수 ●●●●●

해설

과세표준신고서를 법정신고기한까지 제출한 자가 법정신고기한이 지난 후 2년 이내에 수정신고를 한 경우에는 해당 가산세액에서 일정액을 감면한다. 단, 과세표준과 세액을 경정할 것을 미리 알고 과세표준수정신고서를 제출한 경우에는 **감면대상에서 제외한다**(국기법 48 ② (1)).　　　　　정답 ④

09

다음은 법소정의 요건을 갖춘 경우 가산세 감면을 받을 수 있는 사유들이다. 이 중 감면비율이 같은 것으로만 묶인 것은?

> ㉠ 세법해석에 관한 질의·회신에 따라 신고·납부하였으나, 이후 번복된 과세처분을 하는 경우에 발생된 가산세
>
> ㉡ 법정신고기한이 지난 후 3개월 초과 6개월 이내에 수정신고 시의 과소신고가산세
>
> ㉢ 법정신고기한이 지난 후 6개월 초과 1년 내 수정신고 시의 과소신고가산세
>
> ㉣ 법정신고기한이 지난 후 1년 6개월 초과 2년 내 수정신고 시의 과소신고가산세
>
> ㉤ 법정신고기한이 지난 후 1개월 이내에 기한후신고를 하는 경우의 무신고가산세
>
> ㉥ 법정신고기한이 지난 후 1개월 초과 3개월 내에 기한후신고를 하는 경우의 무신고가산세
>
> ㉦ 과세전적부심사 결정·통지기간 내에 그 결과를 통지하지 아니한 경우 해당 기간에 부과되는 납부지연가산세
>
> ㉧ 제출·신고·가입·등록·개설의 기한이 지난 후 1개월 이내에 해당 세법에 따른 제출 등의 의무이행 시 제출 등의 의무 위반에 대해 부과되는 가산세

① ㉠, ㉡, ㉤, ㉦, ㉧　　　② ㉡, ㉢, ㉣, ㉤, ㉦, ㉧
③ ㉡, ㉤, ㉦, ㉧　　　　　④ ㉠, ㉢, ㉥

기출처 2009 지방직 9급
LINK 세법1 115-117p   오진다 57-59p
난이도 ●●●●●   출제 가능 지수 ●●●●●

해설

감면율	내용
100%	㉠ 세법해석에 관한 질의·회신에 따라 신고·납부하였으나, 이후 번복된 과세처분을 하는 경우에 발생된 가산세
50%	㉤ 법정신고기한이 지난 후 3개월 초과 6개월 이내에 수정신고 시의 과소신고가산세 ㉤ 법정신고기한이 지난 후 1개월 이내에 기한후신고를 하는 경우의 무신고가산세 ㉦ 과세전적부심사 결정·통지기간 내에 그 결과를 통지하지 아니한 경우 해당 기간에 부과되는 납부지연가산세 ㉧ 제출·신고·가입·등록·개설의 기한이 지난 후 1개월 이내에 해당 세법에 따른 제출 등의 의무이행 시 제출 등의 의무 위반에 대해 부과되는 가산세
30%	㉢ 법정신고기한이 지난 후 6개월 초과 1년 내 수정신고 시의 과소신고가산세 ㉥ 법정신고기한이 지난 후 1개월 초과 3개월 내에 기한후신고를 하는 경우의 무신고가산세
10%	㉣ 법정신고기한이 지난 후 1년 6개월 초과 2년 내 수정신고 시의 과소신고가산세

정답 ③

07

국세환급금과 국세환급가산금

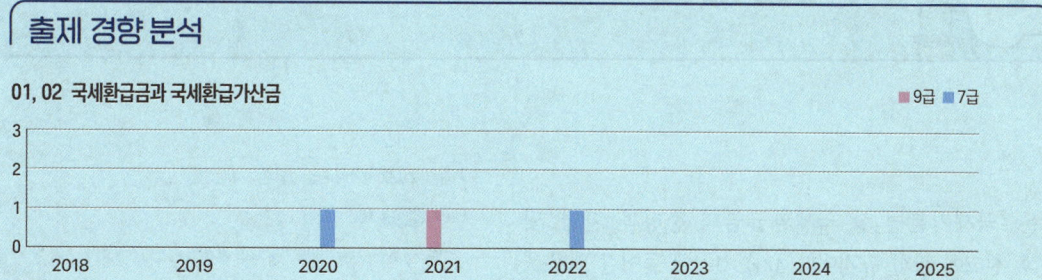

01, 02 국세환급금과 국세환급가산금　　　　　■9급 ■7급

기출 분석

'국세환급금과 국세환급가산금'은 최근 9급과 7급에서 거의 매해 번갈아 가며 출제되었던 주제입니다.
특히, '국세환급금의 발생일'과 '국세환급가산금의 기산일'은 구분하여 잘 정리해두시기 바랍니다.

01 국세환급금

01

다음은 「국세기본법」상 국세환급금의 충당과 환급 및 기한 후 신고에 관한 규정이다. (가), (나)에 들어갈 내용을 바르게 연결한 것은?

> 제51조(국세환급금의 충당과 환급)
> ⑥ 국세환급금 중 제2항에 따라 충당한 후 남은 금액은 국세환급금의 결정을 한 날부터 (가) 내에 대통령령으로 정하는 바에 따라 납세자에게 지급하여야 한다.
>
> 제45조의3(기한 후 신고)
> ③ 제1항에 따라 기한후과세표준신고서를 제출하거나 제45조제1항에 따라 기한후과세표준신고서를 제출한 자가 과세표준수정신고서를 제출한 경우 관할 세무서장은 세법에 따라 신고일부터 (나) 이내에 해당 국세의 과세표준과 세액을 결정 또는 경정하여 신고인에게 통지하여야 한다.

	(가)	(나)
①	20일	2개월
②	20일	3개월
③	30일	2개월
④	30일	3개월

기출처 2022 국가직 7급

LINK 세법1 106, 124p   오진다 51, 62p

난이도 ●●●●●   출제 가능 지수 ●●●●●

해설

[국세기본법 제51조]

> ⑥ 국세환급금 중 제2항에 따라 충당한 후 남은 금액은 국세환급금의 결정을 한 날부터 **30일** 내에 대통령령으로 정하는 바에 따라 납세자에게 지급하여야 한다.

[국세기본법 제45조의3]

> ③ 제1항에 따라 기한후과세표준신고서를 제출하거나 제45조제1항에 따라 기한후과세표준신고서를 제출한 자가 과세표준수정신고서를 제출한 경우 관할 세무서장은 세법에 따라 신고일부터 **3개월** 이내에 해당 국세의 과세표준과 세액을 결정 또는 경정하여 신고인에게 통지하여야 한다.

정답 ④

02

「국세기본법령」상 국세환급금의 발생일로 옳지 않은 것은?

① 적법하게 납부된 후 법률이 개정되어 환급하는 경우:
   당초 과세표준 신고일

② 원천징수의무자가 원천징수하여 납부한 세액을 「국세
   기본법」 제45조의2 제5항에 따른 경정청구에 따라
   환급하는 경우: 원천징수세액 납부기한의 만료일

③ 「조세특례제한법」에 따라 근로장려금을 환급하는
   경우: 근로장려금의 결정일

④ 적법하게 납부된 국세의 감면으로 환급하는 경우:
   그 감면 결정일

기출처 2021 국가직 9급

LINK 세법1 127p 오진다 65p

난이도 ●●●●● 출제 가능 지수 ●●●○○

해설

적법하게 납부된 후 법률이 개정되어 환급하는 경우 환급금의 발생일은 **그 개정된 법률의 시행일**이다.

[국세환급금 발생일]

구분		국세환급금 발생일
착오납부, 이중납부 또는 경정청구 등	⊙ 일반적인 경우	그 국세 납부일
	ⓒ 2회 이상 분할납부 된 경우	그 마지막 납부일
적법하게 납부된 국세의 감면으로 환급		**그 감면 결정일**
적법하게 납부된 후 법률이 개정되어 환급		**그 개정된 법률의 시행일**
「소득세법」, 「법인세법」, 「부가가치세법」, 「개별 소비세법」, 「주세법」 또는 「조세특례제한법」에 따른 환급세액의 신고, 환급신청 또는 환급세액 의 경정으로 인한 환급하는 경우		그 신고·신청일 다만, 환급세액을 신고하지 않은 경우(법정신고기한이 지난 후 법에 따라 기한후신고를 한 경우를 포함)로서 결정에 의하여 환급세액을 환급하는 경우에는 해당 결정일
원천징수의무자가 연말정산 또는 원천징수하여 납부한 세액을 경정청구에 따라 환급		연말정산 또는 **원천징수 세액 납부기한의 만료일**
「조세특례제한법」에 따라 근로장려금 환급		**근로장려금의 결정일**

정답 ①

03

「국세기본법」상 국세의 환급에 대한 설명으로 옳지 않은 것은?

① 국세환급금의 소멸시효는 세무서장이 납세자의 환급 청구를 촉구하기 위하여 납세자에게 하는 환급청구의 통지로 인하여 중단되지 아니한다.

② 국세환급금과 국세환급가산금을 과세처분의 취소 또는 무효확인청구의 소 등 행정소송으로 청구한 경우 시효의 중단에 관하여 「민법」에 따른 청구를 한 것으로 본다.

③ 납세자가 상속세를 물납한 후 그 부과의 전부 또는 일부를 취소하거나 감액하는 경정 결정에 따라 환급하는 경우에는 해당 물납재산으로 환급하면서 국세환급 가산금도 지급하여야 한다.

④ 2020년 1월 1일 이후 국세를 환급하는 분부터 과세의 대상이 되는 소득의 귀속이 명의일 뿐이고 실질귀속자가 따로 있어 명의대여자에 대한 과세를 취소하고 실질귀속자를 납세의무자로 하여 과세하는 경우 명의대여자 대신 실질귀속자가 납부한 것으로 확인된 금액은 실질귀속자의 기납부세액으로 먼저 공제하고 남은 금액이 있는 경우에는 실질귀속자에게 환급한다.

기출처 2020 국가직 7급

LINK 세법1 122, 125p   오진다 60, 62-63p

난이도 ●●●●○   출제 가능 지수 ●●●●○

해설

② 국세환급금과 국세환급가산금을 과세처분의 취소 또는 무효확인청구의 소 등 행정소송으로 청구한 경우 시효의 중단에 관하여 「민법」상 소멸시효의 중단사유 중 하나인 '청구'를 한 것으로 본다(국기법 54 ②).

③ 납세자가 상속세를 물납한 후 그 부과의 전부 또는 일부를 취소하거나 감액하는 경정 결정에 따라 환급하는 경우에는 해당 물납재산으로 환급해야 한다. 이 경우 **국세환급가산금은 지급하지 않는다**.   정답 ③

04

「국세기본법」상 국세환급금의 충당과 환급에 대한 설명으로 옳지 않은 것은?

① 세무서장이 국세환급금의 결정이 취소됨에 따라 이미 충당되거나 지급된 금액의 반환을 청구하는 경우에는 「국세징수법」의 고지·독촉 및 강제징수의 규정을 준용한다.

② 국세환급금으로 결정한 금액을 체납된 국세 또는 강제징수비에 충당한 경우 체납된 국세 또는 강제징수비와 국세환급금은 체납된 국세의 법정납부기한과 대통령령으로 정하는 국세환급금 발생일 중 늦은 때로 소급하여 대등액에 관하여 소멸한 것으로 본다.

③ 납세자가 세법에 따라 환급받을 환급세액이 있는 경우에는 그 환급세액을 납부고지에 의하여 납부하는 국세 및 세법에 따라 자진납부하는 국세에 충당할 것을 청구할 수 있다.

④ 원천징수의무자가 원천징수하여 납부한 세액에서 환급받을 환급세액이 있는 경우 원천징수의무자가 그 환급액을 즉시 환급해 줄 것을 요구하는 때에는 그 원천징수의무자가 원천징수하여 납부하여야 할 세액에 충당하고 남은 금액을 즉시 환급한다.

기출처 2015 국가직 7급
LINK 세법1 123-124p 오진다 61-63p
난이도 ●●○○○ 출제 가능 지수 ●●○○○

해설

원천징수의무자가 원천징수하여 납부한 세액에서 환급받을 세액이 있는 경우 그 환급세액은 그 원천징수의무자가 원천징수하여 납부하여야 할 세액에 충당하고, 남은 금액을 환급한다. 단, 그 원천징수의무자가 그 환급액을 즉시 환급해 줄 것을 요구하는 경우나 원천징수하여 납부하여야 할 세액이 없는 경우에는 **즉시 환급한다**(국기법 51 ⑤).　　　　　정답 ④

05

「국세기본법」상 국세환급금에 대한 설명으로 옳지 않은 것은?

① 납세자의 국세환급금 및 환급가산금에 관한 권리는 행사할 수 있는 때부터 5년간 행사하지 아니하면 소멸시효가 완성된다.

② 국세환급금으로 세법에 따라 자진납부하는 국세에 충당하는 경우에는 납세자가 그 충당에 동의해야 하는 것은 아니다.

③ 부가가치세 환급세액을 청구하는 소송은 「행정소송법」상 당사자소송의 절차에 따라야 한다.

④ 납세자는 국세환급금에 관한 권리를 법령에 정하는 바에 따라 타인에게 양도할 수 있다.

기출처 2014 국가직 9급
LINK 세법1 122-124p 오진다 60-63p
난이도 ●●○○○ 출제 가능 지수 ●●●○○

해설

국세환급금으로 세법에 따라 자진납부하는 국세에 충당하는 경우에는 **납세자가 그 충당에 동의하는 경우에만** 충당할 수 있다.

[국세환급금 충당 시 동의 필요 여부 비교]

구분		동의 필요 여부
납부고지에 의하여 납부하는 국세에 충당	㉠ 일반적인 경우	동의하는 경우에만 충당 가능
	㉡ 납부기한 전 징수 사유인 경우	동의 없이 충당 가능
세법에 따라 자진납부하는 국세에 충당		동의하는 경우에만 충당 가능
체납된 국세 및 강제징수비에 충당		동의 없이 충당 가능

정답 ②

01

「국세기본법」상 국세환급에 대한 설명으로 옳은 것은?

① 국세환급은 별도의 환급신청이 필요하지 않으며, 당초 물납했던 재산으로 환급받는 물납재산환급의 경우에도 국세환급가산금을 받을 수 있다.

② 세무서장은 국세환급금으로 결정한 금액을 납세자의 동의와 관계없이 대통령령으로 정하는 바에 따라 체납된 국세와 강제징수비에 충당하여야 한다. 이는 다른 세무서에 체납된 국세와 강제징수비에 충당하는 경우에도 같다.

③ 세무서장이 국세환급금의 결정이 취소됨에 따라 이미 충당되거나 지급된 금액의 반환을 청구하는 경우에는 고지와 독촉의 절차 없이 당해 납세자의 재산에 대하여 압류를 행한다.

④ 납세자의 신청에 따라 충당한 후 남은 금액이 20만원 이하이고, 지급결정을 한 날부터 6개월 이내에 환급이 이루어지지 아니하는 경우에는 납부고지에 의하여 납부하는 국세에 충당할 수 있다.

기출처 **2016 국가직 7급**

LINK 세법1 123-125p 오진다 61-63p

난이도 ●●●●○ 출제 가능 지수 ●●●●○

해설

① 당초 물납했던 재산으로 환급받는 물납재산환급의 경우에는 **국세환급가산금은 지급하지 않는다**.

③ 세무서장이 국세환급금의 결정이 취소됨에 따라 이미 충당되거나 지급된 금액의 반환을 청구하는 경우에는 **「국세징수법」의 고지·독촉 및 강제징수의 규정을 준용**한다(국기법 51 ⑨).

④ 납세자의 신청에 따라 충당한 후 남은 금액이 20만원 이하이고, 지급결정을 한 날부터 **1년** 이내에 환급이 이루어지지 아니하는 경우에는 납부고지에 의하여 납부하는 국세에 충당할 수 있다.

정답 ②

02

국세환급가산금의 기산일에 대한 설명으로 옳지 않은 것은? (단, 국세는 분할납부하지 않는다고 가정한다)

① 「법인세법」, 「소득세법」, 「부가가치세법」, 「개별소비세법」, 「주세법」 또는 「교통·에너지·환경세법」 또는 「조세특례제한법」에 따른 환급세액의 신고, 환급신청, 경정으로 인하여 환급하는 경우 – 경정 또는 결정일의 다음 날

② 적법하게 납부된 후 법률이 개정되어 발생한 국세환급금 – 개정된 법률의 시행일의 다음 날

③ 착오납부, 이중납부 또는 납부 후 그 납부의 기초가 된 신고 또는 부과를 경정하거나 취소함에 따라 발생한 국세환급금 – 국세의 납부일의 다음 날

④ 적법하게 납부된 국세의 감면으로 발생한 국세환급금 – 감면 결정일의 다음 날

기출처 2012 국가직 7급
LINK 세법1 127p 오진다 64-65p
난이도 ●●●○○ 출제 가능 지수 ●●●●○

해설

「소득세법」, 「법인세법」, 「부가가치세법」, 「개별소비세법」 또는 「주세법」에 따른 환급세액의 신고, 환급신청, 경정(경정청구 포함) 또는 결정으로 인하여 환급하는 경우에는 **신고를 한 날[1] 또는 신청을 한 날부터 30일이 지난 날의 다음 날**이다[2]. 단, 세법에서 환급기한을 정한 경우(부가가치세 조기환급기한 등)에는 그 환급기한의 다음 날의 다음 날을 기산일로 한다.

[1] 신고한 날이 법정신고기일 전인 경우에는 해당 법정신고기일

[2] 환급세액을 법정신고기한까지 신고하지 않음에 따른 결정으로 인하여 발생한 환급세액을 환급할 때에는 해당 결정일부터 30일이 지난 날의 다음 날이 기산일이다.

정답 ①

03

「국세기본법」상 국세환급가산금에 관한 설명으로 옳지 않은 것은?

① 납세자의 국세환급가산금에 관한 권리는 행사할 수 있는 때로부터 5년간 행사하지 아니하면 소멸시효가 완성된다.

② 국세의 이중납부에 따라 발생한 국세환급금을 지급할 때에는 그 국세 납부일의 다음 날부터 지급결정을 하는 날까지의 기간과 금융회사 등의 예금이자율 등을 고려하여 법령으로 정하는 이자율에 따라 계산한 금액을 국세환급금에 가산하여야 한다.

③ 국세환급금으로 결정한 금액을 법으로 정하는 바에 따라 국세 또는 강제징수비에 충당하게 되는 경우에는 국세환급가산금을 국세환급금에 가산하지 아니한다.

④ 납세자가 상속세를 물납한 후 그 부과의 일부를 감액하는 경정 결정에 따라 환급하는 경우에는 국세환급가산금을 국세환급금에 가산하지 아니한다.

기출처 2010 국가직 9급
LINK 세법1 124, 126-127p 오진다 62-64p
난이도 ●●●○○ 출제 가능 지수 ●●●●○

해설

「국세기본법」 제52조 제1항에 따르면 세무서장은 국세환급금을 「국세기본법」에 따라 충당하거나 지급할 때에는 대통령령으로 정하는 국세환급가산금 기산일부터 충당하는 날 또는 지급결정을 하는 날까지의 기간과 금융회사 등의 예금이자율 등을 고려하여 대통령령으로 정하는 이자율에 따라 계산한 금액(국세환급가산금)을 국세환급금에 가산해야 한다. 즉, 국세환급금으로 결정한 금액을 지급할 때뿐만 아니라 법으로 정하는 바에 따라 국세 또는 강제징수비에 충당하게 되는 경우에도 국세환급가산금을 국세환급금에 **가산해야 한다.**

[국세환급가산금 가산 배제]

㉠ 고충민원처리에 따른 국세환급금을 충당하거나 지급하는 경우
㉡ 상속세 물납 후 해당 물납재산으로 환급하는 경우

정답 ③

CHAPTER

08

조세불복제도

출제 경향 분석

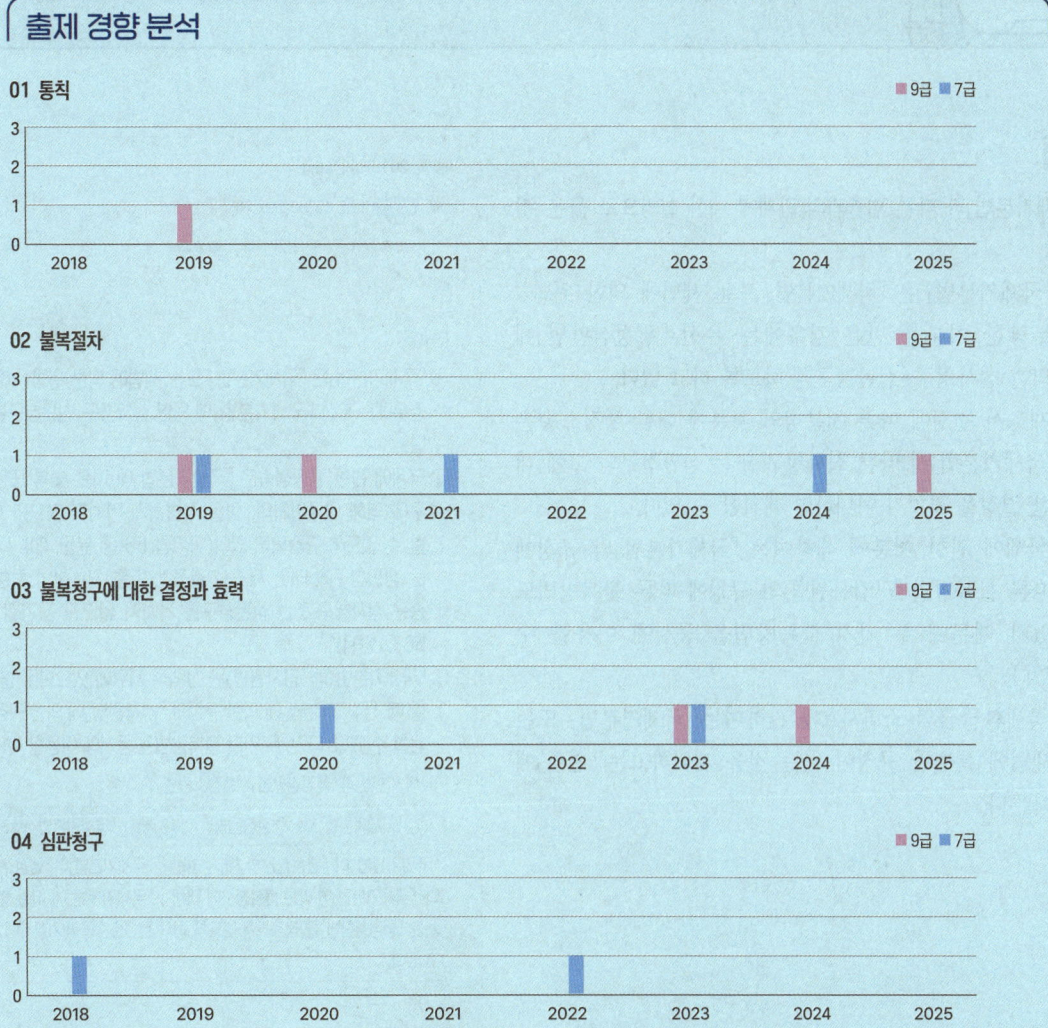

01 통칙 ■9급 ■7급

02 불복절차 ■9급 ■7급

03 불복청구에 대한 결정과 효력 ■9급 ■7급

04 심판청구 ■9급 ■7급

기출 분석

'조세불복제도'는 국가직 9급과 7급을 막론하고 빈출되고 있으며, 매해 9급 시험 또는 7급 시험에서 한 문제 이상은 반드시 출제되고 있습니다.

국가직 7급의 경우 판례 관련된 문제도 가끔 지문에 등장하지만, 판례가 주로 출제되기보다는 주요 법문을 정확히 알면 골라낼 수 있는 형식으로 출제되고 있으므로 법문을 정확히 이해하고 암기하는 것이 중요합니다.

01

「국세기본법」과 다른 법률과의 관계에 대한 설명으로 옳은 것은?

① 「국세기본법」은 「국세기본법」 또는 세법에 의한 위법·부당한 처분을 받은 경우에는 우선 「행정심판법」에 의한 심사청구·심판청구를 하도록 하고 있다.

② 재조사 결정에 따른 처분청의 처분에 대한 행정소송은 「국세기본법」에 따른 심사청구 또는 심판청구와 그에 대한 결정을 거치지 아니하면 제기할 수 없다.

③ 국세에 관한 처분에 대하여는 「국세기본법」의 규정에 따른 불복방법과 「감사원법」의 규정에 따른 불복방법도 있기 때문에 두 가지 불복방법을 동시에 이용할 수 있다.

④ 국세환급금의 소멸시효에 관하여는 「국세기본법」 또는 세법에 특별한 규정이 있는 것을 제외하고는 「민법」에 따른다.

기출처 **2019 국가직 9급**

LINK 세법1 125, 130-131p   오진다 63, 67-68p

난이도 ●●●○○   출제 가능 지수 ●●●○○

해설

① 「국세기본법」은 「국세기본법」 또는 세법에 의한 위법·부당한 처분을 받은 경우에는 우선 **「국세기본법」**에 의한 심사청구·심판청구를 하도록 하고 있다.

② 국세에 관한 행정쟁송은 「국세기본법」에 따른 불복 또는 감사원 심사청구에 의해 이루어지며, 이를 적법하게 거치지 않으면 행정소송을 제기할 수 없도록 규정되어 있다(국기법 56 ② 본문, ⑤). 다만, 심사청구 또는 심판청구에 대한 재조사 결정에 따른 처분청의 처분에 대한 행정소송은 심사청구 또는 심판청구를 **거치지 않고도 제기할 수 있다**(국기법 56 ② 단서).

③ 「국세기본법」과 「감사원법」은 선택적 지위에 있으므로 불복청구를 하고자 할 때, 「국세기본법」에 의한 규정과 「감사원법」에 의한 규정 중 선택하여 적용할 수 있다. 다만, 두 가지 불복방법을 동시에 이용할 수 **없다.**

[「국세기본법」과 「행정심판법」·「행정소송법」]

「국세기본법」 vs 「행정심판법」	「국세기본법」 vs 「행정소송법」
「국세기본법」이 「행정심판법」에 우선한다. 「국세기본법」에 따른 불복청구에 대해서는 「행정심판법」을 적용하지 않도록 하고 있다.	「국세기본법」이 「행정소송법」에 우선한다. 「국세기본법」에 따른 불복절차를 거쳐야 행정소송을 제기할 수 있도록 하고 있다.

정답 ④

2-01

「국세기본법」상 심사와 심판에 대한 설명으로 옳지 않은 것은?

① 심판청구에 대한 결정이 있으면 해당 행정청은 결정의 취지에 따라 즉시 필요한 처분을 하여야 한다.

② 국세청장은 심사청구의 내용이나 절차가 「국세기본법」 또는 세법에 적합하지 아니하나 보정할 수 있다고 인정되면 20일 이내의 기간을 정하여 보정할 것을 요구할 수 있으며, 보정할 사항이 경미한 경우에는 직권으로 보정할 수 있다.

③ 동일한 처분에 대해서도 심사청구와 심판청구를 중복하여 제기할 수 있다.

④ 조세심판관회의 또는 조세심판관합동회의는 심판청구에 대한 결정을 할 때 심판청구를 한 처분 외의 처분에 대해서는 그 처분의 전부 또는 일부를 취소 또는 변경하거나 새로운 처분의 결정을 하지 못한다.

기출처 **2025 국가직 9급**
LINK 세법1 130, 140, 147p   오진다 68, 74, 79p
난이도 ●●○○○   출제 가능 지수 ●●●●○

해설

③ 동일한 처분에 대해서는 심사청구와 심판청구를 중복하여 제기할 수 **없다**.

정답 ③

2-02

「국세기본법」상 심판청구에 대한 설명으로 옳은 것은?

① 심판청구는 해당 처분이 있음을 안 날(처분의 통지를 받은 때에는 그 받은 날)부터 60일 이내에 제기하여야 한다.

② 심판청구에 대한 결정을 하기 위하여 국세청 소속으로 조세심판원을 두고, 조세심판원은 그 권한에 속하는 사무를 독립적으로 수행한다.

③ 조세심판관회의는 담당 조세심판관 과반수 출석으로 개의(開議)하고, 출석조세심판관 3분의 2 이상의 찬성으로 의결한다.

④ 담당 조세심판관은 필요하다고 인정하면 여러 개의 심판사항을 병합하거나 병합된 심판사항을 여러 개의 심판사항으로 분리할 수 있다.

기출처 **2024 국가직 7급**
LINK 세법1 135, 143, 145-146p   오진다 71, 77, 79p
난이도 ●●●○○   출제 가능 지수 ●●●●○

해설

① 심판청구는 해당 처분이 있음을 안 날(처분의 통지를 받은 때에는 그 받은 날)부터 **90일** 이내에 제기하여야 한다.

② 심판청구에 대한 결정을 하기 위하여 **국무총리** 소속으로 조세심판원을 두고, 조세심판원은 그 권한에 속하는 사무를 독립적으로 수행한다.

③ 조세심판관회의는 담당 조세심판관 **3분의2** 출석으로 개의(開議)하고, 출석조세심판관 **과반수**의 찬성으로 의결한다.

정답 ④

01

「국세기본법」상 다른 법률과의 관계에 대한 설명으로 옳지 않은 것은?

① 국세에 관하여 세법에 별도의 규정이 있는 경우를 제외하고는 「국세기본법」에서 정하는 바에 따른다.

② 조세조약에 따른 상호합의절차가 개시된 경우 상호합의절차의 개시일부터 종료일까지의 기간은 심판청구의 청구기간에 산입하지 아니한다.

③ 심사청구 또는 심판청구에 대한 결정기간에 결정의 통지를 받지 못한 경우에는 결정의 통지를 받기 전이라도 그 결정기간이 지난 날부터 행정소송을 제기할 수 있다.

④ 위법 또는 부당한 처분에 대하여 감사원 심사청구를 거친 경우에는 바로 행정소송을 제기할 수 없다.

기출처 2021 국가직 7급
LINK 세법1 28, 130-131, 135p 오진다 16, 67, 70p
난이도 ●●●●○ 출제 가능 지수 ●●●●●

해설

② 상호합의절차가 개시된 경우 상호합의절차의 개시일부터 종료일까지의 기간은 다음 각 호의 기간에 산입하지 아니한다(국조법 50).

　㉠ 「국세기본법」상 심사청구, 심판청구의 청구기간
　㉡ 「국세기본법」상 심사청구, 심판청구의 결정기간

④ 위법 또는 부당한 처분에 대하여 감사원 심사청구를 거친 경우에는 바로 행정소송을 제기할 수 **있다**.

정답 ④

02

조세불복 및 그 관련 제도에 대한 설명으로 옳은 것은?

① 조세심판관회의는 조세심판관회의 의장이 필요하다고 인정할 때 이외에는 공개하지 아니한다.

② 행정소송이 계속 중인 국세의 체납으로 압류한 재산(부패·변질·감량되기 쉬운 재산이 아님)은 소(訴)에 대한 판결이 확정되기 전에 공매할 수 있다.

③ 조세심판원의 재조사결정에 따른 후속 처분에 대하여는 심사청구나 심판청구를 할 수 없다.

④ 납세의무자가 세법에 따른 과태료 부과처분의 취소를 구하는 심판청구를 한 경우 조세심판원은 그를 심리하여 인용 또는 기각의 결정을 하여야 한다.

기출처 2020 국가직 9급
LINK 세법1 133, 137, 140, 143p 오진다 68, 71, 74, 76p
난이도 ●●○○○ 출제 가능 지수 ●●●●○

해설

② 「국세기본법」에 따른 이의신청·심사청구·심판청구, 「감사원법」에 따른 심사청구 또는 「행정소송법」에 따른 행정소송이 계속 중인 국세의 체납으로 압류한 재산은 그 신청 또는 청구에 대한 결정이나 소에 대한 판결이 확정되기 전에는 공매할 수 **없다**. 다만, 그 재산이 부패·변질 또는 감량되기 쉬운 재산으로서 속히 매각하지 아니하면 그 재산가액이 줄어들 우려가 있는 경우에는 그러하지 아니하다(국징법 66 ④).

③ 원칙적으로 심판청구에 대한 처분에 대해서는 이의신청, 심사청구 또는 심판청구를 제기할 수 없다. 다만, 조세심판원의 재조사 결정에 따른 후속 처분에 대하여는 심판청구 또는 행정소송을 할 수 **있다**.

④ 세법에 따른 과태료 부과처분에 대해서는 「국세기본법」에 따른 불복을 할 수 없다(국기법 55 ①). 그러므로 **각하**결정을 하여야 한다.

[불복대상에서 제외되는 통고 등의 처분]

　㉠ 「조세범 처벌절차법」에 따른 통고처분
　㉡ 「감사원법」에 따라 심사청구를 한 처분이나 그 심사청구에 대한 처분
　㉢ 「국세기본법」 및 세법에 따른 과태료 부과처분

정답 ①

03

「국세기본법령」상 조세불복의 대리인에 대한 설명으로 옳지 않은 것은? (단, 지방세는 고려하지 않는다)

① 이의신청인 등과 처분청은 변호사를 대리인으로 선임할 수 있다.

② 이의신청인 등은 신청 또는 청구의 대상이 되는 금액이 5천만원 미만인 경우 그 배우자도 대리인으로 선임할 수 있다.

③ 조세불복의 신청 또는 청구의 취하는 대리인이 본인으로부터 특별한 위임을 받은 경우에만 할 수 있다.

④ 법인이 아닌 심판청구인이 심판청구의 대상세목이 상속세이고, 청구금액이 5천만원인 경우 조세심판원에 세무사를 국선대리인으로 선정하여 줄 것을 신청할 수 있다.

기출처 2019 국가직 9급 수정
LINK 세법1 134p 오진다 69-70p
난이도 ●●○○○ 출제 가능 지수 ●●●○○

해설

법령상 요건을 갖춘 심판청구인이 심판청구의 대상세목이 **상속세·증여세 및 종합부동산세가 아닌** 세목이고, 청구금액이 5천만원 이하인 경우 조세심판원에 세무사를 국선대리인으로 선정하여 줄 것을 신청할 수 있다.

[국선대리인 신청 요건]

> ㉠ 이의신청인 등이 다음의 어느 하나에 해당할 것
>
> > ⓐ 개인인 경우: 「소득세법」에 따른 종합소득금액이 5천만원 이하이고, 소유 재산의 평가 가액 합계액이 5억원 이하인 경우
> > ⓑ 법인인 경우: 수입금액(기업회계기준에 따라 계산한 매출액)이 3억원 이하이고, 기업회계기준에 따라 계산한 자산가액이 5억원 이하인 경우
>
> ㉡ 5천만원 이하의 신청 또는 청구일 것
> ㉢ 상속세·증여세 및 종합부동산세가 아닌 세목에 대한 신청 또는 청구일 것

정답 ④

04

「국세기본법령」상 조세불복제도에 대한 설명으로 옳은 것은? (다툼이 있는 경우, 판례에 의한다)

① 국세청장이 심사청구의 내용이나 절차가 「국세기본법」 또는 세법에 적합하지 아니하여 20일 이내의 기간을 정하여 보정을 요구한 경우 보정기간은 심사청구기간에 산입하지 아니하나 심사청구에 대한 결정기간에는 산입한다.

② 심판청구에 대한 재조사결정의 취지에 따른 후속 처분이 심판청구를 한 당초 처분보다 납세자에게 불리하더라도 불이익변경금지원칙이 적용되지 아니하므로 후속 처분 중 당초 처분의 세액을 초과하는 부분은 위법하지 않다.

③ 「조세범 처벌절차법」에 따른 통고처분에 대해서는 불복할 수 없다.

④ 불복을 하더라도 압류 및 공매의 집행에 효력을 미치지 아니하는 것이 원칙이다.

기출처 2019 국가직 7급
LINK 세법1 133, 137, 139, 147p 오진다 68, 71, 73, 78p
난이도 ●●●●● 출제 가능 지수 ●●●●○

해설

① 국세청장이 심사청구의 내용이나 절차가 「국세기본법」 또는 세법에 적합하지 아니하여 20일 이내의 기간을 정하여 보정을 요구한 경우 보정기간은 심사청구기간 **또는 심사청구에 대한 결정기간에 산입하지 아니한다.**

② 조세심판관회의(또는 조세심판관합동회의)는 심판청구에 대한 결정을 할 때 **심판청구를 한 처분보다 청구인에게 불리한 결정을 하지 못한다**(국기법 79 ②).

④ 이의신청·심사청구 또는 심판청구를 하더라도 압류에 효력을 미치지 아니하는 것이 원칙이다. 다만, 「국세기본법」에 의한 이의신청·심사청구 또는 심판청구가 계류 중에 있는 국세의 체납으로 인하여 압류한 재산에 대해서는 그 신청 또는 청구에 대한 결정이 확정되기 전에는 그 압류한 재산을 **공매할 수 없다.**

정답 ③

05

「국세기본법」상 불복절차에 대한 설명으로 옳지 않은 것은?

① 세법상의 처분에 의해 권리나 이익의 침해를 당한 자가 행정소송을 제기하기 위해서는 「국세기본법」상의 심사청구 또는 심판청구를 거치거나 「감사원법」상의 심사청구를 거쳐야 한다.

② 제2차 납세의무자로서 납부고지서를 받은 자나 보증인도 이해관계인으로서 위법한 처분을 받은 자의 처분에 대하여 취소 또는 변경을 청구할 수 있다.

③ 국세청장의 과세표준 조사·결정에 따른 처분에 대하여 불복하려는 자는 이의신청을 거친 후에 또는 이의신청을 거치지 아니하고, 심사청구 또는 심판청구를 제기할 수 있다.

④ 세법상의 처분에 대한 불복으로 「행정심판법」상의 행정심판을 청구할 수 없다.

기출처 2013 국가직 9급
LINK 세법1 130, 132, 134p   오진다 67-68p
난이도 ●●●○○   출제 가능 지수 ●●●●○

해설

국세청장이 조사·결정 또는 처리하거나 하였어야 할 처분인 경우에는 하급기관인 세무서장이나 지방국세청장에게 이의신청을 하는 것은 의미가 없다. 그러므로 국세청장의 과세표준 조사·결정에 따른 처분에 대해서는 **이의신청 없이 바로 심사청구 또는 심판청구를 하여야 한다**(국기령 44의2).

[이의신청이 배제되는 경우]

⊙ 국세청의 감사결과로서의 시정지시에 따른 처분
ⓛ 세법에 따라 국세청장이 하여야 할 처분

[「국세기본법」과 타법과의 관계]

㉠ 「국세기본법」< 세법
㉡ 「국세기본법」< 「관세법」 등
㉢ 「국세기본법」≒ 「감사원법」
㉣ 「국세기본법」> 「행정심판법」
㉤ 「국세기본법」> 「행정소송법」

정답 ③

06

「국세기본법」상 조세불복에 따른 권리구제에 대한 설명으로 옳지 않은 것은?

① 세법에 따른 처분으로서 위법한 처분에 대한 행정소송은 「국세기본법」상의 심사청구 또는 심판청구와 그에 대한 결정을 거치지 아니하면 제기할 수 없다.

② 「국세기본법」상 불복청구의 대상인 '이 법 또는 세법에 따른 처분'에는 소득금액변동통지는 포함되나 세무조사결정은 포함되지 않는다.

③ 「감사원법」에 따라 심사청구를 한 처분이나 그 심사청구에 대한 처분은 「국세기본법」상 불복청구의 대상이 아니다.

④ 세법에 따른 처분에 의하여 권리를 침해당하게 될 제2차 납세의무자로서 납부고지서를 받은 자는 위법 또는 부당한 처분을 받은 자의 처분에 대하여 그 처분의 취소 또는 변경을 청구하거나 그 밖에 필요한 처분을 청구할 수 있다.

기출처 2013 국가직 7급
LINK 세법1 130, 132-134p   오진다 67-69p
난이도 ●●●○○   출제 가능 지수 ●●●●○

해설

「국세기본법」 또는 세법에 따른 처분으로서 위법 또는 부당한 처분을 받거나 필요한 처분을 받지 못함으로 인하여 권리나 이익을 침해 당한 사항이면 그 처분의 내용에 관계없이 무엇이든 불복청구의 대상으로 하는 개괄주의 방식을 채택하고 있다. 따라서 「국세기본법」상 불복청구의 대상인 '이 법 또는 세법에 따른 처분'에는 소득금액변동통지는 물론 **세무조사결정도 포함된다**.

[세무조사결정에 대한 불복청구]

세무조사결정이 있는 경우 납세의무자는 세무공무원의 질문에 대답하고 검사를 수인하여야 할 법적의무를 부담하게 되는 점, 납세의무자로 하여금 개개의 과태료 처분에 대하여 불복하거나 조사 종료 후의 과세처분에 대하여만 다툴 수 있도록 하는 것보다는 그에 앞서 세무조사결정에 대하여 다툼으로써 분쟁을 조기에 근본적으로 해결할 수 있는 점 등을 종합하면, **세무조사결정은** 납세의무자의 권리의무에 직접 영향을 미치는 공권력의 행사에 따른 행정작용으로써 **항고소송의 대상이 된다**(대법 2009두23624).

정답 ②

07

「국세기본법」상 조세불복제도에 관한 설명으로 옳지 않은 것은?

① 불복청구인의 대리인은 본인의 특별한 위임 없이도 불복의 신청 또는 청구의 취하를 할 수 있다.

② 조세심판관회의는 심판청구에 대한 결정을 함에 있어서 심판청구를 한 처분보다 청구인에게 불이익이 되는 결정을 할 수 없다.

③ 조세심판관합동회의는 심판청구에 대한 결정을 함에 있어서 심판청구를 한 처분 이외의 처분에 대하여는 그 처분의 전부 또는 일부를 취소 또는 변경하거나 새로운 처분의 결정을 하지 못한다.

④ 이의신청에 대한 결정기간 내에 결정통지를 받지 못한 경우에는 결정통지를 받기 전이라도 그 결정기간이 지난 날부터 심사청구를 할 수 있다.

기출처 2008 국가직 7급
LINK 세법1 134-135, 146-147p 오진다 69-70, 78p
난이도 ●●○○○ 출제 가능 지수 ●●●●○

해설

대리인은 본인을 위하여 그 신청 또는 청구에 관한 모든 행위를 할 수 있다. 다만, 그 **신청 또는 청구의 취하는 특별한 위임을 받은 경우에만 할 수 있다**(국기법 59 ④). 정답 ①

08

국세불복제도에 대한 설명으로 옳지 않은 것은?

① 「조세범처벌절차법」에 의한 통고처분에 대하여는 「국세기본법」에 의한 이의신청은 가능하나 심판청구는 제기할 수 없다.

② 「국세기본법」 또는 세법에 의한 처분으로서 위법 또는 부당한 처분을 받거나 필요한 처분을 받지 못함으로써 권리 또는 이익의 침해를 당한 자는 「국세기본법」에 의한 심사청구 또는 심판청구를 제기할 수 있다.

③ 「국세기본법」에 의한 불복은 동일한 처분에 대하여는 심사청구와 심판청구를 중복하여 제기할 수 없다.

④ 불복의 대상인 처분이 국세청장이 조사·결정 또는 처리하거나 하였어야 할 것인 경우에는 이의신청이 배제된다.

기출처 2007 국가직 9급
LINK 세법1 131-133p 오진다 67-68p
난이도 ●●●●● 출제 가능 지수 ●●●●●

해설

통고처분은 세무서장 등이 범칙자에게 벌금 등을 납부할 것을 통지하는 행위이다. 이 경우 벌금 등을 납부하지 않으면 고발의 절차를 거쳐 형사절차에 따라 사법심의 판결을 받게 되므로 불복대상에서 제외한다. 따라서 「조세범처벌절차법」에 의한 통고처분에 대하여는 「국세기본법」에 의한 이의신청을 포함한 **모든 불복청구를 제기할 수 없다**. 정답 ①

09

「국세기본법」상 불복절차에 관한 설명으로 옳지 않은 것은?

① 「국세기본법」 또는 세법의 규정에 의한 처분이 국세청장이 조사·결정 또는 처리하거나 하였어야 할 것인 경우를 제외하고는 그 처분에 대하여 심사청구 또는 심판청구에 앞서 이의신청을 할 수 있다.

② 「국세기본법」상의 심판청구에 대한 결정이 있은 때에는 해당 행정청은 결정의 취지에 따라 즉시 필요한 처분을 하여야 한다.

③ 국세처분에 관한 행정소송은 「행정소송법」의 규정에 불구하고 심사청구 또는 심판청구에 대한 결정의 통지를 받은 날로부터 90일 이내에 제기하여야 한다. 결정기간 내에 결정의 통지를 받지 못한 경우에는 행정소송을 제기할 수 없다.

④ 국세청장은 심사청구의 내용이나 절차가 「국세기본법」 또는 세법에 적합하지 아니하나 보정할 수 있다고 인정하는 때에는 20일 이내의 기간을 정하여 보정할 것을 요구할 수 있다.

기출처 2007 국가직 9급
LINK 세법1 130, 132, 139, 142p 오진다 67-68, 73, 75p
난이도 ●●●○○ 출제 가능 지수 ●●●●○

해설

② 심판청구에 대한 결정이 있으면 해당 행정청은 결정의 취지에 따라 즉시 필요한 처분을 해야 한다(국기법 80 ②).

③ 국세 처분에 대한 행정소송은 「행정소송법」에도 불구하고 심사청구·심판청구에 대한 결정의 통지를 받은 날부터 90일 이내에 제기하여야 한다. 다만 결정기간 내에 결정의 통지를 받지 못한 경우에는 **결정의 통지를 받기 전이라도 그 결정기간이 지난 날부터 행정소송을 제기할 수 있다**(국기법 56 ③).

정답 ③

10

「국세기본법」에 의한 심판청구의 대상이 되는 처분은?

① 심판청구에 의한 처분

② 「조세범처벌절차법」에 의한 통고처분

③ 「감사원법」에 의하여 심사청구한 처분

④ 국세청의 세무조사 결과에 따른 처분

기출처 2006 국가직 9급
LINK 세법1 133p 오진다 68p
난이도 ●●○○○ 출제 가능 지수 ●○○○○

해설

①, ③ 심사청구 또는 심판청구에 대한 처분에 대해서는 이의신청, 심사청구 또는 심판청구를 제기할 수 없고(국기법 55 ⑤) **행정소송만 가능하다.**

② 「조세범처벌절차법」에 의한 통고처분에 대해서는 **「국세기본법」에 따른 불복을 할 수 없다**(국기법 55 ①).

정답 ④

11

국세불복제도에 대한 설명으로 옳지 않은 것은?

① 심사청구를 거치지 아니하고는 심판청구를 할 수 없다.

② 심사청구나 심판청구에 대한 결정은 해당 심사청구나 심판청구를 받은 날부터 90일 이내에 하여야 한다.

③ 국세심사위원회의 회의는 공개하지 않지만 국세심사위원회 위원장이 필요하다고 인정하는 때에는 이를 공개할 수 있다.

④ 국세청장은 심사청구의 내용이 세법에 적합하지 아니하나 보정할 수 있다고 인정하는 때에는 20일 이내의 기간을 정하여 보정할 것을 요구할 수 있다.

기출처 2007 국가직 7급

LINK 세법1 131, 139, 144p   오진다 66-67, 73p

난이도 ●●●○○   출제 가능 지수 ●●●●○

해설

① 「국세기본법」에 따른 불복은 국세청장에 대한 심사청구 또는 조세심판원장에 대한 심판청구에 의하며, 동일한 처분에 대해서는 **심사청구와 심판청구를 중복하여 제기할 수 없다**(국기법 55 ⑨).

③ 국세심사위원회의 회의는 공개하지 아니한다. 다만, 국세심사위원회 위원장이 필요하다고 인정할 때에는 공개할 수 있다(국기법 64 ③).

[국세심사위원회 vs 조세심판관회의]

구분	국세심사위원회	조세심판관회의
성격	자문 또는 의결(심사청구에 한함)기관	결정기관
소속	국세청, 지방국세청, 세무서	국무총리
적용 대상	① 세무서 및 지방국세청에 두는 국세심사위원회: 이의신청 및 과세전적부심사 청구사항 ② 국세청에 두는 국세심사위원회: 심사청구 및 과세전적부심사 청구사항	심판청구
구성원 임기	2년 (한 차례 연임가능)	3년 (상임: 한 차례 중임 가능 비상임: 한 차례 연임 가능)
공개여부	원칙: 비공개 예외: 필요하다고 인정할 때에는 공개	
통지	국세심사위원회의 회의 소집 7일 전에 지정된 회의구성원(위원) 및 해당 청구인 또는 신청인에게 회의 소집 일시를 통지	개최일 14일 전까지 조세심판관회의의 일시 및 장소를 심판청구인과 처분청에 각각 통지

정답 ①

03 불복청구에 대한 결정과 효력

3-01

국세기본법령상 재조사 결정에 대한 설명으로 옳은 것은?

① 심판청구에 대한 재조사 결정에 따른 처분청의 처분에 대해서는 심판청구와 그에 대한 결정을 거치지 아니하면 행정소송을 제기할 수 없다.

② 재조사 결과 심판청구인의 주장과 재조사 과정에서 확인한 사실관계가 다른 경우라 하더라도 심판청구의 대상이 된 당초의 처분을 취소·경정하여야 한다.

③ 재조사 결정이 있는 경우 처분청은 재조사 결정일로부터 90일 이내에 결정서 주문에 기재된 범위에 한정하여 조사하고, 그 결과에 따라 취소·경정하거나 필요한 처분을 하여야 한다.

④ 심판청구에 대한 재조사 결정에 따른 처분청의 처분에 대해서 심판청구를 거쳐 행정소송을 제기하는 경우 재조사 후 행한 처분청의 처분에 대하여 제기한 심판청구에 대한 결정의 통지를 받았다면 그 통지를 받은 날로부터 90일 이내에 행정소송을 제기하여야 한다.

기출처 2024 국가직 9급

LINK 세법1 130-131, 140-141p 오진다 67, 74p

난이도 ●●●○○ 출제 가능 지수 ●●●●○

해설

① 심사청구 또는 심판청구에 대한 재조사 결정에 따른 처분청의 처분에 대한 행정소송은 심사청구 또는 심판청구를 거치지 않고도 제기할 수 **있다**.

② 처분청은 재조사 결과 심사청구인의 주장과 재조사 과정에서 확인한 사실관계가 다른 등의 다음의 어느 하나에 해당할 경우에는 해당 심사청구의 대상이 된 당초의 처분을 **취소·경정하지 아니할 수 있다**.

  ⓐ 심사청구인의 주장과 재조사 과정에서 확인한 사실관계가 달라 당초의 처분을 유지할 필요가 있는 경우
  ⓑ 심사청구인의 주장에 대한 사실관계를 확인할 수 없는 경우

③ 재조사 결정이 있는 경우 처분청은 재조사 결정일로부터 **60일** 이내에 결정서 주문에 기재된 범위에 한정하여 조사하고, 그 결과에 따라 취소·경정하거나 필요한 처분을 하여야 한다.

정답 ④

3-02

국세기본법령상 심사청구에 대한 설명으로 옳지 않은 것은?

① 심판청구를 제기한 후 심사청구를 제기한 경우에는 심사청구를 각하하는 결정을 한다.

② 국세청장은 심사청구를 받으면 심사청구기간이 지난 후에 제기된 심사청구에 해당하는 경우에도 국세심사위원회의 의결에 따라 결정을 하여야 한다.

③ 심사청구에 대한 결정에 잘못된 기재, 계산착오, 그 밖에 이와 비슷한 잘못이 있는 것이 명백할 때에는 국세청장은 직권으로 또는 심사청구인의 신청에 의하여 경정할 수 있다.

④ 취소·경정 또는 필요한 처분을 하기 위하여 사실관계 확인 등 추가적으로 조사가 필요한 경우에는 처분청으로 하여금 이를 재조사하여 그 결과에 따라 취소·경정하거나 필요한 처분을 하도록 하는 재조사 결정을 할 수 있다.

기출처 2023 국가직 7급
LINK 세법1 139-141p 오진다 74-75p
난이도 ●●●●○ 출제 가능 지수 ●●●●○

해설

② 국세청장은 심사청구를 받으면 그 청구를 받은 날부터 90일 이내에 국세심사위원회의 의결에 따라 결정해야 한다. 다만, **심사청구기간이 지난 후에 제기된 심사청구 등 다음의 어느 하나에 해당하는 경우에는 그러하지 아니한다.**

㉠ 각하결정사유에 해당하는 경우

㉡ 심사청구금액이 5천만원 미만인 경우로서 해당 심사청구의 내용이 사실판단과 관련된 사항이거나 해당 심사청구의 내용과 유사한 심사청구에 대해 국세 심사위원회의 심의를 거쳐 결정된 사례가 있는 경우. 다만, 다음의 어느 하나에 해당하는 경우는 제외한다.

　ⓐ 국세심사위원회의 결정사항과 배치되는 새로운 조세심판, 법원판결, 헌법재판소 결정, 기획재정부장관의 세법해석, 그 밖에 이에 준하는 심판·결정 또는 해석이 있는 경우

　ⓑ 국세청장이 국세심사위원회의 심의를 거쳐 결정할 필요가 있다고 인정하는 경우

정답 ②

01

「국세기본법」상 심사청구에 대한 결정에 관한 설명으로 옳은 것만을 모두 고르면?

ㄱ. 심판청구를 제기한 후 심사청구를 제기(같은 날 제기한 경우도 포함한다)한 경우에는 그 심사청구를 각하하는 결정을 한다.

ㄴ. 심사청구 후 보정기간에 필요한 보정을 하지 아니한 경우에는 그 청구를 기각하는 결정을 한다.

ㄷ. 심사청구가 이유 없다고 인정될 때에는 그 청구를 기각하는 결정을 한다.

ㄹ. 심사청구가 적법하지 아니한 경우에는 그 청구를 각하하는 결정을 한다.

① ㄱ, ㄴ　　　　② ㄴ, ㄷ
③ ㄱ, ㄴ, ㄹ　　④ ㄱ, ㄷ, ㄹ

기출처 2023 국가직 9급
LINK 세법1 140p 오진다 74p
난이도 ●●●●○ 출제 가능 지수 ●●●●○

해설

④ 본안심리의 결과 청구가 이유 없다고 인정될 때에는 기각 결정을 하며, 다음 중 어느 하나에 해당하는 경우에는 그 청구를 **각하**하는 결정을 한다.

ⓐ **심판청구를 제기한 후 심사청구를 제기한 경우(같은 날 제기한 경우도 포함)**

ⓑ 법에 정한 청구기간이 지난 후에 청구된 경우

ⓒ **법에 정한 보정기간에 필요한 보정을 하지 아니한 경우**

ⓓ **이의신청, 심사청구, 심판청구가 적법하지 아니한 경우**

ⓔ 위의 경우와 유사한 경우로서 다음의 경우

　㉮ 이의신청, 심사청구, 심판청구의 대상이 되는 처분이 존재하지 않는 경우

　㉯ 이의신청, 심사청구, 심판청구의 대상이 되는 처분으로 권리나 이익을 침해당하지 않는 경우

　㉰ 대리인이 아닌 자가 대리인으로서 불복을 청구하는 경우

정답 ④

02

「국세기본법」상 심사와 심판에 대한 설명으로 옳은 것으로만 묶은 것은?

> ㄱ. 심사청구가 이유 있다고 인정되어 행한 재조사 결정에 따른 처분청의 처분에 대한 행정소송은 심사청구와 그에 대한 결정을 거치지 아니하면 제기할 수 없다.
> ㄴ. 「감사원법」에 따라 심사청구를 한 처분이나 그 심사청구에 대한 처분에 대해서는 「국세기본법」에 따른 처분의 취소 또는 변경을 청구하거나 필요한 처분을 청구할 수 없다.
> ㄷ. 국세청장은 심사청구의 내용이나 절차가 「국세기본법」 또는 세법에 적합하지 아니하나 보정(補正)할 수 있다고 인정되면 20일 이내의 기간을 정하여 보정할 것을 요구할 수 있고, 보정할 사항이 경미한 경우에는 직권으로 보정할 수 있다.
> ㄹ. 심판청구를 제기한 후 같은 날 심사청구를 제기한 경우에는 심사청구를 기각하는 결정을 한다.

① ㄱ, ㄴ　　② ㄱ, ㄹ　　③ ㄴ, ㄷ　　④ ㄷ, ㄹ

기출처 **2020 국가직 7급**
LINK 세법1 133, 139-140p　오진다 67, 68, 73-74p
난이도 ●●●●○　출제 가능 지수 ●●●●○

해설

ㄱ. 심사청구가 이유 있다고 인정되어 행한 재조사 결정에 따른 처분청의 처분에 대한 행정소송은 **심사청구 또는 심판청구를 거치지 않고도 제기할 수 있다**(국기법 56 ② 단서).

ㄹ. 심판청구를 제기한 후 같은 날 심사청구를 제기한 경우에는 심사청구를 **각하**하는 결정을 한다.

정답 ③

03

「국세기본법」상 불복에 대한 설명으로 옳지 않은 것은?

① 세무서장에게 과세전적부심사를 청구한 경우 이의신청은 관할 지방국세청장에게 하여야 하며, 세무서장에게 한 신청은 관할 지방국세청장에게 한 것으로 본다.

② 이의신청, 심사청구 또는 심판청구의 재결청은 결정서에 그 결정서를 받은 날부터 90일 이내에 이의신청인은 심사청구 또는 심판청구를, 심사청구인 또는 심판청구인은 행정소송을 제기할 수 있다는 내용을 적어야 한다.

③ 대리인은 본인을 위하여 그 신청 또는 청구에 관한 모든 행위를 할 수 있으므로 그 신청 또는 청구의 취하에 있어서도 특별한 위임을 받을 필요는 없다.

④ 이의신청, 심사청구 또는 심판청구는 세법에 특별한 규정이 있는 것을 제외하고는 해당 처분의 집행에 효력을 미치지 아니하나 해당 재결청이 필요하다고 인정할 때에는 그 처분의 집행을 중지하게 하거나 중지할 수 있다.

기출처 **2016 국가직 7급**
LINK 세법1 132, 134, 137, 141p　오진다 68-69, 71, 75p
난이도 ●●○○○　출제 가능 지수 ●●●●○

해설

대리인은 본인을 위하여 그 신청 또는 청구에 관한 모든 행위를 할 수 있다. 다만, 그 신청 또는 청구의 취하는 **특별한 위임을 받은 경우에만 할 수 있다**(국기법 59 ④).

정답 ③

04

다음 중 국세불복에 대한 결정으로 틀린 것은?

① 이유 있음: 인용

② 보정기간 내에 보정하지 아니한 경우: 기각

③ 이유 없음: 기각

④ 청구기한 경과 후의 청구: 각하

⑤ 권한 없는 자의 불복: 각하

기출처 2007 서울시 9급

LINK 세법1 140p 오진다 74p

난이도 ●●●●● 출제가능지수 ●●●●●

해설

법에 정한 보정기간에 필요한 보정을 하지 아니한 경우에는 그 청구를 **각하**하는 결정을 한다.   정답②

04 심판청구

01

「국세기본법」상 국세의 불복절차에 대한 설명으로 옳지 않은 것은?

① 조세심판관회의는 심판청구에 대한 결정을 할 때 심판청구를 한 처분 외의 처분에 대해서는 그 처분의 전부 또는 일부를 취소 또는 변경하거나 새로운 처분의 결정을 하지 못한다.

② 심사청구 또는 심판청구의 대상이 된 처분에 대한 재조사결정에 따른 처분청의 처분에 대해서는 해당 재조사 결정을 한 재결청에 대하여 심사청구 또는 심판청구를 제기할 수 있다.

③ 담당 조세심판관에게 공정한 심판을 기대하기 어려운 사정이 있다고 의심될 때에는 심판청구인은 그 조세심판관의 제척을 신청할 수 있다.

④ 「감사원법」에 따른 심사청구를 한 처분에 대하여는 「국세기본법」에 따른 취소 또는 변경을 청구할 수 없다.

02

「국세기본법」상 심판청구제도에 대한 설명으로 옳지 않은 것은?

① 담당 조세심판관 외의 조세심판원 소속 공무원은 조세심판원장의 명에 따라 심판청구인의 장부나 서류의 제출을 요구할 수 있다.

② 심판청구는 「국세기본법령」으로 정하는 바에 따라 불복의 사유를 갖추어 그 처분을 하였거나 하였어야 할 세무서장이나 조세심판원장에게 하여야 한다.

③ 심판청구인 또는 처분청은 「국세기본법령」으로 정하는 바에 따라 해당 재결청에 의견을 진술할 수 있다.

④ 청구기간이 지난 후에 심판청구를 받은 경우에는 조세심판관 회의의 심리를 거치지 않고 주심조세심판관이 심리하여 결정할 수 있다.

기출처 **2022 국가직 7급**
LINK 세법1 133, 145-146p 오진다 68, 74, 77-78p
난이도 ●●○○○ 출제 가능 지수 ●●●●○

해설

③ 담당 조세심판관에게 공정한 심판을 기대하기 어려운 사정이 있다고 의심될 때에는 심판청구인은 그 조세심판관의 **기피**를 신청할 수 있다. 정답 ③

기출처 **2018 국가직 7급**
LINK 세법1 136, 138, 143, 146p 오진다 71, 73, 76, 78p
난이도 ●●●●○ 출제 가능 지수 ●●●●○

해설

담당 조세심판관 외의 조세심판원 소속 공무원은 조세심판원장의 명에 따라 심판청구인·처분청·관계인 또는 참고인(이하 '심판청구인')에 대한 질문을 하거나 심판청구인의 제출된 장부·서류 그 밖의 물건에 대한 검사 또는 감정기관에 대한 감정의뢰를 할 수 있다. 그러나 심판청구인의 장부나 서류의 제출을 요구할 수 **없다**.

[심판청구의 질문·검사권 비교]

담당 조세심판관 권한	담당 조세심판관 외의 조세심판원 소속 공무원 권한
⊙ 심판청구인·처분청·관계인 또는 참고인에 대한 질문	⊙ 심판청구인·처분청·관계인 또는 참고인에 대한 질문
⊙ 위 ⊙에 열거된 자의 장부·서류 그 밖의 물건의 제출 요구	⊙ 제출된 위 ⊙에 열거된 자의 장부·서류 그 밖의 물건에 대한 검사 또는 감정기관에 대한 감정의뢰
⊙ 제출된 위 ⊙에 대한 검사 또는 감정기관에 대한 감정의뢰	

정답 ①

03

「국세기본법」상 심판청구제도에 대한 설명으로 옳지 않은 것은?

① 심판청구에 대한 결정을 할 때에는 심판청구를 한 처분보다 청구인에게 불리한 결정을 하지 못한다.

② 청구금액이 5천만원 이상이고 청구기간 내에 심판청구가 이루어진 때에는 조세심판관회의가 심리를 거쳐 결정한다.

③ 심판청구인은 자신의 심판청구와 관련하여 법령이 정하는 바에 따라 해당 재결청에 의견진술을 할 수 있지만, 처분청은 그러하지 않다.

④ 조세심판관회의에서 종전에 조세심판원에서 한 세법의 해석·적용을 변경하는 의결을 할 때에는 조세심판관합동회의가 심리를 거쳐 결정한다.

기출처 2015 국가직 9급 수정

LINK 세법1 138, 143-144, 147p 오진다 73, 76, 78p

난이도 ●●○○○ 출제 가능 지수 ●●●●○

해설

심판청구인 또는 처분청(처분청의 경우는 심판청구에 한함)은 해당 재결청에 의견을 진술할 수 있다(국기법 58). 따라서 심판청구에 있어서는 심판청구인뿐만 아니라 해당 **처분청도 재결청에 의견을 진술할 수 있는 것이다.** 정답③

04

「국세기본법」상 조세심판에 관한 설명으로 옳지 않은 것은?

① 「감사원법」에 따라 심사청구를 한 처분이나 그 심사청구에 대한 처분은 심판청구의 대상이 되는 처분에 포함되지 아니한다.

② 심판청구인은 변호사 이외에도 세무사 또는 「세무사법」의 규정에 따라 등록한 공인회계사를 대리인으로 선임할 수 있다.

③ 심판청구는 세법에 특별한 규정이 있는 것을 제외하고는 그 결정이 있기 전까지 당해 과세처분의 집행을 중지시킨다.

④ 조세심판관회의는 심판청구에 대한 결정을 할 때 심판청구를 한 처분보다 청구인에게 불리한 결정을 하지 못한다.

기출처 2010 국가직 9급

LINK 세법1 133-134, 137, 147p 오진다 68-69, 72, 78p

난이도 ●●○○○ 출제 가능 지수 ●●●●○

해설

심판청구는 세법에 특별한 규정이 있는 경우를 제외하고는 해당 처분의 집행에 효력을 미치지 아니한다(국기법 57 ①). 즉, 그 결정이 있기 전까지 당해 **과세처분의 집행을 중지시키지 않는다.** 이는 불복청구제도의 악용을 방지하기 위함이다. 정답③

05

국세불복청구에 관한 설명 중 옳은 것은?

① 담당 조세심판관에게 심판의 공정이 기대하기 어려운 사정이 있다고 인정되는 경우에는 심판청구인이 조세심판원장에게 해당 조세심판관의 회피를 신청할 수 있다.

② 해당 재결청이 처분의 집행 또는 절차의 속행 때문에 이의신청인, 심사청구인 또는 심판청구인에게 중대한 손해가 생기는 것을 예방할 필요성이 긴급하다고 인정할 때에는 처분의 집행 또는 일부의 정지를 결정할 수 있다.

③ 조세심판청구에 대하여는 조세심판원장이 심판관회의의 심리를 거쳐 결정한다.

④ 조세심판관회의는 심판청구를 한 처분 이외의 처분에 대하여는 불이익이 되는 결정을 하지 못하는 것을 원칙으로 하지만 특별한 사유가 있는 경우에는 그러하지 아니하다.

기출처 2005 국가직 7급

LINK 세법1 137, 143, 145, 147p 오진다 71, 76-78p

난이도 ●●●○○ 출제 가능 지수 ●●●●○

해설

① 담당 조세심판관에게 심판의 공정이 기대하기 어려운 사정이 있다고 인정되는 경우에는 심판청구인이 조세심판원장에게 해당 조세심판관의 **기피**를 신청할 수 있다.

③ 조세심판원장이 심판청구를 받았을 때에는 **조세심판관회의가 심리를 거쳐 결정**한다.

④ 조세심판관회의(또는 조세심판관합동회의)는 심판청구에 대한 결정을 할 때 심판청구를 한 처분보다 청구인에게 **불리한 결정을 하지 못한다**(국기법 79 ②). 조세심판관회의(또는 조세심판관합동회의)는 심판청구에 대한 결정을 할 때 **심판청구를 한 처분 외의 처분에 대해서는 그 처분의 전부 또는 일부를 취소 또는 변경하거나 새로운 처분의 결정을 하지 못한다**(국기법 79 ①).

정답 ②

CHAPTER

09

납세자의 권리 및 보칙

01 납세자의 권리 ■ 9급 ■ 7급

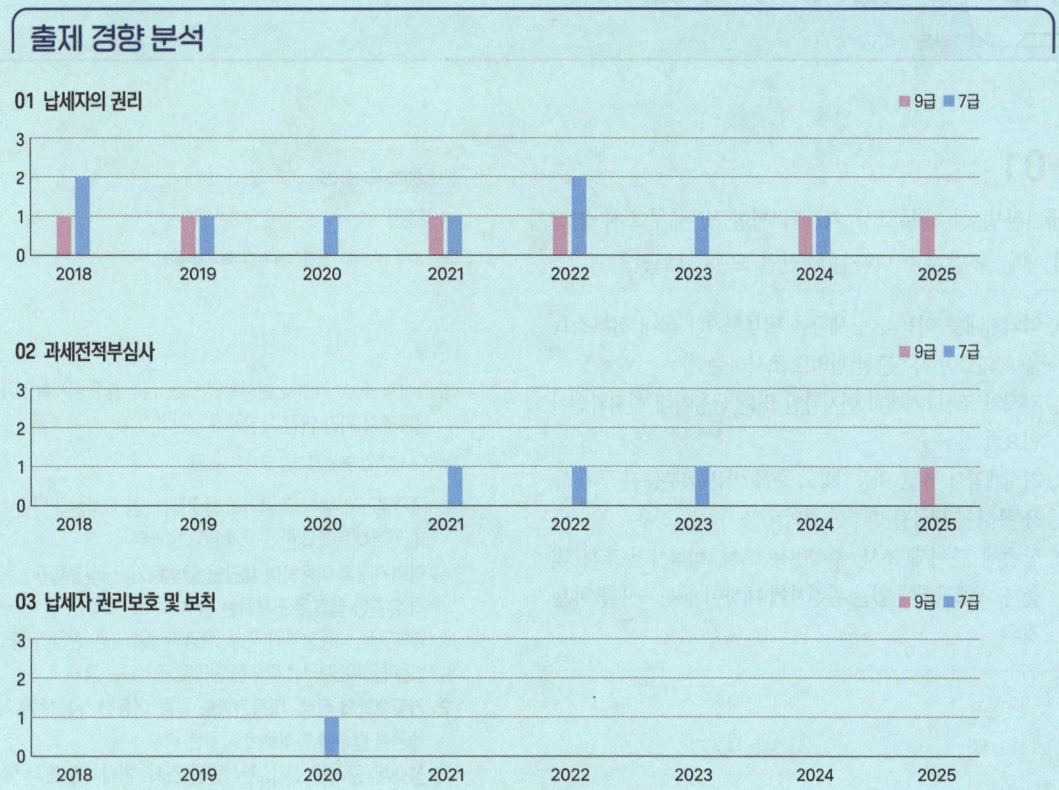

02 과세전적부심사 ■ 9급 ■ 7급

03 납세자 권리보호 및 보칙 ■ 9급 ■ 7급

기출 분석

'납세자의 권리' 파트는 「국세기본법」에서 최다 빈출 파트입니다. 국가직 9급과 7급을 막론하고 매년 출제가 된다고 해도 과언이 아닙니다. 특히 '01.납세자의 권리'는 거의 매년 출제되는 주제이므로 반드시 완벽하게 정리해 두셔야 합니다. 또한 '02. 과세전적부심사'는 최근 7급 시험에서 잇달아 출제된 후 2025년 9급 시험에서 출제되었습니다.

빈출 주제일수록 난도가 높은 지문들이 출제될 수 있습니다. '납세자의 권리' 파트는 헷갈리는 주제가 많은 파트이므로 기출 중심으로 완벽히 소화하고, 관련된 응용 문제를 많이 풀어보셔야 합니다.

01 납세자의 권리

1-01

「국세기본법」상 세무조사 기간의 제한 및 세무조사 연장기간의 제한을 받지 아니하는 것만을 모두 고르면?

> ㄱ. 역외거래를 이용하여 세금을 탈루하거나 국내 탈루소득을 해외로 변칙유출한 혐의로 조사하는 경우
> ㄴ. 거래처 조사, 거래처 현지확인 또는 금융거래 현지확인이 필요한 경우
> ㄷ. 거짓계약서 작성, 미등기양도 등을 이용한 부동산 투기 등을 통하여 세금을 탈루한 혐의로 조사하는 경우
> ㄹ. 상속세·증여세 조사, 주식변동 조사, 범칙사건 조사 및 출자·거래관계에 있는 관련자에 대하여 동시조사를 하는 경우

① ㄱ, ㄷ
② ㄴ, ㄹ
③ ㄱ, ㄷ, ㄹ
④ ㄴ, ㄷ, ㄹ

기출처 2025 국가직 9급
LINK 세법1 155-156p 오진단 84-85p
난이도 ●●●○○ 출제 가능 지수 ●●●●○

해설

ㄴ. 거래처 조사, 거래처 현지확인 또는 금융거래 현지확인이 필요한 경우는 **세무조사 기간 연장 사유**에 해당한다.

[세무조사 기간 및 연장기간 무제한 사유]

> ㉠ 무자료거래, 위장·가공거래 등 거래 내용이 사실과 다른 혐의가 있어 실제 거래 내용에 대한 조사가 필요한 경우
> ㉡ **역외거래를 이용하여 세금을 탈루하거나 국내 탈루소득을 해외로 변칙 유출한 혐의로 조사하는 경우**
> ㉢ 명의위장, 이중장부의 작성, 차명계좌의 이용, 현금거래의 누락 등의 방법을 통하여 세금을 탈루한 혐의로 조사하는 경우
> ㉣ **거짓계약서 작성, 미등기양도 등을 이용한 부동산 투기 등을 통하여 세금을 탈루한 혐의로 조사하는 경우**
> ㉤ **상속세·증여세 조사, 주식변동 조사, 범칙사건 조사 및 출자·거래관계에 있는 관련자에 대하여 동시조사를 하는 경우**

정답 ③

1-02

「국세기본법」상 세무조사에 대한 설명으로 옳은 것은?

① 납세자는 세무조사(「조세범 처벌절차법」에 따른 조세범칙조사를 포함한다)를 받는 경우에 변호사로 하여금 조사에 참여하게 하거나 의견을 진술하게 할 수 없다.

② 세무공무원은 과세관청의 조사결정에 의하여 과세표준과 세액이 확정되는 세목의 경우 과세표준과 세액을 결정하기 위한 세무조사를 할 수 없다.

③ 납세자에 대한 구체적인 탈세 제보가 있는 경우로서 해당 탈세혐의에 대한 확인이 필요한 사유로 인한 부분조사는 같은 세목 및 같은 과세기간에 대하여 횟수 제한 없이 실시할 수 있다.

④ 상속세·증여세 조사, 주식변동 조사, 범칙사건 조사 및 출자·거래관계에 있는 관련자에 대하여 동시조사를 하는 경우에는 세무조사 기간의 제한 및 세무조사 연장기간의 제한을 받지 아니한다.

기출처 2024 국가직 7급
LINK 세법1 152-153, 156, 159p 오진단 81-82, 85, 87p
난이도 ●●●○○ 출제 가능 지수 ●●●●●

해설

① 납세자는 세무조사(「조세범 처벌절차법」에 따른 조세범칙조사를 포함)를 받는 경우에 변호사, 공인회계사, 세무사로 하여금 조사에 참여하게 하거나 의견을 진술하게 할 수 **있다**.

② 세무공무원은 과세관청의 조사결정에 의하여 과세표준과 세액이 확정되는 세목의 경우 과세표준과 세액을 결정하기 위한 세무조사를 할 수 **있다**.

③ 납세자에 대한 구체적인 탈세 제보가 있는 경우로서 해당 탈세혐의에 대한 확인이 필요한 사유로 인한 부분조사는 같은 세목 및 같은 과세기간에 대하여 **2회를 초과하여 실시할 수 없다**.

정답 ④

1-03

「국세기본법」상 세무조사 중 부분조사가 허용되는 경우만을 모두 고르면? (단, 부분조사는 같은 세목 및 같은 과세기간에 대하여 2회를 초과하여 실시하지 아니한다)

ㄱ. 납세자의 경정청구에 대한 처리를 위하여 확인이 필요한 경우
ㄴ. 납세자가 자료를 기한까지 제출하지 않는 경우
ㄷ. 조세심판원의 재조사 결정에 따라 사실관계의 확인 등이 필요한 경우
ㄹ. 명의위장, 차명계좌의 이용을 통하여 세금을 탈루한 혐의에 대한 확인이 필요한 경우

---

① ㄱ, ㄴ, ㄷ
② ㄱ, ㄴ, ㄹ
③ ㄱ, ㄷ, ㄹ
④ ㄴ, ㄷ, ㄹ

기출처 **2024 국가직 9급**

LINK 세법1 159p 오진다 86p
난이도 ●●○○○ 출제 가능 지수 ●●●○○

해설

③ [부분조사의 사유]

부분조사의 사유	비고
① 경정 등의 청구에 대한 처리 또는 국세환급금의 결정을 위하여 확인이 필요한 경우	부분조사의 횟수제한 없음
② 불복청구의 인용결정 또는 과세전적부심사 청구의 채택결정 중 재조사 결정에 따라 사실관계의 확인 등이 필요한 경우	
③ 거래상대방에 대한 세무조사 중에 거래 일부의 확인이 필요한 경우	이들 사유로 인한 부분조사는 같은 세목 및 같은 과세기간에 대하여 2회를 초과하여 실시할 수 없음
④ 납세자에 대한 구체적인 탈세 제보가 있는 경우로서 해당 탈세 혐의에 대한 확인이 필요한 경우	
⑤ 명의위장, 차명계좌의 이용을 통하여 세금을 탈루한 혐의에 대한 확인이 필요한 경우	
⑥ 그 밖에 세무조사의 효율성 및 납세자의 편의 등을 고려하여 특정 사업장 특정 항목 또는 특정 거래에 대한 확인이 필요한 경우로서 다음 중 어느 하나에 해당하는 경우	

㉠ 법인이 주식 또는 출자지분을 시가보다 높거나 낮은 가액으로 거래하거나 「법인세법 시행령」 불공정 자본거래로 인하여 해당 법인의 특수관계인인 다른 주주 등에게 이익을 분여하거나 분여받은 구체적인 혐의가 있는 경우로서 해당 혐의에 대한 확인이 필요한 경우

㉡ 무자료거래, 위장·가공거래 등 특정 거래 내용이 사실과 다른 구체적인 혐의가 있는 경우로서 조세채권의 확보 등을 위하여 긴급한 조사가 필요한 경우

㉢ 과세관청 외의 기관이 직무상 목적을 위해 작성하거나 취득하여 과세관청에게 제공한 자료의 처리를 위해 조사하는 경우

㉣ 「소득세법」 및 「법인세법」 규정에 따른 조세조약상의 비과세·면제 적용 신청의 내용을 확인할 필요가 있는 경우

정답 ③

1-04

「국세기본법」상 납세자의 권리에 대한 설명으로 옳지 않은 것은?

① 세무공무원은 거래 상대방에 대한 조사가 필요한 경우에도 같은 세목 및 같은 과세기간에 대하여 재조사를 할 수 없다.

② 세무공무원은 납세자에 대한 구체적인 탈세 제보가 있는 경우 등 법 소정 사유에 해당하는 경우를 제외하고는 납세자가 성실하며 납세자가 제출한 신고서 등이 진실한 것으로 추정하여야 한다.

③ 세무공무원은 적정하고 공평한 과세를 실현하기 위하여 필요한 최소한의 범위에서 세무조사를 하여야 한다.

④ 납세자 본인의 권리 행사에 필요한 정보를 납세자(납세자로부터 세무업무를 위임받은 자를 포함한다)가 요구하는 경우 세무공무원은 신속하게 정보를 제공하여야 한다.

기출처 **2023 국가직 7급**

LINK 세법1 150-151, 161p 오진다 79-80, 87p

난이도 ●●○○○ 출제 가능 지수 ●●●●○

해설

① 세무공무원은 거래 상대방에 대한 조사가 필요한 경우에는 같은 세목 및 같은 과세기간에 대하여 재조사를 할 수 **있다**.

[세무조사 재조사 사유]

㉠ 조세탈루의 혐의를 인정할 만한 명백한 자료가 있는 경우
㉡ **거래상대방에 대한 조사가 필요한 경우**
㉢ 2개 이상의 과세기간과 관련하여 잘못이 있는 경우
㉣ 불복청구의 인용결정 또는 과세전적부심사 청구의 채택결정 중 재조사 결정에 따라 조사를 하는 경우[결정서 주문(主文)에 기재된 범위의 조사에 한정]
㉤ 납세자가 세무공무원에게 직무와 관련하여 금품을 제공하거나 금품제공을 알선한 경우
㉥ 부분조사(특정사항에 대한 확인을 위하여 필요한 부분에 한정한 조사를 말한다)를 실시한 후 해당 조사에 포함되지 않는 부분에 대하여 조사하는 경우
㉦ 부동산투기 등 경제질서 교란 등을 통한 세금탈루 혐의가 있는 자에 대하여 일제조사를 하는 경우
㉧ 과세관청 외의 기관이 직무상 목적을 위하여 작성하거나 취득해 과세관청에 제공한 자료의 처리를 위해 조사하는 경우
㉨ 국세환급금의 결정을 위한 확인조사를 하는 경우
㉩ 「조세범 처벌절차법」에 따른 조세범칙행위의 혐의를 인정할 만한 명백한 자료가 있는 경우

정답 ①

01

「국세기본법」상 같은 세목 및 같은 과세기간에 대하여 재조사를 할 수 있는 경우에 해당하지 않는 것은?

① 납세자가 세무공무원에게 직무와 관련 없이 금품을 제공하거나 금품제공을 알선한 경우
② 거래상대방에 대한 조사가 필요한 경우
③ 조세탈루의 혐의를 인정할 만한 명백한 자료가 있는 경우
④ 「국세기본법」에 따른 부분조사를 실시한 후 해당 조사에 포함되지 아니한 부분에 대하여 조사하는 경우

기출처 2022 국가직 7급
LINK 세법1 151p 오진다 80p
난이도 ●●○○○ 출제 가능 지수 ●●●●○

해설

① 납세자가 세무공무원에게 직무와 **관련하여** 금품을 제공하거나 금품제공을 알선한 경우 같은 세목 및 같은 과세기간에 대하여 재조사를 할 수 있다.

정답 ①

02

「국세기본법」상 납세자의 권리에 대한 설명으로 옳지 않은 것은?

① 세무공무원은 사업자등록증을 발급하는 경우에는 납세자권리헌장의 내용이 수록된 문서를 납세자에게 내주어야 한다.
② 납세자 본인의 권리 행사에 필요한 정보를 납세자(세무사 등 납세자로부터 세무업무를 위임받은 자를 포함한다)가 요구하는 경우 세무공무원은 신속하게 정보를 제공하여야 한다.
③ 세무공무원은 세무조사를 시작할 때 조사원증을 납세자 또는 관련인에게 제시한 후 납세자권리헌장을 교부하고 그 요지를 직접 낭독해 주어야 하며, 조사사유, 조사기간, 납세자보호위원회에 대한 심의 요청사항, 절차 및 권리구제 절차 등을 설명하여야 한다.
④ 세무공무원은 납세자가 자료의 제출을 지연하는 등 대통령령으로 정하는 사유로 세무조사를 진행하기 어려운 경우에는 세무조사를 중지할 수 있으며, 세무조사의 중지기간 중에도 납세자에 대하여 국세의 과세표준과 세액을 결정 또는 경정하기 위한 질문을 하거나 장부 등의 검사·조사 또는 그 제출을 요구할 수 있다.

기출처 2022 국가직 7급
LINK 세법1 150, 156, 161p 오진다 84p
난이도 ●●●○○ 출제 가능 지수 ●●●●○

해설

① **[납세자 권리헌장 교부]**

㉠ 세무조사(「조세범 처벌절차법」에 따른 조세범칙조사를 포함)를 하는 경우
㉡ 사업자등록증을 발급하는 경우

④ 세무공무원은 납세자가 자료의 제출을 지연하는 등 대통령령으로 정하는 사유로 세무조사를 진행하기 어려운 경우에는 세무조사를 중지할 수 있으며, 세무조사의 중지기간 중에는 납세자에 대하여 국세의 과세표준과 세액을 결정 또는 경정하기 위한 질문을 하거나 장부 등의 검사·조사 또는 그 제출을 요구할 수 **없다**.

정답 ④

03

「국세기본법」상 세무조사 중 통합조사의 원칙에 대한 설명으로 옳지 않은 것은?

① 세금탈루 혐의 등을 고려하여 특정 세목만을 조사할 필요가 있는 경우에는 특정한 세목만을 조사할 수 있다.

② 조세채권의 확보 등을 위하여 특정 세목만을 긴급히 조사할 필요가 있는 경우에는 특정한 세목만을 조사할 수 있다.

③ 명의위장, 차명계좌의 이용을 통하여 세금을 탈루한 혐의에 대한 확인이 필요한 경우에 해당하는 사유로 인한 부분조사는 같은 세목 및 같은 과세기간에 대하여 2회를 초과하여 실시할 수 있다.

④ 「국세기본법」에 따른 경정 등의 청구에 대한 처리를 위하여 확인이 필요한 경우에는 부분조사를 실시할 수 있다.

기출처 **2022 국가직 9급**

LINK 세법1 159p 오진다 86p

난이도 ●●●● ○ 출제 가능 지수 ●●●● ○

해설

명의위장, 차명계좌의 이용을 통하여 세금을 탈루한 혐의에 대한 확인이 필요한 경우에 해당하는 사유로 인한 부분조사는 **같은 세목 및 같은 과세기간에 대하여 2회를 초과하여 실시할 수 없다.**

[통합조사의 예외]

특정 세목만 조사	부분조사[1]
㉠ 세목의 특성, 납세자의 신고유형, 사업규모 또는 **세금탈루 혐의 등을 고려하여 특정 세목만을 조사할 필요가 있는 경우**	㉠ **경정 등의 청구에 대한 처리 또는 국세환급금의 결정을 위하여 확인이 필요한 경우**
㉡ **조세채권의 확보 등을 위하여 특정 세목만을 긴급히 조사할 필요가 있는 경우**	㉡ 불복청구의 인용 결정 또는 과세전적부심사 청구의 채택 결정 중 재조사 결정에 따라 사실관계의 확인 등이 필요한 경우
㉢ 그 밖에 세무조사의 효율성 및 납세자의 편의 등을 고려하여 특정 세목만을 조사할 필요가 있는 경우	㉢ 거래상대방에 대한 세무조사 중에 거래 일부의 확인이 필요한 경우
	㉣ 납세자에 대한 구체적인 탈세 제보가 있는 경우
	㉤ **명의위장, 차명계좌의 이용을 통하여 세금을 탈루한 혐의에 대한 확인이 필요한 경우**
	㉥ 법인이 주식 또는 출자지분을 시가보다 높거나 낮은 가액으로 거래하거나 불공정자본거래에 대한 구체적인 혐의가 있는 경우
	㉦ 무자료거래, 위장·가공거래 등 구체적인 혐의가 있는 경우로서 조세채권의 확보 등을 위하여 긴급한 조사가 필요한 경우
	㉧ 과세관청 외의 기관이 직무상 목적을 위해 작성하거나 취득하여 과세관청에 제공한 자료의 처리를 위해 조사하는 경우

*1 ㉠과 ㉡의 경우 부분조사의 횟수 제한이 없음. ㉢~㉧의 사유로 인한 부분조사는 같은 세목 및 같은 과세기간에 대하여 2회를 초과하여 실시할 수 없음

정답 ③

04

「국세기본법」상 세무조사에 대한 설명으로 옳지 않은 것은?

① 과세전적부심사에 따른 재조사 결정에 의한 조사 (결정서 주문에 기재된 범위의 조사에 한정)를 하는 경우 같은 세목 및 같은 과세기간에 대하여 재조사를 할 수 없다.

② 상속세·증여세 조사, 주식변동 조사, 범칙사건 조사 및 출자·거래관계에 있는 관련자에 대하여 동시조사를 하는 경우에는 세무조사 기간의 제한 및 세무조사 연장기간의 제한을 받지 아니한다.

③ 세무공무원은 납세자에 대한 구체적인 탈세 제보가 있는 경우에는 조사 목적에 필요한 최소한의 범위에서 납세자 등 정당한 권한이 있는 자가 임의로 제출한 장부등을 납세자의 동의를 받아 세무관서에 일시 보관할 수 있다.

④ 세무조사는 납세지 관할 세무서장 또는 지방국세청장이 수행하지만, 납세자의 주된 사업장이 납세지와 관할을 달리하는 경우에는 국세청장(같은 지방국세청 소관 세무서 관할 조정의 경우에는 지방국세청장)이 그 관할을 조정할 수 있다.

기출처 2021 국가직 7급

LINK 세법1 150-152, 156, 158p 오진다 80-81, 84-85p

난이도 ●●○○○ 출제 가능 지수 ●●●●○

해설

과세전적부심사에 따른 재조사 결정에 의한 조사(결정서 주문에 기재된 범위의 조사에 한정)를 하는 경우 같은 세목 및 같은 과세기간에 대하여 재조사를 할 수 **있다.**

[세무조사 기간 연장 사유 비교]

세무조사 기간 (20일 이내) 연장 사유	세무조사 기간 (무제한) 연장 사유
㉠ 장부·서류 등을 은닉하거나 제출을 지연하거나 거부하는 등 조사를 기피하는 행위가 명백한 경우	㉠ 무자료거래, 위장·가공거래 등 거래 내용이 사실과 다른 혐의가 있어 실제 거래 내용에 대한 조사가 필요한 경우
㉡ 거래처 조사 또는 거래처 현지확인 및 금융거래 현지 확인이 필요한 경우	㉡ 역외거래를 이용하여 세금을 탈루하거나 국내 탈루소득을 해외로 변칙유출한 혐의로 조사하는 경우
㉢ 세금탈루 혐의가 포착되거나 조사 과정에서 조세범칙조사를 개시하는 경우	㉢ 명의위장, 이중장부의 작성, 차명계좌의 이용, 현금거래의 누락 등의 방법을 통하여 세금을 탈루한 혐의로 조사하는 경우
㉣ 천재지변 등: 천재지변이나 노동쟁의로 조사가 중단되는 경우	㉣ 거짓계약서 작성, 미등기양도 등을 이용한 부동산 투기 등을 통하여 세금을 탈루한 혐의로 조사하는 경우
㉤ 납세자보호관 또는 담당관이 세금탈루 혐의와 관련하여 추가적인 사실 확인이 필요하다고 인정하는 경우	㉤ 상속세·증여세 조사, 주식변동 조사, 범칙사건 조사 및 출자·거래관계에 있는 관련자에 대하여 동시조사를 하는 경우
㉥ 세무조사 대상자가 세금탈루혐의에 대한 해명 등을 위하여 세무조사 기간의 연장을 신청한 경우로서 납세자보호관 또는 담당관이 이를 인정하는 경우	

정답 ①

05

「국세기본법령」상 세무조사 기간의 연장사유에 해당하지 않는 것은?

① 납세자가 장부, 서류 등을 은닉하거나 제출을 지연하거나 거부하는 등 조사를 기피하는 행위가 명백한 경우
② 거래처 조사, 거래처 현지확인 또는 금융거래 현지확인이 필요한 경우
③ 세금탈루 혐의가 포착되거나 조사 과정에서 「조세범 처벌절차법」에 따른 조세범칙조사를 개시하는 경우
④ 국외자료의 수집·제출 또는 상호합의절차 개시에 따라 외국과세기관과의 협의가 필요한 경우

기출처 2021 국가직 9급
LINK 세법1 155, 157p 오진다 83-84p
난이도 ●●●● 출제 가능 지수 ●●●●○

해설

국외자료의 수집·제출 또는 상호합의절차 개시에 따라 외국과세기관과의 협의가 필요한 경우는 **세무조사의 중지사유에 해당**한다.

[세무조사 중지 사유]

㉠ 세무조사 연기신청 사유에 해당하는 사유가 있어 납세자가 조사중지를 신청한 경우
㉡ 국외자료의 수집·제출 또는 상호합의절차 개시에 따라 외국 과세기관과의 협의가 필요한 경우
㉢ 납세자의 소재가 불분명한 경우, 납세자가 해외로 출국한 경우, 납세자가 장부·서류 등을 은닉하거나 그 제출을 지연 또는 거부한 경우, 노동쟁의가 발생한 경우, 그 밖에 이와 유사한 사유가 있는 경우에 해당하여 세무조사를 정상적으로 진행하기 어려운 경우
㉣ 납세자보호관 또는 담당관이 세무조사의 일시중지를 요청하는 경우

정답 ④

06

「국세기본법」상 세무조사권 남용 금지에 대한 설명으로 옳지 않은 것은?

① 세무공무원은 부분조사를 실시한 후 해당 조사에 포함되지 아니한 부분에 대하여 조사하는 경우에는 같은 세목 및 같은 과세기간에 대하여 재조사를 할 수 있다.
② 세무공무원은 과세전적부심사청구가 이유 있다고 인정되어 행한 재조사 결정에 따라 조사를 하는 경우에 결정서 주문에 기재된 범위의 조사를 넘어 같은 세목 및 같은 과세기간에 대하여 재조사를 할 수 있다.
③ 세무공무원은 세무조사를 하기 위하여 필요한 최소한의 범위에서 장부등의 제출을 요구하여야 하며, 조사대상 세목 및 과세기간의 과세표준과 세액의 계산과 관련 없는 장부등의 제출을 요구해서는 아니 된다.
④ 세무공무원은 적정하고 공평한 과세를 실현하기 위하여 필요한 최소한의 범위에서 세무조사(「조세범 처벌절차법」에 따른 조세범칙조사를 포함한다)를 하여야 하며, 다른 목적 등을 위하여 조사권을 남용해서는 아니 된다.

기출처 2020 국가직 7급
LINK 세법1 151p 오진다 80p
난이도 ●●○○ 출제 가능 지수 ●●●●○

해설

세무공무원은 과세전적부심사청구가 이유 있다고 인정되어 행한 재조사 결정에 따라 조사를 하는 경우에 결정서 주문에 기재된 범위의 조사**에 한정하여** 같은 세목 및 같은 과세기간에 대하여 재조사를 할 수 있다.

정답 ②

07

「국세기본법」상 납세자의 권리에 대한 설명으로 옳지 않은 것은?

① 세무공무원은 법령에서 정한 경우를 제외하고는 납세자가 성실하며 납세자가 제출한 신고서 등이 진실한 것으로 추정하여야 한다.

② 납세자는 세무조사를 받는 경우에 세무사로 하여금 조사에 참여하게 하거나 의견을 진술하게 할 수 있다.

③ 세무조사는 납세자의 사업과 관련하여 세법에 따라 신고·납부의무가 있는 세목별로 나누어 실시하는 것이 원칙이다.

④ 세무공무원은 납세자가 세무공무원에게 직무와 관련하여 금품을 제공한 경우에는 같은 세목 및 같은 과세기간에 대해서 재조사할 수 있다.

기출처 **2019 국가직 9급**
LINK 세법1 150-152, 159p 오진다 79-80, 86p
난이도 ●●●○○ 출제 가능 지수 ●●●●○

해설

세무조사는 납세자의 사업과 관련하여 세법에 따라 신고·납부의무가 있는 세목을 **통합하여 실시하는 것**을 원칙으로 한다(국기법 81의11 ①). 정답③

08

「국세기본법령」상 세무조사에 대한 설명으로 옳지 않은 것은?

① 증거인멸 등으로 조사 목적을 달성할 수 없다고 인정되는 경우를 제외하고, 세무공무원은 세무조사를 하는 경우에는 조사를 받을 납세자에게 조사를 시작하기 20일(이의신청·심사청구·심판청구·과세전적부심사에 대한 재조사 결정으로 재조사를 하는 경우에는 7일) 전에 조사대상 세목, 조사기간 및 조사사유, 그 밖에 법령이 정하는 사항을 통지하여야 한다.

② 세무공무원은 국세환급금의 결정을 위한 확인조사를 하는 경우에는 같은 세목 및 같은 과세기간에 대하여 재조사를 할 수 있다.

③ 세무공무원은 거래처 현지확인이 필요한 경우로서 「국세기본법」 제81조의8 제2항에 따라 기간을 정한 세무조사를 최초로 연장하는 경우에는 관할 세무관서의 장의 승인만으로 세무조사 기간을 연장할 수 있다.

④ 국세청장이 심사청구에 대하여 처분청으로 하여금 사실관계를 재조사하여 그 결과에 따라 필요한 처분을 하도록 하는 재조사 결정에 따라, 세무공무원이 재조사 결정에 의한 조사를 마친 경우에는 세무조사 내용 등이 포함된 조사결과를 납세자에게 서면으로 통지할 의무가 있다.

기출처 **2019 국가직 7급**
LINK 세법1 151, 154-156, 160p 오진다 80, 82-83p
난이도 ●●●○○ 출제 가능 지수 ●●●●○

해설

국세청장이 심사청구에 대하여 처분청으로 하여금 사실관계를 재조사하여 그 결과에 따라 필요한 처분을 하도록 하는 재조사결정에 따라, 세무공무원이 재조사 결정에 의한 조사를 마친 경우에는 세무조사 내용 등이 포함된 조사결과를 납세자에게 서면으로 통지할 의무가 **없다**.

[세무조사 통지 배제 사유 비교]

세무조사 통지서 교부 배제 사유	세무조사 결과통지 배제 사유
㉠ 주소 불명: 납세관리인을 정하지 않고 국내에 주소 또는 거소를 두지 않는 경우	㉠ 주소 불명: 납세관리인을 정하지 않고 국내에 주소 또는 거소를 두지 않은 경우
㉡ 수령 거부: 납세자 또는 납세관리인이 세무조사통지서 수령을 회피하거나 거부하는 경우	㉡ 수령 거부: 세무조사 결과통지서 수령을 회피하거나 거부하는 경우
㉢ 폐업: 납세자가 세무조사 대상이 된 사업을 폐업한 경우	㉢ 재조사 결정에 의한 조사결과: 불복청구의 인용결정 또는 과세전적부심사 청구의 채택결정 중 재조사 결정에 의한 조사를 마친 경우

정답④

09

「국세기본법」상 세무공무원이 납세자권리헌장의 내용이 수록된 문서를 납세자에게 내주어야 하는 경우에 해당하지 않는 것은?
① 「조세범 처벌절차법」에 따른 조세범칙조사를 하는 경우
② 납세자가 경정청구를 하는 경우
③ 사전통지 없이 세무조사를 하는 경우
④ 사업자등록증을 발급하는 경우

기출처 2018 국가직 7급
LINK 세법1 150p   오진다 79p
난이도 ●●●●●   출제 가능 지수 ●●●●●

해설

납세자가 경정청구를 하는 경우는 세무공무원이 납세자권리헌장의 내용이 수록된 문서를 납세자에게 내주어야 하는 경우에 **해당하지 않는다**. 세무공무원은 다음 중 어느 하나에 해당하는 경우에는 이러한 납세자권리헌장의 내용이 수록된 문서를 납세자에게 내주어야 한다(국기법 81의2 ②).

> ㉠ 세무조사(「조세범 처벌절차법」에 따른 조세범칙조사를 포함)를 하는 경우
> ㉡ 사업자등록증을 발급하는 경우
> ㉢ 그 밖에 대통령령으로 정하는 경우

정답 ②

10

「국세기본법」상 세무조사에 대한 설명으로 옳지 않은 것은?
① 세무공무원이 세무조사의 목적으로 납세자의 장부를 적법한 요건을 갖추어 일시 보관하려는 경우 납세자로부터 일시 보관 동의서를 받아야 하며, 일시 보관증을 교부하여야 한다.
② 세무공무원은 세무조사를 마쳤을 때에는 납세관리인을 정하지 아니하고 국내에 주소 또는 거소를 두지 아니한 경우 등 대통령령으로 정하는 경우를 제외하고는 법률에 규정된 사항이 포함된 조사결과를 납세자에게 서면으로 통지하여야 하는데, 이때 서류를 송달받아야 할 자의 주소 또는 영업소가 분명하지 아니하다면 그 조사를 마친 날부터 40일 이내에 통지를 하여야 한다.
③ 세무공무원은 세무조사를 하는 경우에는 조사를 받을 납세자에게 조사를 시작하기 10일 전에 조사대상 세목, 과세기간, 조사기간 및 조사 사유 등을 문서로 통지해야 한다.
④ 세무공무원은 「조세범 처벌절차법」에 따른 조세범칙조사를 시작할 때 납세자권리헌장을 교부하고 그 요지를 직접 낭독해 주어야 한다.

기출처 2018 국가직 9급
LINK 세법1 150, 154, 158, 160p   오진다 79, 82, 85p
난이도 ●●●●●   출제 가능 지수 ●●●●●

해설

② 세무공무원은 세무조사를 마쳤을 때에는 그 조사를 마친 날부터 20일(공시송달 사유에 해당하는 경우에는 40일) 이내에 조사결과를 납세자에게 설명하고, 이를 서면으로 납세자에게 통지해야 한다.
③ 세무공무원은 세무조사를 하는 경우에는 조사를 받을 납세자에게 조사를 시작하기 **20일**(이의신청·심사청구·심판청구·과세전적부심사에 대한 재조사 결정으로 재조사를 하는 경우에는 **7일**) 전에 조사대상 세목, 과세기간, 조사기간 및 조사 사유 등을 문서로 통지해야 한다.

[40일 이내에 세무조사 결과를 통지해야 하는 사유 = 공시송달 사유]

> ㉠ 국외 주소(또는 영업소)로 송달하기 곤란
> ㉡ 주소(또는 영업소) 불분명
> ㉢ 수취인의 부재중으로 등기우편 서류가 반송됨으로써 납부기한 내에 송달이 곤란
> ㉣ 세무공무원이 2회 이상 방문하였으나 수취인이 부재중인 것으로 확인되어 납부기한 내에 송달이 곤란

정답 ③

11

「국세기본법」상 세무조사에 대한 설명으로 옳지 않은 것은?

① 세무공무원이 세무조사를 실시하기 전 조사기간, 조사 대상 세목 등을 납세자에게 사전통지해야 하는 경우에는 조사를 시작하기 20일(이의신청·심사청구·심판청구·과세전적부심사에 대한 재조사 결정으로 재조사를 하는 경우에는 7일) 전에 그 통지를 해야 한다.

② 세무조사는 통합조사가 원칙이지만 차명계좌를 이용하여 세금을 탈루한 혐의에 대한 확인이 필요한 경우 그 확인을 위해 필요한 부분에 한정하여 조사를 실시할 수도 있는데, 그러한 조사의 경우에도 같은 세목 및 같은 과세기간에 대하여 2회까지만 실시할 수 있다.

③ 세무공무원은 세무조사를 마쳤을 때에는 그 조사를 마친 날부터 30일 이내에 조사결과를 납세자에게 통지해야 하는데, 「조세범 처벌절차법」에 따른 조세범칙조사를 한 경우에는 결과통지를 하지 않는다.

④ 세무조사 중 납세자의 장부 등을 납세자의 동의를 받아 적법하게 세무관서에 일시보관하는 경우, 세무공무원은 납세자가 그 장부등의 반환을 요청한 경우로서 세무조사에 지장이 없다고 판단될 때에는 요청한 장부 등을 즉시 반환하여야 한다.

12

「국세기본법령」상 세무조사 관할 및 대상자 선정에 대한 설명으로 옳지 않은 것은?

① 세무공무원은 과세관청의 조사결정에 의하여 과세표준과 세액이 확정되는 세목의 경우 과세표준과 세액을 결정하기 위하여 세무조사를 할 수 있다.

② 정기선정에 의한 세무조사의 경우 세무공무원은 객관적 기준에 따라 공정하게 그 대상을 선정하여야 한다.

③ 국세청장이 납세자의 신고 내용에 대하여 정기적으로 성실도를 분석한 결과 불성실 혐의가 있다고 인정하는 경우에 세무공무원은 정기적으로 신고의 적정성을 검증하기 위하여 대상을 선정하여 세무조사를 할 수 있다.

④ 납세자가 사업을 실질적으로 관리하는 장소의 소재지와 납세지가 관할을 달리하지만 각각을 관할하는 세무서가 같은 지방국세청 소관인 경우 국세청장이 세무조사의 관할을 조정하여야 한다.

기출처 2018 국가직 7급
LINK 세법1 154, 158-160p 오진다 82, 85-86p
난이도 ●●●●○ 출제 가능 지수 ●●●●○

해설

세무공무원은 세무조사를 마쳤을 때에는 그 조사를 마친 날부터 **20일(공시송달 사유에 해당하는 경우에는 40일)** 이내에 조사결과를 납세자에게 통지해야 하며 「조세범 처벌절차법」에 따른 조세범칙조사를 한 경우에도 결과통지를 **해야 한다.**   정답③

기출처 2017 국가직 7급
LINK 세법1 152-153p 오진다 80-81p
난이도 ●●●●● 출제 가능 지수 ●●●●○

해설

납세자가 사업을 실질적으로 관리하는 장소의 소재지와 납세지가 관할을 달리하지만 각각을 관할하는 세무서가 같은 지방국세청 소관인 경우 **지방국세청장**이 세무조사의 관할을 조정**할 수 있다.**   정답④

13

「국세기본법」에서 규정하고 있는 납세자의 권리에 대한 설명으로 옳지 않은 것은?

① 세무조사의 사전통지를 받은 납세자가 장기출장을 사유로 조사를 받기 곤란한 경우에는 조사의 연기를 신청할 수 있다.

② 세무공무원은 납세자가 세법에서 정하는 신고 등의 납세협력 의무를 이행하지 아니한 경우에도 납세자가 성실하며 납세자가 제출한 신고서 등이 진실한 것으로 추정하여야 한다.

③ 납세자의 과세정보에 대한 비밀유지원칙에 불구하고 지방자치단체가 지방세 부과·징수 등을 위하여 사용할 목적으로 과세정보를 요구하는 경우 세무공무원은 이를 제공할 수 있다.

④ 납세자 본인의 권리행사에 필요한 정보를 납세자가 요구하는 경우 세무공무원은 이를 신속하게 제공하여야 한다.

14

「국세기본법」상 납세자의 권리에 대한 설명으로 옳지 않은 것은?

① 세무공무원은 명백한 세금탈루 혐의 또는 세법 적용의 착오 등이 있는 조사대상 과세기간의 특정 항목이 다른 과세기간에도 있어 동일하거나 유사한 세금탈루 혐의 또는 세법 적용 착오 등이 있을 것으로 의심되어 다른 과세기간의 그 항목에 대한 조사가 필요한 경우에는 조사진행 중 세무 조사의 범위를 확대할 수 있다.

② 세무공무원은 무자료거래 등 거래 내용이 사실과 다른 혐의가 있어 실제 거래 내용에 대한 조사가 필요한 경우 관할 세무관서의 장의 승인을 받아 세무조사 기간을 연장할 수 있으나, 그 기한은 20일 이내여야 한다.

③ 납세자에 대한 구체적 탈세제보가 있는 경우는 세무공무원이 납세자의 성실성을 추정해야 하는 경우에서 제외된다.

④ 세무공무원은 조세탈루의 혐의를 인정할 만한 명백한 자료가 있는 경우 같은 세목 및 같은 과세기간에 대해서 재조사를 할 수 있다.

기출처 2016 국가직 9급
LINK 세법1 150, 154, 161p   오진다 79, 83, 87p
난이도 ●●●○○   출제 가능 지수 ●●●●○

해설

세무공무원은 납세자가 세법에서 정하는 신고 등의 납세협력 의무를 이행하지 아니하면 **성실성 추정이 깨어진 것으로 보아** 수시선정하여 세무조사를 할 수 있다.

[성실성 추정에서 제외되는 사유 = 수시선정에 따른 조사사유]

㉠ 납세의무 불이행: 납세자가 세법에서 정하는 신고, 성실신고확인서의 제출, 세금계산서 또는 계산서의 작성·교부·제출, 지급명세서의 작성·제출 등의 납세협력의무를 이행하지 아니한 경우
㉡ 무자료·위장·가공거래: 무자료거래, 위장·가공거래 등 거래내용이 사실과 다른 혐의가 있는 경우
㉢ 탈세 제보: 납세자에 대한 구체적인 탈세제보가 있는 경우
㉣ 탈루나 오류혐의: 신고내용에 탈루나 오류의 혐의를 인정할 만한 명백한 자료가 있는 경우
㉤ 금품 제공: 납세자가 세무공무원에게 직무와 관련하여 금품을 제공하거나 금품 제공을 알선한 경우

정답 ②

기출처 2015 국가직 7급
LINK 세법1 150-151, 156-157p   오진다 80-81, 84-85p
난이도 ●●●○○   출제 가능 지수 ●●●●○

해설

세무공무원은 무자료거래 등 거래 내용이 사실과 다른 혐의가 있어 실제 거래 내용에 대한 조사가 필요한 경우 **세무조사 기간의 제한 및 세무조사 연장기간의 제한을 받지 않는다**(국기법 81의8 ③).   정답 ②

15

「국세기본법」상 세무조사에 대한 설명으로 옳지 않은 것은?

① 정기선정하여 세무조사를 하는 경우 세무공무원은 객관적 기준에 따라 공정하게 그 대상을 선정하여야 한다.

② 세무공무원은 과세관청의 조사결정에 의하여 과세표준과 세액이 확정되는 세목의 경우 과세표준과 세액을 결정하기 위하여 세무조사를 할 수 있다.

③ 납세자가 조사를 기피하는 행위가 명백한 경우 세무공무원은 세무조사 기간을 연장할 수 있다.

④ 세무공무원은 거래상대방에 대한 조사가 필요한 경우에도 같은 세목에 대하여 재조사를 할 수 없다.

기출처 **2014 국가직 9급**
LINK 세법1 151-153, 155p   오진다 80-81, 83p
난이도 ●●○○○   출제 가능 지수 ●●●●○

해설

세무공무원은 거래상대방에 대한 조사가 필요한 경우 같은 세목에 대하여 재조사를 할 수 **있다.**

[세무조사 대상자 선정 비교]

정기선정에 의한 조사	정기선정 이외의 조사 (수시조사)	과세표준과 세액의 결정을 위한 세무조사
㉠ 불성실혐의: 과세자료, 세무정보 및 회계성실도 자료 등을 고려하여 정기적으로 성실도를 분석한 결과 불성실 혐의가 있다고 인정하는 경우 ㉡ 장기미조사자: 장기(최근 4과세기간 이상)미조사자에 대하여 검증할 필요가 있는 경우 ㉢ 표본조사: 무작위추출방식으로 표본조사를 하려는 경우	㉠ 납세의무 불이행 ㉡ 무자료·위장·가공거래 등 거래내용이 사실과 다른 혐의가 있는 경우 ㉢ 납세자에 대한 구체적인 탈세제보가 있는 경우 ㉣ 신고내용에 탈루나 오류의 혐의를 인정할 만한 명백한 자료가 있는 경우 ㉤ 납세자가 세무공무원에게 금품을 제공하거나 금품 제공을 알선한 경우	과세관청의 조사결정에 따라 과세표준과 세액이 확정되는 세목의 경우로서 과세표준 과세액을 결정하는 경우

정답 ④

16

「국세기본법」상 세무조사에 관한 설명으로 옳은 것만을 모두 고른 것은?

ㄱ. 납세자가 세법이 정하는 신고 등의 납세협력의무를 이행하지 아니한 경우 정기선정에 의한 조사 외에 세무조사를 실시할 수 있다.

ㄴ. 세무공무원은 납세자가 장부·서류 등의 제출 거부 등 조사를 기피하는 행위가 명백한 경우 세무조사기간을 연장할 수 있다.

ㄷ. 세무공무원은 거래상대방에 대한 조사가 필요한 경우 같은 세목 및 같은 과세기간에 대한 재조사를 할 수 없다.

ㄹ. 조세범칙조사를 하는 경우 또는 조사 대상자가 폐업한 자로서 주소가 명확한 경우에는 사전통지를 하지 아니한다.

① ㄱ, ㄴ   ② ㄱ, ㄴ, ㄹ
③ ㄷ   ④ ㄷ, ㄹ

기출처 **2014 국가직 7급**
LINK 세법1 151, 153-155p   오진다 80-81, 82-83p
난이도 ●●●●○   출제 가능 지수 ●●●●○

해설

ㄷ. 세무공무원은 거래상대방에 대한 조사가 필요한 경우 같은 세목 및 같은 과세기간에 대한 재조사를 할 수 **있다.**

ㄹ. **사전통지를 하면 증거인멸 등으로 조사 목적을 달성할 수 없다고 인정되는 경우**에는 사전통지를 하지 아니한다.

[세무조사 개시 시 통지서 교부 배제 사유]

㉠ 폐업: 납세자가 세무조사 대상이 된 사업을 폐업한 경우
㉡ 주소 불명: 납세관리인을 정하지 않고 국내에 주소 또는 거소를 두지 않는 경우
㉢ 수령 거부: 납세자 또는 납세관리인이 세무조사통지서 수령을 회피하거나 거부하는 경우

정답 ①

17

「국세기본법」상 납세자의 성실성 추정에서 제외되는 사유로 옳지 않은 것은?

① 무자료거래, 위장·가공거래 등 거래내용이 사실과 다른 혐의가 있는 경우
② 납세자에 대한 구체적인 탈세제보가 있는 경우
③ 납세자가 세법이 정하는 신고를 이행하지 아니한 경우
④ 국세청장이 납세자의 신고내용에 대하여 과세자료, 세무정보 및 감사의견, 외부감사 실시내용 등 회계성실도 자료 등을 고려하여 정기적으로 성실도를 분석한 결과 불성실 혐의가 있다고 인정하는 경우

기출처 **2013 국가직 7급**
LINK 세법1 150, 152p 오진다 79, 81p
난이도 ●●○○○ 출제 가능 지수 ●●●●○

해설 ·

국세청장이 납세자의 신고내용에 대하여 과세자료, 세무정보 및 감사의견, 외부감사 실시내용 등 회계성실도 자료 등을 고려하여 정기적으로 성실도를 분석한 결과 불성실 혐의가 있다고 인정하는 경우는 **정기선정에 의한 조사 사유**에 해당한다.

정답 ④

18

「국세기본법」상 납세자의 권리에 대한 설명으로 옳지 않은 것은?

① 세무공무원은 납세자 甲에 대한 구체적인 탈세제보가 있는 경우 甲이 제출한 신고서를 진실한 것으로 추정할 수 없다.
② 납세자는 세무조사 시에 변호사, 공인회계사, 세무사 등으로 하여금 조사에 참여하게 하거나 의견을 진술하게 할 수 있다.
③ 세무공무원은 조사대상 세목·업종·규모, 조사 난이도 등을 고려하여 세무조사 기간이 최소한이 되도록 정하여야 하되, 거래처 조사가 필요한 경우에는 세무조사기간을 연장할 수 있다.
④ 세무공무원은 납세자 乙의 거래상대방에 대한 조사가 필요한 경우에도 乙의 같은 세목과 같은 과세기간에 대하여 재조사를 할 수 없다.

기출처 **2012 국가직 9급**
LINK 세법1 150-152, 155p 오진다 80-81, 83p
난이도 ●●○○○ 출제 가능 지수 ●●●●●

해설

세무공무원은 납세자 乙의 거래상대방에 대한 조사가 필요한 경우에는 乙의 같은 세목과 같은 과세기간에 대하여 재조사를 할 수 **있다.**

정답 ④

19

「국세기본법」상 세무공무원이 세무조사 시 같은 세목 및 같은 과세기간에 대하여 재조사를 할 수 있는 경우에 해당하지 않는 것은?

① 조세탈루가 의심되는 경우
② 거래상대방에 대한 조사가 필요한 경우
③ 2개 이상의 사업연도와 관련하여 잘못이 있는 경우
④ 국세환급금의 결정을 위한 확인조사를 하는 경우

기출처 **2011 국가직 7급**
LINK 세법1 151p 오진다 80p
난이도 ●●○○○ 출제 가능 지수 ●●●●○

해설

조세탈루의 **혐의를 인정할 만한 명백한 자료**가 있는 경우 같은 세목 및 같은 과세기간에 대하여 재조사할 수 있다. 단지 '조세탈루가 의심된다'하여 재조사할 수 있지 않음에 주의한다.

정답 ①

20

「국세기본법」상 세무조사에 관한 설명으로 옳지 않은 것은?

① 조사대상 과세기간 중 연간 수입금액 또는 양도가액
이 가장 큰 과세기간의 연간 수입금액 또는 양도가액이
100억원 미만인 납세자에 대한 세무조사 기간은 20일
이내로 하는 것을 원칙으로 한다.

② 세무공무원은 구체적인 세금탈루 혐의가 여러 과세기간
또는 다른 세목까지 관련되는 것으로 확인되는 경우
에는 조사 진행 중 세무조사의 범위를 확대할 수 있다.

③ 세무공무원은 수시선정 세무조사 사유에 해당하는
경우로서 납세자의 동의가 있는 경우에는 세무조사 기간
동안 세무조사의 목적으로 납세자의 장부 또는 서류
등을 세무 관서에 일시 보관할 수 있다.

④ 납세자의 사업과 관련된 세목이 여러 가지인 경우
이를 통합하지 않고 특정한 세목만을 조사하는 것을 원
칙으로 한다.

기출처 2010 국가직 7급
LINK 세법1 156-159p 오진다 84-85p
난이도 ●●●○○   출제 가능 지수 ●●●●○

해설

세무조사는 납세자의 사업과 관련하여 세법에 따라 신고·납부의무가 있는 **세
목을 통합하여 실시하는 것을 원칙**으로 한다(국기법 81의11 ①). 다만, 특
정 세목만을 조사할 필요가 있는 경우 및 부분조사의 사유가 있는 경우에는 그
러하지 아니하다.   정답 ④

21

「국세기본법」상 정기선정 세무조사 사유로 옳지 않은 것은?

① 국세청장이 납세자의 신고내용에 대하여 과세자료,
세무정보 및 감사의견, 외부감사 실시내용 등 회계성실도
자료 등을 고려하여 정기적으로 성실도 분석 결과
불성실 혐의가 있다고 인정하는 경우

② 최근 4과세기간(또는 4사업연도) 이상 동일세목의
세무조사를 받지 아니한 납세자에 대하여 업종, 규모
등을 고려하여 대통령령이 정하는 바에 따라 신고내용이 적
정한지를 검증할 필요가 있는 경우

③ 신고내용에 탈루나 오류의 혐의를 인정할 만한 명백한
자료가 있는 경우

④ 무작위추출방식에 의하여 표본조사를 하려는 경우

기출처 2009 국가직 7급
LINK 세법1 150, 152p 오진다 81p
난이도 ●●○○○   출제 가능 지수 ●●●●○

해설

신고내용에 탈루나 오류의 혐의를 인정할 만한 명백한 자료가 있는 경우는 성
실성 추정이 깨어지는 경우로서 **수시선정에 따른 조사사유**에 해당한다.
                                      정답 ③

02 과세전적부심사

2-01

국세기본법령상 과세전적부심사를 청구할 수 없는 것만을 모두 고르면? (단, 각 경우는 상호 독립적이다)

ㄱ. 「국세징수법」 제9조에 규정된 납부기한 전 징수의 사유가 있거나 세법에서 규정하는 수시부과의 사유가 있는 경우

ㄴ. 세무서 또는 지방국세청에 대한 지방국세청장 또는 국세청장의 업무감사 결과에 따라 세무서장 또는 지방국세청장이 과세하는 경우

ㄷ. 「국제조세조정에 관한 법률」에 따라 조세조약을 체결한 상대국이 상호합의 절차의 개시를 요청한 경우

ㄹ. 세무조사 결과 통지 및 과세예고통지를 하는 날부터 국세부과 제척기간의 만료일까지의 기간이 3개월 이하인 경우

① ㄱ, ㄴ
② ㄷ, ㄹ
③ ㄱ, ㄴ, ㄹ
④ ㄱ, ㄷ, ㄹ

기출처 2025 국가직 9급
LINK 세법1 163p 오진다 90-91p
난이도 ●●●○○ 출제가능지수 ●●●●○

해설

ㄴ. 세무서 또는 지방국세청에 대한 지방국세청장 또는 국세청장의 업무감사 결과에 따라 세무서장 또는 지방국세청장이 과세하는 경우 과세전적부심사를 **국세청장에게 청구할 수 있다.**

[과세전적부심사 청구 배제사유]

㉠ **납부기한 전 징수의 사유가 있거나 수시부과의 사유가 있는 경우**
㉡ 「조세범 처벌법」 위반으로 고발 또는 통고처분하는 경우(고발 또는 통고처분과 관련 없는 세목 또는 세액의 경우는 제외)
㉢ **세무조사 결과통지 및 과세예고통지를 하는 날부터 국세부과 제척기간의 만료일까지의 기간이 3개월 이하인 경우**
㉣ **「국제조세조정에 관한 법률」에 따라 조세조약을 체결한 상대국이 상호합의절차의 개시를 요청한 경우**
㉤ 불복청구 및 과세전적부심사의 재조사 결정에 의한 세무조사를 하는 경우

정답 ④

2-02

「국세기본법」상 과세전적부심사의 배제 사유로 옳지 않은 것은?

① 「국세징수법」 제9조에 규정된 납부기한 전 징수의 사유가 있거나 세법에서 규정하는 수시부과의 사유가 있는 경우

② 과세전적부심사 청구금액이 5억원 이상인 것

③ 「조세범 처벌법」 위반으로 고발 또는 통고처분하는 경우(고발 또는 통고처분과 관련 없는 세목 또는 세액의 경우는 제외)

④ 세무조사 결과 통지 및 과세예고통지를 하는 날부터 국세부과제척기간의 만료일까지의 기간이 3개월 이하인 경우

기출처 2023 국가직 7급 수정
LINK 세법1 163p 오진다 89-90p
난이도 ●●●○○ 출제가능지수 ●●●●○

해설

② 다음 어느 하나에 해당하는 경우에는 과세전적부심사를 청구할 수 없다.

㉠ **납부기한 전 징수의 사유가 있거나 수시부과의 사유가 있는 경우**
㉡ **「조세범 처벌법」 위반으로 고발 또는 통고처분하는 경우(고발 또는 통고처분과 관련 없는 세목 또는 세액의 경우는 제외)**
㉢ **세무조사 결과통지 및 과세예고통지를 하는 날부터 국세부과 제척기간의 만료일까지의 기간이 3개월 이하인 경우**
㉣ **「국제조세조정에 관한 법률」에 따라 조세조약을 체결한 상대국이 상호합의절차의 개시를 요청한 경우**
㉤ **불복청구 및 과세전적부심사의 재조사 결정에 의한 세무조사를 하는 경우**

과세전적부심사 청구금액이 5억원 이상인 것은 **국세청장에게 과세전적부심사를 청구할 수 있는 사유**에 해당한다.

정답 ②

01

「국세기본법」상 과세전적부심사에 대한 설명으로 옳지 않은 것은?

① 세무서장은 세무서에 대한 지방국세청장의 업무감사 결과(현지에서 시정조치하는 경우를 포함한다)에 따라 세무서장이 과세하는 경우에는 미리 납세자에게 그 내용을 서면으로 통지하여야 한다.

② 세무서장은 세무조사에서 확인된 것으로 조사대상자 외의 자에 대한 과세자료 및 현지 확인조사에 따라 세무서장이 과세하는 경우에는 미리 납세자에게 그 내용을 서면으로 통지하여야 한다.

③ 세무서장은 납부고지하려는 세액이 100만원 미만인 경우에는 미리 납세자에게 그 내용을 서면으로 통지하지 않아도 된다.

④ 세무조사 결과통지 및 과세예고통지를 하는 날부터 국세부과 제척기간의 만료일까지의 기간이 3개월 이하인 경우, 해당하는 통지를 받은 자는 통지를 받은 날부터 30일 이내에 통지를 한 세무서장이나 지방국세청장에게 통지 내용의 적법성에 관한 심사를 청구할 수 있다.

기출처 **2022 국가직 7급**

LINK (세법1) 162-163p (오진다) 89-90p

난이도 ●●●●● 출제 가능 지수 ●●●●●

해설

④ 다음의 하나에 해당하는 경우에는 과세전적부심사를 **청구할 수 없다.**

㉠ 납부기한 전 징수의 사유가 있거나 수시부과의 사유가 있는 경우

㉡ 「조세범 처벌법」 위반으로 고발 또는 통고처분하는 경우(고발 또는 통고처분과 관련 없는 세목 또는 세액은 제외)

㉢ **세무조사 결과통지 및 과세예고통지를 하는 날부터 국세부과 제척기간의 만료일까지의 기간이 3개월 이하인 경우**

㉣ 「국제조세조정에 관한 법률」에 따라 조세조약을 체결한 상대국이 상호합의절차의 개시를 요청한 경우

㉤ 불복청구 및 과세전적부심사의 재조사 결정에 의한 세무조사를 하는 경우

정답 ④

02

「국세기본법」상 재조사 결정에 대한 설명으로 옳은 것은?

① 재조사 결정은 「국세기본법」에 규정되어 있지 아니하나 실무상 사용하고 있는 결정의 한 방식이다.

② 과세전적부심사 청구에 따른 재조사 결정에 따라 조사를 하는 경우 과세전적부심사의 청구대상이 된다.

③ 재조사 결정이 있는 경우 처분청은 재조사 결정일로부터 60일 이내에 결정서 주문에 기재된 범위에 한정하여 조사하고, 그 결과에 따라 취소·경정하거나 필요한 처분을 하여야 한다.

④ 심사청구 또는 심판청구에 대한 재조사 결정에 따른 처분청의 처분에 대해서는 해당 재조사 결정을 한 재결청에 대하여 심사청구 또는 심판청구를 제기할 수 없다.

기출처 **2021 국가직 7급**

LINK 세법1 133, 140, 163p   오진다 74, 90p

난이도 ●●●●○   출제 가능 지수 ●●●○○

해설

① 재조사 결정에 대한 절차 및 적용에 필요한 사항은 **「국세기본법」에 규정되어 있다.**

② 과세전적부심사 청구에 따른 재조사 결정에 따라 조사를 하는 경우 **과세전적부심사 청구의 배제 대상**이 된다.

④ 심사청구 또는 심판청구에 대한 재조사 결정에 따른 처분청의 처분에 대해서는 해당 재조사 결정을 한 재결청에 대하여 심사청구 또는 심판청구를 제기할 수 **있다.**

[납부기한 전 징수 vs 수시부과]

구분	납부기한 전 징수	수시부과
의의	납부기한까지 기다려서는 징수가 곤란하다고 인정될 때 납부기한 전에 징수	조세포탈 우려가 인정될 때 조세채권을 조속히 확보하기 위한 목적으로 수시부과
사유	⊙ 국세, 지방세 또는 공과금의 체납으로 강제징수 또는 체납처분이 시작된 경우 ⓒ 강제집행 및 담보권 실행 등을 위한 경매가 시작되거나 파산선고를 받은 경우 ⓒ 「어음법」 또는 「수표법」에 따른 어음교환소에서 거래정지처분을 받은 경우 ⓔ 법인이 해산한 경우 ⓜ 국세를 포탈하려는 행위가 있다고 인정되는 경우 ⓗ 납세관리인을 정하지 않고 국내에 주소·거소를 두지 않게 된 경우	⊙ 「소득세법」상: 사업부진 등으로 장기휴업 또는 폐업상태가 되어 조세포탈 우려가 있는 경우 ⓒ 「법인세법」상: 신고 없이 본점 이전, 사업부진으로 휴/폐업상태 등 조세포탈의 우려가 있는 경우
세법	「국세징수법」	「소득세법」 or 「법인세법」

정답 ③

03

「국세기본법」상 과세전적부심사에 대한 설명으로 옳지 않은 것은?

① 세무서장으로부터 세무조사 결과에 대한 서면통지를 받은 자는 과세전적부심사를 청구하지 아니한 채, 통지를 한 세무서장에게 통지받은 내용의 전부 또는 일부에 대하여 과세표준 및 세액을 조기에 결정하거나 경정결정해 줄 것을 신청할 수 없다.

② 세무서장으로부터 세무조사 결과에 대한 서면통지를 받은 자에게 「국세징수법」에 규정된 납부기한 전 징수의 사유가 있거나 세법에서 규정하는 수시부과 사유가 있는 경우에는 과세전적부심사를 청구할 수 없다.

③ 과세전적부심사 청구를 받은 지방국세청장은 해당 국세심사위원회의 심사를 거쳐 결정을 하고 그 결과를 청구를 받은 날부터 30일 이내에 청구인에게 통지하여야 한다.

④ 과세전적부심사 청구기간이 지났거나 보정기간에 보정하지 아니한 경우에는 과세전적부심사 청구를 받은 세무서장은 해당 국세심사위원회의 심사를 거쳐 심사하지 아니한다는 결정을 한다.

기출처 2017 국가직 7급
LINK 세법1 163-164p 오진다 90-91p
난이도 ●●○○○ 출제 가능 지수 ●●●●○

해설

세무서장으로부터 세무조사 결과에 대한 서면통지를 받은 자는 과세전적부심사를 청구하지 아니하고 통지를 한 세무서장에게 통지받은 내용의 전부 또는 일부에 대하여 과세표준 및 세액을 조기에 결정하거나 경정결정해 줄 것을 신청할 수 **있다.**   정답 ①

04

「국세기본법」상 과세전적부심사의 청구를 할 수 있는 경우는 모두 몇 개인가?

○ 「국세징수법」에 규정된 납부기한 전 징수의 사유가 있는 경우
○ 납부고지하려는 세액이 500만원인 과세예고통지를 받은 경우
○ 「조세범 처벌법」 위반으로 통고처분하는 경우(통고처분과 관련 없는 세목 또는 세액은 제외)
○ 세무조사 결과에 대한 서면통지를 받은 경우
○ 국세청장의 훈령·예규·고시 등과 관련하여 새로운 해석이 필요한 경우
○ 국제조세조정에 관한 법률에 따라 조세조약을 체결한 상대국이 상호합의 절차의 개시를 요청한 경우

① 2개   ② 3개
③ 4개   ④ 5개

기출처 2011 국가직 7급
LINK 세법1 162-163p 오진다 89-90p
난이도 ●●●●○ 출제 가능 지수 ●●●●○

해설

○ 「국세징수법」에 규정된 납부기한 전 징수의 사유가 있는 경우는 **과세전적부심사 배제 사유**에 해당한다.
○ 「조세범 처벌법」 위반으로 통고처분하는 경우(고발 또는 통고처분과 관련 없는 세목 또는 세액은 제외)는 **과세전적부심사 배제 사유**에 해당한다.
○ 「국제조세조정에 관한 법률」에 따라 조세조약을 체결한 상대국이 상호합의 절차의 개시를 요청한 경우는 **과세전적부심사 배제 사유**에 해당한다.
                                            정답 ②

05

「국세기본법」상 납세자의 권리에 관한 설명으로 옳지 않은 것은?

① 납세자는 소득세·법인세·부가가치세의 과세표준과 세액을 결정하거나 경정하기 위한 실지조사를 받는 경우에 변호사·공인회계사·세무사로 하여금 조사에 입회하거나 의견을 진술하게 할 수 있다.

② 세무공무원은 국세에 관한 조사를 위하여 당해 장부·서류 기타 물건을 조사하는 경우에는 조사를 받을 납세자에게 조사를 시작하기 7일 전에 조사대상 세목, 과세기간, 조사기간 및 조사 사유 등을 문서로 통지해야 한다.

③ 세무공무원은 거래상대방에 대한 세무조사가 필요한 경우 같은 세목 및 같은 과세기간에 대하여 재조사를 할 수 있다.

④ 납부고지하려는 세액이 1백만원 이상인 과세예고통지를 받은 자는 그 통지를 받은 날부터 30일 이내에 해당 세무서장 또는 지방국세청장에게 과세전적부심사를 청구할 수 있다.

기출처 **2009 국가직 9급**
LINK 세법1 151-152, 154, 162p   오진다 80, 82, 89p
난이도 ●●○○○   출제 가능 지수 ●●●●○

해설

세무공무원은 국세에 관한 조사를 위하여 해당 장부·서류 기타 물건을 조사하는 경우에는 조사를 받을 납세자에게 조사를 시작하기 **20일**(이의신청·심사청구·심판청구·과세전적부심사에 대한 재조사 결정으로 재조사를 하는 경우에는 7일) 전에 조사대상 세목, 과세기간, 조사기간 및 조사 사유 등을 문서로 통지해야 한다. 다만, 사전통지를 하면 증거인멸 등으로 조사 목적을 달성할 수 없다고 인정되는 경우에는 그러하지 아니하다(국기법 81의7 ①).

정답②

06

과세전적부심사의 청구를 할 수 있는 사유로만 묶인 것은?

> ㄱ. 「조세범 처벌법」 위반에 따른 고발 또는 통고처분(고발 또는 통고처분과 관련 없는 세목 또는 세액은 제외)
> ㄴ. 납부기한 전 징수를 위한 납부고지
> ㄷ. 과세예고통지
> ㄹ. 세무조사 결과에 대한 서면통지
> ㅁ. 지방세 과오납금의 충당통지

① ㄱ, ㄴ   ② ㄱ, ㄹ
③ ㄴ, ㅁ   ④ ㄷ, ㄹ
⑤ ㄷ, ㅁ

기출처 **2008 서울시 9급**
LINK 세법1 162p   오진다 89p
난이도 ●○○○○   출제 가능 지수 ●●●○○

해설

세무조사 결과에 대한 서면통지나, **과세예고통지**를 받은 자는 통지를 받은 날부터 30일 이내에 통지를 한 세무서장이나 지방국세청장에게 통지 내용의 적법성에 관한 '과세전적부심사'를 청구할 수 있다(국기법 81의15 ②). 정답④

07

「국세기본법」상 과세전적부심사와 관련된 설명으로 옳지 않은 것은?

① 조세쟁송제도가 사후적 권리구제제도라면 과세전적부심사제도는 사전적 권리구제제도에 해당한다.

② 세무조사 결과통지 및 과세예고통지를 하는 날부터 국세부과 제척기간의 만료일까지의 기간이 4월인 경우에는 과세전적부심사를 청구할 수 없다.

③ 과세전적부심사를 받기 위해서는 세무조사 결과에 대한 서면 통지 또는 법령이 정하는 과세예고통지를 받은 날부터 30일 이내에 심사를 청구하여야 한다.

④ 과세전적부심사청구의 배제사유에 해당하는 경우가 아니라면 과세전적부심사의 청구부분에 대하여는 과세전적부심사에 대한 결정이 있을 때까지 과세표준 및 세액의 결정이나 경정 결정이 유보된다.

기출처 2008 국가직 9급
LINK 세법1 162-163p 오진다 89-90p
난이도 ●●●○○ 출제 가능 지수 ●●●●○

해설

세무조사 결과통지 및 과세예고통지를 하는 날부터 국세부과 제척기간의 만료일까지의 기간이 **3개월 이하**인 경우에는 과세전적부심사를 청구할 수 없다.

정답 ②

08

납세자권리에 대한 설명으로 옳은 것은?

① 거래상대방에 대한 조사가 필요한 경우에도 같은 세목, 같은 과세기간에 대해서는 재조사를 할 수 없다.

② 소득세의 결정을 위한 세무조사에는 조세전문가의 조력을 받을 수 있으나, 범칙사건의 세무조사에는 조력을 받을 수 없다.

③ 납세자가 지급명세서의 작성·제출 등의 납세협력의무를 이행하지 아니했지만, 성실하다고 추정되는 경우에는 세무조사가 허용되지 않는다.

④ 과세전적부심사 청구서를 제출받은 과세관청은 그 청구부분에 대한 결정이 있을 때까지 과세표준 및 세액의 결정이나 경정결정을 유보하여야 한다. 그러나 세무조사 결과통지 및 과세 예고통지를 하는 날부터 국세 부과제척기간의 만료일까지의 기간이 3월 이하인 경우는 예외로 한다.

기출처 2007 국가직 7급
LINK 세법1 151-153p, 163p 오진다 80-81, 90p
난이도 ●●●○○ 출제 가능 지수 ●●●●○

해설

① 거래상대방에 대한 조사가 필요한 경우에도 같은 세목, 같은 과세기간에 대해서는 재조사를 할 수 **있다.**

② 납세자는 세무조사(「조세범 처벌절차법」에 따른 조세범칙조사를 **포함**)를 받는 경우에 변호사, 공인회계사, 세무사로 하여금 조사에 참여하게 하거나 의견을 진술하게 할 수 있다(국기법 81의5). 즉, 범칙사건의 세무조사에도 **조세전문가의 조력을 받을 수 있다.**

③ 납세자가 지급조서의 작성·제출 등의 납세협력의무를 이행하지 아니하면 성실성 추정이 깨어진 것으로 보아 수시선정하여 **세무조사를 할 수 있다.**

④ 세무조사 결과통지 및 과세예고통지를 하는 날부터 국세부과제척기간의 만료일까지의 기간이 3월 이하인 경우에는 과세전적부심사를 청구할 수 없으므로 옳은 선지다.

정답 ④

09

과세전적부심사에 대한 설명으로 옳은 것은?

① 세무조사 결과통지 등을 받은 자는 그 통지를 받은 날부터 20일 이내에 해당 세무서장 또는 지방국세청장에게 통지내용에 대한 과세전적부심사를 청구할 수 있다.

② 국세청장의 업무감사결과에 따라 행하는 과세예고통지에 대하여는 과세전적부심사가 불가능하다.

③ 허가의 승인을 거부한 경우 거부처분에 대하여 과세전적부심사가 가능하다.

④ 법령과 관련하여 국세청장의 유권해석을 변경하여야 하거나 새로운 해석이 필요한 경우 및 과세전적부심사 청구금액이 5억원 이상에 해당하는 경우에는 국세청장에게 과세전적부심사를 청구할 수 있다.

기출처 2006 국가직 7급 수정
LINK 세법1 162-163p 오진다 89p
난이도 ●●●●○ 출제 가능 지수 ●●●●●

해설

① 세무조사 결과통지 등을 받은 자는 그 통지를 받은 날부터 **30일** 이내에 해당 세무서장 또는 지방국세청장에게 통지 내용에 대한 과세전적부심사를 청구할 수 있다.

② 세무서 또는 지방국세청에 대한 국세청장의 업무감사 결과에 따라 세무서장 또는 지방국세청장이 하는 과세예고통지에 관한 사항에 대해서는 **국세청장에게 과세전적부심사를 청구할 수 있다.**

③ 허가의 승인을 거부한 경우 거부처분은 **과세전적부심사 대상이 아니다.** 세무조사 결과에 대한 서면통지 또는 과세예고통지가 세무서장 또는 지방국세청장에게 청구할 수 있는 과세전적부심사 대상이고 국세청장에게 청구해야 하는 대상은 아래와 같다.

[국세청장에게 청구할 수 있는 과세전적부심사]

㉠ **법령과 관련하여 국세청장의 유권해석을 변경해야 하거나 새로운 해석이 필요한 것**

㉡ 국세청장의 훈령·예규·고시 등과 관련하여 새로운 해석이 필요한 것

㉢ 세무서 또는 지방국세청에 대한 국세청장의 업무감사 결과(현지에서 시정조치하는 경우를 포함)에 따라 세무서장 또는 지방국세청장이 하는 과세예고통지에 관한 것

㉣ **㉠~㉢ 외의 사항 중 과세전적부심사 청구금액이 5억원 이상인 것**

㉤ 「감사원법」에 따른 시정요구에 따라 세무서장 또는 지방국세청장이 과세처분하는 경우로서 시정요구 전에 과세처분 대상자가 감사원의 지적사항에 대한 소명안내를 받지 못한 것

정답 ④

10

과세전적부심사 청구대상에 해당하는 것은?

① 「조세범처벌법」 위반으로 고발 또는 통고처분하는 경우(고발 또는 통고처분과 관련 없는 세목 또는 세액은 제외)

② 수시부과를 하는 경우

③ 세무조사에 대해 서면통지를 하는 경우

④ 국세부과제척기간의 만료일까지의 기간이 3개월 이하인 경우

기출처 2006 국가직 9급
LINK 세법1 162-163p 오진다 89-90p
난이도 ●○○○○ 출제 가능 지수 ●●●○○

해설

① 「조세범처벌법」 위반으로 고발 또는 통고처분하는 경우(고발 또는 통고처분과 관련 없는 세목 또는 세액은 제외)는 **과세전적부심사 배제 사유**에 해당한다.

② 수시부과의 사유가 있는 경우는 **과세전적부심사 배제 사유**에 해당한다.

④ 세무조사 결과통지 및 과세예고통지를 하는 날부터 국세부과 제척기간의 만료일까지의 기간이 3개월 이하인 경우는 **과세전적부심사 배제 사유**에 해당한다.

정답 ③

11

세무조사 결과에 대한 서면통지 또는 과세예고 통지를 받은 자가 위법 또는 부당한 국세처분을 받지 않도록 국세처분이 있기 전에 미리 이를 방지하기 위하여 마련된 「국세기본법」상의 제도는?

① 납부기한 전 징수　　② 과세전적부심사
③ 심사청구 및 심판청구　④ 납부고지의 유예

기출처 2005 국가직 9급
LINK 세법1 162p　오진다 89p
난이도 ●●●●●　출제 가능 지수 ●●●●●

해설

'과세전적부심사'란 국세처분을 받기 전에 납세자의 청구에 의해 그 국세처분의 타당성을 미리 심사하는 제도를 말한다. 과세전적부심사는 국세처분이 있기 전에 미리 이를 다투어 위법 또는 부당한 국세처분을 미연에 방지하는 제도이므로 사전적 권리구제제도에 해당한다.

[과세전적부심사 vs 조세불복]

구분	과세전적부심사	조세불복
특징	사전적 권리구제제도	사후적 권리구제제도
청구대상	열거주의 ㉠ 세무조사 결과통지 ㉡ 과세예고통지	개괄주의 ㉠ 위법 ㉡ 필요한 처분을 받지 못한 경우
청구인	직접 당사자만 가능	직접 당사자 및 이해관계자
청구기간	30일 이내	90일 이내
결정기간	30일 이내	㉠ 이의신청: 30일 이내 (60일 이내) ㉡ 심사청구, 심판청구: 90일 이내
결정의 종류	㉠ 불채택 ㉡ (일부)채택 ㉢ 심사거부	㉠ 기각 ㉡ 인용 ㉢ 각하
결정에 대한 불복 여부	불복대상이 아님 (추후 부과처분이 있을 경우 불복대상이 됨)	불복대상임

정답 ②

03 납세자 권리보호 및 보칙

01

「국세기본법」및 「국세징수법」상 보칙에 대한 설명으로 옳지 않은 것은?

① 고지할 국세(인지세는 제외) 및 강제징수비를 합친 금액이 1만원 미만일 때에는 그 금액은 없는 것으로 본다.

② 국세청장은 「국세기본법」상 비밀 유지 규정에도 불구하고 체납발생일부터 1년이 지난 국세가 1억원인 체납자의 인적사항, 체납액 등을 공개할 수 있으나, 체납된 국세가 이의신청·심사청구 등 불복청구 중에 있는 경우에는 공개할 수 없다.

③ 국세청장은 「국제조세조정에 관한 법률」에 따른 해외 금융계좌 신고의무 위반행위를 적발하는 데 중요한 자료를 제공한 자에게는 20억원의 범위에서 포상금을 지급할 수 있으나, 해외금융계좌 신고의무 불이행에 따른 과태료 금액이 2천만원 미만인 경우에는 포상금을 지급하지 아니한다.

④ 납세자가 국외로 주소 또는 거소를 이전할 때에는 국세에 관한 사항을 처리하기 위하여 납세관리인을 정하여야 한다.

기출처 **2020 국가직 7급**

LINK 세법1 168-169, 193p   오진다 93-94, 108p

난이도 ●●●●○   출제 가능 지수 ●●●●○

해설

② 국세청장은 「국세기본법」상 비밀 유지 규정에도 불구하고 체납발생일부터 1년이 지난 국세가 **2억원**인 체납자의 인적사항, 체납액 등을 공개할 수 있으나, 체납된 국세가 이의신청·심사청구 등 불복청구 중에 있는 경우에는 공개할 수 없다.

④ 납세자가 국내에 주소 또는 거소를 두지 아니하거나 국외로 주소 또는 거소를 이전할 때에는 국세에 관한 사항을 처리하기 위하여 납세관리인을 정하여야 한다(국기법 82 ①).

[불성실기부금수령단체 등 명단을 공개하지 않는 경우]

체납된 국세가 이의신청·심사청구 등 불복청구 중에 있거나 다음 구분에 따른 사유가 있는 경우에는 명단을 공개하지 않는다(국기법 85의5 ① 단서, 국기령 66 ①).

불성실기부금수령단체	㉠ 불성실기부금수령단체에 해당하는지에 대하여 「국세기본법」에 따른 이의신청, 심사청구, 심판청구, 「감사원법」에 따른 심사청구 또는 「행정소송법」에 따른 소송 중에 있는 경우 ㉡ 국세정보위원회가 공개할 실익이 없거나 공개하는 것이 부적절하다고 인정하는 경우
조세포탈범 및 세금계산서 발급의무 등 위반자	국세정보위원회가 공개할 실익이 없거나 공개하는 것이 부적절하다고 인정하는 경우
해외금융계좌 신고의무위반자	㉠ 국세정보위원회가 신고의무자의 신고의무 위반에 정당한 사유가 있다고 인정하는 경우 ㉡ 수정신고 및 기한후신고를 한 경우(해당 해외금융계좌와 관련하여 세무공무원이 조사에 착수한 것을 알았거나 과세자료 해명 통지를 받고 수정신고 및 기한후신고를 한 경우는 제외)

정답 ②

02

「국세기본법」상 납세자로부터 세금 관련 서류를 받은 사실을 세무공무원이 확인해 주는 방법에 대한 설명으로 옳지 않은 것은?

① 세무공무원은 납세자로부터 과세표준신고서를 국세정보통신망에 의하여 제출받은 경우 당해 접수 사실을 전자적 형태가 아닌 우편으로 통보하여야 한다.

② 세무공무원은 납세자로부터 경정청구서를 팩스로 제출받는 경우에는 납세자에게 접수증을 교부하지 아니할 수 있다.

③ 세무공무원은 납세자로부터 과세표준수정신고서를 우편으로 제출받은 경우에는 납세자에게 접수증을 교부하지 아니할 수 있다.

④ 세무공무원은 납세자로부터 이의신청서를 직접 제출받는 경우에는 납세자에게 접수증을 교부하여야 한다.

기출처 **2014 국가직 7급**

LINK 세법1 172p   오진다 95p

난이도 ●●●○○   출제 가능 지수 ●●●○○

해설

세무공무원은 납세자로부터 과세표준신고서를 국세정보통신망에 의하여 제출받은 경우 당해 접수 사실을 **전자적 형태로 통보할 수 있다.**

[서류제출 방법별 서류접수증 발급 절차]

납세자의 신고서 등 서류 제출 방법	서류접수증 발급
우편으로 제출하는 경우	접수증을 발급하지 않을 수 있음
팩스로 제출하는 경우	
지정된 신고함에 직접 투입하는 경우	
직접 제출하는 경우	접수증을 교부해야 함
국세정보통신망을 통해 제출하는 경우	전자적 형태로 통보할 수 있음

정답 ①

제 3 편

국세징수법

01

총칙 및 보칙

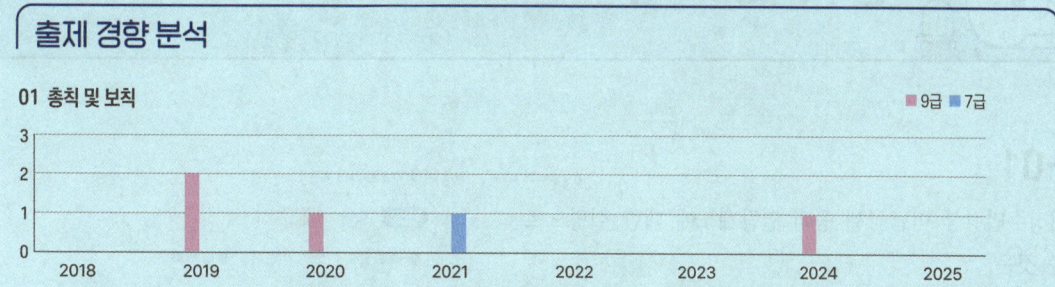

01 총칙 및 보칙

「국세징수법」은 2021년 가장 크게 개정된 파트입니다. 과거 규정들이 일부 빠지고, 추가된 부분들이 있어서 완벽한 분석은 어렵습니다.

다만, '01 총칙 및 보칙'은 국가직 9급과 7급을 막론하고 빈출되었던 주제이며 2024년 9급 시험에서도 출제되었습니다. 「국세징수법」 2문항 중 주로 출제되는 주제라고 할 수 있으니 완벽히 정리해두시기 바랍니다.

01 총칙 및 보칙

1-01

국세징수법령상 미납국세 등의 열람제도에 대한 설명으로 옳은 것은?

① 미납국세 등의 열람제도에 의하면 열람 신청할 수 있는 미납국세 등에는 납부고지서를 발급한 후 지정납부기한이 도래하지 아니한 국세도 포함된다.

② 「상가건물 임대차보호법」에 따른 상가건물을 보증금 1,000만 원에 임차하여 사용하려는 자는 해당 건물에 대한 임대차계약을 하기 전 임대인의 동의 없이 체납액의 열람을 전국 세무서장에게 신청할 수 있다.

③ 「주택임대차보호법」에 따른 주거용 건물을 보증금 3,000만 원에 임대차계약을 체결한 자는 임대차 기간이 시작하는 날까지 임대인의 동의를 받아야 그 자가 납부하지 아니한 국세 또는 체납액의 열람을 임차할 건물 소재지의 관할 세무서장에게 신청할 수 있다.

④ 열람 신청을 받은 세무서장은 신고 후 납부하지 아니한 종합소득세의 경우 신고기한부터 30일이 지났을 때부터 열람 신청에 따라 열람할 수 있게 해야 한다.

기출처 2024 국가직 9급
LINK 세법1 188p 오진다 104-105p
난이도 ●●●●○ 출제 가능 지수 ●●●●○

해설

② 「상가건물 임대차보호법」에 따른 상가건물(보증금이 **1,000만 원을 초과하는 경우**)을 임차하여 사용하려는 자는 해당 건물에 대한 임대차계약을 하기 전 임대인의 동의 없이 체납액의 열람을 전국 세무서장에게 신청할 수 있다.

③ 「주택임대차보호법」에 따른 주거용 건물을 보증금 3,000만 원에 임대차계약을 체결한 자는 임대차 기간이 시작하는 날까지 **임대인의 동의 없이도** 그 자가 납부하지 아니한 국세 또는 체납액의 열람을 임차할 건물 소재지의 관할 세무서장에게 신청할 수 있다.

④ 체납액, 납부고지서 발부 후 지정납부기한이 미도래한 국세의 열람신청을 받은 관할 세무서장은 즉시 신청에 응해야 하나, 각 세법에 따른 과세표준 및 세액의 신고기한까지 건물 소유자가 신고한 국세 중 납부하지 않은 국세에 대해서는 신고기한부터 30일(**종합소득세는 60일**)이 지났을 때부터 열람 신청에 따라 열람할 수 있게 해야 한다. 정답 ①

01

「국세징수법」상 고액·상습체납자의 감치 사유와 관련이 없는 것은? (단, 체납된 국세는 2020년 1월 1일 이후 체납된 것으로 가정한다)

① 국세를 3회 이상 체납하고 있고, 체납 발생일부터 각 1년이 경과하였으며, 체납된 국세의 합계액이 2억원 이상인 경우

② 체납된 국세의 납부능력이 있음에도 불구하고 정당한 사유 없이 체납한 경우

③ 국세정보위원회의 의결에 따라 해당 체납자에 대한 감치 필요성이 인정되는 경우

④ 5천만원의 국세를 체납한 자로서 직계존비속이 국외로 이주한 경우

기출처 2021 국가직 7급
LINK 세법1 192, 194p   오진다 107, 109p
난이도 ●●●○○   출제가능지수 ●●●○○

해설

5천만원의 국세를 체납한 자로서 직계존비속이 국외로 이주한 경우는 출국금지요청의 사유에 해당되는 것이며 감치 사유에는 **해당되지 아니한다.**   정답 ④

02

「국세징수법령」상 납세증명서와 미납국세 등의 열람 제도에 대한 설명으로 옳지 않은 것은? (단, 납세증명서발급과 미납국세 등의 열람을 위한 다른 요건은 모두 충족된 것으로 본다)

① 임차인이 미납국세 등을 열람하는 경우, 임대인이 각 세법에 따른 과세표준 및 세액의 신고기한까지 신고한 국세 중 납부하지 아니한 국세의 열람이 가능하다.

② 과세표준 및 세액을 신고하였으나 납부하지 아니한 소득(종합소득)세 납세의무는 과세표준 확정신고기한까지는 납세증명서를 통하여 확인할 수 없다.

③ 내국인이 해외이주 목적으로 「해외이주법」 제6조에 따라 재외동포청장에게 해외이주신고를 하는 경우에는 대통령령으로 정하는 바에 따라 납세증명서를 제출하여야 한다.

④ 미납국세 등의 열람으로는 임대인에게 납부고지서를 발급한 후 납기가 도래하지 아니한 국세를 열람할 수 없다.

기출처 2020 국가직 9급
LINK 세법1 186-188p   오진다 103-105p
난이도 ●●●●○   출제가능지수 ●●●●○

해설

미납국세 등의 열람으로 임대인에게 납부고지서를 발급한 후 지정납부기한이 도래하지 아니한 국세를 열람할 수 **있다.**

[미납국세 등의 열람 범위]

㉠ 체납액
㉡ 납부고지서를 발급한 후 지정납부기한이 도래하지 않은 국세
㉢ 각 세법에 따른 과세표준 및 세액의 신고기한까지 신고한 국세 중 납부하지 않은 국세

정답 ④

03

「국세징수법령」상 국세를 납부하도록 강제하는 제도에 대한 설명으로 옳지 않은 것은?

① 관할 세무서장은 허가 등을 받아 사업을 경영하는 자가 해당 사업과 관련된 소득세, 법인세 및 부가가치세를 3회 이상 체납하고 그 체납된 금액의 합계액이 500만 원 이상이면 공시송달의 방법으로 납세가 고지된 경우에도 그 주무관청에 사업의 정지를 요구할 수 있다.

② 납세자는 「국가를 당사자로 하는 계약에 관한 법률 시행령」에 따른 수의계약(비상재해가 발생한 경우에 국가가 소유하는 복구용 자재를 재해를 당한 자에게 매각하는 경우는 제외)과 관련하여 국가로부터 대금을 지급받는 경우 납세증명서를 제출하지 아니하여도 된다.

③ 세무서장은 이자소득에 대한 지급명세서 등 금융거래에 관한 정보를 체납자의 재산조회와 강제징수를 위하여 사용할 수 있다.

④ 국세청장은 정당한 사유 없이 5천만 원 이상의 국세를 체납한 자 중 미화 5만 달러 상당액 이상의 국외자산이 발견되었으나, 관할 세무서장이 압류 등으로 조세채권을 확보할 수 없고, 강제징수를 회피할 우려가 있다고 인정되는 자에 대하여 법무부 장관에게 법령에 따라 출국금지를 요청하여야 한다.

기출처 **2019 국가직 9급**

LINK 세법1 187, 189, 192p   오진다 104~108p

난이도 ●●●○○   출제 가능 지수 ●●●●○

해설

관할 세무서장은 허가 등을 받아 사업을 경영하는 자가 해당 사업과 관련된 소득세, 법인세 및 부가가치세를 3회 이상 체납하고 그 체납된 금액의 합계액이 500만 원 이상이더라도 공시송달의 방법으로 납세가 고지된 경우에는 그 주무관청에 사업의 정지를 요구할 수 **없다.**

[사업에 관한 허가 등의 제한 배제]

사업에 관한 허가 등의 제한 배제 사유	중복 사유
㉠ 공시송달의 방법으로 납부고지된 경우	-
㉡ 납세자가 재난 또는 도난으로 재산에 심한 손실을 입은 경우	'납부기한 등의 연장 사유' & '체납자료의 제공 배제 사유', '납세담보 요구 불가능 사유'에도 해당
㉢ 납세자가 경영하는 사업에 현저한 손실이 발생하거나 부도 또는 도산의 우려가 있는 경우	'납부기한 등의 연장 사유' & '체납자료의 제공 배제 사유'에도 해당
㉣ 납세자 또는 그 동거가족이 질병이나 중상해로 6개월 이상의 치료가 필요한 경우 또는 사망하여 상중인 경우	'납부기한 등의 연장 사유' & '기한 연장 사유'에도 해당
㉤ 「민사집행법」에 따른 강제집행 및 담보권 실행 등을 위한 경매가 시작되거나 「채무자 회생 및 파산에 관한 법률」에 따른 파산선고를 받은 경우	'납부기한 전 징수 사유' & '교부청구 사유'에도 해당
㉥ 「어음법」 및 「수표법」에 따른 어음교환소에서 거래정지처분을 받은 경우	'납부기한 전 징수 사유'에도 해당
㉦ 납세자의 총 재산 추산가액이 강제징수비를 징수하면 남을 여지가 없어 강제징수를 종료할 필요가 있는 경우	'압류 해제의 요건'에도 해당
㉧ 「부가가치세법」에 따라 물적납세의무를 부담하는 수탁자가 그 물적납세의무와 관련한 부가가치세 또는 강제징수비를 체납한 경우 ㉨ 「종합부동산세법」에 따라 물적납세의무를 부담하는 수탁자가 그 물적납세의무와 관련한 종합부동산세 또는 강제징수비를 체납한 경우 ㉩ 「국세기본법」에 따라 물적납세의무를 부담하는 양도담보권자가 그 물적납세의무와 관련하여 체납한 국세 또는 강제징수비를 체납한 경우	'체납자료의 제공 배제 사유' & '고액·상습체납자 명단 공개 제외 대상'에도 해당
㉪ 관할 세무서장이 납세자에게 납부가 곤란한 사정이 있다고 인정하는 경우 (㉠은 사후적 제한에 한정하여 정당한 사유로 인정)	-

정답 ①

04

「국세징수법」에 대한 설명으로 옳은 것은?

① 「국세징수법」에서 규정한 사항 중 「국세기본법」이나 다른 세법에 특별한 규정이 있는 것에 관하여는 그 법률에서 정하는 바에 따른다.

② 체납자란 납세자의 국세 또는 강제징수비의 납부를 보증한 자를 말한다.

③ 체납액의 징수 순위는 강제징수비, 가산세, 국세로 한다.

④ 세무서장은 체납된 국세와 관련하여 「국세기본법」에 따른 심사청구가 계류 중인 경우라 하더라도 신용정보회사가 체납 발생일로부터 1년이 지나고 체납액이 5백만원 이상인 자의 체납자료를 요구한 경우 이를 제공할 수 있다.

기출처 **2019 국가직 9급**
LINK 세법1 185, 191p 오진다 102-103, 106p
난이도 ●●○○○ 출제 가능 지수 ●●○○○

> **해설**

① 「국세징수법」에서 규정한 사항 중 「국세기본법」이나 다른 세법에 특별한 규정이 있는 것에 관하여는 그 법률에서 정하는 바에 따른다. 즉, 「국세징수법」은 「국세기본법」 및 개별세법에 우선하여 적용하지 못하고, 관련 규정이 다른 세법에 없는 경우에만 적용될 수 있다는 의미이다.

② "체납자"란 **국세를 체납한 자**를 말한다(국징법 2 (3)).

③ 체납액의 징수 순위는 **강제징수비, 국세(가산세는 제외), 가산세 순**으로 한다(국징법 3).

④ 세무서장은 체납된 국세와 관련하여 「국세기본법」에 따른 심사청구가 계류 중인 경우에는 신용정보회사가 체납 발생일로부터 1년이 지나고 체납액이 5백만 원 이상인 자의 체납자료를 요구하더라도 이를 제공할 수 **없다.**

정답 ①

05

「국세징수법」상 납세증명서에 대한 설명으로 옳지 않은 것은?

① 납세증명서를 관계 법령에 따라 의무적으로 제출해야 하는 경우 해당 주무관청 등은 납세자의 동의 없이 「전자정부법」 제36조 제1항에 따른 행정정보의 공동이용을 통하여 그 체납사실 여부를 확인함으로써 납세증명서의 제출을 갈음할 수 있다.

② 납세증명서를 발급받으려는 내국법인은 본점 소재지를 관할하는 세무서장(단, 국세청장이 납세자의 편의를 위하여 발급 세무서를 달리 정하는 경우에는 그 발급 세무서의 장)에게 발급신청에 관한 문서를 제출하여야 한다.

③ 납세증명서의 유효기간은 그 증명서를 발급한 날부터 30일간이며, 납세증명서 발급일 현재 해당 신청인에게 납부고지된 국세가 있는 경우에는 해당 국세의 지정 납부기한까지로 할 수 있다.

④ 납세자가 국가로부터 받게 될 계약대금 중 일부 금액으로 체납세액 전액을 납부하려는 경우에는 국가에게 납세증명서를 제출하지 아니하여도 된다.

기출처 **2017 국가직 9급**
LINK 세법1 186-188p 오진다 103-105p
난이도 ●●○○○ 출제 가능 지수 ●●●○○

> **해설**

납세증명서를 제출해야 하는 경우 해당 주무관청 등이 국세청장 또는 관할 세무서장에게 조회(국세청장에게 조회하는 경우에는 국세정보통신망을 통한 방법으로 한정)하거나 납세자의 **동의를 받아** 「전자정부법」 제36조제1항에 따른 행정정보의 공동이용을 통하여 그 체납사실 여부를 확인하는 경우에는 납세증명서를 제출받은 것으로 볼 수 있다.

정답 ①

06

「국세징수법령」상 체납자에 대한 관허사업의 제한이나 출국금지의 요청 등을 설명한 것으로 옳지 않은 것은?

① 관할 세무서장은 허가 등을 받아 사업을 경영하는 자가 해당 사업과 관련된 소득세, 법인세 및 부가가치세를 3회 이상 체납하고 그 체납된 금액의 합계액이 500만원 이상인 경우에는 대통령령으로 정하는 경우를 제외하고 해당 주무관청에 사업의 정지 또는 허가 등의 취소를 요구할 수 있다.

② 납세자에게 공시송달의 방법으로 납세가 고지되었으나 납세자가 국세를 체납하였을 때에 세무서장은 허가 등이 필요한 사업의 주무관청에 그 납세자에 대하여 그 허가 등을 하지 아니할 것을 요구하여야 한다.

③ 대법원 판례는 재산을 해외로 도피할 우려가 있는지 여부 등을 확인하지 않은 채 단순히 일정 금액 이상의 조세를 미납하였고 그 미납에 정당한 사유가 없다는 사유만으로 바로 출국금지 처분을 하는 것은 「헌법」상의 기본권 보장 원리 및 과잉금지의 원칙에 비추어 허용되지 않는다고 본다.

④ 국세청장은 체납액 징수, 체납자 재산의 압류, 담보 제공 등으로 출국금지사유가 해소된 경우에는 즉시 법무부장관에게 출국금지의 해제를 요청하여야 한다.

기출처 2017 국가직 7급
LINK 세법1 189-190, 192p 오진다 105, 107p
난이도 ●●○○○ 출제 가능 지수 ●●●●○

해설

공시송달의 방법으로 납부고지된 경우 체납에 정당한 사유가 있다고 보는 사유에 해당되어 사업에 관한 허가 등을 **제한하지 않는다.**　　정답 ②

07

「국세기본법」 및 「국세징수법」상 세무공무원의 비밀유지의무에도 불구하고 국세청장이 인적사항 등을 공개할 수 있는 자가 아닌 것은? (이의신청·심사청구 등 불복청구 중에 있거나 그 밖에 대통령령으로 정하는 사유는 없다)

① 「국제조세조정에 관한 법률」 제34조 제1항에 따른 해외금융계좌 정보의 신고의무자로서 신고기한 내에 신고하지 아니한 금액이나 과소신고한 금액이 50억원을 초과하는 자

② 「조세범처벌법」 제3조 제1항에 따른 범죄로 유죄판결이 확정된 자로서 포탈세액이 연간 1억원 이상인 자

③ 대통령령으로 정하는 불성실기부금수령단체

④ 체납발생일부터 1년이 지난 국세가 2억원 이상인 체납자

기출처 2017 국가직 9급
LINK 세법1 173, 193p 오진다 97, 108p
난이도 ●●○○○ 출제 가능 지수 ●●●●○

해설

「조세범처벌법」에 따른 범죄 유죄판결이 확정된 자로서 「조세범처벌법」에 따른 포탈세액 등이 **연간 2억원** 이상인 자의 인적사항 및 포탈세액 등을 공개할 수 있다.　　정답 ②

08

「국세징수법」상 관허사업의 제한에 대한 설명으로 옳지 않은 것은?

① 세금체납이 있었지만 그 원인이 납세자가 재해를 입어 세금 납부가 곤란한 경우로 세무서장이 인정하는 경우에는 세무서장은 인·허가 주무관청에 그 납세자에 대한 인·허가를 하지 아니할 것을 요구할 수 없다.

② 인·허가를 받아 사업을 경영하는 납세자가 해당 사업과 관련된 소득세, 법인세 및 부가가치세를 3회 이상 체납한 경우로서 그 체납세액이 500만원 이상이라고 하더라도 납세자의 동거가족의 질병으로 납세가 곤란한 경우로 세무서장이 인정하는 경우에는 세무서장은 그 주무관청에 사업의 정지 또는 허가의 취소를 요구할 수 없다.

③ 인·허가 주무관청에 관허사업의 제한요구를 한 후 해당 국세를 징수하였을 때에는 세무서장은 지체 없이 그 요구를 철회하여야 한다.

④ 세무서장이 관허사업의 제한요구를 함에 있어서 납세자의 세금 체납 횟수가 문제되는 경우에는 그 체납세금은 제한되어지는 관허사업에 관한 것에 국한하지 아니한다.

기출처 2015 국가직 9급 수정
LINK 세법1 189-190p 오진다 105p
난이도 ●●●○○ 출제 가능 지수 ●●●●○

해설

관할 세무서장은 허가 등을 받아 사업을 경영하는 자가 **해당 사업과 관련된 소득세, 법인세 및 부가가치세**를 3회 이상 체납하고 그 체납된 금액의 합계액이 500만원 이상인 경우 해당 주무관청에 사업의 정지 또는 허가 등의 취소를 요구할 수 있다. 따라서 세무서장이 관허사업의 제한요구를 함에 있어서 납세자의 세금체납횟수가 문제되는 경우에는 그 체납세금은 제한되어지는 관허사업 자체에 관한 것에 **국한한다.** → 이전에는 단순히 '국세'를 3회 이상 체납하고 그 체납액이 500만원 이상일 경우 사업의 정지 또는 허가 등의 취소를 요구할 수 있었으나 2019.12.31. '해당 사업에 관련된 소득세, 법인세 및 부가가치세'를 3회 이상 체납하고 그 체납액이 500만원 이상일 경우 사업의 정지 또는 허가등의 취소를 요구할 수 있는 것으로 개정되었음   정답 ④

09

「국세징수법」상 납세증명서 제도에 관한 설명으로 옳은 것은?

① 납세증명서는 발급일 현재 독촉장에서 정하는 기한의 연장에 관계된 금액 또는 압류·매각의 유예액 등을 포함한 다른 체납액이 없다는 사실을 증명하는 것이다.

② 「출입국관리법」에 따른 외국인등록을 한 외국인이 체류기간 연장허가 등 체류 관련 허가를 법무부장관에게 신청하는 경우 납세증명서를 제출하여야 한다.

③ 지방자치단체가 국가로부터 대금을 지급받아 그 대금이 지방자치단체 금고에 귀속되는 경우 납세증명서를 제출하여야 한다.

④ 법원의 전부명령에 따라 원래의 계약자 외의 자가 지방자치단체로부터 대금을 지급받는 경우 압류채권자와 채무자의 납세증명서를 제출하여야 한다.

기출처 2013 국가직 9급 수정
LINK 세법1 186-187p 오진다 103-104p
난이도 ●●○○○ 출제 가능 지수 ●●●●●

해설

① 납세증명서는 발급일 현재 독촉장에서 정하는 기한의 연장에 관계된 금액 또는 압류·매각의 유예액 등을 **제외하고는** 다른 체납액이 없다는 사실을 증명하는 것이다.

③ 국가 또는 지방자치단체가 대금을 지급받아 그 대금이 국고 또는 지방자치단체 금고에 귀속되는 경우 납세증명서를 **제출하지 않아도 된다**(국징령 91).

④ 법원의 전부명령에 따라 원래의 계약자 외의 자가 지방자치단체로부터 대금을 지급받는 경우 **압류채권자의 납세증명서를 제출**하여야 한다. 즉, 채무자의 납세증명서 제출 의무는 없다.   정답 ②

10

세법상 체납자로 하여금 간접적으로 국세를 납부하도록 유인하는 제도에 대한 설명으로 옳지 않은 것은?

① 관할 세무서장은 허가 등을 받아 사업을 경영하는 자가 해당 사업과 관련된 소득세, 법인세 및 부가가치세를 3회 이상 체납하고 그 체납된 금액의 합계액이 500만원 이상인 경우 해당 주무관청에 사업의 정지 또는 허가 등의 취소를 요구할 수 있다.

② 「주택임대차보호법」에 따른 주거용 건물을 임차하여 사용하려는 자는 해당 건물에 대한 임대차계약을 하기 전 또는 임대차계약을 체결하고 임대차 기간이 시작하는 날까지 임대인의 동의를 받아 그 자가 납부하지 아니한 국세의 열람을 임차할 건물 소재지의 관할 세무서장에게 신청할 수 있다.

③ 국세청장은 정당한 사유 없이 5천만원 이상의 국세를 체납한 자 중 배우자 또는 직계존비속이 국외로 이주(국외에 3년 이상 장기체류 중인 경우를 포함)한 사람에 대하여 법무부장관에게 출국금지를 요청하여야 한다.

④ 체납된 국세가 이의신청·심사청구 등 불복청구 중에 있는 경우에도 체납발생일부터 1년이 지나고 국세가 2억원 이상인 체납자의 인적사항은 공개할 수 있다.

기출처 2014 국가직 9급 수정
LINK 세법1 188-189, 192-193p 오진다 104-108p
난이도 ●●●●○ 출제 가능 지수 ●●●●○

해설

체납된 국세가 「국세기본법」에 따른 이의신청·심사청구·심판청구, 「감사원법」에 따른 심사청구 또는 「행정소송법」에 따른 행정소송이 계속 중인 경우에는 체납발생일부터 1년이 지나고 국세가 2억원 이상인 체납자의 인적사항은 공개할 수 **없다.**

[고액·상습체납자의 명단을 공개하지 않는 경우]

㉠ 체납된 국세와 관련하여 심판청구 등이 계속 중인 경우
㉡ 최근 2년간의 체납액의 납부비율이 50% 이상인 경우
㉢ 「채무자 회생 및 파산에 관한 법률」에 따른 회생계획인가의 결정에 따라 체납된 국세의 징수를 유예받고 그 유예기간 중에 있거나 체납된 국세를 회생계획의 납부일정에 따라 납부하고 있는 경우
㉣ 재산 상황, 미성년자 해당 여부 및 그 밖의 사정 등을 고려할 때 「국세기본법」에 따른 국세정보위원회가 공개할 실익이 없거나 공개하는 것이 부적절하다고 인정하는 경우
㉤ 「부가가치세법」·「종합부동산세법」에 따라 물적납세의무를 부담하는 수탁자가 물적납세의무와 관련된 부가가치세·종합부동산세 또는 강제징수비를 체납하는 경우
㉥ 「국세기본법」에 따라 물적납세의무를 부담하는 양도담보권자가 그 물적납세의무와 관련하여 체납한 국세 또는 강제징수비를 체납한 경우

정답 ④

11

「국세징수법」의 내용에 관한 설명으로 옳지 않은 것은?

① 「국세징수법」에서 규정한 사항 중 「국세기본법」이나 다른 세법에 특별한 규정이 있는 것에 관하여는 그 법률에서 정하는 바에 따른다.

② 국세(가산세 제외)와 가산세 및 강제징수비 중 징수 순위가 빠른 것은 강제징수비다.

③ 납세증명서의 유효기간은 원칙적으로 그 발급일로부터 30일간이다.

④ 국가가 발주하는 건설공사를 수주하고 건설공사계약을 체결하는 때에는 납세증명서를 제출하여야 한다.

기출처 2009 국가직 9급
LINK 세법1 185, 187-188p 오진다 102-105p
난이도 ●●●●○ 출제 가능 지수 ●○○○○

해설

국가, 지방자치단체 또는 정부 관리기관으로부터 **대금을 지급받을 때(체납액이 없다는 사실의 증명이 필요하지 아니한 경우로서 법으로 정하는 경우는 제외)**에 납세증명서를 제출하여야 한다.

즉, 국가가 발주하는 건설공사를 수주하고 건설공사계약을 체결하는 경우 계약을 체결할 때가 아닌 국가로부터 **대금을 지급받을 때**에 납세증명서를 제출해야 하는 것이다.

정답 ④

12

「국세징수법」상 관허사업의 제한에 관한 설명으로 옳지 않은 것은?

① 납세자에게 공시송달의 방법으로 납부고지된 때에는 납세자가 국세를 체납하였더라도 세무서장은 허가 등을 요하는 사업의 주무관청에 그 허가 등을 하지 아니할 것을 요구할 수 없다.

② 국세체납을 이유로 세무서장이 허가 등을 요하는 사업의 주무관청에 관허사업의 제한을 요구한 후 납세자가 당해 국세를 납부하더라도 세무서장이 그 관허사업의 제한요구를 반드시 철회하여야 하는 것은 아니다.

③ 허가 등을 받아 사업을 경영하는 자가 해당 사업과 관련된 소득세, 법인세 및 부가가치세를 3회 이상 체납한 경우로서 그 체납액이 500만원 이상인 때에는 법령이 정하는 예외 사유에 해당하지 않는 한 세무서장은 그 주무관청에 사업의 정지 또는 허가 등의 취소를 요구할 수 있다.

④ 세무서장의 적법한 관허사업의 제한요구가 있는 때에는 당해 주무관청은 정당한 사유가 없는 한 이에 응하여야 한다.

13

「국세징수법」상 납세자가 국세를 체납한 때에 세무서장이 허가 등을 요하는 사업의 주무관청에 당해 납세자에 대하여 그 허가 등을 하지 아니할 것을 요구할 수 있는 사유로 옳은 것은?

① 국세를 포탈하고자 하는 행위가 있다고 인정되는 때
② 공시송달의 방법에 의하여 납세가 고지된 때
③ 납세자의 질병으로 납세가 곤란한 때
④ 납세자가 경영하는 사업에 현저한 손실이 발생한 때

기출처 2011 국가직 7급
LINK 세법1 187-190p 오진다 105p
난이도 ●●○○○ 출제 가능 지수 ●●○○○

해설

관할 세무서장은 주무관청에 사업에 관한 허가등의 제한을 요구한 후 해당 국세를 징수하였을 때에는 **즉시 그 요구를 철회해야 한다**(국징법 112 ③).

정답 ②

기출처 2010 국가직 9급
LINK 세법1 189-190, 201p 오진다 105, 113p
난이도 ●●○○○ 출제 가능 지수 ●●○○○

해설

국세를 포탈하고자 하는 행위가 있다고 인정되는 때 납부기한까지 기다려서는 징수할 수 없다고 보아 납부기한 전이라도 이미 납세의무가 확정된 국세를 징수할 수 있다. 즉, 국세를 포탈하고자 하는 행위가 있다고 인정되는 때는 사업에 관한 허가 등의 제한 배제 사유가 아니라 **납부기한 전 징수 사유에 해당**한다.

[납부기한 전 징수 사유]

㉠ 국세, 지방세 또는 공과금의 체납으로 강제징수 또는 체납처분이 시작된 경우
㉡ 강제집행 및 담보권 실행 등을 위한 경매가 시작되거나 파산선고를 받은 경우
㉢ 「어음법」 또는 「수표법」에 따른 어음교환소에서 거래정지처분을 받은 경우
㉣ 법인이 해산한 경우
㉤ **국세를 포탈하려는 행위가 있다고 인정되는 경우**
㉥ 납세관리인을 정하지 않고 국내에 주소·거소를 두지 않게 된 경우

정답 ①

14

「국세기본법」 및 「국세징수법」에서 정한 내용으로 옳지 않은 것은?

① 고지할 국세(인지세를 제외) 및 강제징수비의 합계액이 1만 원 미만인 때에는 그 금액은 없는 것으로 한다.

② 납세자가 국내에 주소 또는 거소를 두지 아니한 때에는 국세에 관한 사항을 처리하기 위하여 납세관리인을 정하여야 한다. 이 경우 납세관리인을 정한 납세자는 문서로 관할 세무서장에게 신고하여야 한다.

③ 국세청장은 체납발생일부터 1년이 경과한 국세가 2억원 이상인 체납자라 하더라도 최근 2년간 체납액의 100분의 30 이상을 납부한 경우에는 그 인적사항·체납액 등을 공개할 수 없다.

④ 납세자는 각 세법이 규정하는 바에 따라 모든 거래에 관한 장부 및 증빙서류를 성실하게 작성하여 비치하여야 하며, 이를 그 거래사실이 속하는 과세기간에 대한 당해 국세의 법정신고기한이 지난 날부터 5년간(역외거래의 경우 7년간) 보존하여야 한다.

기출처 2007 국가직 9급 수정

LINK 세법1 168, 173, 193p   오진다 93, 96, 108p

난이도 ●●●●○   출제 가능 지수 ●●●●●

해설

2021년 세법 개정으로 인해 「국세기본법」에서 「국세징수법」으로 이관되었으며 개정 전에는 명단공개 제외 사유로 규정되었던 내용 중 '최근 2년간 체납액을 30% 납부한 경우'는 '최근 2년간 체납액을 50% 이상 납부한 경우'로 개정되었다. 따라서 국세청장은 체납발생일부터 1년이 경과한 국세가 2억원 이상인 체납자라 하더라도 체납액의 100분의 **50** 이상을 납부한 경우에 한하여 그 인적사항·체납액 등을 공개할 수 없다. 정답 ③

15

간접적 납세유인 제도에 해당하지 않는 것은?

① 사업에 관한 허가 등의 제한
② 납세증명서의 제출
③ 압류
④ 체납자료의 제공

기출처 2006 국가직 9급

LINK 세법1 186, 189, 191, 221p   오진다 103, 105-106, 127p

난이도 ●●●●●   출제 가능 지수 ●●●●

해설

압류는 **직접적 징수제도** 중 강제적 징수절차에 해당한다. 정답 ③

CHAPTER

02

임의적 징수절차

출제 경향 분석

01 납부고지 및 독촉

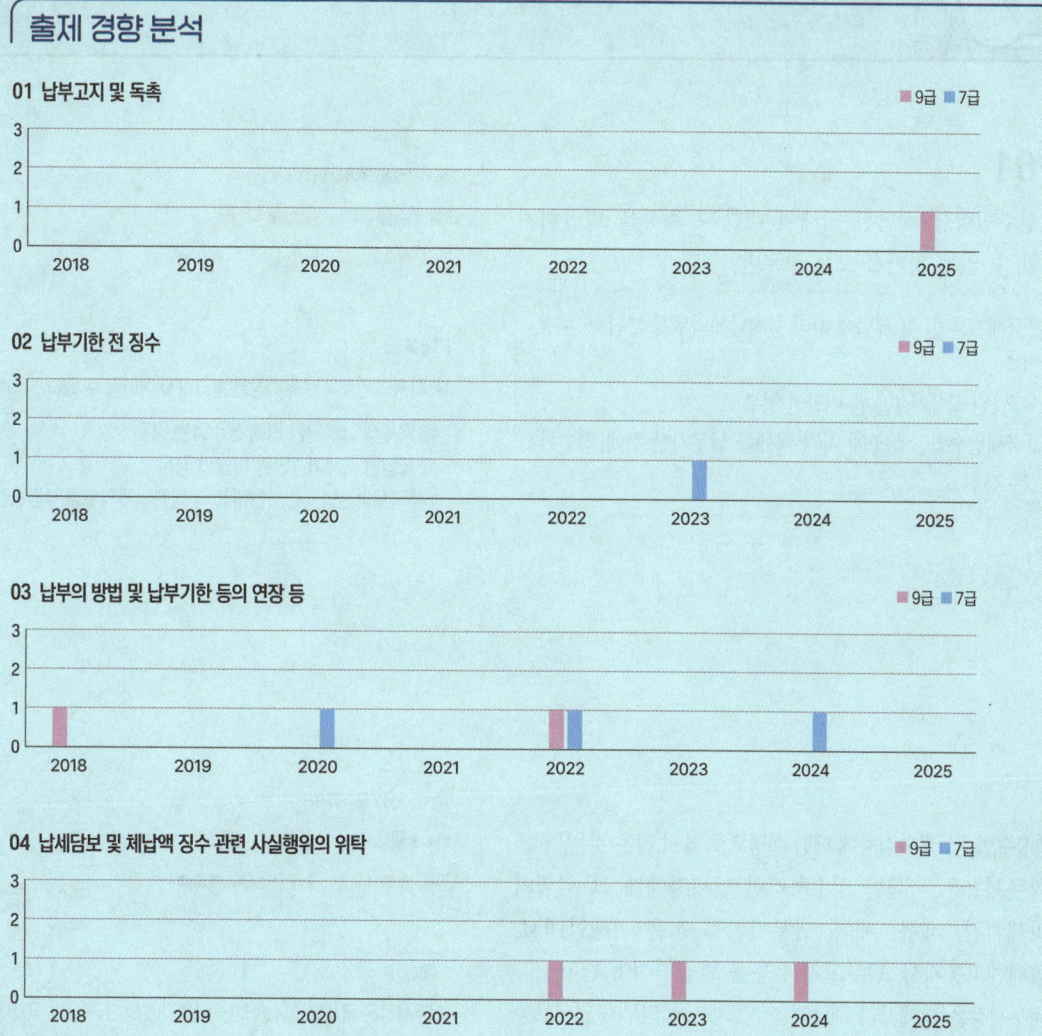

02 납부기한 전 징수

03 납부의 방법 및 납부기한 등의 연장 등

04 납세담보 및 체납액 징수 관련 사실행위의 위탁

기출 분석

「국세징수법」은 '임의적 징수절차'와 '강제적 징수절차' 중에서 '강제적 징수절차'의 출제 빈도가 더 높습니다.
'임의적 징수절차'의 경우 '납부기한 전 징수', '납부기한 등의 연장 등'과 '납세담보'가 빈출 주제이므로 기출된 내용을 중심으로 완벽히 정리해두시기 바랍니다. 특히 납세담보에 대한 문제가 9급 시험에서 3년 연속 출제되었으므로 7급 시험에서도 대비를 하여야 합니다.

납부고지 및 독촉

1-01

국세징수법령상 체납된 국세에 대한 독촉장을 발급하지 아니할 수 있는 것만을 모두 고르면?

> ㄱ. 「국세기본법」 및 세법에 따라 물적납세의무를 부담하는 경우
> ㄴ. 체납된 국세가 1만 원 미만인 경우
> ㄷ. 「국세징수법」 제9조에 따라 국세를 납부기한 전에 징수하는 경우

① ㄱ, ㄴ   ② ㄱ, ㄷ
③ ㄴ, ㄷ   ④ ㄱ, ㄴ, ㄷ

기출처 2025 국가직 9급
LINK 세법1 200p   오진다 112p
난이도 ●●●○○   출제 가능 지수 ●●●○○

해설

④ 다음의 경우에는 독촉장을 발급하지 아니할 수 있다.

> ㉠ 국세를 납부기한 전에 징수하는 경우
> ㉡ 체납된 국세가 1만원 미만인 경우
> ㉢ 「국세기본법」 및 세법에 따라 물적납세의무를 부담하는 경우

정답 ④

01

「국세징수법」상 징수절차에 대한 설명으로 옳지 않은 것은?

① 세무서장은 국세를 징수하려면 납세자에게 그 국세의 과세기간, 세목, 세액, 납부기한을 적은 과세안내서, 과세예고통지서, 납부고지서 등을 발급하여야 한다.
② 세무서장은 납세자의 체납액을 제2차 납세의무자(납세보증인 포함)로부터 징수하려면 제2차 납세의무자에게 납부고지서로 고지하여야 하며 납세자에게도 그 사실을 통지하여야 한다.
③ 세무서장은 세법에서 국세(강제징수비 포함)의 납부기한을 정하는 경우 외에는 국세의 납부기한을 납부고지를 하는 날부터 30일 내로 지정할 수 있다.
④ 납세자가 국세의 체납으로 강제징수가 시작된 경우에는 세무서장은 납부기한 전이라도 이미 납세의무가 확정된 국세는 징수할 수 있다.

기출처 2017 국가직 9급
LINK 세법1 198-199, 201p   오진다 110-111, 113p
난이도 ●●●○○   출제 가능 지수 ●●●○○

해설

세무서장은 국세를 징수하려면 납세자에게 그 국세의 국세의 과세기간, 세목, 세액, **산출 근거**, 납부하여야 할 기한 및 **납부장소를 적은 납부고지서**를 발급해야 한다.

[기재사항 비교]

납세자 납부고지서	납세자 강제징수비고지서	보충적 납세의무자 납부고지서
국세의	강제징수비의 징수에 관계되는 국세의	징수하려는 체납액의
㉠ 과세기간	㉠ 과세기간	㉠ 과세기간
㉡ 세목	㉡ 세목	㉡ 세목
㉢ 세액	㉢ 강제징수비의 금액	㉢ 세액
㉣ 산출 근거	㉣ 산출 근거	㉣ 산출 근거
㉤ 납부하여야 할 기한	㉤ 납부하여야 할 기한	㉤ 납부하여야 할 기한
㉥ 납부장소	㉥ 납부장소	㉥ 납부장소
		㉧ 제2차 납세의무자등으로부터 징수할 금액
		◎ 그 산출 근거
		㉨ 그 밖에 필요한 사항

정답 ①

02

국세징수절차에 대한 설명으로 옳지 않은 것은?

① 관할 세무서장은 납세자로부터 국세를 징수하려는 경우 국세의 과세기간, 세목, 세액, 산출 근거, 납부하여야 할 기한 및 납부장소를 적은 납부고지서를 납세자에게 발급하여야 한다.

② 납부고지서는 징수결정 즉시 발급하여야 한다. 다만, 납부고지를 유예한 경우 유예기간이 끝난 날의 다음 날에 발급한다.

③ 세무서장은 세법에서 국세(강제징수비 포함)의 납부기한을 정하는 경우 외에는 국세의 납부기한을 납부고지를 하는 날부터 30일 내로 지정할 수 있다.

④ 연대납세의무자에게 납부의 고지에 관한 서류를 송달할 때에는 그 대표자를 명의인으로 하며, 대표자가 없을 때에는 연대납세의무자 중 국세를 징수하기에 유리한 자를 명의인으로 한다.

기출처 **2016 국가직 9급**

LINK 세법1 198, 200p 오진다 110, 111p

난이도 ●●●○○ 출제 가능 지수 ●●●●○

해설

연대납세의무자에게 서류를 송달할 때에는 그 대표자(대표자가 없을 때에는 연대납세의무자 중 국세를 징수하기에 유리한 자)를 명의인으로 한다. 다만, 납부의 고지와 독촉에 관한 서류는 **연대납세의무자 모두에게 각각** 송달해야 한다. 정답 ④

03

세법상 징수절차에 대한 설명으로 옳지 않은 것은?

① 납부고지는 일반적으로 부과처분으로서의 성질과 징수처분으로서의 성질을 동시에 가진다.

② 납세자의 우편에 의한 세금 신고는 발송한 때에 효력이 발생하지만, 우편에 의한 납부고지는 납세자에게 도달함으로써 효력이 발생한다.

③ 제2차 납세의무자로부터 납세자의 체납액을 징수하는 경우 징수하려는 체납액의 과세기간, 세목, 세액, 산출 근거, 납부하여야 할 기한, 납부장소를 기재한 납부고지서를 제2차 납세의무자에게 발급하여야 한다.

④ 물적납세의무를 부담하는 자로부터 납세자의 체납액을 징수하는 경우 납세자에게 그 사실을 통지하여야 하고 물적납세의무를 부담하는 자의 주소 또는 거소를 관할하는 세무서장에게도 그 사실을 통지하여야 한다.

기출처 **2014 국가직 7급**

LINK 세법1 198-199p 오진다 110-111p

난이도 ●●●○○ 출제 가능 지수 ●●●●○

해설

관할 세무서장은 제2차 납세의무자로부터 납세자의 체납액을 징수하는 경우 징수하려는 체납액의 과세기간, 세목, 세액, 산출 근거, 납부하여야 할 기한, 납부장소, **제2차 납세의무자로부터 징수할 금액, 그 산출 근거, 그 밖에 필요한 사항**을 적은 납부고지서를 제2차 납세의무자에게 발급하여야 한다. 정답 ③

02 납부기한 전 징수

2-01

국세징수법령상 납부기한 전 징수 및 납부의 방법에 대한 설명으로 옳지 않은 것은?

① 관할 세무서장은 법인이 해산한 경우 납부기한 전이라도 이미 납세의무가 확정된 국세를 징수할 수 있다.
② 관할 세무서장은 납부기한 전에 국세를 징수하려는 경우 당초의 납부기한보다 단축된 기한을 정하여 납세자에게 납부고지를 하여야 한다.
③ 「여신전문금융업법」에 따른 신용카드 또는 직불카드로 국세를 납부한 경우 국세납부대행기관의 승인일을 납부일로 본다.
④ 제3자는 납세자를 위하여 납세자의 명의로 국세 및 강제징수비를 납부할 수 있으며, 국세 및 강제징수비를 납부한 제3자는 국가에 대하여 그 납부한 금액의 반환을 청구할 수 있다.

기출처 **2023 국가직 7급**
LINK [세법1] 201-202p [오진다] 113-115p
난이도 ●●●○○ 출제 가능 지수 ●●●●○

해설

④ 제3자는 납세자를 위하여 납세자의 명의로 국세 및 강제징수비를 납부할 수 있으며, 국세 및 강제징수비를 납부한 제3자는 국가에 대하여 그 납부한 금액의 반환을 청구할 수 **없다.**   정답 ④

01

「국세징수법」상 납부기한 전에 국세를 징수할 수 있는 사유에 해당하는 것은 모두 몇 개 인가?

> ㄱ. 세무서장의 통고처분을 받은 때
> ㄴ. 법인이 해산한 때
> ㄷ. 담보권 실행 등을 위한 경매가 시작된 때
> ㄹ. 기업의 구조조정절차가 시작된 때
> ㅁ. 국세의 체납으로 강제징수가 시작된 경우
> ㅂ. 「어음법」 및 「수표법」에 따른 어음교환소에서 거래정지 처분을 받은 때
> ㅅ. 납세자의 사업이 중대한 위기에 처한 때
> ㅇ. 강제집행을 받을 때

① 4개   ② 5개
③ 6개   ④ 7개

기출처 **2012 국가직 7급**
LINK [세법1] 201p [오진다] 113p
난이도 ●●●○○ 출제 가능 지수 ●●●●○

해설

ㄱ, ㄹ, ㅅ, **납부기한 전 징수 사유에 해당하지 않는다.**

[납부기한 전 징수 사유]

> ⓐ 국세, 지방세 또는 공과금의 체납으로 강제징수 또는 체납처분이 시작된 경우
> ⓑ 강제집행 및 담보권 실행 등을 위한 경매가 시작되거나 파산선고를 받은 경우
> ⓒ 「어음법」 또는 「수표법」에 따른 어음교환소에서 거래정지처분을 받은 경우
> ⓓ 법인이 해산한 경우
> ⓔ 국세를 포탈하려는 행위가 있다고 인정되는 경우
> ⓕ 납세관리인을 정하지 않고 국내에 주소·거소를 두지 않게 된 경우

정답 ②

02

다음 중 「국세징수법」상 납부기한 전 징수 사유가 아닌 것은?

① 국세, 지방세 또는 공과금의 체납으로 강제징수 또는 체납처분이 시작된 경우

② 「민사집행법」에 따른 강제집행 및 담보권 실행 등을 위한 경매가 시작되거나 「채무자 회생 및 파산에 관한 법률」에 따른 파산선고를 받은 경우

③ 「어음법」 및 「수표법」에 따른 어음교환소에서 거래정지처분을 받은 경우

④ 납세자가 재난 또는 도난으로 재산에 심한 손실을 입은 경우

⑤ 국세를 포탈하려는 행위가 있다고 인정되는 경우

기출처 2008 서울시 9급
LINK 세법1 201p 오진다 113p
난이도 ●●●○○ 출제 가능 지수 ●●●○○

해설

납세자가 재난 또는 도난으로 재산에 심한 손실을 입은 경우는 납부기한 전 징수의 사유에 **해당되지 않는다.**

[납세자가 재난 또는 도난으로 재산에 심한 손실을 입은 경우]

㉠ 사업에 관한 허가 등의 제한 배제 사유
㉡ 체납자료의 제공 배제 사유
㉢ 납부기한의 연장 및 납부고지의 유예 사유
㉣ 납세담보 요구할 수 없는 사유

정답 ④

03

국세의 납부기한 전 징수 사유에 해당하지 않는 항목들로만 묶은 것은?

> ㄱ. 납세자가 재난 또는 도난으로 재산에 심한 손실을 입은 경우
> ㄴ. 국세의 체납으로 강제징수가 시작된 경우
> ㄷ. 강제집행을 받은 경우
> ㄹ. 납세자가 경영하는 사업에 부도 또는 도산의 우려가 있는 경우
> ㅁ. 강제경매가 시작된 경우
> ㅂ. 국세를 포탈하고자 하는 행위가 있다고 인정되는 경우
> ㅅ. 납세자의 동거가족이 사망하여 상중인 경우

① ㄱ, ㄹ, ㅅ
② ㄴ, ㄹ, ㅅ
③ ㄱ, ㅁ, ㅅ
④ ㄱ, ㄷ, ㅂ

기출처 2007 국가직 9급
LINK 세법1 201p 오진다 113p
난이도 ●●○○○ 출제 가능 지수 ●●●○○

해설

「국세징수법」상 납부기한 전 징수의 사유에 해당하지 않는 항목은 ㄱ, ㄹ, ㅅ이다.

[납세자가 경영하는 사업에 부도 또는 도산의 우려가 있는 경우]

㉠ 사업에 관한 허가 등의 제한 배제 사유
㉡ 체납자료의 제공 배제 사유
㉢ 납부기한의 연장 및 납부고지의 유예 사유

[납세자 또는 그 동거가족의 6개월 이상의 치료 필요 또는 사망하여 상중인 경우]

㉠ 사업에 관한 허가 등의 제한 배제 사유
㉡ 납부기한의 연장 및 납부고지의 유예 사유
㉢ 기한 연장 사유

정답 ①

03 납부의 방법 및 납부기한 등의 연장 등

3-01

국세징수법령상 납부기한등의 연장 등에 대한 설명으로 옳은 것은?

① 권한 있는 기관에 장부나 서류 또는 그 밖의 물건이 압수 또는 영치된 경우는 납부기한의 연장 사유에 해당하지 아니한다.

② 관할 세무서장은 「국세징수법」 제13조에 따른 납부기한의 연장을 한 후 해당 납세자가 국세를 분할납부하여야 하는 각 기한까지 분할납부하여야 할 금액을 납부하지 아니한 경우 그 납부기한의 연장을 취소하고 연장과 관계되는 국세를 한꺼번에 징수할 수 있다.

③ 납부기한 전에 납부고지를 하는 경우에 납부고지서가 단축된 기한이 지난 후에 도달한 경우에는 도달한 날의 다음 날을 납부기한으로 한다.

④ 납세자가 납부고지 또는 독촉을 받은 후에 「채무자 회생 및 파산에 관한 법률」 제140조에 따른 징수의 유예를 받은 경우에는 그 유예 기간 동안 납부지연가산세가 부과된다.

기출처 **2024 국가직 7급**

LINK 세법1 203, 205, 207-208p   오진다 116, 118p

난이도 ●●●●○   출제 가능 지수 ●●●●○

해설

① 납부기한의 연장 사유는 다음과 같다.

⊙ 납세자가 재난 또는 도난으로 재산에 심한 손실을 입은 경우

ⓒ 납세자가 경영하는 사업에 현저한 손실이 발생하거나 부도 또는 도산의 우려가 있는 경우

ⓒ 납세자 또는 그 동거가족의 질병이나 중상해로 6개월 이상의 치료가 필요한 경우 또는 사망하여 상중인 경우

ⓔ 정전, 프로그램의 오류, 그 밖의 부득이한 사유로 한국은행 및 체신관서의 정보처리장치나 시스템을 정상적으로 가동시킬 수 없는 경우

ⓜ 금융회사 등 또는 체신관서의 휴무, 그 밖의 부득이한 사유로 정상적인 국세 납부가 곤란하다고 국세청장이 인정하는 경우

ⓗ 권한 있는 기관에 장부나 서류 또는 그 밖의 물건이 압수 또는 영치된 경우 및 이에 준하는 경우

ⓐ 납세자의 장부 작성을 대행하는 세무사 또는 공인회계사가 화재, 전화, 그 밖의 재해를 입거나 해당 납세자의 장부를 도난당한 경우

ⓞ 위 ⊙~ⓒ에 준하는 사유가 있는 경우

③ 납부기한 전에 납부고지를 하는 경우에 납부고지서가 단축된 기한이 지난 후에 도달한 경우에는 **도달한 날**을 납부기한으로 한다.

④ 납세자가 납부고지 또는 독촉을 받은 후에 「채무자 회생 및 파산에 관한 법률」 제140조에 따른 징수의 유예를 받은 경우에는 그 유예 기간 동안 납부지연가산세를 **부과하지 아니한다.**
                                                            정답 ②

01

「국세징수법」상 송달지연으로 인한 지정납부기한 등의 연장에 대한 설명으로 옳지 않은 것은?

① 납부고지서 또는 독촉장의 송달이 지연되어 도달한 날에 이미 지정납부기한 등이 지난 경우에는 도달한 날부터 14일이 지난 날을 지정납부기한 등으로 한다. (단, 납부 기한 전에 납부고지를 하는 경우를 제외한다)

② 납부고지서 또는 독촉장의 송달이 지연되어 도달한 날부터 14일 이내에 지정납부기한 등이 도래하는 경우에는 도달한 날부터 14일이 지난 날을 지정납부기한 등으로 한다. (단, 납부 기한 전에 납부고지를 하는 경우를 제외한다)

③ 납부기한 전에 납부고지를 하는 경우에 납부고지서가 단축된 기한 전에 도달한 경우에는 그 단축된 기한을 납부하여야 할 기한으로 한다.

④ 납부기한 전에 납부고지를 하는 경우에 납부고지서가 단축된 기한이 지난 후에 도달한 경우에는 도달한 날의 다음 날을 납부기한으로 한다.

기출처 **2022 국가직 7급**

LINK 세법1 208p   오진다 114, 118p

난이도 ●●○○○   출제 가능 지수 ●●●○○

해설

④ 납부기한 전에 납부고지를 하는 경우에 납부고지서가 단축된 기한이 지난 후에 도달한 경우에는 **도달한 날**을 납부기한으로 한다.

[송달지연으로 인한 징수유예]

일반적인 고지		납부기한 전 징수에 따른 고지	
도달한 날부터 14일 이내에 지정납부기한 등이 도래하는 경우	도달한 날부터 14일이 지난 날을 지정납부기한 등으로 함	단축된 기한 전에 도달한 경우	단축된 기한을 납부하여야 할 기한으로 함
도달한 날에 이미 지정납부기한 등이 지난 경우		단축된 기한이 지난 후에 도달한 경우	도달한 날을 납부하여야 할 기한으로 함

정답 ④

02

「국세기본법」 및 「국세징수법령」상 지정납부기한과 관련된 설명으로 옳지 않은 것은?

① 「국세기본법」에 따른 납부지연가산세 및 원천징수 등 납부지연가산세 중 지정납부기한이 지난 후의 가산세를 징수하는 경우에는 납부고지서를 발급하지 아니할 수 있다.

② 납세자가 국세를 지정납부기한까지 완납하지 아니하였다 하더라도 「국세기본법」 및 세법에 따라 물적납세의무를 부담하는 경우에는 독촉장을 발급하지 아니할 수 있다.

③ 납부고지서의 송달이 지연되어 도달한 날에 이미 지정납부기한이 지난 경우에는 도달한 날부터 14일이 지난 날을 지정납부기한으로 한다.

④ 국세징수권의 소멸시효는 지정납부기한의 연장으로 중단된다.

기출처 **2022 국가직 9급**

LINK 세법1 68, 198, 200, 208p   오진다 35, 110, 112, 118p

난이도 ●●●○○   출제 가능 지수 ●●●○○

해설

국세징수권의 소멸시효는 지정납부기한의 연장으로 **정지**된다.

[소멸시효의 중단 vs 정지]

소멸시효의 중단	소멸시효의 정지
㉠ 납부고지	㉠ 세법에 따른 분납기간, 연부연납기간
㉡ 독촉	㉡ 세법에 따른 납부고지의 유예, 지정납부기한·독촉장에서 정하는 기한의 연장, 징수 유예기간
㉢ 압류*	㉢ 세법에 따른 압류·매각의 유예기간
㉣ 교부청구	㉣ 세무공무원이 「국세징수법」에 따른 사해행위 취소소송이나 「민법」에 따른 채권자대위 소송을 제기하여 그 소송이 진행 중인 기간
	㉤ 체납자가 국외에 6개월 이상 계속 체류하는 경우 해당 국외 체류 기간

* 압류금지재산 또는 제3자의 재산을 압류한 경우에 해당하여 「국세징수법」에 따라 압류를 즉시 해제하는 경우는 제외

정답 ④

03

「국세기본법」 및 「국세징수법」상 기간과 기한에 대한 설명으로 옳은 것은?

① 우편으로 과세표준신고서를 제출한 경우 그 신고서가 도달한 날에 신고된 것으로 본다.

② 「국세기본법」 또는 세법에서 규정하는 신고기한 만료일에 국세정보통신망이 대통령령으로 정하는 장애로 가동이 정지되어 전자신고를 할 수 없는 경우에는 그 장애가 복구되어 신고할 수 있게 된 날을 신고기한으로 한다.

③ 「국세징수법」에서 정한 납부기한 만료일 10일 전에 납세자의 납부기한 연장 신청에 대하여 세무서장이 신청일로부터 10일 이내에 승인여부를 통지하지 아니한 때에는 그 10일이 되는 날에 납부기한의 연장을 승인한 것으로 본다.

④ 납부고지서를 송달한 경우에 도달한 날에 이미 납부기한이 지난 때에는 그 도달한 날을 납부기한으로 한다.

기출처 2020 국가직 7급

LINK 세법1 30, 206, 208p   오진단 17-18, 117-118p

난이도 ●●●●●   출제 가능 지수 ●●●●●

해설

① 우편으로 과세표준신고서를 제출한 경우 「우편법」에 따른 **우편날짜도장이 찍힌 날**에 신고된 것으로 본다.

② 신고기한 만료일에 프로그램의 오류로 국세정보통신망의 가동이 정지되어 전자신고나 전자납부를 할 수 없는 경우에는 그 **장애가 복구되어 신고 또는 납부할 수 있게 된 날의 다음 날**을 기한으로 한다.

④ 납부기한 전 징수에 따른 고지가 아닌 일반적인 납부고지서를 송달한 경우에 도달한 날에 이미 납부기한이 지난 때에는 **도달한 날부터 14일이 지난 날**을 지정납부기한 등으로 한다(국징법 17 ①).　　　　정답 ③

04

「국세징수법」상 납부기한 등의 연장 및 납부고지의 유예에 대한 설명으로 옳지 않은 것은? (단, 상호합의절차에 따른 특례는 고려하지 않는다)

① 관할 세무서장은 납세자가 경영하는 사업에 현저한 손실이 발생하여 국세를 납부기한까지 납부할 수 없다고 인정되는 경우 대통령령으로 정하는 바에 따라 납부기한을 연장(세액을 분할하여 납부하도록 하는 것을 포함)할 수 있다.

② 납세자가 납부고지 예정인 국세의 납부하여야 할 기한의 만료일 10일 전까지 납부고지의 유예 신청을 하였으나 관할 세무서장이 신청일부터 10일 이내에 승인 여부를 통지하지 아니한 경우에는 신청일부터 10일이 되는 날에 납부고지의 유예 신청을 승인한 것으로 본다.

③ 관할 세무서장은 납부기한 등의 연장 또는 납부고지의 유예를 하는 경우 그 연장 또는 유예와 관계되는 금액에 상당하는 납세담보의 제공을 요구하여야 한다.

④ 관할 세무서장은 체납자인 법인이 해산한 경우 해당 관할 세무서장, 지방자치단체의 장, 공공기관의 장, 지방공사 또는 지방공단의 장, 집행법원, 집행공무원, 강제관리인, 파산관재인 또는 청산인에 대하여 해당 강제집행 절차의 배당·배분 요구의 종기까지 체납액(지정납부기한이 연장된 국세를 포함)의 교부를 청구하여야 한다.

기출처 **2018 국가직 9급**

LINK (세법1) 203, 206, 236p (오진다) 115-117, 138p

난이도 ●●●●○   출제가능지수 ●●●●○

[해설]

관할 세무서장은 납부기한 등의 연장 또는 납부고지의 유예를 하는 경우 그 연장 또는 유예와 관계되는 금액에 상당하는 납세담보의 제공을 **요구할 수 있다**.

[납세담보를 요구할 수 없는 경우]

㉠ 납세자가 사업에서 심각한 손해를 입거나 그 사업이 중대한 위기에 처한 경우로서 관할 세무서장이 납부해야 할 금액, 연장 또는 유예 기간 및 납세자의 과거 국세 납부명세 등을 고려하여 납세자가 그 연장 또는 유예 기간 내에 해당 국세를 납부할 수 있다고 인정하는 경우
㉡ 납세자가 재난 또는 도난으로 재산에 심한 손실을 입은 경우
㉢ 정전, 프로그램의 오류, 그 밖의 부득이한 사유로 한국은행 및 체신관서의 정보처리장치나 시스템을 정상적으로 가동시킬 수 없는 경우
㉣ 금융회사 등 또는 체신관서의 휴무, 그 밖의 부득이한 사유로 정상적인 국세 납부가 곤란하다고 국세청장이 인정하는 경우
㉤ 위 ㉠~㉣과 유사한 사유에 해당하는 경우

정답 ③

05

「국세징수법」상 납부고지의 유예에 대한 설명으로 옳지 않은 것은?

① 납세자가 재난 또는 도난으로 재산에 심한 손실을 입어 국세를 납부기한에서 정하는 기한까지 납부할 수 없다고 인정되는 경우 납부기한을 연장할 수 있다.

② 세무서장은 납부기한이 시작되기 전에 납세자 또는 그 동거가족의 질병이나 중상해로 장기치료가 필요한 경우로서 국세를 납부기한까지 납부할 수 없다고 인정되는 경우에는 법령에 따라 납부고지를 유예할 수 있다.

③ 관할 세무서장은 납세자가 경영하는 사업에 현저한 손실이 발생한 경우라도 납부의 독촉을 받은 후라면 납부기한을 연장할 수 없다.

④ 관할 세무서장은 부득이한 사유로 납부기한 등의 연장 또는 납부고지의 유예를 하는 경우 그 연장 또는 유예와 관계되는 금액에 상당하는 납세담보의 제공을 요구할 수 있다.

기출처 2014 국가직 9급 수정

LINK 세법1 203, 206p   오진다 116-117p

난이도 ●●●○○   출제 가능 지수 ●●●●○

해설

관할 세무서장은 납세자가 경영하는 사업에 현저한 손실이 발생한 경우로서 국세를 독촉장에서 정하는 기한까지 납부할 수 없다고 인정되는 경우 납부기한을 연장할 수 **있다**. 즉, 납부의 독촉을 받은 후라도 연장 사유가 인정되면 납부기한을 연장할 수 **있다**.   정답 ③

06

「국세기본법」 및 「국세징수법」상 기간 및 기한에 대한 설명으로 옳은 것은?

① 기간의 계산에 대한 「국세기본법」 또는 세법의 규정이 「민법」의 규정과 상충되면 「민법」의 규정에 따른다.

② 금융기관 또는 체신관서의 휴무의 경우 기한연장 사유에 해당하지 않는다.

③ 납부기한 전 징수의 고지가 아닌 경우에 납부고지서 또는 독촉장이 도달한 날에 이미 납부기한이 경과하였거나 도달일로부터 14일 이내에 납부기한이 도래하는 것은 도달한 날부터 14일이 지난 날을 납부기한으로 한다.

④ 증여세 신고기한이 4월 1일(금요일)이고 공휴일인 경우 4월 3일까지 신고하여야 한다.

기출처 2011 국가직 9급

LINK 세법1 28, 30-31, 208p   오진다 17-20, 118p

난이도 ●●●○○   출제 가능 지수 ●●●●○

해설

① 「국세기본법」 또는 세법에서 규정하는 기간의 계산은 「국세기본법」 또는 그 세법에 특별한 규정이 있는 것을 제외하고는 「민법」에 따른다(국기법 4). 즉, 기간의 계산에 대한 「국세기본법」 또는 세법의 규정이 「민법」의 규정과 상충되면 **「국세기본법」 또는 세법의 규정에 따른다**.

② 금융기관 또는 체신관서의 휴무의 경우 **기한연장 사유에 해당한다**.

④ 증여세 신고기한이 4월 1일(금요일)이고 공휴일인 경우 4월 3일은 일요일이므로 **4월 4일까지** 신고해야 한다.   정답 ③

07

「국세징수법」상 납부고지의 유예에 대한 설명으로 옳지 않은 것은?

① 세무서장은 납부기한이 시작되기 전에 납세자가 일정한 사유로 국세를 납부할 수 없다고 인정할 때에는 대통령령으로 정하는 바에 따라 납부고지를 유예하거나 결정한 세액을 분할하여 납부고지할 수 있다.

② 납부고지의 유예 또는 세액의 분할 납부고지를 신청받은 관할 세무서장은 고지 예정인 국세의 납부기한의 만료일까지 해당 납세자에게 승인 여부를 통지할 수 있다.

③ 권한 있는 기관에 납세자의 장부나 서류 또는 그 밖의 물건이 영치된 경우 관할 세무서장은 납부고지를 유예할 수 있다.

④ 관할 세무서장은 「국세징수법」 제14조에 따른 납부고지의 유예를 하는 경우 그 연장 또는 유예와 관계되는 금액에 상당하는 납세담보의 제공을 요구할 수 있다.

기출처 2012 국가직 7급
LINK 세법1 203, 206p 오진다 115-117p
난이도 ●●●●● 출제 가능 지수 ●●●●●

해설

납부고지의 유예 또는 세액의 분할 납부고지를 신청받은 관할 세무서장은 고지 예정인 국세의 납부기한의 만료일까지 해당 납세자에게 승인 여부를 통지 **해야 한다.**

[납부고지의 유예, 납부기한의 연장 사유 vs 공시송달의 사유]

납부고지의 유예, 납부기한의 연장 사유	공시송달의 사유
⊙ 납세자가 재난 또는 도난으로 재산에 심한 손실을 입은 경우	⊙ 주소 또는 영업소가 국외에 있고 송달하기 곤란한 경우
⊙ 납세자가 경영하는 사업에 현저한 손실이 발생하거나 부도 또는 도산의 우려가 있는 경우	⊙ 주소 또는 영업소가 분명하지 않은 경우
⊙ 납세자 또는 그 동거가족의 질병이나 중상해로 6개월 이상의 치료가 필요한 경우 또는 사망하여 상 중인 경우	⊙ 서류를 등기우편으로 송달하였으나 수취인이 부재중인 것으로 확인되어 반송됨으로써 납부기한까지 송달이 곤란하다고 인정되는 경우
⊙ 정전, 프로그램의 오류, 그 밖의 부득이한 사유로 한국은행 및 체신관서의 정보처리장치나 시스템을 정상적으로 가동시킬 수 없는 경우	
⊙ 금융회사 등 또는 체신관서의 휴무, 그 밖의 부득이한 사유로 정상적인 국세납부가 곤란하다고 국세청장이 인정하는 경우	⊙ 세무공무원이 2회 이상 납세자를 방문해 서류를 교부하려고 하였으나 수취인이 부재중인 것으로 확인되어 납부기한까지 송달이 곤란하다고 인정되는 경우
⊙ 권한 있는 기관에 장부 또는 서류 또는 그 밖의 물건이 압수 또는 영치된 경우 및 이에 준하는 경우	
⊙ 납세자의 장부 작성을 대행하는 세무사 또는 공인회계사가 화재, 전화, 그 밖의 재해를 입거나 해당 납세자의 장부를 도난당한 경우	
⊙ 위의 사유에 준하는 사유가 있는 경우	

정답 ②

08

「국세징수법」상 납세의무가 확정된 국세에 대하여 납부기한 전에 징수할 수 있는 사유로 옳지 않은 것은?

① 납세자가 경영하는 사업에 현저한 손실이 발생한 때

② 「어음법」에 의한 어음교환소에서 거래정지처분을 받은 때

③ 국세를 포탈하고자 하는 행위가 있다고 인정되는 때

④ 지방세의 체납으로 체납처분이 시작된 때

기출처 2009 국가직 7급 수정
LINK 세법1 201, 203p 오진다 113, 116p
난이도 ●●●●● 출제 가능 지수 ●●●●●

해설

납세자가 경영하는 사업에 현저한 손실이 발생한 때는 **납부기한의 연장 및 납부고지의 유예 사유**에 해당한다.

정답 ①

09

「국세징수법」상 납부기한 전 징수와 납부고지의 유예에 관한 설명으로 옳지 않은 것은?

① 관할 세무서장은 납부기한 전에 국세를 징수하려는 경우 당초의 납부기한보다 단축된 기한을 정하여 납세자에게 납부고지를 하여야 한다.

② 관할 세무서장은 납세자 또는 그 동거가족의 질병이나 중상해로 6개월 이상의 치료가 필요한 경우 납부고지의 유예를 할 수 있다.

③ 관할 세무서장은 납세자가 지방세 또는 공과금의 체납으로 체납처분이 시작된 경우 납부기한 전이라도 이미 납세의무가 성립된 국세(납세의무의 확정여부와는 무관)는 이를 징수할 수 있다.

④ 세무서장은 납부기한 개시 전에 납세자가 경영하는 사업에 현저한 손실이 발생하거나 부도 또는 도산의 우려가 있는 경우에는 법령이 정하는 바에 의하여 납부의 고지를 유예하거나 결정한 세액을 분할하여 고지할 수 있다.

기출처 2010 국가직 7급 수정
LINK 세법1 201, 203p 오진다 113, 116p
난이도 ●●○○○ 출제 가능 지수 ●●●○○

해설

관할 세무서장은 납세자가 지방세 또는 공과금의 체납으로 체납처분이 시작된 경우 납부기한 전이라도 **이미 납세의무가 확정된 국세**를 징수할 수 있다.

정답 ③

10

「국세징수법」상 납부고지의 유예에 대한 설명으로 옳지 않은 것은?

① 세무서장은 납부기한 개시 전에 납세자가 그 동거가족의 질병으로 6개월 이상의 치료가 필요한 경우로서 국세를 납부할 수 없다고 인정하는 때에는 납부고지를 유예할 수 있다.

② 납세자가 납부고지의 유예를 신청하려는 경우 기한 만료일 3일 전까지 신청서(전자문서 포함)를 관할 세무서장에게 제출해야 한다.

③ 관할 세무서장은 납부고지를 유예한 경우 그 유예기간 동안 납부지연가산세 및 원천징수 등 납부지연가산세를 부과하지 않는다. 단, 납세자가 납부고지 또는 독촉을 받은 후에 「채무자 회생 및 파산에 관한 법률」에 따른 징수의 유예를 받은 경우에는 그러하지 아니하다.

④ 관할 세무서장은 프로그램의 오류로 체신관서의 정보처리장치를 정상적으로 가동시킬 수 없어 납세자가 국세를 납부기한까지 납부할 수 없다고 인정되는 경우 대통령령으로 정하는 바에 따라 납부고지를 유예(세액을 분할하여 납부고지하는 것을 포함)할 수 있다.

기출처 2009 국가직 7급 수정
LINK 세법1 203, 205-206p 오진다 115-116p
난이도 ●●○○○ 출제 가능 지수 ●●●○○

해설

관할 세무서장은 납부고지를 유예한 경우 그 유예기간 동안 납부지연가산세 및 원천징수 등 납부지연가산세를 부과하지 않는다. 단, 납세자가 납부고지 또는 독촉을 받은 후에 「채무자 회생 및 파산에 관한 법률」에 따른 **징수의 유예를 받은 경우에도 또한 같다**(국징령 13).

정답 ③

11

「국세징수법」상 납부고지의 유예제도에 대한 설명으로 옳은 것은?

① 제2차 납세의무자는 납부고지의 유예를 받을 수 없다.

② 세무서장은 납부고지를 유예하는 경우, 납세담보의 제공을 요구하여야 한다.

③ 납세자가 그 동거가족의 사망으로 상중인 경우 관할 세무서장에게 납부고지의 유예 신청을 할 수 있다.

④ 납부고지의 유예를 적용받는 자에 대하여는 납부지연가산세가 적용될 수 없다.

기출처 **2005 국가직 7급**

LINK 세법1 203-206p 오진다 115-117p

난이도 ●●●●● 출제 가능 지수 ●●●●●

해설

① 납부고지의 유예를 받을 수 있는 납세자에는 원천징수의무자, 연대납세의무자, 제2차 납세의무자 및 납세보증인이 해당된다(국징통 15-0…2). 즉, 제2차 납세의무자는 납부고지의 유예를 받을 수 **있다.**

② 관할 세무서장은 부득이한 사유로 납부고지의 유예를 하는 경우 그 유예와 관계되는 금액에 상당하는 납세담보의 제공을 **요구할 수 있다.**

④ 관할 세무서장은 납부고지를 유예한 경우 그 연장 또는 **유예기간 동안** 납부지연가산세를 부과하지 않는다. 즉, 해당 유예가 적용되는 기간을 제외한 기간에 대해서는 납부지연가산세는 부과될 수 있다. 정답 ③

12

「국세징수법」상 납부고지의 유예에 대한 설명으로 옳은 것은?

① 관할 세무서장은 납부고지를 유예한 경우 그 유예기간 동안 납부지연가산세를 부과하지 않는다.

② 「국세징수법」에서는 국세청장이 성실납세자로 인정하는 기준에 해당하는 경우를 납부고지의 유예 사유의 하나로 규정하고 있다.

③ 아직 확정되지 않은 국세도 납부고지의 유예 대상이 될 수 있다.

④ 납부고지의 유예를 받을 수 있는 자는 본래의 납세의무자에 한하므로, 연대납세의무자나 제2차 납세의무자는 징수유예를 받을 수 없다.

기출처 **2005 국가직 9급**

LINK 세법1 203, 205, 259p 오진다 115-117, 154p

난이도 ●●●●● 출제 가능 지수 ●●●●●

해설

② 관할 세무서장은 체납자가 국세청장이 성실납세자로 인정하는 기준에 해당하는 경우 체납자의 신청 또는 직권으로 그 체납액에 대하여 강제징수에 따른 재산의 압류 또는 압류재산의 매각을 유예할 수 있다(국징법 105 ①). 즉, 「국세징수법」에서는 국세청장이 성실납세자로 인정하는 기준에 해당하는 경우를 **압류·매각의 유예** 사유의 하나로 규정하고 있다.

③ 확정된 국세만이 납부고지의 유예의 대상이 될 수 있으며, 각 세법에 따른 자진납부분 이외의 것과 「상속세 및 증여세법」에 따른 연부연납분이 포함된다(국징통 15-0…3). 즉, 아직 확정되지 않은 국세는 납부고지의 유예의 대상이 될 수 **없다.**

④ 납부고지의 유예를 받을 수 있는 납세자에는 원천징수의무자, **연대납세의무자, 제2차 납세의무자 및 납세보증인이 해당**된다(국징통 15-0…2). 즉, 연대납세의무자나 제2차 납세의무자는 징수유예를 받을 수 **있다.**

[압류·매각의 유예 사유]

㉠ 국세청장이 성실납세자로 인정하는 기준에 해당하는 경우

㉡ 재산의 압류나 압류재산의 매각을 유예함으로써 체납자가 사업을 정상적으로 운영할 수 있게 되어 체납액의 징수가 가능하게 될 것이라고 관할 세무서장이 인정하는 경우

정답 ①

4-01

국세징수법령상 납세담보에 대한 설명으로 옳은 것은?
① 납세보증서를 납세담보로 제공할 경우 공탁(供託)하고 그 공탁수령증을 관할 세무서장에게 제출해야 한다.
② 보험에 든 등기된 건물의 납세담보의 가액은 보험금액이다.
③ 납세보증서를 납세담보로 제공한 자는 그 납세보증서로 담보한 국세 및 강제징수비를 납부할 수 있다.
④ 납부해야 할 기한이 확정된 국세의 납세담보를 납세보증보험증권으로 제공할 경우에는 보험기간이 납세담보를 필요로 하는 기간에 30일을 더한 기간 이상이어야 한다.

기출처 **2024 국가직 9급**
LINK 세법1 210-211p   오진다 121p
난이도 ●●●●●   출제 가능 지수 ●●●●●

해설

① 납세보증서를 납세담보로 제공할 경우 **납세보증서를 제출해야 한다.**
② 보험에 든 등기된 건물의 납세담보의 가액은 **「상속세 및 증여세법」에 따라 평가한 가액**이다.
③ **금전**을 납세담보로 제공한 자는 그 **금전**으로 담보한 국세 및 강제징수비를 납부할 수 있다.   정답 ④

01

국세징수법령상 납세담보에 대한 설명으로 옳지 않은 것은?
① 토지, 건물, 공장재단, 광업재단, 선박, 항공기 또는 건설기계를 납세담보로 제공하려는 자는 그 등기필증, 등기완료통지서 또는 등록필증을 관할 세무서장에게 제시하여야 한다.
② 관할 세무서장은 납세담보물의 가액 감소로 그 납세담보로는 국세 및 강제징수비의 납부를 담보할 수 없다고 인정할 때에는 담보를 제공한 자에게 담보물의 추가 제공을 요구할 수 있다.
③ 납세담보로서 유가증권을 제공한 자는 그 유가증권으로 담보한 국세 및 강제징수비를 납부할 수 있으며, 이 경우 납부하려는 자는 그 뜻을 적은 문서로 관할 세무서장에게 신청해야 한다.
④ 「은행법」 제2조제1항제2호에 따른 은행의 납세보증서로 납세담보를 제공하는 경우에는 담보할 국세의 100분의 110 이상의 가액에 상당하는 담보를 제공하여야 하되, 그 국세가 확정되지 아니한 경우에는 국세청장이 정하는 가액에 상당하는 담보를 제공하여야 한다.

기출처 **2023 국가직 9급**
LINK 세법1 210-211p   오진다 120-122p
난이도 ●●●●●   출제 가능 지수 ●●●●●

해설

③ 납세담보로서 **금전**을 제공한 자는 그 **금전**으로 담보한 국세 및 강제징수비를 납부할 수 있으며, 이 경우 납부하려는 자는 그 뜻을 적은 문서로 관할 세무서장에게 신청해야 한다.   정답 ③

02

국세징수법령상 납세담보에 대한 설명으로 옳지 않은 것은?

① 증권시장에 상장된 유가증권으로서 매매사실이 있는 것은 납세담보로 인정하고 있다.

② 보석 또는 자동차와 같이 자산적 가치가 있는 것은 법에 열거되지 않더라도 납세담보로 인정한다.

③ 납세담보로서 금전을 제공한 자는 그 금전으로 담보한 국세 및 강제징수비를 납부할 수 있다.

④ 관할 세무서장은 납세담보를 제공받은 국세 및 강제징수비가 그 담보기간에 납부되지 않는 경우 납세담보가 납세보증서이면 보증인으로부터 징수절차에 따라 징수한 금전으로 해당 국세 및 강제징수비를 징수한다.

기출처 **2022 국가직 9급**
LINK 세법1 210-211p 오진다 121-122p
난이도 ●●○○○ 출제 가능 지수 ●●●●○

해설

「국세징수법」상 납세담보재산은 열거주의에 의하므로 열거되지 아니한 재산은 금전적 가치가 있는 경우에도 이를 담보로 제공받을 수 없다. 따라서 보석 또는 자동차는 자산적 가치가 있더라도 법에 열거되지 아니한 재산이므로 **납세담보로 인정하지 아니한다.**

[금전 외 납세담보의 현금화 및 징수 방법]

㉠ 일정한 유가증권, 토지, 건물, 공장재단, 광업재단, 선박, 항공기 또는 건설기계인 경우: 공매절차에 따라 매각
㉡ 납세보증보험증권인 경우: 해당 납세보증보험사업자에게 보험금의 지급을 청구
㉢ 납세보증서인 경우: 납세보증인으로부터 징수절차에 따라 징수

정답 ②

03

「국세징수법령」상 납세담보에 대한 설명으로 옳지 않은 것은?

① 등록된 유가증권을 납세담보로 제공하려는 자는 그 유가증권을 공탁하고 그 공탁수령증을 세무서장(세법에 따라 국세에 관한 사무를 세관장이 관장하는 경우에는 세관장을 말함)에게 제출하여야 한다.

② 보험에 든 등기된 건물을 납세담보로 제공하려는 자는 그 화재보험증권을 제출하여야 한다. 이 경우 그 보험기간은 납세담보를 필요로 하는 기간에 30일 이상을 더한 것이어야 한다.

③ 납세담보를 제공한 자는 세무서장의 승인을 받아 그 담보를 변경할 수 있다.

④ 납세담보로서 금전을 제공한 자는 그 금전으로 담보한 국세 및 강제징수비를 납부할 수 있다.

기출처 **2017 국가직 7급**
LINK 세법1 210-211p 오진다 121-122p
난이도 ●●●○○ 출제 가능 지수 ●●●●○

해설

미등록된 유가증권을 납세담보로 제공하려는 자는 그 유가증권을 공탁하고 그 공탁수령증을 관할 세무서장(「국세징수법」 및 다른 세법에 따라 국세에 관한 사무를 세관장이 관장하는 경우에는 세관장을 말함)에게 제출하여야 한다. 등록된 유가증권의 경우에는 **담보 제공의 뜻을 등록하고 그 등록확인증을 제출**하여야 한다.

정답 ①

04

「국세징수법」상 납세담보에 대한 설명으로 옳지 않은 것은?

① 납세담보로서 금전을 제공한 자는 그 금전으로 담보한 국세 및 강제징수비를 납부할 수 있다.

② 납세보증보험증권의 납세담보의 가액은 보험금액이다.

③ 금전을 납세담보로 제공할 때에는 담보할 국세의 100분의 120 이상의 가액에 상당하는 현금을 제공하여야 한다.

④ 납세담보를 제공한 자는 세무서장의 승인을 받아 그 담보를 변경할 수 있다.

기출처 2014 국가직 9급

LINK 세법1 210-211p   오진다 120-122p

난이도 ●●○○○   출제 가능 지수 ●●●●○

해설

금전을 납세담보로 제공할 때에는 담보할 국세의 100분의 **110** 이상의 가액에 상당하는 현금을 제공하여야 한다.

[담보 종류별 담보로 제공해야 하는 가액]

금전, 납세보증보험증권 또는 은행의 납세보증서	담보할 국세의 110% 이상 가액
그 밖의 담보	담보할 국세의 120% 이상 가액

정답 ③

05

「국세징수법」상 납세담보에 대한 설명으로 옳은 것은?

① 금전, 보험에 든 등록된 자동차와 건설기계는 납세담보로 제공할 수 있다.

② 납세담보를 제공한 자는 그 담보를 임의로 변경할 수 있다.

③ 상장된 유가증권을 납세담보로 제공한 자는 그 담보물로 국세 및 강제징수비를 납부할 수 있다.

④ 납세보증보험증권으로 납세담보를 한 경우, 납세담보의 가액은 그 보험금액으로 한다.

기출처 2013 국가직 7급

LINK 세법1 210-211p   오진다 120-122p

난이도 ●●○○○   출제 가능 지수 ●●●●○

해설

① 「국세징수법」상 납세담보재산은 열거주의에 의하므로 열거되지 아니한 재산은 금전적 가치가 있는 경우에도 이를 담보로 제공받을 수 없다. 자동차는 열거된 **납세담보재산에 해당하지 아니한다**.

② 납세담보를 제공한 자는 관할 세무서장의 승인을 받아 그 담보를 변경할 수 있다. 즉, 납세담보를 제공한 자는 그 담보를 임의로 변경할 수 **없다**.

③ 납세담보로서 **금전**을 제공한 자는 그 금전으로 담보한 국세 및 강제징수비를 납부할 수 있다(국징법 22 ①).

정답 ④

06

「국세기본법」상 납세담보와 국세우선권에 관한 설명으로 옳은 것은 모두 몇 개인가?

> (가) 납세보증보험증권으로 납세담보를 제공할 때에는 담보할 국세의 100분의 110 이상의 가액에 상당하는 담보를 제공하여야 한다. 다만, 그 국세가 확정되지 아니한 경우에는 국세청장이 정하는 가액으로 하여야 한다.
>
> (나) 납세자가 국세의 법정기일 전 1년 내에 법령으로 정하는 친족이나 그 밖의 특수관계인과 전세권·질권 또는 저당권 설정계약을 한 경우에는 짜고 한 거짓 계약으로 추정한다.
>
> (다) 국세(소득세)의 법정기일 전에 저당권 등이 설정된 경우에 저당권 등에 의하여 담보된 채권은 국세보다 우선한다.
>
> (라) 「자본시장과 금융투자업에 관한 법률」에 따른 유가증권시장에 상장된 유가증권을 납세담보로 제공한 자는 그 담보물로 담보한 국세 및 강제징수비를 납부할 수 있다. 이 때 납부하려고 하는 자는 그 뜻을 기재한 문서로 관할 세무서장에게 신청하여야 한다.

① 1개   ② 2개   ③ 3개   ④ 4개

기출처 2011 국가직 7급 수정
LINK 세법1 82, 88, 210-211p   오진다 44, 47, 121-122p
난이도 ●●●○○   출제 가능 지수 ●●●●○

해설

(라) 납세담보로서 **금전**을 제공한 자에 한하여 그 **금전**으로 담보한 국세 및 강제징수비를 납부할 수 있다. 따라서 유가증권을 납세담보로 제공한 자는 그 담보물로 담보한 국세 및 강제징수비를 납부할 수 **없다**.

정답 ③

07

「국세징수법」상 납세담보에 대한 설명으로 옳지 않은 것은?

① 납세보증보험증권에 의한 납세담보의 가액의 평가는 보험금액에 의한다.

② 보증인의 납세보증서로 납세담보를 제공한 자는 관할 세무서장의 승인을 얻어 그 담보를 변경할 수 있으나, 관할 세무서장은 보증인의 변경을 요구할 수 없다.

③ 토지·건물을 납세담보로 제공하고자 하는 자는 그 등기필증, 등기완료통지서 또는 등록필증을 관할 세무서장에게 제시하여야 한다.

④ 세무서장은 납세담보의 제공을 받은 국세 및 강제징수비가 납부된 때에는 지체 없이 담보해제의 절차를 밟아야 한다.

기출처 2009 국가직 9급
LINK 세법1 210-212p   오진다 120-122p
난이도 ●●○○○   출제 가능 지수 ●●●●●

해설

② 보증인의 납세보증서로 납세담보를 제공한 자는 세무서장의 승인을 얻어 그 담보를 변경할 수 있으며, 세무서장은 보증인의 변경을 요구할 수 **있다**.

③ 토지, 건물, 공장재단, 광업재단, 선박, 항공기 또는 건설기계를 납세담보로 제공하려는 자는 그 등기필증, 등기완료통지서 또는 등록필증을 관할 세무서장에게 제시하여야 하며, 관할 세무서장은 이에 따라 저당권 설정을 위한 등기 또는 등록 절차를 밟아야 한다(국징법 20).

[보증인의 변경 요구 사유]

> ㉠ 납세담보물의 가액 감소
>
> ㉡ 보증인의 자력 감소
>
> ㉢ 그 밖의 사유로 그 납세담보로는 국세 및 강제징수비의 납부를 담보할 수 없다고 인정할 때

정답 ②

08

납세담보에 관한 설명이다. 옳은 것은?

① 금전도 납세담보로 제공할 수 있다.

② 등록된 국채증권·지방채증권 또는 특수채증권의 경우에는 공탁하고 그 공탁수령증을 세무서장에게 제출하여야 한다.

③ 국채증권과 지방채증권은 액면가액으로 평가한다.

④ 납세담보를 제공한 자는 이후 그 담보를 변경할 수 없다.

⑤ 납세담보는 환금성이 중요하므로 보석류도 납세담보로 제공할 수 있다.

기출처 2007 서울시 9급

LINK 세법1 210-211p 오진다 120-121p

난이도 ●●●●● 출제 가능 지수 ●●●●●

해설

② 등록된 유가증권의 경우에는 **담보 제공의 뜻을 등록하고 그 등록확인증을 제출**하여야 한다.

③ 국채증권과 지방채증권의 가액은 담보로 제공하는 날의 전날을 평가기준일로 하여 「상속세 및 증여세법 시행령」 제58조제1항을 준용하여 계산한 가액을 말한다.

④ 납세담보를 제공한 자는 관할 세무서장의 승인을 받아 그 담보를 변경할 수 **있다**.

⑤ 「국세징수법」상 납세담보재산은 열거주의에 의하므로 열거되지 아니한 재산은 금전적 가치가 있는 경우에도 이를 담보로 제공받을 수 없다. 즉, 보석류는 납세담보로 제공할 수 **없다**.

정답 ①

MEMO

03

강제적 징수절차

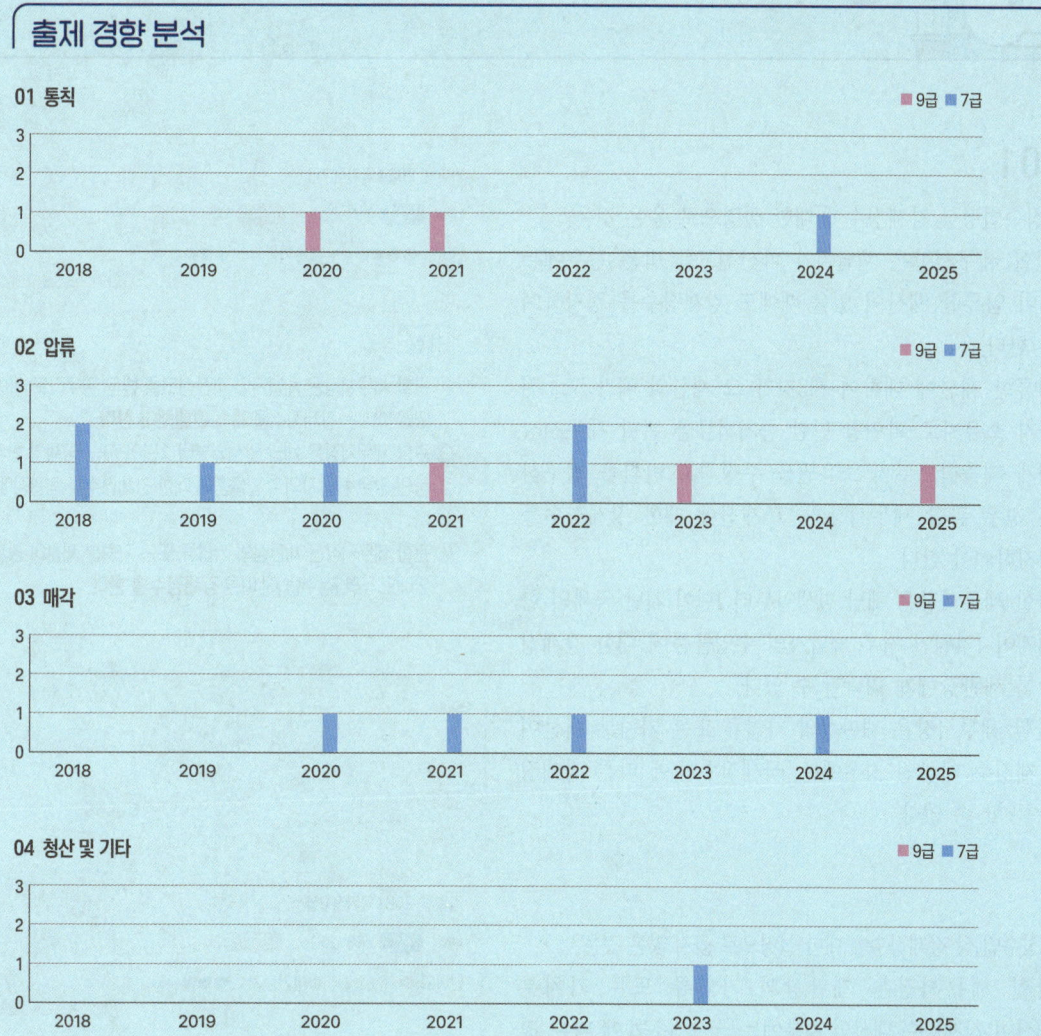

01 통칙

02 압류

03 매각

04 청산 및 기타

기출 분석

9급과 7급을 막론하고 빈출되는 주제입니다. 특히 '02. 압류'는 관련 규정의 양도 많지만, 다양한 내용들이 출제되고 있으므로 완벽하게 정리해 두셔야 합니다. 빈출 주제일수록 응용 문제를 통해 대비가 중요하다는 사실을 명심하시기 바랍니다.

01 통칙

1-01

국세징수법령상 강제징수에 대한 설명으로 옳은 것은?

① 관할 세무서장은 체납자가 파산선고를 받은 경우에는 이미 압류한 재산이 있을 때에도 강제징수를 정지하여야 한다.

② 압류한 재산에 대하여 제3자가 그 재산의 매각 5일 전까지 소유자로 확인할 만한 증거서류를 관할 세무서장에게 제출함으로써 소유권을 주장하고 반환을 청구하는 경우 관할 세무서장은 그 재산에 대한 강제징수를 정지하여야 한다.

③ 관할 세무서장은 체납 발생일부터 1년이 지난 국세의 합계액이 1억원인 경우 체납자의 수입물품에 대한 강제징수를 세관장에게 위탁할 수 있다.

④ 관할 세무서장은 재판상의 가압류 또는 가처분 재산이 강제징수 대상인 경우에는 「국세징수법」에 따른 강제징수를 할 수 없다.

01

「국세징수법」상 강제징수에 대한 설명으로 옳지 않은 것은?

① 관할 세무서장은 재판상의 가압류 또는 가처분 재산이 강제징수 대상인 경우에는 「국세징수법」에 따른 강제징수를 할 수 없다.

② 관할 세무서장은 강제징수를 할 때 납세자가 국세의 징수를 피하기 위하여 한 재산의 처분이나 그 밖에 재산권을 목적으로 한 법률행위(「신탁법」 제8조에 따른 사해신탁을 포함한다)에 대하여 「신탁법」 및 「민법」을 준용하여 사해행위의 취소 및 원상회복을 법원에 청구할 수 있다.

③ 관할 세무서장은 납세자가 독촉 또는 납부기한 전 징수의 고지를 받고 지정된 기한까지 국세를 완납하지 아니한 경우 재산의 압류, 압류재산의 매각·추심 및 청산의 절차에 따라 강제징수를 한다.

④ 체납자의 재산에 대하여 강제징수를 시작한 후 체납자가 사망한 경우에도 그 재산에 대한 강제징수는 계속 진행하여야 한다.

기출처 2024 국가직 7급
LINK 세법1 218-220p   오진다 125-126p
난이도 ●●●○○   출제 가능 지수 ●●●○○

해설

① 관할 세무서장은 체납자가 파산선고를 받은 경우라도 이미 압류한 재산이 있을 때에는 강제징수를 **계속 진행해야 한다.**

③ 관할 세무서장은 체납 발생일부터 1년이 지난 국세의 합계액이 **2억원 이상**인 경우 체납자의 수입물품에 대한 강제징수를 세관장에게 위탁할 수 있다.

④ 관할 세무서장은 재판상의 가압류 또는 가처분 재산이 강제징수 대상인 경우에도 「국세징수법」에 따른 **강제징수를 한다.**   정답 ②

기출처 2021 국가직 9급
LINK 세법1 216, 218p   오진다 124-125p
난이도 ●○○○○   출제 가능 지수 ●●●○○

해설

관할 세무서장은 재판상의 가압류 또는 가처분 재산이 강제징수 대상인 경우에도 「국세징수법」에 따른 강제징수를 **한다.**   정답 ①

02

조세채권자인 국가의 사해행위취소권 행사에 대한 설명으로 옳은 것은? (다툼이 있는 경우 판례에 의함)

① 납세자의 재산처분행위가 사해행위에 해당하는지 여부는 사해행위취소권 행사 당시를 기준으로 판단하여야 한다.

② 세무공무원은 강제징수를 집행할 때 납세자가 국세의 징수를 피하기 위하여 재산권을 목적으로 한 법률행위를 한 경우에는 직권으로 그 법률행위의 효력을 부인할 수 있다.

③ 세무공무원이 「국세징수법」 제25조에 따른 사해행위 취소소송을 제기하여 그 소송이 진행 중인 기간 동안은 국세징수권의 소멸시효가 진행된다.

④ 세무공무원은 강제징수를 집행할 때 납세자가 국세의 징수를 피하기 위하여 「신탁법」에 따른 사해신탁을 한 경우에는 사해행위의 취소 및 원상회복을 법원에 청구할 수 있다.

기출처 2020 국가직 9급

LINK 세법1 216-217p 오진다 124-125p

난이도 ●●○○○ 출제 가능 지수 ●●●○○

해설

① 납세자의 재산처분행위가 사해행위에 해당하는지 여부는 **사해행위 당시**를 기준으로 판단하여야 한다.

② 세무공무원은 강제징수를 집행할 때 납세자가 국세의 징수를 피하기 위하여 재산권을 목적으로 한 법률행위를 한 경우에는 사해행위의 취소 및 원상회복을 **법원에 청구**할 수 있다.

③ 세무공무원이 「국세징수법」 제25조에 따른 사해행위 취소소송을 제기하여 그 소송이 진행 중인 기간 동안은 국세징수권의 **소멸시효가 진행되지 않는다**.

정답 ④

03

「국세징수법」상 사해행위의 취소에 관한 설명으로 옳지 않은 것은?

① 관할 세무서장은 강제징수를 할 때 납세자가 국세의 징수를 피하기 위하여 한 재산의 처분에 대하여 납세보증인으로부터 국세의 전액을 징수할 수 있는 경우에는 사해행위취소권을 행사할 수 없다.

② 사해행위의 취소를 요구할 수 있는 경우는 국세의 징수를 면탈하려고 재산권을 목적으로 한 법률행위를 한 재산 이외에 다른 자력이 없어 국세를 완납할 수 없는 경우로 한다.

③ 징수하고자 하는 국세의 금액이 사해행위의 목적이 된 재산의 처분예정가액보다 적은 때에는 사해행위의 목적이 된 재산이 분할가능하면 국세에 상당하는 사해행위의 일부의 취소와 재산의 일부의 반환을 청구하는 것으로 한다.

④ 사해행위의 취소에 의해 반환받은 재산에 대하여 강제징수를 하고 국세에 충당한 후 잔여가 있는 경우에는 그 잔여분은 체납자에게 준다.

기출처 2008 국가직 7급 수정

LINK 세법1 216-217p 오진다 124-125p

난이도 ●●●○○ 출제 가능 지수 ●●●○○

해설

사해행위의 취소에 의해 반환받은 재산에 대하여 강제징수를 하고 국세에 충당한 후 잔여가 있는 경우에는 그 잔여분은 체납자에게 주지 아니하고 그 재산의 반환을 한 **수익자 또는 전득자**에게 반환한다(국징통 30-0…5). 정답 ④

04

다음은 제3자의 소유권 주장에 관한 설명이다. 옳지 않은 것은?

① 제3자가 압류한 재산에 대하여 소유권을 주장하고 반환을 청구하는 경우에도 세무공무원은 그 재산에 대하여 강제징수를 속행하여야 한다.

② 압류한 재산에 대하여 소유권을 주장하고 반환을 청구하려는 제3자는 그 재산의 매각 5일 전까지 소유자로 확인할 만한 증거서류를 관할 세무서장에게 제출하여야 한다.

③ 압류재산에 대하여 소유권 주장을 한 제3자는 세무공무원으로부터 반환청구가 부당하다는 통지를 받은 날로부터 15일 내에 체납자를 상대로 소유권에 관한 소송을 제기한 사실을 증명해야 한다.

④ 관할 세무서장은 제3자의 소유권 주장 및 반환 청구가 부당하다고 인정되면 즉시 그 뜻을 제3자에게 통지하여야 한다.

⑤ 관할 세무서장은 제3자의 소유권 주장 및 반환 청구가 정당하다고 인정되면 즉시 압류를 해제하여야 한다.

기출처 **2007 서울시 9급**
LINK 세법1 219p   오진다 126p
난이도 ●●●●●   출제 가능 지수 ●●●●●

해설

관할 세무서장은 제3자가 소유권을 주장하고 반환을 청구하는 경우 그 재산에 대한 강제징수를 **정지하여야 한다**(국징법 28 ②).

[제3자의 소유권 주장]

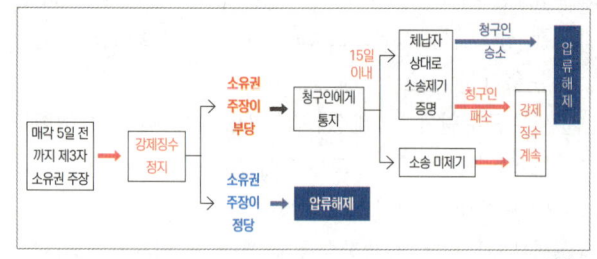

정답 ①

05

「국세징수법」의 내용에 관한 설명으로 옳지 않은 것은?

① 관할 세무서장은 강제징수를 할 때 납세자가 국세의 징수를 피하기 위하여 한 재산의 처분에 대하여 「민법」을 준용하여 사해행위의 취소 및 원상회복을 법원에 청구할 수 있다.

② 관할 세무서장은 납부기한 등을 연장하거나 납부고지를 유예한 경우 그 연장 또는 유예기간 동안 납부지연가산세 및 원천징수 등 납부지연가산세를 부과하지 않는다.

③ 소득세, 법인세 및 부가가치세를 3회 이상 체납하고 그 체납된 금액의 합계액이 500만원 이상인 경우 해당 주무관청에 사업의 정지 또는 허가 등의 취소를 요구할 수 있다.

④ 납세증명서는 발급일 현재 납부고지의 유예액, 압류·매각의 유예액 등 징수유예액을 포함한 다른 체납액이 없다는 사실을 증명하는 문서를 말한다.

기출처 **2004 국가직 7급 수정**
LINK 세법1 186, 189, 205, 216p   오진다 103, 105, 116, 124p
난이도 ●●●●●   출제 가능 지수 ●●●●●

해설

납세증명서는 발급일 현재 납부고지의 유예액, 압류·매각의 유예액 등 징수유예액을 **제외한** 다른 체납액이 없다는 사실을 증명하는 문서를 말한다. 정답 ④

02 압류

2-01

「국세징수법」상 압류금지 등에 대한 설명으로 옳은 것만을 모두 고르면?

> ㄱ. 발명 또는 저작에 관한 것으로서 공표되지 아니한 것은 압류할 수 있다.
> ㄴ. 퇴직금이나 그 밖에 이와 비슷한 성질을 가진 급여채권에 대해서는 그 총액의 2분의 1에 해당하는 금액은 압류하지 못한다.
> ㄷ. 체납자의 동거가족에게 필요한 3개월간의 식료품 또는 연료는 압류할 수 없다.

① ㄱ, ㄴ
② ㄱ, ㄷ
③ ㄴ, ㄷ
④ ㄱ, ㄴ, ㄷ

기출처 2025 국가직 9급

LINK 세법1 225-226p   오진다 130-131p

난이도 ●●○○○   출제 가능 지수 ●●●○○

해설

ㄱ. 발명 또는 저작에 관한 것으로서 공표되지 아니한 것은 압류할 수 **없다.**

[압류금지재산]

① 체납자 또는 그와 생계를 같이 하는 가족(사실상 혼인관계에 있는 사람을 포함. 이하 '동거가족')의 생활에 없어서는 아니 될 의복, 침구, 가구, 주방기구, 그 밖의 생활필수품
② **체납자 또는 그 동거가족에게 필요한 3개월간의 식료품 또는 연료**
③ 인감도장이나 그 밖에 직업에 필요한 도장
④ 제사 또는 예배에 필요한 물건, 비석 또는 묘지
⑤ 체납자 또는 그 동거가족의 장례에 필요한 물건
⑥ 족보·일기 등 체납자 또는 그 동거가족에게 필요한 장부 또는 서류
⑦ 직무 수행에 필요한 제복
⑧ 훈장이나 그 밖의 명예의 증표
⑨ 체납자 또는 그 동거가족의 학업에 필요한 서적과 기구
⑩ **발명 또는 저작에 관한 것으로서 공표되지 아니한 것**
⑪ 주로 자기의 노동력으로 농업을 하는 사람에게 없어서는 아니 될 기구, 가축, 사료, 종자, 비료, 그 밖에 이에 준하는 물건
⑫ 주로 자기의 노동력으로 어업을 하는 사람에게 없어서는 아니 될 어망, 기구, 미끼, 새끼 물고기, 그 밖에 이에 준하는 물건
⑬ 전문직 종사자·기술자·노무자, 그 밖에 주로 자기의 육체적 또는 정신적 노동으로 직업 또는 사업에 종사하는 사람에게 없어서는 아니 될 기구, 비품, 그 밖에 이에 준하는 물건
⑭ 체납자 또는 그 동거가족의 일상생활에 필요한 안경·보청기·의치·의수족·지팡이·장애보조용 바퀴의자, 그 밖에 이에 준하는 신체보조기구 및 「자동차관리법」에 따른 경형자동차
⑮ 재해의 방지 또는 보안을 위하여 법령에 따라 설치하여야 하는 소방설비, 경보기구, 피난시설, 그 밖에 이에 준하는 물건
⑯ 법령에 따라 지급되는 사망급여금 또는 상이급여금
⑰ 「주택임대차보호법」에 따라 우선변제를 받을 수 있는 금액
⑱ 체납자의 생계 유지에 필요한 소액금융재산

정답 ③

01

「국세징수법」상 압류의 효력에 대한 설명으로 옳지 않은 것은?

① 세무공무원이 재산을 압류한 경우 체납자는 압류한 재산에 관하여 양도, 제한물권의 설정, 채권의 영수, 그 밖의 처분을 할 수 없다.

② 압류의 효력은 압류재산으로부터 생기는 법정과실에도 미친다.

③ 체납자 또는 제3자가 압류재산의 사용 또는 수익을 하는 경우 그 재산의 매각으로 인하여 권리를 이전하기 전까지 이미 거두어들인 천연과실에 대해서도 압류의 효력이 미친다.

④ 세무공무원이 채권 또는 그 밖의 재산권을 압류한 경우 해당 채권의 채무자 및 그 밖의 재산권의 채무자 또는 이에 준하는 자는 체납자에 대한 지급을 할 수 없다.

기출처 2023 국가직 9급
LINK 세법1 227p 오진다 131-132p
난이도 ●●●○○ 출제 가능 지수 ●●●●●

해설

③ 체납자 또는 제3자가 압류재산의 사용 또는 수익을 하는 경우 그 재산의 매각으로 인하여 권리를 이전하기 전까지 이미 거두어들인 천연과실에 대해서는 압류의 효력이 **미치지 않는다**.　　　　　정답 ③

02

「국세징수법」상 관할 세무서장이 압류를 즉시 해제하여야 하는 경우에 해당하지 않는 것은?

① 국세 부과의 전부를 취소한 경우

② 압류 후 재산가격이 변동하여 체납액 전액을 현저히 초과한 경우

③ 압류와 관계되는 체납액의 전부가 납부된 경우

④ 여러 재산을 한꺼번에 공매하는 경우로서 일부 재산의 공매대금으로 체납액 전부를 징수한 경우

기출처 2022 국가직 7급
LINK 세법1 234-235p 오진다 137p
난이도 ●●●○○ 출제 가능 지수 ●●●●○

해설

② 관할 세무서장은 압류 후 재산가격이 변동하여 체납액 전액을 현저히 초과한 경우 압류재산의 전부 또는 일부에 대하여 압류를 **해제할 수 있다**. 즉, 임의적 해제요건에 해당한다.

[임의적 압류 해제 요건]

임의적 해제 요건
⊙ **압류 후 재산가격이 변동하여 체납액 전액을 현저히 초과한 경우**
ⓛ 압류와 관계되는 체납액의 일부가 납부 또는 충당된 경우
ⓒ 국세 부과의 일부를 취소한 경우
ⓔ 체납자가 압류할 수 있는 다른 재산을 제공하여 그 재산을 압류한 경우
ⓜ 재산의 압류나 압류재산의 매각을 유예하는 때에 필요하다고 인정하는 경우

정답 ②

03

「국세징수법」상 교부청구와 참가압류에 대한 설명으로 옳지 않은 것은?

① 관할 세무서장이 참가압류를 한 후에 선행압류기관이 권리의 변동에 등기가 필요한 재산에 대한 압류를 해제한 경우 그 참가압류는 참가압류 통지서가 선행압류기관에 송달된 때로 소급하여 압류의 효력을 갖는다.

② 관할 세무서장은 납부, 충당, 국세 부과의 취소나 그 밖의 사유로 교부를 청구한 체납액의 납부의무가 소멸된 경우 그 교부청구를 해제하여야 한다.

③ 관할 세무서장은 참가압류를 한 경우 그 사실을 체납자, 제3채무자 및 저당권자등에게 통지하여야 한다.

④ 관할 세무서장은 압류하려는 재산이 이미 다른 기관에 압류되어 있는 경우 참가압류 통지서를 선행압류기관에 송달함으로써 교부청구를 갈음하고 그 압류에 참가할 수 있다.

기출처 2022 국가직 7급

LINK 세법1 236-237p   오진다 138-139p

난이도 ●●●○○   출제 가능 지수 ●●●○○

해설

① 관할 세무서장이 참가압류를 한 후에 선행압류기관이 권리의 변동에 등기가 필요한 재산에 대한 압류를 해제한 경우 그 참가압류는 **참가압류의 등기 또는 등록이 완료된 때**로 소급하여 압류의 효력을 갖는다.

㉠ 권리의 변동에 등기 또는 등록이 필요한 재산	**참가압류의 등기 또는 등록이 완료된 때**
㉡ 권리의 변동에 등기 또는 등록이 필요하지 아니한 재산	참가압류 통지서가 선행압류 기관에 송달된 때

정답 ①

04

「국세징수법」상 압류에 대한 설명으로 옳지 않은 것은?

① 관할 세무서장은 납세자에게 국세를 포탈하려는 행위가 있다고 인정되어 국세가 확정된 후 그 국세를 징수할 수 없다고 인정할 때에는 국세로 확정되리라고 추정되는 금액의 한도에서 납세자의 재산을 압류할 수 있다.

② 세무공무원은 재산을 압류하기 위하여 필요한 경우에는 체납자의 주거등의 폐쇄된 문·금고 또는 기구를 열게 할 수는 있으나 직접 열 수는 없다.

③ 세무공무원은 강제징수를 하면서 압류할 재산의 소재 또는 수량을 알아내기 위하여 필요한 경우 체납자와 채권·채무관계가 있는 자에게 구두 또는 문서로 질문하거나 장부, 서류 및 그 밖의 물건을 검사할 수 있다.

④ 세무공무원은 수색을 하는 경우 그 신분을 나타내는 증표 및 수색 통지서를 지니고 이를 관계자에게 보여주어야 한다.

기출처 2021 국가직 9급

LINK 세법1 221, 223-224p   오진다 127-129p

난이도 ●●○○○   출제 가능 지수 ●●●●●

해설

세무공무원은 재산을 압류하기 위하여 필요한 경우에는 체납자의 주거등을 수색할 수 있고, 해당 주거등의 폐쇄된 문·금고 또는 기구를 열게 하거나 **직접 열 수 있다.**

정답 ②

05

「국세징수법」상 납부기한 전 징수 사유와 교부청구 사유에 공통으로 해당하는 것은?

① 「어음법」 또는 「수표법」에 따른 어음교환소에서 거래정지처분을 받은 경우

② 강제집행 및 담보권 실행 등을 위한 경매가 시작되거나 파산선고를 받은 경우

③ 국세를 포탈하려는 행위가 있다고 인정되는 경우

④ 납세관리인을 정하지 아니하고 국내에 주소 또는 거소를 두지 아니하게 된 때

기출처 **2020 국가직 7급**

LINK 세법1 201, 236p 오진다 138p

난이도 ●●●○○ 출제 가능 지수 ●●●○○

해설

납부기한 전 징수 사유와 교부청구 사유에 공통으로 해당하는 사유는 강제집행 및 담보권 실행 등을 위한 경매가 시작되거나 파산선고를 받은 경우이다.

[납부기한 전 징수 vs 교부청구]

납부기한 전 징수 사유	교부청구 사유
㉠ 국세, 지방세 또는 공과금의 체납으로 강제징수 또는 체납처분이 시작된 경우	
㉡ **강제집행 및 담보권 실행 등을 위한 경매가 시작되거나 파산선고를 받은 경우**	
㉢ 법인이 해산한 경우	
㉣ 「어음법」 또는 「수표법」에 따른 어음교환소에서 거래정지처분을 받은 경우 ㉤ 국세를 포탈하려는 행위가 있다고 인정되는 경우 ㉥ 납세관리인을 정하지 않고 국내에 주소·거소를 두지 않게 된 경우	-

정답 ②

06

세무공무원 甲이 「국세징수법령」에 따라 판단한 것으로 옳은 것은?

① 납부기한 전 징수사유가 없는 A가 독촉장을 받은 상태(독촉장에 지정된 납부기한이 지나지 않음)로 체납된 국세를 완납하지 않았으므로 A의 소유재산은 압류의 대상이 된다.

② 체납자 B의 퇴직금 총액(소득세 및 소득세분 지방소득세를 뺀 총액)이 1천만원일 경우 5백만원까지는 압류가 금지되므로 이를 제외한 퇴직금에 대한 압류를 집행할 수 있다.

③ 납부고지의 유예를 받은 C의 경우 납부고지의 유예기간 중에는 교부청구와 참가압류는 모두 불가능하다.

④ 체납 발생일부터 2년이 지나고 체납액이 300만원인 D에 대한 체납자료를 신용정보회사에게 제공할 수 있다.

기출처 **2019 국가직 7급**

LINK 세법1 191, 221, 226, 236p 오진다 106, 127, 131, 137p

난이도 ●●●●○ 출제 가능 지수 ●●●○○

해설

① 납부기한 전 징수사유가 없는 A가 독촉장을 받은 상태로 체납된 국세를 완납하지 않았더라도 독촉장에 지정된 납부기한이 지나지 않았으므로 A의 소유재산은 압류의 **대상이 되지 않는다.**

③ 교부청구는 사전에 독촉장을 발부하여 압류의 요건이 충족될 것을 필요로 하지는 않으며, 징수 유예기간 중이라 할지라도 가능하다(국징통 56-0…1). 즉, 징수유예 중에도 **교부청구는 가능하다.**

④ 세무서장(지방국세청장 포함)은 국세징수 또는 공익 목적을 위하여 필요한 경우로서 신용정보집중기관 등 일정한 자가 체납 발생일부터 **1년**이 지나고 체납액이 **500만원 이상**인 체납자의 대한 체납자료를 체납자료를 요구하는 경우에는 이를 제공할 수 있다(국징법 110 ①). 따라서 체납 발생일부터 2년이 지났더라도 체납액이 300만 원인 D에 대한 체납자료는 신용정보회사에게 제공할 수 **없다.**

정답 ②

07

「국세징수법」상 세무서장이 집행법원 등에 체납액의 교부를 청구하여야 하는 사유로 옳지 않은 것은?

① 납세관리인을 정하지 아니하고 국내에 주소 또는 거소를 두지 아니하게 된 경우

② 체납자에 대하여 「민사집행법」에 따른 강제집행 및 담보권 실행 등을 위한 경매가 시작되거나 체납자가 「채무자 회생 및 파산에 관한 법률」에 따른 파산 선고를 받은 경우

③ 국세의 체납으로 강제징수가 시작된 경우

④ 체납자인 법인이 해산한 경우

기출처 2018 국가직 7급
LINK 세법1 236p 오진다 138p
난이도 ●●●○○ 출제 가능 지수 ●●●○○

해설

납세관리인을 정하지 아니하고 국내에 주소 또는 거소를 두지 아니하게 된 경우는 **교부청구의 사유에 해당하지 않는다.**

[납세관리인을 정하지 않고 국내에 주소 또는 거소를 두지 않은 경우]

㉠ 세무조사의 결과통지 교부 배제 사유
㉡ 세무조사통지서 교부 배제 사유
㉢ 납부기한 전 징수 사유

정답 ①

08

「국세징수법」상 재산의 압류에 대한 설명으로 옳은 것은?

① 발명 또는 저작에 관한 것으로서 공표되지 아니한 것이라도 압류할 수 있다.

② 퇴직금과 퇴직연금은 동일하게 그 총액의 3분의 2에 해당하는 금액까지만 압류할 수 있다.

③ 체납자가 압류재산을 사용하는 경우 그 재산으로부터 생기는 천연과실과 법정과실에 대해서는 압류의 효력이 미치지 아니한다.

④ 관할 세무서장은 체납자가 국가 또는 지방자치단체의 재산을 매수한 경우 소유권 이전 전이라도 그 재산에 관한 체납자의 국가 또는 지방자치단체에 대한 권리를 압류한다.

기출처 2018 국가직 7급
LINK 세법1 225, 227, 232p 오진다 130-132, 135p
난이도 ●●○○○ 출제 가능 지수 ●●●●●

해설

① 발명 또는 저작에 관한 것으로서 공표되지 아니한 것은 **압류금지**재산이며, '압류금지재산'이란 납세자의 체납에도 불구하고 세무공무원이 압류할 수 없는 재산을 말한다.

② 퇴직연금에 대해서는 그 연금 총액의 2분의 1에 해당하는 금액은 압류가 금지되는 금액으로 하되 다음의 경우 압류가 금지되는 금액은 각각 다음 구분에 따른 금액으로 한다.

㉠ 연금 총액의 2분의 1에 해당하는 금액이 250만원에 미달하는 경우: 250만원

㉡ 연금 총액의 2분의 1에 해당하는 금액이 표준적인 가구의 최저 생계비를 고려하여 대통령령으로 정하는 금액을 초과하는 경우: 아래 표에 따른 금액

월급여총액	압류금지금액
ⓐ 500만원 이하	250만원
ⓑ 500만원 초과 600만원 이하	월급여 총액의 1/2
ⓒ 600만원 초과	300만원 + (월급여 총액의 1/2 - 300만원) × 1/2

퇴직금에 대해서는 그 총액의 **2분의 1**에 해당하는 금액까지만 압류할 수 있다.

③ 체납자 또는 제3자가 압류재산의 사용 또는 수익을 하는 경우 그 재산의 매각으로 인하여 권리를 이전하기 전까지 이미 거두어들인 천연과실에 대해서는 압류의 효력이 미치지 아니한다(국징법 44 ②). 즉, 체납자가 압류재산을 사용하는 경우 그 재산으로부터 생기는 천연과실에 대해서는 압류의 효력이 미치지 아니하며 **법정과실에 대하여는 체납자의 사용수익 여부에 불문하고 압류의 효력이 미친다.**

정답 ④

09

「국세징수법」상 강제징수의 절차에 관한 설명으로 옳지 않은 것은?

① 세무공무원이 재산을 압류하기 위하여 필요하다 하더라도 폐쇄된 문이나 금고를 직접 열 수 없다.

② 세무공무원은 체납자 또는 제3자가 제3자의 주거 등에 체납자의 재산을 감춘 혐의가 있다고 인정되는 경우에는 제3자의 주거 등을 수색할 수 있다.

③ 주로 야간에 영업을 하는 장소에 대해서는 해가 진 후에도 영업 중에는 수색을 시작할 수 있다.

④ 세무공무원은 압류, 수색 또는 질문·검사를 하는 경우 그 신분을 나타내는 증표 및 압류·수색 등 통지서를 지니고 이를 관계자에게 보여주어야 한다.

기출처 2016 국가직 9급

LINK 세법1 223-224p 오진다 128-129p

난이도 ●●●●● 출제 가능 지수 ●●●●●

해설

세무공무원은 재산을 압류하기 위하여 필요한 경우에는 체납자의 주거·창고·사무실·선박·항공기·자동차 또는 그 밖의 장소(이하 '주거 등')를 수색할 수 있고, 해당 주거 등의 폐쇄된 문·금고 또는 기구를 **열게 하거나 직접 열 수 있다**(국징법 35 ①).   정답 ①

10

「국세징수법」상 세무서장이 압류를 즉시 해제하여야 하는 경우에 해당하지 않는 것은?

① 납부, 충당, 부과의 취소 또는 그 밖의 사유로 압류할 필요가 없게 된 경우

② 세무서장에게 소유권을 주장하고 반환을 청구하려는 증거서류를 제출한 제3자의 소유권 주장이 상당한 이유가 있다고 인정하는 경우

③ 제3자가 체납자를 상대로 소유권에 관한 소송을 제기하여 승소 판결을 받고 그 사실을 증명한 경우

④ 압류 후 재산가격이 변동하여 징수할 체납액 전액을 현저히 초과하는 경우

기출처 2016 국가직 7급

LINK 세법1 234-235p 오진다 137p

난이도 ●●●●● 출제 가능 지수 ●●●●●

해설

압류 후 재산가격이 변동하여 체납액 전액을 현저히 초과한 경우 압류재산의 전부 또는 일부에 대하여 압류를 **해제할 수 있다**(국징법 57 ②). 즉, 압류를 즉시 해제하여야 하는 경우에 해당하지 않는다.   정답 ④

11

「국세징수법」상 세무공무원이 납세자의 체납된 세금 10억원을 이유로 그의 재산을 압류하려고 함에 있어서 그 재산이 다음과 같은 경우 세무공무원이 압류할 수 있는 재산의 총액은?

- 법령에 따라 급여하는 상이급여금: 500만 원
- 체납자의 생계유지에 필요한 소액금융재산: 보장성 보험의 만기환급금 150만 원
- 월급여(그에 대한 근로소득세와 소득세분 지방소득세 100만 원 포함): 800만

① 325만원   ② 350만원   ③ 375만원   ④ 450만원

기출처 2015 국가직 7급
LINK 세법1 225-227p   오진다 130-131p
난이도 ●●●●○   출제 가능 지수 ●●●○○

해설

- 법령에 따라 지급되는 사망급여금 또는 상이급여금은 압류금지재산 항목에 해당하므로 상이급여금 **500만원은 압류금지금액**이다.
- 체납자의 생계 유지에 필요한 소액금융재산으로서 보장성보험의 만기환급금 중 150만원 이하의 금액은 압류금지재산 항목에 해당하므로 보장성보험의 만기환급금 **150만원은 압류금지금액**이다.
- 급여채권의 총액은 근로소득의 금액의 합계액(비과세소득의 금액은 제외) 또는 퇴직소득의 금액의 합계액(비과세소득의 금액은 제외)에서 그 근로소득 또는 퇴직소득에 대한 소득세 및 소득세분 지방소득세를 뺀 금액으로 한다(국징법 42 ④). 따라서, 근로소득세와 소득세분 지방소득세 100만원을 제외한 700만원에 대하여 다음에 따라 구한 금액은 압류금지금액이다.

$$300만원 + \left(급여총액의 \ \frac{1}{2} - 300만원\right) \times \frac{1}{2}$$
$$= 300만원 + (350만원 - 300만원) \times \frac{1}{2} = 325만원$$

압류금지금액은 325만원이며, 따라서 세무공무원이 압류할 수 있는 재산의 총액은 375만원이 된다.   정답 ③

12

「국세징수법」상 압류의 효력에 대한 설명으로 옳지 않은 것은?

① 압류의 효력은 압류재산으로부터 생기는 법정과실에 미친다.
② 채권 압류의 효력은 채권 압류 통지서가 제3채무자에게 송달된 때에 발생한다.
③ 유가증권에 대한 압류의 효력은 세무공무원이 그 재산을 점유한 때에 발생한다.
④ 부동산에 대한 압류의 효력은 그 압류대상을 점유한 때에 발생한다.

기출처 2013 국가직 7급
LINK 세법1 227-230p   오진다 131-134p
난이도 ●●○○○   출제 가능 지수 ●●●○○

해설

부동산에 대한 압류의 효력은 **그 압류등기 또는 압류의 등록이 완료된 때**에 발생한다(국징법 46 ①).

[압류의 효력 발생 시점]

부동산 등	그 압류등기 또는 압류의 등록이 완료된 때
동산·유가증권	세무공무원이 점유한 때
채권	*채권 압류 통지서가 제3채무자에게 송달된 때*

정답 ④

13

「국세징수법」상 강제징수에 대한 설명으로 옳지 않은 것은?

① 납세자가 독촉을 받고 독촉장에서 정한 기한까지 국세를 완납하지 아니한 경우 관할 세무서장은 납세자의 재산을 압류한다.

② 압류의 대상이 되는 재산은 체납자의 소유가 아니더라도 무방하며, 금전적 가치를 가지고 양도성을 가져야 하고, 압류금지재산이 아니어야 한다.

③ 관할 세무서장은 제3채무자와 체납자에게 통지를 한 경우 체납액을 한도로 하여 체납자인 채권자를 대위한다.

④ 세무서장은 납부, 충당, 부과의 취소 또는 그 밖의 사유로 압류할 필요가 없게 된 경우에는 그 압류를 즉시 해제하여야 한다.

기출처 2013 국가직 7급

LINK 세법1 221, 225, 230, 234p 오진다 127, 134, 137p

난이도 ●●○○○ 출제 가능 지수 ●●●○○

해설

「국세징수법」상 압류의 대상이 되는 자산은 압류 당시에 **체납자가 소유**하는 **국내소재** 재산 중 금전적 가치가 있고 양도 가능하며 '압류금지재산' 또는 '압류제한급여채권' 이외의 자산으로 한다.　　　정답 ②

14

「국세징수법」상 세무서장이 압류를 즉시 해제하여야 하는 경우가 아닌 것은?

① 체납자가 압류할 수 있는 다른 재산을 제공하여 그 재산을 압류한 경우

② 납세자가 납세담보를 제공하고 확정 전 보전압류 해제를 요구한 경우

③ 압류한 재산에 대해 제3자의 소유권 주장 및 반환 청구가 정당하다고 인정되는 경우

④ 제3자가 체납자를 상대로 소유권에 관한 소송을 제기하여 승소 판결을 받고 그 사실을 증명한 경우

기출처 2013 국가직 9급

LINK 세법1 234-235p 오진다 137p

난이도 ●●○○○ 출제 가능 지수 ●●●●○

해설

체납자가 압류할 수 있는 다른 재산을 제공하여 그 재산을 압류한 경우 압류재산의 전부 또는 일부에 대하여 압류를 해제**할 수 있다**(국징법 57 ②).　정답 ①

15

「국제징수법」상 압류금지재산이 아닌 것은?

① 「공장 및 광업재단 저당법」에 따라 등기된 공장재단

② 체납자와 그 동거가족의 생활에 없어서는 아니 될 의복

③ 직무 수행에 필요한 제복

④ 체납자 또는 그 동거가족의 학업에 필요한 서적과 기구

기출처 2012 국가직 9급

LINK 세법1 225, 228p 오진다 130, 132p

난이도 ●●○○○ 출제 가능 지수 ●●●○○

해설

관할 세무서장은 압류조서를 첨부하여 압류등기를 관할 등기소에 촉탁함으로써 「공장 및 광업재단 저당법」에 따라 등기된 **공장재단을 압류할 수 있다**. 즉, 압류금지재산이 아니다. 압류 후에도 체납자 또는 제3자(임차인 등)는 압류된 공장재단을 사용하거나 수익할 수 있다.　　　정답 ①

16

「국세징수법」상 압류의 효력에 대한 설명으로 옳지 않은 것은?

① 동산에 대한 압류의 효력은 세무공무원이 그 재산을 점유한 때에 발생한다.

② 광업재단에 대한 압류는 해당 압류재산의 소유권이 이전되기 전에 법정기일이 도래한 국세에 대한 체납액에 대하여도 그 효력이 미친다.

③ 채권압류통지서의 송달을 받은 후에 제3채무자가 체납자에 대하여 이행을 한 경우에 그 채무이행으로서 채권압류자인 국가에 대항할 수 없다.

④ 관할 세무서장은 채권을 압류하는 경우 채권 전액을 압류해야 한다.

기출처 **2011 국가직 9급 수정**

LINK 세법1 228-231p   오진다 132-134p

난이도 ●●○○○   출제 가능 지수 ●●●○○

해설

관할 세무서장은 채권을 압류하는 경우 **체납액을 한도**로 하여야 한다. 다만, 압류하려는 채권에 국세보다 우선하는 질권이 설정되어 있어 압류에 관계된 체납액의 징수가 확실하지 아니한 경우 등 필요하다고 인정되는 경우 **채권 전액을 압류할 수 있다**(국징법 53).   정답 ④

17

「국세징수법」상 압류에 관한 설명으로 옳은 것은 모두 몇 개인가?

○ 관할 세무서장은 불가분물 여부와 상관없이 국세를 징수하기 위하여 필요한 재산 외의 재산을 압류할 수 있다.

○ 관할 세무서장은 재판상의 가압류 또는 가처분을 받은 재산이 강제징수 대상인 경우에도 「국세징수법」에 따른 강제징수를 한다.

○ 체납자가 사망한 후 체납자 명의의 재산에 대하여 한 압류는 그 재산을 상속한 상속인에 대하여 한 것으로 본다.

○ 신원보증금·계약보증금 등의 조건부채권은 그 조건 성립 전에도 압류할 수 있다.

① 2개   ② 3개
③ 4개   ④ 1개

기출처 **2011 국가직 7급**

LINK 세법1 218, 222, 231p   오진다 125, 128, 134p

난이도 ●●●○○   출제 가능 지수 ●●●●○

해설

관할 세무서장은 국세를 징수하기 위하여 필요한 재산 외의 재산을 압류할 수 **없다**. 다만, 불가분물(不可分物) 등 부득이한 경우에는 압류할 수 있다(국징법 32).   정답 ②

18

「국세징수법」상 강제징수의 절차에 관한 설명으로 옳지 않은 것은?

① 납세자가 독촉을 받고 독촉장에서 정한 기한까지 국세를 완납하지 아니한 경우 관할 세무서장은 납세자의 재산을 압류한다.

② 세무공무원은 압류, 수색 또는 질문·검사를 하는 경우 그 신분을 나타내는 증표 및 압류·수색 등 통지서를 지니고 이를 관계자에게 보여주어야 한다.

③ 세무공무원은 재산을 압류하기 위하여 필요한 경우에는 체납자의 주거·창고·사무실·선박·항공기·자동차 또는 그 밖의 장소를 수색할 수 있고, 해당 주거 등의 폐쇄된 문·금고 또는 기구를 열게 하거나 직접 열 수 있다. 다만, 체납자의 재산을 점유하는 제3자가 재산의 인도를 거부한 때에는 그러하지 아니하다.

④ 세무공무원은 체납자의 재산을 압류하는 경우 압류조서를 작성하여야 한다.

기출처 **2009 지방직 9급**
LINK **세법1** 221-224p **오진다** 128-129p
난이도 ●●●○○ 출제 가능 지수 ●●●○○

해설

체납자의 재산을 점유하는 제3자가 재산의 인도를 거부하는 경우 세무공무원은 제3자의 주거 등을 **수색할 수 있고**, 폐쇄된 문·금고 또는 기구를 **열게 하거나 직접 열 수 있다**. 정답 ③

19

압류에 관한 설명으로 옳지 않은 것은?

① 체납자의 생계유지에 필요한 소액금융재산으로서 사망보험금 중 1,500만원 이하의 보험금은 압류대상재산에 해당되지 아니한다.

② 채권압류의 효력은 세무서장이 채권압류를 결정하는 때에 발생한다.

③ 관할 세무서장은 채권을 압류하려는 경우 그 뜻을 제3채무자에게 통지하여야 한다.

④ 압류는 국세징수권이라는 권리의 행사이므로 국세징수권의 소멸시효의 진행을 중단시킨다.

기출처 **2008 국가직 7급**
LINK **세법1** 226-227, 230p **오진다** 130-132, 134p
난이도 ●●○○○ 출제 가능 지수 ●●●●○

해설

채권 압류의 효력은 **채권 압류 통지서가 제3채무자에게 송달된 때**에 발생한다. 정답 ②

20

「국제징수법」상 납부기한 전 징수와 교부청구의 공통된 사유에 해당하지 않는 것은?

① 강제집행이 시작된 경우
② 담보권 실행 등을 위한 경매가 시작된 경우
③ 법인이 해산한 경우
④ 국세를 포탈하려는 행위가 있다고 인정되는 경우

기출처 2008 국가직 9급
LINK 세법1 201, 236p   오진다 138p
난이도 ●●○○○   출제 가능 지수 ●●●○○

해설

국세를 포탈하려는 행위가 있다고 인정되는 경우는 납부기한 전 징수의 사유에만 해당되며 교부청구의 사유에는 **해당되지 않는다**.

[납부기한 전 사유와 교부청구의 공통된 사유]

　㉠ 국세, 지방세 또는 공과금의 체납으로 강제징수 또는 체납처분이 시작된 경우
　㉡ 강제집행 및 담보권 실행 등을 위한 경매가 시작되거나 파산선고를 받은 경우
　㉢ 법인이 해산한 경우

정답 ④

21

「국세징수법」상 국세의 강제징수에 관한 설명으로 옳지 않은 것은?

① 관할 세무서장은 국세를 징수하기 위하여 필요한 재산 외의 재산을 압류할 수 없다. 다만, 불가분물 등 부득이한 경우에는 압류할 수 있다.
② 체납자 또는 제3자가 압류재산의 사용 또는 수익을 하는 경우라도 그 재산으로부터 생기는 모든 천연과실에 대하여 압류의 효력이 미친다.
③ 관할 세무서장은 재판상의 가압류 또는 가처분을 받은 재산이 강제징수 대상인 경우에도 「국세징수법」에 따른 강제징수를 한다.
④ 체납자의 재산에 대하여 강제징수를 시작한 후 체납자가 사망하였거나 체납자인 법인이 합병으로 소멸된 경우에도 그 재산에 대한 강제징수는 계속 진행하여야 한다.

기출처 2007 국가직 9급
LINK 세법1 218, 222, 227p   오진다 125, 128, 132p
난이도 ●●○○○   출제 가능 지수 ●●●○○

해설

체납자 또는 제3자가 압류재산의 사용 또는 수익을 하는 경우 그 재산의 매각으로 인하여 권리를 이전하기 전까지 이미 거두어들인 천연과실에 대해서는 압류의 효력이 **미치지 아니한다**(국징법 44 ②).　　정답 ②

22

다음은 강제징수 시 압류의 효력에 관한 설명이다. 올바른 것은?

① 압류의 효력은 압류재산을 체납자가 사용하는 경우 그로부터 생기는 천연과실에 미친다.

② 압류의 효력은 압류재산을 제3자가 사용하는 경우 그로부터 생기는 천연과실에 미친다.

③ 압류의 효력은 압류 후 압류재산으로부터 생긴 법정과실에 미친다.

④ 압류의 효력은 압류 전 압류재산으로부터 생긴 법정과실에 미친다.

기출처 2007 서울시 9급
LINK 세법1 227p   오진다 131-132p
난이도 ●●●●●   출제 가능 지수 ●●●●●

해설

①, ② 체납자 또는 제3자가 압류재산의 사용 또는 수익을 하는 경우 그 재산의 매각으로 인하여 권리를 이전 하기 전까지 이미 거두어들인 천연과실에 대해서는 압류의 효력이 **미치지 아니한다**(국징법 44 ②).

④ 압류의 효력은 압류 전 압류재산으로부터 생긴 법정과실에 **미치지 아니한다**.

정답 ③

23

국세공무원이 행한 압류에 관한 설명으로 옳지 않은 것은?

① 압류하려는 채권에 국세보다 우선하는 질권이 설정되어 있어 압류에 관계된 체납액의 징수가 확실하지 아니한 경우 등 필요하다고 인정되는 경우 채권 전액을 압류할 수 있다.

② 세무서장은 채권을 압류할 때에는 그 뜻을 제3채무자에게 통지하여야 하며, 그 압류를 한 때에는 그 뜻을 체납자인 채권자에게 통지하여야 한다.

③ 부동산의 압류는 그 압류재산의 소유권이 이전되기 전에 「국세기본법」상의 법정기일이 도래한 국세에 대한 체납액에 대하여는 그 효력이 미치지 아니한다.

④ 관할 세무서장은 채권 압류의 통지를 받은 제3채무자가 채무이행의 기한이 지나도 이행하지 아니하는 경우 체납자인 채권자를 대위하여 이행의 촉구를 하여야 한다.

기출처 2007 국가직 7급
LINK 세법1 228, 230-231p   오진다 132-134p
난이도 ●●●●●   출제 가능 지수 ●●●●●

해설

부동산 등에 대한 압류의 효력은 해당 압류재산의 소유권이 이전되기 전에 「국세기본법」에 따른 법정기일이 도래한 국세의 체납액에 대해서도 **미친다**.

정답 ③

24

국세징수에 관한 설명으로 옳은 것은?

① 교부청구는 국세징수권 소멸시효의 정지사유에 해당한다.

② 퇴직금 그 밖에 이와 비슷한 성질을 가진 급여채권에 대하여는 그 총액의 3분의 1을 초과하여 압류할 수 없다.

③ 납부기한 전 징수를 위한 고지의 경우 당해 고지서가 단축된 기한이 지난 후에 도달한 경우 도달한 날부터 14일이 지난 날을 납부하여야 할 기한으로 한다.

④ 체납자가 사망한 후 체납자 명의의 재산에 대하여 한 압류는 그 재산을 상속한 상속인에 대하여 한 것으로 본다.

기출처 2007 국가직 9급

LINK 세법1 201, 218, 227, 236p 오진다 114, 125, 131, 138p

난이도 ●●●○○   출제 가능 지수 ●●●●○

해설

① 교부청구는 국세징수권 소멸시효의 **중단**사유에 해당한다.

② 퇴직금 그 밖에 이와 비슷한 성질을 가진 급여채권에 대하여는 그 총액의 **2분의 1**을 초과하여 압류할 수 없다.

③ 납부기한 전 징수를 위한 고지의 경우 당해 고지서가 단축된 기한이 지난 후에 도달한 경우 **도달한 날**을 납부하여야 할 기한으로 한다.

[교부청구의 효력]

㉠ 강제환가절차에 따른 매각대금의 배분요구권

㉡ 국세징수권의 소멸시효 중단

㉢ 교부청구를 받은 집행기관의 강제환가절차가 해제되거나 취소되는 경우 교부청구의 효력도 함께 상실

정답 ④

03. 매각

3-01

「국세징수법」상 압류재산의 매각 시 매수대금의 납부와 권리의 이전에 대한 설명으로 옳지 않은 것은?

① 매수인이 공매보증으로 금전을 제공한 경우 그 금전은 매수대금으로서 납부된 것으로 본다.

② 관할 세무서장이 매수대금을 수령한 때에는 체납자로부터 매수대금만큼의 체납액을 징수한 것으로 본다.

③ 공매재산에 설정된 모든 질권·저당권 및 가등기담보권은 매각으로 소멸된다.

④ 매수인은 유치권자에게 그 유치권으로 담보되는 채권을 변제할 책임이 없다.

기출처 2024 국가직 7급
LINK 세법1 252p 오진다 148p
난이도 ●●○○○   출제 가능 지수 ●●●○○

해설

④ 매수인은 유치권자에게 그 유치권으로 담보되는 채권을 변제할 책임이 **있다**.   정답 ④

01

「국세징수법」상 압류재산의 매각에 대한 설명으로 옳은 것은?

① 체납자는 제3자의 계산으로 압류재산을 매수할 수 있다.

② 관할 세무서장이 선정한 전문매각기관의 임직원은 매각관련 사실행위 대행의 대상인 예술품 등을 직접 매수할 수 있다.

③ 관할 세무서장은 공매재산에 압류와 관계되는 국세보다 우선하는 제한물권 등이 있는 경우 제한물권 등을 매수인에게 인수하게 하거나 매수대금으로 그 제한물권 등에 의하여 담보된 채권을 변제하는 데 충분하다고 인정된 경우가 아니면 그 재산을 공매하지 못한다.

④ 공매를 집행하는 공무원은 공매예정가격 이상으로 매수신청한 자가 없는 경우에 즉시 그 장소에서 재입찰을 실시할 수 없다.

기출처 2022 국가직 7급
LINK 세법1 246-247, 258p 오진다 143-145, 153p
난이도 ●●○○○   출제 가능 지수 ●●●○○

해설

① 다음 어느 하나에 해당하는 자는 자기 또는 제3자의 명의나 계산으로 압류재산을 **매수할 수 없다**.

> **⊙ 체납자**
> ⓛ 세무공무원
> ⓒ 매각 부동산을 평가한 감정평가법인 등

② 관할 세무서장이 선정한 전문매각기관의 임직원은 매각관련 사실행위 대행의 대상인 예술품 등을 직접적으로든 간접적으로든 매수할 수 **없다**.

④ 공매를 집행하는 공무원은 공매예정가격 이상으로 매수신청한 자가 없는 경우에 즉시 그 장소에서 재입찰을 실시할 수 **있다**.   정답 ③

02

「국세징수법령」상 신고납부 및 강제징수에 대한 설명으로 옳은 것은?

① 국세의 징수에 관하여 「국세기본법」에 특별한 규정이 있는 경우에도 「국세징수법」에서 정한 바에 따른다.

② 금전을 납세담보로 제공하는 경우에는 담보할 확정된 국세의 100분의 120 이상의 가액에 상당하는 담보를 제공해야 한다.

③ 공매재산에 설정된 저당권은 매각으로 소멸되지 아니한다.

④ 「여신전문금융업법」에 따른 신용카드 또는 직불카드로 국세를 납부하는 경우에는 국세납부대행기관의 승인일을 납부일로 본다.

기출처 2021 국가직 7급

LINK 세법1 185, 202, 210, 252p 오진다 102, 115, 121, 148p

난이도 ●●●○○ 출제 가능 지수 ●●○○○

해설

① 「국세징수법」은 하위법으로서 「국세기본법」 또는 다른 세법에 특별한 규정이 있는 경우에는 **「국세기본법」 또는 다른 세법에 정한 바에 따른다.**

② 금전, 납세보증보험증권, 은행의 납세보증서에 대하여는 담보할 국세의 100분의 **110** 이상의 가액에 상당하는 담보를 제공하여야 한다.

③ 공매재산에 설정된 모든 질권·저당권 및 가등기담보권은 매각으로 **소멸된다**.

정답 ④

03

「국세징수법」상 공매에 대한 설명으로 옳지 않은 것은?

① 「국세기본법」에 따른 심판청구 절차가 진행 중인 국세의 체납으로 압류한 재산이 변질되기 쉬운 재산으로서 속히 매각하지 아니하면 그 재산가액이 줄어들 우려가 있는 경우에는 그 심판청구에 대한 결정이 확정되기 전에도 공매할 수 있다.

② 경매의 방법으로 재산을 공매할 때에는 경매인을 선정하여 이를 취급하게 할 수 있다.

③ 낙찰이 될 가격의 입찰을 한 자가 둘 이상일 때에는 재공매한다.

④ 공매재산이 공유물의 지분인 경우 공유자가 매각결정기일 전까지 공매보증금을 제공하고 최고가 매수신청가격(매수신청인이 없는 경우에는 공매예정가격)과 같은 가격으로 공매재산을 우선매수하겠다는 신청을 하면 세무서장은 그 공유자에게 매각결정을 하여야 한다.

기출처 2020 국가직 7급

LINK 세법1 240, 244, 246-247p 오진다 140, 143-145p

난이도 ●●●○○ 출제 가능 지수 ●●●○○

해설

공매를 집행하는 공무원은 최고가 매수신청인을 정한다. 이 경우 최고가 매수신청가격이 둘 이상이면 **즉시 추첨으로** 최고가 매수신청인을 정한다(국징법 82 ③).

[재공매 사유]

㉠ 재산을 공매하여도 매수신청인이 없거나 매수신청가격이 공매예정가격 미만인 경우

㉡ 납부를 촉구하여도 매수인이 매수대금을 지정된 기한까지 납부하지 않아 매각결정을 취소한 경우

㉢ 매수인이 배분기일에 차액납부를 하지 아니하거나 이의가 제기된 금액을 납부하지 않아 매각결정을 취소한 경우

정답 ③

04

「국세징수법」상 압류재산의 매각에 대한 설명으로 옳지 않은 것은?

① 공매예정가격 이상으로 매수신청한 자가 없는 경우 즉시 그 장소에서 재입찰을 실시할 수 있다.

② 압류재산이 법령으로 소지가 규제된 재산인 경우에는 수의계약으로 매각할 수 있다.

③ 체납자는 직접적으로든 간접적으로든 압류재산을 매수하지 못한다.

④ 압류한 재산이 예술품 등인 경우라 하더라도 납세자의 신청이 없으면 세무서장은 전문매각기관을 선정하여 예술품 등의 매각을 대행하게 할 수 없다.

기출처 2017 국가직 7급
LINK 세법1 241, 247, 257p   오진다 141, 144-145, 153p
난이도 ●●●○○   출제 가능 지수 ●●●○○

해설

관할 세무서장은 압류한 재산이 예술적·역사적 가치가 있어 가격을 일률적으로 책정하기 어렵고, 그 매각에 전문적인 식견이 필요하여 직접 매각을 하기에 적당하지 아니한 물품(이하 '예술품 등')인 경우 **직권이나 납세자의 신청에 따라** 전문매각기관을 선정하여 예술품 등의 매각에 관련된 사실행위를 대행하게 할 수 있다(국징법 104 ①). 즉, 압류한 재산이 예술품 등인 경우 납세자의 신청이 없더라도 직권으로 세무서장은 전문매각기관을 선정하여 예술품 등의 매각을 대행하게 할 수 **있다.**   정답 ④

05

「국세징수법」상 공매 시 공유자·배우자 우선매수권에 대한 설명으로 옳지 않은 것은?

① 공유자·배우자 우선매수 신청을 매각결정기일 전까지 하여야 한다.

② 공유자는 공매재산이 공유물의 지분인 경우 최고가 매수신청가격(최고가 매수신청인이 없는 경우 공매예정가격)으로 공매재산을 우선매수하겠다는 신청을 할 수 있다.

③ 관할 세무서장은 여러 사람의 공유자가 우선매수 신청을 하고 공유자 간의 특별한 협의가 없으면 공유지분의 비율에 따라 공매재산을 매수하게 한다.

④ 관할 세무서장은 매각결정 후 매수인이 매수대금을 납부하지 아니한 경우 매각대금이 완납될 때까지 공매를 중지하여야 한다.

기출처 2016 국가직 7급
LINK 세법1 246p   오진다 144p
난이도 ●●○○○   출제 가능 지수 ●●●○○

해설

관할 세무서장은 매각결정 후 매수인이 매수대금을 납부하지 아니한 경우 **최고가 매수신청인에게 다시 매각결정을 할 수 있다**(국징법 79 ⑤).   정답 ④

06

「국세징수법」상 압류재산의 매각에 대한 설명으로 옳지 않은 것은?

① 압류된 재산이 「자본시장과 금융투자업에 관한 법률」에 따른 증권시장에 상장된 증권인 경우에는 해당 시장에서 직접 매각할 수 있다.

② 압류한 재산의 추산가격이 1천만원 미만인 경우에는 공매가 아니라 수의계약으로 매각할 수 있다.

③ 체납자도 최고입찰가격 이상을 제시한 경우에는 압류재산을 매수할 수 있다.

④ 국세채권이 확정되기 전 적법하게 재산압류가 이루어진 경우라 하더라도 압류한 재산은 그 압류와 관계되는 국세의 납세 의무가 확정되기 전에는 공매할 수 없다.

기출처 **2015 국가직 9급 수정**

LINK 세법1 221, 240-241, 247p 오진다 127, 140-141, 144p

난이도 ●●○○○ 출제 가능 지수 ●●●○○

해설

체납자는 자기 또는 제3자의 명의나 계산으로 압류재산을 매수하지 못한다(국징법 80). 즉, 체납자는 최고입찰가격 이상을 제시한다고 하더라도 압류재산을 매수할 수 **없다**.

[자기 또는 제3자의 명의나 계산으로 압류재산을 매수할 수 없는 자]

㉠ 체납자
㉡ 세무공무원
㉢ 매각 부동산을 평가한 감정평가법인 등

정답③

07

「국세징수법」상 공매제도에 대한 설명으로 옳지 않은 것은?

① 법률적으로 납세의무가 확정되기 전에 압류가 허용되어 압류한 재산의 경우에는 그 압류에 관계되는 국세의 납세의무가 확정되기 전이라도 공매할 수 있다.

② 제1회 공매 후 1년간 5회 이상 공매하여도 매각되지 아니하였다면 압류재산을 수의계약으로 매각할 수 있다.

③ 관할 세무서장은 압류한 재산의 공매에 전문지식이 필요하거나 그 밖에 직접 공매를 하기에 적당하지 아니하다고 인정되는 경우 대통령령으로 정하는 바에 따라 한국자산관리공사에 공매를 대행하게 할 수 있다.

④ 관할 세무서장은 압류한 재산이 「자본시장과 금융투자업에 관한 법률」제8조의2 제4항 제1호에 따른 증권시장에 상장된 증권인 경우 해당 시장에서 직접 매각할 수 있다.

기출처 **2015 국가직 7급**

LINK 세법1 221, 240-241, 256p 오진다 127, 140-141, 153p

난이도 ●●○○○ 출제 가능 지수 ●●●○○

해설

압류한 재산은 그 압류와 관계되는 국세의 납세 의무가 확정되기 전에는 공매할 수 **없다**(국징법 66 ③).

정답①

04 청산 및 기타

4-01

국세징수법령상 압류 또는 매각의 유예와 강제징수의 종료에 대한 설명으로 옳지 않은 것은?

① 관할 세무서장은 압류 또는 매각이 유예된 체납세액을 압류 또는 매각의 유예기간 동안 징수할 수 없다.

② 관할 세무서장은 체납자가 국세청장이 성실납세자로 인정하는 기준에 해당하는 경우 직권으로 그 체납액에 대하여 강제징수에 따른 재산의 압류 또는 압류재산의 매각을 유예할 수 있다.

③ 관할 세무서장은 국세 부과의 전부를 취소한 경우 해당 재산의 압류를 즉시 해제하여야 한다.

④ 관할 세무서장은 총 재산의 추산가액이 강제징수비를 징수하면 남을 여지가 없어 강제징수를 종료하고자 압류를 해제하려는 경우에는 국세체납정리위원회의 심의를 거쳐야 한다.

기출처 **2023 국가직 7급**
LINK [세법1] 234, 259p [오진다] 137, 154p
난이도 ●●●○○ 출제 가능 지수 ●●●○○

해설

① 관할 세무서장은 압류 또는 매각이 유예된 체납세액을 압류 또는 매각의 유예기간 동안 **분할하여 징수할 수 있다.** 정답 ①

01

국세징수에 관한 설명으로 옳지 않은 것은?

① 세무서장은 납세자가 납부의 고지를 받은 후 납세자가 경영하는 사업에 부도 또는 도산의 우려가 있어 고지된 국세를 납부기한까지 납부할 수 없다고 인정할 때에는 대통령령으로 정하는 바에 따라 납부기한을 연장할 수 있다.

② 납세자가 납부기한 등의 연장 또는 납부고지의 유예를 신청하려는 경우 기한 만료일 3일 전까지 신청서(전자문서 포함)를 관할 세무서장에게 제출하여야 한다.

③ 관할 세무서장은 압류 또는 매각이 유예된 체납세액을 압류 또는 매각의 유예기간 동안 분할하여 징수할 수 있다.

④ 납세자가 독촉을 받은 후에 「채무자 회생 및 파산에 관한 법률」에 따른 징수의 유예를 받은 경우 그 연장기간 동안 납부지연가산세를 부과한다.

기출처 **2014 국가직 7급 수정**
LINK [세법1] 203, 205-206, 259p [오진다] 115-117, 154p
난이도 ●●●●○ 출제 가능 지수 ●●●●○

해설

관할 세무서장은 납부기한 등을 연장하거나 납부고지를 유예한 경우 그 연장 또는 유예기간 동안 납부지연가산세 및 원천징수 등 납부지연가산세를 부과하지 않는다. 납세자가 납부고지 또는 독촉을 받은 후에 「채무자 회생 및 파산에 관한 법률」에 따른 징수의 유예를 받은 경우에도 그 유예기간 동안 납부지연가산세를 **부과하지 않는다.** 정답 ④

02

국세의 압류·매각의 유예에 대한 설명으로 옳지 않은 것은?

① 압류·매각이 유예된 체납액에 대하여는 압류·매각 유예기간 동안 분할하여 징수할 수 있다.

② 압류·매각의 유예를 하는 경우에는 그에 상당하는 납세담보의 제공을 요구할 수 있다.

③ 압류·매각의 유예기간은 그 유예한 날의 다음 날부터 3년 이내로 한다.

④ 세무서장은 압류·매각의 유예를 하는 경우에 필요하다고 인정하면 이미 압류한 재산의 압류를 해제할 수 있다.

기출처 2005 국가직 7급

LINK 세법1 259p 오진다 154p

난이도 ●●●●●   출제 가능 지수 ●●●●●

해설

압류 또는 매각의 유예의 기간은 그 유예한 날의 다음 날부터 **1년 이내**로 한다(국징령 77 ①). 단, 고용재난지역 등에 소재한 중소기업에 해당하는 자가 소득세, 법인세, 부가가치세 및 이에 부가되는 세목에 대한 압류 또는 매각의 유예를 신청하는 경우 관할 세무서장은 그 압류 또는 매각의 유예기간을 유예한 날의 다음 날부터 **2년 이내로 정할 수 있다**(국징령 77 ②).   정답 ③

제 **4** 편

부가가치세법

CHAPTER

01

총칙

출제 경향 분석

01 납세의무자와 과세대상

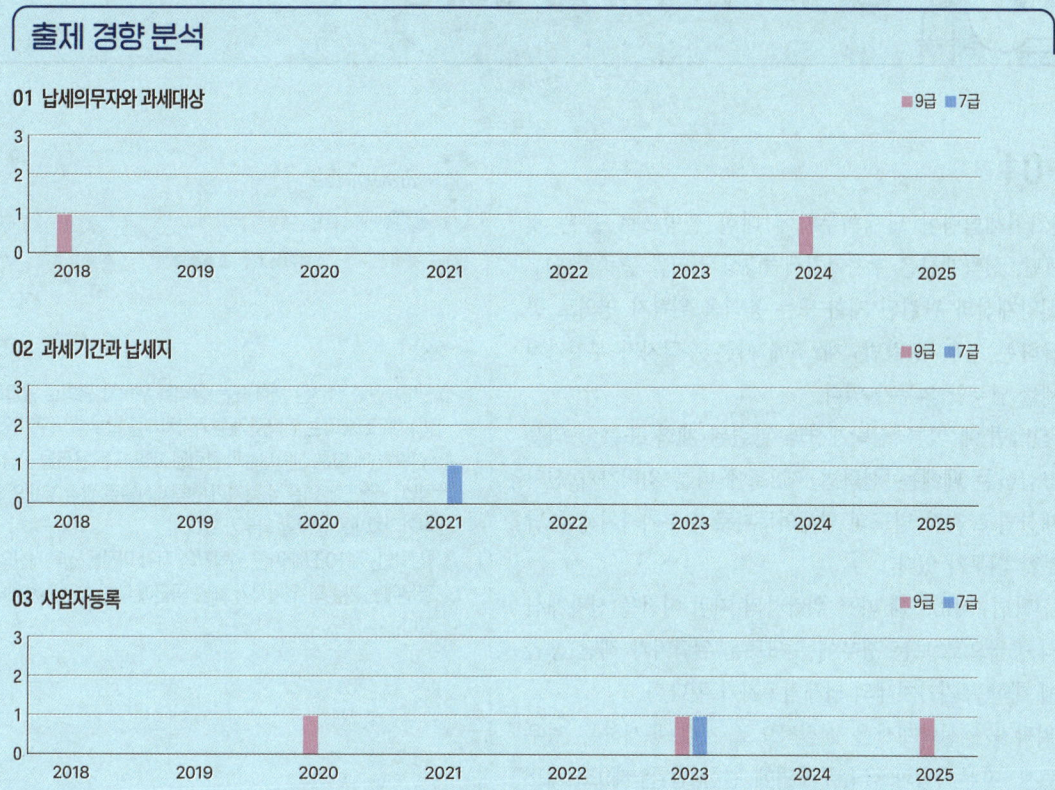

02 과세기간과 납세지

03 사업자등록

기출 분석

「부가가치세법」에서 출제되는 4문항 중 '총칙' 파트는 상대적으로 빈출 파트는 아니었으나 2023년부터 연속 출제되고 있으므로, 관련 내용을 잘 정리해두어야 합니다.

01 납세의무자와 과세대상

1-01

부가가치세법령상 납세의무자에 대한 설명으로 옳은 것은? (단, 신탁재산은 부가가치세법령상 정의를 충족한다)

① 신탁재산과 관련된 재화 또는 용역을 위탁자 명의로 공급하는 경우 「신탁법」 제2조에 따른 수탁자가 부가가치세를 납부할 의무가 있다.

② 「신탁법」에 따른 신탁재산과 관련된 재화 또는 용역을 공급하는 때에는 「신탁법」 제2조에 따른 위탁자가 신탁재산별로 각각 별도의 납세의무자로서 부가가치세를 납부할 의무가 있다.

③ 「신탁법」 제10조에 따른 위탁자의 지위 이전을 신탁재산의 공급으로 보는 경우에는 새로운 위탁자가 해당 공급에 대한 부가가치세의 납세의무자가 된다.

④ 위탁자가 신탁재산을 실질적으로 지배·통제하는 경우로서 「자본시장과 금융투자업에 관한 법률」 제9조 제18항 제1호에 따른 투자신탁의 경우에는 「신탁법」 제2조에 따른 위탁자가 부가가치세를 납부할 의무가 있다.

기출처 2024 국가직 9급
LINK 세법1 270-271p   오진다 163p
난이도 ●●●○○   출제 가능 지수 ●●●●●

해설

① 신탁재산과 관련된 재화 또는 용역을 위탁자 명의로 공급하는 경우 「신탁법」 제2조에 따른 **위탁자**가 부가가치세를 납부할 의무가 있다.

② 「신탁법」에 따른 신탁재산과 관련된 재화 또는 용역을 공급하는 때에는 「신탁법」 제2조에 따른 **수탁자**가 신탁재산별로 각각 별도의 납세의무자로서 부가가치세를 납부할 의무가 있다.

③ 「신탁법」 제10조에 따른 위탁자의 지위 이전을 신탁재산의 공급으로 보는 경우에는 **기존의** 위탁자가 해당 공급에 대한 부가가치세의 납세의무자가 된다.
정답 ④

01

「부가가치세법」상 납세의무자에 관한 설명으로 옳지 않은 것은? (단, 모든 거래는 2022년에 발생한 것으로 가정한다.)

① 부가가치세 납세의무자인 사업자란 사업상 독립적으로 재화 또는 용역을 공급하는 자로서 그 사업목적은 영리인 경우에 한한다.

② 수탁자가 납세의무자가 되는 신탁재산에 둘 이상의 수탁자(공동수탁자)가 있는 경우 공동수탁자는 부가가치세를 연대하여 납부할 의무가 있다. 이 경우 공동수탁자 중 신탁 사무를 주로 처리하는 수탁자(대표 수탁자)가 부가가치세를 신고·납부하여야 한다.

③ 재화를 수입하는 자는 사업자가 아니어도 부가가치세의 납세의무자가 될 수 있다.

④ 위탁자를 알 수 있는 위탁매매의 경우에는 위탁자가 직접 재화를 공급하거나 공급받은 것으로 본다.

기출처 2018 국가직 9급 수정
LINK 세법1 269-271, 305p   오진다 162-163, 186p
난이도 ●●○○○   출제 가능 지수 ●●●●○

해설

부가가치세 납세의무자인 사업자란 사업 목적이 **영리이든 비영리이든 관계없이** 사업상 독립적으로 재화 또는 용역을 공급하는 자를 말한다.
정답 ①

02

「부가가치세법」상 납세의무자에 관한 설명으로 옳지 않은 것은? (단, 모든 거래는 2022년에 발생한 것으로 가정한다.)

① 신탁재산과 관련된 재화 또는 용역을 공급하는 때에는 원칙적으로 「신탁법」에 따른 위탁자가 신탁재산별로 각각 별도의 납세의무자로서 부가가치세를 납부할 의무가 있다.

② 부가가치세의 납세의무자는 국가, 지방자치단체, 지방자치단체 조합 및 법인격 없는 재단을 포함한다.

③ 청산 중에 있는 내국법인은 상법의 규정에 의한 계속등기 여부에 불구하고 사실상 사업을 계속하는 경우에는 납세의무가 있다.

④ 농민이 자기농지의 확장 또는 농지개량작업에서 생긴 토사석을 일시적으로 판매하는 경우에는 납세의무가 없다.

기출처 2010 국가직 9급

LINK 세법1 269-270p 오진다 162-163p

난이도 ●●○○○ 출제가능지수 ●●●●○

해설

① 신탁재산과 관련된 재화 또는 용역을 공급하는 때에는 원칙적으로 「신탁법」에 따른 **수탁자**가 신탁재산별로 각각 별도의 납세의무자로서 부가가치세를 납부할 의무가 있다. 단, 원칙적으로는 수탁자가 납세의무자임에도 불구하고 법령에서 정한 일정한 경우에는 「신탁법」에 따른 위탁자가 예외적으로 부가가치세를 납부할 의무가 있다.

③,④ '사업성'이라 함은 재화 또는 용역의 공급행위가 계속·반복적으로 이뤄져야 한다는 것이고 이에 대한 판단은 실질에 따라 판단한다. 따라서, 사업형태를 갖추고 계속적·반복적인 의사로 재화 또는 용역을 공급하는 경우에는 등록 여부나 거래징수 여부와는 관계없이 사업자로 보아 부가가치세 납세의무를 부담한다(부기통 3-0-1 ①).   정답 ①

02 과세기간과 납세지

01

「부가가치세법령」상 납세지 및 사업자등록에 대한 설명으로 옳은 것만을 모두 고르면?

> ㄱ. 국가, 지방자치단체 또는 지방자치단체조합이 공급하는 부동산 임대용역에 있어서 사업장은 그 부동산의 등기부상 소재지이다.
>
> ㄴ. 신규로 사업을 시작하는 자가 주된 사업장에서 총괄하여 납부하려는 경우에는 주된 사업장의 사업자등록증을 받은 날부터 20일까지 주사업장 총괄 납부 신청서를 주된 사업장의 관할 세무서장에게 제출하여야 한다.
>
> ㄷ. 무인자동판매기를 통하여 재화 또는 용역을 공급하는 사업에 있어서 사업장은 그 사업에 관한 업무를 총괄하는 장소이다. 다만, 그 이외의 장소도 사업자의 신청에 의하여 추가로 사업장으로 등록할 수 있다.
>
> ㄹ. 법인이 주사업장 총괄 납부의 신청을 하는 경우 주된 사업장은 본점 또는 주사무소를 말하며, 지점 또는 분사무소는 주된 사업장으로 할 수 없다.

① ㄴ   ② ㄱ, ㄴ
③ ㄱ, ㄷ   ④ ㄷ, ㄹ

기출처 **2021 국가직 7급**

LINK 세법1 277, 279p   오진다 168-169p

난이도 ●●●○○   출제 가능 지수 ●●●○○

해설

ㄱ. 국가, 지방자치단체 또는 지방자치단체조합이 공급하는 부동산임대업, 도매 및 소매업, 음식점업·숙박업, 골프장 및 스키장 운영업, 기타 스포츠시설 운영업에 있어서 사업장은 **그 사업에 관한 업무를 총괄하는 장소**이다.

ㄷ. 무인자동판매기를 통하여 재화 또는 용역을 공급하는 사업에 있어서 사업장은 그 사업에 관한 업무를 총괄하는 장소이다. 그 이외의 장소를 사업자의 신청에 의하여 추가로 사업장으로 등록할 수 **없다**.

ㄹ. 법인이 주사업장 총괄납부의 신청을 하는 경우 주된 사업장은 본점 또는 주사무소를 말하며, 지점 또는 분사무소도 주된 사업장으로 할 수 **있다**.

[주사업장총괄납부 신청 절차]

구분	신청서 제출 기한
계속사업자	그 납부하려는 과세기간 개시 20일 전까지 신청서 제출
신규사업자	주된 사업장의 사업자등록증을 받은 날부터 20일까지 신청서 제출
사업장이 하나이나 추가로 사업장을 개설하려는 자	추가 사업장의 사업 개시일부터 20일(추가 사업장의 사업 개시일이 속하는 과세기간 이내로 한정)까지 신청서 제출

[주사업장총괄납부의 주된 사업장]

구분	주된 사업장의 판단
법인사업자	본점(주사무소 포함) 또는 지점(분사무소 포함) 중 선택
개인사업자	주사무소만 가능(지점이나 분사무소를 주된 사업장으로 할 수 없다.)

정답 ①

02

「부가가치세법」상 사업장에 관한 설명으로 옳지 않은 것은?

① 무인자동판매기를 통하여 재화·용역을 공급하는 사업은 무인자동판매기가 설치된 장소를 사업장으로 한다.

② 사업장을 설치하지 아니하고 사업자등록도 하지 아니하는 경우에는 과세표준 및 세액을 결정하거나 경정할 당시의 사업자의 주소 또는 거소를 사업장으로 한다.

③ 사업자가 자기의 사업과 관련하여 생산한 재화를 직접 판매하기 위하여 특별히 판매시설을 갖춘 장소는 사업장으로 본다.

④ 재화를 보관하고 관리할 수 있는 시설만 갖춘 장소로서 법령이 정하는 바에 따라 하치장으로 신고된 장소는 사업장으로 보지 아니한다.

기출처 **2016 국가직 9급**

LINK 세법1 277-278p 오진다 168-170p

난이도 ●●●●● 출제 가능 지수 ●●●●○

해설

무인자동판매기를 통하여 재화·용역을 공급하는 사업은 **사업에 관한 업무를 총괄하는 장소**를 사업장으로 한다.

[사업장의 범위]

구분	사업장
광업	**광업사무소의 소재지** 단, 광업사무소가 광구 밖에 있을 때에는 광업사무소에서 가장 가까운 광구에 대하여 작성한 광업원부의 맨 처음에 등록된 광구 소재지에 광업사무소가 있는 것으로 본다.
제조업	최종제품을 완성하는 장소 **단, 따로 제품의 포장만을 하거나 용기에 충전만을 하는 장소는 제외한다.**
건설업·운수업과 부동산매매업	㉠ 법인인 경우: **법인의 등기부상의 소재지**(등기부상의 지점 소재지 포함) ㉡ 개인인 경우: 사업에 관한 업무를 총괄하는 장소
부동산임대업	㉠ 원칙: **부동산의 등기부상의 소재지** ㉡ 예외: 다음의 경우에는 그 사업에 관한 업무를 총괄하는 장소 ⓐ 부동산상의 권리만을 대여하는 경우(전대, 전전세 등) ⓑ 다음의 사업자가 부동산을 임대하는 경우: 한국자산관리공사, 농업협동조합자산관리회사, 기업구조조정 부동산투자회사, 예금보험공사 및 정리금융기관, 「전기사업법」에 따른 전기사업자, 「전기통신사업법」에 따른 전기통신사업자, 지방공사, 한국농어촌공사, 한국도로공사, 한국철도시설공단 및 한국토지주택공사
다단계판매원이 재화나 용역을 공급하는 사업	다단계판매원이 법에 의하여 등록한 다단계판매업자의 주된 사업장의 소재지 단, 다단계판매원이 상시 주재하여 거래의 전부 또는 일부를 행하는 별도의 장소가 있는 경우에는 그 장소를 사업장으로 한다.
무인자동판매기를 통하여 재화·용역을 공급하는 사업	**사업에 관한 업무를 총괄하는 장소**
비거주자 또는 외국법인의 경우	「소득세법」·「법인세법」에 따른 국내사업장
사업자등록을 신청하는 신탁재산의 경우	해당 신탁재산의 등기부상 소재지, 등록부상 등록지 또는 신탁사업에 관한 업무를 총괄하는 장소

정답 ①

03

「부가가치세법」상 사업장에 관한 설명으로 옳지 않은 것은?

① 부가가치세는 사업장마다 신고·납부하는 것을 원칙으로 한다.

② 광업에 있어서 광업사무소가 광구 안에 있는 때에는 광업사무소의 소재지를 사업장으로 한다.

③ 제조업에 있어서 따로 제품의 포장만을 하거나 용기에 충전만을 하는 장소도 사업장이 될 수 있다.

④ 건설업과 운수업에 있어서는 사업자가 법인인 경우에는 당해 법인의 등기부상 소재지를 사업장으로 한다.

기출처 **2010 국가직 7급**

LINK 세법1 276p 오진다 167-168p

난이도 ●●○○○ 출제 가능 지수 ●●●○○

해설

「부가가치세법」상 사업장은 사업자가 사업을 하기 위하여 거래의 전부 또는 일부를 하는 고정된 장소를 말한다. 제조업의 경우 최종 제품을 완성하는 장소를 사업장으로 한다. 이때 따로 제품의 포장만을 하거나 용기에 충전만을 하는 장소는 **제외한다.** 정답③

04

「부가가치세법」의 주사업장총괄납부에 관한 설명으로 가장 맞지 않는 것은?

① 사업장이 2 이상인 경우에는 주사업장총괄납부 신청을 하면 주된 사업장 관할 세무서장에게 부가가치세액을 일괄 납부하거나 환급받을 수 있다.

② 주사업장총괄납부에서 주된 사업장은 법인인 경우에는 본점(주사무소 포함) 또는 지점(분사무소 포함)중 선택할 수 있으며 개인은 주사무소로 하는 것이 원칙이다.

③ 주사업장총괄납부는 납부 및 환급만 주된 사업장에서 총괄하고 신고 및 세금계산서발급 등은 각 사업장별로 하여야 한다.

④ 기존사업자로서 주된 사업장에서 총괄하여 납부하는 사업자가 되려는 자는 그 납부하려는 과세기간 개시 20일 전에 주사업장 총괄납부신청서를 제출하여야 한다.

⑤ 주사업장총괄납부 사업자에 대한 과세표준 및 세액의 결정·경정은 주사업장 관할 세무서장이 행한다.

기출처 **2008 서울시 9급 수정**

LINK 세법1 279-280p 오진다 170-171p

난이도 ●●○○○ 출제 가능 지수 ●●●○○

해설

주사업장총괄납부 사업자에 대한 과세표준 및 세액의 결정·경정은 **각 사업장 관할 세무서장**이 행한다. 정답⑤

05

「부가가치세법」상 사업자단위과세제도에 대한 설명으로 옳은 것은?

① 사업자단위과세를 적용받는 경우에는 부가가치세 신고·납부업무를 수행하는 사업자단위적용 사업장을 본점(주사무소 포함) 또는 지점(분사무소 포함) 중에서 선택하여 지정할 수 있다.

② 사업자단위과세제도를 적용하는 경우에도 사업자등록은 각 사업장별로 하고 각 사업장별 등록번호로 세금계산서를 발행하여야 한다.

③ 이미 사업자등록을 마친 사업자가 사업자단위로 등록하려면 사업자단위과세사업자로 적용받으려는 과세기간 개시 20일 전까지 등록하여야 한다.

④ 사업자단위과세의 포기는 사업자단위과세사업자로 등록한 날로부터 3년이 되는 날이 속하는 과세기간의 다음 과세기간부터 할 수 있다.

기출처 2009 국가직 9급

LINK 세법1 281p 오진단 170-171p

난이도 ●●●○○ 출제 가능 지수 ●●●●○

해설

① 사업자단위로 등록한 사업자단위과세사업자는 각 사업장을 대신하여 그 사업자의 **본점 또는 주사무소**의 소재지를 부가가치세 납세지로 한다(부법 6 ④). 반면, **법인이 주된 사업장에서 총괄하여 납부하려는 경우** 주된 사업장은 본점(주사무소 포함) 또는 지점(분사무소 포함) 중에서 선택하여 지정할 수 있다.

② 사업자단위과세를 적용할 경우 적용되는 사업장에 **한 개의 등록번호만 부여**되기 때문에 신고와 **세금계산서 발급 등도 본점 또는 주사무소에서 총괄**하여 행하며 결정과 경정도 본점 또는 주사무소의 관할 세무서장이 행한다.

④ 사업자단위과세사업자가 각 사업장별로 신고·납부하거나 주사업장총괄납부를 하려는 경우에는, 그 납부하려는 **과세기간 개시 20일 전**에 사업자단위과세 포기신고서를 사업자단위과세 적용 사업장 관할 세무서장에게 제출해야 한다(부령 17 ①). 즉, 사업자단위과세의 포기에 대한 **포기에 대한 제한은 없다**.

[주사업장총괄납부와 사업자단위과세제도의 비교]

구분	주사업장 총괄납부	사업자 단위과세
① 주된 사업장	㉠ 법인사업자: 본점 또는 지점 선택 ㉡ 개인사업자: 주사무소만 가능	본점 및 주사무소만 가능
② 신청기한	신규사업자: 주된 사업장의 사업자등록증을 받은 날부터 20일 이내	신규사업자: 사업 개시일부터 20일 이내
	㉠ 계속사업자: 적용 과세기간 개시일 20일 이전 ㉡ 사업장이 하나이나 추가로 사업장을 개설하려는 자: 추가 사업장의 사업 개시일부터 20일 이내	
③ 납부(환급)	주된 사업장에서 일괄적으로 납부(환급)함	
④ 신고, 사업자 등록 등 기타 납세의무	각 사업장별로 기타 납세의무를 이행함	사업자단위과세 적용 사업장에서 일괄적으로 기타 납세의무를 이행함
⑤ 승인 여부	승인을 요하지 않음	
⑥ 적용 제외	㉠ 사업내용의 변경으로 총괄납부가 부적당하다고 인정되는 경우 ㉡ 주된 사업장의 이동이 빈번한 경우 ㉢ 그 밖의 사정변경으로 인하여 총괄 납부가 적당하지 않게 된 경우	규정 없음
⑦ 포기	다른 방법으로 납부하고자 하는 과세기간 개시일 20일 전에 포기 신고	

정답 ③

03 사업자등록

3-01

부가가치세법령상 사업자등록에 대한 설명으로 옳은 것은?

① 사업자는 사업장마다 사업 개시일부터 25일 이내에 사업장 관할 세무서장에게 사업자등록을 신청하여야 한다.

② 사업장 관할 세무서장은 사업자등록의 신청 내용을 보정할 필요가 있다고 인정될 때에는 10일 이내의 기간을 정하여 보정을 요구할 수 있으며, 이 경우 해당 보정기간은 사업자등록증 발급기간에 산입한다.

③ 사업자등록 신청을 받은 사업장 관할 세무서장은 사업장시설이나 사업현황을 확인하기 위하여 국세청장이 필요하다고 인정하는 경우에는 발급기한을 5일 이내에서 연장하고 조사한 사실에 따라 사업자등록증을 발급할 수 있다.

④ 사업자등록을 신청하기 전이라도 공급시기가 속하는 과세기간이 끝난 후 1개월 이내에 등록을 신청한 경우 등록신청일부터 공급시기가 속하는 과세기간 기산일까지 역산한 기간 내의 매입세액은 매출세액에서 공제한다.

기출처 2025 국가직 9급
LINK 세법1 283, 285, 288p 오진다 172-173, 175p
난이도 ●●●●● 출제 가능 지수 ●●●●●

해설

① 사업자는 사업장마다 사업 개시일부터 **20일** 이내에 사업장 관할 세무서장에게 사업자등록을 신청하여야 한다.

② 사업장 관할 세무서장은 사업자등록의 신청 내용을 보정할 필요가 있다고 인정될 때에는 10일 이내의 기간을 정하여 보정을 요구할 수 있으며, 이 경우 해당 보정기간은 사업자등록증 발급기간에 **산입하지 아니한다**.

④ 사업자등록을 신청하기 전이라도 공급시기가 속하는 과세기간이 끝난 후 **20일** 이내에 등록을 신청한 경우 등록신청일부터 공급시기가 속하는 과세기간 기산일까지 역산한 기간 내의 매입세액은 매출세액에서 공제한다.

정답 ③

3-02

부가가치세법령상 사업자등록에 대한 설명으로 옳지 않은 것은?

① 2024년 1월 1일 사업을 시작한 사업자가 2024년 2월 15일 사업자등록을 신청한 경우 등록신청일부터 공급시기가 속하는 과세기간 기산일까지 역산한 기간 내의 매입세액을 공제받을 수 없으며, 미등록가산세도 납부하여야 한다.

② 신규로 사업을 시작하려는 자는 사업개시일 전이라도 사업자등록신청을 할 수 있다.

③ 사업자 단위로 등록신청을 한 사업자에게는 사업자 단위 과세적용 사업장에 한 개의 등록번호를 부여한다.

④ 사업장 단위로 등록한 사업자가 사업자 단위 과세 사업자로 변경하려면 사업자 단위 과세 사업자로 적용받으려는 과세기간 개시 20일 전까지 사업자의 본점 또는 주사무소 관할 세무서장에게 변경등록을 신청해야 한다.

기출처 **2023 국가직 7급**

LINK 세법1 281, 283, 285, 288p   오진다 170, 172-173, 175p

난이도 ●●○○○   출제 가능 지수 ●●●●○

해설

① 사업자등록을 신청하기 전의 매입세액은 매출세액에서 공제하지 않는다. 다만, 공급시기가 속하는 과세기간이 끝난 후 20일 이내에 등록을 신청한 경우 등록신청일부터 공급시기가 속하는 과세기간 기산일까지 역산한 기간 내의 매입세액은 매출세액에서 **공제한다**. 또한 사업개시일부터 20일 이내에 사업자등록을 신청하지 않은 경우 미등록가산세를 부과한다.   정답 ①

01

부가가치세법령상 사업자등록에 대한 설명으로 옳지 않은 것은?

① 신규로 사업을 시작하려는 자는 사업 개시일 이전이라도 사업자등록을 신청할 수 있다.

② 사업장 관할 세무서장은 등록된 사업자가 폐업한 경우에는 지체없이 사업자등록을 말소하여야 한다.

③ 사업장을 이전하는 경우는 사업자등록의 정정신고 사유이다.

④ 사업자는 사업자등록의 신청을 사업장 관할 세무서장에게만 할 수 있으며, 관할 세무서장이 아닌 다른 세무서장에게 한 사업자등록의 신청은 효력이 없다.

기출처 **2023 국가직 9급**

LINK 세법1 283, 286-287p   오진다 173-175p

난이도 ●○○○○   출제 가능 지수 ●●●●●

해설

④ 사업자는 사업자등록의 신청을 사업장 관할 세무서장이 아닌 **다른 세무서장에게도 할 수 있다**.   정답 ④

02

「부가가치세법」상 사업자등록에 대한 설명으로 옳지 않은 것은?

① 신규로 사업을 시작하려는 자는 사업 개시일 이전이라도 사업자등록을 신청할 수 있다.

② 사업장이 하나이나 추가로 사업장을 개설하려는 사업자는 사업자 단위로 해당 사업자의 본점 또는 주사무소 관할 세무서장에게 등록을 신청할 수 있다.

③ 사업장 관할 세무서장이 사업자가 사업 개시일 이전에 사업자등록신청을 하고 사실상 사업을 시작하지 아니하는 것을 알게 된 경우 해당 세무서장은 20일 이내에 사업자등록을 말소하여야 한다.

④ 사업장 단위로 등록한 사업자가 사업자단위과세사업자로 변경하려면 사업자단위과세사업자로 적용 받으려는 과세기간 개시 20일 전까지 사업자의 본점 또는 주사무소 관할 세무서장에게 변경등록을 신청하여야 한다.

기출처 2020 국가직 9급
LINK 세법1 281, 283, 287p 오진다 170, 173, 175p
난이도 ●●○○○ 출제 가능 지수 ●●●●●

해설

사업장 관할 세무서장은 등록된 사업자가 사업 개시일 이전에 등록신청을 하고 사실상 사업을 시작하지 아니하게 되는 경우 **지체 없이** 사업자등록을 말소해야 한다(부법 8 ⑨).

[지체 없이 등록말소해야 하는 경우]

㉠ 폐업(사실상 폐업한 경우로서 법령으로 정하는 경우를 포함)한 경우
㉡ 사업 개시일 이전에 등록신청을 하고 사실상 사업을 시작하지 아니하게 되는 경우

정답 ③

03

「부가가치세법」상 사업자등록에 대한 설명으로 옳지 않은 것은?

① 둘 이상의 사업장이 있는 사업자는 사업 개시일부터 20일 이내에 주사업장의 관할 세무서장에게 등록하여야 한다.

② 둘 이상의 사업장이 있는 사업자는 해당 사업자의 본점 또는 주사무소 관할 세무서장에게 사업자 단위로 등록할 수 있다.

③ 사업자등록을 한 사업자가 사업자 단위로 등록하려면 사업자단위과세사업자로 적용 받으려는 과세기간 개시 20일 전까지 등록하여야 한다.

④ 사업장 관할 세무서장은 사업자가 폐업하게 되는 경우 지체 없이 사업자등록을 말소하여야 한다.

기출처 2012 국가직 9급
LINK 세법1 281, 283, 287p 오진다 170-173, 175p
난이도 ●●○○○ 출제 가능 지수 ●●●●●

해설

사업자등록을 하려는 사업자는 **사업장마다** 사업자등록 신청서를 관할 세무서장이나 그 밖에 신청인의 편의에 따라 선택한 세무서장에게 제출(국세정보통신망에 의한 제출 포함)해야 한다. 따라서 사업자에게 둘 이상의 사업장이 있는 경우에도 **사업장마다** 사업 개시일부터 20일 이내에 사업장 관할 세무서장에게 사업자등록을 신청해야 한다.

정답 ①

04

「부가가치세법」의 사업자등록에 대한 다음 설명 중 옳지 않은 것은?

① 사업자등록신청자는 「부가가치세법」상의 사업자이어야만 가능하다.

② 「부가가치세법」상 면세사업자는 「부가가치세법」상의 사업자등록의무는 없으나 「법인세법」 또는 「소득세법」상의 등록의무는 있다.

③ 부가가치세 과세사업자가 사업자등록을 하더라도 「법인세법」 또는 「소득세법」상의 사업자등록을 별개로 하여야 한다.

④ 부가가치세 과세사업과 면세사업을 겸영하는 사업자는 「부가가치세법」상 사업자등록을 하여야 한다.

⑤ 「소득세법」 및 「법인세법」에 의하여 사업자등록을 한 자로서 면세사업을 영위하던 자가 추가로 과세사업을 영위하는 경우 사업자등록정정신고서를 제출하면 사업자등록신청을 한 것으로 본다.

기출처 2008 서울시 9급

LINK 세법1 283p 오진다 172-173p

난이도 ●●●●● 출제 가능 지수 ●●●●●

해설

「소득세법」 제168조 제2항에 따르면, 「부가가치세법」에 따라 사업자등록을 한 사업자는 해당 사업에 관하여 사업자등록을 한 것으로 본다.

「법인세법」 제111조 제2항에 따르면, 「부가가치세법」에 따라 사업자등록을 한 사업자는 그 사업에 관하여 사업자등록을 한 것으로 본다.

따라서 부가가치세 과세사업자가 사업자등록을 하면 「법인세법」 또는 「소득세법」상의 사업자등록을 **별도로 하지 아니한다.** 정답 ③

05

「부가가치세법」상 사업자등록에 관한 설명으로 옳지 않은 것은?

① 사업자가 사업자등록을 하지 아니한 경우에는 관할 세무서장이 조사하여 등록시킬 수 있다.

② 사업자등록을 하지 아니한 사업자는 매입세액공제를 받을 수 없지만, 공급시기가 속하는 과세기간이 끝난 후 20일 이내 등록신청한 경우 등록신청일부터 공급시기가 속하는 과세기간 기산일까지 역산한 기간 내의 매입세액은 공제 가능하다.

③ 면세사업자도 「부가가치세법」상의 사업자등록을 하여야 한다.

④ 사업종류의 변경, 사업장의 이전은 사업자등록의 정정신고 사유이다.

기출처 2007 국가직 9급

LINK 세법1 283, 285-288p 오진다 173-175p

난이도 ●●●●● 출제 가능 지수 ●●●●●

해설

면세사업자의 경우 부가가치세 납세의무가 면제되므로 「부가가치세법」상의 **사업자등록 의무는 없다.** 단, 「소득세법」 및 「법인세법」에 따른 등록은 하여야 한다. 정답 ③

CHAPTER

02

과세거래

출제 경향 분석

01 과세거래의 개요 및 재화의 공급

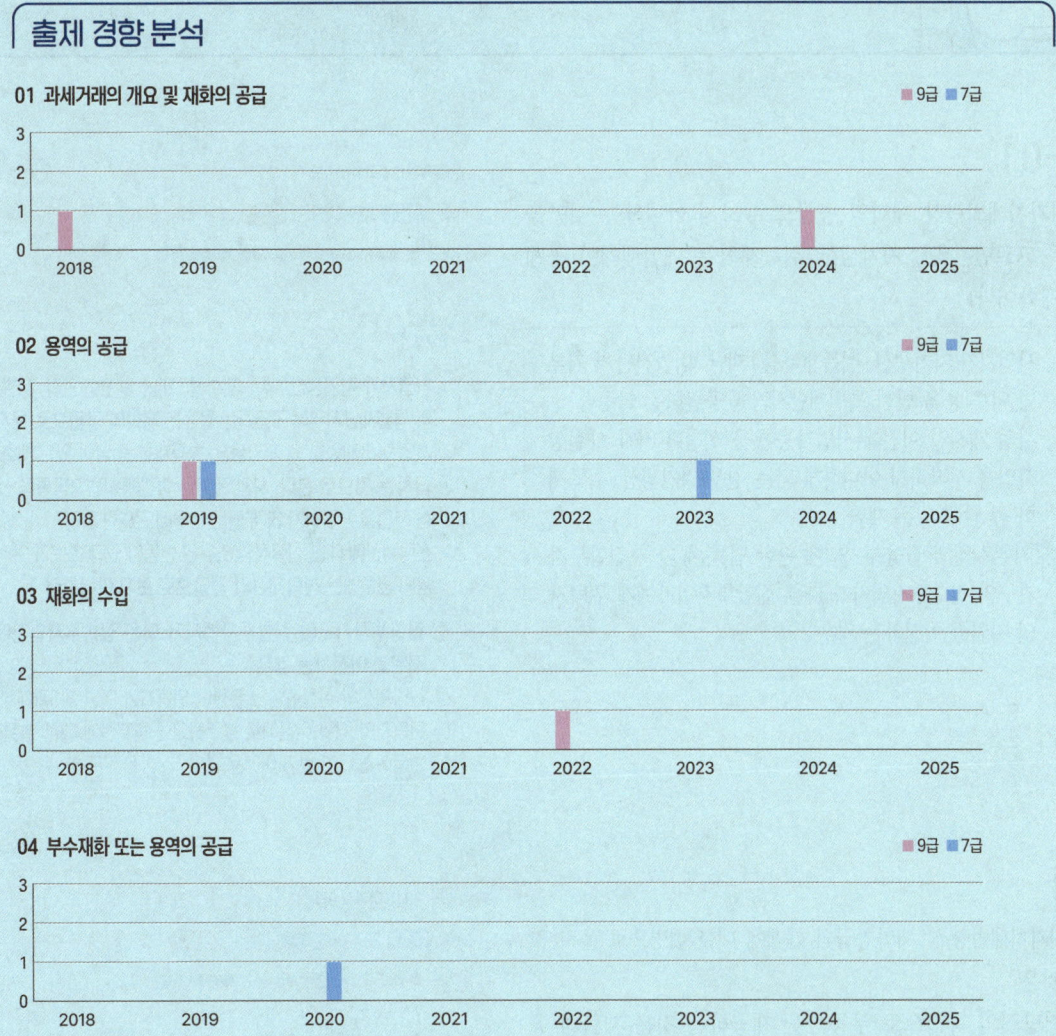

02 용역의 공급

03 재화의 수입

04 부수재화 또는 용역의 공급

기출 분석

'과세거래' 파트는 꾸준히 출제되고 있는 주제입니다. 난도가 높은 문제보다는 비교적 기본법을 물어보는 문제로 출제되고 있으므로 기출 중심으로 정리하시기 바랍니다.

1-01

부가가치세법령상 재화의 공급으로 보지 아니하는 것만을 모두 고르면? (단, 자기생산·취득재화는 매입세액이 공제된 재화이다)

> ㄱ. 사업자가 자기생산·취득재화를 「재난 및 안전관리 기본법」의 적용을 받아 특별재난지역에 공급하는 물품
> ㄴ. 사업 개시일 이전에 사업자등록을 신청한 자가 사실상 사업을 시작하지 아니하게 되는 경우 자기생산·취득재화 중 남아 있는 재화
> ㄷ. 「자본시장과 금융투자업에 관한 법률」에 따른 집합투자기구의 집합투자업자가 다른 집합투자업자에게 위탁자의 지위를 이전하는 경우

① ㄱ, ㄴ
② ㄱ, ㄷ
③ ㄴ, ㄷ
④ ㄱ, ㄴ, ㄷ

기출처 **2024 국가직 9급**
LINK 세법1 303-305p 오진다 184-185, 187p
난이도 ●●●○○ 출제 가능 지수 ●●●○○

해설

ㄱ. 사업자가 자기생산·취득재화를 「재난 및 안전관리 기본법」의 적용을 받아 특별재난지역에 공급하는 물품은 **재화의 공급으로 보지 아니한다.**
ㄴ. 사업자가 폐업할 때 자기생산·취득재화 중 남아 있는 재화는 **자기에게 공급하는 것으로 본다.** 사업 개시일 이전에 사업자등록을 신청한 자가 사실상 사업을 시작하지 않게 되는 경우에도 또한 같다.
ㄷ. 신탁재산에 대한 실질적인 소유권 변동이 있다고 보기 어려운 경우로서 다음의 경우에는 **신탁재산의 공급으로 보지 아니한다.**

ㄱ 집합투자기구의 집합투자업자가 다른 집합투자업자에게 위탁자의 지위를 이전하는 경우
ㄴ 신탁재산의 실질적인 소유권이 위탁자가 아닌 제3자에게 있는 경우 등 위탁자의 지위 이전에도 불구하고 신탁재산에 대한 실질적인 소유권의 변동이 있다고 보기 어려운 경우

정답 ②

01

「부가가치세법령」상 재화공급의 특례에 대한 설명으로 옳지 않은 것은?

① 저당권의 목적으로 부동산을 제공하는 것은 재화의 공급으로 본다.
② 사업자가 폐업할 때 자기의 과세사업과 관련하여 생산하거나 취득한 재화로서 매입세액이 공제된 재화 중 남아있는 재화는 자기에게 공급하는 것으로 본다.
③ 사업자가 자기의 과세사업과 관련하여 생산하거나 취득한 재화로서 매입세액이 공제된 재화를 사업을 위하여 증여하는 것 중 「재난 및 안전관리 기본법」의 적용을 받아 특별재난 지역에 공급하는 물품을 증여하는 것은 재화의 공급으로 보지 아니한다.
④ 사업자가 자기의 과세사업과 관련하여 생산하거나 취득한 재화로서 매입세액이 공제된 재화를 자기의 면세사업을 위하여 직접 사용하거나 소비하는 것은 재화의 공급으로 본다.

기출처 **2018 국가직 9급**
LINK 세법1 297, 303-304, 306p 오진다 182, 184-185, 187p
난이도 ●●○○○ 출제 가능 지수 ●●●○○

해설

질권, 저당권 또는 양도담보의 목적으로 동산, 부동산 및 부동산상의 권리를 제공하는 것은 재화의 공급으로 보지 않는다(부법 10 ⑨ (1), 부령 22). 따라서 저당권의 목적으로 부동산을 제공하는 것은 재화의 공급으로 **보지 않는다.**

[고객이나 불특정다수인에게 증여하는 경우 사업상 증여로 보지 않는 재화]

㉠ 당초 매입 시 매입세액이 공제되지 아니한 것
㉡ 증여하는 재화의 대가가 주된 거래인 재화 공급의 대가에 포함되는 경우
㉢ 사업을 위하여 대가를 받지 않고 다른 사업자에게 인도하거나 양도하는 견본품
㉣ 불특정다수인에게 무상으로 배포하는 광고선전용 재화
㉤ 「재난 및 안전관리 기본법」의 적용을 받아 특별재난지역에 공급하는 물품
㉥ 자기적립 마일리지 등으로만 전부를 결제받고 공급하는 재화

정답 ①

02

「부가가치세법령」상 과세거래에 해당하는 것은?

① 사업장이 둘 있는 사업자(사업자단위과세사업자와 주사업장 총괄납부사업자에 모두 해당하지 아니함)가 자기의 사업과 관련하여 생산한 재화로서 매입세액이 불공제된 재화를 판매할 목적으로 자기의 다른 사업장에 반출하는 경우

② 사업자가 「민사집행법」에 따른 경매(같은 법에 따른 강제경매, 담보권 실행을 위한 경매와 「민법」·「상법」 등 그 밖의 법률에 따른 경매 포함)에 따라 재화를 인도하거나 양도하는 경우

③ 사업자가 대가를 받지 않고 특수관계인 외의 자에게 사업용 부동산의 임대용역을 공급하는 경우

④ 사업자가 사업을 위하여 증여하는 것으로서 「부가가치세법 시행령」에 따른 자기적립 마일리지 등으로만 전부를 결제받고 재화를 공급하는 경우

기출처 2017 국가직 7급
LINK 세법1 295, 300, 303, 308p 오진단 180, 183, 184, 189p
난이도 ●●○○○ 출제 가능 지수 ●●●○○

해설

① 사업장이 둘 있는 사업자(사업자단위과세사업자와 주사업장 총괄납부사업자에 모두 해당하지 아니함)가 자기의 사업과 관련하여 생산한 재화(**매입세액 공제 여부 불문**)를 판매할 목적으로 자기의 다른 사업장에 반출하는 경우 **재화의 공급으로 본다.**

③ 사업자가 특수관계자에게 사업용 부동산의 임대용역을 제공하는 것은 용역의 공급으로 보되, 특수관계인 외의 자에게 사업용 부동산의 임대용역을 제공하는 것은 용역의 공급으로 보지 않는다.

[재화의 공급으로 보지 않는 경매 = 공적경매]

㉠ 「국세징수법」에 따른 공매(수의계약에 따라 매각하는 것을 포함)
㉡ 「민사집행법」에 따른 경매(같은 법에 따른 강제경매 포함)
㉢ 담보권 실행을 위한 경매
㉣ 「민법」, 「상법」 등 그 밖의 법률에 따른 경매

정답 ①

03

「부가가치세법」상 재화의 공급에 대한 설명으로 옳지 않은 것은?

① 질권, 저당권 또는 양도담보의 목적으로 동산, 부동산 및 부동산상의 권리를 제공하는 것은 재화의 공급으로 보지 않는다.

② 사업용 자산을 「상속세 및 증여세법」 제73조, 「지방세법」 제117조에 따라 물납하는 것은 재화의 공급으로 보지 않는다.

③ 사업장별로 그 사업에 관한 모든 권리와 의무를 포괄적으로 승계하고, 그 사업을 양수받는 자가 그 대가를 지급하는 때에 그 대가를 받은 자로부터 부가가치세를 징수하여 납부한 경우에는 재화의 공급으로 본다.

④ 사업자가 위탁가공을 위하여 원료를 대가 없이 국외의 수탁가공 사업자에게 반출하여 가공한 재화를 양도하는 경우에 그 원료를 반출하는 것은 재화의 공급으로 보지 않는다.

기출처 2016 국가직 7급
LINK 세법1 305-307p 오진단 187p
난이도 ●●○○○ 출제 가능 지수 ●●●○○

해설

사업자가 위탁가공을 위하여 원자재를 국외의 수탁가공 사업자에게 대가 없이 반출하는 것(영세율이 적용되는 것은 제외)은 재화의 공급으로 보지 않는다(부령 18 ② (3)). 단, 사업자가 위탁가공을 위하여 원료를 대가 없이 국외의 수탁가공 사업자에게 반출하여 가공한 재화를 양도하는 경우에 그 원료의 반출에 대하여는 **재화의 공급으로 보아 영세율을 적용한다**(부령 31 ① (5)).

정답 ④

04

「부가가치세법」상 부가가치세의 과세대상이 되는 재화의 공급으로만 묶인 것은?

> ㉠ 질권의 목적으로 동산을 제공하는 것
> ㉡ 사업자가 사업을 폐업하는 경우 남아 있는 재화(매입세액이 공제되지 아니한 재화 제외)
> ㉢ 장기할부판매계약에 의하여 재화를 양도하는 것
> ㉣ 사업을 위하여 대가를 받지 아니하고 다른 사업자에게 인도 또는 양도하는 견본품
> ㉤ 현물출자에 의하여 재화를 양도하는 것

① ㉠, ㉡, ㉣
② ㉠, ㉢, ㉤
③ ㉡, ㉢, ㉤
④ ㉢, ㉣, ㉤

기출처 2010 국가직 9급
LINK 세법1 294-295, 303-304, 306p 오진다 180-181, 184-185, 187p
난이도 ●●●●○   출제 가능 지수 ●●●○○

해설

㉠ 질권, 저당권 또는 양도담보의 목적으로 동산, 부동산 및 부동산상의 권리를 제공하는 것은 재화의 공급으로 보지 않는다(부법 10 ⑨ (1), 부령 22). 따라서 질권의 목적으로 동산을 제공하는 것은 **재화의 공급으로 보지 않는다.**

㉣ 사업을 위하여 대가를 받지 않고 다른 사업자에게 인도하거나 양도하는 견본품은 사업상 증여로 보지 않기 때문에 과세하지 않는다(부령 20, 부기통 10-0-4). 즉, **재화의 공급으로 보지 않는다.**

정답 ③

05

「부가가치세법」상 재화의 간주공급에 해당하지 않는 것은?

① 사업자가 자기의 사업과 관련하여 생산한 재화를 실비변상적이거나 복리후생적인 목적이 아닌 사용인의 개인적인 목적으로 무상 사용·소비하는 경우(단, 매입 시 매입세액이 공제되지 아니한 재화는 제외함)

② 사업자가 자기의 사업과 관련하여 생산하거나 취득한 재화를 면세사업을 위하여 사용·소비한 경우(단, 매입 시 매입세액이 공제되지 아니한 재화는 제외함)

③ 운수업을 영위하는 사업자가 운수사업용으로 법령으로 정한 승용자동차를 구입하여 매입세액을 공제받은 후 이를 임직원의 업무용으로 사용하는 경우(단, 당초 구입 시 매입세액이 공제되지 아니한 재화는 제외함)

④ 사업자가 자기의 사업과 관련하여 생산하거나 취득한 재화를 사업을 위하여 대가를 받지 아니하고 다른 사업자에게 인도 또는 양도하는 견본품

기출처 2008 국가직 9급
LINK 세법1 297-298, 302-303p 오진다 182-184p
난이도 ●○○○○   출제 가능 지수 ●●○○○

해설

사업자가 자기의 사업과 관련하여 생산하거나 취득한 재화를 사업을 위하여 대가를 받지 않고 다른 사업자에게 인도하거나 양도하는 견본품은 **과세하지 않는다.**

[재화의 공급의제 = 간주공급]

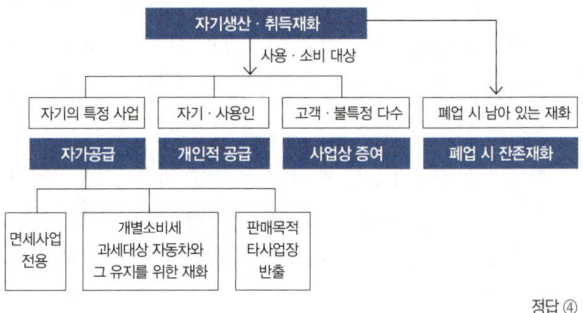

정답 ④

06

「부가가치세법」상 공급으로 보는 경우가 아닌 것은?

① 판매목적 타사업장반출
② 「상속세 및 증여세법」에 의한 물납
③ 개인적 공급
④ 폐업 시 잔존재화

기출처 2006 국가직 7급

LINK 세법1 300-302, 304, 306p   오진다 183-185, 187p

난이도 ●●●●●   출제 가능 지수 ●●●●●

해설

① 판매목적 타사업장반출은 재화의 공급으로 본다.
② 「상속세 및 증여세법」 및 「지방세법」에 따라 사업용 자산으로써 상속세·재산세를 물납하는 것은 **재화의 공급으로 보지 않는다**(부법 10 ⑨ (3), 부령 24).
③ 사업자가 자기생산·취득재화를 사업과 직접 관계없이 자기의 개인적인 목적이나 그 밖의 목적을 위하여 사용·소비하거나 그 사용인 또는 그 밖의 자가 사용·소비하는 것으로서 사업자가 그 대가를 받지 않거나 시가보다 낮은 대가를 받는 경우 재화의 공급으로 본다(부법 10 ④).
④ 사업자가 폐업할 때 자기생산·취득재화 중 남아 있는 재화는 자기에게 공급하는 것으로 본다.

정답 ②

02 용역의 공급

2-01

부가가치세법령상 부가가치세가 과세되는 것만을 모두 고르면?

> ㄱ. 개인 과세사업자가 특수관계인에게 사업용 부동산인 상가를 무상으로 임대하는 경우
> ㄴ. 과세사업자가 사업용 과세재화를 자기적립마일리지 외의 마일리지만으로 전부를 결제받고 공급하는 경우
> ㄷ. 과세사업자가 사업용 건물을 「상속세 및 증여세법」 및 「지방세법」에 따라 물납하는 경우
> ㄹ. 부동산임대업자가 주택(국민주택규모 초과)을 유상으로 임대하는 경우

① ㄱ, ㄴ
② ㄱ, ㄹ
③ ㄴ, ㄷ
④ ㄷ, ㄹ

기출처 2023 국가직 7급
LINK 세법1 303, 306, 308, 335p   오진다 187, 189, 205, 225p
난이도 ●●●●○   출제 가능 지수 ●●●●○

해설

ㄱ. 사업자가 대가를 받지 않고 타인에게 용역을 공급하는 것은 용역의 공급으로 보지 않는다. 다만, 사업자가 특수관계자에게 사업용 부동산의 임대용역을 무상으로 제공하는 것은 **용역의 공급으로 본다.**

ㄴ. 과세사업자가 사업용 과세재화를 자기적립마일리지 외의 마일리지만으로 전부를 결제받고 공급하는 경우는 **재화의 공급으로 보며,** 공급한 재화의 시가를 공급가액으로 한다. 자기적립마일리지 등으로만 전부를 결제받고 공급하는 재화의 경우에는 사업상 증여로 보지 않아 과세하지 않는다.

ㄷ. 「상속세 및 증여세법」 및 「지방세법」에 따라 사업용 자산으로써 상속세·재산세를 물납하는 것은 **재화의 공급으로 보지 않는다.**

ㄹ. 주택과 그 부수토지의 임대용역은 **면세로 한다.** 즉, 국민주택규모 초과 여부와 상관이 없다.   정답 ①

01

「부가가치세법령」상 재화 또는 용역의 공급에 대한 설명으로 옳지 않은 것은?

① 사업용 자산을 「상속세 및 증여세법」 제73조 및 「지방세법」 제117조에 따라 물납하는 것은 재화의 공급으로 보지 아니한다.

② 산업상·상업상 또는 과학상의 지식·경험 또는 숙련에 관한 정보를 제공하는 것은 용역의 공급으로 본다.

③ 사업자가 자기의 과세사업과 관련하여 취득한 재화로서 「부가가치세법」 제38조에 따른 매입세액이 공제된 재화를 자기의 면세사업을 위하여 직접 사용하는 것은 재화의 공급으로 보지 아니한다.

④ 재화의 공급은 계약상 또는 법률상의 모든 원인에 따라 재화를 인도하거나 양도하는 것으로 한다.

기출처 2019 국가직 7급
LINK 세법1 294, 297, 306, 308p   오진다 179, 182, 187, 189p
난이도 ●●●●○   출제 가능 지수 ●●●●○

해설

① 조세를 물납하는 경우에는 재화의 공급으로 보지 않는다(부법 10 ⑨ (3), 부령 24).

③ 사업자가 자기의 과세사업과 관련하여 취득한 재화로서 「부가가치세법」 제38조에 따른 매입세액이 공제된 재화를 자기의 면세사업을 위하여 직접 사용하는 것은 재화의 공급으로 **본다.**   정답 ③

02

「부가가치세법령」상 재화 또는 용역의 공급에 대한 설명으로 옳지 않은 것은?

① 자기가 주요자재의 일부를 부담하고 상대방으로부터 인도받은 재화를 가공하여 새로운 재화를 만드는 가공계약에 따라 재화를 인도하는 것은 용역의 공급에 해당한다.

② 건설업의 경우 건설업자가 건설자재의 전부를 부담하더라도 용역의 공급으로 본다.

③ 사업자가 자신의 용역을 자기의 사업을 위하여 대가를 받지 아니하고 공급함으로써 다른 사업자와의 과세형평이 침해되는 경우에는 자기에게 용역을 공급하는 것으로 본다.

④ 고용관계에 따라 근로를 제공하는 것은 용역의 공급으로 보지 아니한다.

기출처 **2019 국가직 9급**

LINK 세법1 294, 308-309p   오진다 180, 188p

난이도 ●●○○○   출제 가능 지수 ●●●○○

해설

① 자기가 주요자재의 전부 또는 일부를 부담하고 상대방으로부터 인도받은 재화로 가공하여 새로운 재화를 만드는 가공계약에 따라 재화를 인도하는 것은 **재화**의 공급으로 본다(부령 18 ① (2)).

③ 사업자가 대가를 받지 않고 타인에게 용역을 공급하는 것은 용역의 공급으로 보지 않는다(부법 12 ②). 따라서 용역의 자가공급에 대하여는 부가가치세를 과세하지 아니한다. 용역의 무상공급에 대하여 부가가치세를 과세하지 않는 것과 형평을 맞추기 위함이다. 그러나 사업자가 자신의 용역을 자기의 사업을 위하여 대가를 받지 아니하고 공급함으로써 다른 사업자와의 과세형평이 침해되는 경우에는 자기에게 용역을 제공하는 것으로 본다(부법 12 ①).

[부가가치세를 과세하지 않는 용역의 자가공급]

㉠ 사업자가 자기의 사업과 관련하여 사업장 내에서 그 사용인에게 음식용역을 무상으로 제공하는 경우
㉡ 사업자가 사용인의 직무상 부상 또는 질병을 무상으로 치료하는 경우
㉢ 사업장이 각각 다른 수개의 사업을 겸영하는 사업자가 그 중 한 사업장의 재화 또는 용역의 공급에 필수적으로 부수되는 용역을 자기의 다른 사업장에서 공급하는 경우

정답 ①

03

「부가가치세법」상 재화 또는 용역의 공급에 대한 설명으로 옳지 않은 것은?

① 건설업의 건설업자가 건설자재의 전부 또는 일부를 부담하는 것은 용역의 공급이다.

② 사업자가 위탁가공을 위하여 원자재를 국외의 수탁가공 사업자에게 대가 없이 반출하는 것(영세율이 적용되는 것 제외)은 재화의 공급으로 본다.

③ 「민사집행법」에 따른 경매에 따라 재화를 인도하거나 양도하는 것은 재화의 공급으로 보지 않는다.

④ 사업자가 특수관계인이 아닌 타인에게 대가를 받지 않고 용역을 공급하는 것은 용역의 공급으로 보지 않는다.

기출처 **2015 국가직 9급**

LINK 세법1 295, 307-308p   오진다 180, 187, 189p

난이도 ●●●●●   출제 가능 지수 ●●●●○

해설

사업자가 위탁가공을 위하여 원자재를 국외의 수탁가공 사업자에게 대가 없이 반출하는 것(영세율이 적용되는 것은 제외)은 재화의 공급으로 **보지 않는다**(부령 18 ② (3)). 단, 원료를 대가 없이 국외의 수탁가공 사업자에게 반출하여 가공한 재화를 양도하는 경우에 그 원료의 반출에 대하여는 재화의 공급으로 보아 영세율을 적용한다(부령 31 ① (5)).

정답 ②

04

「부가가치세법」상 과세거래인 재화 또는 용역의 공급으로
보지 않는 것은?

① 사업자가 위탁가공을 위하여 원자재를 국외의 수탁
   가공사업자에게 대가 없이 반출하는 것 (영세율이 적용
   되는 경우 제외)
② 자기가 주요자재의 전부 또는 일부를 부담하고 상대방
   으로부터 인도받은 재화에 공작을 가하여 새로운
   재화를 만드는 가공계약에 의하여 재화를 인도하는 것
③ 재화의 인도대가로서 다른 재화를 인도받거나 용역을
   제공받는 교환계약에 의하여 재화를 인도 또는 양도하는 것
④ 기한부 판매 계약에 의하여 재화를 인도하는 것

기출처 2013 국가직 7급
LINK 세법1 294, 307p   오진다 180, 187, 188p
난이도 ●●●●●   출제 가능 지수 ●●●●●

해설

사업자가 위탁가공을 위하여 원자재를 국외의 수탁가공 사업자에게 대가 없이
반출하는 것(영세율이 적용되는 것은 제외)은 재화의 공급으로 보지 않는다
(부령 18 ② (3)).   정답 ①

05

「부가가치세법」상 용역의 공급에 대한 설명으로 옳지 않은 것
은?

① 사업자가 법률상의 모든 원인에 의하여 역무를 제공하는
   것은 용역의 공급으로 본다.
② 사업자가 거래상대방으로부터 인도받은 재화에 주요 자
   재를 전혀 부담하지 아니하고 단순히 가공만 하여 주는
   것은 용역의 공급으로 본다.
③ 사업자가 대가를 받지 아니하고 특수관계자가 아닌
   타인에게 용역을 공급하는 것은 용역의 공급으로 본다.
④ 고용관계에 의하여 근로를 제공하는 것은 용역의 공급
   으로 보지 아니한다.

기출처 2012 국가직 9급
LINK 세법1 294, 308-309p   오진다 188-189p
난이도 ●●●●●   출제 가능 지수 ●●●●●

해설

사업자가 대가를 받지 않고 타인에게 용역을 공급하는 것은 용역의 공급으로
보지 않는다(부법 12 ②). 단, 사업자가 특수관계자에게 사업용 부동산의 임
대용역을 제공하는 것은 용역의 공급으로 보되 다음의 경우는 용역의 공급으
로 보지 아니한다(부법 12 ②, 부령 26).

㉠ 산학협력단과 대학 간 사업 부동산의 임대용역
㉡ 「공공주택특별법」에 따른 공공주택사업자(국가, 또는 지방자치단체, 한
   국토지주택공사, 주택사업을 목적으로 설립된 지방공사 등)와 부동산투
   자회사 간 사업용 부동산의 무상임대용역

정답 ③

06

다음 중 「부가가치세법」상 과세대상이 아닌 것은?

① 비영업용 승용자동차의 판매
② 광업권의 대여
③ 농부의 농업종사 중 일시적이고 부수적으로 생긴 물건의 매매
④ 상가건물의 현물출자

기출처 2006 국가직 7급
LINK 세법1 269, 293-294p 오진다 180-181, 188p
난이도 ●●●●● 출제 가능 지수 ●●●●●

해설

① 현금판매, 외상판매, 할부판매, 장기할부판매, 조건부 및 기한부 판매, 위탁판매와 그 밖의 매매계약에 따라 재화를 인도하거나 양도하는 것은 재화의 공급으로 본다. 따라서 비영업용 승용자동차의 판매는 「부가가치세법」상 **재화의 공급에 해당**한다.

② 광업권자가 광업권을 대여하고 그 대가로 분철료를 받는 경우에는 과세대상이 된다(부기통 4-0-5). 따라서 광업권의 대여는 「부가가치세법」상 **용역의 공급에 해당**한다.

③ '사업성'이라 함은 재화 또는 용역의 공급행위가 계속·반복적으로 이뤄져야 한다는 것이고 이에 대한 판단은 실질에 따라 판단한다. 따라서 일시적으로 생긴 물건의 매매는 **과세대상이 아니다.**

④ 사업자가 재화를 법인에 현물출자하는 경우에는 재화의 공급으로 본다(부기통 15-28-1). 따라서 상가건물의 현물출자는 「부가가치세법」상 **재화의 공급에 해당**한다.   정답 ③

03 재화의 수입

01

「부가가치세법」상 과세대상 거래에 대한 설명으로 옳지 않은 것은?

① 재화의 공급은 계약상 또는 법률상의 모든 원인에 따라 재화를 인도하거나 양도하는 것으로 한다.

② 용역의 공급은 계약상 또는 법률상의 모든 원인에 따른 것으로서 역무를 제공하는 것과 시설물, 권리 등 재화를 사용하게 하는 것 중 어느 하나에 해당하는 것으로 한다.

③ 수출신고가 수리된 물품으로서 선적되지 아니한 물품을 보세구역에서 반입하는 것은 재화의 수입에 해당한다.

④ 고용관계에 따라 근로를 제공하는 것은 용역의 공급으로 보지 아니한다.

기출처 **2022 국가직 9급**

LINK 세법1 294, 308-310p   오진다 179, 188-190p

난이도 ●●●○○   출제 가능 지수 ●●●○○

해설

수출신고가 수리된 물품으로서 선적되지 않은 물품을 보세구역에서 반입하는 경우는 **재화의 수입으로 보지 않고 국내공급으로 과세한다.** 정답 ③

04 부수재화 또는 용역의 공급

01

「부가가치세법」상 부수재화 및 부수용역의 공급과 관련된 설명으로 옳지 않은 것은?

① 주된 재화 또는 용역의 공급에 부수되어 공급되는 것으로서 거래의 관행으로 보아 통상적으로 주된 재화 또는 용역의 공급에 부수하여 공급되는 것으로 인정되는 재화 또는 용역의 공급은 주된 재화 또는 용역의 공급에 포함되는 것으로 본다.

② 주된 재화 또는 용역의 공급에 부수되어 공급되는 것으로서 해당 대가가 주된 재화 또는 용역의 공급에 대한 대가에 통상적으로 포함되어 공급되는 재화 또는 용역의 공급은 주된 재화 또는 용역의 공급에 포함되는 것으로 본다.

③ 면세되는 재화 또는 용역의 공급에 통상적으로 부수되는 재화 또는 용역의 공급은 그 면세되는 재화 또는 용역의 공급에 포함되는 것으로 본다.

④ 주된 사업에 부수되는 주된 사업과 관련하여 주된 재화의 생산 과정에서 필연적으로 생기는 재화의 공급은 별도의 공급으로 보지 아니한다.

기출처 **2020 국가직 7급**

LINK 세법1 311-312p 오진다 191-192p

난이도 ●●●○○　출제 가능 지수 ●●●○○

해설

주된 사업에 부수되는 주된 사업과 관련하여 주된 재화의 생산 과정에서 필연적으로 생기는 재화의 공급은 별도의 공급으로 **본다.**

[주된 **거래**에 부수되는 재화·용역 = 주된 재화 또는 용역의 공급에 포함되는 것으로 본다]

구분	주된 거래	공급되는 재화 또는 용역	과세·면세 구분
통상적으로 포함되어 공급되는 재화 또는 용역	과세거래	과세대상	과세
		면세대상	과세
	면세거래	과세대상	면세
		면세대상	면세
관행으로 보아 **통상적으로** 공급에 **부수**하여 공급되는 재화 또는 용역	과세거래	과세대상	주된 거래인 재화 또는 용역의 공급에 흡수되는 것으로 보아 별도의 사업상 증여로 보지 않는다.
		면세대상	
	면세거래	과세대상	
		면세대상	

[주된 **사업**에 부수되는 재화·용역 = 별도의 공급으로 본다]

구분	주된 사업	공급되는 재화 또는 용역	과세·면세 구분
우연히 또는 일시적으로 공급되는 재화 또는 용역	과세사업	과세대상	과세
		면세대상	면세
	면세사업	과세대상	면세
		면세대상	면세
필수(필연)적으로 생기는 재화	과세사업	과세대상	과세
		면세대상	과세
	면세사업	과세대상	면세
		면세대상	면세

정답 ④

02

「부가가치세법」상 부수재화의 공급에 관한 설명으로 옳지 않은 것은?

① 해당 대가가 주된 거래인 재화의 공급대가에 통상적으로 포함되어 공급되는 재화는 주된 재화의 공급에 포함되는 것으로 본다.

② 거래의 관행으로 보아 통상적으로 주된 재화의 공급에 부수하여 공급되는 것으로 인정되는 재화는 주된 재화의 공급에 포함되는 것으로 본다.

③ 주된 사업과 관련하여 우연히 또는 일시적으로 공급되는 재화의 공급은 별도의 공급으로 보지 아니한다.

④ 주된 사업과 관련하여 주된 재화의 생산 과정에서 필연적으로 생기는 과세대상 재화의 공급에 대한 과세 여부는 주된 사업의 과세 여부에 따른다.

기출처 2013 국가직 9급
LINK 세법1 311-312p 오진다 191-192p
난이도 ●●○○○ 출제 가능 지수 ●●●○○

해설

주된 사업과 관련하여 우연히 또는 일시적으로 공급되는 재화의 공급은 별도의 공급으로 **본다**.

정답 ③

03

「부가가치세법」상 총칙규정에 대한 설명으로 옳은 것은?

① 부가가치세는 재화 또는 용역의 공급 및 용역의 수입에 대하여 과세한다.

② 재화란 재산가치의 유무와 관계없이 유체물과 무체물을 포함한다.

③ 국가와 지방자치단체는 부가가치세의 납세의무자가 아니다.

④ 주된 거래인 재화의 공급에 통상적으로 포함되어 공급되는 용역은 주된 거래인 재화의 공급에 포함된다.

기출처 2012 국가직 9급
LINK 세법1 269, 292-293, 311p 오진다 162, 179, 190-191p
난이도 ●○○○○ 출제 가능 지수 ●●○○○

해설

① 부가가치세는 재화 또는 용역의 공급 및 **재화**의 수입에 대하여 과세한다. 용역의 수입은 그 성질상 사용·소비 등을 파악하기 어렵고 세관을 통관하지 않기 때문에 과세대상에서 제외한다. 다만, 국내사업장이 없는 비거주자 또는 외국법인 등으로부터 용역을 공급받는 경우에는 그 공급받는 사업자가 부가가치세를 대리납부해야 한다.

② '재화'란 재산 가치가 있는 물건 및 권리를 말한다.

③ 사업자는 그 고유의 사업이 영리목적인지 관련없이 부가가치세 납세의무를 부담한다. 따라서, 부가가치세 납세의무자에는 개인, 법인, 법인격이 없는 사단·재단, 또는 그 밖의 단체, **국가와 지방자치단체·지방자치단체조합을 포함한다**.

[국가·지방자치단체의 납세의무]

구분	납세의무
부가가치세	O
가산세	O
법인세	X

정답 ④

04

현행 「부가가치세법」상 과세거래에 대한 다음 설명 중 옳은 것은?

① 재화 및 용역의 공급은 공급자가 사업자가 아니더라도 과세거래가 된다.
② 재화의 수입에 있어 수입자는 사업자이어야 한다.
③ 주된 사업과 관련하여 주된 과세재화·용역의 생산에 필수적으로 부수하여 생산되는 면세재화·용역도 과세된다.
④ 매입세액이 불공제된 경우에 재화의 공급으로 의제되는 경우는 없다.

기출처 2008 서울시 9급
LINK 세법1 292, 301, 312p 오진다 162, 183, 191-192p
난이도 ●●●●●   출제 가능 지수 ●●●●●

해설

① 재화 및 용역의 공급은 공급자가 **사업자인 경우에 한하여** 과세한다.
② 소비지국 과세원칙에 따라 **사업자 여부를 불문**하고 수입한 것에 대하여 과세한다.
④ 판매목적으로 자기의 다른 사업장(타사업장) 반출재화의 간주공급의 경우 매입세액이 불공제된 재화도 공급으로 의제된다. 즉, 매입세액이 불공제된 경우라 하더라도 재화의 공급으로 의제되는 경우는 **있다**.   정답 ③

05

「부가가치세법」상 재화 또는 용역의 공급에 대한 설명으로 옳지 않은 것은?

① 주된 사업과 관련하여 우연히 또는 일시적으로 공급되는 재화 또는 용역의 공급은 주된 사업과 별도의 공급으로 본다.
② 고용관계에 의해 근로를 제공하는 것은 용역의 공급으로 보지 아니한다.
③ 매입세액이 공제되지 않은 재화가 잔존하는 상태에서 사업을 폐지하는 경우에 해당 재화는 사업자 자신에게 공급하는 것으로 본다.
④ 거래처로부터 인도받은 재화에 주요자재를 전혀 부담하지 아니하고 단순히 가공만 하여 주는 것은 용역의 공급으로 본다.

기출처 2007 국가직 9급
LINK 세법1 294, 304, 309, 312p 오진다 185, 188, 191p
난이도 ●●●●●   출제 가능 지수 ●●●●●

해설

매입세액이 **공제된** 재화가 잔존하는 상태에서 사업을 폐지하는 경우에 해당 재화는 사업자 자신에게 공급하는 것으로 본다. 당초 매입 시 매입세액이 공제되지 아니한 재화의 경우에는 폐업 시 남아 있는 재화로서 과세하지 않는다 (부기통 10-0-7).   정답 ③

03

공급시기 및 공급장소

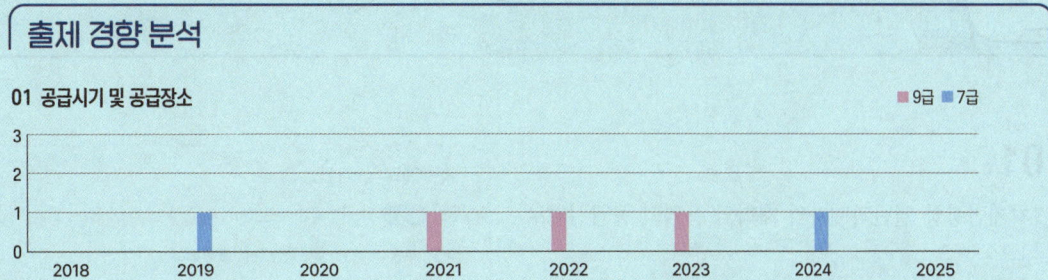

01 공급시기 및 공급장소

■ 9급 ■ 7급

기출 분석

'01. 공급시기 및 공급장소' 중에서 '공급시기'에 대한 내용을 묻는 문제가 최근에 연속으로 출제되고 있습니다.

다만, 난도가 높은 문제보다는 기본적인 관련 법조문 내용을 물어보는 형식으로만 출제되었습니다. 기출문제들을 중심으로 관련 내용을 잘 정리하시기 바랍니다.

공급시기 및 공급장소

1-01

부가가치세법령상 일반과세자의 재화와 용역의 공급시기로 옳은 것은?

① 사업자가 용역의 공급시기가 되기 전에 세금계산서를 발급하고 그 세금계산서 발급일부터 7일 이내에 대가를 받는 경우: 해당 세금계산서를 발급한 때

② 재화의 공급으로 보는 가공의 경우: 재화의 가공이 완료된 때

③ 재화를 위탁판매수출하는 경우: 외국에서 해당 재화가 인도되는 때

④ 사업자가 부동산 임대용역을 공급하고 전세금 또는 임대보증금을 받는 경우: 대가의 각 부분을 받기로 한 때

기출처 **2024 국가직 7급**

LINK 세법1 316-317, 319-320p 오진다 193-196p

난이도 ●●●○○ 출제 가능 지수 ●●●●○

해설

② 재화의 공급으로 보는 가공의 경우: **가공된 재화를 인도하는 때**

③ 재화를 위탁판매수출하는 경우: **수출재화의 공급가액이 확정되는 때**

④ 사업자가 부동산 임대용역을 공급하고 전세금 또는 임대보증금을 받는 경우: **예정신고기간 또는 과세기간의 종료일**

정답 ①

01

다음은 「부가가치세법」상 재화 및 용역의 공급시기의 특례에 관한 규정이다. (가)~(다)에 들어갈 내용을 바르게 연결한 것은?

> 제17조(재화 및 용역의 공급시기의 특례)
> ③ 제2항에도 불구하고 다음 각 호의 어느 하나에 해당하는 경우에는 재화 또는 용역을 공급하는 사업자가 그 재화 또는 용역의 공급시기가 되기 전에 제32조에 따른 세금계산서를 발급하고 그 세금계산서 발급일부터 (가) 일이 지난 후 대가를 받더라도 해당 세금계산서를 발급한 때를 재화 또는 용역의 공급시기로 본다.
> 1. 거래 당사자 간의 계약서·약정서 등에 대금 청구시기(세금계산서 발급일을 말한다)와 지급시기를 따로 적고, 대금 청구시기와 지급시기 사이의 기간이 (나) 일 이내인 경우
> 2. 재화 또는 용역의 공급시기가 세금계산서 발급일이 속하는 과세기간 내(공급받는 자가 제59조제2항에 따라 조기환급을 받은 경우에는 세금계산서 발급일부터 (다) 일 이내)에 도래하는 경우

	(가)	(나)	(다)
①	7	20	30
②	7	30	30
③	10	20	15
④	10	30	15

기출처 2023 국가직 9급
LINK 세법1 321p 오진다 196-197p
난이도 ●●○○○   출제가능지수 ●●●○○

해설

② 다음의 어느 하나에 해당하는 경우에는 재화 또는 용역을 공급하는 사업자가 그 재화 또는 용역의 공급시기가 되기 전에 세금계산서를 발급하고 그 세금계산서 발급일부터 **7일**이 지난 후 대가를 받더라도 해당 세금계산서를 발급한 때를 재화 또는 용역의 공급시기로 본다.

㉠ 거래 당사자 간의 계약서·약정서 등에 대금 청구시기(세금계산서 발급일을 말한다)와 지급시기를 따로 적고, 대금 청구시기와 지급시기 사이의 기간이 **30일** 이내인 경우
㉡ 재화 또는 용역의 공급시기가 세금계산서 발급일이 속하는 과세기간 내(공급받는 자가 제59조제2항에 따라 조기환급을 받은 경우에는 세금계산서 발급일부터 **30일** 이내)에 도래하는 경우

정답 ②

02

「부가가치세법령」상 용역의 공급시기에 대한 설명으로 옳은 것은? (단, 폐업은 고려하지 않는다)

① 역무의 제공이 완료되는 때 또는 대가를 받기로 한 때를 공급시기로 볼 수 없는 경우에는 예정신고기간 또는 과세기간의 종료일을 공급시기로 본다.

② 사업자가 용역의 공급시기가 되기 전에 세금계산서를 발급하고 그 세금계산서 발급일부터 7일 이내에 대가를 받으면 그 대가를 받은 때를 용역의 공급시기로 본다.

③ 사업자가 다른 사업자와 상표권 사용계약을 할 때 사용대가 전액을 일시불로 받고 상표권을 사용하게 하는 용역을 둘 이상의 과세기간에 걸쳐 계속적으로 제공하고 그 대가를 선불로 받는 경우에는 예정신고기간 또는 과세기간의 종료일을 공급시기로 본다.

④ 완성도기준지급조건부로 용역을 공급하는 경우 역무의 제공이 완료되는 날 이후 받기로 한 대가의 부분에 대해서는 대가의 각 부분을 받기로 한 때를 용역의 공급시기로 본다.

기출처 2022 국가직 9급

LINK 세법1 319-320p 오진다 195-197p

난이도 ●●●●○ 출제 가능 지수 ●●●○○

해설

① 역무의 제공이 완료된 때 또는 대가를 받기로 한 때를 공급시기로 볼 수 없는 경우에는 **역무의 제공이 완료되고 그 공급가액이 확정되는 때**를 공급시기로 본다.

② 사업자가 재화 또는 용역의 공급시기가 되기 전에 세금계산서를 발급하고 그 세금계산서발급일부터 7일 이내에 대가를 받으면 **해당 세금계산서를 발급한 때**를 재화 또는 용역의 공급시기로 본다.

④ 완성도기준지급조건부로 용역을 공급하는 경우 역무의 제공이 완료되는 날 이후 받기로 한 대가의 부분에 대해서는 **역무제공이 완료되는 날**을 공급시기로 본다. 정답 ③

03

「부가가치세법령」상 용역의 공급시기에 대한 설명으로 옳지 않은 것은?

① 장기할부조건부로 용역을 공급하는 경우에는 대가의 각 부분을 받기로 한 때로 한다.

② 사업자가 부동산 임대용역을 공급하고 전세금 또는 임대보증금을 받는 경우(「부가가치세법 시행령」 제65조에 따라 계산한 금액을 공급가액으로 함)에는 예정신고기간 또는 과세기간의 종료일로 한다.

③ 중간지급조건부로 용역을 공급하는 경우 역무의 제공이 완료되는 날 이후 받기로 한 대가의 부분에 대해서는 역무의 제공이 완료되는 날 이후 그 대가를 받는 때로 한다.

④ 헬스클럽장 등 스포츠센터를 운영하는 사업자가 연회비를 미리 받고 회원들에게 시설을 이용하게 하는 것을 둘 이상의 과세기간에 걸쳐 계속적으로 제공하고 그 대가를 선불로 받는 경우에는 예정신고기간 또는 과세기간의 종료일로 한다.

기출처 2021 국가직 9급

LINK 세법1 319p 오진다 195p

난이도 ●●●●● 출제 가능 지수 ●●●●○

해설

중간지급조건부로 용역을 공급하는 경우 역무의 제공이 완료되는 날 이후 받기로 한 대가의 부분에 대해서는 **역무의 제공이 완료되는 날**로 한다. 정답 ③

04

「부가가치세법령」상 세금계산서를 발급하는 때를 재화 또는 용역의 공급시기로 보는 경우에 해당하지 않는 것은? (단, 재화 또는 용역의 공급시기 및 세금계산서는 법령에 따른 것으로 본다)

① 사업자가 「부가가치세법 시행령」 제28조제3항제4호에 따라 전력이나 그 밖에 공급단위를 구획할 수 없는 재화를 계속적으로 공급하는 경우의 공급시기가 되기 전에 세금계산서를 발급하는 경우

② 사업자가 「부가가치세법」 제15조 또는 제16조에 따른 재화 또는 용역의 공급시기가 되기 전에 재화 또는 용역에 대한 대가의 전부 또는 일부를 받고, 그 받은 대가에 대하여 세금계산서를 발급하는 경우

③ 사업자가 「부가가치세법 시행규칙」 제17조에 따른 장기할부판매로 재화를 공급하는 경우의 공급시기가 되기 전에 세금계산서를 발급하는 경우

④ 대가를 지급하는 사업자가 거래 당사자 간의 계약서 등에 대금 청구시기와 지급시기를 따로 적고, 대금 청구시기와 지급시기 사이의 기간이 60일인 경우로서 재화 또는 용역을 공급하는 사업자가 그 재화 또는 용역의 공급시기가 되기 전에 세금계산서를 발급하고 그 세금계산서 발급일부터 7일이 지난 후에 대가를 받는 경우

기출처 **2019 국가직 7급**

LINK 세법1 320-321p 오진다 196-197p

난이도 ●●●○○ 출제 가능 지수 ●●●●○

해설

재화 또는 용역을 공급하는 사업자가 그 재화 또는 용역의 공급시기가 되기 전에 세금계산서를 발급하고 그 세금계산서 발급일부터 7일이 지난 후에 대가를 받은 경우라 하더라도 대가를 지급하는 사업자가 거래 당사자 간의 계약서 등에 대금 청구시기와 지급시기를 따로 적고, 대금 청구시기와 지급시기 사이의 기간이 **30일**인 경우에는 세금계산서를 발급하는 때를 재화 또는 용역의 공급시기로 본다.

정답 ④

05

「부가가치세법」상 재화·용역의 공급시기에 관한 설명으로 옳지 않은 것은?

① 사업자가 재화 또는 용역의 공급시기가 되기 전에 재화 또는 용역에 대한 대가의 전부 또는 일부를 받고, 그 받은 대가에 대하여 세금계산서를 발급하면 그 세금계산서를 발급하는 때를 그 재화 또는 용역의 공급시기로 본다.

② 사업자가 재화 또는 용역의 공급시기가 되기 전에 세금계산서를 발급하고 그 세금계산서 발급일부터 7일 이내에 대가를 받으면 해당 대가를 받은 때를 재화 또는 용역의 공급시기로 본다.

③ 사업자가 보세구역 안에서 보세구역 밖의 국내에 재화를 공급하는 경우가 재화의 수입에 해당할 때에는 수입신고 수리일을 재화의 공급시기로 본다.

④ 공급단위를 구획할 수 없는 용역을 계속적으로 공급하는 경우에는 대가의 각 부분을 받기로 한 때를 용역의 공급시기로 본다.

기출처 2014 국가직 7급
LINK 세법1 318-320p 오진다 194-197p
난이도 ●●○○○ 출제 가능 지수 ●●●○○

해설

사업자가 재화 또는 용역의 공급시기가 되기 전에 세금계산서를 발급하고 그 세금계산서 발급일부터 7일 이내에 대가를 받으면 해당 **세금계산서를 발급한 때**를 재화 또는 용역의 공급시기로 본다(부법 17 ②).   정답 ②

06

「부가가치세법」상 재화의 공급시기(폐업 전에 공급한 재화의 공급시기가 폐업일 이후에 도래하는 경우에는 제외한다)로 옳지 않은 것은?

① 현금판매, 외상판매 또는 할부판매의 경우에는 재화가 인도되거나 이용가능하게 되는 때

② 전력이나 그 밖에 공급단위를 구획할 수 없는 재화를 계속적으로 공급하는 경우에는 대가의 각 부분을 받기로 한 때

③ 재화의 공급으로 보는 가공의 경우에는 재화의 가공이 완료된 때

④ 무인판매기를 이용하여 재화를 공급하는 경우에는 해당 사업자가 무인판매기에서 현금을 꺼내는 때

기출처 2014 국가직 9급
LINK 세법1 316-317p 오진다 193-194p
난이도 ●●○○○ 출제 가능 지수 ●●●○○

해설

재화의 공급으로 보는 가공의 경우 **가공된 재화를 인도하는 때**를 공급시기로 한다.   정답 ③

07

「부가가치세법」상 재화의 공급시기에 관한 설명으로 옳지 않은 것은?

① 폐업 전에 공급한 재화의 공급시기가 폐업일 이후에 도래하는 경우에는 그 폐업일을 공급시기로 본다.

② 재화의 할부판매의 경우에는 대가의 각 부분을 받기로 한 때를 공급시기로 본다.

③ 상품권 등을 현금 또는 외상으로 판매하고 그 후 해당 상품권 등에 의하여 현물과 교환하는 경우에는 재화가 실제로 인도되는 때를 공급시기로 본다.

④ 완성도기준지급조건부로 재화를 공급하는 경우에는 대가의 각 부분을 받기로 한 때를 공급시기로 본다.

기출처 2008 국가직 7급

LINK 세법1 316-317p 오진다 193-194p

난이도 ●●●○○ 출제 가능 지수 ●●●○○

해설

재화의 할부판매의 경우에는 **재화가 인도되거나 이용가능하게 되는 때**를 공급시기로 본다.

재화의 **장기**할부판매의 경우에는 대가의 각 부분을 받기로 한 때를 공급시기로 본다.

[장기할부판매 vs 중간지급조건부 공급]

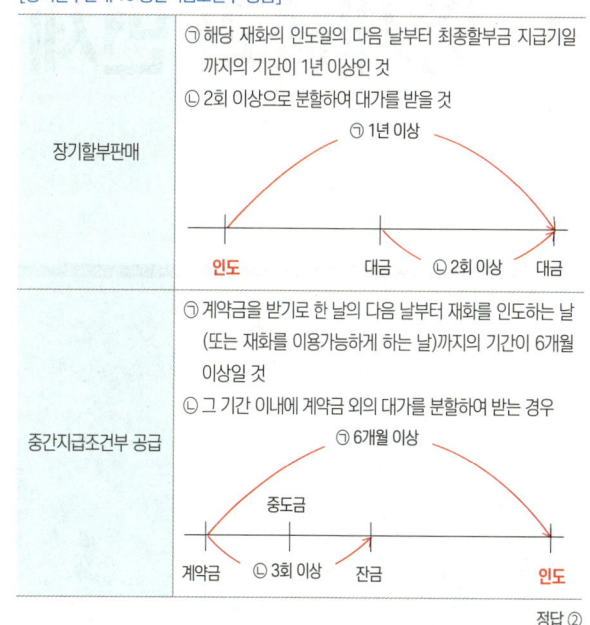

정답 ②

08

부가가치세 과세거래에 대한 설명으로 옳지 않은 것은?

① 재화의 수입에 대해서는 수입자가 사업자인지 비사업자인지의 여부와 무관하게 과세한다.

② 음식점에서 음식을 만들어 파는 행위는 재화의 공급이 아닌 용역의 공급에 해당한다.

③ 사업자가 자기의 사업과 관련하여 생산한 재화를 사업과 직접 관계없이 사용하는 것은 재화의 공급에 해당한다.

④ 재화의 이동이 필요한 경우 재화가 공급되는 시기는 재화의 이용이 가능하게 되는 때가 된다.

기출처 2005 국가직 9급

LINK 세법1 270, 302, 307, 316p 오진다 162, 184, 188, 193p

난이도 ●●●●○ 출제 가능 지수 ●●●○○

해설

재화의 이동이 필요한 경우 재화가 공급되는 시기는 **재화가 인도되는 때**이다.

정답 ④

CHAPTER

04

영세율과 면세

출제 경향 분석

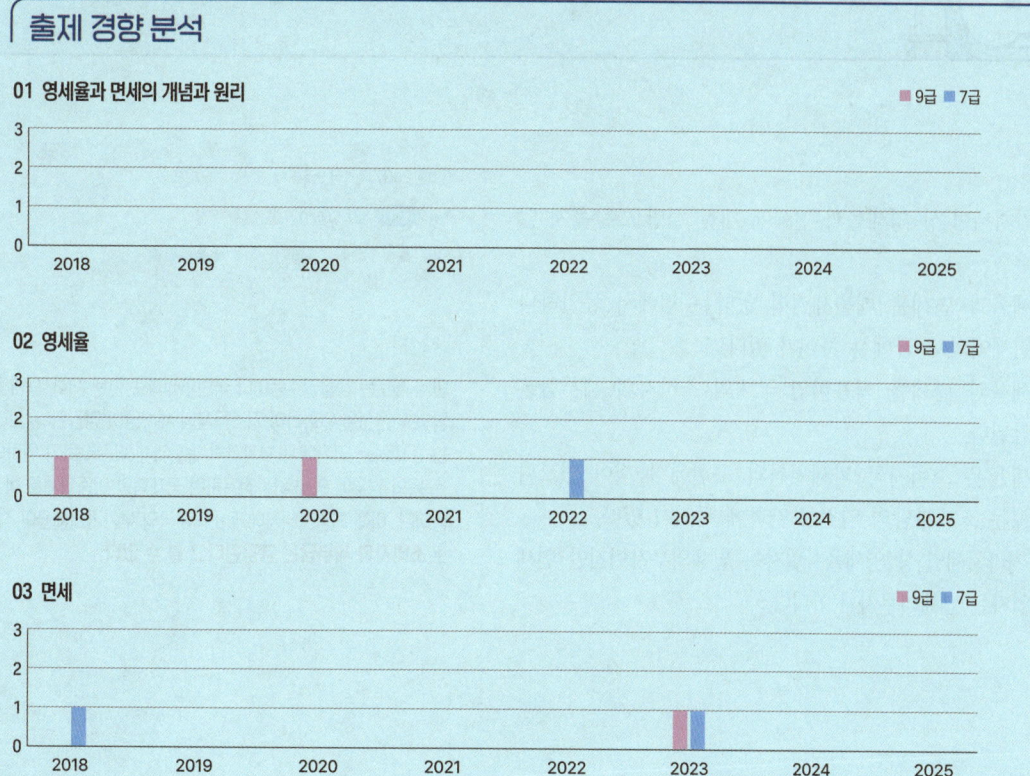

01 영세율과 면세의 개념과 원리 ■9급 ■7급

02 영세율 ■9급 ■7급

03 면세 ■9급 ■7급

기출 분석

'02. 영세율' 파트는 관련 내용 자체가 어려워서 세부적인 규정보다는 가장 기본적인 분류를 중심으로 출제하고 있습니다. 기출에서 출제된 지문들은 완벽히 이해하고 암기하되, 그 외의 법문들도 다루어 질 수 있으니 관련 규정들을 잘 정리하시기 바랍니다.

'03. 면세'와 관련해서는 2010년 이전 국가직 9급의 빈출주제였지만, 이후 거의 출제되지 않다가 2023년 국가직 9급 및 7급 시험에 연속 출제되었습니다. 기출된 내용을 중심으로 면세 대상 항목들에 대해 정리해두시기 바랍니다.

영세율과 면세의 개념과 원리

01

「부가가치세법」상 영세율과 면세에 대한 설명으로 옳지 않은 것은?

① 영세율과 면세는 매출세액이 없다는 점에서 동일하나 매입세액의 환급에는 차이가 있다.

② 영세율과 면세를 적용하면 국내외 소비자의 세부담은 경감된다.

③ 영세율은 소비지국 과세원칙의 구현에 목적이 있으나 면세는 조세부담의 역진성 완화에 목적이 있다.

④ 「부가가치세법」상 영세율사업자는 납세의무자이지만 면세사업자는 납세의무자가 아니다.

기출처 2007 국가직 9급

LINK 세법1 326-327p   오진다 199p

난이도 ●●●●●   출제 가능 지수 ●●●●●

해설

면세 제도는 생활필수품이나 국민후생과 관련된 재화·용역 등에 있어 조세부담의 역진성을 완화하여 저소득자의 세부담이 경감된다. 그러나 **영세율 제도는** 소비하는 국가에서 부가가치세를 과세하도록 하기 위하여 제품을 수출하는 등의 경우에 영세율을 적용하여 국제적인 이중과세를 방지하도록 하기 위함이다. 이때 최종소비자에게 소비지국의 부가가치세율이 적용되어 과세되므로 **소비자의 세부담은 경감된다고 볼 수 없다.**   정답 ②

02 영세율

01

「부가가치세법」상 영세율을 적용하는 재화 또는 용역의 공급에 해당하는 것만을 모두 고르면? (단, 영세율에 대한 상호주의는 고려하지 않는다)

> ㄱ. 내국물품을 외국으로 반출하는 것에 해당하는 재화의 공급
> ㄴ. 「부가가치세법 시행규칙」으로 정하는 내국신용장에 의한 금지금의 공급
> ㄷ. 항공기에 의하여 여객이나 화물을 국외에서 국내로 수송하는 용역의 공급
> ㄹ. 외화를 획득하기 위한 용역의 공급으로서 우리 나라에 상주하는 외교공관에 공급하는 용역

① ㄱ, ㄴ, ㄷ
② ㄱ, ㄴ, ㄹ
③ ㄱ, ㄷ, ㄹ
④ ㄴ, ㄷ, ㄹ

기출처 2022 국가직 7급
LINK 세법1 328, 330, 332, 334p 오진다 201-204p
난이도 ●●○○○   출제 가능 지수 ●●●○○

해설

ㄴ. 사업자가 내국신용장 또는 구매확인서에 의하여 공급하는 재화(**금지금은 제외**)는 수출에 해당하는 것으로서 영세율을 적용한다.   정답 ③

02

「부가가치세법령」상 영세율제도에 대한 설명으로 옳지 않은 것은?

① 대한민국 선박에 의하여 잡힌 수산물을 외국으로 반출하는 것은 영세율을 적용한다.
② 사업자가 대통령령으로 정한 중계무역 방식으로 수출하는 경우로서 국내 사업장에서 계약과 대가 수령 등 거래가 이루어지는 것은 영세율을 적용한다.
③ 외교공관 등의 소속 직원으로서 해당 국가로부터 공무원 신분을 부여받은 자 중 내국인에게 대통령령으로 정하는 방법에 따라 재화 또는 용역을 공급하는 경우에는 영세율을 적용한다.
④ 선박 또는 항공기에 의하여 여객이나 화물을 국내에서 국외로, 국외에서 국내로 또는 국외에서 국외로 수송하는 것에 대하여는 영세율을 적용한다.

기출처 2020 국가직 9급
LINK 세법1 328-329, 332, 334p 오진다 201, 203-204p
난이도 ●●○○○   출제 가능 지수 ●●●○○

해설

외교공관 등의 소속 직원으로서 해당 국가로부터 공무원 신분을 부여받은 자 중 **내국인이 아닌 자**에게 대통령령으로 정하는 방법에 따라 재화 또는 용역을 공급하는 경우에는 영세율을 적용한다.   정답 ③

03

「부가가치세법」상 국내에 사업장이 있는 사업자가 행하는 재화 또는 용역의 공급에 대한 영세율 적용과 관련한 설명으로 옳지 않은 것은?

① 외화를 획득하기 위한 것으로서 우리나라에 상주하는 국제연합과 이에 준하는 국제기구(우리나라가 당사국인 조약과 그 밖의 국내법령에 따라 특권과 면제를 부여받을 수 있는 경우에 한함)에 재화 또는 용역을 공급하는 것에 대해서는 영세율을 적용한다.

② 항공기에 의하여 여객을 국내에서 국외로 수송하는 것에 대해서는 영세율이 적용되지 않는다.

③ 국외에서 공급하는 용역에 대해서는 영세율이 적용된다.

④ 내국물품을 외국으로 반출하는 것에 대해서는 영세율이 적용된다.

기출처 2018 국가직 9급
LINK 세법1 329, 331-332, 334p   오진다 202-204p
난이도 ●●○○○   출제 가능 지수 ●●●○○

해설

선박 또는 항공기에 의한 외국항행용역(상업서류송달용역을 포함)의 공급에 대하여는 영세율을 **적용한다**(부법 23 ①). '외국항행용역'이란 선박 또는 항공기에 의해 여객이나 화물을 국내에서 국외로, 국외에서 국내로 또는 국외에서 국외로 수송하는 것을 말한다(부법 23 ②).

[영세율이 적용되는 외국항행용역 사업자의 사업에 부수하여 공급하는 재화 또는 용역]

㉠ 다른 외국항행사업자가 운용하는 선박 또는 항공기의 탑승권을 판매하거나 화물운송계약을 체결하는 것
㉡ 외국을 항행하는 선박 또는 항공기 내에서 승객에게 공급하는 것
㉢ 자기의 승객만이 전용하는 버스를 탑승하게 하는 것
㉣ 자기의 승객만이 전용하는 호텔에 투숙하게 하는 것

정답 ②

04

부가가치세법령상 영세율제도에 관한 설명으로 옳지 않은 것은?

① 영세율제도는 매출액에 영세율이 적용되지만 매입세액은 전액 환급받는다는 점에서 매출세액은 면제되나 매입세액은 공제·환급되지 아니하는 면세제도와 구별된다.

② 영세율 적용대상이 되는 재화나 용역을 공급하는 사업자가 외국법인인 경우의 영세율 적용은 상호면세주의에 따른다.

③ 사업자가 대한적십자사에 공급하는 재화(대한적십자사가 해당 재화를 외국에 무상으로 반출하는 경우)에 대하여는 영세율을 적용한다.

④ 사업자가 국외에서 건설공사를 도급받은 사업자로부터 해당 건설공사를 재도급받아 국외에서 건설용역을 제공하고 그 대가를 원도급자인 국내사업자로부터 받는 경우에는 영세율을 적용하지 아니한다.

기출처 2009 국가직 9급
LINK 세법1 326, 328, 330-331p   오진다 199, 202p
난이도 ●●○○○   출제 가능 지수 ●●●○○

해설

국외에서 공급하는 용역은 영세율을 적용한다(부법 22). 국외에서 공급하는 용역은 해당 용역을 제공하는 사업자의 납세지가 국내에 있는 경우 거래 상대방이나 대금결제 방법을 불문하고 영세율을 적용한다. 따라서 사업자가 국외에서 건설공사를 도급받은 사업자로부터 해당 건설공사를 재도급 받아 국외에서 건설용역을 제공하고 그 대가를 원도급자인 국내사업자로부터 받는 경우에도 거래 상대방이나 대금결제 방법을 불문하고 영세율을 **적용한다.**   정답 ④

03 면세

3-01

부가가치세법령상 면세제도에 대한 설명으로 옳지 않은 것은?

① 기업매수의 중개 및 은행업에 관련된 전산시스템과 소프트웨어의 판매·대여 용역은 부가가치세 면세 용역이 아니다.

② 국가에 공급하는 재화 또는 용역에 대하여는 유상 또는 무상을 불문하고 부가가치세가 면제된다.

③ 면세재화의 공급이 영세율 적용 대상인 경우에는 면세의 포기를 신고하고 「부가가치세법」에 따른 사업자등록을 하여 영세율을 적용받을 수 있다.

④ 면세의 포기를 적법하게 신고한 사업자는 신고한 날부터 3년간 부가가치세를 면제받지 못한다.

01

부가가치세법령상 부가가치세가 면세되는 것만을 모두 고르면?

> ㄱ. 「우정사업 운영에 관한 특례법」에 따른 우정사업조직이 제공하는 「우편법」 제1조의2 제3호의 소포우편물을 방문접수하여 배달하는 용역의 공급
>
> ㄴ. 거주자가 받는 소액물품으로서 관세가 면제되는 재화의 수입
>
> ㄷ. 「협동조합기본법」 제85조 제1항에 따라 설립인가를 받은 사회적협동조합이 직접 제공하는 간병·산후조리·보육 용역의 공급

① ㄴ   ② ㄱ, ㄷ   ③ ㄴ, ㄷ   ④ ㄱ, ㄴ, ㄷ

기출처 **2023 국가직 7급**
LINK 세법1 339, 343-344p   오진다 207, 209-210p
난이도 ●●○○○   출제 가능 지수 ●●●○○

해설

② 국가·지방자치단체·지방자치단체조합 또는 공익단체에 **무상으로** 공급하는 재화 또는 용역에 대해서만 부가가치세가 면제된다.   정답 ②

기출처 **2023 국가직 9급**
LINK 세법1 338, 342-343p   오진다 208-209p
난이도 ●●○○○   출제 가능 지수 ●●●○○

해설

ㄱ. 국가·지방자치단체·지방자치단체조합이 공급하는 재화 또는 용역의 경우 부가가치세가 면세되나, 다음에 해당하는 것은 부가가치세가 **과세된다.**

ⓐ 우정사업조직이 제공하는 다음의 용역

> ㉮ **소포우편물을 방문접수하여 배달하는 용역**
> ㉯ 우편주문판매를 대행하는 용역

ⓑ 고속철도에 의한 여객운송용역

ⓒ 부동산임대업, 도매 및 소매업, 음식점업·숙박업, 골프장 및 스키장 운영업, 기타 스포츠 시설 운영업에서 공급하는 재화 또는 용역
    다만, 다음 중 어느 하나에 해당하는 것은 면세대상으로 함

> ㉮ 국방부 또는 국군이 군인, 군무원, 그 밖에 이들의 배우자·직계존비속에게 제공하는 소매업, 음식점업·숙박업, 기타 스포츠시설 운영업(골프 연습장 운영업은 제외) 관련 재화 또는 용역
> ㉯ 국가·지방자치단체·지방자치단체조합이 소속 직원의 복리후생을 위해 구내식당을 직접 경영해 음식을 공급하는 용역
> ㉰ 국가 또는 지방자치단체가 「사회기반시설에 대한 민간투자법」에 따른 사업시행자로부터 사회기반시설 또는 사회기반시설의 건설용역을 기부채납 받고 그 대가로 부여하는 시설관리운영권

ⓓ 국민건강보험법에 따라 요양급여의 대상에서 제외되는 성형수술 등에 해당하는 진료용역, 수의사의 애완동물 진료용역(면세 대상은 제외)

정답 ③

02

「부가가치세법」상 면세되는 재화 또는 용역에 해당하지 않는 것은?

① 도서
② 국방부가 「군인사법」 제2조에 따른 군인에게 제공하는 골프 연습장 운영업과 관련한 재화 또는 용역
③ 미술관에 입장하게 하는 것
④ 국가에 무상으로 공급하는 재화 또는 용역

기출처 2018 국가직 7급
LINK 세법1 340-342p 오진다 207-209p
난이도 ●●●●● 출제 가능 지수 ●●●●●

해설

국방부 또는 「국군조직법」에 따른 국군이 「군인사법」 제2조에 따른 군인, 「군무원인사법」 제3조제1항에 따른 일반군무원, 그 밖에 이들의 직계존속·비속 등 법령으로 정하는 사람에게 제공하는 소매업, 음식점업·숙박업, 기타 스포츠시설 운영업 관련 재화 또는 용역은 면세 대상이나 골프연습장 운영업과 관련한 재화 또는 용역은 면세 대상에서 **제외한다**(부령 46 (3) (가)).

[부동산임대업, 도매 및 소매업, 음식점업·숙박업, 골프장 및 스키장 운영업, 기타 스포츠 시설 운영업에서 공급하는 재화 또는 용역 중 면세되는 재화 또는 용역]

> ㉠ 국방부 또는 국군이 군인, 군무원, 그 밖에 이들의 배우자·직계존비속에게 제공하는 소매업, 음식점업·숙박업, 기타 스포츠시설 운영업(골프연습장 운영업은 제외) 관련 재화 또는 용역
> ㉡ 국가, 지방자치단체 또는 지방자치단체조합이 그 소속 직원의 복리후생을 위하여 구내에서 식당을 직접 경영하여 음식을 공급하는 용역
> ㉢ 국가 또는 지방자치단체가 「사회기반시설에 대한 민간투자법」에 따른 사업시행자로부터 사회기반시설 또는 사회기반시설의 건설용역을 기부채납 받고 그 대가로 부여하는 시설관리운영권

정답 ②

03

「부가가치세법」상 재화 또는 용역의 공급에 대한 면세 제도와 관련한 설명으로 옳지 않은 것은?

① 국가나 지방자치단체가 공급하는 재화 또는 용역이라고 하여 모두 부가가치세가 면제되는 것은 아니다.
② 국가나 지방자치단체에 재화 또는 용역을 공급하는 거래는 거래의 유·무상을 불문하고 모두 부가가치세가 면제된다.
③ 음악발표회는 영리를 목적으로 하지 않아야 부가가치세가 면제되는 예술행사가 된다.
④ 「도로교통법」 제2조 제32호의 자동차운전학원에서 수강생에게 지식·기술 등을 가르치는 것은 부가가치세가 면제되는 교육 용역에 포함되지 않는다.

기출처 2015 국가직 7급
LINK 세법1 339, 341-342p 오진다 206-209p
난이도 ●●●●● 출제 가능 지수 ●●●●●

해설

국가·지방자치단체·지방자치단체조합 또는 공익단체에 **무상**으로 공급하는 재화 또는 용역는 면세 대상이다. 국가나 지방자치단체에 **유상**으로 공급하는 재화 또는 용역은 **부가가치세 면세 대상이 아니다.**

정답 ②

04

「부가가치세법」상 면세에 대한 설명으로 옳은 것만을 모두 고른 것은?

> ㉠ 면세사업만을 경영하는 자는 「부가가치세법」에 따른 사업자등록의무가 없다.
> ㉡ 국가나 지방자치단체에 유상 또는 무상으로 공급하는 용역에 대하여는 부가가치세를 면제한다.
> ㉢ 면세의 포기를 신고한 사업자는 신고한 날부터 3년간 부가가치세를 면제받지 못한다.
> ㉣ 부가가치세가 면세되는 미가공 식료품에는 김치, 두부 등 기획재정부령으로 정하는 단순가공식료품이 포함된다.

① ㉠, ㉡, ㉢

② ㉠, ㉡, ㉣

③ ㉠, ㉢, ㉣

④ ㉡, ㉢, ㉣

기출처 **2016 국가직 9급**

LINK 세법1 283, 335, 342, 344p 오진다 173, 205, 209-210p

난이도 ●●○○○ 출제 가능 지수 ●●●○○

해설

㉡ 국가·지방자치단체·지방자치단체조합 또는 공익단체에 **무상**으로 공급하는 재화 또는 용역은 면세 대상이다.

[면세 vs 과세 비교]

면세	과세
국내외 식용 미가공식료품	국내외 식용 가공식료품
국내 비식용 미가공식료품	국외 비식용 미가공식료품
수돗물	생수
연탄과 무연탄	유연탄, 갈탄, 착화탄
여객운송용역 중 지하철, 시내버스, 시외고속버스, 일반선박	여객운송용역 중 우등고속버스, 항공기, 전세버스, 택시, 특수자동차, 특종선박, 여객운송용역 (고속철도, 삭도, 유람선 등)
의료보건용역과 혈액(치료·예방·진단 목적으로 조제한 동물의 혈액을 포함), 장의용역	미용목적 성형수술, 피부시술, 약사가 판매하는 의약품 (조제용역은 면세)
수의사 용역 (가축, 수산동물, 장애인 보조견, 기초수급자의 애완동물 등)	애완동물 진료용역(면세 대상은 제외)
교육용역, 교육용역 제공에 필요한 교재·실습자재·기타 교육용구의 대가	무도학원, 자동차운전학원
토지 양도	건물(면세사업에 부수되는 건물 공급 제외) 양도
도서(실내 도서열람 및 도서대여용역 포함)·신문·잡지·관보 및 뉴스통신, 기관지	광고
예술창작품, 비영리 목적의 예술행사·문화행사, 아마추어 운동경기	골동품(제작 후 100년이 초과된 것), 모방제작한 미술품, 영리 목적의 예술행사 등
도서관, 과학관, 박물관, 미술관, 동물원, 식물원, 전쟁기념관	오락 및 유흥시설과 함께 있는 동물원, 식물원 및 해양수족관
우표, 인지, 증지, 복권과 공중전화	수집용 우표

정답 ③

05

「부가가치세법」상 영세율과 면세에 대한 설명으로 옳지 않은 것은?

① 부가가치세가 면제되는 재화 또는 용역의 공급이 영세율 적용의 대상이 되는 경우, 부가가치세의 면제를 받지 아니하고자 하는 사업자는 면세포기신고를 할 수 있으며 신고한 날로부터 3년간은 부가가치세의 면제를 받지 못한다.

② 영세율은 사업자가 비거주자나 외국법인인 경우에는 그 외국에서 대한민국의 거주자 또는 내국법인에 대하여 동일한 면세를 하는 경우에만 적용한다.

③ 토지의 공급은 면세된다.

④ 임대주택에 부가가치세가 과세되는 사업용 건물이 함께 설치된 경우에는 주택면적과 사업용 건물면적의 상대적인 크기에 상관없이 주택부분에 대하여는 면세하고 사업용 건물에 대하여는 과세한다.

기출처 2010 국가직 9급 수정
LINK 세법1 328, 334, 339, 344p   오진다 199, 205, 207, 210p
난이도 ●●○○○   출제 가능 지수 ●●●○○

해설

임대주택에 부가가치세가 과세되는 사업용 건물이 함께 설치되어 있는 경우로서 주택 부분의 면적이 사업용 건물 부분의 면적보다 큰 경우에는 그 전부를 주택의 임대로 보아 면세한다. 주택 부분의 면적이 사업용 건물 부분의 면적과 같거나 그보다 작은 때에는 주택 부분 외의 사업용 건물 부분은 주택의 임대로 보지 아니한다. 즉, 과세한다.

[겸용주택 임대용역]

주택면적 > 사업용 건물 면적	전부를 주택으로 보고 면세
주택면적 ≤ 사업용 건물 면적	주택 부분 외의 사업용 건물 부분은 주택으로 보지 않고 주택 부분만 면세

정답 ④

06

「부가가치세법」상 면세에 관한 설명으로 옳지 않은 것은?

① 토지의 양도와 임대는 면세대상이다.

② 면세포기신고를 한 사업자는 신고한 날부터 3년간은 부가가치세의 면제를 받지 못한다.

③ 가공되지 아니한 식료품으로서 곡류, 서류 및 특용작물류는 면세대상에 해당된다.

④ 거주자가 수취하는 소액물품으로서 관세가 면제되는 재화의 수입에 대하여는 부가가치세를 면제한다.

기출처 2009 지방직 9급
LINK 세법1 335, 339, 343-344p   오진다 205, 207, 209-210p
난이도 ●●●○○   출제 가능 지수 ●●●●○

해설

토지의 양도는 면세 대상이며 **토지의 임대는 원칙적으로 과세 대상**이나, 전·답·과수원·목장용지·임야·염전 임대업은 과세대상이 아니다. 또한 주택에 부수되는 토지의 임대의 경우 면세 대상이나, 일정한 경우 과세된다.   정답 ①

07

「부가가치세법」상 면세와 영세율에 관한 다음의 설명 중 옳은 것을 모두 묶은 것은?

> ⊙ 영세율 적용대상자는 과세사업자가 이행하여야 할 제반 의무를 이행하여야 하고 불이행 시에는 가산세 등의 제재를 받는다.
> ⓛ 영세율과 면세에 동시에 해당되는 경우에는 영세율이 적용되므로 면세를 적용받기 위해서는 영세율을 포기해야 한다.
> ⓒ 수출업자에게 내국신용장으로 재화를 공급하는 납품업자와 직접 도급계약에 의한 임가공용역도 영세율 적용대상이 된다.
> ⓔ 면세포기신고를 한 사업자는 신고한 날부터 3년간 부가가치세의 면세를 적용받지 못한다.

① ⓛ, ⓒ, ⓔ
② ⊙
③ ⊙, ⓔ
④ ⊙, ⓛ, ⓒ

기출처 2008 서울시 9급

LINK 세법1 327-328, 334, 344p 오진다 199, 204, 210p

난이도 ●●●●○ 출제가능지수 ●●●○○

해설

⊙ 영세율이 적용되는 사업자는 적용되는 세율이 0%인 것을 제외하고는 부가가치세 납세 의무가 동일하게 부여된다. 그렇기 때문에 「부가가치세법」이 요구하는 각종의 협력의무(사업자등록, 장부 작성 및 보관, 세금계산서 발급, 과세표준신고 등)를 이행해야 하며 불이행 시에는 가산세 등의 제재를 받는다.

ⓛ 영세율과 면세에 동시에 해당되는 경우에는 **면세**가 적용되므로 **영세율**을 적용받기 위해서는 **면세**를 포기해야 한다.

ⓒ 수출업자와 직접 도급계약에 의하여 수출재화를 임가공하는 수출재화임가공용역이 영세율 적용 대상이다(부령 33 ② (3)). 또한 법령으로 정하는 내국신용장 또는 구매확인서에 의하여 공급하는 수출재화임가공용역도 영세율을 적용한다(부령 33 ② (4)). 이때, 수출업자에는 수출업자를 통하여 대행수출을 시키는 수출품 생산업자를 포함하되, 내국신용장 또는 구매확인서에 의하여 수출재화를 수출업자에게 공급하는 사업자는 포함하지 아니한다(부기통 24-33-3). 즉, 수출업자에게 내국신용장으로 재화를 공급하는 납품업자는 수출업자에 해당하지 않으므로 해당 납품업자와 직접 도급계약에 의한 임가공용역은 **영세율 적용 대상이 아니다.**

[수출재화임가공용역(수출재화염색임가공용역 포함)의 과세방법 정리]

구분	영세율 적용 여부	세금계산서 발급
내국신용장 또는 구매확인서에 의하여 공급 [단, 공급시기가 속하는 과세기간 종료 후 25일 (그 날이 공휴일 또는 토요일인 경우에는 바로 다음 영업일) 이내 개설될 것]	영세율 O	O
수출업자(대행위탁수출업자)와 직접 도급계약	영세율 O	O
수출업자(대행위탁수출업자)와 직접 도급계약 + 사업자가 부가가치세를 별도로 적은 세금계산서를 발급	영세율 X	O
"내국신용장에 의하여 수출재화를 수출업자에게 공급하는 사업자"와 직접 도급계약	영세율 X	O

[용어 정의]

⊙ 내국신용장	사업자가 국내에서 수출용 원자재, 수출용 완제품 또는 수출재화임가공용역을 공급받으려는 경우에 해당 사업자의 신청에 따라 외국환은행의 장이 재화나 용역의 공급시기가 속하는 과세기간이 끝난 후 25일(그 날이 공휴일 또는 토요일인 경우에는 바로 다음 영업일) 이내에 개설하는 신용장
ⓛ 구매확인서	「대외무역법 시행령」 제31조 및 제91조제11항에 따라 외국환은행의 장이나 전자무역기반사업자가 위 ⊙의 내국신용장에 준하여 재화나 용역의 공급시기가 속하는 과세기간이 끝난 후 25일(그 날이 공휴일 또는 토요일인 경우에는 바로 다음 영업일) 이내에 발급하는 확인서
ⓒ 「부가가치세법」상 제반 의무	사업자등록, 세금계산서발급, 부가가치세신고·납부, 대리납부 등 「부가가치세법」이 요구하는 사업자의 의무

정답 ③

08

「부가가치세법」상 면세대상인 재화 또는 용역이 아닌 것은?

① 「장애인복지법」에 따른 장애인보조견 훈련용역

② 「수의사법」에 규정하는 수의사의 애완견 식품판매

③ 여성용 생리처리 위생용품

④ 도서대여용역

기출처 2008 국가직 9급

LINK 세법1 335, 337, 340p   오진다 205-207p

난이도 ●●●●●   출제 가능 지수 ●●●○○

해설

「축산물위생관리법」에 따른 가축에 대한 진료용역 등 수의사의 용역은 면세되나 수의사의 애완동물 진료용역이나 애완견 식품판매와 같은 재화의 공급은 **과세한다.**

[면세되는 수의사 용역]

> ⊙ 「축산물위생관리법」에 따른 가축에 대한 진료용역
> ⓒ 「수산생물질병 관리법」에 따른 수산동물에 대한 진료용역
> ⓒ 「장애인복지법」에 따른 장애인 보조견표지를 발급받은 장애인 보조견에 대한 진료용역
> ⓔ 「국민기초생활 보장법」에 따른 수급자가 기르는 동물의 진료용역
> ⓜ 그 밖에 질병의 예방 및 치료를 목적으로 하는 동물의 진료용역으로서 농림축산식품부장관이 기획재정부장관과 협의하여 고시하는 용역

정답 ②

09

부가가치세가 면세되는 거래에 해당되는 것은?

① 지방자치단체조합이 그 소속 직원의 복리후생을 위하여 구내에서 식당을 직접 경영하여 공급하는 음식용역

② 「철도건설법」에 규정하는 고속철도에 의한 여객운송용역

③ 「우정사업운영에 관한 특례법」에 의한 우정사업조직이 「우편법」에 규정된 부가우편역무 중 소포우편물을 방문접수하여 배달하는 용역

④ 「항공법」에 규정하는 항공기에 의한 여객운송용역

기출처 2007 국가직 7급

LINK 세법1 335, 342p   오진다 208p

난이도 ●●●○○   출제 가능 지수 ●●●○○

해설

② 국가·지방자치단체·지방자치단체조합이 공급하는 재화 또는 용역은 부가가치세가 면세되지만 「철도의 건설 및 철도시설 유지관리에 관한 법률」에 따른 고속철도에 의한 여객운송용역은 **부가가치세가 과세**된다.

③ 국가·지방자치단체·지방자치단체조합이 공급하는 재화 또는 용역은 부가가치세가 면세되지만 「우정사업 운영에 관한 특례법」에 따른 우정사업조직이 제공하는 「우편법」 제1조의2제3호의 소포우편물을 방문접수하여 배달하는 용역과 「우편법」 제15조제1항에 따른 선택적 우편역무 중 법령으로 정하는 우편주문판매를 대행하는 용역은 **부가가치세가 과세**된다(부령 46 (1)).

④ 「항공사업법」에 따른 항공기에 의한 여객운송용역은 **부가가치세가 과세**된다(부령 37 (1) (가)).

정답 ①

10

「부가가치세법」상 부가가치세가 면세되는 경우에 해당하지 않는 것은?

① 수돗물
② 공중전화
③ 일반택시 운송사업
④ 국가에 무상으로 공급하는 용역

기출처 2007 국가직 9급
LINK 세법1 335, 341-342p 오진다 205, 208-209p
난이도 ●●●●● 출제 가능 지수 ●●●●●

해설

항공기, 고속버스, 전세버스, 택시, 특수자동차, 특종선박 또는 고속철도에 의한 여객운송 용역은 재화 또는 용역의 공급에 대하여는 부가가치세가 면제되는 범위에서 제외한다. 즉, 일반택시 운송사업은 **과세된다**. 정답 ③

11

부가가치세가 면세되는 재화 또는 용역은?

① 복권
② 수집용 우표
③ 고속철도에 의한 여객운송용역
④ 무허가 · 무인가 학원에서 제공하는 교육용역

기출처 2006 국가직 9급
LINK 세법1 339, 341-342p 오진다 206, 208p
난이도 ●●●●● 출제 가능 지수 ●●●●●

해설

①,② 우표, 인지, 증지, 복권 및 공중전화의 공급에 대하여는 부가가치세를 면제한다. 단, 수집용 우표는 **과세한다**(부법 26 ① (9)).
③ 국가·지방자치단체·지방자치단체조합이 공급하는 재화 또는 용역은 부가가치세가 면제되지만, 고속철도에 의한 여객운송용역은 **과세한다**(부령 46 (2)).
④ 교육 용역으로서 대통령령으로 정하는 것은 면세하지만, 「체육시설의 설치 · 이용에 관한 법률」에 따른 무도학원과 「도로교통법」에 따른 자동차운전학원은 **과세한다**(부법 26 ①, 부령 36 ②). 정답 ①

12

「부가가치세법」상 영세율과 면세에 대한 설명으로 옳지 않은 것은?

① 국외에서 국외로 항행하는 자국 선박 내에서 승객에게 제공하는 재화 또는 용역은 영세율을 적용한다.
② 면세를 적용하는 경우에는 매입 시에 부담한 매입세액이 환급되지 아니하므로 면세제도는 조세이론상 부분 면세제도에 해당된다.
③ 식용으로 제공되지 아니하는 미가공 농·축·수·임산물은 국산이나 외국산 모두 면세하지 않는다.
④ 사업자가 비거주자 또는 외국법인인 경우에는 그 외국에서 대한민국의 거주자 또는 내국법인에게 동일한 면세를 하는 경우에 한하여 영세율을 적용한다.

기출처 2005 국가직 9급
LINK 세법1 326, 328, 332, 335p 오진다 199, 203, 205p
난이도 ●●●●● 출제 가능 지수 ●●●●●

해설

가공되지 아니한 식료품(식용으로 제공되는 농산물, 축산물, 수산물과 임산물을 포함) 및 우리나라에서 생산되어 식용으로 제공되지 아니하는 농산물, 축산물, 수산물과 임산물은 면세한다(부법 26 (1)). 즉, 식용에 공하지 않는 미가공 농·축·수·임산물은 **외국산만 면세하지 않는다**. 정답 ③

CHAPTER

05

세금계산서와 영수증

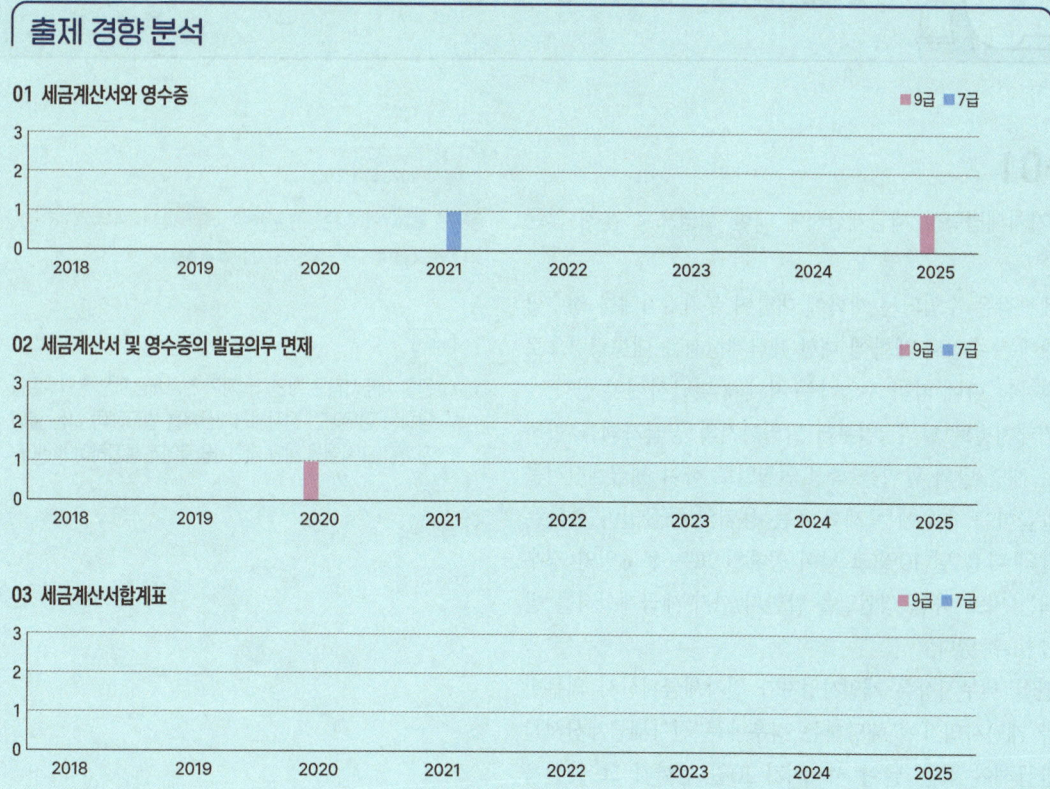

01 세금계산서와 영수증 ■9급 ■7급

02 세금계산서 및 영수증의 발급의무 면제 ■9급 ■7급

03 세금계산서합계표 ■9급 ■7급

기출 분석

'세금계산서와 영수증' 파트는 빈출 주제는 아닙니다.

과거 국가직 7급 시험에서 해당 주제를 자주 다루어왔으나, 최근에는 거의 출제되지 않다가 2025년 9급 시험에 오랜만에 출제되었습니다. 개정이 자주 반복되는 주제이기도 하고, 간이과세자 규정이 바뀌면서 세금계산서와 맞물려 정리해야 할 부분들이 있으니 완벽히 정리해두시기를 바랍니다.

1-01

부가가치세법령상 세금계산서에 대한 설명으로 옳지 않은 것은?

① 세관장은 수입되는 재화에 대하여 부가가치세를 징수할 때에는 수입된 재화에 대한 세금계산서를 대통령령으로 정하는 바에 따라 수입하는 자에게 발급하여야 한다.

② 거래처별로 달의 1일부터 말일까지의 공급가액을 합하여 해당 달의 말일을 작성 연월일로 하여 세금계산서를 발급하는 경우에는 재화 또는 용역의 공급일이 속하는 달의 다음 달 10일(그 날이 공휴일 또는 토요일인 경우에는 바로 다음 영업일을 말한다)까지 세금계산서를 발급할 수 있다.

③ 관할 세무서장은 개인사업자가 전자세금계산서 의무발급 개인사업자에 해당하는 경우에는 전자세금계산서를 발급해야 하는 날이 시작되기 10일 전까지 그 사실을 해당 개인사업자에게 통지하여야 한다.

④ 위탁매입 또는 대리인에 의한 매입의 경우에는 공급자가 위탁자 또는 본인(위탁자 또는 본인을 알 수 없는 경우로서 대통령령으로 정하는 경우는 아님)을 공급받는 자로 하여 세금계산서를 발급하며, 이 경우 수탁자 또는 대리인의 등록번호를 덧붙여 적어야 한다.

기출처 **2025 국가직 9급**

LINK (세법1) 320, 351, 354, 358p (오진다) 197, 212, 215, 218p

난이도 ●●●●● 출제 가능 지수 ●●●●●

해설

③ 관할 세무서장은 개인사업자가 전자세금계산서 의무발급 개인사업자에 해당하는 경우에는 전자세금계산서를 발급해야 하는 날이 시작되기 **1개월** 전까지 그 사실을 해당 개인사업자에게 통지하여야 한다. 정답 ③

01

「부가가치세법령」상 세금계산서에 대한 설명으로 옳은 것은?

① 사업자가 재화 또는 용역의 공급시기가 되기 전에 세금계산서를 발급하고 그 세금계산서 발급일부터 7일 이내에 대가를 받으면 해당 세금계산서를 발급한 때를 재화 또는 용역의 공급시기로 본다.

② 계약의 해제로 재화 또는 용역이 공급되지 아니한 경우 수정세금계산서의 작성일은 처음 세금계산서 작성일로 한다.

③ 개인사업자와 직전 연도의 사업장별 재화 및 용역의 공급가액(면세공급가액을 포함)의 합계액이 8천만원 이상인 법인사업자는 세금계산서를 발급하려면 전자세금계산서를 발급하여야 한다.

④ 전자세금계산서를 발급하여야 하는 사업자가 아닌 사업자는 전자세금계산서를 발급할 수 없다.

기출처 2021 국가직 7급 수정

LINK 세법1 320, 350, 356p   오진다 196, 212, 217p

난이도 ●●●●●   출제 가능 지수 ●●●●●

해설

② 계약의 해제로 재화 또는 용역이 공급되지 아니한 경우 수정세금계산서의 작성일은 **계약의 해제일**로 하고 비고란에 처음 세금계산서 작성일을 덧붙여 적는다.

③ **법인사업자**와 직전 연도의 사업장별 재화 및 용역의 공급가액(면세공급가액을 포함)의 합계액이 8천만원 이상인 **개인사업자**는 세금계산서를 발급하려면 전자세금계산서를 발급하여야 한다.

④ 전자세금계산서를 발급하여야 하는 사업자가 아닌 사업자도 전자세금계산서를 발급할 수 **있다.**

[개인사업자 中 전자세금계산서 발급의무자]

직전 연도의 사업장별 재화 및 용역의 공급가액(면세공급가액을 포함)의 합계액이 8천만원 이상인 개인사업자

구분	과세 공급가액	면세 공급가액	총 공급가액	전자계산서 발급의무 여부
경우 1	8천만원	-	8천만원	O
경우 2	-	8천만원	8천만원	O
경우 3	4천만원	4천만원	8천만원	O

정답 ①

02

「부가가치세법」상 세금계산서에 대한 설명으로 옳지 않은 것은?

① 전자세금계산서를 발급하였을 때에는 그 발급일의 다음 날까지 전자세금계산서 발급명세를 국세청장에게 전송해야 하며 이 경우 해당 전자세금계산서 보존의무는 면제된다.

② 전자세금계산서 발급 의무가 없는 사업자도 전자세금계산서를 발급할 수 있으며 필요적 기재사항을 착오로 잘못 적은 경우에는 수정전자세금계산서를 발급할 수 있다(단, 해당 사업자가 과세표준 또는 세액이 경정될 것을 미리 알고 있는 경우 제외).

③ 관계 증명서류 등에 따라 실제거래사실이 확인되는 경우로서 해당 거래일을 작성연월일로 하여 세금계산서를 발급하는 경우 재화 또는 용역의 공급일이 속하는 달의 다음 달 10일(그 날이 공휴일 또는 토요일인 경우 바로 다음 영업일)까지 세금계산서를 발급할 수 있다.

④ 수탁자가 직접 재화를 인도하는 위탁판매(위탁자를 알 수 없는 경우에 해당하지 않음)의 경우 수탁자가 자신의 명의로 세금계산서를 발급해야 하며 이 경우 위탁자의 등록번호를 덧붙여 적어야 한다.

기출처 **2017 국가직 9급**
LINK 세법1 320, 350-351, 354p   오진다 197, 213, 215, 217p
난이도 ●●●○○   출제 가능 지수 ●●●○○

해설

수탁자가 직접 재화를 인도하는 위탁판매(위탁자를 알 수 없는 경우에 해당하지 않음)의 경우 수탁자가 **위탁자**의 명의로 세금계산서를 발급해야 하며 이 경우 **수탁자**의 등록번호를 덧붙여 적어야 한다.

[공급시기 후에 세금계산서(후세금계산서)를 발급하는 경우]

㉠ 거래처별로 달의 1일부터 말일까지의 공급가액을 합하여 해당 달의 말일을 작성연월일로 하여 세금계산서를 발급하는 경우
㉡ 거래처별로 달의 1일부터 말일까지의 기간 이내에서 사업자가 임의로 정한 기간의 공급가액을 합하여 그 기간의 종료일을 작성연월일로 하여 세금계산서를 발급하는 경우
㉢ 관계 증명서류 등에 따라 실제거래사실이 확인되는 경우로서 해당 거래일을 작성연월일로 하여 세금계산서를 발급하는 경우

정답 ④

03

「부가가치세법」상 위탁매매에 대한 설명으로 옳지 않은 것은?

① 위탁매매 또는 대리인에 의한 매매를 할 때에는 위탁자 또는 본인이 직접 재화를 공급하거나 공급받은 것으로 본다. 다만, 위탁자 또는 본인을 알 수 없는 경우로서 법령이 정하는 경우에는 그러하지 아니하다.

② 위탁판매의 경우에 수탁자가 재화를 인도하는 때에는 수탁자가 수탁자 명의로 세금계산서를 발급한다.

③ 위탁매입의 경우에는 공급자가 위탁자를 공급받는 자로 하여 세금계산서를 발급한다.

④ 대법원 판례에 따르면 「부가가치세법」상 위탁매매에 관한 재화의 공급자 간주 규정은 준위탁매매인에 의한 용역의 공급에도 유추 적용된다.

기출처 **2014 국가직 7급**
LINK 세법1 354p   오진다 215p
난이도 ●●○○○   출제 가능 지수 ●●●○○

해설

위탁판매의 경우에 수탁자가 재화를 인도하는 때에는 수탁자가 **위탁자** 명의로 세금계산서를 발급한다.

[위탁매매에 관한 재화의 공급자 간주 규정 유추 적용 판례]

위탁매매인 또는 대리인을 통하여 재화를 공급하거나 공급받는 경우에 위탁자 또는 본인을 알 수 없는 때를 제외하고는 위탁자 또는 본인이 직접 재화를 공급하거나 공급받은 것으로 본다고 규정한 부가가치세법 제10조 제8항은 그 취지에 비추어 볼 때 **준위탁매매인에 의한 용역 공급의 경우에도 유추적용된다** 할 것이다(대법원 2006. 9. 22. 선고 2004두12117 판결, 대법원 2008. 7. 10. 선고 2006두1098 판결 등 참조).

정답 ②

04

「부가가치세법」상 세금계산서의 발급에 관한 설명으로 옳지 않은 것은?

① 거래처별로 달의 1일부터 말일까지의 공급가액을 합계하여 해당 월의 말일자를 작성연월일 하여 세금계산서를 발급하는 경우에는 해당 재화 또는 용역의 공급일이 속하는 달의 다음 달 10일까지 세금계산서를 발급할 수 있다.

② 재화 또는 용역의 공급시기가 도래하기 전에 세금계산서를 발급하고 그 세금계산서 발급일로부터 7일 이내에 대가를 지급받는 경우에는 적법하게 세금계산서를 발급한 것으로 본다.

③ 세관장은 수입되는 재화에 대하여 부가가치세를 징수할 때(부가가치세의 납부가 유예되는 때를 포함)에는 수입된 재화에 대한 세금계산서를 수입하는 자에게 발급하여야 한다.

④ 관계 증명서류 등에 따라 실제거래사실이 확인되는 경우로서 해당 거래일을 작성연월일로 하여 세금계산서를 발급하는 경우 해당 재화 또는 용역의 공급일이 속하는 과세기간의 확정신고 기한까지 세금계산서를 발급할 수 있다.

기출처 2010 국가직 7급
LINK 세법1 320, 358p 오진다 196-197, 218p
난이도 ●●●○○ 출제 가능 지수 ●●●○○

해설

관계 증명서류 등에 따라 실제거래사실이 확인되는 경우로서 해당 거래일을 작성연월일로 하여 세금계산서를 발급하는 경우 재화 또는 용역의 **공급일이 속하는 달의 다음 달 10일**(그 날이 공휴일 또는 토요일인 경우에는 바로 다음 영업일을 말한다)까지 세금계산서를 발급할 수 있다(부법 34 ③). 　정답④

05

「부가가치세법」상 세금계산서 발급에 관한 설명으로 옳은 것은 몇 개인가?

> ㉠ 위탁판매에 의한 판매의 경우에 수탁자가 재화를 인도하는 때에는 수탁자가 세금계산서를 발급하며, 위탁자가 직접 재화를 인도하는 때에는 위탁자가 세금계산서를 발급할 수 있다.
> ㉡ 수용으로 인하여 재화가 공급되는 경우에는 해당 사업시행자가 세금계산서를 발급할 수 있다.
> ㉢ 위탁매입에 의한 매입의 경우에는 공급자가 수탁자를 공급받는 자로 하여 세금계산서를 발급한다.
> ㉣ 소매업의 경우에는 공급받는 자가 세금계산서의 발급을 요구하지 아니하는 경우에는 세금계산서를 발급하지 아니할 수 있다.

① 1개　　② 2개　　③ 3개　　④ 4개

기출처 2009 국가직 7급
LINK 세법1 354, 360p 오진다 215, 217, 219p
난이도 ●●●●○ 출제 가능 지수 ●●●○○

해설

㉠, ㉡, ㉣ 는 옳은 선지다.
㉢ 위탁매입에 의한 매입의 경우에는 공급자가 **위탁자**를 공급받는 자로 하여 세금계산서를 발급한다. 이 경우 수탁자의 등록번호를 덧붙여 적어야 한다.
　정답③

06

수정세금계산서에 대한 다음 설명 중 옳지 않은 것은?

① 계약의 해제로 인하여 재화 또는 용역이 공급되지 아니한 경우에는 계약이 해제된 때에 그 작성일자는 처음 세금계산서의 작성일자를 적고 비고란에 계약해제일을 덧붙여 적은 후 붉은색 글씨로 쓰거나 음의 표시를 하여 발급한다.

② 공급한 재화가 환입된 경우에는 재화가 환입된 날을 작성일자로 적고 비고란에 처음 세금계산서 작성일자를 덧붙여 적은 후 붉은색 글씨로 쓰거나 음의 표시로 하여 발급한다.

③ 공급가액에 추가 또는 차감되는 금액이 발생한 경우에는 증감사유가 발생한 날을 작성일자로 적고 추가되는 금액은 검은색 글씨로 쓰고, 차감되는 금액은 붉은색 글씨로 쓰거나 음의 표시를 하여 발급한다.

④ 재화 또는 용역을 공급한 후 공급시기가 속하는 과세기간 종료 후 25일 이내에 내국신용장이 개설되었거나 구매확인서가 발급된 경우에는 내국신용장 등이 개설된 때에 그 작성일자는 처음 세금계산서 작성일자를 적고 비고란에 내국신용장 개설일 등을 덧붙여 적어 발급한다.

기출처 2007 서울시 9급
LINK 세법1 356p 오진다 217p
난이도 ●●○○○ 출제 가능 지수 ●●●●○

해설

계약의 해제로 인하여 재화 또는 용역이 공급되지 아니한 경우에는 계약이 해제된 때에 그 작성일자는 **계약해제일**을 적고 비고란에 **처음 세금계산서 작성일**을 덧붙여 적은 후 붉은색 글씨로 쓰거나 음의 표시를 하여 발급한다.

[수정세금계산서 발급에 따른 부가가치세 수정신고 대상 여부]

구분	사유	부가가치세 수정신고대상여부		
		작성연월	대상	사유
당초 작성일자	신고기한 내 수정사유 발생	당초 작성일자	대상 아님	신고기한 내 당초 및 수정세금계산서가 발급된 경우 합산신고
	신고기한 경과 후 수정사유 발생		대상	신고기한 경과 후 수정세금계산서 발급한 경우 합산 신고 불가로 수정신고 대상임
새로운 작성일자 생성	공급가액 변동	변동사유 발생일	대상 아님	환입 등 수정사유가 발생한 시기가 공급시기이므로 사유가 발생한 과세기간의 신고 대상임
	계약의 해제	계약해제일		
	환입	환입된 날		

정답 ①

07

다음 중 「부가가치세법」상 세금계산서에 반드시 기재하여야 하는 필요적 기재사항이 아닌 것은?

① 공급하는 사업자의 등록번호와 성명 또는 명칭
② 공급받는 자의 명칭
③ 공급받는 자의 등록번호
④ 작성연월일

기출처 2006 국가직 7급
LINK 세법1 349p 오진다 211p
난이도 ●●●○○ 출제 가능 지수 ●●●●○

해설

공급하는 자의 명칭은 필요적 기재사항이나, 공급받는 자의 명칭은 **필요적 기재사항이 아니다.**

[세금계산서 기재사항]

필요적 기재사항	임의적 기재사항
㉠ 공급하는 사업자의 등록번호와 성명 또는 명칭	㉠ 공급하는 자의 주소
㉡ 공급받는 자의 등록번호(사업자가 아니거나 등록한 사업자가 아닌 경우 고유번호 또는 공급받는 자의 주민등록번호)	㉡ 공급받는 자의 상호·성명·주소
㉢ 공급가액과 부가가치세액	㉢ 단가와 수량
㉣ 작성연월일	㉣ 공급연월일 등

정답 ②

08

「부가가치세법」상 세금계산서와 관련된 설명으로 옳지 않은 것은?

① 면세사업자는 세금계산서를 발급할 수 없다.

② 사업자가 부동산임대용역을 공급하고 전세금 또는 임대보증금을 받는 경우 법령에 의하여 계산한 금액(간주임대료)에 대해서도 세금계산서를 발급하여야 한다.

③ 재화 또는 용역의 공급시기가 도래하기 전에 세금계산서를 발급하고 그 세금계산서발급일로부터 7일 이내에 대가를 지급받는 경우에는 정당한 세금계산서를 발급한 것으로 본다.

④ 부가가치세 납세의무자로 등록한 사업자로서 세금계산서 발급의무가 있는 사업자가 재화 또는 용역을 공급하고 그 거래 시기에 세금계산서를 발급하지 않은 경우, 그 재화 또는 용역을 공급받은 자는 법령이 정하는 바에 따라 관할 세무서장의 확인을 받아 세금계산서를 발행할 수 있다.

기출처 2007 국가직 7급
LINK 세법1 320, 350, 352, 363p   오진다 196-197, 212-213, 221p
난이도 ●●●●●   출제가능 지수 ●●●●●

해설

① 면세사업자는 세금계산서에 대한 발급의무가 없다.

② 사업자가 부동산임대용역을 공급하고 전세금 또는 임대보증금을 받는 경우에 간주임대료를 계산하는데 이는 세법상으로만 계산되는 금액이기 때문에 **세금계산서 발급의무가 없다.**

정답 ②

09

「부가가치세법」상 세금계산서와 영수증에 대한 설명으로 옳지 않은 것은? (단, 2021년 7월 1일 이후 공급분으로 가정한다)

① 직전연도 공급대가의 합계액이 4천 8백만원 미만인 간이과세자는 영수증을 발급하여야 한다.

② 간이과세자는 세금계산서를 발급받아도 세금계산서에 기재된 부가가치세액의 전부를 자기가 납부할 부가가치세에서 공제받을 수는 없다.

③ 세금계산서는 '공급자 보관용', '공급받는 자 보관용', '세무서 제출용'으로 이루어져 있다.

④ 재화를 직접 수출하는 경우에는 세금계산서 발급의무가 면제된다.

기출처 2008 국가직 9급 수정
LINK 세법1 349, 361, 364, 446p   오진다 211, 219, 221, 266p
난이도 ●●●●●   출제가능 지수 ●●●●●

해설

② 간이과세자는 납부세액을 구할 때 매입세액을 공제하는 것이 아니라, 매입세액에 일정한 부가가치율을 곱한 금액을 세액공제로 적용한다.

③ 재화나 용역을 공급하는 과세사업자는 **공급자용과 공급받는 자용 각 1매로 총 2매**를 작성하여 1조로 세금계산서를 발급하되, 그 중 공급받는 자용 1매는 거래 상대방에게 발급하여야 한다.

[간이과세자의 세금계산서(2021년 7월 1일 공급분부터) 발급의무]

구분	세금계산서	매입세액공제
신규사업자	발행 못 함	공제 불가
직전연도 공급대가 합계액이 4,800만원 미만인 자		
직전연도 공급대가 합계액이 4,800만원 이상 1억 4백만원 미만인 자	발행해야 함	공제 가능

정답 ③

10

세금계산서와 영수증에 관한 설명 중 옳지 않은 것은?

① 음식점업은 영수증 발급대상이나 공급받는 사업자가 사업자등록증을 제시하고 세금계산서의 발급을 요구하는 때에는 세금계산서를 발급하여야 한다.

② 영세율 적용대상인 내국신용장에 의한 재화의 공급에 대하여는 세금계산서의 발급의무가 면제된다.

③ 장기할부판매에 있어 공급시기가 도래하기 전에 세금계산서를 발급한 경우에는 그 발급하는 때를 공급시기로 본다.

④ 세금계산서에 작성연월일을 기재하지 않은 경우에는 세금계산서불성실가산세를 적용한다.

기출처 2006 국가직 9급

LINK 세법1 321, 349, 351, 360, 364p 오진다 196-197, 211, 219, 221, 246p

난이도 ●●●○○ 출제 가능 지수 ●●●○○

해설

영세율 적용 대상인 내국신용장에 의한 재화의 공급에 대하여는 세금계산서의 발급의무가 **있다**.

[영수증 발급 사업자]

일정사업자 (영수증을 발급**해야 함**)	㉠ 소매업, 음식점업, 다과점업, , 숙박업, 여객운송업, 미용·욕탕 및 유사 서비스업
	㉡ 입장권을 발행하여 경영하는 사업
	㉢ 변호사, 공인회계사, 세무사 등 간이과세가 배제되는 서비스업 및 행정 사업
	㉣ 우정사업조직이 소포우편물을 방문 접수하여 배달하는 용역을 제공하는 사업
	㉤ 면세하지 않는 의료보건용역, 수의사가 제공하는 동물 진료용역
	㉥ 무도학원, 자동차 학원사업
	㉦ 전자서명인증사업자가 인증서를 발급하는 사업
	㉧ 공인인증기관이 공인인증서를 발급하는 사업
	㉨ 간편사업자등록을 한 사업자가 국내에 전자적 용역을 공급하는 사업
	㉩ 도정업, 떡방앗간, 양복점업, 양화점업, 운수업, 부동산중개업, 주거용 건물공급업 등 주로 사업자가 아닌 소비자에게 재화 또는 용역을 공급하는 사업으로서 세금계산서 발급이 불가능하거나 현저히 곤란한 사업
일정 요건을 만족하는 간이과세자 (영수증을 발급 **해야 함**)	㉠ 직전 연도의 공급대가의 합계액이 4천 8백만원 미만인 자 (신규로 사업을 시작한 개인사업자의 경우 환산한 금액)
	㉡ 신규로 사업을 시작하는 개인사업자로서 간이과세자로 하는 최초의 과세기간 중에 있는 자
일정 조건을 만족하는 전기사업자 등 (영수증 또는 세금계산서를 발급해야 함. 즉 영수증을 발급**할 수 있음**)	㉠ 임시사업장 개설 사업자가 그 임시사업장에서 소비자에게 재화·용역을 공급하는 경우
	㉡ 전기사업자가 산업용이 아닌 전력을 공급하는 경우
	㉢ 전기통신사업자가 전기통신역무를 제공하는 경우 (부가통신사업자가 통신판매업자에게 부가통신역무를 제공하는 경우는 제외)
	㉣ 도시가스사업자가 산업용이 아닌 도시가스를 공급하는 경우
	㉤ 집단에너지를 공급하는 사업자가 산업용이 아닌 열 또는 산업용이 아닌 전기를 공급하는 경우
	㉥ 방송사업자·인터넷 멀티미디어 방송제공 사업자가 아닌 자에게 방송용역을 제공하는 경우

[세금계산서를 발급해야 하는 영세율이 적용되는 재화·용역]

㉠ 내국신용장(구매확인서)에 의한 공급
㉡ 한국국제협력단·한국국제보건의료재단 및 대한적십자사에 대한 공급
㉢ 수출재화임가공용역
㉣ 외국항행선박(국내사업자) 등에 제공하는 재화·용역
㉤ 원료를 대가 없이 국외의 수탁가공 사업자에게 반출하여 가공한 재화를 양도하는 경우 그 원료의 반출

정답 ②

01

「부가가치세법령」상 공급할 때 세금계산서 발급의무가 면제되는 재화 또는 용역에 해당하지 않는 것은?

① 미용, 욕탕 및 유사 서비스업을 경영하는 자가 공급하는 재화 또는 용역

② 원료를 대가 없이 국외의 수탁가공 사업자에게 반출하여 가공한 재화를 양도하는 경우에 그 원료의 반출로서 국내사업장에서 계약과 대가 수령 등 거래가 이루어지는 것

③ 물품 등을 무환(無換)으로 수출하여 해당 물품이 판매된 범위에서 대금을 결제하는 계약에 의한 수출로서 국내사업장에서 계약과 대가 수령 등 거래가 이루어지는 것

④ 국외에서 공급하는 용역으로서, 공급받는 자가 국내사업장이 없는 비거주자 또는 외국법인인 경우

기출처 **2020 국가직 9급**

LINK 세법1 329, 331, 360, 364p   오진다 201-202, 221p

난이도 ●●●○○   출제 가능 지수 ●●●○○

해설

영세율이 적용되는 재화·용역에 대하여는 원칙적으로 세금계산서 발급의무가 없으나 원료를 대가 없이 국외의 수탁가공 사업자에게 반출하여 가공한 재화를 양도하는 경우에 그 원료의 반출의 경우 부가가치세가 기재되지 아니한(영세율) 세금계산서를 **발급해야 한다.**

[국외에서 재화가 공급되지만 국내에서 거래가 이루어지는 특정 형태의 수출]

구분		세금계산서 발급의무
㉠ 중계무역 방식 수출	수출할 것을 목적으로 물품 등을 수입하여 보세구역 및 보세구역 외 장치의 허가를 받은 장소 또는 자유무역지역 외의 국내에 반입하지 않는 방식의 수출	X
㉡ 위탁판매수출	물품 등을 무환으로 수출하여 해당 물품이 판매된 범위에서 대금을 결제하는 계약에 의한 수출	X
㉢ 외국인도수출	수출대금은 국내에서 영수하지만 국내에서 통관되지 않은 수출물품 등을 외국으로 인도하거나 제공하는 수출	X
㉣ 위탁가공무역 방식 수출	가공임을 지급하는 조건으로 외국에서 가공(제조·조립·재성·개조를 포함)할 원료의 전부 또는 일부를 거래 상대방에게 수출하거나 외국에서 조달하여 가공한 후 가공물품 등을 외국으로 인도하는 방식의 수출	X
㉤ 원료 등의 국외반출	원료를 대가 없이 국외의 수탁가공 사업자에게 반출하여 가공한 재화를 양도하는 경우에 그 원료의 반출	O
㉥ 수입신고 수리 전 보세구역 보관물품의 국외반출	「관세법」에 따라 수입의 신고가 수리되기 전의 물품으로서 보세구역에 보관하는 물품의 외국으로의 반출	X

정답 ②

02

「부가가치세법」상 세금계산서를 교부하지 않는 경우에 세금계산서불성실가산세를 적용받게 되는 경우로서 옳은 것은?

① 국내에서 국내사업장이 없는 외국법인에게 재화를 공급하고 그 대금은 외화로 직접 송금 받아 외국환은행에 매각한 경우 (재화는 외국법인이 지정하는 국내사업자에게 인도되고 이는 해당 사업자의 과세사업에 사용)
② 수출업자와 직접 도급계약에 의하여 수출하는 재화의 임가공용역을 공급하는 경우
③ 부동산임대사업자가 수령한 임대보증금에 대한 간주임대료를 계산하는 경우
④ 면세사업자가 면세재화를 과세사업자에게 공급하는 경우

기출처 2016 국가직 7급
LINK 세법1 333-334, 350, 363p   오진다 203-204, 212, 221p
난이도 ●●○○○   출제 가능 지수 ●●●○○

해설

① 국내에서 국내사업장이 없는 외국법인에게 재화를 공급하고 그 대금은 외화로 직접 송금 받아 외국환은행에 매각한 경우 비거주자 또는 외국법인에게 공급하기 때문에 **세금계산서 발급의무는 없다**.
② 수출업자와 직접 도급계약에 의하여 수출재화를 임가공하는 수출재화임가공용역의 경우 영세율을 적용하되 국내거래에 해당하기 때문에 **세금계산서(영세율) 발급의무가 부여된다**. 따라서 세금계산서를 교부하지 않는 경우에 세금계산서불성실가산세를 적용받게 된다.
③ 사업자가 부동산임대용역을 공급하고 전세금 또는 임대보증금을 받는 경우에 계산하는 간주임대료는 세법상으로만 계산되는 금액이기 때문에 **세금계산서 발급의무가 없다**.
④ 영세율적용사업자는 세금계산서에 대한 발급의무가 있으나, 면세사업자는 **세금계산서에 대한 발급의무가 없다**.　　　　정답②

03

「부가가치세법」상 세금계산서에 관한 설명으로 옳지 않은 것은?

① 영세율이 적용되는 재화의 공급이 법령에서 정하는 내국신용장에 의한 수출인 경우 세금계산서 발급의무가 면제된다.
② 택시운송 사업자, 노점 또는 행상을 하는 자가 공급하는 재화나 용역의 경우 세금계산서 발급의무가 면제된다.
③ 관할 세관장은 수입되는 재화에 대하여 부가가치세를 징수할 때에는 수입세금계산서를 수입하는 자에게 발급하여야 한다.
④ 수용으로 인하여 재화가 공급되는 경우 해당 사업시행자가 세금계산서를 발급할 수 있다.

기출처 2013 국가직 9급
LINK 세법1 330, 354, 358, 363p   오진다 202, 215, 218, 221p
난이도 ●●●○○   출제 가능 지수 ●●●○○

해설

① 영세율이 적용되는 재화의 공급이 법령에서 정하는 내국신용장에 의한 수출인 경우 **세금계산서를 발급해야 한다**.
④ 수용으로 인하여 재화가 공급되는 경우에는 위탁매매를 준용하여 해당 사업시행자가 세금계산서를 발급할 수 있다(부령 69 ④).

[국내에서 거래가 이루어지지만 재화의 수출에 포함하는 항목]

구분	세금계산서 발급의무
㉠ 과세기간이 끝난 후 25일 이내에 개설 및 발급한 내국신용장 또는 구매 확인서에 의해 공급하는 재화 (단, 금지금은 제외)	O
㉡ 한국국제협력단, 한국국제보건의료재단, 대한적십자사에 공급하는 재화	O
㉢ 수탁가공무역: 다음 각 요건에 따라 공급하는 재화 ⓐ 국외의 비거주자 또는 외국법인(비거주자 등)과 직접 계약에 따라 공급 ⓑ 대금을 외국환은행에서 원화로 받을 것 ⓒ 비거주자 등이 지정하는 국내의 다른 사업자에게 인도 ⓓ 국내의 다른 사업자가 비거주자 등과 계약에 따라 인도받은 재화를 그대로 반출하거나 제조·가공한 후 반출	X

정답①

03 세금계산서합계표

01

다음 중 세금계산서의 발급에 대한 설명으로 옳은 것은?

① 수출하는 재화, 국외에서 제공하는 용역 등 모든 영세율 적용대상거래는 세금계산서상 발급의무가 면제된다.

② 공급하는 자와 공급받는 자의 사업자 등록번호와 공급가액 및 부가가치세액만 기록된 세금계산서도 세금계산서로서의 효력이 인정된다.

③ 간주공급의 경우 판매목적 타사업장 반출을 제외하고는 자가공급·개인적공급·사업상 증여·폐업 시 재고재화의 경우에는 세금계산서 발급의무가 면제된다.

④ 세금계산서를 발급한 세관장은 사업자 규정을 적용하여 매입처별 세금계산서합계표를 사업장 관할 세무서장에게 제출하여야 한다.

기출처 2007 서울시 9급

LINK 세법1 349, 363-365p   오진다 211, 221-222p

난이도 ●●○○○   출제 가능 지수 ●●●○○

해설

① 영세율 적용대상거래 중 일부는 세금계산서상 발급의무가 **있다**.

② 공급하는 자와 공급받는 자의 사업자 등록번호와 공급가액 및 부가가치세액만 기록된 세금계산서는 필요적 기재사항 중 일부가 누락되었으므로 세금계산서로서의 **효력이 인정되지 않는다**.

④ 세금계산서를 발급한 세관장은 사업자 규정을 적용하여 **매출처별** 세금계산서합계표를 **세관 소재지** 관할 세무서장에게 제출하여야 한다.

[세금계산서 필요적 기재사항]

㉠ 공급하는 사업자의 등록번호와 성명 또는 명칭

㉡ 공급받는 자의 등록번호 (사업자가 아니거나 등록한 사업자가 아닌 경우 고유번호 또는 공급받는 자의 주민등록번호)

㉢ 공급가액과 부가가치세액

㉣ 작성연월일

정답 ③

CHAPTER

06

과세표준

출제 경향 분석

01 일반적인 경우

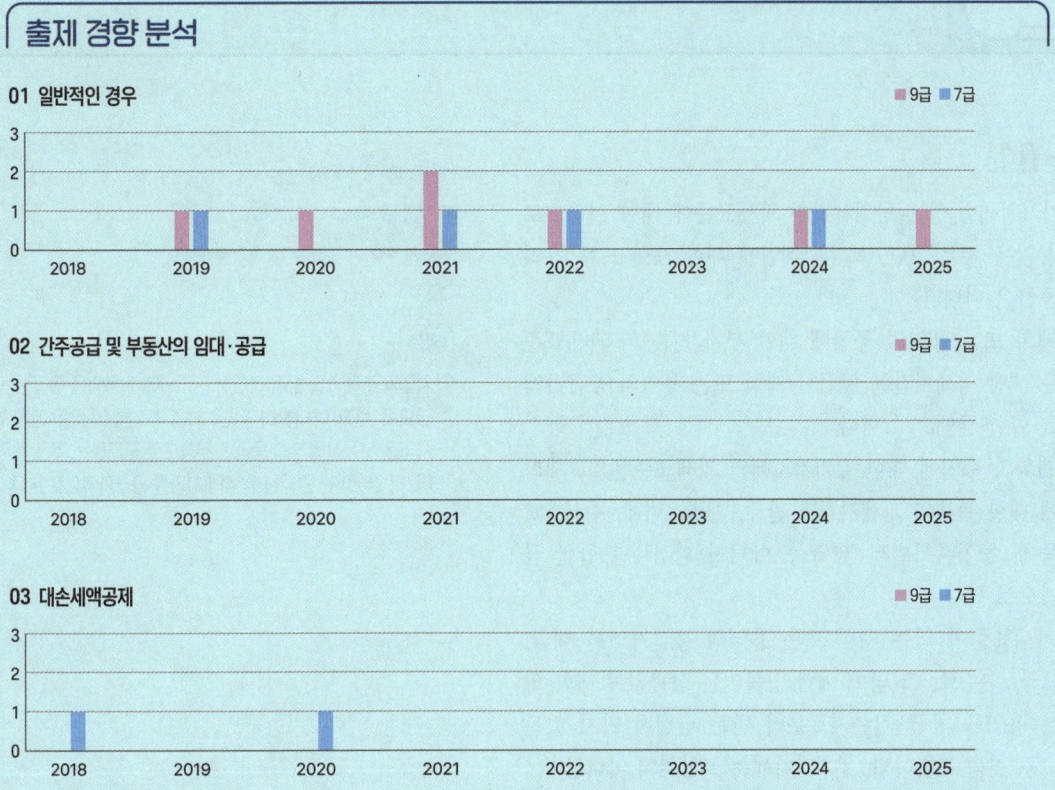

02 간주공급 및 부동산의 임대·공급

03 대손세액공제

기출 분석

'과세표준'은 「부가가치세법」의 최다 빈출 주제입니다. 특히, '01. 일반적인 경우'는 거의 매해 출제되고 있으며 과세표준 계산과 관련하여 계산형 문제가 자주 등장하고 있습니다. 이와 관련해서 계산형 문제에 대한 대비도 응용 문제를 통해 따로 하시기를 바랍니다. 출제 가능성이 매우 높은 주제이므로 완벽한 대비가 필요합니다.

01 일반적인 경우

1-01

「부가가치세법」상 일반과세자의 과세표준에 대한 설명으로 옳지 않은 것은? (단, 특수관계인에 대한 재화 또는 용역의 공급은 아니다)

① 재화 또는 용역의 공급에 대한 부가가치세의 과세표준은 해당 과세기간에 공급한 재화 또는 용역의 공급가액을 합한 금액으로 한다.

② 재화의 수입에 대한 부가가치세의 과세표준은 그 재화에 대한 관세의 과세가격과 관세, 개별소비세, 주세, 교육세, 농어촌특별세 및 교통·에너지·환경세를 합한 금액으로 한다.

③ 과세표준이 되는 재화 또는 용역의 공급가액은 대금, 요금, 수수료, 그 밖에 어떤 명목이든 상관없이 재화 또는 용역을 공급받는 자로부터 받는 금전적 가치 있는 모든 것을 포함하되, 부가가치세는 포함하지 아니한다.

④ 사업자가 대가를 받지 아니하고 타인에게 용역을 공급하는 것은 용역의 공급으로 보며, 이 경우에는 공급한 용역의 시가를 공급가액으로 본다.

기출처 **2025 국가직 9급**

LINK 세법1 369, 371-372, 378p   오진다 223, 226, 228p

난이도 ●●●●○   출제 가능 지수 ●●●●○

해설

④ 사업자가 대가를 받지 아니하고 타인에게 용역을 공급하는 것은 용역의 공급으로 **보지 아니한다.** 다만, 사업자가 특수관계인에게 법령으로 정하는 사업용 부동산의 임대용역을 무상으로 공급하는 것은 용역의 공급으로 보며, 이 경우에는 공급한 용역의 시가를 공급가액으로 본다.   정답 ④

1-02

부가가치세법령상 일반과세자의 과세표준에 대한 설명으로 옳은 것은? (단, 특수관계인에 대한 재화 또는 용역의 공급은 고려하지 않는다)

① 자기가 공급한 재화에 대해 금전 외의 대가를 받는 경우에는 부가가치세를 포함한 그 대가를 공급가액으로 한다.

② 사업자가 재화 또는 용역을 공급받는 자에게 지급하는 장려금이나 이와 유사한 금액 및 대손금액은 과세표준에서 공제한다.

③ 재화 또는 용역의 공급과 직접 관련되지 아니하는 국고보조금과 공공보조금은 공급가액에 포함한다.

④ 완성도기준지급조건부 또는 중간지급조건부로 재화나 용역을 공급하는 경우에는 계약에 따라 받기로 한 대가의 각 부분을 공급가액으로 한다.

기출처 **2024 국가직 7급**
LINK 세법1 369-372p 오진다 224-227p
난이도 ●●●○○ 출제가능지수 ●●●○○

해설

① 자기가 공급한 재화에 대해 금전 외의 대가를 받는 경우에는 **자기가 공급한 재화의 시가**를 공급가액으로 한다.

② 사업자가 재화 또는 용역을 공급받는 자에게 지급하는 장려금이나 이와 유사한 금액 및 대손금액은 과세표준에서 **공제하지 아니한다.**

③ 재화 또는 용역의 공급과 직접 관련되지 아니하는 국고보조금과 공공보조금은 공급가액에 **포함하지 아니한다.**   정답 ④

1-03

㈜서울은 한국에서 제조한 A제품을 미국에 USD 1,000에 수출하면서 A제품을 선적하기 전에 수출대금을 먼저 수령하여 원화로 환가(換價)하였다. 부가가치세법령상 2024년 제1기 부가가치세 신고 시 과세표준에 포함할 금액은?

구 분	기준환율
A제품 제조일(2024.1.10.)	USD 1 = 1,100원
수출대금 수령 및 원화 환가일 (2024.1.12.)	USD 1 = 1,150원
A제품 선적일(2024.1.16.)	USD 1 = 1,200원
A제품 미국 도착일(2024.1.18.)	USD 1 = 1,250원

① 1,100,000원   ② 1,150,000원

③ 1,200,000원   ④ 1,250,000원

기출처 **2024 국가직 9급**
LINK 세법1 374p 오진다 227p
난이도 ●●○○○ 출제가능지수 ●●●○○

해설

수출품의 공급시기는 선적일(2024.1.16.)이며, 공급시기 전 원화로 환가한 경우엔 **그 환가한 금액**을 과세표준으로 한다.

∴ 과세표준 = USD 1,000 × 1,150원 = **1,150,000원**   정답 ②

01

부가가치세법령상 건축자재 판매업을 영위하는 내국법인 ㈜K가 2023년 제1기 부가가치세 확정신고 시 과세표준의 계산 내용으로 옳은 것은? (단, 거래금액은 부가가치세가 포함되지 않은 금액이다)

① 2023년 5월 1일 지방자치단체에 원가 35,000,000원, 시가 43,000,000원인 축제 준비용 건축자재를 38,000,000원에 공급하고 43,000,000원을 과세표준에 포함하였다.

② 2023년 제1기 과세기간 최종 3개월 동안에 마일리지로 결제된 매출액은 15,000,000원으로 이 중 ㈜K가 적립해준 마일리지로 결제된 금액은 9,000,000원이고, 나머지는 신용카드사가 고객에게 적립해준 마일리지로 결제받고 추후 보전받는 것이기 때문에 마일리지로 결제된 매출액 중 6,000,000원만을 과세표준에 포함하였다.

③ 2023년 5월 20일 미국의 F사(특수관계인이 아님)와 $80,000의 수출계약을 체결하고 5월 25일 선수금 $20,000을 송금 받아 23,000,000원으로 환전하였고, 6월 1일 수출품 전부를 선적하고 6월 20일 잔금 $60,000을 송금받아 원화로 환가한 수출거래에 대하여 92,600,000원을 과세표준에 포함하였다. (기준환율: 5월 20일 1$당 1,100원, 6월 1일 1$당 1,130원, 6월 20일 1$당 1,160원)

④ 2023년 4월 1일 특수관계인인 甲에게 회사의 창고를 임대보증금 없이 월 임대료 600,000원(시가는 1,000,000원)에 1년간 임대하고, 그 대가로 받은 과세기간 최종 3개월의 임대료 1,800,000원을 과세표준에 포함하였다. (단, 월 임대료 600,000원은 부당하게 낮은 대가로서 조세의 부담을 부당하게 감소시킬 것으로 인정된다)

기출처 2022 국가직 7급

LINK 세법1 372-374p 오진탑 194, 224-226, 227p

난이도 ●●●●○ 출제 가능 지수 ●●●●○

해설

① 2023년 5월 1일 지방자치단체에 원가 35,000,000원, 시가 43,000,000원인 축제 준비용 건축자재를 38,000,000원에 공급한 경우 **38,000,000원**을 과세표준에 포함하여야 한다.

③ 대가를 외국통화나 그 밖의 외국환으로 받는 경우에는 과세표준을 다음과 같이 계산하며, 수출재화의 공급시기는 수출재화의 선(기)적일이므로 6월 1일이다.

구분	과세표준	과세표준 금액
공급시기가 되기 전에 원화로 환가한 경우	환가한 금액	23,000,000원
공급시기 이후에 외국통화나 그 밖의 외국환 상태로 보유하거나 지급받은 경우	공급시기의 「외국환거래법」에 따른 기준환율 또는 재정환율에 따라 계산한 금액	잔금 $60,000 × 1$당 1,130원 = 67,800,000원
합계		**90,800,000원**

④ 특수관계인에 대한 재화 또는 용역(수탁자가 위탁자의 특수관계인에게 공급하는 신탁재산과 관련된 재화 또는 용역을 포함)의 공급이 조세의 부담을 부당하게 감소시킬 것으로 인정되는 경우에는 공급한 재화 또는 용역의 **시가**를 공급가액으로 본다. 따라서 3개월분의 시가로 계산한 **3,000,000**원을 과세표준에 포함하여야 한다.

정답 ②

02

「부가가치세법」상 재화의 수입에 대한 설명으로 옳지 않은 것은?

① 재화의 수입시기는 「관세법」에 따른 수입신고가 수리된 때로 한다.

② 외국으로부터 국가, 지방자치단체에 기증되는 재화의 수입에 대하여는 부가가치세를 면제한다.

③ 재화의 수입에 대한 부가가치세의 과세표준은 그 재화에 대한 관세의 과세가격과 관세, 개별소비세, 주세, 교육세, 농어촌특별세 및 교통·에너지·환경세를 합한 금액으로 한다.

④ 재화를 수입하는 자의 부가가치세 납세지는 수입자의 주소지로 한다.

기출처 **2022 국가직 9급**

LINK 세법1 276, 322, 343, 377p　오진다 167, 196, 209, 228p

난이도 ●●●○○　출제 가능 지수 ●●●○○

해설

재화를 수입하는 자의 부가가치세 납세지는 **「관세법」에 따라 수입을 신고하는 세관의 소재지**로 한다.　　정답 ④

03

「부가가치세법령」상 과세표준에 대한 설명으로 옳은 것은? (단, 제시된 금액은 부가가치세가 포함되지 않은 금액임)

① 시가 500원, 원가 450원인 재화를 공급하고 시가 480원인 재화를 대가로 받을 경우 과세표준은 480원이다.

② 특수관계인에게 시가 1,000원인 사업용 부동산 임대용역 (「부가가치세법 시행령」에서 제외하는 사업용 부동산 임대용역은 아님)을 무상으로 제공한 경우 용역의 공급으로 보지 않으므로 과세표준은 없다.

③ 사업을 위하여 대가를 받지 않고 다른 사업자에게 인도한 견본품의 시가가 200원, 원가가 150원일 경우 과세표준은 150원이다.

④ 재화의 공급에 해당되는 폐업 시 남아 있는 재화(감가상각자산은 아님)의 시가가 1,000원, 원가가 800원일 경우 과세표준은 1,000원이다.

기출처 **2021 국가직 9급**

LINK 세법1 303, 369, 372, 379p　오진다 184, 224, 226, 229p

난이도 ●●●●○　출제 가능 지수 ●●●●○

해설

① 금전 외의 대가를 받는 경우의 공급가액은 자기가 공급한 재화 또는 용역의 시가이다(부법 29 ③ (2)). 따라서 시가 500원, 원가 450원인 재화를 공급하고 시가 480원인 재화를 대가로 받을 경우 과세표준은 **500원**이다.

② 사업자가 특수관계인에게 공급하는 재화 또는 용역에 대한 조세의 부담을 부당하게 감소시킬 것으로 인정되는 경우로서 대가를 받지 않고 과세되는 사업용 부동산임대용역을 공급한 경우 공급한 용역의 시가를 공급가액으로 본다(부법 29 ④). 따라서 특수관계인에게 시가 1,000원인 사업용 부동산 임대용역 (「부가가치세법 시행령」에서 제외하는 사업용 부동산 임대용역은 아님)을 무상으로 제공한 경우 과세표준은 **1,000원**이다.

③ 사업을 위하여 대가를 받지 않고 다른 사업자에게 인도하거나 양도하는 견본품은 사업상 증여로 보지 않기 때문에 과세하지 않는다(부령 20, 부기통 10-0-4). 따라서, 사업을 위하여 대가를 받지 않고 다른 사업자에게 인도한 견본품의 시가가 200원, 원가가 150원일 경우 과세표준은 **없다**.

④ 폐업하는 경우의 공급가액은 폐업 시 남아 있는 재화의 시가로 한다(부법 29 ③ (3)). 이 경우 부가가치세는 포함하지 아니한다. 따라서 ④은 옳은 선지다.

[공급가액 비교]

금전으로 대가를 받는 경우	그 대가
금전 외의 대가를 받는 경우	자기가 공급한 재화·용역의 시가

정답 ④

04

「부가가치세법령」상 공급가액에 대한 설명으로 옳은 것만을 모두 고르면? (단, 특수관계인과의 거래는 아닌 것으로 가정함)

ㄱ. 개별소비세, 주세 및 교통·에너지·환경세가 부과되는 재화는 개별소비세, 주세 및 교통·에너지·환경세의 과세표준에 해당 개별소비세, 주세, 교육세, 농어촌특별세 및 교통·에너지·환경세 상당액을 공제한 금액을 공급가액으로 한다.

ㄴ. 기부채납의 경우에는 해당 기부채납의 근거가 되는 법률에 따라 기부채납된 가액으로 하되, 기부채납된 가액에 부가가치세가 포함된 경우 그 부가가치세는 제외한다.

ㄷ. 재화나 용역을 공급할 때 그 품질이나 수량, 인도조건 또는 공급대가의 결제방법이나 그 밖의 공급조건에 따라 통상의 대가에서 일정액을 직접 깎아주는 금액은 공급가액에 포함하지 아니한다.

ㄹ. 사업자가 재화 또는 용역을 공급하고 그 대가로 받은 금액에 부가가치세가 포함되어 있는지가 분명하지 아니한 경우에는 그 대가로 받은 금액을 공급가액으로 한다.

① ㄱ, ㄴ
② ㄴ, ㄷ
③ ㄱ, ㄷ, ㄹ
④ ㄴ, ㄷ, ㄹ

기출처 **2021 국가직 9급**

LINK 세법1 370-371, 374p 오진다 224-225, 228p

난이도 ●●●○○ 출제 가능 지수 ●●●○○

해설

ㄱ. 개별소비세, 주세 및 교통·에너지·환경세가 부과되는 재화에 대해서는 개별소비세, 주세 및 교통·에너지·환경세의 과세표준에 해당 개별소비세, 주세, 교육세, 농어촌특별세 및 교통·에너지·환경세 상당액을 **합계한** 금액을 공급가액으로 한다.

ㄹ. 사업자가 재화 또는 용역을 공급하고 그 대가로 받은 금액에 부가가치세가 포함되어 있는지가 분명하지 아니한 경우에는 **그 대가로 받은 금액에 110분의 100을 곱한 금액**을 공급가액으로 한다(부법 29 ⑦).

[공급가액에 포함되는 항목과 포함되지 않는 항목]

공급가액에 포함되는 것	공급가액에 포함되지 않는 것
㉠ 장기할부판매 또는 할부판매의 이자상당액	㉠ 매출에누리, 매출환입, 매출할인된 금액
㉡ 대가의 일부로 받는 운송비, 포장비, 하역비, 운송보험료, 산재보험료 등	㉡ 공급받는 자에게 도달하기 전에 파손·훼손 또는 멸실한 재화의 가액
㉢ 개별소비세, 주세 또는 교통·에너지·환경세가 과세되는 경우 개별소비세, 주세, 교육세·농어촌특별세 및 교통·에너지·환경세 상당액	㉢ 재화·용역의 공급과 직접 관련되지 않는 국고보조금과 공공보조금
	㉣ 공급에 대한 대가의 지급이 지체되었음을 이유로 받는 연체이자
	㉤ 반환조건부 용기대금과 포장비용. 다만, 반환조건으로 공급한 용기 및 포장을 회수할 수 없어 변제받는 경우 공급가액에 포함한다.
	㉥ 사업자가 음식·숙박 용역이나 개인서비스 용역을 공급하고 그 대가와 함께 받는 종업원의 봉사료를 세금계산서 등에 그 대가와 구분하여 적고 종업원에게 지급한 사실이 확인된 경우의 그 봉사료
	㉦ 거래 상대방으로부터 인도받은 원자재 등을 사용하여 제조·가공한 재화를 공급하거나 용역을 제공하는 경우 해당 원자재 등의 가액

[받은 대가에 110분의 100을 곱한 금액을 공급가액으로 하는 경우]

㉠ 부가가치세가 포함되어 있는지가 불분명한 경우

㉡ 공급가액과 부가가치세가 별도 표시되어 있지 아니한 경우

정답 ②

05

과세사업을 영위하는 ㈜한국이 미국에 $20,000의 제품을 수출한 경우, 「부가가치세법령」상 ㈜한국의 2023년 제2기 과세기간의 부가가치세 과세표준은?

> ○ 10월 1일 선수금으로 $10,000를 송금받아 당일에 1$당 1,000원에 환가하였다.
> ○ 10월 15일 수출물품을 선적하였고, 당일의 기준 환율은 1$당 1,100원이다.
> ○ 10월 30일 수출대금 잔액 $10,000를 외화로 송금받아 1$당 1,200원에 환가하였다.

① 20,000,000원 ② 21,000,000원
③ 22,000,000원 ④ 24,000,000원

기출처 2021 국가직 7급
LINK 세법1 317, 374p 오진다 194, 227p
난이도 ●●●○○ 출제 가능 지수 ●●○○○

해설

2023년 제2기 과세기간의 부가가치세 과세표준
= ($10,000 × 1,000원/$) + ($10,000 × 1,100원/$)
= **21,000,000원**

○ 대가를 외국통화나 그 밖의 외국환으로 받는 경우로서 공급시기가 되기 전에 원화로 환가한 경우에는 그 환가한 금액을 공급가액으로 한다. 따라서 10월 1일 선수금으로 $10,000를 송금받아 당일에 1$당 1,000원에 환가한 제품의 공급가액은 10,000,000원이다.
○ 내국물품의 국외반출 수출재화의 공급시기는 수출재화의 선(기)적일이므로 10월 15일이 해당 수출제품의 공급시기다.
○ 공급시기 이후에 외국통화나 그 밖의 외국환 상태로 지급받은 경우 그 공급시기의 「외국환거래법」에 따른 기준환율 또는 재정환율에 따라 계산한 금액을 재화의 공급가액으로 한다. 공급시기가 10월 15일이므로 당일의 기준환율은 1$당 1,100원을 적용하여 계산한 11,000,000원이 제품의 공급가액이다.

[외국통화나 그 밖의 외국환으로 대가를 받는 경우의 공급가액]

공급시기가 되기 전에 원화로 환가한 경우	환가한 금액
공급시기 이후에 외국통화나 그 밖의 외국환 상태로 보유하거나 지급받은 경우	공급시기의 기준환율 또는 재정환율에 따라 계산한 금액

정답 ②

06

다음 자료를 이용할 경우, 「부가가치세법령」상 2023년 제2기 과세표준에 포함되는 금액은?

구분	금액	인도시점	대가수취시점
전력을 계속적으로 공급	5,000,000원	2023년 6월 25일	2023년 7월 25일
재화의 외상판매	3,000,000원	2023년 6월 25일	2023년 7월 25일
기획재정부령으로 정하는 장기할부판매	4,000,000원	2023년 7월 25일	2024년 7월 25일
재화의 공급시기가 되기 전에 재화의 대가 전부를 받고 즉시 세금계산서를 발급	6,000,000원	2023년 7월 25일	2023년 6월 25일

※ 장기할부판매는 매년 동일한 시점(5년간)에 대가를 수취하고 있음
※ 대가(의 각 부분)를 받기로 한 때와 대가 수취 시점은 동일하며, 제시된 금액은 부가가치세가 포함되지 않은 금액임

① 5,000,000원 ② 7,000,000원
③ 9,000,000원 ④ 11,000,000원

기출처 2020 국가직 9급
LINK 세법1 316, 320p 오진다 193, 196-197p
난이도 ●●●●○ 출제 가능 지수 ●●●○○

해설

○ 전력을 계속적으로 공급하는 경우의 공급시기는 대가의 각 부분을 받기로 한 때이므로 대가수취시점인 2023년 7월 25일이다. 즉, 5,000,000원은 2023년 **제2기 과세표준에 포함**된다.
○ 재화의 외상판매 경우의 공급시기는 재화가 인도되거나 이용가능하게 되는 때이므로 인도시점인 2023년 6월 25일이다. 즉, 3,000,000원은 2023년 **제1기 과세표준에 포함**된다.
○ 장기할부판매의 경우의 공급시기는 대가의 각 부분을 받기로 한 때이므로 대가 수취시점인 2024년 7월 25일을 시작으로 5년간 매년 7월 25일이다. 즉, 2023년 **제2기에 포함되는 과세표준은 없다.**
○ 재화의 공급시기가 되기 전에 재화의 대가 전부를 받고 즉시 세금계산서를 발급한 경우의 공급시기는 대가를 받아 그 세금계산서 등을 발급하는 때이므로 대가수취시점인 2023년 6월 25일이다. 즉, 6,000,000원은 2023년 **제1기 과세표준에 포함**된다.

정답 ①

07

다음은 일반과세자인 ㈜국세의 2023년 제1기 과세기간의 자료이다. 2023년 제1기 과세기간의 부가가치세 과세표준을 계산하면? (단, 제시된 금액은 부가가치세가 포함되지 않은 금액이다)

- 총매출액: 5천만원(이 금액에는 환입된 재화의 가액 5백만원이 포함되어 있음)
- 과세사업에 사용하던 기계장치의 매각금액: 2천만원 (장부가액 1천5백만원)
- 양도담보의 목적으로 제공한 토지: 3백만원

① 5천5백만원
② 6천5백만원
③ 6천8백만원
④ 7천만원

기출처 2019 국가직 9급
LINK 세법1 309, 369, 371p   오진다 187, 224-225p
난이도 ●●●●○   출제 가능 지수 ●●●●○

해설

2023년 제1기 과세기간의 부가가치세 과세표준 = 2023년 제1기 과세기간에 공급한 재화 또는 용역 공급가액의 합계
= (50,000,000원 - 5,000,000 원) + 20,000,000원 = **65,000,000원**

- 환입된 재화의 가액은 공급가액에 포함하지 아니한다(부법 29 ⑤ (2)). 즉, 총매출액 5천만원에서 환입된 재화의 가액 **5백만원을 차감한 4천5백만원을 과세표준에 포함**한다.
- 장부가액을 불문하고 공급하고 받은 대가를 과세표준으로 하므로 과세사업에 사용하던 기계장치의 매각금액 **2천만원을 과세표준에 포함**한다.
- 양도담보의 목적으로 동산, 부동산 및 부동산상의 권리를 제공하는 것은 **재화의 공급으로 보지 않는다**(부법 10 ⑨ (1), 부령 22). 정답②

08

「부가가치세법령」상 과세표준에 포함되는 공급가액에 대한 설명으로 옳지 않은 것은? (단, 법령에 따른 특수관계인과의 거래가 아니다)

① 사업자가 제품을 10,000,000원에 외상으로 판매하였으나, 그 공급에 대한 대가를 약정기일 전에 받았다는 이유로 500,000원을 할인하여 9,500,000원을 받았다면, 부가가치세 과세표준에 포함되는 공급가액은 9,500,000원이다.

② 사업자가 제품을 10,000,000원에 외상으로 판매하였으나, 제품의 품질이 주문한 수준에 떨어진다는 이유로 1,000,000원을 에누리하여 9,000,000원을 받았다면, 부가가치세 과세표준에 포함되는 공급가액은 9,000,000원이다.

③ 사업자가 「부가가치세법 시행규칙」 제17조에 따른 장기할부판매의 경우로서 기업회계기준에 따라 이자상당액 500,000원을 현재가치할인차금, 10,000,000원을 장기매출채권, 9,500,000원을 매출로 회계처리하였다면, 부가가치세 과세표준에 포함되는 공급가액은 9,500,000원이다.

④ 사업자가 취득 후 40개월 사용한 차량 A(취득원가 20,000,000원, 장부가액 14,000,000원, 시가 10,000,000원)를 유사 차량 B(시가 12,000,000원)와 교환한 경우에는 부가가치세 과세표준에 포함되는 차량 A의 공급가액은 10,000,000원이다.

기출처 2019 국가직 7급
LINK 세법1 369-371p   오진다 224-225p
난이도 ●●●●○   출제 가능 지수 ●●●●○

해설

③ 공급가액에는 거래상대자로부터 받는 대금·요금·수수료 그 밖에 어떤 명목이든 상관없이 실질적 대가관계에 있는 모든 금전적 가치있는 것으로서 장기할부판매 또는 할부판매 경우의 이자상당액을 포함한다(부기통 29-61-2). 즉, 장기할부판매의 이자상당액 500,000원은 공급가액에 포함한다. 따라서 장기할부판매의 경우의 공급가액은 계약에 따라 받기로 한 대가의 각 부분이므로 **이자상당액 500,000원을 포함한 10,000,000원이다.**

④ 금전 외의 대가를 받는 경우의 공급가액은 자기가 공급한 재화 또는 용역의 시가이다(부법 29 ③ (2)). 따라서 차량 A의 공급가액은 사업자가 공급한 차량 A의 시가인 10,000,000원이다. 정답③

09

다음은 과세사업자인 ㈜B의 2023년 제1기 과세기간의 부가가치세 신고자료이다. 2023년 제1기 과세기간의 부가가치세 과세표준은? (단, 제시된 금액은 부가가치세가 포함되지 않은 금액이다)

○ 과세재화의 외상판매액: 20,000,000원 (매출에누리 1,000,000원이 차감되지 않은 금액임)
○ 거래처로부터 받은 판매장려금: 500,000원
○ 사업을 위하여 대가를 받지 아니하고 다른 사업자에게 인도한 견본품(원가): 2,000,000원 (시가 2,500,000원)
○ 업무용 소형승용차(매입세액을 공제받지 못함) 매각액: 1,500,000원 (장부가액 1,000,000원)
○ 과세재화의 할부판매액: 10,000,000원 (2023년 1월 31일에 제품을 인도하고, 대금은 2023년 1월 31일부터 10회로 분할하여 매월 말일에 1,000,000원씩 받기로 함)

① 26,500,000원
② 29,000,000원
③ 30,500,000원
④ 33,000,000원

기출처 2017 국가직 9급
LINK 세법1 272, 298, 316, 371p 오진다 183-184, 193, 225-226p
난이도 ●●●○○ 출제가능지수 ●●●●○

해설

2023년 제1기 과세기간의 부가가치세 과세표준
= (20,000,000원 - 1,000,000원) + 1,500,000원 + 10,000,000원 = **30,500,000원**

○ **매출에누리는 공급가액에 포함하지 않는다.** 따라서 과세재화의 외상판매액 20,000,000원에서 매출에누리 1,000,000원을 차감한 가액을 과세표준에 포함한다.
○ 사업자가 지급받는 장려금은 재화 또는 용역의 공급에 대한 대가가 아니므로 과세하지 아니한다(부기통 29-61-8). 즉, 거래처로부터 받은 판매장려금 500,000원은 **과세표준에 포함하지 않는다.**
○ 사업을 위하여 대가를 받지 않고 다른 사업자에게 인도하거나 양도하는 견본품은 사업상 증여로 보지 않기 때문에 과세하지 않는다(부령 20, 부기통 10-0-4). 따라서 견본품은 **과세표준에 포함하지 않는다.**
○ 매입세액의 공제 여부에 불문하고 업무용 소형승용차의 매각은 실질공급에 해당하므로 그 공급가액 1,500,000원을 과세표준에 포함한다.
○ 과세재화의 할부판매의 공급가액은 공급한 재화의 총가액이다. 할부판매의 공급시기는 재화가 인도되거나 이용가능하게 되는 때이므로 공급시기는 인도일인 2023년 1월 31일이다. 따라서 과세재화의 할부판매액 10,000,000원은 2023년 제1기 과세표준에 포함한다. 정답 ③

10

「부가가치세법」상 일반과세자의 과세표준으로 보는 공급가액에 대한 설명으로 옳지 않은 것은?

① 자기가 공급한 재화에 대해 금전 외의 대가를 받는 경우에는 부가가치세를 포함한 그 대가를 공급가액으로 한다.
② 폐업하는 경우에는 폐업 시 남아 있는 재화의 시가를 공급가액으로 한다.
③ 완성도기준지급조건부로 재화를 공급하는 경우에는 계약에 따라 받기로 한 대가의 각 부분을 공급가액으로 한다.
④ 조세의 부담을 부당하게 감소시킬 것으로 인정되는 경우로서 특수관계인에게 아무런 대가를 받지 아니하고 재화를 공급하는 경우에는 공급한 재화의 시가를 공급가액으로 본다.

기출처 2016 국가직 9급
LINK 세법1 316, 369, 372, 379p 오진다 193, 224, 226, 229p
난이도 ●●○○○ 출제가능지수 ●●●●○

해설

① 자기가 공급한 재화에 대해 금전 외의 대가를 받는 경우에는 **자기가 공급한 재화의 시가**(부가가치세를 **제외**)를 공급가액으로 한다.
② 폐업하는 경우의 공급가액은 폐업 시 남아 있는 재화의 시가로 한다(부법 29 ③ (3)). 이 경우 부가가치세는 포함하지 아니한다. 정답 ①

11

「부가가치세법」상 일반과세자의 과세표준에 대한 설명으로 옳지 않은 것은?

① 사업자가 재화 또는 용역을 공급하고 그 대가로 받은 금액에 부가가치세가 포함되어 있는지가 분명하지 아니한 경우에는 그 대가로 받은 금액에 110분의 100을 곱한 금액을 공급가액으로 한다.

② 재화의 수입에 대한 부가가치세의 과세표준은 그 재화에 대한 관세의 과세가격과 관세, 개별소비세, 주세, 교육세, 농어촌특별세 및 교통·에너지·환경세를 합한 금액으로 한다.

③ 사업자가 자기적립마일리지 등 외의 마일리지 등으로 결제받은 부분에 대하여 재화 또는 용역을 공급받는 자 외의 자로부터 보전받았거나 보전받을 금액은 과세표준에 포함하지 아니한다.

④ 재화공급의 대가로 외국통화를 받고 이를 법률에 따른 재화의 공급시기가 되기 전에 원화로 환가한 경우에는 환가한 금액을 공급가액으로 한다.

기출처 2015 국가직 7급 수정
LINK 세법1 370, 373-374, 378p 오진다 224-228p
난이도 ●●○○○   출제 가능 지수 ●●●●●

해설

① 부가가치세가 포함되었는지에 대한 여부가 불분명하면, 포함된 것으로 보아 해당 대가에 $\dfrac{100}{110}$을 곱하여 계산한 금액을 공급가액으로 한다.

③ 적립한 마일리지 등으로 대금의 전부 또는 일부를 결제받은 경우 공급가액은 마일리지 등 외의 수단으로 결제받은 금액과 자기적립 마일리지 등 외의 마일리지 등으로 결제받은 부분에 대하여 재화 또는 용역을 공급받는 자 외의 자로부터 보전받았거나 보전받을 금액을 합한 금액이다(부령 61 ② (9)). 즉, 자기적립 마일리지로 결제받은 부분은 부가가치세 공급가액에서 제외되며(기획재정부 부가가치세제과 - 110, 2020.2.17) 사업자가 자기적립마일리지 등 외의 마일리지 등으로 결제받은 부분에 대하여 재화 또는 용역을 공급받는 자 외의 자로부터 보전받았거나 보전받을 금액은 과세표준에 **포함한다.**

[마일리지 등으로 결제 받는 경우로서 제3자로부터 보전받았거나 보전받을 경우의 공급가액]

공급가액 =	마일리지 등 외의 수단으로 결제받은 금액	+	자기적립 마일리지 등 외의 마일리지 등으로 결제받은 부분에 대하여 재화 또는 용역을 공급받는 자 외의 자로부터 보전받았거나 보전받을 금액

[수입재화 과세표준의 계산]

과세표준 = 관세의 과세가격 + 관세 + 개별소비세, 주세 및 교통·에너지·환경세 + 교육세 및 농어촌특별세

정답 ③

12

「부가가치세법」상 과세표준에 관한 설명으로 옳지 않은 것은?

① 재화의 수입에 대한 부가가치세의 과세표준은 그 재화에 대한 관세의 과세가격과 관세, 개별소비세, 주세, 교육세, 농어촌 특별세 및 교통·에너지·환경세를 합한 금액으로 한다.

② 사업자가 재화 또는 용역을 공급받는 자에게 지급하는 장려금이나 이와 유사한 금액 및 대손금액은 과세표준에서 공제하지 아니한다.

③ 재화 또는 용역의 공급과 관련하여 금전 외의 대가를 받는 경우에는 해당 대가의 시가를 공급가액으로 한다.

④ 장기할부판매의 경우에는 계약에 따라 받기로 한 대가의 각 부분을 공급가액으로 한다.

기출처 2013 국가직 9급
LINK 세법1 369-371, 378p 오진다 224, 226-228p
난이도 ●●○○○   출제 가능 지수 ●●●○○

해설

재화 또는 용역의 공급과 관련하여 금전 외의 대가를 받는 경우에는 **자기가 공급한 재화 또는 용역의** 시가를 공급가액으로 한다. 정답 ③

13

「부가가치세법」상 과세표준에 대한 설명으로 옳지 않은 것은? (단, 부가가치세는 포함되지 않는다)

① 용역의 공급에 대하여 금전으로 대가를 받는 경우에는 그 대가

② 용역의 공급에 대하여 금전 이외의 대가를 받는 경우에는 자기가 공급한 용역의 시가

③ 폐업하는 경우 재고재화에 대하여는 그 재화의 시가

④ 특수관계인에 대한 용역의 공급에 대하여 부당하게 낮은 대가를 받은 경우에는 그 대가

기출처 2012 국가직 9급

LINK 세법1 369, 372, 380p 오진다 224-226, 229p

난이도 ●●●○○ 출제 가능 지수 ●●●○○

해설

③ 폐업하는 경우의 공급가액은 폐업 시 남아 있는 재화의 시가로 한다(부법 29 ③ (3)). 이 경우 부가가치세는 포함하지 아니한다.

④ 특수관계인에 대한 용역의 공급에 대하여 부당하게 낮은 대가를 받은 경우에는 그 용역의 **시가**를 공급가액으로 본다.   정답 ④

14

부가가치세 과세표준의 계산에 관한 설명으로 옳지 않은 것은? (단, 모든 거래는 과세거래로 가정함)

① 종업원에게 장부가액 1,200,000원, 시가 1,600,000원의 상품을 무상 제공한 경우 과세표준은 1,600,000원이다.

② 해당 과세기간 중에 매월 3,000,000원씩 24개월 동안 지급받는 조건의 장기할부매출에서 할부매출 후 4개월이 경과되었으나 대금은 8,000,000원만 수령한 경우 과세표준은 12,000,000원이다.

③ 해당 과세기간 중에 이루어진 공급가액 43,000,000원의 매출 중에서 매출환입 3,000,000원과 매출에누리 2,000,000원이 있는 경우 과세표준은 38,000,000원이다.

④ 장부가액 6,000,000원, 시가 7,200,000원의 보유 재고자산을 거래처의 장부가액 4,000,000원, 감정가액 7,000,000원인 기계설비와 교환한 경우 과세표준은 7,000,000원이다.

기출처 2011 국가직 7급

LINK 세법1 369-372p 오진다 224, 226-227, 229p

난이도 ●●○○○ 출제 가능 지수 ●●●●○

해설

금전 외의 대가를 받는 경우의 공급가액은 자기가 공급한 재화 또는 용역의 시가이다(부법 29 ③ (2)). 따라서 장부가액 6,000,000원, 시가 7,200,000원의 보유 재고자산을 거래처의 장부가액 4,000,000원, 감정가액 7,000,000원인 기계설비와 교환한 경우 과세표준은 **7,200,000원**이다.   정답 ④

15

「부가가치세법」상 옳지 않은 것은?

① 하치장설치신고서를 하치장 관할 세무서장에게 제출한 경우에는 하치장도 사업장으로 볼 수 있다.

② 재화와 용역을 공급하고 받은 대가에 공급가액과 세액이 별도 표시되지 아니한 경우에는 해당 거래금액의 110분의 100을 과세표준으로 한다.

③ 부동산임대에 따른 간주임대료에 대하여는 세금계산서를 발급하거나 발급받을 수 없다.

④ 재화 또는 용역의 공급대가로 외국통화를 받은 경우 공급시기 도래 후에 원화로 환산하는 것은 공급시기의 기준환율 또는 재정환율에 의하여 환산한 금액을 과세표준으로 한다.

기출처 2011 국가직 9급
LINK 세법1 277, 370, 374, 383p   오진다 169, 224, 227, 231p
난이도 ●●●●●   출제가능지수 ●●●●●

해설

'하치장'이란 재화를 보관하고 관리할 수 있는 시설만을 갖춘 장소로서 사업자가 하치장 관할 세무서장에게 하치장설치신고서를 통해 그 설치 신고를 한 장소를 말하는데 이러한 하치장은 「부가가치세법」상 사업장으로 **보지 않는다**.

정답 ①

16

부가가치세의 과세표준 계산에 관한 설명으로 옳지 않은 것은?

① 사업자가 재화를 공급한 후의 그 공급가액에 대한 장려금은 과세표준에서 공제한다.

② 사업자가 그와 법령에서 정하는 특수관계 있는 자에게 부당하게 낮은 대가를 받고 재화를 공급한 경우에는 공급한 재화의 시가가 부가가치세 과세표준이 된다.

③ 사업자가 재화를 공급하고 거래상대방으로부터 대가의 일부로 받은 보험료 및 운송비·포장비·하역비 등은 부가가치세 과세표준에 포함된다.

④ 재화의 수입에 대한 부가가치세의 과세표준은 관세의 과세가격과 관세, 개별소비세, 주세, 교육세, 농어촌특별세 및 교통·에너지·환경세의 합계액으로 한다.

기출처 2007 국가직 9급
LINK 세법1 371-372, 378p   오진다 225-226, 228p
난이도 ●●●●●   출제가능지수 ●●●●●

해설

사업자가 자기재화의 판매촉진을 위하여 거래상대자의 판매실적에 따라 일정률의 장려금품을 지급 또는 공급하는 경우 금전으로 지급하는 장려금은 과세표준에서 공제하지 아니하며 재화로 공급하는 것은 사업상 증여에 해당하므로 과세한다. 다만, 해당 재화가 자기생산·취득재화에 해당하지 아니하는 것은 과세하지 아니한다(부기통 10-0-5). 즉, 사업자가 재화를 공급한 후의 그 공급가액에 대한 장려금은 과세표준에서 **공제하지 않는다**.

정답 ①

02 간주공급 및 부동산의 임대·공급

01

「부가가치세법」상 과세표준에 관한 설명으로 옳지 않은 것은?

① 사업자가 토지와 그 토지에 정착된 건물 및 그 밖의 구축물을 함께 공급하는 경우에 그 공급가액은 실지거래가액이 있는 경우 이에 의한다.

② 기부채납의 경우에는 해당 기부채납의 근거가 되는 법률에 의해 기부채납된 가액(부가가치세가 포함된 경우 이를 제외)을 과세표준으로 한다.

③ 사업자가 중간지급조건부로 재화를 공급하고 계약에 따라 대가의 각 부분을 받을 때 하자보증을 위해 공급받는 자에게 보관시키는 하자보증금은 과세표준에서 공제한다.

④ 과세사업에 제공한 건물을 면세사업에 일부 사용하는 경우 면세사업에 일부 사용한 날이 속한 과세기간의 면세공급가액이 총 공급가액의 5% 미만인 경우 과세표준이 없는 것으로 본다.

기출처 2008 국가직 7급

LINK 세법1 371, 377, 381p   오진다 226-227, 229-230p

난이도 ●●●○○   출제 가능 지수 ●●●●○

해설

사업자가 완성도기준지급 또는 중간지급조건부로 재화 또는 용역을 공급하고 계약에 따라 대가의 각 부분을 받을 때 일정금액을 하자보증을 위하여 공급받는 자에게 보관시키는 하자보증금은 공급가액에서 **공제하지 아니한다**(부기통 29-61-7).   정답③

03 대손세액공제

01

「부가가치세법령」상 과세표준과 관련된 설명으로 옳은 것은?

① 「부가가치세법」상 대손금액은 과세표준에서 공제한다.

② 공급에 대한 대가의 지급이 지체되었음을 이유로 받는 연체이자는 공급가액에 포함한다.

③ 통상적으로 용기 또는 포장을 해당 사업자에게 반환할 것을 조건으로 그 용기대금과 포장비용을 공제한 금액으로 공급하는 경우에는 그 용기대금과 포장비용은 공급가액에 포함하지 아니한다.

④ 사업자가 재화를 공급받는 자에게 지급하는 장려금은 과세표준에서 공제한다.

기출처 2020 국가직 7급

LINK 세법1 371, 384p 오진다 226, 232p

난이도 ●●●●● 출제 가능 지수 ●●●●●

해설

① 「부가가치세법」상 대손금액은 **과세표준에서 공제하지 않는다.** 대손세액 공제를 받은 경우에는 그 재화 또는 용역을 공급받은 사업자는 관련 대손세액에 해당하는 금액을 **대손이 확정된 날이 속하는 과세기간에 자신의 매입세액**에서 뺀다(부법 45 ③)

② 공급에 대한 대가의 지급이 지체되었음을 이유로 받는 연체이자는 공급가액에 **포함하지 아니한다**(부법 29 ⑤).

④ 사업자가 재화 또는 용역을 공급받는 자에게 지급하는 장려금은 과세표준에서 **공제하지 아니한다**(부법 29 ⑥).

[판매장려금]

구분		지급한 판매장려금	수령한 판매장려금
부가가치세법	현금지급	공급가액에서 공제하지 않음	공급가액에 포함하지 않음
	현물지급	사업상 증여로 보아 공급가액에 포함	
법인세법		손금으로 인정	익금에 산입
소득세법		손금으로 인정	총수입금액에 산입

정답 ③

02

다음은 도매업을 영위하는 일반과세자인 甲의 2023년 제1기 과세기간 동안 해당 사업에서 발생한 수입내역이다. 2023년 제1기 과세기간의 부가가치세 과세표준을 계산한 것은? (단, 제시된 금액은 부가가치세액이 포함되지 아니한 금액임)

- 매출액은 50,000,000원이며, 매출에누리 1,000,000원이 차감된 금액임
- 위 매출액에는 공급에 대한 대가의 지급이 지체되었음을 이유로 받은 연체이자 500,000원이 포함되어 있음
- 위 매출액에는 공급받는 자에게 도달하기 전에 멸실한 재화의 가액 2,000,000원이 포함되어 있음
- 위 매출액 중 600,000원은 외상 매출한 것으로서 거래처가 파산하여 매출채권을 회수하지 못하였음

① 46,900,000원   ② 47,500,000원
③ 47,900,000원   ④ 48,500,000원

기출처 2018 국가직 7급
LINK 세법1 371, 384p   오진다 226, 232p
난이도 ●●●○○   출제 가능 지수 ●●●○○

해설

2023년 제1기 과세기간의 부가가치세 과세표준 = 50,000,000원 - 500,000원 - 2,000,000원 = **47,500,000원**

- **매출에누리는 공급가액에 포함하지 않는다**. 따라서 매출에누리 1,000,000원이 이미 차감된 매출액 50,000,000원은 그 가액 그대로 과세표준에 포함한다.
- 공급에 대한 대가의 지급이 지체되었음을 이유로 받는 **연체이자는 공급가액에 포함하지 아니한다**(부법 29 ⑤ (5)). 따라서 위 매출액에는 포함되어 있는 연체이자 500,000원은 매출액에서 차감해야 한다.
- 공급받는 자에게 도달하기 전에 파손되거나 훼손되거나 **멸실한 재화의 가액은 공급가액에 포함하지 아니한다**(부법 29 ⑤ (3)). 따라서 위 매출액에는 포함되어 있는 멸실한 재화의 가액 2,000,000원은 매출액에서 차감해야 한다.
- 거래처가 파산하여 회수하지 못한 매출채권 대손금액은 **과세표준에서 공제하지 않고** 관련 대손세액에 해당하는 금액을 대손이 확정된 날이 속하는 과세기간에 자신의 **매출세액에서 뺀다**(부법 45 ③). 따라서 대손금액 600,000원은 부가가치세 과세표준 계산 시 고려하지 않는다.   정답②

03

「부가가치세법」상 대손세액공제에 대한 설명으로 옳지 않은 것은? (단, 폐업은 고려하지 않기로 한다)

① 재화 또는 용역의 공급자가 대손세액을 매출세액에서 차감한 경우 공급자의 관할 세무서장은 대손세액공제 사실을 공급받는 자의 관할 세무서장에게 통지하여야 한다.

② 대손세액공제를 받은 사업자가 그 대손금액의 전부 또는 일부를 회수한 경우에는 회수한 대손금액에 관련된 대손세액을 회수한 날이 속하는 과세기간의 매출세액에 더한다.

③ 대손세액공제를 적용받고자 하는 사업자는 대손사실을 증명하는 서류와 함께 해당 신고서를 예정신고 또는 확정신고 시 세무서장에게 제출(국세정보통신망에 의한 제출을 포함)하여야 한다.

④ 「법인세법 시행령」 제19조의2제1항 및 「소득세법 시행령」 제55조제2항에 따른 대손금으로 인정되는 경우 대손세액공제를 적용받을 수 있다.

기출처 2017 국가직 9급
LINK 세법1 384-385p   오진다 232-233p
난이도 ●●○○○   출제 가능 지수 ●●●○○

해설

대손세액공제를 적용받고자 하는 사업자는 대손사실을 증명하는 서류와 대손세액 공제신고서를 **확정신고** 시 부가가치세 확정신고서와 함께 관할 세무서장에게 제출(국세정보통신망에 의한 제출을 포함)하여야 한다. 즉, 예정신고 시에는 대손세액공제를 적용할 수 없다.

[예정신고 적용 배제 대상 = 확정신고 시에만 적용 가능]

- ㉠ 대손세액공제
- ㉡ 환급(조기환급 제외)
- ㉢ 납부·환급세액 재계산
- ㉣ 전자신고세액공제
- ㉤ 가산세
- ㉥ 과세전용매입세액의 공제

정답③

04

「부가가치세법」상 일반과세사업자인 홍길동이 2023년 제1기에 거래처에 외상으로 재화를 공급하고 이를 과세표준에 포함하여 적절하게 신고하였는데, 거래처 파산으로 인하여 2023년 제2기에 매출채권이 회수불능으로 확정되었다. 거래처 파산으로 인한 대손발생이 2023년 제2기 부가가치세 확정신고 시 과세표준과 납부세액에 미치는 영향으로 옳은 것은? (단, 대손과 관련된 모든 요건은 충족되었다고 가정함)

① 과세표준에는 영향이 없지만 납부세액은 감소한다.
② 과세표준과 납부세액을 모두 감소시킨다.
③ 과세표준과 납부세액에는 모두 영향이 없다.
④ 과세표준을 감소시키지만 납부세액에는 영향이 없다.

기출처 2015 국가직 9급
LINK 세법1 371, 384p 오진다 226, 232p
난이도 ●●●○○ 출제 가능 지수 ●●●○○

해설

「부가가치세법」상 대손금액은 **과세표준에서 공제하지 않는다**. 대손세액공제를 받은 경우에는 그 재화 또는 용역을 공급하는 사업자는 관련 대손세액에 해당하는 금액을 **대손이 확정된 날이 속하는 과세기간에 자신의 매출세액**에서 뺀다(부법 45 ③). 따라서 과세표준에는 영향이 없지만 납부세액은 감소한다.

정답 ①

05

「부가가치세법」상 대손세액공제에 대한 설명으로 옳지 않은 것은?

① 「법인세법」 또는 「소득세법」에 의한 대손사유로 인하여 재화 또는 용역에 대한 외상매출금, 기타 채권의 전부 또는 일부를 회수할 수 없는 경우에 대손세액공제가 적용가능하다.
② 대손세액공제를 받기 위해서는 부가가치세가 과세되는 재화 또는 용역을 공급한 후 그 공급일로부터 10년이 되는 날이 속하는 과세기간에 대한 확정신고기한까지 대손세액공제요건이 확정되어야 한다.
③ 대손세액은 부가가치세를 포함한 대손금액의 110분의 10으로 한다.
④ 공급하는 자의 경우에는 대손이 확정된 날이 속하는 과세기간의 확정신고 시 대손세액을 매입세액에 가산한다.

기출처 2011 국가직 9급
LINK 세법1 384-385p 오진다 232-233p
난이도 ●●●○○ 출제 가능 지수 ●●●●○

해설

공급하는 자의 경우에는 대손이 확정된 날이 속하는 과세기간의 확정신고 시 대손세액을 **매출**세액에 **차감**한다.
이때, 관련된 재화나 용역을 공급받은 사업자가 해당 재화나 용역의 매입세액공제를 적용한 경우로서 공급자가 대손세액공제를 받은 경우, **공급받는 자**는 대손이 확정된 날이 속하는 과세기간의 확정신고 시 대손세액을 매입세액에서 **차감**한다.

정답 ④

06

「부가가치세법」상 과세표준에 관한 설명으로 옳지 않은 것은?

① 환입된 재화의 가액은 과세표준에 포함하지 않는다.

② 할부판매의 이자상당액은 과세표준에 포함하지 않는다.

③ 재화 또는 용역을 공급한 후의 그 공급가액에 대한 대손금은 과세표준에서 공제하지 않는다.

④ 재화의 수입에 대한 부가가치세의 과세표준은 관세의 과세가격과 관세, 개별소비세, 주세, 교육세, 농어촌특별세 및 교통·에너지·환경세를 합한 금액으로 한다.

기출처 2010 국가직 7급

LINK 세법1 371, 378p 오진다 226, 228p

난이도 ●●○○○ 출제 가능 지수 ●●●○○

해설

공급가액에는 거래상대자로부터 받는 대금·요금·수수료 그 밖에 어떤 명목이든 상관없이 실질적 대가관계에 있는 모든 금전적 가치있는 것으로서 장기할부판매 또는 할부판매 경우의 이자상당액을 포함한다(부기통 29-61-2). 즉, 할부판매의 이자상당액은 과세표준에 **포함한다**.

정답②

07

「부가가치세법」상 대손세액공제제도에 관한 설명으로 옳지 않은 것은?

① 공제되는 대손세액은 대손금액에 110분의 10을 곱한 금액이다.

② 대손세액공제의 범위는 사업자가 부가가치세가 과세되는 재화 또는 용역을 공급한 후 그 공급일로부터 10년이 경과된 날이 속하는 과세기간에 대한 확정신고기한까지 법정사유로 인하여 확정되는 대손세액으로 한다.

③ 사업자가 대손금액의 전부 또는 일부를 회수한 경우에는 회수한 대손금액에 관련된 대손세액을 회수한 날이 속하는 과세기간의 매출세액에 가산한다.

④ 재화 또는 용역을 공급받은 사업자가 대손세액의 전부 또는 일부를 법의 규정에 의하여 매입세액으로 공제받은 경우로서 공급자의 대손이 해당 공급을 받은 사업자의 폐업 전에 확정되는 때에는 관련 대손세액 상당액을 대손이 확정된 날이 속하는 과세기간의 매입세액에 가산한다.

기출처 2009 국가직 7급

LINK 세법1 384-385p 오진다 232-233p

난이도 ●●○○○ 출제 가능 지수 ●●●●○

해설

재화 또는 용역을 공급받은 사업자가 대손세액에 해당하는 금액의 전부 또는 일부를 매입세액으로 공제받은 경우로서 그 사업자가 폐업하기 전에 재화 또는 용역을 공급하는 자가 대손세액공제를 받은 경우에는 그 재화 또는 용역을 공급받은 사업자는 관련 대손세액에 해당하는 금액을 대손이 확정된 날이 속하는 과세기간에 자신의 매입세액에서 **뺀다**(부법 45 ③).

정답④

08

「부가가치세법」상 과세표준에 포함되는 금액에 해당하지 않는 것으로만 묶인 것은?

> ㉠ 환입된 재화의 가액
> ㉡ 재화 또는 용역의 공급과 직접 관련되지 아니하는 국고보조금
> ㉢ 용역의 공급(위탁가공)에 대하여 대가를 받지 아니한 경우의 자기가 공급한 용역의 시가
> ㉣ 재화 또는 용역을 공급한 후의 그 공급가액에 대한 대손금
> ㉤ 폐업하는 경우의 재고재화의 시가
> ㉥ 공급받는 자에게 도달하기 전에 파손·훼손 또는 멸실된 재화의 가액

① ㉠, ㉡, ㉢, ㉣
② ㉠, ㉡, ㉢, ㉤
③ ㉠, ㉡, ㉢, ㉥
④ ㉡, ㉢, ㉣, ㉤

기출처 2009 국가직 9급
LINK 세법1 371-372, 380p 오진다 226, 229p
난이도 ●●●○○ 출제 가능 지수 ●●●○○

해설

㉣「부가가치세법」상 대손금액은 **과세표준에서 공제하지 않는다.** 과세표준(또는 공급가액)에서 공제하지 않는다와 과세표준(또는 공급가액)에 포함하지 않는다는 구분할 것을 주의한다.

㉤ 폐업하는 경우에는 폐업 시 남아 있는 재화의 시가를 공급가액으로 하여 **과세표준에 포함한다.**

㉠, ㉡, ㉢, ㉥ 과세표준에 **포함되지 않는다.**

[과세표준에 포함하지 않는 것과 과세표준에서 공제하지 않는 것]

과세표준에 포함하지 않는 것	과세표준에서 공제하지 않는 것
㉠ 매출에누리, 매출환입, 매출할인	㉠ 판매장려금 (단, 현물로 지급하는 판매장려금은 사업상 증여로 보아 공급가액에 포함)
㉡ 도달 전에 파손·훼손·멸실한 재화 가액	㉡ 대손금
㉢ 재화·용역의 공급과 직접 관련되지 않는 국고보조금과 공공보조금	㉢ 하자보증금
㉣ 공급에 대한 대가의 지급이 지체되었음을 이유로 받는 연체이자	
㉤ 반환조건부 용기대금과 포장비용	
㉥ 대가와 구분 기재된 종업원의 봉사료	
㉦ 거래 상대방으로부터 인도받은 원자재 등을 사용하여 제조·가공한 재화를 공급하거나 용역을 제공하는 경우 해당 원자재 등의 가액	

정답 ③

09

「부가가치세법」상 대손세액공제 제도에 대한 설명으로 옳은 것은?

① 공제되는 대손세액은 대손금액에 100분의 10을 곱한 금액으로 하며, 여기에서 대손금액은 회수불능 매출채권으로서 부가가치세를 포함한 금액이 된다.
② 대손세액공제의 범위는 사업자가 부가가치세가 과세되는 재화 또는 용역을 공급한 후 그 공급일부터 10년이 경과된 날이 속하는 과세기간에 대한 확정신고기한까지 확정되는 대손세액으로 한다.
③ 사업자가 대손금액의 전부 또는 일부를 회수한 경우에는 회수한 대손금액에 관련된 대손세액을 회수한 날이 속하는 과세기간의 매출세액에서 차감한다.
④ 대손세액공제는 사업자가 부가가치세 예정신고 또는 확정신고와 함께 대손사실을 증명하는 서류를 제출하는 경우에 한하여 적용된다.

기출처 2007 국가직 9급
LINK 세법1 384-385p 오진다 232-233p
난이도 ●●○○○ 출제 가능 지수 ●●●○○

해설

① 공제되는 대손세액은 대손금액에 **110**분의 10을 곱한 금액으로 하며, 여기에서 대손금액은 회수불능 매출채권으로서 부가가치세를 포함한 금액이 된다.

$$\text{대손세액} = \text{대손금액(부가가치세 포함된 금액)} \times \frac{10}{110}$$

③ 사업자가 대손금액의 전부 또는 일부를 회수한 경우에는 회수한 대손금액에 관련된 대손세액을 회수한 날이 속하는 과세기간의 **매출세액에 더한다.**

④ 대손세액공제는 사업자가 부가가치세 **확정신고**와 함께 대손사실을 증명하는 서류를 제출하는 경우에 한하여 적용된다. 즉, 예정신고 시에는 대손세액공제를 적용할 수 없다.

정답 ②

07

매입세액과
차가감납부세액의 계산

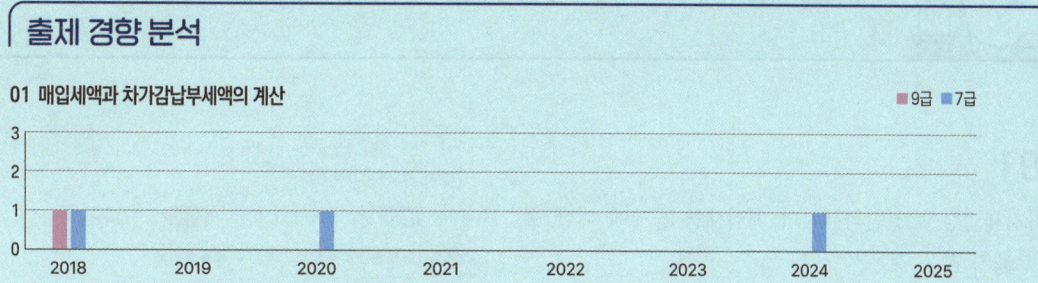

01 매입세액과 차가감납부세액의 계산   ■9급 ■7급

기출 분석

'매입세액과 차가감납부세액의 계산' 파트는 전반적인 매입세액의 계산 구조를 이해하고, 공제되는 세액과 불공제되는 세액을 중심으로 계산하는 통합형 문제가 주를 이룹니다.

2~3년 주기로 꾸준히 출제되는 파트이므로, 기출문제 위주로 정리하고, 계산형 문제도 간혹 출제되고 있으므로 이에 대한 대비가 필요합니다.

매입세액과 차가감납부세액의 계산

1-01

부가가치세법령상 일반과세자의 매입세액 공제에 대한 설명으로 옳지 않은 것은?

① 세금계산서의 필요적 기재사항 중 일부가 착오로 사실과 다르게 적혔으나 그 세금계산서에 적힌 나머지 필요적 기재사항 또는 임의적 기재사항으로 보아 거래사실이 확인되는 경우의 매입세액은 매출세액에서 공제한다.

② 건축물이 있는 토지를 취득하여 그 건축물을 철거하고 토지만 사용하는 경우 철거한 건축물의 취득 및 철거 비용과 관련된 매입세액은 매출세액에서 공제한다.

③ 의제매입세액으로서 공제한 면세농산물 등을 그대로 양도 또는 인도하거나 부가가치세가 면제되는 재화 또는 용역을 공급하는 사업에 사용하거나 소비할 때에는 그 공제한 금액을 납부세액에 가산하거나 환급세액에서 공제하여야 한다.

④ 의제매입세액을 공제받으려는 제조업을 경영하는 사업자가 농어민으로부터 면세농산물 등을 직접 공급받는 경우에는 의제매입세액공제신고서만 제출한다.

기출처 **2024 국가직 7급**
LINK 세법1 394, 396, 400, 404p 오진단 237, 239, 241-242p
난이도 ●●●●○ 출제 가능 지수 ●●●○○

해설

② 토지의 조성 등을 위한 자본적 지출에 관련된 매입세액으로서 다음의 어느 하나에 해당하는 것은 **공제하지 않는다.**

㉠ 토지의 취득 및 형질변경, 공장부지 및 택지의 조성 등에 관련된 매입세액

㉡ **건축물이 있는 토지를 취득하여 그 건축물을 철거하고 토지만을 사용하는 경우에는 철거한 건축물의 취득 및 철거 비용과 관련된 매입세액**

㉢ 토지의 가치를 현실적으로 증가시켜 토지의 취득원가를 구성하는 비용에 관련된 매입세액

정답 ②

01

「부가가치세법령」상 매입세액과 관련된 설명으로 옳은 것은?

① 매입세액에서 대손세액에 해당하는 금액을 뺀(관할 세무서장이 결정 또는 경정한 경우 포함) 사업자가 대손 금액을 변제한 경우에는 대통령령으로 정하는 바에 따라 변제한 대손금액에 관련된 대손세액에 해당하는 금액을 변제한 날이 속하는 과세기간의 매입세액에 더한다.

② 면세사업을 위한 투자에 관련된 매입세액은 공제한다.

③ 건축물이 있는 토지를 취득하여 그 건축물을 철거하고 토지만 사용하는 경우 철거한 건축물의 취득 및 철거 비용과 관련된 매입세액은 공제한다.

④ 사업자가 면세농산물을 원재료로 하여 제조한 재화의 공급에 대하여 부가가치세가 과세되는 경우(면세를 포기하고 영세율을 적용받는 경우 포함)에는 면세농산물을 공급받을 때 매입세액이 있는 것으로 보아 의제매입 세액을 공제한다.

기출처 2020 국가직 7급

LINK 세법1 385, 393, 403-404p 오진다 233, 237, 241, 243p

난이도 ●●●●● 출제 가능 지수 ●●●●●

해설

② 부가가치세 면세사업 등에 관련된 매입세액(면세사업 등을 위한 투자에 관련된 매입세액 포함)은 매출세액에서 **공제하지 않는다**(부법 39 ① (7)).

③ 건축물이 있는 토지를 취득하여 그 건축물을 철거하고 토지만 사용하는 경우 철거한 건축물의 취득 및 철거 비용과 관련된 매입세액은 **공제하지 않는다**.

④ 사업자가 부가가치세를 면제받아 공급받거나 수입한 농산물 · 축산물 · 수산물 또는 임산물(이하 '면세농산물 등')을 원재료로 하여 제조 · 가공한 재화 또는 창출한 용역의 공급에 대하여 부가가치세가 과세되는 경우(면세를 포기하고 영세율을 적용받는 경우는 **제외**)에는 면세농산물 등을 공급받거나 수입할 때 매입세액이 있는 것으로 보아 면세농산물 등의 가액(법령으로 정하는 금액을 한도로)에 일정율을 곱하여 계산한 금액을 매입세액으로 공제할 수 있는데(부법 42 ①) 이를 의제매입세액 공제라고 한다. 즉, 사업자가 면세농산물을 원재료로 하여 제조한 재화의 공급에 대하여 부가가치세가 과세되는 경우(면세를 포기하고 영세율을 적용받는 경우 **제외**)에는 의제매입세액을 공제한다.

[토지의 자본적 지출 관련 불공제 매입세액]

㉠ 토지의 취득 및 형질변경, 공장부지 및 택지의 조성 등에 관련된 매입세액
㉡ 건축물이 있는 토지를 취득하여 그 건축물을 철거하고 토지만을 사용하는 경우에는 철거한 건축물의 취득 및 철거 비용과 관련된 매입세액
㉢ 토지의 가치를 현실적으로 증가시켜 토지의 취득원가를 구성하는 비용에 관련된 매입세액

[철거비용 비교]

건축물이 있는 토지를 취득하여 그 건축물을 철거하고 토지만 사용하는 경우	철거비용과 관련된 매입세액 불공제
기존 보유하던 노후건물을 철거하는 경우	철거비용과 관련된 매입세액 공제

정답 ①

02

「부가가치세법령」상 매입세액공제에 대한 설명으로 옳지 않은 것은?

① 세금계산서의 필요적 기재사항 중 일부가 착오로 사실과 다르게 적혔으나 그 세금계산서에 적힌 나머지 필요적 기재사항 또는 임의적 기재사항으로 보아 거래사실이 확인되는 경우의 매입세액은 매출세액에서 공제한다.

② 재화를 공급받고 실제로 그 재화를 공급한 사업장이 아닌 사업장을 적은 세금계산서를 발급받은 경우 그 사업장이 사업자 단위 과세 사업자에 해당하는 사업장인 경우로서 그 재화를 실제로 공급한 사업자가 부가가치세 확정신고를 통하여 해당 과세기간에 대한 납부세액을 신고하고 납부하였다면 그 매입세액은 매출세액에서 공제한다.

③ 토지의 조성 등을 위한 자본적 지출에 관련된 것으로서 토지의 가치를 현실적으로 증가시켜 토지의 취득원가를 구성하는 비용에 관련된 매입세액은 매출세액에서 공제하지 아니한다.

④ 「부가가치세법」 제8조에 따른 사업자등록을 신청하기 전의 매입세액은 그 공급시기가 속하는 과세기간이 끝난 후 30일 이내에 등록을 신청한 경우에는 해당 세액을 매출세액에서 공제할 수 있다.

기출처 **2018 국가직 9급**

LINK 세법1 400, 404p   오진다 241-242p

난이도 ●●●●●   출제 가능 지수 ●●●●●

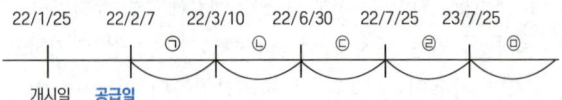

해설

「부가가치세법」 제8조에 따른 사업자등록을 신청하기 전의 매입세액은 그 공급시기가 속하는 과세기간이 끝난 후 **20일** 이내에 등록을 신청한 경우에는 해당 세액을 매출세액에서 공제할 수 있다.

[세금계산서 미수령분 매입세액]

22/1/25   22/2/7   22/3/10   22/6/30   22/7/25   23/7/25
  ㉠   ㉡   ㉢   ㉣   ㉤
개시일   공급일

구분	매입세액공제	가산세	비고
㉠	O	X	다음 달 10일까지 적법한 후세금계산서 발급
㉡	O	O	확정신고기한까지 발급받은 경우에 해당하기
㉢	O	O	때문에 매입세액 공제는 받을 수 있음
㉣	O	O	확정신고기한 다음 날부터 1년 이내이고, 요건을 충족 (관할 세무서장, 국세청장 등이 결정·경정하는 경우 또는 경정청구서·수정신고서를 제출하는 경우)하는 경우에 한해 매입세액 공제는 받을 수 있음
㉤	X	X	매입세액 공제가 불가능함

정답 ④

03

「부가가치세법령」상 납부세액을 계산할 때 매출세액에서 공제하지 아니하는 매입세액이 아닌 것은?

① 「부가가치세법」 제32조에 따라 발급받은 세금계산서의 필요적 기재사항 중 일부가 착오로 사실과 다르게 적혔으나 그 세금계산서에 적힌 나머지 필요적 기재사항으로 보아 거래사실이 확인되는 경우의 매입세액

② 사업과 직접 관련이 없는 지출로서 「부가가치세법 시행령」으로 정하는 것에 대한 매입세액

③ 기업업무추진비 및 이와 유사한 비용으로서 「부가가치세법 시행령」으로 정하는 비용의 지출에 관련된 매입세액

④ 면세사업 등에 관련된 매입세액

기출처 **2018 국가직 7급**

LINK 세법1 400, 403p   오진다 241-242p

난이도 ●●○○○   출제 가능 지수 ●●●○○

해설

법 제32조에 따라 발급받은 세금계산서의 필요적 기재사항 중 일부가 착오로 사실과 다르게 적혔으나 그 세금계산서에 적힌 나머지 필요적 기재사항 또는 임의적 기재사항으로 보아 거래사실이 확인되는 경우는 매출세액에서 매입세액을 **공제받을 수 있다**(부령 75 (2)).

[사업과 직접 관련이 없는 지출]

「소득세법」에 따른 업무무관비용	㉠ 사업자가 그 업무와 관련 없는 자산을 취득·관리함으로써 발생하는 취득비·유지비·수선비와 이와 관련되는 필요경비 ㉡ 사업자가 그 사업에 직접 사용하지 아니하고 타인(종업원을 제외)이 주로 사용하는 토지·건물 등의 유지비·수선비·사용료와 이와 관련되는 지출금 ㉢ 사업자가 그 업무와 관련 없는 자산을 취득하기 위하여 차입한 금액에 대한 지급이자 ㉣ 사업자가 사업과 관련 없이 지출한 기업업무추진비 ㉤ 사업자가 공여한 뇌물에 해당하는 금전과 금전 외의 자산 및 경제적 이익 등 ㉥ 사업자가 「노동조합 및 노동관계 조정법」을 위반하여 지급하는 급여 ㉦ 위 ㉠~㉥에 준하는 지출금
「법인세법」에 따른 업무무관비용	㉠ 공동경비 중 법정기준을 초과하여 손금불산입한 금액 ㉡ 법인의 업무에 직접 사용하지 않는 부동산과 이에 대한 취득·관리 비용 ㉢ 유예기간 중에 해당 법인(부동산매매업 제외)의 업무에 직접 사용하지 않고 양도하는 부동산과 이에 대한 취득·관리 비용 ㉣ 서화 및 골동품(여러 사람이 볼 수 있는 공간에 상시 비치되는 것 제외) ㉤ 업무에 직접 사용하지 않는 자동차·선박 및 항공기 ㉥ 위 ㉣, ㉤과 유사한 자산으로서 해당 법인의 업무에 직접 사용하지 않는 자산 ㊀ 해당 법인이 직접 사용하지 않고 다른 사람(주주 아닌 임원, 소액주주인 임원 및 직원은 제외)이 주로 사용하고 있는 장소·물건 등의 유지·관리비·사용료 ㊁ 해당 법인의 주주 등(소액주주 제외) 또는 출연자인 임원 또는 그 친족이 사용하고 있는 사택의 유지·관리비·사용료 ㊂ 업무무관자산을 취득하기 위하여 지출한 자금의 차입과 관련되는 비용 ㊃ 해당 법인이 공여한 뇌물에 해당하는 금전 및 금전 외의 자산, 경제적 이익 등 ㊄ 「노동조합 및 노동관계조정법」을 위반하여 지급한 노동조합의 전임자 급여

정답 ①

04

다음은 제조업을 영위하는 일반과세자 ㈜E의 2024년 제1기 부가가치세 과세기간 중의 거래내역이다. 2024년 제1기 부가가치세 납부세액을 계산할 때 공제 가능한 매입세액 총액은? (단, 거래대금을 지급하고 세금계산서를 적법하게 수취한 것으로 가정함)

> ㉠ 4월 18일: 배기량이 3,000 cc인 승용자동차의 구입과 관련된 매입세액 100만원
> ㉡ 4월 22일: 사업에 사용할 목적으로 매입한 원료 매입세액 100만원. 세금계산서의 필요적 기재사항 중 일부가 착오로 사실과 다르게 기재되었으나 그 세금계산서에 적힌 나머지 임의적 기재사항으로 보아 거래사실이 확인됨
> ㉢ 5월 12일: 「법인세법」 제25조에 따른 기업업무추진비의 지출과 관련된 매입세액 100만원
> ㉣ 6월 10일: 공장부지의 조성과 관련된 매입세액 100만원
> ㉤ 6월 20일: 사업에 사용할 목적으로 매입하였으나 과세기간 말 현재 사용하지 않은 재료의 매입세액 100만원

① 100만원   ② 200만원
③ 300만원   ④ 400만원

기출처 **2016 국가직 9급**

LINK 세법1 390, 400, 403-404p   오진다 235, 241-242p
난이도 ●●●●○   출제 가능 지수 ●●●○○

해설

공제 가능한 매입세액 = ㉡ 100만원 + ㉤ 100만원 = 200만원

㉠ 개별소비세 과세대상 소형승용자동차의 구입과 임차 및 유지에 관한 **매입세액은 공제되지 않는다**. 다만, 운수업, 자동차판매업, 자동차임대업, 운전학원업, 무인경비업(기계경비업무를 하는 경비업) 및 이와 유사한 업종에 직접 영업으로 사용되는 자동차(영업용승용차)에 대한 매입세액은 공제한다(부법 39 ① (5)). 4월 18일 매입세액 100만원은 제조업을 영위하는 자의 비영업용 승용차에 해당하므로 매입세액을 불공제한다.

㉡ 사업에 사용할 목적으로 매입한 원료의 세금계산서의 필요적 기재사항 중 일부가 착오로 사실과 다르게 기재되었으나 그 세금계산서에 적힌 나머지 임의적 기재사항으로 보아 거래사실이 확인되는 매입세액은 100만원은 **공제한다**.

㉢ 기업업무추진비와 이와 유사한 비용의 지출과 관련된 **매입세액은 공제하지 아니한다**(부법 39 ① (6)).

㉣ 공장부지 및 택지의 조성 등에 관련된 매입세액은 **공제하지 않는다**(부법 39 ① (7), 부령 80 (1)).

㉤ 사업자가 자기의 사업을 위하여 사용하였거나 사용할 목적으로 공급받은 재화 또는 용역에 대한 부가가치세(사업의 포괄양도 시 양수자 대리납부제도에 따라 양수자가 납부한 부가가치세를 포함)에 따른 매입세액은 재화 또는 용역을 공급받는 시기가 속하는 과세기간의 매출세액에서 공제한다. 즉, 과세기간 말 현재 사용하였는지의 여부와 관계없이 사업에 사용할 목적으로 매입하였다면 해당 매입세액 100만원은 공급받은 6월 20일이 속하는 과세기간의 매출세액에서 **공제한다**.

[「법인세법」상 기업업무추진비와 연결하여 학습하기]

> ㉠ 기업업무추진비 관련 부가가치세 매입세액은 「부가가치세법」상 불공제되지만, 「법인세법」에서는 기업업무추진비 관련 매입세액도 기업업무추진비로 본다.
> ㉡ 거래처에 대한 현물접대의 경우, 「부가가치세법」상 사업상 증여로 보아 부가가치세 매출세액을 부담하는데, 이 매출세액은 「법인세법」에서는 기업업무추진비로 간주한다.

정답 ②

05

「부가가치세법」상 일반과세자(면세를 포기하고 영세율을 적용받는 경우는 제외)가 면세농산물 등에 대해 의제매입세액공제를 받는 것에 대한 설명으로 옳지 않은 것은?

① 의제매입세액공제는 면세원재료를 사용하여 과세재화·용역을 공급하는 경우에 발생하는 누적효과를 제거하거나 완화시키기 위한 취지에서 마련된 제도이다.

② 의제매입세액은 면세농산물 등을 공급받은 날이 속하는 과세기간이 아니라, 그 농산물을 이용하여 과세대상물건을 생산한 후 공급하는 시점이 속하는 과세기간의 매출세액에서 공제한다.

③ 의제매입세액의 공제를 받은 면세농산물 등을 그대로 양도 또는 인도하는 때에는 그 공제한 금액을 납부세액에 가산하거나 환급세액에서 공제하여야 한다.

④ 제조업을 경영하는 사업자가 법령에서 규정하는 농어민으로부터 면세농산물 등을 직접 공급받는 경우 의제매입세액공제를 받기 위해서는 세무서장에게 의제매입세액 공제신고서만 제출하면 된다.

기출처 **2015 국가직 7급**

LINK 세법1 393-396p 오진다 237-239p

난이도 ●●○○○ 출제 가능 지수 ●●○○○

해설

의제매입세액은 매입세액이므로 구입일이 속하는 예정신고기간 및 확정신고기간에 공제하는 것을 원칙으로 한다. 즉, **면세농산물 등을 공급받은 날이 속하는 과세기간**의 매출세액에서 공제한다.

[의제매입세액 공제시점]

원칙	구입일이 속하는 예정신고기간 및 확정신고기간
예외	㉠ 예정신고 시 공제받지 못한 의제매입세액: 예정신고기간이 속하는 과세기간의 확정신고 시 공제 ㉡ 예정신고나 확정신고 시 공제받지 못한 의제매입세액 ⓐ 「국세기본법」에 따른 수정신고·경정청구·기한후신고를 하는 경우 공제 ⓑ 세무서장 등이 경정을 하는 경우 사업자가 경정기관의 확인을 거쳐 경정기관에 제출하는 경우 공제

[의제매입세액을 추징하는 경우]

㉠ 면세농산물 등을 그대로 양도 또는 인도하는 경우
㉡ 면세농산물 등을 면세사업, 그 밖의 목적을 위하여 사용하거나 소비하는 경우

정답 ②

06

「부가가치세법」상 예정 또는 확정신고 시에 공제받지 못한 의제매입세액을 공제받기 위하여 서류를 제출하는 경우에 해당하는 것만을 모두 고르면?

㉠ 해당서류를 경정청구서와 함께 제출하여 경정기관이 경정하는 경우
㉡ 해당서류와 함께 신용카드매출전표등수취명세서를 경정기관의 확인을 거쳐 정부에 제출하는 경우
㉢ 해당서류를 기한 후 과세표준신고서와 함께 제출하여 관할 세무서장이 결정하는 경우
㉣ 해당서류를 과세표준수정신고서와 함께 제출하는 경우

① ㉠, ㉢
② ㉡, ㉢
③ ㉠, ㉡, ㉣
④ ㉠, ㉡, ㉢, ㉣

기출처 **2014 국가직 9급**

LINK 세법1 396p 오진다 237p

난이도 ●●○○○ 출제 가능 지수 ●●●○○

해설

예정신고 시 공제받지 못한 의제매입세액은 그 예정신고기간이 속하는 과세기간의 확정신고 시 공제받을 수 있고, 예정신고나 확정신고 시 공제받지 못한 의제매입세액은 관련 서류를 다음의 경우에 제출함으로써 의제매입세액을 공제받을 수 있다(부령 84 ⑦).

㉠ 「국세기본법」에 따른 수정신고·경정청구·기한후신고를 하는 경우 공제
㉡ 세무서장 등이 경정을 하는 경우 사업자가 경정기관의 확인을 거쳐 경정기관에 제출하는 경우 공제

정답 ④

07

「부가가치세법」상 납부세액에 관한 설명으로 옳은 것은?

① 자기의 사업과 관련하여 생산한 재화를 국가에 무상으로 공급하는 경우 당해 재화의 매입세액은 매출세액에서 공제하지 아니한다.

② 면세사업에 사용한 건물을 과세사업과 면세사업에 공통으로 사용하는 때에 그 과세사업에 사용한 날이 속하는 과세기간의 과세공급가액이 총공급가액의 5% 미만인 경우 공제세액이 없는 것으로 본다.

③ 부도발생일이 2023년 1월 10일인 어음상의 채권에 대한 대손세액은 2023년 제1기 과세기간의 매출세액에서 공제받을 수 있다.

④ 대손세액공제의 범위는 사업자가 부가가치세가 과세되는 재화 또는 용역을 공급한 후 그 공급일로부터 5년이 지난 날이 속하는 과세기간 말까지 법령이 정하는 사유로 인하여 확정되는 대손세액만으로 한다.

08

「부가가치세법」상 매입세액공제에 대한 설명으로 옳지 않은 것은?

① 사업자가 면세농산물 등을 원재료로 하여 제조·가공한 재화 또는 창출한 용역의 공급에 대하여 부가가치세가 과세되는 경우(법에 따라 면세를 포기하고 영세율을 적용받는 경우에는 제외한다) 면세농산물 등을 공급받거나 수입할 때 매입세액이 있는 것으로 보아 공제할 수 있다.

② 토지의 가치를 현실적으로 증가시켜 토지의 취득원가를 구성하는 비용에 관련된 매입세액은 매출세액에서 공제하지 아니한다.

③ 재화의 공급시기 이후 해당 공급시기가 속하는 과세기간 내에 세금계산서를 교부 받았다 하더라도 세금계산서는 공급시기에 교부 받아야 하므로 매입세액공제를 받을 수 없다.

④ 사업자등록을 신청하기 전이라도 공급시기가 속하는 과세기간이 끝난 후 20일 이내에 등록을 신청한 경우 등록신청일부터 공급시기가 속하는 과세기간 기산일까지 역산한 기간 이내의 매입세액은 매출세액에서 공제한다.

기출처 **2014 국가직 7급**

LINK [세법1] 384-385, 396, 403p [세법2] 167p [오진다] 232-233, 239, 243, 363p

난이도 ●●●○○ 출제 가능 지수 ●●○○○

해설

① 자기의 사업과 관련하여 생산하거나 취득한 재화를 국가·지방자치단체 등에 무상으로 공급하는 경우 해당 재화의 **매입세액은 매출세액에서 공제한다**(부기통 38-0-6).

③ 어음상의 채권은 부도발생일부터 6개월 이상 지난 날에 대손이 확정된다. 따라서 대손이 확정된 날은 부도발생일인 2023년 1월 10일부터 6개월이 지난 시점인 2023년 7월 11일이며 대손세액은 대손이 확정된 날이 속하는 과세기간의 매출세액에서 뺄 수 있으므로 2023년 **제2기** 과세기간의 매출세액에서 공제받을 수 있다.

④ 대손세액공제의 범위는 사업자가 부가가치세가 과세되는 재화 또는 용역을 공급한 후 그 공급일로부터 **10년**이 지난 날이 속하는 **과세기간에 대한 확정신고기한까지** 법령이 정하는 사유로 인하여 확정되는 대손세액만으로 한다.

정답 ②

기출처 **2014 국가직 9급**

LINK [세법1] 393, 400, 404p [오진다] 237, 241p

난이도 ●●●○○ 출제 가능 지수 ●●●○○

해설

재화의 공급시기 이후 해당 공급시기가 속하는 **과세기간에 대한 확정신고기한까지** 세금계산서를 발급받은 경우 **매입세액공제를 적용할 수 있다**(부령 75 (3)). 단, 세금계산서의 발급시기가 지난 후 해당 재화 또는 용역의 공급시기가 속하는 과세기간에 대한 확정신고기한까지 세금계산서를 발급하는 경우 그 공급가액의 1퍼센트에 해당하는 세금계산서 불성실가산세를 납부해야 한다.

정답 ③

09

「부가가치세법」상 매입세액공제가 허용되는 경우로 옳은 것은?

① 발급받은 세금계산서의 필요적 기재사항 중 일부가 적히지 않았으며 거래사실도 확인되지 않는 경우

② 재화 또는 용역의 공급시기 이후에 발급받은 세금계산서로서 해당 공급시기가 속하는 과세기간에 대한 확정신고기한까지 발급받은 경우

③ 토지의 취득 및 형질변경, 공장부지 및 택지의 조성 등에 관련된 매입세액

④ 사업과 직접 관련이 있는 기업업무추진비에 관련된 매입세액

기출처 2010 국가직 7급
LINK 세법1 400, 403-404p 오진다 241-242p
난이도 ●●●○○ 출제 가능 지수 ●●●○○

해설

재화의 공급시기 이후 해당 공급시기가 속하는 **과세기간에 대한 확정신고기한까지** 세금계산서를 발급받은 경우 **매입세액공제를 적용할 수 있다**(부령 75 (3)).

정답 ②

10

「부가가치세법」상 매입세액공제제도에 관한 설명으로 옳지 않은 것은?

① 사업자 갑이 사업자 을로부터 재화를 구입하고 세금계산서는 거래상대방인 을 이외의 사업자 병으로부터 발급받은 경우 이에 의한 매입세액은 갑의 매출세액에서 공제하지 아니한다.

② 재화의 공급시기 이후 해당 공급시기가 속하는 과세기간이 경과된 후에 발급받은 세금계산서의 매입세액은 공제받을 수 없다.

③ 사업자등록을 하기 전의 매입세액이라도 공급시기가 속하는 과세기간이 끝난 후 20일 이내 등록신청한 경우 등록신청일부터 공급시기가 속하는 과세기간 기산일까지 역산한 기간 내의 매입세액은 공제받을 수 있다.

④ 건축물이 있는 토지를 취득하여 그 건축물을 철거하고 토지만을 사용하는 경우에는 철거한 건축물의 취득 및 철거비용에 관련된 매입세액은 매출세액에서 공제하지 아니한다.

기출처 2009 지방직 9급
LINK 세법1 400, 404p 오진다 241-242p
난이도 ●●●●● 출제 가능 지수 ●●●○○

해설

재화 또는 용역의 공급시기가 속하는 과세기간에 대한 확정신고기한이 지난 후 세금계산서를 발급받았더라도 그 세금계산서의 발급일이 확정신고기한 다음 날부터 1년 이내이고 다음 중 어느 하나에 해당하는 경우는 매입세액을 **공제받을 수 있다.**

㉠ 「국세기본법 시행령」에 따른 과세표준수정신고서와 경정청구서를 세금계산서와 함께 제출하는 경우

㉡ 해당 거래사실이 확인되어 납세지 관할 세무서장, 납세지 관할 지방국세청장 또는 국세청장이 결정 또는 경정하는 경우

정답 ②

11

「부가가치세법」상 의제매입세액계산에 관한 설명으로 옳지 않은 것은?

① 수입되는 면세농산물 등에 대하여 의제매입세액을 계산함에 있어서의 그 수입가액은 관세의 과세가격으로 한다.

② 매입세액으로서 공제한 면세농산물 등을 그대로 양도하는 때에는 그 공제한 금액을 납부세액에 가산하여야 한다.

③ 매입세액을 공제받고자 하는 제조업을 영위하는 사업자가 농·어민으로부터 면세농산물 등을 직접 공급받는 경우에는 의제매입세액공제 신고서만을 제출한다.

④ 음식점업 또는 제조업 외의 사업을 영위하는 사업자가 의제매입세액으로서 공제할 수 있는 금액은 면세농산물 등의 가액의 100분의 2를 곱하여 계산한다.

기출처 2009 국가직 7급

LINK 세법1 393-396p 오진다 237-239p

난이도 ●●●○○   출제 가능 지수 ●●●○○

해설

② 매입세액으로서 공제한 면세농산물 등을 그대로 양도 또는 인도하는 경우에는 그 공제했던 의제매입세액을 납부세액에 가산하거나 환급세액에서 공제하여야 한다(부령 84 ④).

④ 음식점업 또는 제조업 외의 사업을 영위하는 사업자가 의제매입세액으로서 공제할 수 있는 금액은 면세농산물 등의 가액의 **102분의 2**를 곱하여 계산한다.

[의제매입세액의 공제율]

구분		공제율
㉠ 음식점업	ⓐ 과세유흥장소 경영자	$\frac{2}{102}$
	ⓑ 위 ⓐ 외의 음식점업자 법인	$\frac{6}{106}$
	ⓒ 위 ⓐ 외의 음식점업자 개인	$\frac{8}{108}$ [1]
㉡ 제조업	ⓐ 과자점업, 도정업, 제분업 및 떡류 제조업 중 떡방앗간을 경영하는 개인사업자	$\frac{6}{106}$
	ⓑ 위 ⓐ 외의 제조업을 경영하는 사업자 중 중소기업 및 개인사업자	$\frac{4}{104}$
	ⓒ 위 ⓐ·ⓑ 외의 사업자	$\frac{2}{102}$
㉢ 위 ㉠·㉡ 외의 사업		$\frac{2}{102}$

*1 과세표준 2억 이하인 경우 2026.12.31. 까지는 9/109

정답 ④

12

「부가가치세법」상 납부세액에 관한 설명으로 옳지 않은 것은?

① 자기의 사업과 관련하여 생산한 재화를 국가에 무상으로 공급하는 경우 해당 재화의 매입세액은 매출세액에서 공제한다.

② 면세사업에 사용한 건물을 과세사업과 면세사업에 공통으로 사용하는 때에 그 과세사업에 사용한 날이 속하는 과세기간의 과세공급가액이 총공급가액의 5% 미만인 경우에는 공제세액이 없는 것으로 본다.

③ 부도발생일이 2023년 1월 10일인 어음상의 채권에 대한 대손세액은 2023년 제1기 과세기간의 매출세액에서 공제받을 수 있다.

④ 대손세액공제를 받고자 하는 사업자는 부가가치세 확정신고서에 대손세액공제신고서와 대손사실을 증명하는 서류를 첨부하여 관할 세무서장에게 제출하여야 한다.

기출처 2008 국가직 7급
LINK 세법1 385, 397, 403p 세법2 167p 오진디 232-233, 239, 243, 363p
난이도 ●●●●● 출제 가능 지수 ●●●○○

해설

① 자기의 사업과 관련하여 생산하거나 취득한 재화를 국가·지방자치단체 등에 무상으로 공급하는 경우 해당 재화의 매입세액은 매출세액에서 공제하나, 자기의 사업과 관련없이 취득한 재화를 국가·지방자치단체 등에 무상으로 공급하는 경우 해당 재화의 매입세액은 공제하지 아니한다(부기통 38-0-6).

③ 부도발생일이 2023년 1월 10일인 어음상의 채권에 대한 대손세액은 대손확정일이 6개월이 지난 시점인 2023년 7월 11일이므로 **2023년 제2기 과세기간**의 매출세액에서 공제받을 수 있다.

정답③

13

「부가가치세법」상 매입세액공제에 대한 설명으로 옳지 않은 것은?

① 공제대상 매입세액은 자기의 사업을 위하여 사용된 재화 또는 용역의 공급 및 재화의 수입에 대한 세액에 한한다.

② 비영업용 승용자동차의 구입과 임차 및 유지에 관한 매입세액은 공제하지 아니한다.

③ 부가가치세가 면제되는 재화를 공급하는 사업의 투자에 관련된 매입세액은 공제하지 아니한다.

④ 과세사업에 사용된 토지의 형질변경에 관련된 매입세액은 공제하지 아니한다.

기출처 2008 국가직 9급
LINK 세법1 390, 403-404p 오진디 235, 241-242p
난이도 ●●●○○ 출제 가능 지수 ●●●●○

해설

매출세액에서 공제하는 매입세액은 다음 각 호의 금액을 말한다(부법 38 ①).

㉠ 사업자가 자기의 사업을 위하여 **사용하였거나 사용할** 목적으로 공급받은 재화 또는 용역에 대한 부가가치세액

㉡ 사업자가 자기의 사업을 위하여 **사용하였거나 사용할** 목적으로 수입하는 재화의 수입에 대한 부가가치세액

즉, 이미 사용한 것은 물론이고, **앞으로 사용할 예정인** 재화나 용역의 매입에 대한 부가가치세액도 매입세액 공제를 적용 받을 수 있다.

정답①

14

「부가가치세법」상 매입세액공제에 관한 설명으로 옳지 않은 것은?

① 「법인세법」상 공동경비 중 분담기준금액을 초과하는 금액에 대한 매입세액은 공제받을 수 없다.

② 사업자등록 이전의 매입세액이라도 공급시기가 속하는 과세기간이 끝난 후 20일 이내 등록신청한 경우 등록신청일부터 공급시기가 속하는 과세기간 기산일까지 역산한 기간 이내의 매입세액은 공제받을 수 있다.

③ 토지의 조성 등을 위한 자본적 지출에 관련된 매입세액으로서 토지의 취득 및 형질 변경에 관련된 매입세액은 공제받을 수 없다.

④ 사업자등록을 한 사업자가 해당 사업자의 사업자등록번호 대신에 주민등록번호를 기재하고 발급받은 세금계산서상의 매입세액은 공제받을 수 있다.

기출처 **2007 국가직 7급**

LINK 세법1 400, 403~404p   오진다 241~242p

난이도 ●●●○○   출제 가능 지수 ●●●○○

해설

① 「법인세법」상 공동경비 중 분담기준금액을 초과하는 금액은 사업과 직접 관련이 없는 지출이므로 이에 대한 매입세액은 공제받을 수 없다. 여기서 '사업과 직접 관련이 없는 지출'이라 함은 다음의 경우를 말한다(부법 39 ① (4), 부령 77).

㉠ 「법인세법」·「소득세법」에 따른 업무무관비용(소령 78, 법령 49 ③, 50)
㉡ 「법인세법」에 따른 공동경비 중 법정기준을 초과하여 손금불산입한 금액(법령 48)

④ 사업자등록을 **신청한** 사업자가 **사업자등록증 발급일까지의 거래에 대하여** 해당 사업자의 사업자등록번호 대신에 주민등록번호를 기재하고 발급받은 세금계산서상의 매입세액은 공제받을 수 있다. 즉, 사업자등록을 한 사업자의 경우 발급받은 세금계산서에 공급받는 사업자의 등록번호를 반드시 기재하여야만 매입세액을 공제받을 수 있다.

정답 ④

15

다음 중 매입세액이 공제되는 경우가 아닌 것은? (단, 다툼이 있는 경우 판례에 의함)

① 재화 또는 용역의 공급시기 이후에 발급받은 세금계산서로서 해당 공급시기가 속하는 과세기간에 대한 확정신고기한까지 발급받은 경우

② 명의위장사업자 등으로 판명된 자와 선의로 거래한 자

③ 수급인이 위장사업자인 줄 모르고 공사도급계약을 맺은 도급인이 실제공사를 한 수급인으로부터 발행시기와 공사일자가 다소 다른 세금계산서를 발급받은 경우

④ 사업자가 사업자등록증을 발급받은 후에 대표자의 주민등록번호를 기재하고 세금계산서를 발급받은 경우

기출처 **2005 국가직 7급**

LINK 세법1 400p   오진다 241~242p

난이도 ●●○○○   출제 가능 지수 ●●●○○

해설

사업자등록을 **신청한** 사업자가 **사업자등록증 발급일까지의 거래에 대하여** 해당 사업자의 사업자등록번호 대신에 주민등록번호를 기재하고 발급받은 세금계산서상의 매입세액은 공제받을 수 있다. 사업자가 사업자등록증을 발급받은 후에는 사업자의 사업자등록번호를 기재해야 세금계산서로서 유효하다.

정답 ④

16

다음 중 「부가가치세법」상 의제매입세액에 대한 설명으로 옳지 않은 것은?

① 제조업을 영위하는 사업자가 농·어민으로부터 면세 농산물 등을 직접 공급받는 경우에는 의제매입세액공제 신고서만을 제출한다.

② 면세사업을 위하여 사용·소비하는 경우 또는 기타의 목적을 위해 사용하거나 소비하는 경우에는 의제매입세액공제를 적용하지 않으며, 적용된 의제매입세액은 추징된다.

③ 과세사업을 영위하는 사업자가 면세농산물(농·축·수산물 또는 임산물을 말하며, 1차 가공을 거친 것, 단순가공식료품, 1차 가공과정에서 발생하는 부산물, 소금을 포함)등을 원재료로 하여 과세되는 재화·용역을 공급하는 경우에는 의제매입세액공제가 적용된다.

④ 수정신고, 경정 등의 청구 또는 기한후신고와 함께 제출하는 경우에는 의제매입세액공제를 적용하나, 경정에 있어서 경정기관의 확인을 거쳐 제출하는 경우에는 의제매입세액공제를 적용하지 않는다.

기출처 2006 국가직 7급
LINK 세법1 393-394, 396p 오진다 237-239p
난이도 ●●●●● 출제 가능 지수 ●●●●●

해설

수정신고, 경정 등의 청구 또는 기한후신고와 함께 제출하는 경우 의제매입세액공제를 적용하며 경정에 있어서 경정기관의 확인을 거쳐 제출하는 경우에도 의제매입세액공제를 **적용한다**. 정답 ④

17

「부가가치세법」상 매출세액에서 공제하는 매입세액으로 옳은 것은?

① 사업과 직접 관련이 없는 지출에 대한 매입세액
② 부가가치세가 면제되는 재화를 공급하는 사업에 관련된 매입세액
③ 위탁가공무역에 사용될 재화의 매입세액
④ 비영업용 승용자동차의 구입과 유지에 관한 매입세액

기출처 2005 국가직 9급
LINK 세법1 403p 오진다 200, 243p
난이도 ●●●●● 출제 가능 지수 ●●●●●

해설

① 사업과 직접 관련이 없는 지출에 대한 매입세액은 **공제하지 않는다**(부법 39 ① (4)).

② 부가가치세 면세사업 등에 관련된 매입세액(면세사업 등을 위한 투자에 관련된 매입세액 포함)은 매출세액에서 **공제하지 않는다**(부법 39 ① (7)).

③ 위탁가공무역에 사용될 재화의 매입세액은 영세율 관련 매입세액으로서 매출세액에서 **공제한다**. 영세율의 경우 자신이 판매한 재화 또는 용역의 매출과 관련하여 부가가치세를 징수받지 않으면서 자신이 재화 또는 용역을 구입하면서 부담한 부가가치세는 매입세액 공제로 환급받는다.

④ 개별소비세 과세대상 소형승용자동차의 구입과 임차 및 유지에 관한 매입세액은 **공제되지 않는다**(부법 39 ① (5)). 정답 ③

CHAPTER

08

부가가치세 신고와 납부

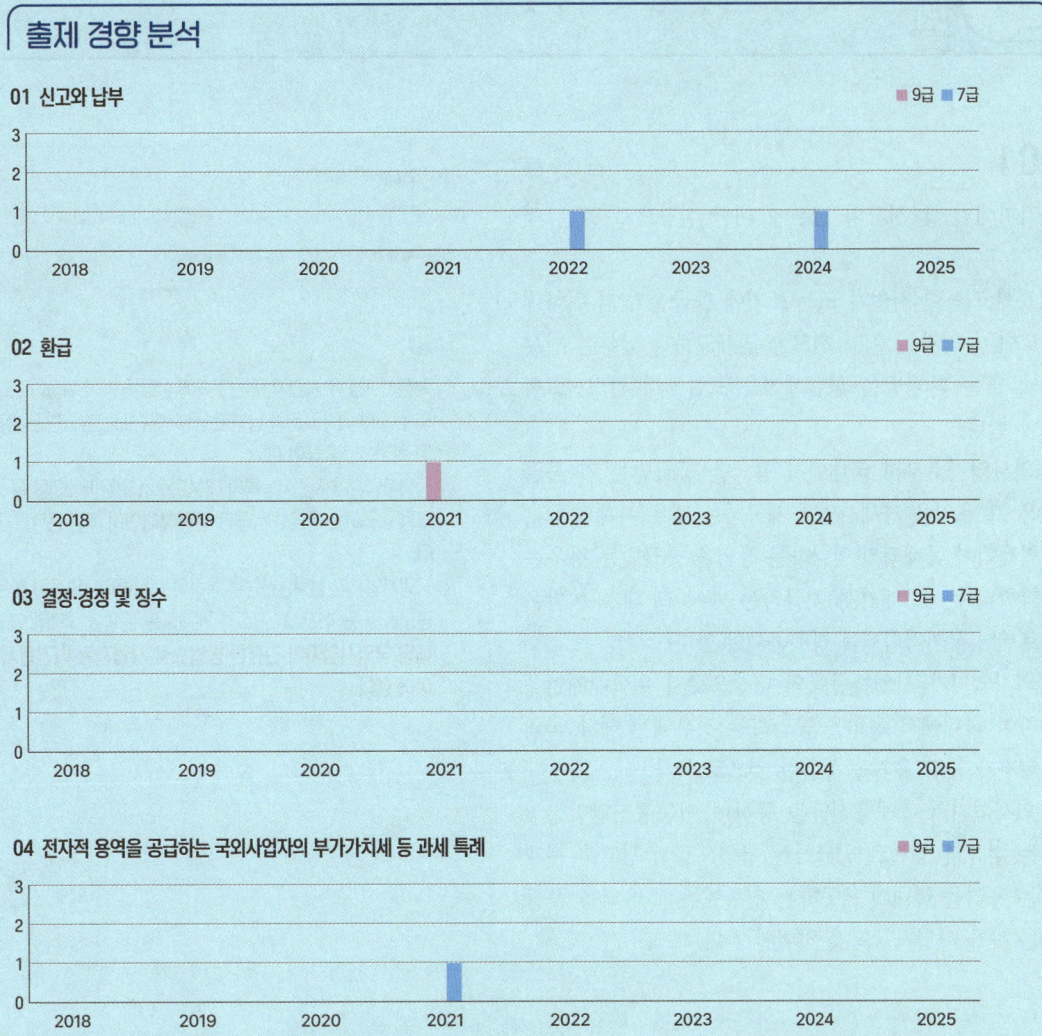

01 신고와 납부 ■9급 ■7급

02 환급 ■9급 ■7급

03 결정·경정 및 징수 ■9급 ■7급

04 전자적 용역을 공급하는 국외사업자의 부가가치세 등 과세 특례 ■9급 ■7급

기출 분석

'부가가치세의 신고와 납부' 파트는 빈출 주제는 아닙니다. 가끔 출제되지만, 난도가 비교적 낮은 기본 내용을 중심으로 출제되고 있으므로 내용을 알고 있다면 정답률이 높을 수 있는 파트입니다. 지엽적인 내용보다는 기출문제를 위주로 중심이 되는 내용들을 잘 정리해두시기 바랍니다.

01 신고와 납부

1-01

「부가가치세법」상 신고와 납부에 대한 설명으로 옳은 것은?

① 예정신고를 한 사업자 또는 조기에 환급을 받기 위하여 신고한 사업자는 이미 신고한 과세표준과 납부한 납부세액 또는 환급받은 환급세액을 포함해서 확정신고를 해야 한다.

② 국외사업자로부터 국내에서 용역을 공급받는 자(공급받은 그 용역을 과세사업에 제공하는 경우는 제외하되, 매입세액이 공제되지 아니하는 용역을 공급받는 경우는 포함한다)는 그 대가를 지급하는 때에 그 대가를 받은 자로부터 부가가치세를 징수하여야 한다.

③ 국외사업자가 사업자등록의 대상으로서 위탁매매인을 통하여 국내에서 용역을 공급하는 경우에는 해당 국외사업자가 해당 용역을 공급한 것으로 본다.

④ 국외사업자가 정보통신망을 통하여 이동통신단말장치 또는 컴퓨터 등으로 공급하는 용역으로서 광고를 게재하는 용역을 국내에 제공하는 경우에는 그 용역을 공급받는 자가 사업자등록을 하여야 한다.

기출처 **2024 국가직 7급**

LINK 세법1 416, 419, 428, 430p 오진다 249, 252, 258-259p

난이도 ●●●●○ 출제 가능 지수 ●●●○○

해설

① 예정신고를 한 사업자 또는 조기에 환급을 받기 위하여 신고한 사업자는 이미 신고한 과세표준과 납부한 납부세액 또는 환급받은 환급세액은 **제외하고** 확정신고를 해야 한다.

③ 국외사업자가 사업자등록의 대상으로서 위탁매매인을 통하여 국내에서 용역을 공급하는 경우에는 해당 **위탁매매인**이 해당 용역을 공급한 것으로 본다.

④ 국외사업자가 정보통신망을 통하여 이동통신단말장치 또는 컴퓨터 등으로 공급하는 용역으로서 광고를 게재하는 용역을 국내에 제공하는 경우에는 **해당 국외사업자가 간편한 방법으로 사업자등록(간편사업자등록)을 하여야 한다**. 정답 ②

01

부가가치세법령상 신고와 납부 등에 대한 설명으로 옳은 것은? (단, 부가가치세를 징수하지 않거나 휴업 또는 사업부진 등으로 인하여 사업실적이 악화된 경우 등은 고려하지 않는다)

① 납세지 관할 세무서장은 개인사업자에 대하여는 제2기분 예정신고기간분 「부가가치세법」에 따른 부가가치세액(예정고지세액)에 대하여 10월 1일부터 10월 15일까지의 기간 이내에 납부고지서를 발부해야 한다.

② 세금계산서를 발급받은 국가 또는 지방자치단체는 매입처별세금계산서합계표를 해당 과세기간이 끝난 후 25일 이내에 납세지 관할 세무서장에게 제출하여야 한다.

③ 개인사업자에 대하여는 각 예정신고기간마다 직전 과세기간 납부세액의 30퍼센트에 상당하는 금액을 결정하여 징수한다.

④ 예정신고를 한 사업자 또는 조기에 환급을 받기 위하여 신고한 사업자는 확정신고를 할 때 이미 신고한 과세표준과 납부한 납부세액 또는 환급받은 환급세액을 포함해서 신고해야 한다.

기출처 2022 국가직 7급

LINK 세법1 364, 414, 416p 오진다 248-250p

난이도 ●●○○○ 출제 가능 지수 ●●●○○

해설

① 납세지 관할 세무서장은 개인사업자에 대하여는 제2기분 예정신고기간분 「부가가치세법」에 따른 부가가치세액(예정고지세액)에 대하여 10월 1일부터 10월 **10일**까지의 기간 이내에 납부고지서를 발부해야 한다.

③ 개인사업자에 대하여는 각 예정신고기간마다 직전 과세기간 납부세액의 **50퍼센트**에 상당하는 금액을 결정하여 징수한다.

④ 예정신고를 한 사업자 또는 조기에 환급을 받기 위하여 신고한 사업자는 확정신고를 할 때 이미 신고한 과세표준과 납부한 납부세액 또는 환급받은 환급세액을 **제외하고** 신고해야 한다.   정답 ②

02

「부가가치세법」상 대리납부제도에 대한 설명으로 옳지 않은 것은?

① 사업의 포괄적 양도에 따라 그 사업을 양수받는 자는 그 대가를 지급하는 때에 그 대가를 받은 자로부터 부가가치세를 징수하여 납부할 수 있다.

② 부가가치세 대리납부신고서는 과세표준신고서가 아니므로 수정신고의 대상이 될 수 없다.

③ 국내사업장이 없는 비거주자로부터 부가가치세 면세대상 용역을 공급받는 자는 부가가치세 대리납부의무가 없다.

④ 국내사업장이 없는 외국법인으로부터 용역을 공급받는 자의 대리납부 시기는 용역제공이 완료되는 때이다.

기출처 **2015 국가직 9급**

LINK 세법1 419-421p 오진다 252-253p

난이도 ●●●○○   출제 가능 지수 ●●●○○

해설

② 부가가치세 대리납부신고서는 과세표준신고서가 아니므로 수정신고 및 경정청구의 대상이 될 수 없다(기준-2019-법령해석기본-0579).

③ 부가가치세가 면제되는 용역은 대리납부의 대상이 되지 아니한다(부통 52-95-1).

④ 국내사업장이 없는 외국법인으로부터 용역을 공급받는 자의 대리납부 시기는 **그 대가를 지급하는 때**이다.

[대리납부 징수의무자]

구분	대리납부 시기	대리납부 징수의무자
수입 용역(또는 권리)의 대리납부	국외사업자로부터 용역 등을 국내에 반입하는 **그 대가를 지급하는 때**에 부가가치세를 징수하여 해당 대가를 지급한 날이 속하는 예정신고기한 및 확정신고기한까지 납부	⊙ 면세사업자 ⓒ 사업자 아닌 자 ⓒ 매입세액 공제가 적용되지 않는 **용역 또는 권리**를 공급받은 과세사업자
사업양도의 대리납부	사업의 양도(이에 해당하는지 여부가 분명하지 아니한 경우를 포함)에 따라 **그 대가를 지급하는 때**에 부가가치세를 징수하여 그 대가를 지급하는 날이 속하는 달의 다음 달 25일까지 확정신고를 통해 납부	그 사업에 관한 모든 권리와 의무를 포괄적으로 양수(승계)받는 자

정답 ④

03

「부가가치세법」상 각 예정신고기간에 대한 과세표준과 납부세액을 신고하여야 하는 자는?

① 직전 과세기간에 대한 납부세액이 없는 개인사업자

② 각 예정신고기간에 신규로 사업을 개시한 법인사업자

③ 각 예정신고기간에 간이과세자에서 일반과세자로 변경된 개인사업자

④ 각 예정신고기간에 신규로 사업을 개시한 개인사업자

기출처 **2009 국가직 7급**

LINK 세법1 414p 오진다 248p

난이도 ●●○○○   출제 가능 지수 ●●●●○

해설

①, ③, ④ 개인사업자이므로 예정신고기간에 대한 과세표준과 납부세액을 **신고해야 하는 자에 해당하지 않는다.** 개인사업자와 직전 과세기간 공급가액의 합계액이 1억 5천만원 미만인 법인사업자에 대하여는 각 예정신고기간마다 직전 과세기간에 대한 납부세액의 50%로 결정하여 납부고지서를 발부하여 해당 예정신고기간이 끝난 후 25일까지 징수한다. 이때 개인사업자(일반과세자) 중 사업부진자, 조기 환급발생자는 예정신고와 예정고지세액납부 중 하나를 선택하여 신고 또는 납부할 수 있다. 즉, 개인사업자와 직전 과세기간 공급가액의 합계액이 1억 5천만원 미만인 법인사업자는 **반드시 예정신고해야 할 의무가 없다.**

② 신규로 사업을 시작하거나 시작하려는 자에 대한 최초의 예정신고기간은 사업 개시일(사업 개시일 이전에 사업자등록을 신청한 경우에는 그 신청일)부터 그 날이 속하는 예정신고기간의 종료일까지로 한다(부법 48 ①). 즉, **신규로 사업을 개시한 법인사업자는** 예정신고기간에 대한 과세표준과 납부세액 또는 환급세액을 관할 세무서장에게 **신고해야 한다.** 정답 ②

04

부가가치세의 신고와 납부에 관한 설명 중 옳지 않은 것은?

① 개인사업자에 대하여는 각 예정신고기간마다 직전 과세기간 납부세액의 2분의 1에 상당하는 금액을 결정하여 징수함이 원칙이다.

② 2 이상의 사업장이 있는 경우 주된 사업장에서 총괄하여 납부하고자 하는 사업자는 그 총괄납부하고자 하는 과세기간 개시 20일 전에 주된 사업장의 관할 세무서장에게 신청하여야 한다.

③ 국내사업장이 없는 비거주자 또는 외국법인으로부터 용역을 공급받는 자가 해당 용역을 과세사업에 제공하는 경우에는 「부가가치세법」상 대리납부의무가 있다.

④ 원칙적으로 사업자는 각 예정신고기간 또는 각 과세기간 종료 후 25일 이내에 그 기간에 대한 과세표준과 납부세액 또는 환급세액을 사업장 관할 세무서장에게 신고하여야 한다.

기출처 2007 국가직 7급

LINK 세법1 279, 414, 416, 419p 오진다 170, 248, 249-250, 252p

난이도 ●●●●● 출제 가능 지수 ●●●●●

해설

① 납세지 관할 세무서장은 개인사업자와 직전 과세기간 공급가액의 합계액이 1억 5천 만원 미만인 법인사업자에 대하여는 각 예정신고기간마다 직전 과세기간에 대한 납부세액의 50%로 결정하여 해당 예정신고기간이 끝난 후 25일까지 징수한다(부법 48 ③, 부령 90 ④, ⑤).

③ 국내사업장이 없는 비거주자 또는 외국법인으로부터 용역을 공급받는 자가 해당 용역을 과세사업에 제공하는 경우에는 「부가가치세법」상 대리납부의무가 없다. 다만, 매입세액이 공제되지 아니하는 용역 등을 공급받는 경우는 대리납부의무가 있다.　　　　　정답 ③

01

「부가가치세법령」상 환급 및 조기환급에 대한 설명으로 옳지 않은 것은?

① 조기환급신고를 할 때 매출·매입처별 세금계산서합계표를 제출한 경우에는 예정신고 또는 확정신고를 할 때 함께 제출하여야 하는 매출·매입처별 세금계산서합계표를 제출한 것으로 본다.

② 사업자는 각 과세기간에 대한 과세표준과 납부세액 또는 환급세액을 그 과세기간이 끝난 후 25일(폐업하는 경우 폐업일이 속한 달의 다음 달 25일) 이내에 납세지 관할 세무서장에게 신고하여야 하며, 조기에 환급을 받기 위하여 신고한 사업자는 이미 신고한 과세표준과 환급받은 환급세액도 신고하여야 한다.

③ 관할 세무서장은 결정·경정에 의하여 추가로 발생한 환급세액이 있는 경우에는 지체 없이 사업자에게 환급하여야 한다.

④ 조기환급이 적용되는 사업자가 조기환급신고기한에 조기환급기간에 대한 과세표준과 환급세액을 관할 세무서장에게 신고하는 경우에는 조기환급기간에 대한 환급세액을 각 조기환급기간별로 해당 조기환급신고기한이 지난 후 15일 이내에 사업자에게 환급하여야 한다.

기출처 **2021 국가직 9급**

LINK 세법1 416, 422-423p   오진다 254-255p

난이도 ●●○○○   출제 가능 지수 ●●●○○

해설

조기환급신고를 할 때 이미 신고한 내용은 예정신고 및 확정신고 대상에서 제외한다(부령 90 ②, 부법 49 ①).

따라서 사업자는 각 과세기간에 대한 과세표준과 납부세액 또는 환급세액을 그 과세기간이 끝난 후 25일(폐업하는 경우 폐업일이 속한 달의 다음 달 25일) 이내에 납세지 관할 세무서장에게 신고하여야 하며, 조기에 환급을 받기 위하여 신고한 사업자는 이미 신고한 과세표준과 환급받은 환급세액은 **신고 대상에서 제외한다**.

정답 ②

02

「부가가치세법」상 환급 및 조기환급에 대한 설명으로 옳지 않은 것은?

① 납세지 관할 세무서장은 각 과세기간별로 그 과세기간에 대한 환급세액을 확정신고한 사업자에게 그 확정신고 기한이 지난 후 30일 이내(조기환급 제외)에 대통령령으로 정하는 바에 따라 환급하여야 한다.

② 조기환급세액은 영세율이 적용되는 공급분에 관련된 매입세액·시설투자에 관련된 매입세액 또는 국내공급분에 대한 매입세액을 구분하여 사업장별로 해당 매출세액에서 매입세액을 공제하여 계산한다.

③ 납세지 관할 세무서장은 결정 또는 경정에 의하여 추가로 발생한 환급세액이 있는 경우에는 지체 없이 사업자에게 환급하여야 한다.

④ 조기환급을 신고할 때 이미 신고한 과세표준과 납부한 납부세액 또는 환급받은 환급세액은 예정신고 및 확정신고 대상에서 제외하며, 조기환급신고를 할 때 매출·매입처별 세금계산서합계표를 제출한 경우에는 예정신고 또는 확정신고와 함께 매출·매입처별 세금계산서합계표를 제출한 것으로 본다.

기출처 **2016 국가직 7급**

LINK 세법1 421-423p 오진다 254-255p

난이도 ●●○○○   출제 가능 지수 ●●○○○

해설

② 조기환급세액은 영의 세율이 적용되는 공급분에 관련된 매입세액·시설투자에 관련된 매입세액 또는 국내공급분에 대한 매입세액을 **구분하지 아니하고** 사업장별로 해당 매출세액에서 매입세액을 공제하여 계산한다(59-107-2).

④ 조기환급신고를 할 때 이미 신고한 내용은 예정신고 및 확정신고 대상에서 제외한다(부령 90 ②, 부법 49 ①). 또한 조기환급신고를 할 때 매출·매입처별 세금계산서합계표를 제출한 경우에는 예정신고 또는 확정신고와 함께 매출·매입처별 세금계산서합계표를 제출한 것으로 본다(부령 107 ⑥).

[환급기한]

환급 구분	신고 기한	환급 기한
일반 환급	확정신고기한	그 확정신고기한이 지난 후 30일 이내에 환급
조기환급	예정신고기한, 확정신고기한, 조기환급신고기한	그 예정신고기한·확정신고기한·조기환급신고기한이 지난 후 15일 이내에 환급

정답 ②

03

「부가가치세법」상 조기환급에 대한 설명으로 옳지 않은 것은?

① 사업자가 법령에 따른 영세율을 적용받는 경우 납세지 관할 세무서장은 환급세액을 조기에 환급할 수 있다.

② 조기환급 신고를 받은 세무서장은 각 조기환급 기간별로 해당 조기환급 신고 기한이 지난 후 25일 이내에 사업자에게 환급하여야 한다.

③ 조기환급을 받으려는 사업자가 법령에 의한 부가가치세 확정신고서를 각 납세지 관할 세무서장에게 제출한 경우에는 법률에 따라 조기환급을 신고한 것으로 본다.

④ 사업자가 법령으로 정하는 사업 설비를 신설·취득·확장 또는 증축하는 경우에는 납세지 관할 세무서장은 환급세액을 조기에 환급할 수 있다.

기출처 **2014 국가직 9급**

LINK 세법1 422p 오진다 254p

난이도 ●●○○○   출제 가능 지수 ●●●○○

해설

② 조기환급 신고를 받은 세무서장은 각 조기환급 기간별로 해당 조기환급 신고 기한이 지난 후 **15일** 이내에 사업자에게 환급하여야 한다.

③ 조기환급을 받으려는 사업자가 예정신고기간 또는 과세기간에 법령에 의한 부가가치세 예정신고서 또는 확정신고서를 제출한 경우에는 조기환급을 신고한 것으로 본다(부령 107 ③).

[조기환급대상자]

㉠ 사업자가 영세율을 적용받는 경우
㉡ 사업자가 감가상각 대상인 사업 설비를 신설·취득·확장 또는 증축하는 경우
㉢ 사업자가 재무구조개선계획을 이행 중인 경우

정답 ②

04

부가가치세의 신고, 환급 및 대리납부 등에 관한 설명으로 옳지 않은 것은?

① 외국법인(신규사업 개시자 아님)은 각 과세기간 중 예정신고기간이 끝난 후 25일 이내에 법령으로 정하는 바에 따라 각 예정신고기간에 대한 과세표준과 납부세액 또는 환급세액을 사업장 관할 세무서장에게 신고하여야 한다.

② 사업자가 영세율 등 조기환급기간에 대한 과세표준과 환급세액을 정부에 신고하는 경우에는 조기환급기간에 대한 환급세액을 조기환급기간별로 해당 조기환급신고기한 경과 후 25일 이내에 사업자에게 환급하여야 한다.

③ 대리납부 징수의무자가 징수하여야 할 세액을 법정납부기한까지 납부하지 아니한 경우에는 납부하지 아니한 세액의 100분의 50에 상당하는 금액을 한도로 하여 계산한 일정 금액을 가산세로 한다.

④ 국내사업장이 없는 외국법인으로부터 용역(매입세액 불공제 대상 아님)을 공급받는 자가 공급받은 그 용역을 과세사업에 제공하는 경우에는 대리납부의무가 없다.

기출처 2011 국가직 7급 수정

LINK 세법1 414, 419-420, 422p 오진다 248, 252-254p

난이도 ●●●○○   출제 가능 지수 ●●●●○

해설

사업자가 영세율 등 조기환급기간에 대한 과세표준과 환급세액을 정부에 신고하는 경우에는 조기환급기간에 대한 환급세액을 조기환급기간별로 당해 조기환급신고기한 경과 후 **15일** 이내에 사업자에게 환급하여야 한다.   정답②

05

「부가가치세법」상 환급에 대한 설명으로 옳지 않은 것은?

① 사업자가 사업설비 확장을 위해 토지를 취득하는 경우 사업장 관할 세무서장은 일반환급 절차에도 불구하고 환급세액을 조기환급할 수 있다.

② 환급세액은 원칙적으로 각 과세기간별로 그 확정신고기한 경과 후 30일 내에 사업자에게 환급하여야 한다.

③ 결정·경정에 의하여 추가로 발생한 환급세액은 지체 없이 사업자에게 환급하여야 한다.

④ 제1기 과세기간의 경우에는 3월과 6월은 조기환급기간이 될 수 없다.

기출처 2012 국가직 7급

LINK 세법1 421~423p   오진단 254~255p

난이도 ●●●●○   출제 가능 지수 ●●●○○

해설

사업자가 사업설비 확장을 위해 **감가상각자산**을 취득하는 경우 사업장 관할 세무서장은 일반환급 절차에도 불구하고 환급세액을 조기환급할 수 있다. 여기서 말하는 감가상각자산은 「소득세법 시행령」 제62조 및 「법인세법 시행령」 제24조에 따른 감가상각자산을 말한다. 즉, 토지는 해당되지 않는다.

[조기환급할 수 있는 사업 설비 = 「소득세법 시행령」 제62조 및 「법인세법 시행령」 제24조에 따른 감가상각자산]

「소득세법 시행령」 제62조에 따른 감가상각자산	「법인세법 시행령」 제24조에 따른 감가상각자산
㉠ 유형자산	㉠ 유형자산
ⓐ 건물(부속설비를 포함) 및 구축물	ⓐ 건물(부속설비를 포함) 및 구축물
ⓑ 차량 및 운반구, 공구, 기구 및 비품	ⓑ 차량 및 운반구, 공구, 기구 및 비품
ⓒ 선박 및 항공기	ⓒ 선박 및 항공기
ⓓ 기계 및 장치	ⓓ 기계 및 장치
ⓔ 동물과 식물	ⓔ 동물과 식물
ⓕ ⓐ~ⓔ와 유사한 유형자산	ⓕ ⓐ~ⓔ와 유사한 유형자산
㉡ 무형자산	㉡ 무형자산
ⓐ 영업권, 디자인권, 실용신안권, 상표권	ⓐ 영업권(합병 또는 분할로 인하여 합병법인등이 계상한 영업권은 제외), 디자인권, 실용신안권, 상표권
ⓑ 특허권, 어업권, 양식업권, 「해저광물자원 개발법」에 의한 채취권, 유료도로관리권, 수리권, 전기가스공급시설이용권, 공업용수도시설이용권, 수도시설이용권, 열공급시설이용권	ⓑ 특허권, 어업권, 양식업권, 「해저광물자원 개발법」에 의한 채취권, 유료도로관리권, 수리권, 전기가스공급시설이용권, 공업용수도시설이용권, 수도시설이용권, 열공급시설이용권
ⓒ 광업권, 전신전화전용시설이용권, 전용측선이용권, 하수종말처리장시설관리권, 수도시설관리권	ⓒ 광업권, 전신전화전용시설이용권, 전용측선이용권, 하수종말처리장시설관리권, 수도시설관리권
ⓓ 댐사용권, 개발비, 사용수익기부자산가액, 주파수이용권 및 공항시설관리권	ⓓ 댐사용권, 개발비, 사용수익기부자산가액, 주파수이용권 및 공항시설관리권
	ⓔ 「항만법」 제24조에 따른 항만시설관리권

정답 ①

결정·경정 및 징수

01

「부가가치세법」상 부가가치세의 결정·경정·징수와 환급에 관한 설명으로 옳지 않은 것은?

① 재화의 수입에 대한 부가가치세는 세관장이 관세징수의 예에 의하여 징수한다.

② 조기환급사유에 해당하는 경우를 제외하고 환급세액은 각 과세기간별로 그 확정신고기한 경과 후 30일 내에 사업자에게 환급하여야 한다.

③ 추계하는 경우를 제외하고 각 과세기간에 대한 과세표준과 납부세액을 결정하는 경우에는 세금계산서·장부 또는 그 밖의 증명자료를 근거로 하여야 한다.

④ 사업장별로 사업자등록을 하지 않은 경우에는 과세표준과 납부세액 또는 환급세액을 조사하여 결정 또는 경정하고 국세징수의 예에 따라 징수할 수 있다.

기출처 2010 국가직 9급

LINK 세법1 421, 423-424, 427p   오진다 254-256p

난이도 ●●●●●   출제 가능 지수 ●●●○○

해설

① 재화의 수입에 대한 부가가치세는 세관장이 「관세법」에 따라 징수한다(부법 58 ②).

④ 사업자가 사업자등록을 하지 않는 경우에는 **사업장 관할 세무서장이 조사하여 등록할 수 있다**(부령 11 ⑥). 즉, 과세표준과 납부세액 또는 환급세액을 조사하여 결정 또는 경정하는 사유에 해당하지 않는다.　　정답 ④

02

부가가치세의 결정·경정이나 징수 및 환급에 관한 설명으로 옳지 않은 것은?

① 사업장 관할 세무서장은 각 예정신고기간의 환급세액을 그 예정신고기한 경과 후 30일 이내에 사업자에게 환급하여야 한다.

② 사업장 관할 세무서장 등은 결정 또는 경정을 할 경우에 과세표준을 계산함에 있어서 필요한 세금계산서·장부 기타의 증빙이 없을 때에는 추계할 수 있다.

③ 사업장 관할 세무서장 등은 조사에 의하여 결정 또는 경정한 과세표준과 납부세액 또는 환급세액에 오류 또는 탈루가 있는 것이 발견된 때에는 즉시 이를 다시 경정한다.

④ 사업장 관할 세무서장은 결정 또는 경정을 한 경우에는 추가로 납부하여야 할 세액을 국세징수의 예에 의하여 징수한다.

기출처 2007 국가직 9급

LINK 세법1 421, 424-425p   오진다 254-257p

난이도 ●●●●●   출제 가능 지수 ●●●●○

해설

① 납세지 관할 세무서장은 **각 과세기간별로 그 과세기간**에 대한 환급세액을 **확정**신고한 사업자에게 그 **확정신고기한**이 지난 후 30일 이내에 환급하여야 한다(부법 59 ①).

④ 납세지 관할 세무서장은 사업자가 예정신고 또는 확정신고를 할 때에 신고한 납부세액을 납부하지 아니하거나 납부하여야 할 세액보다 적게 납부한 경우에는 그 세액을 「국세징수법」에 따라 징수하고, 결정 또는 경정을 한 경우에는 추가로 납부하여야 할 세액을 「국세징수법」에 따라 징수한다(부법 58 ①).　　정답 ①

04 전자적 용역을 공급하는 국외사업자의 부가가치세 등 과세 특례

01

「부가가치세법」상 신고와 납부에 대한 설명으로 옳지 않은 것은?

① 국외사업자로부터 권리를 공급받는 경우에는 공급받는 자의 국내에 있는 사업장의 소재지 또는 주소지를 해당 권리가 공급되는 장소로 본다.

② 국외사업자로부터 국내에서 용역을 공급받는 자(공급받은 그 용역을 과세사업에 제공하는 경우는 제외하되, 매입세액이 공제되지 않은 용역을 공급받는 경우는 포함)는 그 대가를 지급하는 때에 그 대가를 받은 자로부터 부가가치세를 징수하여야 한다.

③ 국외사업자가 「부가가치세법」에 따른 사업자등록의 대상으로서 위탁매매인을 통하여 국내에서 용역을 공급하는 경우에는 국외사업자가 해당 용역을 공급한 것으로 본다.

④ 국외사업자가 전자적 용역을 국내에 제공하는 경우(사업자등록을 한 자의 과세사업 또는 면세사업에 대하여 용역을 공급하는 경우는 제외)에는 사업의 개시일부터 20일 이내에 간편사업자등록을 하여야 한다.

기출처 **2021 국가직 7급**

LINK **세법1** 323, 419, 428, 430p **오진다** 198, 252, 258-269p

난이도 ●●●●○ 출제 가능 지수 ●●●●○

해설

① 국외사업자로부터 권리를 공급받는 경우에는 공급받는 자의 국내에 있는 사업장의 소재지 또는 주소지를 해당 권리가 공급되는 장소로 본다(부법 53 ②).

③ 국외사업자가 「부가가치세법」에 따른 사업자등록의 대상으로서 다음의 위탁매매인 등을 통하여 국내에서 용역 등을 공급하는 경우에는 해당 **위탁매매인 등**이 해당 용역 등을 공급한 것으로 본다(부법 53 ①).

㉠ 위탁매매인
㉡ 준위탁매매인
㉢ 대리인
㉣ 중개인(구매자로부터 거래대금을 수취하여 판매자에게 지급하는 경우에 한정)

정답 ③

02

「부가가치세법령」상 국외사업자의 전자적 용역 공급에 대한 설명으로 옳지 않은 것은?

① 국내사업장이 없는 비거주자 또는 외국법인이 국내에 이동통신 단말장치 또는 컴퓨터 등을 통하여 구동되는 전자적 용역을 공급하는 경우(「부가가치세법」, 「소득세법」 또는 「법인세법」에 따라 사업자등록을 한 자의 과세사업 또는 면세사업에 대하여 용역을 공급하는 경우는 제외)에는 국내에서 해당 전자적 용역이 공급되는 것으로 본다.

② 간편사업자등록을 한 자의 국내로 공급되는 전자적 용역의 공급시기는 구매자가 공급하는 자로부터 전자적 용역을 제공받은 때와 구매자가 전자적 용역을 구매하기 위하여 대금의 결제를 완료한 때 중 빠른 때로 한다.

③ 국내사업장이 없는 비거주자 또는 외국법인이 정보통신망 등을 이용하여 전자적 용역의 거래가 가능하도록 오픈마켓이나 그와 유사한 것을 운영하고 관련 서비스를 제공하는 자를 통하여 국내에 전자적 용역을 공급하는 경우(국내사업자의 용역 등 공급 특례가 적용되는 경우는 제외)에는 그 오픈마켓을 운영하고 관련 서비스를 제공하는 자가 해당 전자적 용역을 국내에서 공급한 것으로 본다.

④ 간편사업자등록을 한 사업자가 국내에 전자적 용역을 공급하는 경우에는 국내사업자와 동일하게 세금계산서 및 영수증을 발급하여야 한다.

기출처 **2017 국가직 7급**

LINK 세법1 428-429p 오진다 258-259p

난이도 ●●●●● 출제 가능 지수 ●●●●●

해설

간편사업자등록을 한 사업자가 국내에 전자적 용역을 공급하는 경우에는 세금계산서를 **발급하지 아니할 수 있다**(부법 33 ①, 부령 71 ① (8)). 정답 ④

09

겸영사업자의 안분계산

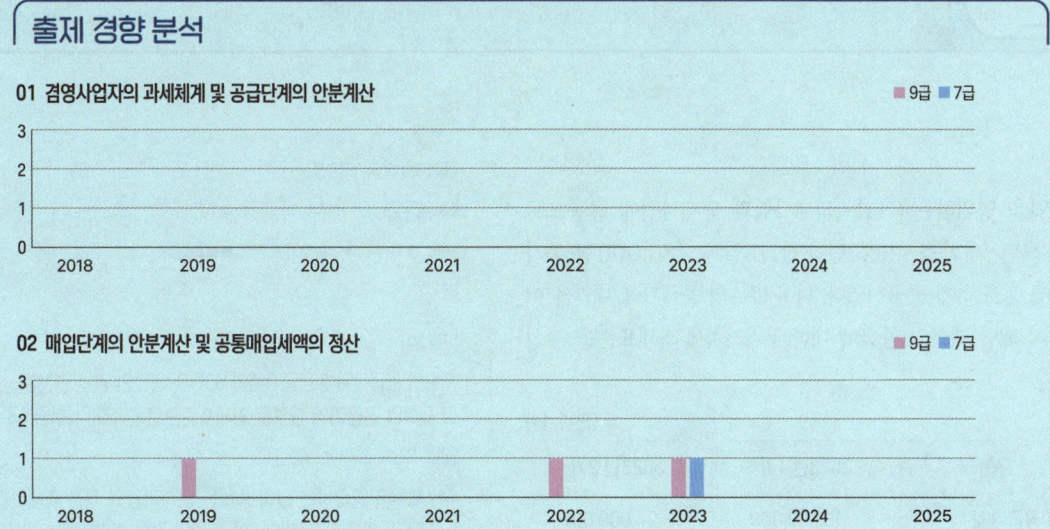

01 겸영사업자의 과세체계 및 공급단계의 안분계산

02 매입단계의 안분계산 및 공통매입세액의 정산

기출 분석

'겸영사업자의 안분계산' 파트는 2-3년에 한번씩 출제되는 주제이며, 주로 계산형 문제가 출제되었습니다.
그러므로 수험생들에게 부담이 되는 주제이기도 합니다. 계산형 문제는 법 논리를 완벽히 이해하는 데서 출발합니다. 또한 관련
계산형 응용 문제를 많이 풀어보아야 할 파트이기도 합니다.

01

제조업을 영위하는 ㈜A는 과세사업과 면세사업에 공통으로 사용하던 재화를 2023년 8월 15일에 480,000원(부가가치세 불포함)에 공급하였다. 다음 ㈜A의 공급가액 내역을 이용하여 해당 재화의 공급에 대한 부가가치세 과세표준을 계산하면?

(단위: 원)

구분	2023년 1기	2023년 2기
과세공급가액	18,000,000	24,000,000
면세공급가액	2,000,000	6,000,000
합계	20,000,000	30,000,000

① 384,000원   ② 403,200원
③ 432,000원   ④ 480,000원

02

「부가가치세법」상 과세표준에 대한 설명으로 옳은 것만으로 묶인 것은?

> ㉠ 사업자가 2과세기간 이상에 걸쳐 부동산임대용역을 공급하고 그 대가를 선불 또는 후불로 받는 경우에는 그 선불 또는 후불로 받은 금액을 과세표준으로 한다.
> ㉡ 과세사업과 면세사업에 공통으로 사용되는 재화를 공급하는 경우에 재화를 공급하는 날이 속하는 과세기간의 총공급가액 중 면세공급가액의 비율이 5% 미만인 경우 해당 재화의 공급가액 전부를 과세표준으로 한다.
> ㉢ 위탁가공무역방식으로 수출하는 경우에는 완성된 제품의 인도가액을 과세표준으로 한다.
> ㉣ 계약 등에 의하여 확정된 대가의 지급지연으로 인하여 지급받는 연체이자는 과세표준에서 공제하지 아니한다.

① ㉢   ② ㉠, ㉡   ③ ㉡, ㉢   ④ ㉡, ㉣

기출처 2017 국가직 9급
LINK 세법1 435-436p 오진다 261p
난이도 ●●○○○ 출제 가능 지수 ●●●○○

해설

재화의 공급단위별 공급가액이 50만원 미만인 경우 **안분계산을 생략**하고 해당 재화의 **공급가액 전부를 과세표준으로 간주**한다(부령 63 ③).

[안분계산을 생략하는 경우]

> ㉠ 재화를 공급하는 날이 속하는 과세기간의 직전 과세기간의 총공급가액 중 면세공급가액이 5% 미만인 경우 (다만, 해당 재화의 공급가액이 5,000만원 이상인 경우는 제외한다.)
> ㉡ 재화의 공급단위별 공급가액이 50만원 미만인 경우
> ㉢ 재화를 공급하는 날이 속하는 과세기간에 신규로 사업을 시작하여 직전 과세기간이 없는 경우

정답 ④

기출처 2011 국가직 9급
LINK 세법1 371, 374, 383, 436p 오진다 226-227, 231, 261p
난이도 ●●●○○ 출제 가능 지수 ●●●●○

해설

㉠ 둘 이상의 과세기간에 걸쳐 공급하고 대가를 선불이나 후불로 받는 경우 공급시기 규정에 따라 예정신고기간 또는 과세기간의 종료일에 **월할계산한 금액**을 과세표준으로 한다(부령 65 ⑤).

$$\text{과세표준} = \text{선불 또는 후불로 수령한 임대료} \times \frac{\text{해당 과세기간 중 임대월수}}{\text{총임대계약 기간월수}}$$

㉡ 과세사업과 면세사업에 공통으로 사용되는 재화를 공급하는 경우에 재화를 공급하는 날이 속하는 과세기간의 **직전 과세기간의** 총공급가액 중 면세공급가액의 비율이 5% 미만인 경우 안분계산을 생략하고 해당 재화의 공급가액을 전부를 과세표준으로 간주한다(부령 63 ③). 해당 재화의 공급가액이 5천만원 이상인 경우 제외한다.

㉣ 계약 등에 의하여 확정된 대가의 지급지연으로 인하여 지급받는 연체이자는 공급가액에 포함되지 않는 것으로 과세표준에 **포함하지 않는다**.

정답 ①

02 매입단계의 안분계산 및 공통매입세액의 정산

2-01

다음은 과세사업과 면세사업을 겸영하는 일반과세자 K(개인)의 2024년 제2기(2024.7.1.~2024.12.31.) 부가가치세 관련 자료이다. 2024년 제2기에 매출세액에서 공제되는 매입세액은? (단, 모든 거래에 대한 세금계산서 및 계산서는 적법하게 발급받았다)

○ 매입세액

구분	세액
과세사업	30,000,000원
면세사업	30,000,000원
과세·면세공통(실지귀속 불분명)	10,000,000원*
합계	70,000,000원

* 2024년 제2기에 구입하여 2024년 제2기에 전부 공급한 기계장치에 대한 매입세액임

○ 공급가액

구분	과세사업	면세사업
2024년 제1기	960,000,000원	40,000,000원
2024년 제2기	800,000,000원	200,000,000원

① 35,000,000원　　② 38,000,000원
③ 39,600,000원　　④ 40,000,000원

기출처 2023 국가직 7급
LINK 세법1 437-438p　오진다 262p
난이도 ●●●●○　출제 가능 지수 ●●●○○

해설

(1) 과세사업 매입세액 　　　　　　　　= 30,000,000원

(2) 공통매입세액 안분계산* $10,000,000원 \times \dfrac{960,000,000원}{1,000,000,000원}$

　　　　　　　　　　　　　　　　　= 9,600,000원

(3) 매출세액에서 공제되는 매입세[(1) + (2)] = **39,600,000원**

* ㉠ 매입단계의 안분계산

실지귀속을 구분할 수 없는 매입세액은 공통매입세액 안분기준을 적용하여 다음과 같이 안분계산하며, 아래 ㉡에 해당하는 경우에는 안분계산을 생략하고 해당 재화의 공통매입세액 전부를 공제할 수 있는 매입세액으로 간주한다.

$$과세사업에 관련된 매입세액 = 공통매입세액 \times \dfrac{해당\ 과세기간의\ 과세공급가액}{해당\ 과세기간의\ 총공급가액}$$

다만, 과세사업과 면세사업에 공통으로 사용되는 재화를, 공급받은 과세기간 중에 그 재화를 공급하여 직전 과세기간의 공급가액 실적에 따라 과세표준에 포함되는 공급가액을 안분계산한 경우에는 그 재화에 대한 매입세액의 안분계산도 직전 과세기간의 공급가액 실적을 기준으로 계산하며, 직전 과세기간인 2024년 제1기의 총공급가액 중 면세공급가액이 5% 미만이나 공통매입세액이 500만원 이상이므로 안분계산을 하여야 한다.

㉡ 안분계산을 생략하는 경우

ⓐ 해당 과세기간의 총공급가액 중 면세공급가액이 5% 미만인 경우. 다만, 공통매입세액이 500만원 이상인 경우는 제외한다.
ⓑ 해당 과세기간 중 공통매입세액 '합계액'이 5만원 미만인 경우
ⓒ 신규로 사업을 개시함으로 인하여 '해당 과세기간에 매입하여 해당 과세기간에 매각한 공통사용재화의 과세표준의 안분계산을 생략한 경우'에 그 재화의 매입세액

정답 ③

01

부가가치세법령상 납부세액 등에 대한 설명으로 옳은 것은?

① 사업자는 부가가치세가 과세되는 재화를 공급하고 외상매출금(부가가치세를 포함한 것을 말한다)의 일부가 공급을 받은 자의 파산으로 대손되어 회수할 수 없는 경우에는 대손금액에 100분의 10을 곱한 금액을 매출세액에서 뺄 수 있다.

② 건축물이 있는 토지를 취득하여 그 건축물을 철거하고 토지만 사용하는 경우에는 철거한 건축물의 취득 및 철거 비용과 관련된 매입세액은 매출세액에서 공제하지 아니한다.

③ 사업자가 자기의 사업을 위하여 사용할 목적으로 공급받은 재화에 대한 부가가치세액은 해당 재화를 사업에 사용한 날이 속하는 과세기간의 매출세액에서 공제한다.

④ 사업자가 과세사업과 면세사업 등을 겸영하는 경우에 과세사업과 면세사업 등에 관련된 매입세액의 계산은 실지귀속과 관계없이 총공급가액에 대한 면세공급가액의 비율 등 대통령령으로 정하는 기준을 적용하여 안분 계산한다.

기출처 2023 국가직 9급

LINK 세법1 385, 390, 404, 437p   오진다 232, 235, 243, 262p

난이도 ●●●●○   출제 가능 지수 ●●●○○

해설

① 사업자는 부가가치세가 과세되는 재화를 공급하고 외상매출금(부가가치세를 포함한 것을 말한다)의 일부가 공급을 받은 자의 파산으로 대손되어 회수할 수 없는 경우에는 대손금액에 **110분의 10**을 곱한 금액을 매출세액에서 뺄 수 있다.

③ 사업자가 자기의 사업을 위하여 사용할 목적으로 공급받은 재화에 대한 부가가치세액은 해당 **재화를 공급받는 시기**가 속하는 과세기간의 매출세액에서 공제한다.

④ 사업자가 과세사업과 면세사업 등을 겸영하는 경우에 과세사업과 면세사업 등에 관련된 매입세액의 계산은 **실지귀속을 구분할 수 있는 경우 그 실지귀속을 분명히 따질 수 있는 비율을 적용하여 안분 계산하고,** 실지귀속을 구분할 수 없는 경우에만 총공급가액에 대한 면세공급가액의 비율 등 대통령령으로 정하는 기준을 적용하여 안분 계산한다.   정답 ②

02

소매업을 영위하는 ㈜한국은 과세사업과 면세사업을 겸영하고 있다. 2023년 제1기 과세 및 면세사업의 공급가액과 매입세액이 다음과 같을 때, 확정신고 시 공제받을 수 없는 매입세액은? (단, 모든 거래에 대한 세금계산서 및 계산서는 적법하게 발급받았으며, 주어진 자료 이외의 다른 사항은 고려하지 않는다)

(단위: 만 원)

구분	공급가액	매입세액
과세사업	300	25
면세사업	200	10
과세·면세공통(실지귀속 불분명)	-	20
합계	500	55

① 8만 원
② 10만 원
③ 18만 원
④ 30만 원

기출처 2022 국가직 9급
LINK 세법1 437-438p 오진다 262p
난이도 ●●●●○ 출제가능지수 ●●●●○

해설

- 해당 과세기간 중 **공통매입세액 '합계액'이 5만원 이상**이므로 안분계산 생략에 해당되지 않는다.
- 공통매입세액이 500만원 이상인 경우로서 해당 과세기간의 총공급가액 중 면세공급가액이 5% 미만인 경우에도 해당되지 않으므로 안분계산 생략에 해당되지 않는다.
- 신규로 사업을 개시하였다는 단서가 없으며 주어진 자료 이외의 다른 사항은 고려하지 아니한다고 문제에 제시되어 있으므로 안분계산 생략에 해당되지 않는다.

면세사업에 관련된 매입세액

$$= 공통매입세액 \times \frac{해당\ 과세기간의\ 면세공급가액}{해당\ 과세기간의\ 총공급가액}$$

$$= 20만\ 원 \times \frac{200만원}{500만원} = \mathbf{8만\ 원}$$

∴ 확정신고 시 공제받을 수 없는 매입세액은 다음과 같다.

면세사업의 매입세액 + 면세사업에 관련된 공통매입세액
= 10만 원 + **8만 원** = **18만 원**

[안분계산 비교]

	원칙		
공급단계의 안분계산	과세표준 = 재화의 공급가액	$\times$	$\dfrac{\text{직전 과세기간의 과세공급가액}}{\text{직전 과세기간의 총공급가액}}$
	면세사업에 관련된 매입세액 = 공통매입세액	$\times$	$\dfrac{\text{해당 과세기간의 면세공급가액}}{\text{해당 과세기간의 총공급가액}}$
	특례		
매입단계의 안분계산	과세표준 = 재화의 공급가액	$\times$	$\dfrac{\text{직전 과세기간의 과세사용면적}}{\text{직전 과세기간의 총사용면적}}$
	면세사업에 관련된 매입세액 = 공통매입세액	$\times$	$\dfrac{\text{직전 과세기간의 면세공급가액}}{\text{직전 과세기간의 총공급가액}}$

정답 ③

03

「부가가치세법령」상 홍길동은 과세사업과 면세사업을 겸영하고 있는데 과세사업과 면세사업으로 실지귀속을 구분할 수 없는 2023년 제2기의 공통매입세액은 1천만원이다. 홍길동의 2023년 제1기와 제2기의 과세 및 면세사업의 공급가액은 다음과 같다. 공통매입세액 중 2023년 제2기 과세기간에 공제받을 수 있는 금액은? (단, 매입세액의 공제요건은 충족하고, 2023년 제2기 중 공통으로 사용되는 재화를 공급한 것은 없다)

구분	2023년 제1기	2023년 제2기
과세사업	8천만원	4천만원
면세사업	2천만원	6천만원
합계	1억원	1억원

① 8백만원 ② 6백만원
③ 4백만원 ④ 2백만원

기출처 2019 국가직 9급
LINK 세법1 437p 오진다 262p
난이도 ●●○○○ 출제 가능 지수 ●●○○○

해설

실지귀속을 구분할 수 없는 매입세액은 기획재정부령이 정하는 경우를 제외하고는 **해당 과세기간**의 면세공급가액 비율을 적용하여 안분 계산한다.

$$\text{공제받을 수 있는 공통매입세액} = 1천만원 \times \frac{4천만원}{1억원} = \textbf{400만원}$$

정답 ③

04

다음은 과세재화와 면세재화를 제조 및 판매하고 있는 甲회사의 2023년도 제2기 부가가치세 과세기간에 대한 자료이다. 한편, 2023년도 제2기 과세기간의 매입가액에 대한 부가가치세는 모두 매입세액 공제대상이다. 2023년도 제2기 甲회사의 부가가치세 납부세액은?

○ 공급가액
 • 2023년 제1기
  – 총공급가액: 200,000,000원
  – 면세공급가액: 100,000,000원
 • 2023년 제2기
  – 총공급가액: 200,000,000원
  – 면세공급가액: 80,000,000원
○ 매입가액
  – 과세재화용 원재료: 65,000,000원
  – 면세재화용 원재료: 35,000,000원
  – 과세사업과 면세사업에 공통으로 사용되는 부재료
   : 25,000,000원

① 2,000,000원 ② 2,250,000원
③ 4,000,000원 ④ 4,250,000원

기출처 2012 국가직 7급
LINK 세법1 437p 오진다 262p
난이도 ●●●●○ 출제 가능 지수 ●●●○○

해설

(1) 매출세액 = (총공급가액 - 면세공급가액) × 10%
  = 120,000,000원 × 10% = 12,000,000원
(2) 매입세액 = 과세재화 매입세액 + 과세되는 공통재화 매입세액
  = (65,000,000원 × 10%) + (25,000,000원
   $\times \dfrac{120,000,000원}{200,000,000원}$ × 10%) = 8,000,000원
(3) 2023년도 제2기 甲회사의 부가가치세 납부세액
  = (1) 매출세액 - (2) 매입세액 = **4,000,000원**

정답 ③

10

간이과세

출제 경향 분석

01 간이과세의 개요

02 과세유형의 변경

03 간이과세의 포기

04 간이과세자의 부가가치세 계산구조

05 신고·납부와 결정·경정 및 징수

기출 분석

'간이과세'는 빈출 주제는 아니었으나 최근 2년 연속 9급 시험에 출제되었습니다. 지엽적인 법조문보다는 일반적인 내용들을 위주로 잘 정리해두시면 좋겠습니다.

01 간이과세의 개요

1-01

부가가치세법령상 간이과세자로 보는 사업자에 해당하는 것은?

① 부동산매매업을 경영하는 자로서 직전 연도의 공급대가의 합계액이 5천만 원인 개인사업자

② 전기·가스사업을 경영하는 자로서 직전 연도의 공급대가의 합계액이 6천만 원인 개인사업자

③ 도배, 실내 장식사업을 경영하는 자로서 직전 연도의 공급대가의 합계액이 7천만 원인 개인사업자

④ 특별시에서 「개별소비세법」 제1조제4항에 해당하는 과세유흥장소를 경영하는 자로서 직전 연도의 공급대가의 합계액이 5천만 원인 개인사업자

기출처 **2024 국가직 9급**

LINK 세법1 445p   오진단 265-266p

난이도 ●●●○○   출제 가능 지수 ●●●●○

해설

①,② 법에서 정하는 사업을 경영하는 자는 **직전 연도 공급대가와 관계없이** 간이과세자로 **보지 아니한다**.

㉠ 광업

㉡ 제조업 (단, 주로 최종소비자에게 직접 재화를 공급하는 사업으로 과자점업, 도정업, 제분업 및 양복점업 등 국세청장이 정하는 사업은 제외)

㉢ 도매업 (소매업을 겸영하는 경우를 포함하되, 재생용 재료수집 및 판매업은 제외) 및 상품중개업

㉣ **부동산매매업**

㉤ 「개별소비세법」상 과세유흥장소를 경영하는 사업으로서 기획재정부령이 정하는 것

㉥ 부동산임대업으로서 기획재정부령으로 정하는 것

㉦ 법령으로 정한 전문자격사업

㉧ 사업장 소재 지역, 사업의 종류, 규모를 고려하여 국세청장이 정하는 기준에 해당하는 사업

㉨ 전전년도 기준 복식부기의무자가 경영하는 사업

㉩ **전기·가스**·증기 및 수도 사업

㉪ 건설업 (단, 주로 최종소비자에게 직접 재화 또는 용역을 공급하는 사업으로서 도배·배관·냉난방 공사업·내장 목공사업 등 기획재정부령으로 정하는 사업은 제외)

㉫ 전문·과학·기술서비스업, 사업시설 관리·사업지원 및 임대 서비스업 (단, 주로 최종소비자에게 직접 용역을 공급하는 사업으로서 가정용품 임대업·행사영상촬영업 등 기획재정부령으로 정하는 사업은 제외)

④ 부동산임대업 또는 과세유흥장소를 경영하는 사업자로서 해당 업종의 직전 연도의 공급대가의 합계액이 **4,800만원 이상**인 사업자는 간이과세자로 **보지 아니한다**.

정답 ③

01

우리나라의 부가가치세 제도에 관한 설명으로 옳은 것은?

① 영세율 적용 대상 사업자인 경우에는 「부가가치세법」상의 사업자등록을 하지 않아도 된다.

② 사업자가 조기환급기간에 대한 과세표준과 환급세액을 세무서장에게 신고하는 경우에는 조기환급기간에 대한 환급세액을 해당 조기환급신고기한이 지난 후 25일 이내에 사업자에게 환급하여야 한다.

③ 대리납부의무자가 대리납부를 하지 아니한 경우에는 그 납부하지 아니한 세액 또는 과소납부분 세액의 50%(법정납부기한의 다음 날부터 납부고지일까지의 기간에 해당하는 금액은 10%)에 상당하는 금액을 한도로 일정액의 가산세를 징수한다.

④ 간이과세에 대하여는 공급가액을 과세표준으로 한다.

기출처 2007 국가직 9급

LINK 세법1 327, 420, 422, 450p   오진다 199, 253-254, 266p

난이도 ●●○○○   출제가능지수 ●●○○○

해설

① 영세율이 적용되는 사업자는 적용되는 세율이 0%인 것을 제외하고는 부가가치세 납세의무가 동일하게 부여된다. 그러므로 「부가가치세법」이 요구하는 각종의 협력의무를 이행해야 한다. 즉, 영세율 적용 대상 사업자도 「부가가치세법」상의 사업자등록을 **해야 한다**.

② 사업자가 조기환급기간에 대한 과세표준과 환급세액을 세무서장에게 신고하는 경우에는 조기환급기간에 대한 환급세액을 해당 조기환급신고기한이 지난 후 **15일** 이내에 사업자에게 환급하여야 한다.

④ 간이과세에 대하여는 **공급대가**를 과세표준으로 한다.

[일반과세자와 간이과세자의 비교]

구분	일반과세자	간이과세자
발급 증빙	세금계산서 또는 영수증	
과세표준	공급가액	공급대가
납부세액의 계산	매출세액 - 매입세액	과세표준 × 부가가치율 × 10%
매입세액의 처리	납부세액 계산 시 공제	세액공제를 통해 적용
의제매입세액 적용	업종 제한 없이 적용	불가능
예정신고·예정고지	① 원칙: **예정신고** ② 예외: **예정고지** 다음의 자에게는 직전 과세기간에 대한 납부세액 × 50%를 납부세액으로 결정하여 예정고지 ㉠ 개인사업자 ㉡ 전 과세기간 공급가액의 합계액이 1억 5천만 원 미만인 법인사업자	① 원칙: **예정고지** 직전 과세기간에 대한 납부 × 50%[*1]를 납부세액으로 결정하여 예정고지 ② 예외: **예정신고** ㉠ 예정신고 가능: 예정부과기간의 공급대가의 합계액(납부세액) < 직전 과세기간의 공급대가의 합계액(납부세액) × $\frac{1}{3}$인자 ㉡ 예정신고 강제: 예정부과기간에 세금계산서를 발급한 간이과세자 [*1] 직전 과세기간에 일반과세자에서 간이과세자로 유형이 변경된 경우 100% 예외 있음
포기제도	없음	있음

정답 ③

02 과세유형의 변경

01

부가가치세법령상 과세유형의 전환에 대한 설명으로 옳지 않은 것은?

① 일반과세자가 간이과세자로 변경되는 경우 그 변경되는 해에 간이과세자에 관한 규정이 적용되는 기간의 부가가치세의 과세기간은 그 변경 이후 1월 1일부터 12월 31일까지이다.

② 간이과세자가 일반과세자로 변경되는 경우 그 변경되는 해에 간이과세자에 관한 규정이 적용되는 기간의 부가가치세의 과세기간은 그 변경 이전 1월 1일부터 6월 30일까지이다.

③ 간이과세자가 「부가가치세법 시행령」 제109조 제2항에 따른 사업(간이과세자로 보지 아니하는 사업)을 신규로 겸영하는 경우에는 해당 사업의 개시일이 속하는 과세기간의 다음 과세기간부터 간이과세자에 관한 규정을 적용하지 않는다.

④ 「부가가치세법 시행령」 제109조 제2항에 따른 사업(간이과세자로 보지 아니하는 사업)을 신규로 겸영하여 일반과세자로 전환된 사업자로서 해당 연도 공급대가의 합계액이 1억4백만원 미만인 사업자가 해당 간이과세자로 보지 아니하는 사업을 폐지하는 경우에는 해당 사업의 폐지일이 속하는 연도의 다음 연도 7월 1일부터 간이과세자에 관한 규정을 적용한다.

기출처 2022 국가직 7급 수정

LINK 세법1 447p   오진다 267-268p

난이도 ●●●○   출제 가능 지수 ●●●●○

해설

① 일반과세자가 간이과세자로 변경되는 경우 그 변경되는 해에 간이과세자에 관한 규정이 적용되는 기간의 부가가치세의 과세기간은 그 변경 이후 **7월** 1일부터 12월 31일까지이다.

과세유형의 변경	간이과세자 규정을 적용하는 과세기간
① 일반과세자 → 간이과세자	그 변경 이후 7월 1일 ~ 12월 31일
② 간이과세자 → 일반과세자	그 변경 이전 1월 1일 ~ 6월 30일

정답 ①

02

「부가가치세법」상 간이과세 및 일반과세의 적용시기에 관한 설명으로서 가장 옳지 않은 것은? (단, 2021년 7월 1일 이후 거래로 가정한다)

① 일반과세자에서 간이과세자로 혹은 간이과세자에서 일반과세자로 과세유형의 변경은 해의 1월 1일부터 12월 31일까지의 공급대가가 기준금액에 미달되거나 그 이상이 되는 해의 다음 해의 제1 과세기간부터 적용한다.

② 신규사업자의 경우에는 간이과세자에 관한 규정이 적용되거나 적용되지 아니하게 되는 기간은 최초로 사업을 개시한 해의 다음 해의 7월 1일부터 그 다음 해의 6월 30일까지로 한다.

③ 간이과세자가 간이과세 적용배제 업종을 신규로 겸영하는 경우에는 해당 사업개시일이 속하는 과세기간의 다음 과세기간부터 간이과세 규정을 적용하지 아니한다.

④ 간이과세자의 결정 또는 경정한 공급대가가 기준금액 이상인 개인사업자는 그 결정 또는 경정한 날이 속하는 과세기간까지는 간이과세자로 본다.

⑤ 일반과세자에서 간이과세자로 과세유형의 전환은 과세유형 전환에 관한 통지를 요건으로 하지 아니한다.

기출처 2008 서울시 9급 수정

LINK 세법1 446-448p 오진단 267-269p

난이도 ●●●○○ 출제가능 지수 ●●●●○

해설

① 간이과세자에 관한 규정이 적용되거나 적용되지 않게 되는 기간은 해의 1월 1일부터 12월 31일까지의 공급대가의 합계액이 1억4백만원에 미달하거나 그 이상이 되는 해의 **다음 해의 7월 1일부터 그 다음 해의 6월 30일까지**로 한다(부법 62 ①).

② 직전 과세기간에 신규로 사업을 시작한 개인사업자에 대하여는 그 사업 개시일부터 그 과세기간 종료일까지의 공급대가를 합한 금액을 12개월로 환산한 금액을 기준으로 하여 적용하며, 이 경우 간이과세자에 관한 규정이 적용되거나 적용되지 아니하게 되는 기간은 최초로 사업을 개시한 해의 다음 해의 7월 1일부터 그 다음 해의 6월30일까지로 한다(부법 62 ②).

정답 ①

03 간이과세의 포기

3-01

부가가치세법령상 간이과세자에 대한 설명으로 옳은 것은?

① 직전 연도의 재화와 용역의 공급대가의 합계액이 1억4백만 원에 미달하는 법인은 간이과세자에 해당한다.

② 신규로 사업을 개시한 사업자의 경우 간이과세자에 관한 규정이 적용되거나 적용되지 아니하게 되는 기간은 최초로 사업을 개시한 해의 다음 해의 7월 1일부터 그 다음 해의 6월 30일까지로 한다.

③ 간이과세자가 일반과세자에 관한 규정을 적용받는 사업장을 신규로 개설하는 경우에는 해당 사업 개시일이 속하는 과세기간부터 간이과세자에 관한 규정을 적용하지 아니한다.

④ 간이과세자가 간이과세자에 관한 규정의 적용을 포기하고 일반과세자에 관한 규정을 적용받으려는 경우에는 적용받으려는 달의 마지막 날까지 대통령령으로 정하는 바에 따라 납세지 관할 세무서장에게 신고하여야 한다.

기출처 **2025 국가직 9급**

LINK **세법1** 444, 447-449p **오진다** 265, 267-269p

난이도 ●●●○○   출제 가능 지수 ●●●●○

해설

① 직전 연도의 재화와 용역의 공급대가의 합계액이 1억4백만 원에 미달하는 **개인**은 간이과세자에 해당한다. 법인사업자는 간이과세자 규정을 적용받을 수 없다.

③ 간이과세자가 일반과세자에 관한 규정을 적용받는 사업장을 신규로 개설하는 경우에는 해당 사업 개시일이 속하는 과세기간의 **다음 과세기간**부터 간이과세자에 관한 규정을 적용하지 아니한다.

④ 간이과세자가 간이과세자에 관한 규정의 적용을 포기하고 일반과세자에 관한 규정을 적용받으려는 경우에는 적용받으려는 달의 **전달** 마지막 날까지 대통령령으로 정하는 바에 따라 납세지 관할 세무서장에게 신고하여야 한다.

정답 ②

01

「부가가치세법」상 간이과세에 대한 설명으로 옳지 않은 것은? (단, 2021년 7월 1일 이후 거래로 가정한다)

① 2021년 7월 1일 이후 매입분에 대해서 간이과세자는 의제매입세액공제를 받을 수 없다.

② 휴업자, 폐업자 및 과세기간 중 과세유형을 전환한 간이과세자에 대하여는 그 과세기간 개시일부터 휴업일, 폐업일 및 과세유형 전환일까지의 공급대가의 합계액을 12개월로 환산한 금액을 기준으로 납세의무의 면제 여부를 판정하며, 이 경우 1개월 미만의 끝수가 있을 때에는 이를 1개월로 한다.

③ 간이과세자가 재화 또는 용역을 공급하는 경우 영수증을 교부하여야 하며, 상대방이 사업자등록증을 제시하고 세금계산서의 교부를 요구하는 경우에는 세금계산서를 교부할 수 없다.

④ 간이과세자가 일반과세자에 관한 규정을 적용받기 위하여 간이과세포기신고를 한 경우에는 그 적용 받으려는 달의 1일부터 3년이 되는 날이 속하는 과세기간까지는 일반과세자에 관한 규정을 적용 받아야 한다.

기출처 2013 국가직 7급 수정

LINK 세법1 446, 449, 452p 오진단 265-267, 270p

난이도 ●●○○○ 출제 가능지수 ●●●●●

해설

① 개정 전에는 음식점업과 제조업을 운영하는 간이과세자는 의제매입세액공제를 받을 수 있었으나 2021년 7월 1일 매입분부터 업종 관계없이 간이과세자는 의제매입세액공제를 받을 수 없다.

② 납세의무의 면제 여부를 판정하는 때 다음의 경우에는 공급대가의 합계액을 12개월로 환산한 금액을 기준으로 한다. 이 경우 1개월 미만의 끝수가 있으면 1개월로 한다.

> ㉠ 해당 과세기간에 신규로 사업을 시작한 간이과세자는 그 사업 개시일부터 그 과세기간 종료일까지의 공급대가의 합계액
>
> ㉡ 휴업자·폐업자 및 과세기간 중 과세유형을 전환한 간이과세자는 그 과세기간 개시일부터 휴업일·폐업일 및 과세유형 전환일까지의 공급대가의 합계액
>
> ㉢ 일반과세자가 간이과세자로 변경되거나 간이과세자가 일반과세자로 변경되는 경우의 간이과세자는 해당 과세기간의 공급대가의 합계액

③ 간이과세자는 **세금계산서를 발급하는 것을 원칙**(2021년 7월 1일 공급분부터)으로 하며 간이과세자 중 직전연도 공급대가 합계액이 4,800만원 미만인 자 등 일정한 자는 영수증을 발급한다.

[간이과세 포기 시 재적용 제한 기간]

> ㉠ 원칙: 일반과세자에 관한 규정을 적용받으려는 달의 1일부터 3년이 되는 날이 속하는 과세기간까지
>
> ㉡ 신규사업자가 사업자등록과 동시에 간이과세를 포기한 경우: 사업 개시일이 속하는 달의 1일부터 3년이 되는 날이 속하는 과세기간까지

[면세 포기와 간이과세 포기의 비교]

구분	면세 포기	간이과세 포기
승인 여부		불필요
신고기한	없음	일반과세를 적용하고자 하는 달의 전달 마지막 날까지 신고서 제출
재적용 신고기한	없음	간이과세를 적용하고자 하는 과세기간 개시 10일 전까지 신고서 제출
강제 적용기간의 기산	포기신고일부터 3년간	일반과세자 적용을 받으려는 달의 1일부터 3년이 되는 날이 속하는 과세기간까지

정답 ③

01

「부가가치세법령」상 간이과세자에게 허용되지 않는 것은? (단, 법령상의 해당 요건은 충족한다)

① 법령에 따라 공제받을 금액이 각 과세기간의 납부세액을 초과하는 경우 그 초과부분의 환급
② 간이과세자에 관한 규정의 적용 포기
③ 전자신고에 대한 세액공제
④ 재화의 수출에 대한 영세율 적용

기출처 **2019 국가직 9급 수정**

LINK 세법1 446, 448, 458p   오진다 266, 269p

난이도 ●●○○○   출제 가능 지수 ●●●○○

해설

간이과세자의 경우 법령에 따라 공제받을 금액의 합계액이 각 과세기간의 납부세액을 초과하는 경우에는 그 초과하는 부분은 없는 것으로 본다(부법 63 ⑤). 즉 그 **초과부분의 환급은 허용되지 않는다.**   정답 ①

02

「부가가치세법령」상 일반과세자와 간이과세자를 비교하여 설명한 내용으로 옳지 않은 것은? (단, 2021년 7월 1일 이후 거래로 가정한다)

① 법정요건을 충족하는 경우 일반과세자에 대해서는 면세농산물 등에 대한 의제매입세액공제 특례가 적용될 수 있으나, 간이과세자는 의제매입세액공제 특례가 적용될 수 없다.
② 재화 또는 용역의 공급에 대한 일반과세자의 부가가치 과세표준은 해당 과세기간에 공급한 재화 또는 용역의 공급가액을 합한 금액으로 하는데 반하여, 간이과세자의 과세표준은 해당 과세기간의 공급대가의 합계액으로 한다.
③ 일반과세자의 경우에는 세금계산서 관련 가산세가 적용되지만, 간이과세자의 경우 세금계산서 관련 가산세가 적용되는 경우는 없다.
④ 법정요건을 충족하는 경우 일반과세자와 간이과세자 모두에 대해 영세율이 적용될 수 있다.

기출처 **2017 국가직 7급 수정**

LINK 세법1 446, 450, 458p   오진다 266, 275p

난이도 ●●○○○   출제 가능 지수 ●●●●○

해설

① 세법 개정으로 인하여 간이과세자의 경우 2021년 7월 1일 이후 매입하는 면세농산물 등에 대한 의제매입세액공제는 적용되지 않는다.
③ 간이과세자도 세금계산서를 발급(2021년 7월 1일 공급분부터) 하기 때문에 **세금계산서 관련 가산세**(세금계산서등 발급 관련 가산세, 매출처별 세금계산서합계표 관련 가산세, 세금계산서 미수취 가산세 등)를 **적용한다.**

[세금계산서 불성실가산세]

세금계산서 발급시기가 지난 후 공급시기가 속하는 과세기간에 대한 확정신고기한까지 발급하는 경우	공급가액 × 1%
세금계산서 발급시기가 지난 후 공급시기가 속하는 과세기간에 대한 확정신고기한까지 발급하지 않는 경우	공급가액 × 2%
부실기재한 경우	공급가액 × 1%
전자세금계산서를 지연전송한 경우	공급가액 × 0.3%
전자세금계산서를 전송하지 않은 경우	공급가액 × 0.5%
재화·용역을 공급하지 않고 세금계산서 등을 발급한 경우	공급가액 × 3%
재화·용역을 공급하고 '실제로 재화·용역을 공급하는 자가 아닌 자' 또는 '실제로 재화·용역을 공급받는 자가 아닌 자'의 명의로 세금계산서 등을 발급한 경우	공급가액 × 2%
재화·용역을 공급하고 세금계산서 등의 공급가액을 과다하게 기재한 경우	실제보다 과다기재한 부분에 대한 공급가액 × 2%

정답 ③

03

「부가가치세법」상 간이과세에 대한 설명으로 옳지 않은 것은?

① 간이과세자가 부동산매매업을 신규로 겸영하는 경우에는 해당 사업의 개시일이 속하는 과세기간의 다음 과세기간부터 간이과세자에 관한 규정을 적용하지 않는다.

② 간이과세자의 납부세액은 공급대가에 해당 업종별 부가가치율과 10퍼센트를 곱하여 계산하며, 둘 이상의 업종을 겸영하면 각각의 업종별로 계산한 금액의 합계액으로 한다.

③ 일반과세자가 간이과세자로 변경된 후 다시 일반과세자로 변경되는 경우에는 간이과세자로 변경된 때에 재고납부세액을 납부하지 않은 재고품 등에 대해서는 재고품 등의 신고와 재고매입세액공제에 관한 규정을 적용하지 않는다.

④ 일반과세자가 간이과세자로 변경되는 경우 재고매입세액을 납부세액에 가산하여 납부해야 하며, 가산대상은 매입세액을 공제받은 것으로서 변경 당시의 재고품 및 감가상각자산에 한한다.

기출처 2015 국가직 9급

기출처 2015 국가직 9급
LINK 세법1 447, 452-456p 오진다 267-268, 271-273p
난이도 ●●●○○ 출제 가능 지수 ●●●●●

해설

일반과세자가 간이과세자로 변경되는 경우 **재고납부세액**을 납부세액에 가산하여 납부해야 하며, 가산대상은 매입세액을 공제받은 것으로서 변경 당시의 재고품, **건설중인 자산** 및 감가상각자산에 한한다.

[법에서 정하는 간이과세자 배제 사업]

㉠ 광업
㉡ 제조업 (단, 주로 최종소비자에게 직접 재화를 공급하는 사업으로 과자점업, 제분업, 양복점업 등 국세청장이 정하는 사업은 제외)
㉢ 도매업 (소매업을 겸영하는 경우를 포함하되, 재생용 재료수집 및 판매업은 제외) 및 상품중개업
㉣ 부동산매매업
㉤ 직전 연도 공급대가 합계액이 4,800만원 이상인 부동산임대업 사업자
㉥ 직전 연도 공급대가 합계액이 4,800만원 이상인 과세유흥장소
㉦ 부동산임대업으로서 기획재정부령으로 정하는 것
㉧ 개별소비세 과세유흥장소를 경영하는 사업
㉨ 변호사업, 변리사업, 공인회계사업, 세무사업 등 전문직 사업서비스업
㉩ 사업장 소재 지역, 사업의 종류, 규모를 고려하여 국세청장이 정하는 기준에 해당하는 사업
㉪ 전전년도 기준 복식부기의무자가 경영하는 사업
㉫ 전기·가스·증기 및 수도 사업
㉬ 건설업 (단, 주로 최종소비자에게 직접 재화 또는 용역을 공급하는 사업으로서 도배·배관·냉난방 공사업·내장 목공사업 등 기획재정부령으로 정하는 사업은 제외)
㉭ 전문·과학·기술서비스업, 사업시설 관리·사업지원 및 임대 서비스업 (단, 주로 최종소비자에게 직접 용역을 공급하는 사업으로서 가정용품 임대업·행사영상촬영업 등 기획재정부령으로 정하는 사업은 제외)

[재고납부세액 및 재고매입세액의 계산 대상 자산]

㉠ 재고품: 저장품을 제외한 상품, 제품(반제품 및 재공품을 포함), 재료(부재료 포함)
㉡ 건설중인 자산
㉢ 감가상각자산
　ⓐ 건물 또는 구축물: 취득·건설 또는 신축 후 10년 이내의 것
　ⓑ 그 외의 자산: 취득 또는 제작 후 2년 이내의 것

정답 ④

04

「부가가치세법」상 간이과세제도에 관한 설명으로 옳지 않은 것은? (단, 2021년 7월 1일 이후 거래로 가정한다)

① 간이과세자가 일반과세자로 변경된 경우 그 변경 당시의 재고품 등에 대하여 매입세액공제가 허용된다.

② 간이과세자도 「부가가치세법」상 사업 개시일부터 20일 이내에 사업자등록의무가 있다.

③ 간이과세자가 간이과세자에 관한 규정의 적용을 포기하고 일반과세자에 관한 규정을 적용받으려는 경우, 적용받으려는 달의 전달의 마지막 날까지 납세지 관할 세무서장에게 신고하여야 한다.

④ 부동산임대업을 경영하는 개인사업자로서 직전 연도의 공급대가의 합계액이 4,800만원 이상이나 1억4백만원에 미달하는 자는 간이과세자에 관한 규정을 적용받을 수 있다.

기출처 2013 국가직 9급 수정
LINK 세법1 445-446, 449, 454p 오진다 266, 269, 272p
난이도 ●●●○○ 출제 가능 지수 ●●●●●

해설

부동산임대업을 경영하는 개인사업자로서 직전 연도의 공급대가의 합계액이 4,800만원 이상인 자는 간이과세자에 관한 규정을 적용받을 수 **없다**. 반면에, 부동산매매업은 직전 연도의 공급대가의 합계액과 무관하게 간이과세자에 관한 규정을 적용받을 수 없다.

정답④

05

「부가가치세법」상 각종 세액공제를 설명한 것으로 옳지 않은 것은?

① 재고매입세액공제는 일반과세자가 간이과세자로 변경되는 경우에 인정된다.

② 일반과세자의 경우 면세받은 농산물을 원료로 제조한 재화의 공급이 과세되는 경우에는 의제매입세액공제가 인정된다.

③ 대손이 확정된 경우 공급자의 대손세액공제는 대손이 확정된 날이 속하는 과세기간의 매출세액에서 차감할 수 있다.

④ 「법인세법」상 손금산입이 인정되는 기업업무추진비의 지출에 관련된 매입세액은 공제를 받을 수 없다.

기출처 2009 국가직 9급 수정
LINK 세법1 385, 393, 403, 454p 오진다 233, 237, 241, 272p
난이도 ●●○○○ 출제 가능 지수 ●●●○○

해설

재고매입세액공제는 **간이**과세자가 **일반**과세자로 변경되는 경우에 인정된다.

정답 ①

06

사업자 甲의 2023년 1월 1일 현재 재고품 및 감가상각 자산의 현황은 다음과 같다. 2023년 1월 1일자로 甲이 간이과세자에서 일반과세자로 과세유형을 변경하는 경우 재고매입세액은 얼마인가? (단, 취득가액은 모두 부가가치세 매입세액이 포함된 금액으로 세금계산서에 의하여 확인되며, 甲은 간이과세 부가가치율 20%를 적용받음)

구분	취득가액	비고
재고품	22,000,000원	2022년 3월 10일 매입
기계	48,400,000원	2022년 2월 17일 매입
비영업용 소형승용자동차	12,100,000원	2020년 11월 8일 매입

① 2,440,000원   ② 2,489,000원
③ 3,360,000원   ④ 3,969,000원

기출처 2011 국가직 7급

LINK 세법1 454p   오진다 273p

난이도 ●●●●●   출제 가능 지수 ●●○○○

해설

2023년 1기 납부해야 할 재고매입세액 = 1,890,000원 + 2,079,000원
= **3,969,000**

재고품	취득가액 $\times \dfrac{10}{110} \times (1 - 5.5\%) = 22,000,000$원 $\times \dfrac{10}{110} \times (1 - 5.5\%)$ $= 1,890,000$
기계	취득가액 $\times (1 -$ 감가율 $\times$ 경과된 과세기간 수$) \times \dfrac{10}{110} \times (1 - 5.5\%)$ $= 48,400,000$원 $\times (1 - 50\% \times 1) \times \dfrac{10}{110} \times (1 - 5.5\%) = 2,079,000$
비영업용 소형승용 자동차	매입 당시 매입세액공제대상이 아니므로 재고매입세액 없음

[과세유형 전환 시 재고매입세액]

구분	2021. 7. 1. 전에 공급받은 분	2021. 7. 1. 이후에 공급받은 분
재고품	재고금액 $\times \dfrac{10}{110} \times (1-$ 부가가치율$)$	재고금액 $\times \dfrac{10}{110} \times (1 - 5.5\%)$
건설중인 자산	건설중인자산과 관련된 매입세액 $\times (1 -$ 부가가치율$)$	건설중인자산과 관련된 매입세액 $\times (1 - 5.5\%)$
매입한 감가상각 자산	취득가액 $\times (1 -$ 감가율[*1] $\times$ 경과된 과세 기간수$) \times \dfrac{10}{110} \times (1 -$ 부가가치율$)$	취득가액 $\times (1 -$ 감가율[*1] $\times$ 경과된 과세 기간수$) \times \dfrac{10}{110} \times (1 - 5.5\%)$
직접 제작·건설한 감가상각자산	자산의 제작 등과 관련된 매입세액 $\times (1 -$ 감가율[*1] $\times$ 경과된 과세기간수$) \times (1 -$ 부가가치율$)$	자산의 제작 등과 관련된 매입세액 $\times (1 -$ 감가율[*1] $\times$ 경과된 과세기간수$) \times (1 - 5.5\%)$

[*1] 감가율: 건물 또는 구축물은 10%, 그 외의 자산은 50%를 적용한다.

정답 ④

07

「부가가치세법」상 매입세액공제제도에 관한 설명으로 옳지 않은 것은?

① 비영업용 승용자동차의 구입과 유지에 관한 매입세액은 매출세액에서 공제하지 아니한다.

② 사업자등록을 신청한 사업자가 사업자등록증 발급일까지의 거래에 대하여 해당사업자 또는 대표자의 주민등록번호를 기재하고 세금계산서를 발급받은 경우에는 매입세액을 공제받을 수 있다.

③ 간이과세자가 일반과세자로 변경되는 경우에는 해당 변경 당시의 재고품, 건설중인 자산 및 감가상각자산에 대하여 법령이 정하는 바에 따라 계산한 금액을 매입세액으로 공제할 수 있다.

④ 일반과세자로서 과세재화를 원재료로 하여 면세재화를 공급하는 사업자는 의제매입세액공제를 받을 수 있다.

기출처 **2007 국가직 9급**

LINK 세법1 393, 400, 403, 454p   오진다 237, 241, 272p

난이도 ●●○○○   출제가능지수 ●●○○○

해설

일반과세자로서 **면세농산물 등**을 원재료로 하여 **과세되는** 재화 또는 용역을 공급하는 사업자는 의제매입세액공제를 받을 수 있다.   정답 ④

08

부가가치세의 과세표준과 세액의 계산에 대한 설명으로 옳지 않은 것은?

① 재화 또는 용역을 공급한 후의 그 공급가액에 대한 대손금, 장려금과 이와 유사한 금액은 부가가치세의 과세표준에서 공제한다.

② 비영업용 승용자동차의 구입과 유지에 관한 매입세액은 매출세액에서 공제하지 아니한다.

③ 특수관계인에 대한 용역의 공급에 대하여 부당하게 낮은 대가를 받는 경우에는 자기가 공급한 용역의 시가를 부가가치세의 과세표준으로 한다.

④ 간이과세자가 일반과세자로 변경되는 경우에는 해당 변경 당시의 재고품, 건설 중인 자산 및 감가상각자산에 대하여 일정한 방식에 따라 계산한 금액을 부가가치세의 매입세액으로서 공제할 수 있다.

기출처 **2007 국가직 9급**

LINK 세법1 371-372, 403, 454p   오진다 226-227, 241, 272p

난이도 ●●●○○   출제가능지수 ●●●○○

해설

재화 또는 용역을 공급한 후의 그 공급가액에 대한 대손금, 장려금과 이와 유사한 금액은 부가가치세의 과세표준에서 **공제하지 않는다**.

[과세표준에서 공제하지 않는 금액]

㉠ 대손금
㉡ 판매장려금
㉢ 하자보증금

정답 ①

09

「부가가치세법」상 간이과세자에 관한 설명으로 옳지 않은 것은?

① 간이과세자의 부가가치세 납부세액 계산에서 과세표준이 되는 공급대가는 거래징수한 부가가치세가 포함된 개념이다.

② 간이과세자가 매입처별 세금계산서합계표 또는 신용카드매출전표 등 수령명세서를 납세지 관할 세무서장에게 제출하여 세액공제를 받을 수 있는 금액은 해당 과세기간에 세금계산서 등을 발급받은 재화와 용역의 공급대가에 0.5%를 곱한 금액이다.

③ 간이과세자는 1월 1일부터 6월 30일까지의 과세표준과 납부세액을 예정신고기한이 끝난 후 25일까지 사업장 관할 세무서장에게 예정신고하여야 한다.

④ 간이과세자가 발급받은 세금계산서 또는 영수증을 보관한 때에는 「부가가치세법」에 의한 기장의무를 이행한 것으로 본다.

기출처 **2007 국가직 9급**

LINK 세법1 452, 457, 459p   오진다 266, 274, 277p

난이도 ●●●●○   출제 가능 지수 ●●●●●

해설

③ 간이과세자의 부가가치세 신고 및 납부는 1월 1일부터 12월 31일까지를 1과세기간으로 하여 행해지며, 1월 1일부터 6월 30일까지를 예정부과기간으로 하여 고지납부에 의한 징수를 하는 것을 원칙으로 한다. 다만 예정부과납부 원칙에도 불구하고 사업부진 등으로 인하여 간이과세자도 예정신고를 하는 경우가 있다. 따라서 일정한 간이과세자는 1월 1일부터 6월 30일까지의 과세표준과 납부세액을 예정부과기한이 끝난 후 25일까지 사업장 관할 세무서장에게 예정신고**할 수 있다**.

④ 영수증 발급의무가 있는 간이과세자가 발급받았거나 발급한 세금계산서 또는 영수증을 보관하였을 때에는 「부가가치세법」에 따른 장부기록의무를 이행한 것으로 본다(부령 117 ③).

[영수증 발급의무가 있는 간이과세자]

> ⊙ 직전 연도의 공급대가의 합계액이 4천 8백만원 미만인 자 (신규로 사업을 시작한 개인사업자의 경우 환산한 금액)
> ⓒ 신규로 사업을 시작하는 개인사업자로서 간이과세자로 하는 최초의 과세기간 중에 있는 자

정답 ③

10

「부가가치세법」상 간이과세자에 관한 설명으로 옳은 것은? (단, 2021년 7월 1일 이후 거래로 가정한다)

① 간이과세자의 해당 과세기간에 대한 공급대가가 3,000만원 미만인 경우에는 해당 과세기간에 대한 납부세액의 납부의무를 면제한다.

② 일반과세자는 소매업 등 일정 업종을 제외하고는 세금계산서 발급의무가 있으나 간이과세자는 영수증을 발급해야 한다.

③ 법인은 간이과세자가 될 수 없다.

④ 일반과세자는 업종에 관계없이 의제매입세액공제가 가능하지만, 간이과세자는 음식점업에 대하여만 의제매입세액공제가 적용된다.

기출처 **2004 국가직 9급**

LINK 세법1 444, 446, 453p   오진다 265-266, 271p

난이도 ●●●●●   출제 가능 지수 ●●●●●

해설

① 간이과세자의 해당 과세기간에 대한 공급대가가 **4,800만원** 미만인 경우에는 해당 과세기간에 대한 납부세액의 납부의무를 면제한다.

② 일반과세자는 소매업 등 일정업종을 제외하고는 세금계산서 발급의무가 있고 간이과세자는 영수증을 발급해야 하는 일정 요건을 만족하는 간이과세자를 제외하고는 **세금계산서를 발급해야 한다**(2021년 7월 1일 공급분부터).

④ 일반과세자는 업종에 관계없이 의제매입세액공제가 가능하지만, 간이과세자는 음식점업과 제조업에 대하여만 의제매입세액공제가 적용 가능했었다. 단, 세법 개정으로 인하여 간이과세자의 경우 2021년 7월 1일 이후 매입하는 면세농산물 등에 대한 **의제매입세액공제는 적용되지 않는다**.

[영수증을 발급해야 하는 일정 요건을 만족하는 간이과세자]

> ⊙ 직전 연도의 공급대가의 합계액이 4천 8백만원 미만인 자 (신규로 사업을 시작한 개인사업자의 경우 환산한 금액)
> ⓒ 신규로 사업을 시작하는 개인사업자로서 간이과세자로 하는 최초의 과세기간 중에 있는 자

정답 ③

05 신고·납부와 결정·경정 및 징수

01

「부가가치세법」상 간이과세자에 대한 설명으로 옳지 않은 것은? (단, 2021년 7월 1일 이후 거래로 가정한다)

① 간이과세자가 예정부과기간에 대해 신고납부한 경우에도 확정신고 시 당해 과세기간 전체의 세액을 신고한다.

② 간이과세자가 부가가치세의 면제를 받아 공급받은 농산물 등을 원재료로 하여 제조 또는 가공한 과세재화를 공급하는 경우에는 업종에 관계없이 의제매입세액공제를 받을 수 있다.

③ 간이과세자의 세금계산서 제출 세액공제 금액은 발급받은 세금계산서에 기재된 매입금액 0.5%를 곱하여 계산한다.

④ 간이과세자가 발급받은 세금계산서 또는 영수증을 보관한 때에는 「부가가치세법」에 의한 기장의무를 이행한 것으로 본다.

기출처 2011 국가직 9급 수정

LINK 세법1 446, 457, 460p   오진다 266, 274, 277p

난이도 ●●○○○   출제 가능 지수 ●●●●○

해설

② 간이과세자가 부가가치세의 면제를 받아 공급받은(2021년 7월 1일 이후 공급분) 농산물 등을 원재료로 하여 제조 또는 가공한 과세재화를 공급하는 경우에는 업종에 관계없이 의제매입세액공제를 받을 수 **없다.**

④ 영수증 발급의무가 있는 간이과세자가 발급받았거나 발급한 세금계산서 또는 영수증을 보관하였을 때에는 「부가가치세법」에 따른 장부기록의무를 이행한 것으로 본다(부령 117 ③).   정답②

02

「부가가치세법」상의 일반과세자와 간이과세자에 대한 설명으로 옳은 것은? (단, 2021년 7월 1일 이후 거래로 가정한다)

① 법인사업자는 간이과세자가 될 수 있다.

② 일반과세자의 경우에는 예정신고에 의한 부가가치세 납부제도가 있는 반면, 간이과세자의 경우에는 예정고지에 의한 부가가치세 징수제도만 있다.

③ 재화 또는 용역을 공급함에 있어 일반과세자는 세금계산서를 발급하는 것이 원칙이나 직전연도의 공급대가의 합계액이 4천8백만원 이하인 간이과세자는 세금계산서를 발급할 수 없다.

④ 사업자가 타인명의로 사업자등록을 함으로 인한 가산세는 간이과세자와 일반과세자 모두에게 적용된다.

기출처 2007 국가직 9급 수정

LINK 세법1 411, 444, 446, 458-459p   오진다 245, 265, 275, 277p

난이도 ●●○○○   출제 가능 지수 ●●●●○

해설

① '간이과세자'란 직전 연도의 공급대가의 합계액이 1억4백만원에 미달하는 개인사업자를 말하므로, 법인사업자는 간이과세자가 될 수 **없다.**

② 사업장 관할 세무서장은 간이과세자에 대하여 예정부과기간(1월 1일부터 6월 30일까지)에 예정부과기간의 납부세액을 결정하여 예정부과기간이 끝난 후 25일 이내까지 징수하는 것을 원칙으로 하지만, 사업부진 등으로 인하여 간이과세자도 **예정신고를 하는 경우가 있다.**

③ 재화 또는 용역을 공급함에 있어 일반과세자와 마찬가지로 간이과세자도 세금계산서를 발급하는 것이 원칙(2021년 7월 1일 공급분부터)이다. 단, 간이과세자 중 직전 연도 공급대가 합계액이 4,800만원 **미만**인 자 등 일정한 자는 영수증을 발급한다.

[간이과세자의 예정신고]

㉠ 휴업 또는 사업부진 등으로 인한 경우: 예정신고할 수 있음

㉡ 예정부과기간에 세금계산서 발급한 경우: 예정신고해야 함

정답④

제 **5** 편

법인세법

CHAPTER

01

총칙

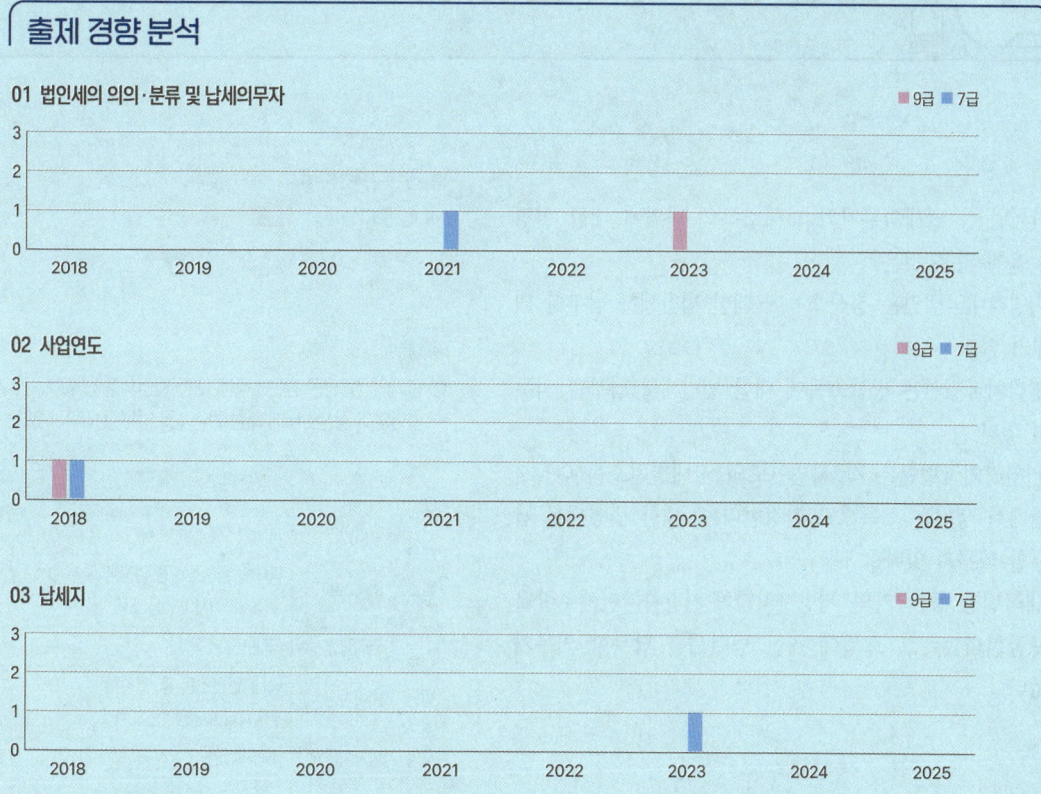

01 법인세의 의의·분류 및 납세의무자

02 사업연도

03 납세지

기출 분석

「법인세법」의 '총칙' 파트 중 '법인세의 납세의무자'는 빈출 주제입니다. 단독 문제로 출제되기 보다는 「법인세법」의 다른 파트에 관련된 문제와 더불어 함께 묻는 형태로 출제되므로 관련 규정들을 잘 정리해두시기 바랍니다.

2023년 국가직 7급에서 오랜만에 '03. 납세지'가 단독 문제로 출제되었으나 기본적인 법조문 내용을 물어보는 문제이므로 난도가 높지 않습니다. 그러나 2021년 국가직 7급에서 출제된 '법인과세 신탁재산'의 내용은 새롭게 개정된 사항이 출제되었고 앞으로도 반복 출제될 수 있으므로 관련 규정에 대한 정리가 필요합니다.

01 법인세의 의의·분류 및 납세의무자

01

「법인세법」상 납세의무자와 과세소득의 범위에 대한 설명으로 옳지 않은 것은?

① 비영리내국법인은 청산소득에 대한 법인세를 납부할 의무가 없다.

② 영리외국법인은 청산소득에 대한 법인세를 납부할 의무가 있다.

③ 비영리외국법인은 각 사업연도의 국내원천소득(수익사업에서 생기는 소득으로 한정한다)에 대한 법인세를 납부할 의무가 있다.

④ 내국법인 중 국가와 지방자치단체(지방자치단체조합을 포함한다)는 그 소득에 대한 법인세를 납부할 의무가 없다.

기출처 2023 국가직 9급
LINK 세법2 15-18p   오진다 281-282p
난이도 ●●●●●   출제 가능 지수 ●●●●●

해설

② 영리외국법인은 청산소득에 대한 법인세를 납부할 의무가 **없다**. 영리내국법인만이 청산소득에 대한 법인세를 납부할 의무가 있다.

구분		각사업연도 소득금액	토지 등 양도소득	청산소득	미환류소득
내국법인	영리법인	**국내외** 모든 원천소득	O	O	O
	비영리법인	**국내외** 원천소득 중 일정한 수익사업에서 생기는 소득	O	X	X
외국법인	영리법인	**국내** 원천소득	O	X	X
	비영리법인	**국내** 원천소득 중 일정한 수익사업에서 생기는 소득	O	X	X
국가·지방자치단체		비과세법인			

정답 ②

02

「법인세법」상 법인 및 과세소득에 대한 설명으로 옳지 않은 것은?

① 외국의 정부는 비영리외국법인에 해당한다.

② 「법인세법」상 신탁재산에 귀속되는 소득은 그 신탁의 이익을 받을 수익자가 특정되지 아니하였다 하여도, 수익자가 해당 신탁재산을 가진 것으로 보고 「법인세법」을 적용한다.

③ 「민법」 제32조에 따라 설립된 법인으로서 국내에 주사무소를 둔 법인은 비영리내국법인에 해당한다.

④ 비영리내국법인이 신주인수권의 양도로 생기는 수입에 대하여는 법인세를 부과한다.

기출처 2016 국가직 9급
LINK 세법2 16-18p   오진다 281-282p
난이도 ●●●●●   출제 가능 지수 ●●●●●

해설

신탁재산에 귀속되는 소득에 대해서는 그 신탁의 이익을 받을 수익자가 그 신탁재산을 가진 것으로 보고 이 법을 적용(법법 5 ①)함에도 불구하고 수익자가 특별히 정하여지지 아니하거나 존재하지 아니하는 신탁 또는 위탁자가 신탁재산을 실질적으로 통제하는 등 대통령령으로 정하는 요건을 충족하는 신탁의 경우에는 신탁재산에 귀속되는 소득에 대하여 그 신탁의 **위탁자**가 법인세를 납부할 의무가 있다(법법 5 ③).

정답 ②

03

신탁계약에 적용되는 소득세와 법인세 납세의무에 대한 설명으로 옳지 않은 것은? (단, 신탁계약은 2021년 1월 1일 이후 체결된 것으로 가정한다)

① 법인과세 신탁재산이 수익자에게 배당한 경우(수익자에 대하여 배당에 대한 소득세 또는 법인세가 비과세되는 경우임)에는 그 금액을 해당 배당을 결의한 잉여금 처분의 대상이 되는 사업연도의 소득금액에서 공제한다.

② 위탁자가 신탁을 해지할 수 있는 권리를 보유하는 신탁의 경우에는 신탁재산에 귀속되는 소득에 대하여 그 신탁의 위탁자가 법인세를 납부할 의무가 있다.

③ 「신탁법」에 따른 수익증권발행신탁으로서 법령으로 정하는 요건을 충족하는 신탁(「자본시장과 금융투자업에 관한 법률」에 따른 투자신탁 제외)의 경우에는 신탁재산에 귀속되는 소득에 대하여 그 신탁의 수탁자(내국법인 또는 「소득세법」에 따른 거주자인 경우에 한정함)가 법인세를 납부할 의무가 있다.

④ 신탁재산에 귀속되는 소득은 수익자에게 귀속되는 것으로 보고 수익자를 소득세 납세의무자로 한다. 다만 위탁자가 신탁재산을 실질적으로 통제하는 경우에는 신탁재산에 귀속되는 소득은 위탁자에게 귀속되는 것으로 보고 위탁자를 소득세 납세의무자로 한다.

기출처 2021 국가직 7급 수정

LINK 세법2 18-19p 오진다 282-283p

난이도 ●●●●● 출제가능지수 ●●●●○

해설

법인과세 신탁재산이 수익자에게 배당한 경우(수익자에 대하여 배당에 대한 소득세 또는 법인세가 비과세되는 경우 **제외**)에는 그 금액을 해당 배당을 결의한 잉여금 처분의 대상이 되는 사업연도의 소득금액에서 공제한다.   정답 ①

04

「법인세법」상 납세의무자에 대한 설명으로 옳은 것은 모두 몇 개인가?

> ⊙ 영리외국법인은 토지 등 양도소득에 대한 법인세 납세의무는 있지만 청산소득에 대한 법인세 납세 의무는 없다.
> ⓛ 비영리외국법인은 국내원천소득 중 수익사업에서 생기는 소득에 대해 법인세 납세의무가 있다.
> ⓒ 비영리내국법인은 토지 등 양도소득에 대한 법인세 납세의무는 있지만 미환류소득에 대한 법인세 납세 의무는 없다.
> ⓔ 연결법인은 각 연결사업연도의 소득에 대한 법인세 (각 연결법인의 토지 등 양도소득에 대한 법인세와 미환류소득에 대한 법인세 및 「조세특례제한법」에 따른 투자·상생협력 촉진을 위한 과세특례를 적용 하여 계산한 법인세 포함)를 연대하여 납부할 의무가 있 다.
> ⓜ 외국의 정부 및 지방자치단체는 비과세법인에 해당 하므로 법인세 납세의무가 없다.

① 2개　　　　　② 3개
③ 4개　　　　　④ 5개

기출처 2017 국가직 7급
LINK 세법2 15-18p 오진다 281-282p
난이도 ●●●●● 　출제 가능 지수 ●●●●●

해설

ⓜ 외국법인 중 외국의 정부·지방자치단체 및 영리를 목적으로 하지 아니하는 법인(법인으로 보는 단체를 포함한다)은 **비영리외국법인**으로 보아 법인세 납세의무가 **있다**.　　　　정답 ③

05

「법인세법」상 납세의무자에 대한 설명으로 옳지 않은 것은?

① 영리내국법인은 각 사업연도 소득(국내외 원천소득), 청산소득, 토지 등 양도소득 및 미환류소득에 대한 법인세 납세의무가 있다.
② 비영리내국법인은 국내원천소득 중 일정한 수익사업에서 발생한 소득과 청산소득에 대한 법인세 납세의무가 있다.
③ 영리외국법인은 각 사업연도 소득(국내원천소득), 토지 등 양도소득에 대한 법인세 납세의무가 있다.
④ 국가 및 지방자치단체에 대하여는 법인세를 부과하지 않는다.

기출처 2013 국가직 9급
LINK 세법2 15-18p 오진다 281-282p
난이도 ●●●●● 　출제 가능 지수 ●●●●●

해설

청산소득에 대한 납세의무를 지는 것은 영리내국법인에 국한된다. 따라서 비 영리내국법인은 국내원천소득 중 일정한 수익사업에서 발생한 소득에 대한 법 인세 납세의무는 있지만 **청산소득에 대한 법인세 납세의무는 없다**.　정답 ②

06

「법인세법」상 납세의무에 대한 설명으로 옳은 것은?

① 신탁재산에 귀속되는 소득에 대하여 위탁자가 신탁재산을 실질적으로 통제·지배하고 있으며, 신탁재산 원본을 받을 권리에 대한 수익자는 위탁자로, 수익을 받을 권리에 대한 수익자는 위탁자의 지배주주 등의 배우자 또는 생계를 같이 하는 직계존비속으로 설정한 경우에는 그 신탁의 위탁자가 법인세를 납부할 의무가 있다.

② 연결납세방식을 적용받는 연결법인의 경우에는 각 연결법인의 토지 등 양도소득과 미환류소득에 대한 법인세를 연대하여 납부할 의무가 없다.

③ 「법인세법」 제25조 제1항 제1호에 따른 중소기업이 등기된 비사업용 토지를 양도한 경우에는 토지 등 양도소득에 대한 법인세를 납부할 의무가 없다.

④ 외국법인과 「소득세법」에 따른 비거주자를 제외하고 내국법인 및 「소득세법」에 따른 거주자는 「법인세법」에 따라 원천징수하는 법인세를 납부할 의무가 있다.

기출처 2015 국가직 9급
LINK 세법2 17-18p 오진다 281-282p
난이도 ●●●○○ 출제 가능 지수 ●●●○○

해설

② 연결납세방식을 적용받는 연결법인의 경우에는 각 연결법인의 토지 등 양도소득과 미환류소득에 대한 법인세(「조세특례제한법」에 따른 투자·상생협력 촉진을 위한 과세특례를 적용하여 계산한 법인세)를 연대하여 납부할 의무가 **있다**.

③ 「법인세법」 제55조의2에 따르면 내국법인이 일정한 토지, 건물(부속된 시설물과 구축물 포함), 조합원입주권 및 분양권을 양도한 경우에는 법에 따라 계산한 세액을 토지등 양도소득에 대한 법인세로 하여 과세표준에 각 세율을 적용하여 계산한 법인세액에 추가하여 납부하여야 한다. 이때 법에 중소기업에 관해 따로 규정을 두고 있지 않으므로 「법인세법」 제25조 제1항 제1호에 따른 중소기업이 등기된 비사업용 토지를 양도한 경우에도 토지 등 양도소득에 대한 법인세를 납부할 의무가 **있다**.

④ 외국법인과 「소득세법」에 따른 비거주자도 내국법인 및 「소득세법」에 따른 **거주자와 마찬가지로** 「법인세법」에 따라 원천징수하는 법인세를 납부할 의무가 있다.

정답 ①

07

법인세 납세의무의 범위에 대한 설명으로 옳지 않은 것은?

① 영리내국법인은 국외원천소득에 대하여 각사업연도의 소득에 대한 법인세 납세의무를 지는 반면, 영리외국법인은 국외원천소득에 대하여 각사업연도의 소득에 대한 법인세 납세의무를 지지 아니한다.

② 영리내국법인은 청산소득에 대한 법인세의 납세의무를 지는 반면, 비영리내국법인은 청산소득에 대한 법인세의 납세의무를 지지 아니한다.

③ 내국법인은 물론 외국법인도 토지 등 양도소득에 대한 법인세의 납세의무를 진다.

④ 우리나라의 국가 또는 지방자치단체와 외국의 정부 또는 지방자치단체는 비과세법인이다.

기출처 2007 국가직 9급
LINK 세법2 15-18p 오진다 281-282p
난이도 ●●●○○ 출제 가능 지수 ●●●○○

해설

외국의 정부 또는 지방자치단체는 **비영리외국법인에 해당**하므로 법인세 납세의무를 진다.

정답 ④

02 사업연도

01

「법인세법」상 사업연도에 대한 설명으로 옳지 않은 것은?

① 법령이나 정관 등에 사업연도에 관한 규정이 없는 내국법인은 따로 사업연도를 정하여 「법인세법」에 따른 법인 설립신고 또는 사업자등록과 함께 납세지 관할 세무서장에게 사업연도를 신고하여야 한다.

② 내국법인이 사업연도 중에 합병에 따라 해산한 경우에는 그 사업연도 개시일부터 합병등기일 전날까지의 기간을 그 해산한 법인의 1사업연도로 본다.

③ 내국법인이 사업연도 중에 연결납세방식을 적용받는 경우에는 그 사업연도 개시일부터 연결사업연도 개시일의 전날까지의 기간을 1사업연도로 본다.

④ 국내사업장이 있는 외국법인이 사업연도 중에 그 국내사업장을 가지지 아니하게 된 경우(단, 국내에 다른 사업장을 계속하여 가지고 있는 경우는 제외)에는 그 사업연도 개시일부터 그 사업장을 가지지 아니하게 된 날까지의 기간을 그 법인의 1사업연도로 본다.

기출처 2018 국가직 9급
LINK 세법2 20, 23p   오진다 284, 286p
난이도 ●●○○○   출제 가능 지수 ●●●○○

해설

내국법인이 사업연도 중에 합병에 따라 해산한 경우에는 그 사업연도 개시일부터 **합병등기일**까지의 기간을 그 해산한 법인의 1사업연도로 본다.   정답 ②

02

「법인세법」상 사업연도에 대한 설명으로 옳지 않은 것은?

① 사업연도는 법령이나 법인의 정관 등에서 정하는 1회계기간으로 한다. 다만, 그 기간은 1년을 초과하지 못한다.

② 국내사업장이 없는 외국법인으로서 부동산 운영으로 인하여 발생한 소득 또는 국내 자산의 양도소득이 있는 법인은 따로 사업연도를 정하여 그 소득이 최초로 발생하게 된 날부터 3개월 이내에 납세지 관할 세무서장에게 사업연도를 신고하여야 한다.

③ 사업연도를 변경하려는 법인은 그 법인의 직전 사업연도종료일부터 3개월 이내에 법령으로 정하는 바에 따라 납세지 관할 세무서장에게 이를 신고하여야 한다.

④ 내국법인이 사업연도 중에 연결납세방식을 적용받는 경우에는 그 사업연도 개시일부터 연결사업연도 개시일의 전날까지의 기간을 1사업연도로 본다.

기출처 2013 국가직 7급
LINK 세법2 20-21, 23p   오진다 284-286p
난이도 ●●○○○   출제 가능 지수 ●●●○○

해설

국내사업장이 없는 외국법인으로서 부동산 운영으로 인하여 발생한 소득 또는 국내 자산의 양도소득이 있는 법인은 따로 사업연도를 정하여 그 소득이 최초로 발생하게 된 날부터 **1개월** 이내에 납세지 관할 세무서장에게 사업연도를 신고하여야 한다.   정답 ②

03

「법인세법」상 사업연도에 관한 설명으로 옳지 않은 것은?

① 법령이나 정관 등에 사업연도에 관한 규정이 없는 내국 법인은 따로 사업연도를 정하여 법인설립신고 또는 사업자등록과 함께 납세지 관할 세무서장에게 사업연도를 신고하여야 한다.

② 사업연도를 변경하려는 법인은 그 법인의 직전 사업연도 종료일부터 6개월 이내에 납세지 관할 세무서장에게 신고하여야 한다.

③ 내국법인이 사업연도 중에 파산으로 인하여 해산한 경우에는 그 사업연도 개시일부터 파산등기일까지의 기간과 파산등기일 다음 날부터 그 사업연도 종료일까지의 기간을 각각 1사업연도로 본다.

④ 청산 중에 있는 내국법인의 잔여재산의 가액이 사업연도 중에 확정된 경우에는 그 사업연도개시일부터 잔여재산의 가액이 확정된 날까지의 기간을 1사업연도로 본다.

기출처 2018 국가직 7급

LINK 세법2 20-21, 23p 오진다 284-286p

난이도 ●●○○○ 출제 가능 지수 ●●●○○

해설

사업연도를 변경하려는 법인은 그 법인의 직전 사업연도 종료일부터 **3개월** 이내에 법으로 정하는 바에 따라 납세지 관할 세무서장에게 신고해야 한다(법법 7 ①).

[사업연도 정리]

구분	내용
사업연도 변경 신고기한	직전 사업연도 종료일부터 3개월 이내
사업연도가 변경된 경우의 사업연도	종전의 사업연도 개시일 ~ 변경된 사업연도 개시일 전날 (1개월 미만인 경우에는 변경된 사업연도에 포함)
변경신고서를 늦게 제출한 경우	그 다음 사업연도부터 사업연도가 변경
신설법인의 사업연도	최초 사업연도가 경과하기 전에는 사업연도 변경 불가

정답 ②

04

「법인세법」상 사업연도에 대한 설명으로 옳지 않은 것은?

① 사업연도의 변경 시 종전 사업연도의 개시일부터 변경된 사업연도의 개시일 전일까지의 기간에 대하여는 이를 1사업연도로 하되, 그 기간이 1월 미만인 경우에는 변경된 사업연도에 이를 포함한다.

② 사업연도를 변경하고자 하는 법인이 신고기한이 경과한 후에 변경 신고를 한 경우에는 변경신고가 없는 것으로 본다.

③ 내국법인(법인으로 보는 법인 아닌 단체를 제외함)의 최초 사업연도 개시일은 설립등기일로 한다.

④ 최초 사업연도의 개시일 전에 생긴 손익을 사실상 그 법인에 귀속시킨 것이 있는 경우 조세포탈의 우려가 없을 때에는 최초 사업연도의 기간이 1년을 초과하지 않는 범위 내에서 이를 해당 법인의 최초 사업연도의 손익에 산입할 수 있다. 이 경우 최초 사업연도의 개시일은 해당 법인에 귀속시킨 손익이 최초로 발생한 날로 한다.

기출처 2011 국가직 9급

LINK 세법2 21-22p 오진다 285p

난이도 ●●○○○ 출제 가능 지수 ●●●○○

해설

사업연도를 변경하고자 하는 법인이 신고기한이 경과한 후에 변경 신고를 한 경우에는 그 **다음 사업연도부터 사업연도가 변경**된다.

정답 ②

05

현행 「법인세법」상 법인세에 대한 다음 설명 중 옳은 것은?

① 영리내국법인만 청산소득에 대한 법인세 납세의무를 진다.

② 외국 정부나 지방자치단체도 비과세법인이다.

③ 외국법인은 토지 등 양도소득에 대한 법인세 납세의무가 없다.

④ 법인의 사업연도는 1년을 초과하여 정할 수 있다.

⑤ 내국법인의 최초 사업연도 개시일은 사업을 시작한 날이다.

기출처 2008 서울시 9급

LINK 세법2 18, 20-21p   오진다 281-282, 284-285p

난이도 ●●○○○   출제 가능 지수 ●●○○○

해설

② 외국 정부나 지방자치단체도 **비영리외국법인**이다.

③ 외국법인은 토지 등 양도소득에 대한 법인세 납세의무가 **있다**.

④ 법인의 사업연도는 1년을 초과하여 정할 수 **없다**.

⑤ 내국법인의 최초 사업연도 개시일은 법인의 **설립등기일**이다.   정답 ①

03 납세지

3-01

법인세법령상 법인세 납세지에 대한 설명으로 옳지 않은 것은?

① 국내에 본점 또는 주사무소가 있지 아니한 내국법인의 납세지는 사업을 실질적으로 관리하는 장소의 소재지로 한다.

② 둘 이상의 국내사업장이 있는 외국법인의 납세지는 직전 사업연도의 사업수입금액이 가장 많은 국내사업장의 소재지로 한다.

③ 국세청장은 내국법인의 본점의 소재지가 등기된 주소와 동일하지 아니한 경우 납세지를 지정하여야 하고, 동일하지 아니한 사실을 안 날부터 45일 이내에 지정통지를 하여야 한다.

④ 법인은 납세지가 변경된 경우에는 그 변경된 날부터 15일 이내에 변경 후의 납세지 관할 세무서장에게 변경신고를 하여야 한다.

기출처 2023 국가직 7급
LINK 세법2 24, 26-27p   오진다 287-289p
난이도 ●●●○○   출제 가능 지수 ●●●○○

해설

③ 국세청장은 내국법인의 본점의 소재지가 등기된 주소와 동일하지 아니한 경우 납세지를 지정하여야 하고, **그 법인의 당해 사업연도 종료일**부터 45일 이내에 지정통지를 하여야 한다.   정답 ③

01

「법인세법」상 납세지에 대한 설명으로 옳은 것은?

① 내국법인의 본점 등의 소재지가 등기된 주소와 동일하지 아니한 경우 관할 지방국세청장이나 국세청장은 그 법인의 납세지를 지정할 수 있다.

② 납세지가 변경된 법인이 「부가가치세법」의 규정에 의하여 그 변경된 사실을 신고한 경우에도 「법인세법」의 규정에 의한 변경신고를 하여야 한다.

③ 법인세에 대한 원천징수의무자가 거주자인 경우 원천징수한 법인세의 납세지는 사업장의 유무에 상관없이 당해 거주자의 주소지 또는 거소지로 한다.

④ 법인으로 보는 단체의 납세지는 관할 지방국세청장이 지정하는 장소로 한다.

기출처 2014 국가직 9급
LINK 세법2 25-27p   오진다 287-289p
난이도 ●●○○○   출제 가능 지수 ●●●○○

해설

② 납세지가 변경된 법인이 「부가가치세법」의 규정에 의하여 그 변경된 사실을 신고한 경우에는 **납세지 변경신고를 한 것으로 본다**(법법 11 ①).

③ 원천징수하는 자가 거주자인 경우에는 **그 거주자의 주된 사업장 소재지**를 납세지로 한다. 다만, 주된 사업장 외의 사업장에서 원천징수를 하는 경우에는 그 사업장의 소재지, **사업장이 없는 경우에는 그 거주자의 주소지 또는 거소지**로 한다(소법 7 ① (1)).

④ 법인으로 보는 단체의 경우에는 당해 **단체의 사업장 소재지**로 하되 주된 소득이 부동산임대소득인 단체의 경우에는 그 부동산의 소재지를 말한다.   정답 ①

02

「법인세법」 총칙의 내용에 관한 설명으로 옳지 않은 것은?

① 「국세기본법」상 법인으로 보는 법인 아닌 단체는 수익사업에서 생긴 소득과 토지 등 양도소득에 대한 법인세를 납부할 의무가 있다.

② 신탁재산에 귀속되는 소득에 대해서는 그 신탁의 이익을 받을 수익자가 그 신탁재산을 가진 것으로 보고 「법인세법」을 적용하는 것을 원칙으로 한다.

③ 사업연도가 변경된 경우 종전 사업연도 개시일부터 변경된 사업연도 개시일의 전일까지의 기간이 1월 이하인 경우에는 이를 변경된 사업연도에 포함한다.

④ 법인의 납세지가 변경된 경우 그 변경된 날부터 15일 이내에 변경 후의 납세지 관할 세무서장에게 신고하여야 한다.

기출처 2008 국가직 7급
LINK 세법2 16-18, 22, 27p 오진다 282, 285, 288p
난이도 ●●●○○ 출제 가능 지수 ●●●●●

해설

사업연도가 변경된 경우 종전 사업연도 개시일부터 변경된 사업연도 개시일의 전일까지의 기간이 1월 **미만**인 경우에는 이를 변경된 사업연도에 포함한다.

[법인 종류별 과세소득의 범위]

	구분	각사업연도 소득금액	토지 등 양도소득	청산소득	미환류 소득
내국 법인	영리법인	**국내외** 모든 원천소득	O	O	O
	비영리법인	**국내외** 원천소득 중 일정한 수익사업에서 생기는 소득	O	X	X
외국 법인	영리법인	**국내** 원천소득	O	X	X
	비영리법인	**국내** 원천소득 중 일정한 수익사업에서 생기는 소득	O	X	X
국가·지방자치단체		비과세법인			

정답 ③

03

법인세 납세의무로 옳지 않은 것은?

① 법인으로 보는 법인격 없는 단체는 비영리내국법인으로 납세의무를 지지 않는다.

② 법인세 납세지는 본점 또는 주사무소이며 구분할 수 없는 경우 사업의 실질적 관리장소로 구분한다.

③ 국가 또는 지방자치단체는 납세의무를 지지 아니한다.

④ 청산소득에 대하여는 내국영리법인만 납세의무를 진다.

기출처 2006 국가직 9급
LINK 세법2 16-17, 24p 오진다 282, 287p
난이도 ●●○○○ 출제 가능 지수 ●●●○○

해설

법인으로 보는 법인격 없는 단체는 비영리내국법인으로서 **수익사업에서 생기는 소득에 대한 법인세와 토지 등 양도소득에 대한 법인세 납세의무를** 진다.

정답 ①

04

다음은 「법인세법」상 납세지에 대한 설명이다. 옳지 않은 것은?

① 외국법인의 경우, 국내에 사업장이 있는 경우에는 주된 사업장의 소재지를 납세지(최초로 납세지를 정하는 경우에만 적용)로 하고, 국내사업장이 없는 외국법인으로서 부동산소득 또는 양도소득이 있는 경우에는 해당 자산의 소재지로 한다.

② 납세지가 변경된 경우 그 변경된 날부터 15일 내에 변경 후 납세지 관할 세무서장에게 신고하여야 한다.

③ 관할 지방국세청장이 납세지를 지정할 경우 그 법인의 해당 사업연도 종료일로부터 60일 내에 이를 해당 법인에게 통지해야 한다.

④ 내국법인의 본점 등 소재지가 등기된 주소와 동일하지 않은 경우 관할 지방국세청장 또는 국세청장은 해당 법인의 납세지를 지정할 수 있다.

기출처 **2006 국가직 7급**

LINK 세법2 24, 26-27p 오진다 287-289p

난이도 ●●○○○ 출제가능지수 ●●●○○

해설

관할 지방국세청장(새로이 지정될 납세지가 그 관할을 달리하는 경우에는 국세청장)은 납세지를 지정할 경우 그 법인의 해당 사업연도 종료일로부터 **45일** 내에 이를 해당 법인에게 통지해야 한다.   정답 ③

CHAPTER

02

법인세 계산구조

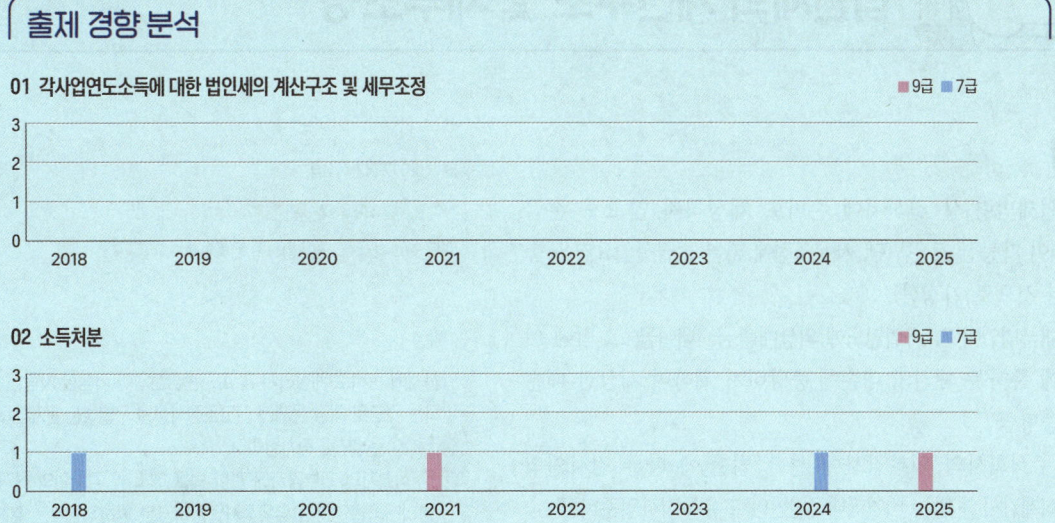

출제 경향 분석

01 각사업연도소득에 대한 법인세의 계산구조 및 세무조정　■9급 ■7급

02 소득처분　■9급 ■7급

기출 분석

「법인세법」상 '02. 소득처분' 파트는 과거 2~3년을 주기로 출제되는 주제였으나, 최근 2년 연속으로 출제되었습니다.

「법인세법」의 세무조정을 위해 가장 기본이 되는 개념이므로 국가직 9급과 7급 모두 이 부분을 중요하게 다루고 있습니다.

다만, 어려운 사례나 복잡한 판단이 필요한 문제보다는 간단한 개념 위주의 내용들을 물어봅니다. 이 부분은 출제되었을 경우 점수를 무조건 얻을 수 있도록 정확히 이해하고 대비할 필요가 있습니다.

01 각사업연도소득에 대한 법인세의 계산구조 및 세무조정

01

「법인세법령」상 결산서에 손비로 계상하지 않고도 손금산입이 가능한 것은? (단, 세무조정에 따른 손금산입요건은 충족된 것으로 가정함)

① 내국법인이 각 사업연도에 외상매출금·대여금, 그 밖에 이에 준하는 채권의 대손에 충당하기 위하여 계상한 대손충당금

② 「주식회사의 외부감사에 관한 법률」에 따른 감사인의 회계감사를 받는 비영리내국법인의 고유목적사업준비금

③ 국제회계기준을 적용하는 법인으로서 보험사업을 경영하는 내국법인(「보험업법」에 따른 보험회사는 제외)의 책임준비금

④ 내국법인이 보유하는 유형자산이 천재지변으로 파손되어 그 자산의 장부가액을 사업연도 종료일 현재의 시가로 평가함으로써 발생하는 평가차손

기출처 **2017 국가직 7급**

LINK 세법2 34, 35p 오진다 292p

난이도 ●●●○○ 출제 가능 지수 ●●●●○

해설

결산서에 손비로 계상하지 않고도 손금산입이 가능한 사항은 신고조정사항을 말하는 것으로 해당 문제는 신고조정사항을 구별하는 문제이다.

①, ③, ④는 결산조정사항이다.

② 「주식회사의 외부감사에 관한 법률」에 따른 감사인의 회계감사를 받는 비영리내국법인의 고유목적사업준비금은 원칙적으로는 결산조정사항에 해당하나, 기업회계기준에서 인정하지 않고 있으므로 회계감사 대상 비영리법인의 경우에는 예외적으로 결산서에 계상하지 않더라도 **신고조정으로 손금산입할 수 있는 임의신고조정사항이다.**

[임의신고조정사항]

적용 대상법인	임의신고조정
일반 법인	⊙ 일시상각충당금(비상각자산은 압축기장충당금) ⓛ 「조세특례제한법」에 따라 2021. 12. 31. 까지 취득한 설비투자자산의 감가상각비 손금산입 특례 ⓒ 「조세특례제한법」상 준비금
회계감사대상 비영리법인	ⓔ 고유목적사업준비금
한국채택국제회계기준 적용법인	ⓜ 비상위험준비금, 해약환급금준비금 ⓗ 구상채권상각충당금 ⓐ 감가상각자산 중 유형자산과 법에 정한 무형자산의 감가상각비 손금산입 특례

정답 ②

02 소득처분

2-01

법인세법령상 소득처분에 대한 설명으로 옳지 않은 것은?

① 익금에 산입한 금액이 사외에 유출된 것이 분명한 경우로서 귀속자가 직원인 경우에는 그 귀속자에 대한 상여로 처분한다.

② 특례기부금의 손금산입한도액을 초과하여 익금에 산입한 금액은 기타사외유출로 처분한다.

③ 익금에 산입한 금액이 사외에 유출된 것이 분명한 경우로서 귀속이 불분명한 경우에는 대표자에게 귀속된 것으로 본다.

④ 납세지 관할세무서장으로부터 과세자료 해명 통지를 받은 경우로서 경정이 있을 것을 미리 알고 내국법인이 「국세기본법」 제45조의 수정신고기한 내에 매출누락, 가공경비 등 부당하게 사외유출된 금액을 회수하고 세무조정으로 익금에 산입하여 신고하는 경우의 소득처분은 사내유보로 한다.

기출처 **2025 국가직 9급**

LINK **세법2** 37-39p **오진다** 295-296p

난이도 ●●●○○   출제 가능 지수 ●●●●○

해설

④ 내국법인이 수정신고기한 내에 매출누락, 가공경비 등 부당하게 사외유출된 금액을 회수하고 세무조정으로 익금에 산입하여 신고하는 경우의 소득처분은 사내유보로 한다. 다만, **일정한 경우로서 경정이 있을 것을 미리 알고 사외유출된 금액을 익금산입하는 다음의 경우에는 그러하지 아니한다.**

㉠ 세무조사 통지를 받거나 또는 착수된 것을 알게 된 경우

㉡ 세무공무원이 과세자료의 수집 또는 민원 등을 처리하기 위하여 현지 출장이나 확인업무에 착수한 경우

㉢ **납세지 관할 세무서장으로부터 과세자료 해명 통지를 받은 경우**

㉣ 수사기관의 수사 또는 재판과정에서 사외유출사실이 확인된 경우

㉤ 그 밖에 위와 유사한 경우로서 경정이 있을 것을 미리 안 것으로 인정되는 경우

정답 ④

2-02

법인세법령상 소득처분에 대한 설명으로 옳지 않은 것은?

① 익금에 산입한 금액이 사외에 유출된 것이 분명한 경우로서 귀속이 불분명한 경우에는 대표자에게 귀속된 것으로 본다.

② 익금에 산입한 금액이 사외에 유출된 것이 분명한 경우로서 귀속자가 사업을 영위하는 거주자이면 기타사외유출로 처분한다.(다만, 그 분여된 이익이 거주자의 사업소득을 구성하는 경우에 한함)

③ 세무조사가 착수된 것을 알게 된 경우로서 경정이 있을 것을 미리 알고 내국법인이 「국세기본법」 제45조의 수정신고기한 내에 매출누락, 가공경비 등 부당하게 사외유출된 금액을 회수하고 세무조정으로 익금에 산입하여 신고하는 경우의 소득처분은 사내유보로 한다.

④ 외국법인의 국내사업장의 각 사업연도의 소득에 대한 법인세의 과세표준을 신고하거나 결정 또는 경정함에 있어서 익금에 산입한 금액이 그 외국법인 등에 귀속되는 소득은 기타사외유출로 처분한다.

기출처 **2024 국가직 7급**

LINK 세법2 37-39p   오진다 295-296p

난이도 ●●●●○   출제 가능 지수 ●●●●○

해설

③ 내국법인이 수정신고기한 내에 매출누락, 가공경비 등 부당하게 사외유출된 금액을 회수하고 세무조정으로 익금에 산입하여 신고하는 경우의 소득처분은 사내유보로 한다. 다만, **경정이 있을 것을 미리 알고 사외유출된 금액을 익금산입하는 다음의 경우에는 그러하지 아니한다.**

㉠ **세무조사 통지를 받거나 또는 착수된 것을 알게 된 경우**
㉡ 세무공무원이 과세자료의 수집 또는 민원 등을 처리하기 위하여 현지 출장이나 확인업무에 착수한 경우
㉢ 납세지 관할 세무서장으로부터 과세자료 해명 통지를 받은 경우
㉣ 수사기관의 수사 또는 재판과정에서 사외유출사실이 확인된 경우
㉤ 그 밖에 위와 유사한 경우로서 경정이 있을 것을 미리 안 것으로 인정되는 경우

정답 ③

01

「법인세법령」상 소득처분에 대한 설명으로 옳지 않은 것은?

① 익금에 산입한 금액이 사외에 유출된 것이 분명한 경우에 귀속자가 사업을 영위하는 거주자이면 기타사외유출로 처분한다(다만, 그 분여된 이익이 거주자의 사업소득을 구성하는 경우에 한함).

② 채권자가 불분명한 사채의 이자에 대한 원천징수세액은 기타사외유출로 처분한다.

③ 익금에 산입한 금액에 대한 소득처분은 비영리외국법인에 대해서는 적용되지 않는다.

④ 외국법인의 국내사업장의 각 사업연도의 소득에 대한 법인세의 과세표준을 신고하거나 결정 또는 경정함에 있어서 익금에 산입한 금액이 그 외국법인 등에 귀속되는 소득은 기타사외유출로 처분한다.

기출처 2021 국가직 9급

LINK 세법2 37, 39p   오진다 294-296p

난이도 ●●●○○   출제 가능 지수 ●●●○○

해설

법인세 과세표준의 신고·결정 또는 경정·수정신고가 있을 때 익금에 산입하거나 손금에 산입하지 아니한 금액은 그 귀속자 등에게 상여·배당·기타사외유출·사내유보 등 법령으로 정하는 바에 따라 소득처분하는데 이때 영리법인뿐만 아니라 법인세를 납부할 의무가 있는 비영리내국법인과 **비영리외국법인에 대해서도 같은 규정을 적용**한다(법령 106 ①).

[무조건 기타사외유출로 처분해야 하는 경우]

㉠ 임대보증금 등의 간주익금

㉡ 기업업무추진비의 손금불산입액(적격증명서류 미수취 기업업무추진비 및 기업업무추진비 한도초과액의 손금불산입액은 여기에 포함되나, 증빙누락 기업업무추진비는 여기에 포함되지 않는다.)

㉢ 특례기부금·우리사주조합기부금·일반기부금 한도 초과액의 손금불산입액

㉣ 업무용승용차 임차료 중 감가상각비 상당액 한도초과액(800만원을 초과하는 금액)의 손금불산입액, 업무용승용차 처분손실 중 한도초과액(800만원을 초과하는 금액)의 손금불산입액

㉤ 업무무관자산 등에 대한 지급이자의 손금불산입액

㉥ 사외유출된 금액의 귀속이 불분명하거나 추계로 과세표준을 결정·경정할 때 대표자에 대한 상여로 처분을 한 경우 해당 법인이 그 처분금액에 대한 소득세 등을 대납하고 이를 손비로 계상하거나 그 대표자와의 특수관계가 소멸될 때까지 회수하지 않음에 따라 손금불산입한 금액

㉦ 불공정자본거래(이에 준하는 행위·계산)로 인한 부당행위계산의 부인 규정에 따라 익금에 산입한 금액으로서 귀속자에게 「상속세 및 증여세법」에 따라 증여세가 과세되는 금액

㉧ 외국법인의 국내사업장의 각 사업연도의 소득에 대한 법인세의 과세표준을 신고하거나 결정 또는 경정할 때 익금에 산입한 금액이 그 외국법인 등에 귀속되는 소득

㉨ 채권자 불분명 사채이자 및 비실명 채권·증권의 이자의 손금불산입액 중 원천징수세액에 상당하는 금액

㉩ 「국제조세조정에 관한 법률」에 따른 정상가격·정상원가분담액 등에 따른 과세조정으로 익금에 산입한 금액이 국외특수관계인으로부터 반환되지 않은 소득

정답 ③

02

「법인세법령」상 내국법인의 소득처분에 대한 설명으로 옳지 않은 것은?

① 대표자가 2명 이상인 법인에서 익금에 산입한 금액이 사외에 유출되고 귀속이 불분명한 경우에는 사실상의 대표자에게 귀속된 것으로 본다.

② 익금에 산입한 금액이 사외에 유출되지 아니한 경우에는 사내유보로 처분한다.

③ 세무조사가 착수된 것을 알게 된 경우로 경정이 있을 것을 미리 알고 법인이 「국세기본법」 제45조의 수정신고 기한 내에 매출누락 등 부당하게 사외유출된 금액을 익금에 산입하여 신고하는 경우의 소득처분은 사내유보로 한다.

④ 사외유출된 금액의 귀속자가 불분명하여 대표자에게 귀속된 것으로 보아 대표자에 대한 상여로 처분한 경우 해당 법인이 그 처분에 따른 소득세를 대납하고 이를 손비로 계상함에 따라 익금에 산입한 금액은 기타사외유출로 처분한다.

기출처 **2018 국가직 7급**

LINK 세법2 38-40p   오진다 295-296p

난이도 ●●○○○   출제 가능 지수 ●●●○○

해설

내국법인이 「국세기본법」 제45조의 수정신고기한 내에 매출누락, 가공경비 등 부당하게 사외유출된 금액을 회수하고 세무조정으로 익금에 산입하여 신고하는 경우의 소득처분은 사내유보로 한다. 다만, 경정이 있을 것을 **미리 알고 사외유출된 금액을 익금산입하는 경우에는 그러하지 아니하다**(법령 106 ④).

[경정이 있을 것을 미리 안 것으로 인정되는 경우]

㉠ 세무조사의 통지를 받은 경우
㉡ 세무조사가 착수된 것을 알게 된 경우
㉢ 세무공무원이 과세자료의 수집 또는 민원 등을 처리하기 위하여 현지출장이나 확인업무에 착수한 경우
㉣ 납세지 관할 세무서장으로부터 과세자료 해명 통지를 받은 경우
㉤ 수사기관의 수사 또는 재판 과정에서 사외유출 사실이 확인된 경우
㉥ 그 밖에 위 ㉠~㉤까지의 규정에 따른 사항과 유사한 경우로서 경정이 있을 것을 미리 안 것으로 인정되는 경우

[소득처분정리]

세무조정	소득처분		처리
익금산입·손금불산입	사외유출	배당, 상여, 기타소득	㉠ 귀속자에게 소득세 과세 ㉡ 법인이 원천징수
		기타사외유출	사후관리 불필요
	사내유보	유보	차후 손익으로 실현될 때 △유보로 조정
		기타	사후관리 불필요
손금산입·익금불산입	사내유보	△유보	차후 손익으로 실현될 때 유보로 조정
	기타		사후관리 불필요

정답 ③

03

「법인세법」상 소득처분에 대한 설명으로 옳지 않은 것은?

① 외국법인의 국내사업장의 각 사업연도의 소득에 대한 법인세의 과세표준을 신고하거나 결정 또는 경정함에 있어서 익금에 산입한 금액이 그 외국법인 등에 귀속되는 소득은 기타사외유출로 처분한다.

② 익금에 산입한 금액이 사외에 유출된 것이 분명한 경우에 그 귀속자가 사업을 영위하는 개인의 경우에는 상여로 처분한다.

③ 법인세를 납부할 의무가 있는 비영리내국법인과 비영리외국법인에 대하여도 소득처분에 관한 규정을 적용한다.

④ 익금에 산입한 금액의 귀속자가 임원 또는 사용인인 경우에는 그 귀속자에 대한 상여로 처분한다.

기출처 **2014 국가직 9급**

LINK 세법2 37, 39p   오진다 294-296p

난이도 ●●○○○   출제 가능 지수 ●●●●○

해설

익금에 산입한 금액이 사외에 유출된 것이 분명한 경우에 그 귀속자가 사업을 영위하는 개인의 경우에는 **기타사외유출**로 처분한다.

정답 ②

04

「법인세법」상 소득처분에 관한 설명으로 옳지 않은 것은?

① 사외유출이란 손금산입·익금불산입한 금액에 대한 소득처분으로 그 금액이 법인 외부로 유출된 것이 명백한 경우 유출된 소득의 귀속자에 대하여 관련되는 소득세를 징수하기 위하여 행한다.

② 세무조정으로 증가된 소득의 귀속자가 국가·지방자치단체인 경우 기타사외유출로 소득처분하고 그 귀속자에 대하여 소득세를 과세하지 않는다.

③ 당기에 유보로 소득처분된 세무조정사항이 발생하게 되면 당기 이후 추인될 때까지 이를 자본금과적립금조정명세서(을)에 사후관리하여야 한다.

④ 손금산입·익금불산입으로 세무조정한 금액 중 유보가 아닌 것은 기타로 소득처분하며 별도로 사후관리하지 아니한다.

기출처 **2014 국가직 7급**
LINK 세법2 37, 40p   오진다 295, 298-299p
난이도 ●●○○○   출제 가능 지수 ●●●○○

해설

사외유출이란 **익금산입·손금불산입**한 금액에 대한 소득처분으로 그 금액이 법인 외부로 유출된 것이 명백한 경우 유출된 소득의 귀속자에 대하여 관련되는 소득세를 징수하기 위하여 행한다. 그러므로 손금산입·익금불산입한 금액에 대해서는 사외유출 처분이 있을 수 없다.   정답 ①

05

「법인세법」상 소득처분의 유형 중 사외유출이란 익금산입하거나 손금불산입한 금액이 기업외부의 자에게 귀속된 것으로 인정하는 처분이다. 이러한 사외유출 중 그 귀속자에게 「소득세법」상의 근로소득에 대한 소득세가 과세되는 것은?

① 기타인건비

② 인건비

③ 기타사외유출

④ 상여

기출처 **2010 국가직 9급**
LINK 세법2 37p   오진다 295p
난이도 ●○○○○   출제 가능 지수 ●●○○○

해설

임원 또는 직원에게 사외유출로 처분된 경우 **상여**로 소득처분하는데 이는 해당 법인의 이익이 분여된 것이므로 그 귀속자에게 「소득세법」에 따른 근로소득에 대한 소득세의 납세의무가 발생한다.   정답 ④

06

「법인세법」상 소득처분에 대한 설명으로 옳은 것은?

① 배당, 상여 및 기타사외유출로 소득처분하는 경우 당해 소득처분하는 법인에게는 원천징수의무가 있다.

② 업무무관자산에 대한 지급이자의 손금불산입액은 기타사외유출로 소득처분한다.

③ 채권자가 불분명한 사채이자에 대한 원천징수세액 상당액은 그 상여로 소득처분한다.

④ 익금산입한 금액의 귀속자가 법인의 출자임원인 경우에는 그 귀속자에 대한 배당으로 소득처분한다.

기출처 2012 국가직 7급
LINK 세법2 37, 39p   오진다 295-296p
난이도 ●●○○○   출제 가능 지수 ●●●○○

해설

① 배당, 상여 및 **기타소득으로** 소득처분하는 경우 당해 소득처분하는 법인에게는 원천징수의무가 있다.

③ 채권자가 불분명한 사채이자에 대한 원천징수세액 상당액은 **기타사외유출**로 소득처분한다.

④ 익금산입한 금액의 귀속자가 법인의 출자임원인 경우에는 그 귀속자에 대한 **상여**로 소득처분한다.

[귀속자에 대한 과세 정리]

귀속자	소득처분	귀속자에 대한 과세	해당 법인의 원천징수의무
주주 등	배당	「소득세법」에 따른 배당소득에 해당하므로 소득세 과세	O
임원 또는 직원	상여	「소득세법」에 따른 근로소득에 해당하므로 소득세 과세	O
그 외의 자	기타소득	「소득세법」에 따른 기타소득에 해당하므로 소득세 과세	O
법인 또는 개인사업자 또는 국가·지방자치단체	기타사외유출	이미 각 사업연도 소득 또는 사업소득에 포함되어 있으므로 추가적인 과세는 없음	X

[소득처분 중복 시]

구분	소득처분	이유
출자임원·직원	상여	회사가 연말정산으로 귀속자의 납세절차가 종결
법인주주	기타사외유출	법인에 대한 이중과세 방지
위 외의 주주	배당	일반원칙에 따름

정답 ②

07

다음 중 기타사외유출로 소득처분하는 경우로 가장 틀린 것은?

① 부당행위계산부인에 의하여 익금에 산입한 금액으로서 귀속자에게 「상속세 및 증여세법」에 의하여 증여세가 과세되는 금액

② 국세환급가산금을 당기의 각 사업연도 소득금액에서 제외시키기 위해 익금불산입으로 세무조정하는 경우

③ 귀속자가 불분명하여 대표자상여로 처분한 경우에 해당 법인이 그 처분에 따른 소득세 등을 대납하고 이를 손비로 계상한 금액

④ 천재지변 등 불가항력사유로 인한 추계결정에 따라 익금에 산입하는 금액

기출처 2009 지방직 9급
LINK 세법2 38-40p   오진다 296-299p
난이도 ●●○○○   출제 가능 지수 ●●●○○

해설

손금산입·익금불산입한 금액에 대해서는 사외유출 처분이 있을 수 없다. 익금불산입한 금액에 대해서는 사내유보(△유보) 또는 기타로 소득처분하는데, '기타'는 세무조정사항의 효과가 사내에 남아 있으나, 그럼에도 불구하고 결산서상의 자산·부채가 적정하다고 인정하는 처분이다. 국세환급가산금을 당기의 각 사업연도 소득금액에서 제외시키기 위해 익금불산입으로 세무조정하는 경우 **기타**로 소득처분한다.

정답 ②

08

「법인세법」상 법인의 세무조정 시 소득처분 유형이 다른 것은?

① 기업업무추진비 한도초과액

② 법인이 법령의 규정에 의한 특수관계자인 개인으로부터 시가에 미달하게 매입한 유가증권의 시가에 매입가액과의 차액

③ 채권자불분명 사채이자 중 원천징수세액에 상당하는 금액

④ 추계결정 이외의 경우로서 임대보증금에 대한 간주익금의 익금산입액

기출처 2008 국가직 9급

LINK 세법2 39, 49p 오진다 296, 304p

난이도 ●●○○○ 출제 가능 지수 ●●●○○

해설

①, ③, ④ 기타사외유출로 소득처분한다.

② 「법인세법」상 특수관계인인 개인으로부터 시가보다 낮은 가액으로 유가증권(주식 및 채권)을 매입한 경우 시가와 매입가액의 차액을 익금에 산입(유보)하며, 익금에 산입한 금액을 취득원가에 산입한다(법법 15 ② (1), 법령 72 ③ (1)).

정답 ②

09

㈜한국의 다음과 같은 제7기 법인세 세무조정 자료를 이용하여 제7기 자본금과 적립금 조정명세서(을)상 세무조정 유보소득 기말잔액의 합계액을 계산하면? (단, 제6기 자본금과 적립금 조정명세서(을)상 세무조정 유보소득 기말잔액의 합계액은 2,000원이다)

<제7기 세무조정자료>

(단위 : 원)

익금산입 및 손금불산입	손금산입 및 익금불산입
1. 법인세비용: 3,500 2. 자기주식처분이익: 1,300 3. 감가상각비 한도초과액: 2,200 4. 대손충당금 한도초과액: 800	1. 국고보조금의 손금산입: 1,500 2. 일반기부금 한도초과이월액의 손금산입액: 900 3. 전기오류수정손실(전기이월 이익잉여금을 수정함)로 계상한 감가상각비: 500

① 2,600원　　② 3,500원

③ 4,300원　　④ 4,800원

기출처 2008 국가직 7급

LINK 세법2 47, 70, 125, 127, 161, 172p 오진다 302, 314, 339-340, 357, 362p

난이도 ●●●●○ 출제 가능 지수 ●●○○○

해설

제7기 자본금과 적립금 조정명세서(을)상 세무조정 유보소득 기말잔액의 합계액 = 2,000원(세무조정 유보소득 기초잔액의 합계액) + 2,200원(감가상각비 한도초과액) + 800원(대손충당금 한도초과액) - 1500원(국고보조금) = 3,500원

정답 ②

10

「법인세법」상 소득처분에 관한 설명으로 옳은 것은?

① 임대보증금 등의 간주익금은 귀속자를 묻지 않고 반드시 유보로 처분하여야 한다.

② 사외로 유출된 금액의 귀속이 불분명하여 대표자에게 상여로 처분한 후, 이에 대한 소득세를 해당 법인이 대납하고 이를 해당 법인의 손비로 계상한 경우에는 이를 손금불산입 하고 기타사외유출로 처분한다.

③ 일반기부금 한도초과액에 대한 손금불산입액은 기타로 처분한다.

④ 손금불산입한 채권자가 불분명한 사채의 이자에 대한 원천징수세액 상당액은 상여로 처분한다.

기출처 **2007 국가직 9급**

LINK 세법2 39p   오진다 296p

난이도 ●●○○○   출제 가능 지수 ●●●○○

해설

① 추계결정 이외 경우의 임대보증금에 대한 간주익금은 그 귀속자를 묻지 않고 반드시 **기타사외유출**로 처분하여야 한다.

③ 일반기부금 한도초과액에 대한 손금불산입액은 **기타사외유출**로 처분한다.

④ 채권자가 불분명한 사채의 이자는 손금에 산입하지 않으며 그 손금불산입액은 대표자에 대한 상여로 소득처분하지만 이에 따른 원천징수세액 상당액은 **기타사외유출**로 소득처분한다(법기통 67 - 106…3 ①, ②).

[임대보증금에 대한 간주익금의 익금산입액]

구분	소득처분
추계결정	익금산입(상여) → 장부 증빙 미비 등으로 인한 제재 성격이기에 대표자 상여 간주
추계결정 외의 요건충족	익금산입(기타사외유출) → 세법상의 계산에 불과하기에 기타사외유출로 소득처분

정답 ②

11

「법인세법」상 소득처분에 관한 설명으로 옳은 것은?

① 사외유출된 금액의 귀속이 불분명하여 대표자에 대한 상여로 처분한 경우 해당 법인이 그 처분에 따른 소득세 등을 대납하고 이를 손비로 계상함에 따라 익금에 산입한 금액에 대하여는 기타사외유출로 소득처분한다.

② 익금산입한 금액의 귀속자가 법인의 임원인 경우에는 그 귀속자에 대한 배당으로 처분한다.

③ 귀속자가 법인이거나 사업을 영위하는 개인인 경우(다만, 각 사업연도소득이나 사업소득을 구성하는 경우)에는 그 귀속자에 대한 상여로 처분한다.

④ 배당이나 상여로 소득처분한 경우에는 법인의 원천징수 의무가 있으나, 기타소득으로 소득처분한 경우에는 법인의 원천징수 의무가 없다.

기출처 **2007 국가직 9급**

LINK 세법2 37, 39p   오진다 294-296p

난이도 ●●●○○   출제 가능 지수 ●●●●○

해설

② 익금산입한 금액의 귀속자가 법인의 임원인 경우에는 그 귀속자에 대한 **상여**로 처분한다.

③ 귀속자가 법인이거나 사업을 영위하는 개인인 경우(다만, 각 사업연도소득이나 사업소득을 구성하는 경우)에는 **기타사외유출**로 처분한다.

④ 배당이나 상여로 소득처분한 경우에는 법인의 원천징수 의무가 있고 기타소득으로 소득처분한 경우에도 법인의 원천징수 의무가 **있다**.　　정답 ①

12

세무조정 시 소득처분이 잘못된 것은?

① 주주인 임원 – 배당
② 사용인 – 상여
③ 법인 – 기타사외유출
④ 개인사업자 – 기타사외유출

기출처 **2006 국가직 9급**
LINK 세법2 37p 오진다 295p
난이도 ●●○○○ 출제 가능 지수 ●●●○○

해설

소득처분의 귀속자가 주주인 임원인 경우에는 **상여**로 소득처분한다.   정답 ①

13

「법인세법」상 소득처분에 대한 설명으로 옳지 않은 것은?

① 익금산입한 금액의 귀속자가 해당 법인의 주주인 임원인 경우 상여로 처분한다.
② 업무무관자산에 대한 지급이자 및 건설자금이자 손금불산입액은 기타사외유출로 처리한다.
③ 소득처분의 목적은 법인세 계산의 적정화와 소득세 과세의 형평성이다.
④ 귀속자가 불분명하여 대표자에 대한 상여 처분 시 해당 법인이 그 처분에 따른 소득세 등을 대납하고 이를 손비로 계상함에 따라 익금에 산입한 금액에 대해 기타사외유출로 처리한다.

기출처 **2006 국가직 7급**
LINK 세법2 37, 39, 144p 오진다 295-296, 348p
난이도 ●●○○○ 출제 가능 지수 ●●●●○

해설

업무무관자산에 대한 지급이자 손금불산입액은 기타사외유출로 처리한다. **건설자금이자 손금불산입액은 유보**로 소득처분한다.   정답 ②

03

익금과 익금불산입

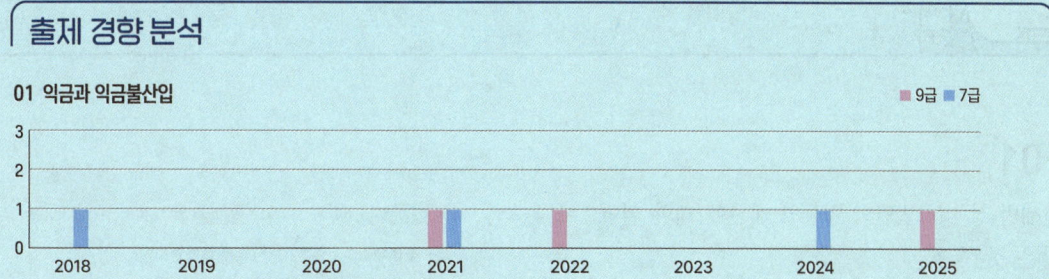

01 익금과 익금불산입   ■ 9급 ■ 7급

기출 분석

「법인세법」 중 '익금과 익금불산입' 파트는 거의 매년 출제되는 최다 빈출 파트입니다. '익금불산입' 항목들을 위주로 다루고, 익금과 익금불산입 항목을 구분하는 통합형 문제를 주로 출제합니다.

간혹 세무조정까지 다루기도 하고 계산형 문제가 출제되기도 하므로 기출 중심으로 관련 내용을 잘 정리해두시기 바랍니다.

01 익금과 익금불산입

1-01

「법인세법」상 내국법인의 익금의 계산에 대한 설명으로 옳지 않은 것은?

① 익금은 자본 또는 출자의 납입 및 「법인세법」에서 규정하는 것은 제외하고 해당 법인의 순자산을 증가시키는 거래로 인하여 발생하는 이익 또는 수입의 금액으로 한다.

② 자본감소의 경우로서 그 감소액이 주식의 소각, 주금의 반환에 든 금액과 결손의 보전에 충당한 금액을 초과한 경우의 그 초과 금액은 각 사업연도의 소득금액을 계산할 때 익금에 산입한다.

③ 주식의 소각으로 인하여 주주인 내국법인이 취득하는 금전과 그 밖의 재산가액의 합계액이 해당 주식을 취득하기 위하여 사용한 금액을 초과하는 금액은 다른 법인의 주주인 내국법인의 각 사업연도의 소득금액을 계산할 때 그 다른 법인으로부터 이익을 배당받았거나 잉여금을 분배받은 금액으로 본다.

④ 지방세의 과오납금의 환급금에 대한 이자는 각 사업연도의 소득금액을 계산할 때 익금에 산입하지 아니한다.

기출처 **2025 국가직 9급**

LINK 세법2 46, 54, 62, 118p   오진다 300, 306, 310, 335p

난이도 ●●●●○   출제 가능 지수 ●●●●○

해설

② 자본감소의 경우로서 그 감소액이 주식의 소각, 주금의 반환에 든 금액과 결손의 보전에 충당한 금액을 초과한 경우의 그 초과 금액은 감자차익으로서 성격상 자본의 납입에 해당하기 때문에 각 사업연도의 소득금액을 계산할 때 익금에 **산입하지 아니한다.**

정답 ②

1-02

법인세법령상 내국법인의 각 사업연도 소득금액을 계산할 때 익금에 대한 설명으로 옳지 않은 것은?

① 각 사업연도의 소득으로 이미 과세된 소득(「법인세법」과 다른 법률에 따라 비과세되거나 면제되는 소득을 포함한다)은 익금에 산입하지 아니한다.

② 자기주식(합병법인이 합병에 따라 피합병법인이 보유하던 합병법인의 주식을 취득하게 된 경우를 포함한다)의 양도금액은 익금에 포함한다.

③ ㈜B의 이익준비금의 일부를 자본에 전입함으로써 ㈜B의 주주인 ㈜A가 취득하는 주식 등의 가액은 ㈜A의 각 사업연도의 소득금액을 계산할 때 ㈜B로부터 이익을 배당받았거나 잉여금을 분배받은 금액으로 본다.

④ 법인이 특수관계인인 개인으로부터 유가증권을 시가보다 낮은 가액으로 매입하는 경우 시가와 그 매입가액의 차액에 상당하는 금액은 익금에 해당하지 않는다.

기출처 **2024 국가직 7급**

LINK 세법2 47, 49, 57, 116p   오진다 302, 304, 310, 335p

난이도 ●●●○○   출제 가능지수 ●●●●○

해설

④ 법인이 특수관계인인 개인으로부터 유가증권을 시가보다 낮은 가액으로 매입하는 경우 시가와 그 매입가액의 차액에 상당하는 금액은 익금에 **해당한다**.

정답 ④

01

「법인세법」상 내국법인의 익금의 계산에 대한 설명으로 옳은 것만을 모두 고르면?

> ㄱ. 손금에 산입하지 아니한 법인세를 환급받은 금액은 익금에 산입한다.
>
> ㄴ. 자본감소의 경우로서 그 감소액이 주식의 소각, 주금의 반환에 든 금액과 결손의 보전에 충당한 금액을 초과한 경우의 그 초과금액은 익금에 산입하지 않는다.
>
> ㄷ. 외국자회사로부터 받는 수입배당금액이 포함되어 있는 경우 그 외국자회사의 소득에 대하여 부과된 외국법인세액 중 그 수입배당금액에 대응하는 것으로서 세액공제의 대상이 되는 금액은 익금으로 본다.
>
> ㄹ. 채무의 면제로 인한 부채의 감소액 중 대통령령이 정하는 이월결손금을 보전하는 데에 충당한 금액은 익금에 산입하지 않는다.

① ㄱ, ㄴ   ② ㄱ, ㄷ
③ ㄷ, ㄹ   ④ ㄴ, ㄷ, ㄹ

기출처 **2022 국가직 9급**

LINK 세법2 48-49, 54-55p 오진다 302, 304, 310p

난이도 ●●●○○   출제 가능 지수 ●●●●○

해설

ㄱ. 손금에 산입하지 아니한 법인세를 환급받은 금액은 익금에 **산입하지 아니한다.**

ㄴ. 자본감소의 경우로서 그 감소액이 주식의 소각, 주금의 반환에 든 금액과 결손의 보전에 충당한 금액을 초과한 경우의 그 초과금액은 감자차익을 말한다. 감자차익은 익금에 산입하지 않는다. → [참고] 감자차손도 손금에 산입하지 않음   정답 ④

02

「법인세법」상 영리내국법인 ㈜대한이 제23기 (2023. 1. 1. ~ 12. 31.) 사업연도에 수령한 수입배당금(「법인세법」에 따라 익금불산입이 배제되는 수입배당금은 아님) 중 익금불산입액은? (단, ㈜대한은 지주회사가 아니고, 제23기 사업연도에 지출한 차입금의 이자는 없으며, 보유 중인 주식은 모두 배당기준일 현재 1년 이상 보유한 것이다.)

배당지급법인	지분비율	수입배당금액	비고
㈜ A	45%	3,000,000원	비상장내국법인
㈜ B	15%	5,000,000원	상장내국법인
㈜ C	99%	4,000,000원	비상장내국법인

① 6,400,000원 ② 7,900,000원
③ 8,500,000원 ④ 10,400,000원

기출처 2021 국가직 7급 수정
LINK 세법2 57-58p 오진다 308p
난이도 ●●●● 출제가능지수 ●●●○○

해설

수령한 수입배당금 중 익금불산입액
= 2,400,000원 + 1,500,000원 + 4,000,000원 = **7,900,000원**

○ ㈜A: 피출자법인에 대한 출자비율이 20% 이상 50% 미만에 해당하는 경우 익금불산입률은 80%이다.

수령한 수입배당금 중 익금불산입액
= 3,000,000원 × 80% = 2,400,000

○ ㈜B: 피출자법인에 대한 출자비율이 20% 미만에 해당하는 경우 익금불산입률은 30%이다.

수령한 수입배당금 중 익금불산입액
= 5,000,000원 × 30% = 1,500,000원

○ ㈜C: 피출자법인에 대한 출자비율이 50% 이상에 해당하는 경우 익금불산입률은 100%이다.

수령한 수입배당금 중 익금불산입액
= 4,000,000원 × 100% = 4,000,000원

[피출자법인에 대한 출자비율별 익금불산입금액]

피출자법인에 대한 출자비율	익금불산입률*
20% 미만	30%
20% 이상 50% 미만	80%
50% 이상	100%

* 2023 세법 개정으로 기업형태에 따른 구분 및 지주회사 여부에 상관 없이 출자비율 기준으로 익금불산입률이 일원화되었다.

정답 ②

03

「법인세법」상 익금불산입 항목에 대한 설명으로 옳지 않은 것은?

① 주식의 포괄적 교환차익과 주식의 포괄적 이전차익은 내국법인의 각 사업연도 소득금액을 계산할 때 익금에 산입하지 아니한다.

② 자본감소의 경우로서 그 감소액이 주식의 소각, 주금의 반환에 든 금액과 결손의 보전에 충당한 금액을 초과한 경우의 그 초과금액은 내국법인의 각 사업연도 소득금액을 계산할 때 익금에 산입하지 아니한다.

③ 채무의 출자전환으로 액면금액 이상의 주식등을 발행하는 경우에는 그 주식등의 시가를 초과하여 발행된 금액은 내국법인의 각 사업연도 소득금액을 계산할 때 익금에 산입하지 아니한다.

④ 부가가치세의 매출세액은 내국법인의 각 사업연도의 소득금액을 계산할 때 익금에 산입하지 아니한다.

기출처 **2021 국가직 9급**
LINK 세법2 53-55, 62p 오진다 306, 310p
난이도 ●●●●○ 출제 가능 지수 ●●●●○

해설

② 자본감소의 경우로서 그 감소액이 주식의 소각, 주금의 반환에 든 금액과 결손의 보전에 충당한 금액을 초과한 경우의 그 초과금액은 감자차익이다. 이는 성격상 자본의 납입에 해당하기 때문에 익금항목이 아니다.

③ 채무를 출자로 전환하는 경우 주식의 발행가액이 시가(시가가 액면가액에 미달하는 경우에는 액면가액)를 초과하는 금액을 채무면제이익으로 보며, 시가가 액면가액을 초과하는 금액을 주식발행액면초과액으로 본다. 이때 주식발행액면초과액은 자본거래로 인정되어 익금불산입하지만, 채무면제이익은 익금에 산입한다. 따라서 채무의 출자전환으로 액면금액 이상의 주식등을 발행하는 경우 그 주식등의 시가를 초과하여 발행된 금액은 채무면제이익으로서 내국법인의 각 사업연도 소득금액을 계산할 때 익금에 **산입한다.**

[채무면제이익과 주식발행액면초과액의 구분]

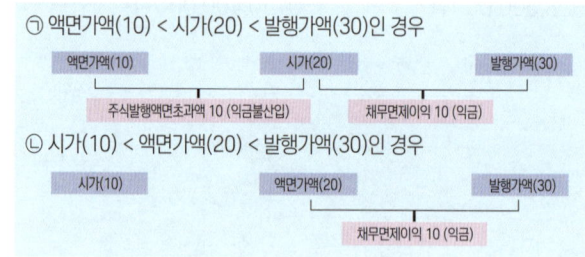

정답 ③

04

「법인세법」상 주식발행액면초과액에 대한 설명으로 옳은 것은?

① 기존 주주에게 공모절차를 거쳐 액면주식을 발행한 경우 그 액면금액을 초과하여 발행된 금액은 익금에 산입한다.

② 기존 주주에게 공모절차를 거쳐 무액면주식을 발행한 경우 발행가액 중 자본금으로 계상한 금액을 초과하는 금액은 익금에 산입한다.

③ 채무의 출자전환으로 액면금액 5,000원인 주식을 시가 10,000원으로 발행하는 경우 그 주식의 액면금액을 초과하여 발행된 금액은 익금에 산입하지 아니한다.

④ 채무의 출자전환으로 액면금액 5,000원이며 시가 10,000원인 주식을 20,000원으로 발행하는 경우 그 주식의 시가를 초과하여 발행된 금액은 익금에 산입하지 아니한다.

기출처 **2018 국가직 7급**
LINK 세법2 52-53p 오진다 306p
난이도 ●●●○○ 출제 가능 지수 ●●●○○

해설

① 기존 주주에게 공모절차를 거쳐 액면주식을 발행한 경우 그 액면금액을 초과하여 발행된 금액은 주식발행액면초과액이므로 익금에 **산입하지 않는다.**

② 기존 주주에게 공모절차를 거쳐 무액면주식을 발행한 경우 발행가액 중 자본금으로 계상한 금액을 초과하는 금액은 주식발행액면초과액이므로 익금에 **산입하지 않는다.**

④ 채무의 출자전환으로 액면금액 5,000원이며 시가 10,000원인 주식을 20,000원으로 발행하는 경우 그 주식의 시가를 초과하여 발행된 금액은 채무면제이익이므로 익금에 **산입한다.**

주식발행액면초과액 = 시가 10,000원 - 액면금액 5,000원 = 5,000원
채무면제이익 = 발행가액 20,000원 - 시가 10,000원 = 10,000원

정답 ③

05

제조업을 영위하는 ㈜한국이 유가증권(A주식)과 관련된 거래를 다음과 같이 적절하게 회계처리한 경우 2022년 및 2023년에 유보(또는 △유보)로 소득처분 할 금액(순액)은? (단, ㈜한국의 사업연도는 1월1일부터 12월31일까지이다.)

* 2022년 중 특수관계인인 개인으로부터 시가 1,000,000원인 유가증권(A주식)을 900,000원에 매입하여 장부에 매입가액으로 계상하였다.
* 2022년 말 유가증권(A주식)의 시가는 1,200,000원 이며, 300,000원의 평가이익을 장부에 계상하였다.
* 2023년 중 2022년 취득한 유가증권(A주식)을 1,300,000원에 매각하면서 처분이익 100,000원을 장부에 계상하였다.

	2022년	2023년
①	유보 200,000원	△유보 200,000원
②	△유보 200,000원	유보 200,000원
③	유보 300,000원	△유보 300,000원
④	△유보 300,000원	유보 300,000원

기출처 2013 국가직 7급
LINK 세법2 48-49p 오진다 304, 307p
난이도 ●●●●○ 출제 가능 지수 ●●●●○

해설

2022년: 특수관계인인 개인으로부터 유가증권(주식 및 채권)을 시가보다 낮은 가액으로 매입한 경우 시가와 매입가액의 차액을 익금산입(유보)하며, 익금에 산입한 금액을 취득원가에 산입한다(법법 15 ② (1), 법령 72 ③ (1)). 따라서 2022년 중 특수관계인인 개인으로부터 시가 1,000,000원인 유가증권(A주식)을 900,000원에 매입하여 장부에 매입가액으로 계상하였다면 시가와 매입가액의 차액인 **100,000원을 익금산입(유보)한다**.

2022년: 자산의 평가차익은 미실현이익이므로 익금으로 보지 않는다. 따라서 2022년 말 유가증권(A주식)의 장부에 평가이익으로 계상한 **300,000원은 익금불산입(△유보)한다**.

2023년: 2022년에 취득한 유가증권(A주식)을 매각하면서 사내유보 잔액을 추인한다.

2022년	유보 100,000원 + △유보 300,000원 = △유보 200,000원
2023년	유보 200,000원

정답 ②

06

「법인세법」상 내국법인의 각 사업연도의 소득금액계산에 있어서 익금불산입 항목에 해당되지 않는 것은?

① 주식의 포괄적 교환차익
② 이월익금 및 부가가치세의 매출세액
③ 무상으로 받은 자산의 가액 중 법령이 정하는 이월결손금의 보전에 충당된 금액
④ 채무의 출자전환으로 주식을 발행하는 경우 해당 주식의 시가를 초과하여 발행된 금액

기출처 2009 지방직 9급
LINK 세법2 53, 55-56, 62p 오진다 302, 306, 310p
난이도 ●●○○○ 출제 가능 지수 ●●●●○

해설

② '이월익금'이란 각 사업연도의 소득으로 이미 과세된 소득(법에 따라 비과세되거나 면제되는 소득을 포함)이며 이는 이중과세방지 목적으로 익금에 해당하지 않는다. 부가가치세 매출세액은 추후 세무당국에 납부해야 할 금액을 미리 받은 예수금에 불과하기 때문에 익금에 해당하지 않는다.
④ 채무의 출자전환으로 주식을 발행하는 경우 해당 주식의 시가를 초과하여 발행된 금액은 채무를 면제받음으로써 법인의 순자산이 증가하는 **채무면제이익으로 보므로 익금산입**한다.

정답 ④

07

「법인세법」상 익금에 대한 설명으로 옳지 않은 것은?

① 채무의 출자전환으로 주식을 발행한 경우 그 주식의 시가를 초과하여 발행된 금액은 익금에 산입한다.

② 자본 또는 출자의 납입금액은 익금에 산입하지 아니한다.

③ 법인이 특수관계인인 개인으로부터 유가증권을 시가보다 낮은 가액으로 매입하는 경우 시가와 그 매입가액의 차액에서 상당하는 금액은 익금에 산입하지 아니한다.

④ 무상으로 받은 자산의 가액과 채무의 면제 또는 소멸로 인한 부채의 감소액 중 법령이 정하는 이월결손금의 보전에 충당한 금액은 익금에 산입하지 아니한다.

기출처 2012 국가직 9급
LINK 세법2 46, 49, 53, 55p   오진다 300, 302, 306, 331p
난이도 ●●○○○   출제 가능 지수 ●●●●○

해설

③ 법인이 특수관계인인 개인으로부터 유가증권을 시가보다 낮은 가액으로 매입하는 경우 시가와 그 매입가액의 차액에서 상당하는 금액은 **익금에 산입한다**.

④ 무상으로 받은 자산의 가액(국고보조금 등은 제외)과 채무의 면제 또는 소멸로 인한 부채의 감소액 중 법으로 정하는 이월결손금을 보전하는 데에 충당한 금액은 익금으로 보지 않는다(법법 18 ⑹).

[자산의 저가매입]

일반적인 경우의 자산의 저가매입에 따른 이익	익금불산입
「법인세법」상 특수관계인인 개인으로부터 유가증권(주식 및 채권)을 시가보다 낮은 가액으로 매입한 경우의 시가와 매입가액의 차액	익금산입(유보)

[충당 대상 이월결손금의 범위]

㉠ 결손금 발생연도의 제한이 없는 세법상의 결손금(적격합병 및 적격분할 시 승계받은 결손금은 제외)으로 결손금 발생 후 각 사업연도의 과세표준계산 시 공제되지 않고 당기로 이월된 결손금

㉡ 신고된 각 사업연도의 과세표준에 포함되지 않았으나 다음에 해당하는 세법상 이월결손금
　ⓐ 회생계획인가의 결정을 받은 법인의 결손금으로서 법원이 확인한 것
　ⓑ 기업개선계획의 이행을 위한 약정이 체결된 법인으로서 금융채권자협의회가 의결한 결손금

정답 ③

08

「법인세법」상 이중과세의 방지 또는 완화를 목적으로 한 항목이 아닌 것은?

① 내국법인이 자기가 출자한 다른 내국법인으로부터 받은 수입배당금액의 익금불산입

② 「자본시장과 금융투자법에 관한 법률」에 따른 투자회사가 법령이 정하는 배당가능이익의 100분의 90 이상을 배당한 경우 적용받는 소득공제

③ 감자차익의 익금불산입

④ 내국법인 중 법령이 정하는 외국자회사로부터 받은 수입배당금액에 대한 익금불산입

기출처 2007 국가직 7급 수정
LINK 세법2 54, 56, 59, 207p   오진다 306, 308-309p
난이도 ●●○○○   출제 가능 지수 ●●●●○

해설

② 「자본시장과 금융투자법에 관한 법률」에 따른 투자회사는 이익을 주주에게 배당한 후, 법인은 사라지는 형식의 법인으로서 일종의 이익을 창출하는 도구에 가깝다. 이러한 회사에 법인세를 과세하게 되면 그의 법인주주가 수취하는 배당에 대해 법인세를 이중과세하게 되는 문제가 생긴다. 따라서 이러한 이중과세문제를 완화하기 위해 요건을 갖춘 경우에 한해 투자회사에 배당소득공제를 적용한다.

③ 감자차익은 성격상 **자본의 납입에 해당하기 때문에** 익금불산입하는 항목이다.

정답 ③

09

다음 중 익금항목인 것은?

① 자사의 명예훼손으로 인한 타사로부터 지급받은 손해배상금
② 손금불산입된 항목의 환입
③ 지방세 과오납금에 대한 환급가산금
④ 법률에 의하지 아니한 자산의 평가차익
⑤ 법인으로부터 시가보다 낮게 취득한 유가증권의 차액

기출처 2007 서울시 9급
LINK 세법2 48-49, 51, 56, 62p 오진다 301, 303-304, 310p
난이도 ●●○○○ 출제 가능 지수 ●●○○○

해설

손해배상청구권 또는 손실보상청구권에 의하여 받는 보상금 등(손해배상금)은 법인의 순자산을 증가시키는 거래로 인하여 발생하는 수익이므로 각 사업연도의 소득금액계산상 이를 익금에 산입한다(법칙 15 - 11…1). 법원의 판결에 의하여 지급하거나 지급받는 손해배상금 등은 법원의 판결이 확정된 날이 속하는 사업연도의 익금 또는 손금에 산입한다(법칙 40 - 71…20). 따라서 손해배상으로 받는 보상금은 익금불산입항목이 아닌 한 모두 **익금에 산입**한다.

[손금에 산입한 금액 중 환입된 금액]

구분	환입액	사례
지출 당시 손금에 산입된 금액	익금에 해당	재산세 등
지출 당시 손금에 산입되지 않은 금액	익금에 해당하지 않음	법인세 등

[손해배상금 정리]

구분		내용
「법인세법」	임원·직원의 고의·중과실로 인한 손해배상금 지출액, 교통사고벌과금	손금불산입
	징벌적 목적의 손해배상금 지출액 (실제 발생한 손해를 초과하여 지급하는 금액)	㉠ 실제 발생한 손해액을 아는 경우 : 법률(외국의 법령을 포함) 또는 그 밖에 이와 유사한 방식으로 실제 발생한 손해액의 일정 배수를 한도로 손해배상 책임을 정하는 법률에 따른 손해배상금 중 실제 발생한 손해를 초과하여 지급하는 금액을 손금불산입 ㉡ 실제 발생한 손해액을 모르는 경우 : 다음 계산식에 따라 계산한 금액을 손금불산입 $$\text{손금불산입 대상 손해배상금} = ⓐ \times \frac{(ⓑ - 1)}{ⓑ}$$ ⓐ: 법률에 따라 지급한 손해배상금 ⓑ: 법률상 손해액 대비 손해배상액의 배수 상한
	법인이 받은 손해배상금	익금불산입항목이 아닌 한 모두 **익금산입**
「소득세법」	계약의 위약·해약으로 인하여 받는 위약금, 배상금 등	기타소득으로 과세
	계약의 위약·해약 외의 사유로 받은 손해배상금(신체적·정신적 피해배상금, 명예훼손배상금, 교통사고 배상금)이나 위자료 등	과세대상 소득으로 보지 않음

정답 ①

10

「법인세법」상의 익금에 대한 설명으로 옳은 것은?

① 자기주식처분이익은 익금에 산입하지 아니한다.

② 국고보조금과 공사부담금은 익금에 해당한다.

③ 국세 또는 지방세의 과오납금의 환급가산금은 익금 항목에 해당한다.

④ 추계에 의하여 소득금액을 계산하는 경우에는 부동산 임대업을 주업으로 하는 영리내국법인에 한하여 임대보증금 등에 대한 간주익금 규정이 적용된다.

기출처 2007 국가직 9급

LINK 세법2 47, 50-51, 62p 오진다 300, 302, 305, 310p

난이도 ●●●○○ 출제 가능 지수 ●●●○○

해설

① 자기주식의 양도금액(주식매수선택권의 행사에 따라 주식을 양도하는 경우에는 주식매수선택권 행사 당시의 시가로 계산한 금액)은 익금에 해당하며, 그 장부가액은 손금에 해당한다. 결과적으로 자기주식처분이익은 **익금에 산입**하며, 자기주식처분손실은 손금에 산입한다.

③ 국세 및 지방세를 과오납부하여 환급받는 경우 그 환급금에 대한 이자(환급가산금)는 국가가 초과하여 수취한 금액에 대한 보상의 성격을 가지기 때문에 어떤 세목이든지 **익금으로 인정하지 않는다**(법법 18 ⑷).

④ **추계결정 외의 경우**로서 소득금액을 계산하는 경우에는 부동산임대업을 주업으로 하는 영리내국법인에 한하여 임대보증금 등에 대한 간주익금 규정이 적용된다.

[회계상 자기주식 vs 「법인세법」상 자기주식]

구분	자기주식 회계처리	자기주식 세법처리
자기주식 처분	자기주식처분이익은 자본항목으로, 자기주식처분손실은 부(-)의 자본항목으로 분류	자기주식의 양도차손익(양도가액 - 장부가액)을 계산하여 자기주식처분이익은 익금산입, 자기주식처분손실은 손금산입
자기주식 소각	유상감자로 보아 액면가액과 취득원가의 차액을 감자차손익으로 처리	자기발행주식을 내부적으로 소각한 것이므로 각 사업연도 소득계산상 익금 또는 손금에 산입하지 않음

정답 ②

11

「법인세법」상 익금불산입 항목에 해당되지 않는 것은?

① 국세 과오납금의 환급금에 대한 이자

② 주식발행액면초과액

③ 손금에 산입한 금액 중 환입된 금액

④ 무상으로 받은 자산가액 중 「법인세법 시행령」이 정하는 이월결손금의 보전에 충당된 금액

기출처 2005 국가직 9급

LINK 세법2 48, 52, 62p 오진다 302-303, 306-307p

난이도 ●●○○○ 출제 가능 지수 ●●●●○

해설

전기에 비용계상(또는 지출) 시 손금으로 인정된 금액이 환입(환급)되는 경우에 그 금액은 **익금에 해당한다**.

정답 ③

12

「법인세법」상 익금으로 보지 않는 항목으로 묶인 것은?

> ㉠ 자산의 일시적 임대수익
> ㉡ 「보험업법」에 의한 유형자산 평가차익
> ㉢ 토지의 양도금액
> ㉣ 주식의 포괄적 교환차익
> ㉤ 감자차익
> ㉥ 부가가치세 매출세액
> ㉦ 이월익금
> ㉧ 자기주식 양도금액

① ㉠, ㉡, ㉢, ㉣
② ㉡, ㉢, ㉣, ㉤
③ ㉣, ㉤, ㉥, ㉦
④ ㉤, ㉥, ㉦, ㉧

13

다음 익금불산입 항목 중 동일소득에 대한 중복과세 방지와 관련된 익금불산입 항목은 모두 몇 개인가?

> ㉠ 법인세환급금
> ㉡ 국세과오납금의 환급가산금
> ㉢ 합병차익
> ㉣ 내국법인이 법령으로 정하는 외국자회사로부터 받은 수입배당금 중 일정액
> ㉤ 이월익금
> ㉥ 내국법인이 다른 내국법인으로부터 받은 수입배당금액 중 일정액

① 2개
② 3개
③ 4개
④ 5개

기출처 2007 국가직 9급
LINK 세법2 47-48, 54, 56, 62p 오진다 301-302, 306, 310p
난이도 ●●●●○ 출제 가능 지수 ●●●○○

해설

㉣ '주식의 포괄적 교환'이란 이미 설립된 완전모회사가 다른 회사의 주주로부터 발행주식총수를 이전받고 그 대가로 완전모회사의 주식을 배정하는 것을 말하며, '주식의 포괄적 교환차익'이란 자본금 증가의 한도액이 완전모회사의 증가한 자본금을 초과하는 경우의 그 초과액을 말한다. 이러한 주식의 포괄적 교환차익은 주식발행초과액과 같은 성격으로서 **익금불산입**한다.

㉤ '감자차익'이란 자본감소의 경우로서 그 감소액이 주식의 소각·주금의 반환에 든 금액과 결손의 보전에 충당한 금액을 초과한 경우의 그 초과액을 말한다. 이러한 감자차익은 성격상 자본의 납입에 해당하기 때문에 **익금불산입**한다.

㉥ 부가가치세 매출세액은 추후 세무당국에 납부해야 할 예수금에 불과하기 때문에 **익금불산입한다**.

㉦ '이월익금'이란 각 사업연도의 소득으로 이미 과세된 소득(법에 따라 비과세되거나 면제되는 소득을 포함)이며 이는 이중과세방지 목적으로 **익금불산입한다**.

정답 ③

기출처 2005 국가직 7급
LINK 세법2 48, 54, 57, 59, 62p 오진다 307-310p
난이도 ●●●●○ 출제 가능 지수 ●●○○○

해설

㉠ 지출 시 손금으로 인정받지 못한 조세의 환급 시 이중과세방지 목적을 위해 익금으로 산입하지 않는다. 법인세는 지출 시 손금으로 인정받지 못한 조세이므로 법인세환급금은 **익금불산입**한다.

㉡ 국세과오납금의 환급가산금은 보상의 성격을 가지기 때문에 익금불산입한다. 즉, 이중과세방지 목적은 아니다.

㉢ '합병차익'이란 「상법」에 따른 합병의 경우로서 소멸된 회사로부터 승계한 재산의 가액이 그 회사로부터 승계한 채무액, 그 회사의 주주에게 지급한 금액과 합병 후 존속하는 회사의 자본금증가액 또는 합병에 따라 설립된 회사의 자본금을 초과한 경우의 그 초과금액(「법인세법」에서 익금으로 규정한 금액은 제외)을 말한다. 이러한 합병차익의 실질적인 성격은 주식발행액면초과금액과 동일하기 때문에 익금불산입한다. 즉, 이중과세방지 목적은 아니다.

㉣ 내국법인이 법령으로 정하는 외국자회사로부터 받는 수입배당금은 이미 법인세가 과세된 소득으로서 이중과세 문제가 발생하므로 「법인세법」은 해당 수입배당금 중 일정액을 **익금불산입**한다.

㉤ 각 사업연도의 소득으로서 이미 과세된 이월소득은 이중과세방지 목적을 위해 **익금불산입**한다.

㉥ 내국법인이 다른 내국법인으로부터 받은 수입배당금액은 이미 법인세가 과세된 소득으로서 이중과세 문제가 발생한다. 따라서 이러한 수입배당금액 중 일정액은 이중과세방지 목적을 위해 **익금불산입**한다.

정답 ③

CHAPTER

04

손금과 손금불산입

출제 경향 분석

01, 02 손금과 손금불산입

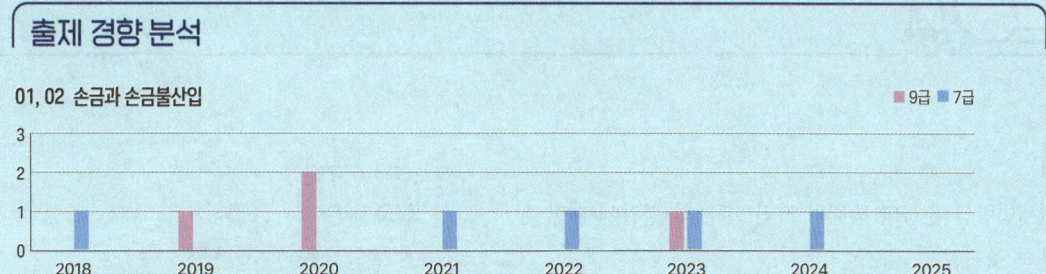

기출 분석

'손금과 손금불산입' 파트는 '익금과 익금불산입' 파트와 마찬가지로 「법인세법」의 최다 빈출 주제입니다.

해당 파트도 직접 세무조정을 요구하거나, 계산형 문제를 출제하기도 하므로 기출중심으로 학습하되 응용 문제들을 많이 다루어

보아야 하는 파트입니다.

시험의 난도가 올라간다면 「법인세법」에서 직접 세무조정을 하는 형태 등을 많이 출제하게 됩니다. 세무조정은 법의 논리를 정확

히 이해하고 다양한 사례들을 통해 직접 조정해보는 경험이 중요합니다.

01 손금

01

법인세법령상 손금의 범위와 자산·부채의 평가에 대한 설명으로 옳지 않은 것은?

① 장식의 목적으로 사무실 등 여러 사람이 볼 수 있는 공간에 항상 전시하는 미술품의 취득가액을 그 취득한 날이 속하는 사업연도의 손비로 계상한 경우, 그 취득가액이 거래단위별로 2천만원이라면 전액 손비의 범위에 포함된다.

② 판매한 제품에 대한 원료의 매입가액(기업회계기준에 따른 매입에누리금액 및 매입할인금액을 제외한다)과 그 부대비용은 손비의 범위에 포함된다.

③ 유형자산으로서 화재로 파손되거나 멸실된 것은 대통령령으로 정하는 방법에 따라 그 장부가액을 감액할 수 있다.

④ 재고자산으로서 파손·부패 등의 사유로 정상가격으로 판매할 수 없는 것은 대통령령으로 정하는 방법에 따라 그 장부가액을 감액할 수 있다.

기출처 **2023 국가직 9급**

LINK 세법2 70, 77~78p 오진다 313, 318~319p

난이도 ●●●○○ 출제 가능 지수 ●●●○○

해설

① 장식의 목적으로 사무실 등 여러 사람이 볼 수 있는 공간에 항상 전시하는 미술품의 취득가액을 그 취득한 날이 속하는 사업연도의 손비로 계상한 경우, 그 취득가액이 거래단위별로 **1천만원 이하**라면 전액 손비의 범위에 포함된다. 정답 ①

02

「법인세법령」상 내국법인의 각 사업연도의 소득금액을 계산할 때 인건비의 손금산입에 대한 설명으로 옳지 않은 것은? (단, 임원 및 지배주주 등은 법령상 정의를 충족한다)

① 법인이 임원이 아닌 직원에게 지급한 상여금 중 주주총회의 결의에 의해 결정된 급여지급기준에 따른 금액을 초과하여 지급한 경우 그 초과금액은 이를 손금에 산입한다.

② 법인이 지배주주 등인 임원에게 정당한 사유 없이 동일 직위에 있는 지배주주 등 외의 임원에게 지급하는 금액을 초과하여 보수를 지급한 경우 그 초과금액은 이를 손금에 산입하지 아니한다.

③ 합명회사 또는 합자회사의 노무출자사원에게 지급하는 보수는 이익처분에 의한 상여로 보아 이를 손금에 산입하지 아니한다.

④ 법인이 정관 또는 정관에서 위임한 퇴직급여지급규정이 없는 경우 현실적으로 퇴직한 임원에게 지급한 퇴직급여는 그 전액을 손금에 산입하지 아니한다.

기출처 2019 국가직 9급

LINK 세법2 73-74p 오진다 315-316p

난이도 ●●●○○ 출제 가능 지수 ●●●○○

해설

법인이 정관 또는 정관에서 위임한 퇴직급여 지급규정이 없는 경우 현실적으로 퇴직한 임원에게 지급한 퇴직급여는 그 임원퇴직급여 **한도액을 초과하는 퇴직급여에 한하여** 손금에 산입하지 아니한다.

[손금불산입 급여]

손금불산입 일반급여	손금불산입 상여금
㉠ 합명회사·자회사의 노무출자사원에 지급하는 보수 ㉡ 법인이 지배주주 등(특수관계인 포함)인 임원 또는 직원에게 정당한 사유 없이 동일 직위에 있는 지배주주 등 외의 임원 또는 직원에게 지급하는 금액을 초과하여 보수를 지급하는 경우 그 초과금액 ㉢ 비상근임원에게 지급하는 보수 중 부당행위계산부인에 해당하는 보수	㉠ 임원에게 지급하는 상여금 중 정관·주주총회·사원총회 또는 이사회의 결의에 따라 결정된 급여지급기준에 의한 금액을 초과하여 지급하는 금액 ㉡ 이익처분(법인의 이익잉여금을 주주총회에서 처분)하여 임원·직원에게 지급하는 상여금

[임원퇴직급여 한도액]

정관에 퇴직급여(퇴직위로금 등 포함)로 지급할 금액이 정해진 경우(정관에 임원 퇴직급여 계산기준이 기재된 경우 포함)	정관에 정해진 금액(위임된 퇴직급여규정이 따로 있을 때에는 이에 규정된 금액)
그 외의 경우	퇴직 전 1년간 총급여액 × 10% × 근속연수

정답 ④

03

「법인세법」상 손금에 대한 설명으로 옳지 않은 것은? (다툼이 있는 경우 판례에 의함)

① 법인이 사업과 관련하여 지출한 비용이 「법인세법」상 손금으로 인정되기 위해서는, 「법인세법」과 다른 법률에서 달리 정하고 있지 않는 한, 그 지출이 사업과 관련된 것만으로는 부족하고 그 외에 비용지출이 일반적으로 인정되는 통상적인 것이거나 수익과 직접 관련된 것이어야 한다.

② 위법소득을 얻기 위하여 지출한 비용이나 지출 자체에 위법성이 있는 비용도 그 지출의 손금산입이 사회질서에 심히 반하는 등 특별한 사정이 존재하지 않는 한 손금으로 산입할 수 있다.

③ 손금의 요건으로서 '일반적으로 인정되는 통상적인 비용'이라 함은 납세의무자와 같은 종류의 사업을 영위하는 다른 법인도 동일한 상황 아래에서는 지출하였을 것으로 인정되는 비용을 의미한다.

④ 법령에서 달리 정하지 않는 한, 제품판매와 관련한 판매장려금 및 판매수당 등 판매와 관련된 부대비용이 손금으로 인정되기 위해서는 사전약정하에 비용지출이 이루어져야 한다.

기출처 2015 국가직 7급
LINK 세법2 66, 70p 오진다 311-313p
난이도 ●●●●● 출제 가능 지수 ●●●●●

해설

판매장려금 및 판매수당 등 판매와 관련된 부대비용은 손금항목이다. 이 때 판매장려금과 판매수당은 **사전약정 여부와 상관없이 지급할 때 전액** 손금으로 인정한다.

[위법소득을 얻기 위한 지출에 대한 대법원 판결]

「법인세법」 및 「법인세법 시행령」 각 규정에 따르면 일반적으로 위법소득을 얻기 위하여 지출한 비용이나 지출 자체에 위법성이 있는 비용의 손금산입을 부인하는 내용의 규정이 없을 뿐만 아니라, 법인세는 원칙적으로 다른 법률에 의한 금지의 유무에 관계없이 담세력에 따라 과세되어야 하고 순소득이 과세대상으로 되어야 하는 점 등을 종합하여 보면, 위법소득을 얻기 위하여 지출한 비용이나 지출 자체에 위법성이 있는 비용에 대하여도 그 손금산입을 인정하는 것이 사회질서에 심히 반하는 등의 특별한 사정이 없는 한 손금으로 산입함이 타당하다(대법원 1998. 5. 8. 선고 96누6158 판결).

정답 ④

04

「법인세법」상 인건비의 손금산입에 대한 설명으로 옳지 않은 것은?

① 합명회사 또는 합자회사의 노무출자사원에게 지급하는 보수는 손금에 산입하지 아니한다.

② 비상근임원에게 건전한 사회통념 및 상거래 관행에 따라 지급하는 보수는 손금에 산입하지 아니한다.

③ 임원에 대한 상여금의 지급이 정관·주주총회 또는 이사회에서 결정된 급여지급 규정을 초과하여 지급하는 경우에는 그 초과금액은 손금에 산입하지 아니한다.

④ 법인의 해산에 의하여 퇴직하는 임원 또는 직원에게 지급하는 해산수당은 최종사업연도의 손금으로 한다.

기출처 2012 국가직 9급
LINK 세법2 73-74p 오진다 315-317p
난이도 ●●●●● 출제 가능 지수 ●●●●●

해설

상근이 아닌 법인의 임원에게 지급하는 보수는 **부당행위계산에 해당하는 경우를 제외하고 이를 손금에 산입**한다(법령 43 ④).

정답 ②

05

「법인세법」상 손금에 대한 설명으로 옳지 않은 것은?

① 손금은 자본 또는 출자의 환급, 잉여금의 처분 및 「법인세법」에서 규정하는 것을 제외하고 해당 법인의 순자산을 감소시키는 거래로 인하여 발생하는 손비의 금액으로 한다.

② 손비는 「법인세법」과 다른 법률에 달리 정하고 있는 것을 제외하고는 그 법인의 사업과 관련하여 발생하거나 지출된 손실 또는 비용으로서 일반적으로 용인되는 통상적인 것이거나 수익과 직접 관련되는 것으로 한다.

③ 장식·환경미화 등의 목적으로 사무실·복도 등 여러 사람이 볼 수 있는 공간에 상시 비치하는 미술품의 취득가액을 그 취득한 날이 속하는 사업연도의 손비로 계상한 경우에는 그 취득가액(취득가액이 거래단위별로 1천만원 이하인 것에 한함)을 손금으로 한다.

④ 건물의 양도가액에서 공제할 취득가액에 포함되는 자본적 지출은 법인이 소유하는 유형자산의 원상을 회복하거나 능률유지를 위하여 지출한 비용이다.

06

「법인세법」상 현실적인 퇴직의 범위에 해당되지 않는 것은?

① 퇴직급여를 중간정산하여 지급한 경우(중간정산시점부터 새로 근무연수를 기산하여 퇴직급여를 계산하는 경우로 한정하지 아니함)

② 법인의 직원이 해당 법인의 임원으로 취임한 경우

③ 법인의 임원·직원이 그 법인의 조직변경·합병·분할 또는 사업양도에 의하여 퇴직한 경우

④ 법인의 상근임원이 비상근임원이 된 경우

기출처 **2011 국가직 9급**

LINK 세법2 66, 68, 71p 오진다 311, 314, 319p

난이도 ●●●○○ 출제 가능 지수 ●●●○○

해설

건물의 양도가액에서 공제할 취득가액에 포함되는 자본적 지출은 **내용연수를 연장시키거나 해당 자산의 가치를 현실적으로 증가시키기 위해 지출한 수선비**이다. 법인이 소유하는 유형자산의 원상을 회복하거나 능률유지를 위하여 지출한 비용은 **수익적 지출에 해당**한다.

[손금으로 보지 않는 것]

㉠ 자본 또는 출자의 환급
㉡ 「법인세법」상 손금불산입항목으로 규정한 것
㉢ 잉여금의 처분

정답 ④

기출처 **2009 지방직 9급**

LINK 세법2 74p 오진다 316p

난이도 ●●●○○ 출제 가능 지수 ●●●○○

해설

「근로자퇴직급여 보장법」 제8조제2항에 따라 퇴직급여를 중간정산하여 실제로 지급한 때(중간정산시점부터 새로 근무연수를 기산하여 퇴직급여를 계산하는 경우에 **한정한다**) 현실적인 퇴직으로 본다. 이때 확정된 중간정산 퇴직급여를 회사의 자금사정 등을 이유로 퇴직급여 전액을 일시에 지급하지 못하고 노사합의에 따라 일정기간 분할하여 지급하기로 한 경우에는 그 최초 지급일이 속하는 사업연도의 손금에 산입한다(법기통 26-44…1).

[현실적으로 퇴직한 임원]

현실적인 퇴직에 해당하는 경우	현실적인 퇴직으로 보지 않는 경우
㉠ 직원이 임원으로 취임한 경우	㉒ 임원이 연임된 경우
㉡ 상근임원이 비상근임원으로 된 경우	㉓ 법인의 대주주 변동으로 인하여 계산의 편의, 기타 사유로 전 직원에게 퇴직급여를 지급한 경우
㉢ 임원 또는 직원이 그 법인의 조직변경·합병·분할 또는 사업양도에 따라 퇴직한 때	㉔ 외국법인의 국내지점 종업원이 본점(본국)으로 전출하는 경우
㉣ 「근로자퇴직급여 보장법」의 규정에 따라 퇴직금을 중간정산하여 지급한 경우	㉕ 정부투자기관 등이 민영화됨에 따라 전 종업원의 사표를 일단 수리한 후 다시 채용한 경우
㉤ 정관에서 위임된 퇴직급여지급규정에 따라 법에 정한 사유로 임원에게 퇴직급여를 중간정산하여 지급한 때	㉖ 「근로자퇴직급여 보장법」에 따라 퇴직급여를 중간정산하기로 하였으나 이를 실제로 지급하지 않은 경우

정답 ①

07

비상장법인인 ㈜한국은 2023년 사업연도 중에 퇴직한 상무이사 홍길동에 대한 인건비로 다음의 금액을 지출하였다. 이 경우 한도초과로 손금불산입되는 총 금액은?

- 일반급여: ₩50,000,000 (퇴직 전 1년간의 총급여액으로, 손금불산입되는 금액은 없음)
- 상여금: ₩30,000,000 (지급 규정이 없음)
- 퇴직급여: ₩50,000,000 (지급 규정이 없음)
- 근속연수: 4년 6개월 20일

① ₩30,000,000
② ₩52,500,000
③ ₩57,500,000
④ ₩80,000,000

기출처 2008 국가직 9급
LINK 세법2 73-74p 오진다 315-316p
난이도 ●●●●○ 출제가능지수 ●●●○○

해설

한도초과로 손금불산입 되는 총 금액
= 임원 상여금 한도초과액 + 임원 퇴직금 한도초과액
= ₩30,000,000 + ₩27,500,000 = ₩57,500,000

○ 임원 상여금 한도초과액 = 직원에게 지급하는 상여금은 일반적으로 한도 상관없이 전액 손금으로 인정되지만 임원에게 지급하는 상여금은 정관 등에 규정이 없는 경우 한도를 0으로 보아 **전액 손금불산입**한다. 따라서 임원 상여금 한도초과액은 ₩30,000,000.

○ 임원 퇴직금 한도초과액 = 임원에게 지급하는 퇴직금은 정관 등에 규정이 없는 경우 다음의 한도를 초과하는 금액은 현실적으로 퇴직하는 경우라 하더라도 손금에 산입하지 않는다.

임원퇴직급여 한도액 = 퇴직 전 1년간 총급여액 × 10% × 근속연수
= ₩50,000,000 × 10% × 4.5
= ₩5,000,000 × 4.5 = ₩22,500,000
한도초과로 손금불산입 되는 임원퇴직급여
= ₩50,000,000 - ₩22,500,000 = ₩27,500,000

[인건비의 손금인정 여부]

인건비의 구분		직원	임원
일반급여		○	○
상여금	㉠ 일반적인 상여금	○	급여지급기준에 따른 금액의 한도 내에서 손금인정
	㉡ 이익처분에 의해 지급되는 상여금	X	X
퇴직급여		○	일정한 한도 내에서 손금인정
복리후생비		열거된 것 및 그와 유사한 것에 한정하여 손금인정	

정답 ③

08

다음 중 세법상 현실적 퇴직으로 보는 것은?
① 직원이 임원으로 취임한 때
② 공기업에서 민간기업으로 전환 시 전직원을 퇴사 후 재채용하는 경우
③ 외국법인의 국내지점에서 본점으로 전출한 경우
④ 회사의 제도 기타 사정 등을 사유로 퇴직금을 1년 기준으로 매년 지급하는 경우
⑤ 임원이 연임된 경우

기출처 2007 서울시 9급
LINK 세법2 74p 오진다 316p
난이도 ●●○○○ 출제가능지수 ●●○○○

해설

① 「법인세법」에서 직원이 임원으로 취임한 때 **현실적인 퇴직으로 본다.**
②~⑤ 현실적인 퇴직에 해당하지 않는 경우에 해당한다. 정답 ①

02 손금불산입

2-01

법인세법령상 내국법인의 각 사업연도 소득금액을 계산할 때 상여금 등의 손금불산입에 대한 설명으로 옳지 않은 것은?

① 법인이 직원에게 지급하는 상여금 중 이사회의 결의에 의하여 결정된 급여지급기준에 의하여 지급하는 금액을 초과하여 지급한 경우 그 초과금액은 이를 손금에 산입하지 아니한다.

② 법인이 그 임원에게 이익처분에 의하여 지급하는 상여금은 이를 손금에 산입하지 아니한다. 이 경우 합명회사 또는 합자회사의 노무출자사원에게 지급하는 보수는 이익처분에 의한 상여로 본다.

③ 상근이 아닌 법인의 임원에게 지급하는 보수는 부당행위계산의 부인에 해당하는 경우를 제외하고 이를 손금에 산입한다.

④ 법인이 지배주주등(특수관계에 있는 자를 포함한다)인 임원 또는 직원에게 정당한 사유없이 동일 직위에 있는 지배주주등 외의 임원 또는 직원에게 지급하는 금액을 초과하여 보수를 지급한 경우 그 초과금액은 이를 손금에 산입하지 아니한다.

기출처 **2024 국가직 7급**
LINK 세법2 73p 오진다 315p
난이도 ●●●○○ 출제 가능 지수 ●●●●○

해설

① 직원에게 지급하는 상여금은 일반적으로 한도 상관없이 전액 손금으로 인정된다. 따라서 법인이 임원이 아닌 직원에게 지급한 상여금 중 주주총회의 결의에 의해 결정된 급여지급기준에 따른 금액을 초과하여 지급한 경우 그 초과금액은 이를 손금에 **산입한다**.   정답 ①

2-02

법인세법령상 내국법인의 각 사업연도 소득금액을 계산할 때 손금에 산입하지 않는 것은?

① 「상법」 제417조에 따라 주식을 액면미달의 가액으로 신주를 발행하는 경우 그 미달하는 금액과 신주발행비의 합계액

② 회수할 수 없는 부가가치세 매출세액미수금(「부가가치세법」 제45조에 따라 대손세액공제를 받지 아니한 것에 한정한다)

③ 영업자가 조직한 단체로서 법인이거나 주무관청에 등록된 조합 또는 협회에 지급한 일반회비

④ 우리사주조합에 출연하는 자사주의 장부가액 또는 금품

기출처 **2023 국가직 7급**
LINK 세법2 68, 78, 80p 오진다 312, 319p
난이도 ●●○○○ 출제 가능 지수 ●●●●●

해설

① 「상법」 제417조에 따라 주식을 액면미달의 가액으로 신주를 발행하는 경우 그 미달하는 금액과 신주발행비의 합계액은 **손금불산입항목**이다.
     정답 ①

01

다음은 법인세법령상 내국법인 ㈜B의 제24기 (2024.1.1.~2024.12.31.) 손익계산서에 손비로 계상한 항목이다. 해당 항목 중 제24기 각 사업연도의 소득금액을 계산할 때 손금불산입할 합계액은?

ㄱ. 법인 소유 차량에 대해 부과된 과태료: 1,500,000원
ㄴ. 본사 건물에 대한 재산세: 5,500,000원(재산세에 대한 납부지연가산세 1,000,000원이 포함된 금액임)
ㄷ. 판매하지 아니한 제품에 대한 반출필의 주세의 미납액(제품가격에 해당 세액이 가산되지 않음) : 5,500,000원
ㄹ. 「국민건강보험법」에 따라 사용자로서 부담한 보험료 : 2,500,000원

---

① 6,500,000원
② 8,000,000원
③ 9,500,000원
④ 10,500,000원

기출처 2022 국가직 7급 수정

LINK 세법2 71, 75, 81-82p   오진다 317, 320-321p
난이도 ●●●●○   출제가능지수 ●●●○○

해설

항목	손금 해당 여부	손금 불산입액
법인 소유 차량에 대해 부과된 과태료	벌금, 과료, **과태료**(과태금 포함), 가산금 및 강제징수비는 **손금불산입한다.**	1,500,000원
본사 건물에 대한 재산세	손금불산입되는 세금을 제외한 세금은 국세와 지방세를 불문하고 손금에 산입하며, **재산세는 손금대상이다.**	-
	세법에 따른 의무불이행으로 인한 세액(**가산세 포함**)은 제재 성격으로 **손금불산입한다.**	1,000,000원
판매하지 아니한 제품에 대한 반출필의 주세의 미납액(제품가격에 해당 세액이 가산되지 않음)	판매하지 아니한 제품에 대한 반출필의 개별소비세, **주세** 또는 교통·에너지·환경세의 미납액은 대납금 성격을 가진 소비세로서 '선급금'으로 계상되기 때문에 **손금불산입한다.** 다만, 제품가격에 그 세액상당액을 가산한 경우에는 손금으로 인정한다.	5,500,000원
사용자로서 부담한 보험료	법에 따른 국민건강보험료·노인장기요양보험료·고용보험료·국민연금료의 사용자부담분은 손금으로 한다.	-
합계		**8,000,000원**

정답 ②

02

「법인세법령」상 업무용승용차 관련비용의 손금불산입에 대한 설명으로 옳지 않은 것은? (단, 부동산임대업을 주된 사업으로 하는 등 법령으로 정하는 요건에 해당하는 내국법인은 아니며, 사업연도가 1년 미만이거나 사업연도 중 일부 기간 동안 보유하거나 임차한 경우에도 해당하지 않는다)

① 업무용승용차는 정액법을 상각방법으로 하고 내용연수를 5년으로 하여 계산한 금액을 감가상각비로 하여 손금에 산입하여야 한다.

② 내국법인이 업무용승용차를 취득하거나 임차함에 따라 해당 사업연도에 발생하는 감가상각비, 임차료, 유류비 등 업무용승용차 관련비용 중 업무사용금액에 해당하지 아니하는 금액은 해당 사업연도의 소득금액을 계산할 때 손금에 산입하지 아니한다.

③ 업무사용금액 중 업무용승용차별 감가상각비가 해당 사업연도에 800만원을 초과하는 경우 그 초과하는 금액은 해당 사업연도의 손금에 산입하지 아니하고 이월하여 손금에 산입한다.

④ 업무용승용차를 처분하여 발생하는 손실로서 업무용 승용차별로 800만원을 초과하는 금액은 해당 사업 연도에 손금에 산입하지 않고 유보로 소득처분한다.

기출처 **2021 국가직 7급**

LINK 세법2 86-89p   오진다 321-322p

난이도 ●●●●○   출제 가능 지수 ●●●●○

해설

업무용승용차를 처분하여 발생하는 손실로서 업무용승용차별로 800만원을 초과하는 금액은 해당 사업연도에 손금에 산입하지 않고 **기타사외유출**로 소득처분한다. 이러한 처분손실 한도초과액은 해당 사업연도의 다음 사업연도부터 800만원을 균등하게 손금산입(기타)하되, 남은 금액이 800만원 미만인 사업연도에는 남은 금액을 모두 손금산입(기타)한다(법령 50의2 ⑬).

정답 ④

03

「법인세법」상 손금에 대한 설명으로 옳지 않은 것은?

① 결산을 확정할 때 잉여금의 처분을 손비로 계상한 금액은 손금으로 산입할 수 있다.

② 부도가 발생한 주권상장법인이 발행한 주식은 감액하여 손금으로 산입할 수 있다.

③ 재고자산으로서 파손·부패 등의 사유로 정상가격으로 판매할 수 없는 경우에는 감액하여 손금으로 산입할 수 있다.

④ 「기업구조조정 촉진법」에 따른 부실징후기업이 된 주권상장법인이 발행한 주식은 감액하여 손금으로 산입할 수 있다.

기출처 **2020 국가직 9급**

LINK 세법2 77, 80p   오진다 318-319p

난이도 ●●●●○   출제 가능 지수 ●●●○○

해설

잉여금은 익금에서 손금을 차감하여 계산된 금액이다. 이미 잉여금을 계산할 때 손금이 차감되었기에 이러한 잉여금을 처분하여 배당금이나 상여금을 지급할 때, 손금으로 다시 산입할 수 없다. 따라서 결산을 확정할 때 잉여금의 처분을 손비로 계상한 금액은 손금으로 산입할 수 **없다.**

정답 ①

04

「법인세법령」상 각 사업연도 소득금액을 구하기 위해 세무조정을 해야 하는 것은?

① 영업자가 조직한 단체로서 법인이거나 주무관청에 등록된 조합 또는 협회에 지급한 일반회비를 손익계산서상 비용 계상하였다.

② 전기요금의 납부지연으로 인한 연체가산금을 납부하고 손익계산서에 비용 계상하였다.

③ 부동산의 임차보증금에 대한 부가가치세 매입세액을 임차법인이 납부하고 손익계산서상 비용 계상하였다.

④ 대통령령으로 정하는 이월결손금을 보전하는 데에 충당한 무상으로 받은 자산의 가액(「법인세법」제36조에 따른 국고보조금 등이 아님)을 손익계산서상 수익 계상하였다.

기출처 **2020 국가직 9급**

LINK 세법2 55, 71, 78, 81p 오진다 302, 314, 318, 320p

난이도 ●●●○○ 출제 가능 지수 ●●●●○

해설

① 영업자가 조직한 단체로서 법인이거나 주무관청에 등록된 조합 또는 협회에 지급한 일반회비는 한도 없이 전액 손금산입한다.

② 벌금, 과료, 과태료(과태금 포함), 가산금 및 강제징수비는 손금에 산입하지 않는다(법법 21 (3)). 전기요금의 납부지연으로 인한 연체가산금은 벌금 등으로 보지 않아 손금산입한다.

③ 부동산의 임차보증금에 대한 부가가치세 매입세액은 부담한 자의 손금으로 인정한다.

④ 무상으로 받은 자산의 가액(국고보조금 등은 제외) 중 법으로 정하는 이월결손금을 보전하는 데에 충당한 금액은 **익금으로 보지 않는다**(법법 18 (6)). 따라서 이를 익금불산입(기타)한다.

[영업자조직 조합·협회에 대한 회비]

영업자가 조직한 단체로서 법인이거나 주무관청에 등록한 조합 또는 협회에 지급한 회비(법정단체)	손금산입
위 이외에 임의로 조직된 조합 또는 협회에 지급한 회비(임의단체)	손금불산입

[벌금 등에 해당하지 아니하는 지체상금 등]

㉠ 사계약상의 의무불이행으로 인하여 과하는 지체상금(정부와 납품계약으로 인한 지체상금을 포함하며 구상권 행사가 가능한 지체상금을 제외한다)

㉡ 보세구역에 보관되어 있는 수출용 원자재가 관세법상의 장치기간 경과로 국고귀속이 확정된 자산의 가액

㉢ 철도화차 사용료의 미납액에 대하여 가산되는 연체이자

㉣ 「고용보험 및 산업재해보상보험의 보험료 징수 등에 관한 법률」제25조에 따른 산업재해보상보험료의 연체금

㉤ 국유지 사용료의 납부지연으로 인한 연체료

㉥ 전기요금의 납부지연으로 인한 연체가산금

[손금산입하는 부가가치세 매입세액]

㉠ 토지조성 관련 매입세액

㉡ 비영업용 승용자동차의 구입, 임차, 유지관련 매입세액

㉢ 영수증 교부거래분 매입세액

㉣ 면세 관련 매입세액

㉤ 기업업무추진비 관련 매입세액 (기업업무추진비로 보아 한도액의 범위에서 손금 인정)

㉥ 간주임대료 관련 매입세액 (임차인 또는 임대인 중 부담한 자의 손금으로 인정)

정답 ④

05

「법인세법」상 손금에 해당하는 것만을 모두 고른 것은?

> ⊙ 자기주식처분손실
> ⓒ 우리사주조합에 출연하는 자사주(장부가액)
> ⓒ 주식할인발행차금
> ⓐ 출자임원(지분율 1%)이 사용하는 사택의 유지관리 비용
> ⓜ 업무무관자산의 유지관리비
> ⓑ 법인의 임직원이 아닌 지배주주에 대하여 지급한 교육훈련비

① ⊙, ⓒ

② ⊙, ⓒ, ⓐ

③ ⓒ, ⓒ, ⓑ

④ ⓒ, ⓐ, ⓜ

기출처 **2017 국가직 9급**

LINK **세법2** 47, 68, 75, 80, 85p **오진다** 302, 312, 319, 323p

난이도 ●●●○○ 출제 가능 지수 ●●●○○

해설

⊙ 세법에서는 자기주식의 처분을 세무상 손익거래로 취급하므로 자기주식처분이익은 익금, **자기주식처분손실은 손금에 해당**한다.

ⓒ 우리사주제도를 실시하는 법인이 우리사주조합에 출연하는 자사주의 장부가액은 기부금 성격이나 한도 계산을 별도로 하지 않고 우리사주조합을 지원하기 위하여 **전액 손금에 산입**한다.

ⓒ 주식발행액초과액은 자본의 납입이기 때문에 익금항목이 아니며, 동일한 이유에서 주식할인발행차금 또한 **손금항목으로 인정되지 않는다.**

ⓐ 출자임원(지분율 1%)이 사용하는 사택의 유지관리비용은 법인의 업무와 직접 관련이 없다고 인정되는 지출금액으로서 **손금에 산입하지 아니한다.** 반면 출자임원 중 소액주주임원(지분율 1% **미만**)이 사용하는 사택의 유지관리비용은 손금으로 인정된다.

ⓜ 업무무관자산을 취득 및 관리함으로써 생기는 비용, 유지비, 수선비 및 이에 관련되는 비용은 **손금에 산입하지 않는다**(법법 27 ⑴, 법령 49 ③).

ⓑ 임직원에 대한 여비 및 교육훈련비는 손금에 산입하는 것을 원칙으로 하지만 임원·직원이 아닌 지배주주(그 특수관계인을 포함)에게 지급한 여비·교육훈련비는 **손금에 산입하지 않는다**(법법 26 ⑶, 법령 46).

[기부금 성격의 전액 손금인정 특례]

> ⊙ 보건복지가족부장관이 정하는 무료진료권 또는 새마을진료권에 따라 행한 무료진료의 가액
> ⓒ 우리사주제도를 실시하는 법인이 우리사주조합에 출연하는 자사주의 장부가액 또는 금품
> ⓒ 법에 따른 식품 및 생활용품의 제조업·도매업 또는 소매업을 영위하는 내국법인이 해당 사업에서 발생한 잉여 식품 등을 제공자 또는 제공자가 지정하는 자에게 무상으로 기증하는 경우 그 기증한 잉여식품 등의 장부가액

[손금산입·손금불산입하는 업무무관자산의 취득·관리 비용]

> ⊙ 취득단계: 취득부대비용으로 자산원가를 구성하는 취득세 등은 손금으로 인정
> ⓒ 보유단계: 업무무관자산에 대한 감가상각비, 유지비, 수선비 및 재산세 등은 손금불산입
> ⓒ 처분단계: 양도가액을 익금, 그 자산의 장부가액을 손금에 산입

[업무무관자산 범위]

업무무관 부동산	⊙ 법인의 업무에 직접 사용하지 않는 부동산[다만, 유예기간(부동산별 2년, 5년)이 경과하기 전까지의 기간 중에 있는 부동산은 제외] ⓒ 유예기간 중에 해당 법인의 업무에 직접 사용하지 않고 양도하는 부동산(부동산매매업을 주업으로 영위하는 법인의 경우는 제외)
업무무관 동산	⊙ 서화 및 골동품(장식·환경미화 등의 목적으로 사무실·복도 등 여러 사람이 볼 수 있는 공간에 상시 비치되는 것은 제외) ⓒ 업무에 직접 사용하지 않는 자동차·선박 및 항공기 ⓒ 기타 위 ⊙·ⓒ와 유사한 자산으로서 해당 법인의 업무에 직접 사용하지 않는 자산

정답 ①

06

다음은 제조업을 영위하는 내국법인 ㈜A의 23기 사업연도 (2023. 1. 1. ~ 12. 31.)의 업무용승용차 관련 내용이다. ㈜A가 23기 사업연도의 법인세를 2024년 3월 8일에 신고하는 경우 업무용승용차 관련 비용 중 손금불산입 금액은?

○ 2022년 12월 10일 대표이사 업무용승용차(배기량 3,000cc, 5인승)를 100,000,000원에 구입함
○ 해당 업무용승용차 관련비용으로 손금산입하거나 지출한 항목은 아래와 같음
   – 업무전용자동차보험료 : 1,000,000원
   – 유류비 : 20,000,000원
   – 자동차세 : 1,500,000원
   – 감가상각비 : 20,000,000원
○ 차량운행기록부 내역 중 업무사용비율은 90%로 확인됨
○ 그 외 업무용승용차는 없고, 해당 업무용승용차는 취득 이후 업무전용자동차보험에 가입되어 있으며 위 비용 이외에 업무용승용차 관련비용은 없음

① 4,250,000원
② 10,000,000원
③ 14,250,000원
④ 28,250,000원

기출처 2018 국가직 7급
LINK 세법2 86-89p 오진다 321-322p
난이도 ●●●●○ 출제 가능 지수 ●●●○○

해설

업무용승용차 관련 비용 중 손금불산입 금액 = 사적사용에 해당하는 (감가상각비 + 기타 업무용승용차 관련비용) + 업무사용에 해당하는 감가상각비 중 한도초과액
= 4,250,000원 + 10,000,000원 = 14,250,000원

○ 사적사용(10%)에 해당하는 감가상각비와 기타 업무용승용차 관련비용

(1,000,000원 + 20,000,000원 + 1,500,000원 + 20,000,000원) × 10% = 42,500,000원 × 10% = 4,250,000원

○ 업무사용에 해당하는 감가상각비 중 한도초과액

20,000,000원 × 90% - 8,000,000원 = **10,000,000원**

정답 ③

07

「부가가치세법」상 매입세액공제 불공제 사유 중 「법인세법」상 손금에 산입할 수 없는 것은?
① 면세관련 매입세액
② 세금계산서를 미수취한 경우
③ 임차인이 부담한 간주임대료
④ 기업업무추진비 관련 매입세액
⑤ 비영업용 승용자동차 관련 매입세액

기출처 2007 서울시 9급
LINK 세법2 70-71p 오진다 314p
난이도 ●●○○○ 출제 가능 지수 ●●●○○

해설

「부가가치세법」상 매입세액공제 불공제 사유 중 세금계산서를 미수취한 경우는 법인에게 귀책 사유가 있는 매입세액이므로 「법인세법」상 **손금에 산입할 수 없다.**

정답 ②

MEMO

05

손익의 귀속시기

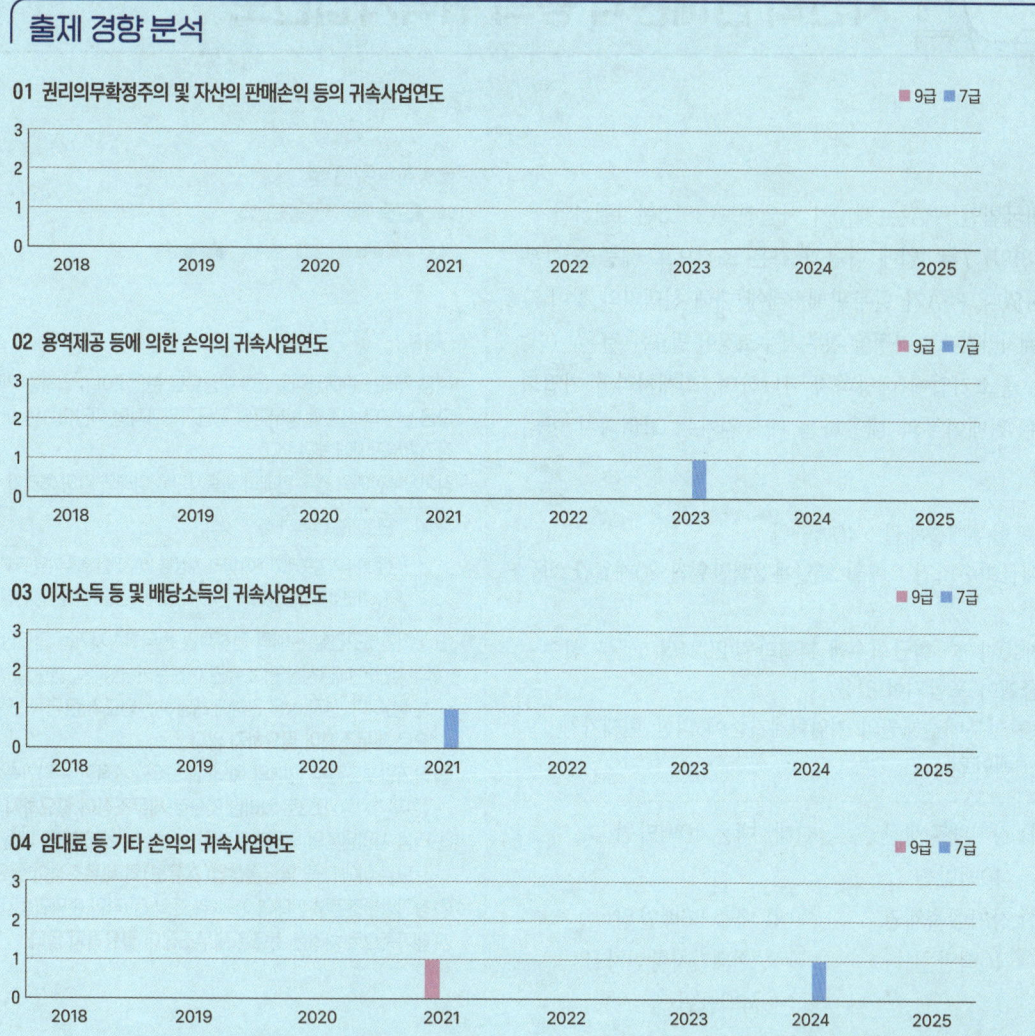

01 권리의무확정주의 및 자산의 판매손익 등의 귀속사업연도

■ 9급 ■ 7급

02 용역제공 등에 의한 손익의 귀속사업연도

■ 9급 ■ 7급

03 이자소득 등 및 배당소득의 귀속사업연도

■ 9급 ■ 7급

04 임대료 등 기타 손익의 귀속사업연도

■ 9급 ■ 7급

기출 분석

'손익의 귀속시기'는 과거 빈출 주제는 아니었으나 최근 7급 시험에서 꾸준히 출제되고 있습니다. 출제가 된 경우 귀속시기를 판단하여 직접 세무조정을 하도록 요구하는 문제가 출제되기도 하므로 수험생들에게 부담이 되는 주제가 될 수 있습니다.
또한, 단순히 한 영역에서만 다루는 것이 아니라 '손익의 귀속시기' 전반의 주제를 통합형으로 묻는 문제가 대부분입니다. 그러므로 중요성이 떨어지는 것이 아니라 뒷 주제와 연결된 통합형의 경우 뒤로 배치하여 분석된 결과임을 주의하시기 바랍니다. 해당 주제는 주로 통합형으로 출제됩니다.

01
권리의무확정주의 및
자산의 판매손익 등의 귀속사업연도

01

영리내국법인 ㈜A는 제10기 사업연도(2023년 1월 1일 ~ 12월 31일) 7월 1일에 다음과 같은 조건으로 제품을 할부판매하였다. ㈜A가 할부판매거래에 대해 선택지와 같이 각각 회계처리했다고 가정할 경우 세무조정이 필요한 것은? (단, ㈜A는 중소기업에 해당하지 아니하며, 회계처리의 기업회계기준 위배여부와 대응하는 매출원가는 고려하지 아니함)

- 총 할부매출채권 : 40백만원
- 대금회수조건 : 매월 25일에 2백만원씩 20개월간 회수
- 제10기 중 현금회수액 14백만원(2024년 1월분 선수금액이 포함되어 있음)
- 총 할부매출채권의 기업회계기준에 의한 현재가치 : 36백만원

① (차) 장기매출채권   (대) 매출 40백만원
　　　40백만원

② (차) 장기매출채권   (대) 매출 36백만원
　　　40백만원　　　　　　　　현재가치할인차금
　　　　　　　　　　　　　　　　4백만원

③ (차) 현금 14백만원   (대) 매출 14백만원

④ (차) 현금 14백만원   (대) 매출 12백만원
　　　　　　　　　　　　　　　선수금 2백만원

기출처 2016 국가직 9급

LINK 세법2 94p 오진다 325p

난이도 ●●●●● 출제 가능 지수 ●●●○○

해설

해당 거래는 판매금액을 2회 이상으로 분할하여 수입하는 거래로서 인도일의 다음 날부터 최종의 할부금의 지급기일까지의 기간이 1년 이상인 거래이므로 장기할부판매에 해당한다.
장기할부판매의 경우 판매의 귀속시기를 아래와 같이 처리할 수 있다.

원칙	인도기준 (명목가액)
예외	㉠ 회수기일도래기준에 따라 계상한 경우에만 회수기일도래기준 적용 가능 ㉡ 기업회계기준에 따라 현재가치할인차금을 계상한 경우 현재가치평가 인정

① 장기할부조건부 판매의 원칙적인 손익귀속시기는 인도한 날(재고자산 외의 자산은 대금청산일, 소유권 이전등기·등록일, 인도일, 사용수익일 중 빠른 날)이다. 선지 ①은 원칙에 해당하는 인도기준(명목가액)으로 처리한 것으로 **세무조정이 필요하지 않다.**
② 장기할부조건부 판매의 예외(위 표의 ㉡)적인 손익귀속시기인 인도기준(현재가치평가)으로 처리한 것으로 **세무조정이 필요하지 않다.**
③ 다음 사업연도의 익금에 해당하는 선수금 2백만원을 매출로 회계처리하였으므로 이에 대해 **익금불산입(△유보)의 세무조정이 필요하다.**
④ 장기할부조건부 판매의 예외(위 표의 ㉠)적인 손익귀속시기인 회수기일도래기준으로 처리한 것으로 **세무조정이 필요하지 않다.**　　　정답 ③

02

다음은 ㈜甲의 제5기(2023년 1월 1일 ~ 12월 31일)에 발생한 할부판매와 관련된 자료이다. 회사는 결산상 회수기일도래기준으로 적용하여 수익을 인식하고 있다. 아래의 자료 이외에 고려해야 할 다른 사항이 없다고 가정할 때, ㈜甲이 제5기에 익금으로 인식할 금액는? (단, 회사는 제5기에 익금을 최대한 적게 인식하는 방향으로 결정하였다고 가정한다)

구분	A제품	B제품
총판매대금	120,000,000원	60,000,000원
인도일	2023년 3월 30일	2023년 6월 30일
제5기 대금회수액	30,000,000원	40,000,000원
계약서상의 대금회수조건	인도 후 매 6개월마다 30,000,000원씩 회수	인도 후 매 3개월마다 20,000,000원씩 회수

① 30,000,000원

② 70,000,000원

③ 90,000,000원

④ 180,000,000원

기출처 2012 국가직 7급

LINK 세법2 94p 오진다 325p

난이도 ●●●○○ 출제가능지수 ●●●○○

해설

○ A제품: 인도 후 매 6개월마다 30,000,000원씩 총 2년 동안 4회에 걸쳐 120,000,000원을 회수하므로 장기할부판매에 해당된다. ㈜甲은 회수기일도래기준으로 적용하여 수익을 인식하고 있으므로 회수기일인 2023년 9월 30일에 **30,000,000원을 익금으로 인식**한다.

○ B제품: 인도 후 매 3개월마다 20,000,000원씩 총 9개월 동안 3회에 걸쳐 60,000,000원을 회수하므로 단기할부판매에 해당된다. 단기할부판매의 경우 기업회계와 동일하게 예외 없이 인도한 날에 손익을 인식하며(인도기준) 채권은 명목가액으로 평가한다. 따라서 인도시점인 2023년 6월 30일에 총판매대금 **60,000,000원 전액을 익금으로 인식**한다.

제5기에 익금으로 인식할 금액 = 30,000,000원 + 60,000,000원 = 90,000,000원

[장기할부판매의 판단기준]

㉠ 판매금액·수입금액을 2회 이상으로 분할하여 수입하는 것
㉡ 다음의 날부터 최종의 할부금의 지급기일까지의 기간이 1년 이상인 것
   ⓐ 상품 등 재고자산(부동산 제외) 판매의 경우: 인도일의 다음 날
   ⓑ 그 외 자산 양도의 경우: 소유권이전 등기·등록일, 인도일, 사용수익일 중 빠른 날의 다음 날

정답 ③

2-01

법인세법령상 손익의 귀속시기에 대한 설명으로 옳지 않은 것은?

① 건설·제조 기타 용역(도급공사 및 예약매출을 포함한다)의 제공에 대하여 기업회계기준에 따라 그 목적물의 인도일이 속하는 사업연도의 수익과 비용으로 계상한 경우 그 목적물의 인도일이 속하는 사업연도의 익금과 손금에 산입할 수 있다.

② 장기할부조건 등에 의하여 자산을 판매하거나 양도함으로써 발생한 채권에 대하여 기업회계기준이 정하는 바에 따라 현재가치로 평가하여 현재가치할인차금을 계상한 경우 해당 현재가치할인차금 상당액은 해당 채권의 회수기간동안 기업회계기준이 정하는 바에 따라 환입하였거나 환입할 금액을 각 사업연도의 익금에 산입한다.

③ 부동산 양도로 인한 손익의 귀속시기는 대금청산일, 소유권이전 등기(등록)일, 인도일 또는 사용수익일 중 빠른 날로 한다.

④ 법인이 매출할인을 하는 경우 그 매출할인금액은 상대방과의 약정에 의한 지급기일이 속하는 사업연도의 매출액에서 차감하고, 그 지급기일이 정하여 있지 아니한 경우에는 매출한 날이 속하는 사업연도의 매출액에서 차감한다.

기출처 **2023 국가직 7급**

LINK 세법2 47, 93-95p   오진다 325-326p

난이도 ●●●●●   출제가능지수 ●●●●●

해설

④ 법인이 매출할인을 하는 경우 그 매출할인금액은 상대방과의 약정에 의한 지급기일이 속하는 사업연도의 매출액에서 차감하고, 그 지급기일이 정하여 있지 아니한 경우에는 **지급한 날**이 속하는 사업연도의 매출액에서 차감한다.

정답 ④

01

「법인세법」상 손익의 귀속시기에 대한 설명으로 옳지 않은 것은?

① 법인이 장기할부기간 중에 폐업한 경우에는 그 폐업일 현재 익금에 산입하지 아니한 금액과 이에 대응하는 비용을 폐업일이 속하는 사업연도의 익금과 손금에 각각 산입한다.

② 중소기업인 법인이 수행하는 계약기간이 1년 미만인 건설 등의 제공으로 인한 익금과 손금은 그 목적물의 인도일이 속하는 사업연도에 산입할 수 있다.

③ 수탁가공계약에 따라 검사를 거쳐 인수 및 인도가 확정되는 물품의 경우에는 당해 물품을 계약상 인도하여야 할 장소에 보관한 날을 익금과 손금의 귀속사업연도로 한다.

④ 상품 등 외의 자산의 양도인 경우에는 그 대금을 청산하기 전에 소유권 등의 이전등기를 하거나 당해 자산을 인도하거나 상대방이 당해 자산을 사용수익하는 경우에는 그 이전등기일, 인도일 또는 사용수익일 중 빠른 날로 한다.

기출처 2013 국가직 7급

LINK 세법2 93, 95p   오진다 324-326p

난이도 ●●○○○   출제 가능 지수 ●●●○○

해설

수탁가공계약에 의하여 물품을 납품하거나 가공하는 경우 해당 물품을 계약상 인도해야 할 장소에 보관한 날을 익금과 손금의 귀속사업연도로 한다. 다만, 계약에 따라 검사를 거쳐 인수 및 인도가 확정되는 물품의 경우 **당해 검사가 완료된 날**을 익금과 손금의 귀속사업연도로 한다.   정답 ③

03 이자소득 등 및 배당소득의 귀속사업연도

01

「법인세법령」상 내국법인의 손익귀속시기에 대한 설명으로 옳은 것만을 모두 고르면?

> ㄱ. 중소기업인 ㈜A가 장기할부조건으로 자산을 판매한 경우에는 그 장기할부조건에 따라 각 사업연도에 회수하였거나 회수할 금액을 해당 사업연도의 익금에 산입할 수 있다.
>
> ㄴ. 중소기업인 ㈜B가 장기할부조건 등에 의하여 자산을 양도함으로써 발생한 채권에 대하여 기업회계기준이 정하는 바에 따라 현재가치로 평가하여 현재가치할인차금을 계상한 경우 해당 현재가치할인차금상당액은 해당 채권의 회수기간 동안 기업회계기준이 정하는 바에 따라 환입하였거나 환입할 금액을 각 사업연도의 익금에 산입한다.
>
> ㄷ. 중소기업인 ㈜C가 수행하는 계약기간이 1년 미만인 건설등의 제공으로 인한 익금은 그 목적물의 인도일이 속하는 사업연도의 익금에 산입할 수 있다.
>
> ㄹ. 제조업을 경영하는 ㈜D가 결산을 확정할 때 이미 경과한 기간에 대응하는 이자(「법인세법」에 따라 원천징수되는 이자를 포함)를 해당 사업연도의 수익으로 계상한 경우에는 그 계상한 사업연도의 익금으로 한다.

① ㄱ, ㄹ
② ㄴ, ㄷ
③ ㄱ, ㄴ, ㄷ
④ ㄱ, ㄴ, ㄷ, ㄹ

기출처 **2021 국가직 7급**

LINK 세법2 94-97p 오진다 325-326p

난이도 ●●●○○ 출제 가능 지수 ●●●○○

해설

ㄹ. 제조업을 경영하는 ㈜D가 결산을 확정할 때 이미 경과한 기간에 대응하는 이자(「법인세법」에 따라 원천징수되는 이자를 **제외**)를 해당 사업연도의 수익으로 계상한 경우에는 그 계상한 사업연도의 익금으로 한다.

[중소기업의 용역제공 등에 의한 손익의 귀속사업연도]

원칙	진행기준[그 목적물의 인도일·용역제공을 완료한 날이 속하는 사업연도까지 그 목적물의 건설 등을 완료한 정도(작업진행률)]
예외	⊙ 기간이 1년 미만인 단기건설의 경우 인도기준으로 결산조정, 신고조정 모두 가능 ⓒ 기업회계기준에 따라 그 목적물의 인도일이 속하는 사업연도의 수익과 비용으로 계상한 경우: 인도기준 선택 가능

정답 ③

02

「법인세법」상 손익의 귀속시기에 관한 설명으로 옳지 않은 것은?

① 건설·제조 기타 용역의 제공으로 인한 익금과 손금은 그 목적물의 인도일이 속하는 사업연도의 익금과 손금에 산입하는 것을 원칙으로 한다.

② 상품 등의 시용판매의 경우 상대방이 그 상품 등에 대한 구입 의사를 표시한 날(구입의 의사표시 기간에 대한 특약은 없음)을 익금 및 손금의 귀속사업연도로 한다.

③ 장기할부조건이라 함은 자산의 판매 또는 양도로서 판매금액 또는 수입금액을 월부·연부 기타의 지불방법에 따라 2회 이상으로 분할하여 수입하는 것 중 당해 목적물의 인도일의 다음 날부터 최종 할부금의 지급기일까지의 기간이 1년 이상인 것을 말한다.

④ 투자회사 등이 결산을 확정할 때 증권 등의 투자와 관련된 수익 중 이미 경과한 기간에 대응하는 이자 및 할인액과 배당소득을 해당 사업연도의 수익으로 계상한 경우에는 그 계상한 사업연도의 익금으로 한다.

기출처 2014 국가직 7급
LINK 세법2 93-94, 97p   오진다 325-326p
난이도 ●●●○○   출제 가능 지수 ●●●○○

해설

건설·제조 기타 용역(도급공사 및 예약매출을 포함, 이하 '건설 등')의 제공으로 인한 익금과 손금은 그 목적물의 건설 등의 착수일이 속하는 사업연도부터 그 목적물의 인도일(용역제공의 경우에는 그 제공을 완료한 날)이 속하는 사업연도까지 기획재정부령으로 정하는 바에 따라 그 목적물의 건설 등을 완료한 정도('작업진행률')를 기준으로 하여 계산한 수익과 비용을 각각 해당 사업연도의 익금과 손금에 산입하는 것(**진행기준)을 원칙으로 한다.**   정답 ①

03

「법인세법」상 손익의 귀속사업연도에 대한 설명으로 옳지 않은 것은?

① 내국법인의 각 사업연도의 익금과 손금의 귀속사업연도는 그 익금과 손금이 확정된 날이 속하는 사업연도로 한다.

② 자산의 위탁매매 시 익금 및 손금의 귀속사업연도는 수탁자가 그 위탁자산을 매매한 날이 속하는 사업연도로 한다.

③ 법인이 결산을 확정함에 있어서 이미 경과한 기간에 대응하는 이자를 해당 사업연도의 손금으로 계상하였다 하더라도 실제로 지급한 날이 속하는 사업연도에 손금에 산입된다.

④ 중소기업인 법인이 수행하는 계약기간이 1년 미만인 건설용역의 제공으로 인한 익금과 손금은 그 목적물의 인도일이 속하는 사업연도의 익금과 손금에 산입할 수 있다.

기출처 2007 국가직 9급
LINK 세법2 92-93, 95, 97p   오진다 324-326p
난이도 ●●●●○   출제 가능 지수 ●●●○○

해설

지급이자의 경우 실제로 지급한 날이 속하는 사업연도에 손금에 산입되는 것이 원칙이지만, 법인이 결산을 확정함에 있어서 이미 경과한 기간에 대응하는 이자를 해당 사업연도의 손금으로 계상하였다면 원천징수 여부와 상관없이 **그 계상한 사업연도의 손금으로 한다.**   정답 ③

04 임대료 등 기타 손익의 귀속사업연도

4-01

법인세법령상 내국법인의 손익의 귀속사업연도에 대한 설명으로 옳은 것만을 모두 고르면?

ㄱ. 자산의 임대로 인한 임대료 지급기간이 1년을 초과하는 경우 이미 경과한 기간에 대응하는 임대료 상당액과 비용은 이를 각각 당해 사업연도의 익금과 손금으로 한다.

ㄴ. 중소기업인 법인이 수행하는 계약기간이 1년 미만인 건설등의 제공으로 인한 익금과 손금은 그 목적물의 인도일이 속하는 사업연도의 익금과 손금에 산입할 수 없다.

ㄷ. 법인이 사채를 발행하는 경우에 사채할인발행차금은 기업회계기준에 의한 사채할인발행차금의 상각방법에 따라 이를 손금에 산입할 수 없다.

① ㄱ

② ㄴ

③ ㄱ, ㄷ

④ ㄴ, ㄷ

기출처 2024 국가직 7급

LINK 세법2 95, 98-99p   오진다 326-328p

난이도 ●●●●●   출제 가능 지수 ●●●●●

해설

ㄴ. 계약기간이 1년 미만인 단기건설 등으로서 다음 중 어느 하나에 해당하는 경우, 그 목적물의 인도일이 속하는 사업연도의 익금과 손금에 산입할 수 **있다.**

㉠ **중소기업**

㉡ 기업회계기준에 따라 그 목적물의 인도일이 속하는 사업연도의 수익과 비용으로 계상

ㄷ. 법인이 사채를 발행하는 경우에 사채할인발행차금은 기업회계기준에 의한 사채할인발행차금의 상각방법에 따라 **반드시 손금에 산입한다.**   정답 ①

01

「법인세법령」상 손익의 귀속시기에 대한 설명으로 옳지 않은 것은?

① 상품등 외의 자산의 양도로 인한 익금의 귀속사업연도는 그 대금을 청산한 날이 속하는 사업연도로 하되, 대금을 청산하기 전에 소유권 등의 이전등기(등록을 포함)를 하거나 당해 자산을 인도하거나 상대방이 당해 자산을 사용수익하는 경우에는 그 이전등기일(등록일을 포함), 인도일 또는 사용수익일 중 빠른 날이 속하는 사업연도로 한다.

② 임대료 지급기간이 1년을 초과하는 경우 이미 경과한 기간에 대응하는 임대료 상당액과 비용은 실제 지급일이 속하는 사업연도의 익금과 손금으로 한다.

③ 중소기업인 법인이 수행하는 계약기간이 1년 미만인 건설·제조 기타 용역(도급공사 및 예약매출을 포함)의 제공으로 인한 익금과 손금은 그 목적물의 인도일이 속하는 사업연도의 익금과 손금에 산입할 수 있다.

④ 법인이 수입하는 배당금은 「소득세법 시행령」에 따른 수입시기에 해당하는 날이 속하는 사업연도의 익금에 산입하되, 「법인세법 시행령」상 금융회사 등이 금융채무 등 불이행자의 신용회복 지원과 채권의 공동추심을 위하여 공동으로 출자하여 설립한 「자산유동화에 관한 법률」에 따른 유동화전문회사로부터 수입하는 배당금은 실제로 지급받은 날이 속하는 사업연도의 익금에 산입한다.

기출처 **2021 국가직 9급**

LINK 세법2 93, 95, 97-98p 오진단 325-327p

난이도 ●●●●○   출제 가능 지수 ●●●○○

해설

임대손익에 있어서 1년을 초과하는 장기임대료의 경우는 발생주의가 강제 적용된다. 즉, 임대료 지급기간이 1년을 초과하는 경우 이미 경과한 기간에 대응하는 임대료 상당액과 비용은 **이를 각각 당해** 사업연도의 익금과 손금으로 한다(법령 71 ①).

정답 ②

02

「법인세법」상 손익의 귀속시기에 대한 설명으로 옳지 않은 것은?

① 매출할인금액은 거래상대방과의 약정에 의한 지급기일(그 지급기일이 정하여 있지 아니한 경우에는 지급한 날)이 속하는 사업연도의 매출액에서 차감한다.

② 법인이 2년간 임대계약을 체결하고 1년마다 임대료를 지급받기로 하였으나 사업연도 종료일 현재 이미 경과한 기간에 대응하는 임대료 상당액(지급약정기일이 도래하지 않아 미수령)과 이에 대응하는 비용을 결산서에 계상하지 아니하였을 경우 세무조정을 통해 해당 사업연도의 익금과 손금으로 각각 산입하여야 한다.

③ 「부가가치세법」 제36조 제4항을 적용받는 업종을 영위하며 영수증을 교부할 수 있는 법인이 금전등록기를 설치·사용하는 경우 그 수입하는 물품대금과 용역대가의 귀속사업연도는 그 금액이 실제로 수입된 사업연도로 할 수 있다.

④ 잉여금의 처분에 따른 배당소득의 귀속사업연도는 잉여금을 처분한 법인의 잉여금처분결의일(무기명주식의 보유에 의해 받는 배당소득의 경우 그 지급을 받은 날)이 속하는 사업연도로 한다.

기출처 2017 국가직 9급
LINK 세법2 93, 97~99p   오진단 325, 327p
난이도 ●●●○○   출제 가능 지수 ●●●○○

해설

법인이 2년간 임대계약을 체결하고 1년마다 임대료를 지급받기로 한 경우는 그 1년을 임대료지급 기간으로 보므로 해당 임대료는 단기임대료에 해당한다. 단기임대료의 경우 발생주의를 선택할 수 있다. 즉, 결산을 확정함에 있어서 이미 경과한 기간에 대응하는 임대료 상당액과 이에 대응하는 비용을 해당 사업연도의 수익과 손비로 **계상한 경우** 이를 해당 사업연도의 익금과 손금으로 본다(법령 71 ①).

[임대료손익의 손익귀속시기]

임대료 지급 기간*	1년 이하인 단기 임대료	원칙	계약상의 지급일 (지급일이 정해지지 않은 경우 그 지급을 받은 날)
		예외	발생주의 선택: 이미 경과한 기간에 대응하는 임대료 상당액과 이에 대응하는 비용을 해당 사업연도의 수익과 손비로 계상한 경우 각각 당해 사업연도의 익금과 손금으로 함
	1년 초과하는 장기 임대료		발생주의 강제: 이미 경과한 기간에 대응하는 임대료 상당액과 이에 대응하는 비용은 이를 각각 당해 사업연도의 익금과 손금으로 함

* 임대계약 체결기간과는 구별되는 개념으로 임대료를 얼마나 자주 지급받느냐와 관련됨

정답 ②

03

「법인세법」상 손익의 귀속사업연도에 대한 설명으로 옳은 것은?

① 잉여금 처분에 따른 배당소득의 귀속사업연도는 잉여금을 처분한 법인의 결산확정일이 속하는 사업연도로 한다.

② 영수증을 작성·교부할 수 있는 업종을 영위하는 법인이 금전 등록기를 설치·사용하는 경우에는 그 수입하는 물품대금과 용역대가의 귀속사업연도는 그 금액이 실제로 수입된 사업 연도로 하여야 한다.

③ 투자회사 등이 결산을 확정할 때 증권 등의 투자와 관련된 수익 중 이미 경과한 기간에 대응하는 이자 및 할인액과 배당소득을 해당 사업연도의 수익으로 계상한 경우에는 그 계상한 사업연도의 익금으로 한다.

④ 개발비로 계상하였으나 해당 제품의 판매 또는 사용이 가능한 시점이 도래하기 전에 개발을 취소하고 해당 개발비를 전액 손금으로 계상하였다면 그 날이 속하는 사업연도의 손금에 산입한다.

기출처 2015 국가직 9급

LINK 세법2 96-99p 오진다 327-328p

난이도 ●●●○○ 출제 가능 지수 ●●●○○

해설

① 잉여금 처분에 따른 배당소득의 귀속사업연도는 「소득세법 시행령」상 배당소득의 수입시기가 속하는 사업연도로 한다(법령 70 ②). 즉, 잉여금 처분에 따른 배당소득의 귀속사업연도는 **잉여금처분결의일**로 한다.

② 「부가가치세법」에 따라 영수증을 교부할 수 있는 법인이 금전등록기를 설치·사용하는 경우 그 수입하는 물품대금과 용역대가의 귀속사업연도는 그 금액이 실제로 수입된 사업연도로 **할 수 있다**(법령 71 ②). 이는 실무상 편의를 고려한 현금주의를 선택적용 하는 임의규정이다.

③ 투자회사 등이 결산을 확정할 때 증권 등의 투자와 관련된 수익 중 이미 경과한 기간에 대응하는 이자 및 할인액과 배당소득을 해당 사업연도의 수익으로 계상한 경우에는 그 계상한 사업연도의 익금으로 한다(법령 70 ④).

④ 개발비로 계상하였으나 해당 제품의 판매 또는 사용이 가능한 시점이 도래하기 전에 개발을 취소한 경우에는 **다음의 요건을 모두 충족하는 날이 속하는 사업연도의 손금에 산입**한다.

> ㉠ 해당 개발로부터 상업적인 생산 또는 사용을 위한 해당 재료·장치·제품·공정·시스템 또는 용역을 개선한 결과를 식별할 수 없을 것
> ㉡ 해당 개발비를 전액 손비로 계상하였을 것

정답 ③

04

「법인세법」상 손익의 귀속사업연도에 관한 설명으로 옳은 것은?

① 부동산 양도 시 대금을 청산하기 전에 소유권의 이전등기를 하는 경우 대금을 청산한 날이 속하는 사업연도로 한다.

② 상품(부동산 제외)·제품 또는 기타의 생산품을 판매하는 경우 그 상품 등의 대금을 청산한 날이 속하는 사업연도로 한다.

③ 자산의 위탁매매의 경우 위탁자가 그 위탁자산을 인도한 날이 속하는 사업연도로 한다.

④ 자산의 임대료 지급기간이 1년을 초과하는 경우 이미 경과한 기간에 대응하는 임대료 상당액은 이를 당해 사업연도의 익금으로 한다.

기출처 2013 국가직 9급

LINK 세법2 92-93, 98p 오진다 325, 327p

난이도 ●●●○○ 출제 가능 지수 ●●●○○

해설

① 부동산 양도 시 대금을 청산하기 전에 소유권의 이전등기를 하는 경우 **소유권이전등기일**이 속하는 사업연도로 한다.

② 상품(부동산 제외)·제품 또는 기타의 생산품을 판매하는 경우 그 상품 등의 **인도일**이 속하는 사업연도로 한다.

③ 자산의 위탁매매의 경우 **수탁자**가 그 위탁자산을 **매매한** 날이 속하는 사업연도로 한다.

정답 ④

05

「법인세법」상 거래형태별 권리의무확정주의에 의한 손익의 귀속시기에 대한 설명으로 옳지 않은 것은?

① 「자본시장과 금융투자에 관한 법률」 제9조 제13항에 따른 증권시장에서 같은 법 제393조 제1항에 따른 증권시장 업무규정에 따라 보통거래방식으로 한 유가증권의 매매의 경우에는 인도일로 한다.

② 법인세가 원천징수되지 않는 이자수익으로 결산 확정 시에 기간 경과분을 수익으로 계상한 경우에는 익금으로 인정한다.

③ 사채할인발행차금은 기업회계기준에 의한 사채할인발행차금이 상각방법에 따라 손금에 산입해야 한다.

④ 물품을 수출하는 경우에는 수출물품을 계약상 인도하여야 할 장소에 보관한 날에 익금으로 확정된다.

기출처 **2012 국가직 7급**

LINK 세법2 93, 97, 99p 오진다 325, 327-328p

난이도 ●●●○○ 출제 가능 지수 ●●○○○

해설

「자본시장과 금융투자에 관한 법률」 제9조 제13항에 따른 증권시장에서 같은 법 제393조 제1항에 따른 증권시장 업무규정에 따라 보통거래방식으로 한 유가증권의 매매의 경우에는 **매매계약을 체결한 날**로 한다.　　정답 ①

06

「법인세법」상 손익의 귀속시기에 대한 설명으로 옳지 않은 것은?

① 법인이 법령의 규정에 의한 장기할부조건으로 자산을 판매함으로써 발생한 채권에 대하여 기업회계기준에 따라 현재가치할인차금을 계상한 경우 해당 현재가치할인차금 상당액은 채권의 회수기간 동안 기업회계기준에 따라 환입하였거나 환입할 금액을 각사업연도의 익금에 산입한다.

② 법인이 매출할인을 하는 경우 그 매출할인 금액은 상대방과의 약정에 의한 지급기일(지급기일이 정하여 있지 아니한 경우에는 지급한 날)이 속하는 사업연도의 매출액에서 차감한다.

③ 자산의 임대로 인한 임대료 지급기간이 1년을 초과하는 경우 이미 경과한 기간에 대응하는 임대료 상당액과 비용은 이를 각각 해당 사업연도의 익금과 손금으로 한다.

④ 법인이 사채를 할인발행한 경우에 발생한 사채할인발행차금은 해당 사채를 발행한 날이 속하는 사업연도의 손금에 산입한다.

기출처 **2008 국가직 9급**

LINK 세법2 93-94, 98-99p 오진다 325-327p

난이도 ●●○○○ 출제 가능 지수 ●●●○○

해설

법인이 사채를 할인발행한 경우에 발생한 사채할인발행차금은 **기업회계기준에 의한 사채할인발행차금의 상각방법에 따라** 이를 손금에 산입한다(법령 71 ③). 즉, 사채할인발행차금이 과소 또는 과대상각 된 경우 유효이자율법에 따라 그 차액을 세무조정해야 하는 강제신고조정사항인 것이다.　　정답 ④

06

자산의 취득가액 및
자산·부채의 평가

출제 경향 분석

01 일반적인 경우 및 특별한 경우의 취득가액 계산

■ 9급　■ 7급

02 재고자산과 유가증권의 평가

■ 9급　■ 7급

03 외화자산·부채의 평가손익 및 상환손익

■ 9급　■ 7급

04 가상자산

■ 9급　■ 7급

기출 분석

'자산의 취득가액 및 자산·부채의 평가'는 꾸준히 출제되는 파트이며, 2022년 7급 및 2024년 9급에서 각 2문제씩 출제되었습니다. 대부분 단순 법 규정을 물어보는 문제가 출제되었으나, 2024년 9급에서는 재고자산 평가방법 신고와 관련해 높은 난도의 세무조정 문제가 출제되었습니다. 관련 규정들을 잘 정리하고 응용문제까지 대비를 할 필요가 있습니다.

01

영리내국법인 ㈜F는 제7기 사업연도 중 특수관계인인 개인 갑으로부터 상장법인 ㈜G 주식 1,000주(시가 1,000만원)를 500만원에 매입하였다. 이에 대한 「법인세법」상 처리로 옳지 않은 것은?

① ㈜F가 매입한 ㈜G주식 1,000주의 취득가액은 500만원으로 보지 아니한다.

② ㈜F는 매입가액과 시가와의 차액인 500만원을 익금산입(유보)한다.

③ ㈜F는 갑에게 500만원을 배당한 것으로 소득처분한다.

④ 만약 ㈜G주식이 아니라 건물을 500만원에 매입하였다면 ㈜F는 세무조정을 할 필요가 없다.

기출처 2016 국가직 9급
LINK 세법2 105p 오진다 331p
난이도 ●●○○○ 출제 가능 지수 ●●●○○

해설

「법인세법」상 특수관계인인 개인으로부터 유가증권(주식 및 채권)을 시가보다 낮은 가액으로 매입한 경우 시가와 매입가액의 차액을 익금에 산입(유보)하며, 익금에 산입한 금액을 취득원가에 산입한다(법법 15 ② (1), 법령 72 ③ (1)). 즉, ㈜F는 500만원을 **유보로 소득처분**한다. 정답 ③

02

㈜甲은 제5기 사업연도 중 특수관계자인 개인 乙로부터 다음과 같이 자산을 매입하고 매입가액을 취득가액으로 계상하였다. ㈜甲의 세무조정을 옳게 표시한 것은?

> • 토지 1,000m²(시가 1억원)를 6,000만원에 매입하였다.
> • 상장법인인 ㈜ ABC 테크노의 주식 500주(시가 500만원)를 300만원에 매입하였다.

① 익금산입 – 토지 및 유가증권 4,200만원 (유보)

② 익금산입 – 토지 4,000만원 (유보)

③ 익금산입 – 유가증권 200만원 (유보)

④ 세무조정 없음

기출처 2009 국가직 9급
LINK 세법2 105p 오진다 331p
난이도 ●●○○○ 출제 가능 지수 ●●●○○

해설

「법인세법」상 특수관계인인 개인으로부터 유가증권(주식 및 채권)을 시가보다 낮은 가액으로 매입한 경우 **시가와 매입가액의 차액을 익금에 산입(유보)**하며, 익금에 산입한 금액을 취득원가에 산입한다(법법 15 ② (1), 법령 72 ③ (1)). 즉 상장법인인 ㈜ ABC 테크노의 주식 시가 500만원과 매입가액 300만원의 차액인 **200만원을 익금에 산입**한다. 정답 ③

03

「법인세법」상 자산의 취득가액에 대한 설명으로 옳지 않은 것은?

① 시가가 1억원인 토지를 정당한 사유 없이 특수관계가 없는 자로부터 1억 3천만원에 매입하고 해당 금액을 취득가액으로 계상한 경우 세법상 취득가액으로 인정된다.

② 재고자산 등의 매입을 위하여 조달한 차입금에 대한 이자비용은 취득가액에 포함되지 않는다.

③ 법인(새로 설립하는 법인이 아님)이 시가 5천만원인 주식을 발행하여 시가 4천만원의 건물을 현물출자 받은 경우 세법상 건물의 취득가액은 5천만원이다.

④ 자산을 법령의 규정에 의한 장기할부조건 등으로 취득하는 경우 발생한 채무를 기업회계기준에 따라 현재가치로 평가하여 계상하는 현재가치할인차금은 이를 취득가액에 포함하지 않는다.

기출처 2008 국가직 9급 수정

LINK 세법2 103-107p 오진다 330-331p

난이도 ●●●●● 출제 가능 지수 ●●●●●

해설

현물출자한 법인과 현물출자를 받은 법인 모두 현물출자 거래로 인해 새로 취득한 자산은 그 시가로 취득가액을 인식한다. 따라서 법인(새로 설립하는 법인이 아님)이 시가 5천만원인 주식을 발행하여 시가 4천만원의 건물을 현물출자 받은 경우 세법상 건물의 취득가액은 **4천만원**이다. (반면, 현물출자를 한 법인이 받은 주식의 취득가액은 5천만원이다.) 정답 ③

2-01

내국법인 ㈜우주의 제24기(2024.1.1.~12.31.)말 현재 재고자산 관련 자료이다. 재고자산에 대한 제24기의 세무조정은?

○ 재고자산 평가자료

구분	제품	반제품
회사 평가액	1,500,000원	600,000원
선입선출법	1,800,000원	600,000원
후입선출법	1,200,000원	400,000원
총평균법	1,500,000원	500,000원
신고한 평가방법	총평균법	총평균법

○ 제품은 제23기까지 후입선출법으로 신고하고 평가하였으나, 2024.10.4. 총평균법으로 변경신고하고 평가하였다.

○ 반제품은 제23기와 제24기 모두 총평균법으로 신고하고 평가하였으나, 계산상의 착오로 600,000원으로 평가한 것으로 과세당국이 수용하였다.

① 익금산입 100,000원(유보)
② 익금산입 200,000원(유보)
③ 익금산입 300,000원(유보)
④ 익금산입 400,000원(유보)

기출처 **2024 국가직 9급**

LINK 세법2 111p 오진다 332-333p

난이도 ●●●●● 출제 가능 지수 ●●●○○

해설

(1) 제품
재고자산 또는 유가증권의 평가방법을 신고한 법인이 그 평가방법을 변경하고자 하는 경우, **변경할 평가방법을 적용하고자 하는 사업연도의 종료일 이전 3월이 되는 날**까지 변경신고서를 관할 세무서장에게 제출하여야 한다. ㈜우주는 2024.10.4.에 총평균법으로 변경신고하고 평가하였으므로, 임의변경 시의 평가방법에 따른다.

㉠ 세법상 평가액
  = MAX[무신고 시의 평가방법(선입선출법)에 따른 가액, 당초 적법 신고방법(후입선출법)에 따른 가액]
  = MAX[1,800,000원, 1,200,000원] = 1,800,000원
㉡ 회사 신고액 = 1,500,000원
㉢ 세무조정: 익금산입 300,000원(유보)

(2) 반제품
적법하게 신고하고 해당 방법에 의해 평가하였으나 착오에 의해 계산상 오류가 발생한 경우, 임의변경으로 보지 않고 **착오를 정정하는 세무조정을 이행한다**.

㉠ 세법상 평가액 = 500,000원
㉡ 회사 신고액 = 600,000원
㉢ 세무조정: 손금산입 100,000원 (△유보)

∴ 24기 세무조정: (1) + (2) = **익금산입 200,000원(유보)**　　　정답 ②

01

법인세법령상 내국법인의 손익의 귀속시기와 자산·부채의 평가에 대한 설명으로 옳지 않은 것은?

① 자산을 「법인세법 시행령」 제68조 제4항에 따른 장기할부조건 등으로 취득하여 발생한 채무를 기업회계기준에 따라 현재가치로 평가하여 현재가치할인차금을 계상한 경우의 당해 현재가치할인차금은 자산의 취득가액에 포함하지 않는다.

② 감가상각자산이 진부화, 물리적 손상 등에 따라 시장가치가 급격히 하락하여 법인이 기업회계기준에 따라 손상차손을 계상한 경우(천재지변·화재 등의 사유로 손상된 경우 등 「법인세법」에 따른 감액사유에 해당하는 경우는 제외)에는 해당 손상차손이 「법인세법」에 따른 상각범위액을 초과하더라도 이를 전액 손금에 산입한다.

③ 보유하던 주식의 발행법인이 파산한 경우, 해당 감액사유가 발생한 사업연도에 주식의 장부가액을 사업연도 종료일 현재 시가(시가로 평가한 가액이 1천원 이하인 경우에는 1천원으로 한다)로 평가한 가액으로 감액할 수 있으며, 이 경우 그 감액한 금액을 해당 사업연도의 손비로 계상하여야 한다.

④ 「자본시장과 금융투자업에 관한 법률」에 따른 투자회사 등(같은 법에 따른 환매금지형집합투자기구는 제외)이 보유하는 「법인세법」상 집합투자재산은 시가법에 따라 평가한다.

기출처 2022 국가직 7급
LINK 세법2 106, 110, 128p 오진단 331-332, 340p
난이도 ●●●○○   출제가능지수 ●●●○○

해설

② 감가상각자산이 진부화, 물리적 손상 등에 따라 시장가치가 급격히 하락하여 법인이 기업회계기준에 따라 손상차손을 계상한 경우(천재지변·화재 등의 사유로 손상된 경우 등 「법인세법」에 따른 감액사유에 해당하는 경우는 제외)에는 **해당 금액을 감가상각비로 계상한 것으로 보아 시부인계산한다.** 즉 법인세법에 따른 상각범위액을 초과하는 금액은 손금에 **산입하지 아니한다.**   정답 ②

02

「법인세법령」상 내국법인의 자산·부채의 평가에 대한 설명으로 옳지 않은 것은?

① 자산을 법령에 따른 장기할부조건 등으로 취득하는 경우 발생한 채무를 기업회계기준이 정하는 바에 따라 현재가치로 평가하여 현재가치할인차금으로 계상한 경우의 당해 현재가치할인차금은 취득가액에 포함하지 아니한다.

② 유형자산의 취득과 함께 국·공채를 매입하는 경우 기업회계기준에 따라 그 국·공채의 매입가액과 현재가치의 차액을 해당 유형자산의 취득가액으로 계상한 금액은 유형자산의 취득가액에 포함한다.

③ 기업회계기준에 따라 단기매매항목으로 분류된 금융자산 및 파생상품의 취득가액은 매입가액으로 한다.

④ 내국법인이 보유하는 「보험업법」이나 그 밖의 법률에 따른 유형자산 및 무형자산 등의 장부가액을 증액 또는 감액 평가한 경우에는 그 평가일이 속하는 사업연도 및 그 후의 사업연도의 소득금액을 계산할 때 그 장부가액은 평가한 후의 금액으로 한다.

기출처 2019 국가직 9급

LINK 세법2 103, 104, 106, 112p   오진다 325, 329-330, 333p

난이도 ●●●○○   출제 가능 지수 ●●●○○

해설

내국법인이 보유하는 「보험업법」이나 그 밖의 법률에 따른 유형자산 및 무형자산 등의 장부가액을 **증액 평가**한 경우에는 그 평가일이 속하는 사업연도 및 그 후의 사업연도의 소득금액을 계산할 때 그 장부가액은 평가한 후의 금액으로 한다.

정답 ④

03

「법인세법령」상 내국법인의 자산의 취득가액과 평가에 관한 설명으로 옳은 것은?

① 재고자산의 평가방법을 신고한 법인이 그 평가방법을 변경하기 위하여 재고자산등 평가방법변경신고서를 납세지 관할 세무서장에게 제출하려고 하는 경우에는 변경할 평가방법을 적용하고자 하는 사업연도의 종료일 이전 2월이 되는 날까지 제출하여야 한다.

② 유형자산의 취득과 함께 국·공채를 매입하는 경우 기업회계기준에 따라 그 국·공채의 매입가액과 현재가치의 차액을 당해 유형자산의 취득가액으로 계상했더라도 그 금액은 자산의 취득가액에 포함하지 아니한다.

③ 재고자산이 부패로 인해 정상가격으로 판매할 수 없게 된 경우 그 사유가 발생한 사업연도 종료일 현재의 처분가능한 시가로 자산의 장부가액을 감액할 수 있고 그 감액분을 신고조정을 통해 손금산입할 수 있다.

④ 매매를 목적으로 소유하는 재고자산인 부동산의 평가방법을 법령에 따른 기한 내에 신고하지 아니한 경우, 납세지 관할 세무서장은 그 재고자산을 개별법에 의하여 평가한다.

기출처 **2018 국가직 9급**
LINK [세법2] 104, 109, 111p [오진다] 318, 330, 332-333p
난이도 ●●○○○ 출제가능지수 ●●●○○

해설

① 재고자산 또는 유가증권의 평가방법을 신고한 법인이 그 평가방법을 변경하고자 하는 경우, 변경할 평가방법을 적용하고자 하는 사업연도의 종료일 이전 **3월**이 되는 날까지 변경신고서를 관할 세무서장에게 제출하여야 한다(법령 74 ③).

② 유형자산의 취득과 함께 국·공채를 매입하는 경우 기업회계기준에 따라 그 국·공채의 매입가액과 현재가치의 차액을 해당 유형자산의 취득가액으로 계상하면 그 금액은 자산의 **취득가액으로 인정한다.**

③ 재고자산이 부패로 인해 정상가격으로 판매할 수 없게 된 경우 그 사유가 발생한 사업연도 종료일 현재의 처분가능한 시가로 자산의 장부가액을 감액할 수 있다(법법 42 ③ (1), 법령 78 ③ (1)). 이는 감액사유가 발생한 사업연도에 **손비로 계상된 경우에 한하여 인정되는 결산조정사항**이다.

정답 ④

04

「법인세법령」상 손익의 귀속시기와 자산·부채의 평가에 대한 설명으로 옳지 않은 것은?

① 계약기간이 1년 미만인 단기건설도급공사의 경우에 법인이 당해 사업연도의 결산을 확정함에 있어서 작업진행률을 기준으로 손익을 계상한 경우 세법상 이를 인정한다.

② 재고자산이 파손되어 정상가격으로 판매할 수 없게 된 경우에는 당해 감액사유가 발생한 사업연도에 당해 재고자산의 장부가액을 사업연도 종료일 현재 처분가능한 시가로 평가한 가액으로 감액할 수 있다.

③ 임대료 지급기간이 1년을 초과하는 경우 이미 경과한 기간에 대응하는 임대료 상당액과 비용은 이를 각각 그 당해 사업연도의 익금과 손금으로 한다.

④ 특수관계인 외의 자로부터 정당한 사유없이 유형자산을 취득하면서 정상가액보다 높은 가격으로 매입하고 실제 지급한 매입가액을 장부상 취득원가로 계상한 경우, 그 실제 매입가액을 세무상 취득가액으로 인정한다.

기출처 **2017 국가직 7급**
LINK [세법2] 95, 99, 105, 109p [오진다] 318, 326-327, 331p
난이도 ●●○○○ 출제가능지수 ●●●○○

해설

특수관계인 외의 자로부터 정당한 사유없이 유형자산을 취득하면서 정상가액보다 높은 가격으로 매입하고 실제 지급한 매입가액을 장부상 취득원가로 계상한 경우, **정상가액**[*1] **만큼을 취득가액으로 계상하고, 정상가액을 초과하는 금액은 의제기부금으로 본다**(법령35).

*1 정상가액 = 시가 ± (시가 × 30%)

정답 ④

05

「법인세법」상 재고자산 및 유가증권의 평가방법에 대한 설명으로 옳지 않은 것은?

① 법인이 보유한 주식의 평가는 개별법, 총평균법, 이동평균법 중 법인이 납세지 관할 세무서장에게 신고한 방법에 의한다.

② 법인의 재고자산평가는 원가법과 저가법 중 법인이 납세지 관할 세무서장에게 신고한 방법에 의한다.

③ 법인의 재고자산평가는 자산과목별로 구분하여 종류별·영업장별로 각각 다른 방법으로 평가할 수 있다.

④ 법인이 재고자산평가와 관련하여 신고한 평가방법 이외의 방법으로 평가한 경우에는 무신고 시의 평가방법과 당초에 신고한 방법 중 평가가액이 큰 평가방법에 의한다.

기출처 2015 국가직 9급

LINK 세법2 109-111p 오진다 332-333p

난이도 ●●○○○ 출제 가능 지수 ●●●○○

해설

법인이 보유한 **채권**의 평가는 개별법, 총평균법, 이동평균법 중 법인이 납세지 관할 세무서장에게 신고한 방법에 의한다. 법인이 보유한 주식의 평가는 **총평균법, 이동평균법** 중 법인이 납세지 관할 세무서장에게 신고한 방법에 의한다.

[재고자산의 평가방법]

원가법	개별법·선입선출법·후입선출법·총평균법·이동평균법 및 매출가격환원법 (기업회계에서는 '소매재고법'이라 부른다) 중 한 가지 방법에 따라 산출함
저가법	원가법으로 평가한 가액(취득가액)과 기업회계기준에 따라 시가로 평가한 가액(순실현가능가액, 원재료는 현행대체원가) 중 낮은 가액을 평가액으로 하는 방법

[무신고·임의변경 시의 평가방법]

구분	무신고 시 평가방법	임의변경 시 평가액
재고자산 (부동산 제외)	선입선출법	MAX { 무신고 시의 평가방법에 따른 가액 / 당초 적법 신고방법에 따른 가액
유가증권 (주식 및 채권)	총평균법	
매매목적용 부동산	개별법	

정답 ①

06

「법인세법」상 재고자산의 평가에 관한 설명으로 옳지 않은 것은?

① 법정기한 내에 재고자산 평가방법을 신고하지 아니한 경우 매매를 목적으로 소유하는 부동산은 납세지 관할 세무서장이 선입선출법에 의하여 평가한다.

② 재고자산은 영업장별로 다른 방법에 의하여 평가할 수 있다.

③ 신설법인이 재고자산 평가방법을 신고하고자 하는 때에는 설립일이 속하는 사업연도의 법인세 과세표준신고기한 내에 신고하여야 한다.

④ 법인이 신고한 재고자산 평가방법을 변경하고자 하는 경우 변경할 평가방법을 적용하고자 하는 사업연도의 종료일 이전 3월이 되는 날까지 신고하여야 한다.

기출처 2013 국가직 9급

LINK 세법2 109, 111p 오진다 332-333p

난이도 ●●○○○ 출제 가능 지수 ●●●○○

해설

법정기한 내에 재고자산 평가방법을 신고하지 아니한 경우 매매를 목적으로 소유하는 부동산은 납세지 관할 세무서장이 **개별법**에 의하여 평가한다.

[재고자산 또는 유가증권의 평가방법 신고기한]

최초 신고 및 신설법인	설립일이 속하는 사업연도의 법인세 과세표준신고기한
최초 신고 및 새로 수익사업을 개시한 비영리내국법인	수익사업 개시일이 속하는 사업연도의 법인세 과세표준신고기한

정답 ①

07

「법인세법」상 손익의 귀속시기와 자산·부채의 평가에 관한 설명으로 옳은 것은 모두 몇 개인가?

> ㉠ 투자회사 등이 결산을 확정할 때 증권 등의 투자와 관련된 수익 중 이미 경과한 기간에 대응하는 이자 및 할인액과 배당소득을 해당 사업연도의 수익으로 계상한 경우에는 그 계상한 연도의 익금에 산입하지 아니한다.
>
> ㉡ 장기할부조건으로 자산을 판매함으로써 발생한 채권에 대하여 기업회계기준이 정하는 바에 따라 현재가치로 평가하여 현재가치할인차금을 계상하고 이를 해당 채권의 회수기간동안 기업회계기준이 정하는 바에 따라 환입한 금액은 각 사업연도의 익금에 산입하지 아니한다.
>
> ㉢ 자산을 장기할부조건으로 취득하는 경우 발생한 채무를 기업회계기준이 정하는 바에 따라 현재가치로 평가하여 계상한 현재가치할인차금은 취득가액에 포함하지 아니한다.
>
> ㉣ 「보험업법」이나 그 밖의 법률에 따라 고정자산을 증액하거나 감액(감가상각 제외)하는 경우에는 증액하거나 감액한 후의 금액을 장부금액으로 한다.

① 1개　　② 2개　　③ 3개　　④ 4개

기출처 2011 국가직 7급

LINK 세법2 94, 97, 106, 112p　오진다 325-326, 331, 333p

난이도 ●●●●○　출제 가능 지수 ●●●○○

해설

㉠ 투자회사 등이 결산을 확정할 때 증권 등의 투자와 관련된 수익 중 이미 경과한 기간에 대응하는 이자 및 할인액과 배당소득을 해당 사업연도의 수익으로 계상한 경우에는 원칙적인 손익의 귀속시기 규정에도 불구하고 **그 계상한 사업연도의 익금으로 한다**(법령 70 ④).

㉡ 법인이 장기할부조건 등에 의하여 자산을 판매하거나 양도함으로써 발생한 채권에 대하여 기업회계기준이 정하는 바에 따라 현재가치로 평가하여 현재가치할인차금을 계상한 경우 해당 현재가치할인차금상당액은 해당 채권의 회수기간동안 기업회계기준이 정하는 바에 따라 환입하였거나 환입할 금액을 각 사업연도의 **익금에 산입한다**(법령 68 ⑥).

㉣ 「보험업법」이나 그 밖의 법률에 따른 유형자산 및 무형자산 등의 평가(장부가액을 증액한 경우에만 해당)로 인한 평가이익은 익금으로 인정된다(법법 42 ① (1)). 즉, 「보험업법」이나 그 밖의 법률에 따라 고정자산을 **증액하는** 경우에는 **증액한 후의 금액**을 장부금액으로 한다.

[손금산입 또는 자산원가산입 중 선택 가능한 이자비용]

> ㉠ 현재가치할인차금 상각액
> ㉡ 연지급수입이자

정답 ①

08

「법인세법」은 일정한 자산에 대하여 법인이 기한 내에 평가방법을 신고하지 않는 경우에는 납세지 관할 세무서장이 「법인세법」에서 규정한 방법에 따라 평가하도록 규정하고 있다. 이러한 경우 재고자산(매매목적용 부동산 제외)과 유가증권에 대한 「법인세법」상 평가방법이 바르게 연결된 것은?

	재고자산	유가증권
①	후입선출법	총평균법
②	선입선출법	총평균법
③	총평균법	이동평균법
④	이동평균법	개별법

기출처 2010 국가직 9급

LINK 세법2 111p　오진다 333p

난이도 ●●○○○　출제 가능 지수 ●●●●○

해설

「법인세법」은 재고자산에 대하여 법인이 기한 내에 평가방법을 신고하지 않는 경우에는 납세지 관할 세무서장이 **선입선출법**에 따라 평가한다.

「법인세법」은 유가증권에 대하여 법인이 기한 내에 평가방법을 신고하지 않는 경우에는 납세지 관할 세무서장이 **총평균법**에 따라 평가한다.　정답 ②

09

「법인세법」상 재고자산의 평가에 관한 설명으로 옳지 않은 것은?

① 신설법인이 법령의 규정에 의한 신고기한 내에 재고자산의 평가방법을 신고하지 아니한 경우에는 납세지 관할 세무서장이 선입선출법(매매를 목적으로 소유하는 부동산의 경우에는 개별법으로 한다)에 의하여 재고자산을 평가한다.

② 신설법인은 해당 법인의 설립일이 속하는 사업연도의 법인세 과세표준의 신고기한 내에 재고자산의 평가방법을 신고하고자 하는 때에는 법령이 정하는 재고자산 등 평가방법신고서를 납세지 관할 세무서장에게 제출하여야 한다.

③ 법령의 규정에 의한 기한 내에 재고자산의 평가방법변경신고를 하지 아니하고 그 방법을 변경한 경우에는 신고한 평가방법에 의하여 평가한 가액과 선입선출법에 의하여 평가한 가액 중 작은 금액으로 평가한다.

④ 재고자산의 평가방법을 신고한 법인으로서 그 평가방법을 변경하고자 하는 법인은 변경할 평가방법을 적용하고자 하는 사업연도의 종료일 이전 3월이 되는 날까지 법령이 정하는 재고자산 등 평가방법변경신고서를 납세지 관할 세무서장에게 제출하여야 한다.

기출처 2009 국가직 7급
LINK 세법2 111p 오진다 332-333p
난이도 ●●○○○ 출제 가능 지수 ●●●○○

해설

법령의 규정에 의한 기한 내에 재고자산의 평가방법변경신고를 하지 아니하고 그 방법을 변경한 경우에는 **당초 적법한 신고방법**에 의하여 평가한 가액과 선입선출법에 의하여 평가한 가액 중 **큰** 금액으로 평가한다. 정답 ③

10

「법인세법」상 유가증권의 평가방법에 대한 설명으로 옳지 않은 것은?

① 「자본시장과 금융투자업에 관한 법률」에 의한 투자회사가 아닌 법인이 보유한 주식의 평가는 총평균법 또는 이동평균법에 의한다.

② 「자본시장과 금융투자업에 관한 법률」에 의한 투자회사가 보유한 주식의 평가는 시가법에 의한다.

③ 「자본시장과 금융투자업에 관한 법률」에 의한 투자회사가 아닌 법인이 보유한 채권의 평가는 총평균법, 이동평균법 또는 개별법에 의한다.

④ 유가증권평가방법 변경신고를 하지 않고 임의로 평가방법을 변경한 경우에는 총평균법에 의하여 평가한 가액과 이동평균법에 의하여 평가한 가액 중 큰 금액으로 평가한다.

기출처 2007 국가직 9급
LINK 세법2 110-111p 오진다 332p
난이도 ●●●○○ 출제 가능 지수 ●●●●○

해설

유가증권평가방법 변경신고를 하지 않고 임의로 평가방법을 변경한 경우에는 총평균법에 의하여 평가한 가액과 **당초 적법 신고방법에 따른 가액** 중 큰 금액으로 평가한다. 정답 ④

03 외화자산·부채의 평가손익 및 상환손익

3-01

법인세법령상 내국법인의 자산의 취득가액과 평가에 대한 설명으로 옳은 것은?

① 「법인세법 시행령」 제61조제2항제1호부터 제7호까지의 금융회사 등이 보유하는 화폐성외화자산은 취득일이나 사업연도 종료일 현재의 매매기준율 중 회사가 선택한 환율을 적용하여 평가한다.

② 법인이 과세표준의 신고기한내에 유가증권의 평가방법을 신고하지 아니한 경우 선입선출법에 의하여 유가증권을 평가한다.

③ 재고자산의 평가방법을 신고한 법인으로서 그 평가방법을 변경하고자 하는 법인은 변경할 평가방법을 적용하고자 하는 사업연도의 종료일 이전 2월이 되는 날까지 재고자산 등 평가방법변경신고서를 납세지 관할세무서장에게 제출하여야 한다.

④ 자산을 「법인세법 시행령」 제68조제4항에 따른 장기할부조건 등으로 취득하는 경우 발생한 채무를 기업회계기준이 정하는 바에 따라 현재가치로 평가하여 현재가치할인차금으로 계상한 경우의 당해 현재가치할인차금은 자산의 취득가액에 포함하지 아니한다.

기출처 2025 국가직 9급

LINK 세법2 106, 111, 113p   오진다 331, 333-334p

난이도 ●●●○○   출제 가능 지수 ●●●●○

해설

① 「법인세법 시행령」 제61조제2항제1호부터 제7호까지의 금융회사 등이 보유하는 화폐성외화자산은 **사업연도 종료일 현재의 매매기준율 또는 재정된 기준율로 평가하여야 한다.**

② 법인이 과세표준의 신고기한내에 유가증권의 평가방법을 신고하지 아니한 경우 **총평균법**에 의하여 유가증권을 평가한다.

③ 재고자산의 평가방법을 신고한 법인으로서 그 평가방법을 변경하고자 하는 법인은 변경할 평가방법을 적용하고자 하는 사업연도의 종료일 이전 **3월**이 되는 날까지 재고자산 등 평가방법변경신고서를 납세지 관할세무서장에게 제출하여야 한다.

정답 ④

01

법인세법령상 취득일 또는 발생일(통화선도의 경우에는 계약체결일)의 「외국환거래규정」에 따른 매매기준율 또는 재정된 매매기준율로 평가하는 방법을 선택하여 적용할 수 없는 것은? (단, 화폐성외화자산·부채 및 통화선도는 법인세법령의 정의를 충족한다)

① 제조업을 영위하는 내국법인 ㈜A가 화폐성외화자산·부채의 환위험을 회피하기 위하여 보유하는 통화선도

② 제조업을 영위하는 내국법인 ㈜B가 보유하는 화폐성외화자산

③ 「은행법」에 의한 인가를 받아 설립된 내국법인 C은행이 보유하는 통화선도

④ 「은행법」에 의한 인가를 받아 설립된 내국법인 D은행이 보유하는 화폐성외화부채

기출처 2022 국가직 7급

LINK 세법2 113p   오진다 334p

난이도 ●●○○○   출제 가능 지수 ●●○○○

해설

④ 「은행법」에 의한 인가를 받아 설립한 금융기관의 경우 업종 특성상 화폐성외화자산·부채의 평가가 타당하므로 **사업연도 종료일 현재의 매매기준율 또는 재정된 기준율로 평가하는 방법을 강제**하고 있다.

구분		내용
특정 금융 회사 및 은행	① 화폐성 외화자산·부채	**사업연도 종료일 현재의 매매기준율 또는 재정된 기준율로 평가**(강제평가)
	② 통화선도·통화스왑·환변동보험[1]	다음 둘 중 **납세지 관할 세무서장에게 신고한 방법으로 평가**한다. 다만, 최초로 ㉡의 방법을 신고하여 적용하기 이전 사업연도의 경우에는 ㉠의 방법을 적용한다. 따라서 평가방법을 신고하지 않은 경우에는 외화평가손익을 인식할 수 없다.
일반 법인[2]	③ 화폐성 외화자산·부채(보험회사의 책임준비금은 제외)	㉠ 평가하지 않는 방법: 외화자산·부채의 '취득일 또는 발생일(통화선도·통화스왑·환변동보험의 경우에는 계약체결일) 현재의' 매매기준율 또는 재정된 매매기준율로 평가하는 방법
	④ 환위험 회피용 통화선도·통화스왑·환변동보험	㉡ 평가하는 방법: 외화자산·부채를 **사업연도 종료일 현재의 매매기준율** 또는 재정된 매매기준율로 평가하는 방법

[1] 신고한 평가방법은 그 후 사업연도에도 계속하여 적용해야 한다.

[2] 신고한 평가방법은 그 후 사업연도에도 계속하여 적용하되, 신고한 평가방법을 적용한 사업연도를 포함하여 5개 사업연도가 지난 후에는 다른 방법으로 신고를 하여 변경된 평가방법을 적용할 수 있다.

정답 ④

02

「법인세법령」상 내국법인의 자산·부채의 평가와 손익의 귀속 사업연도에 대한 설명으로 옳지 않은 것은?

① 「법인세법 시행령」 제61조 제2항 제1호부터 제7호까지의 금융회사 등 외의 법인이 보유하는 기업회계기준에 따른 화폐성 외화자산과 부채를 사업연도 종료일 현재의 매매기준율로 평가하는 방법으로 관할 세무서장에게 신고한 경우에는 이 방법을 적용할 수 있다.

② 내국법인이 한국채택국제회계기준을 최초로 적용하는 사업연도에 재고자산평가방법을 「법인세법 시행령」 제74조 제1항 제1호 다목에 따른 후입선출법에서 「법인세법 시행령」 제74조 제1항 각호에 따른 다른 재고자산평가방법으로 납세지 관할 세무서장에게 변경신고한 경우에는 해당 사업연도의 소득금액을 계산할 때 「법인세법」 제42조의2 제1항에 따른 재고자산평가차익을 익금에 산입하지 아니할 수 있다.

③ 내국법인이 재고자산의 평가방법을 신고하지 아니하여 「법인세법 시행령」 제74조 제4항에 따른 평가방법을 적용받는 경우에 그 평가방법을 변경하려면 변경할 평가방법을 적용하려는 사업연도의 종료일 전 3개월이 되는 날까지 변경신고를 하여야 한다.

④ 내국법인이 「법인세법 시행령」 제74조 제3항에 따른 기한 내에 관할 세무서장에게 유가증권의 평가방법을 신고하지 아니한 경우에는 개별법(채권의 경우에 한한다), 총평균법 및 이동평균법 중 가장 큰 금액을 해당 유가증권의 평가액으로 한다.

기출처 2019 국가직 7급

LINK 세법2 111-113p 오진다 332-334p

난이도 ●●●●● 출제가능지수 ●●●●●

해설

내국법인이 「법인세법 시행령」 제74조 제3항에 따른 기한 내에 관할 세무서장에게 유가증권의 평가방법을 신고하지 아니한 경우에는 **총평균법**에 의하여 유가증권을 평가한다. 정답 ④

03

「법인세법령」상 내국법인의 각 사업연도의 소득금액을 계산할 때 세무조정이 필요 없는 경우는?

① 재고자산 평가방법을 원가법으로 신고한 법인이 재고자산의 시가하락(파손·부패 등의 사유로 인한 것이 아님)으로 재고자산평가손실을 계상한 경우

② 국세의 과오납금의 환급금에 대한 이자를 영업외수익으로 계상한 경우

③ 기업회계기준에 따른 화폐성 외화자산이 아닌 외화선급금을 사업연도 종료일 현재의 매매기준율에 의해 평가하고, 그 평가손익을 영업외손익으로 계상한 경우

④ 법인이 사채를 발행한 경우로서 법령에 따라 계산된 사채할인발행차금을 기업회계기준에 의한 상각방법에 따라 이를 손금에 산입한 경우

기출처 2019 국가직 9급

LINK 세법2 62, 99, 111-113p   오진다 310, 328, 333-334p

난이도 ●●●●○   출제 가능 지수 ●●●○○

해설

① 재고자산 평가방법을 원가법으로 신고한 법인이 파손·부패 등 외관상 명백한 경우 외의 사유로 재고자산 평가손실을 계상한 경우「법인세법」상 이를 손금으로 인정하지 않으므로 **손금불산입(유보)하는 세무조정**을 해야 한다.

② 국세 및 지방세를 과오납부하여 환급받는 경우 그 환급금에 대한 이자는 보상의 성격을 가지기 때문에 어떤 세목이든지 익금으로 인정하지 않으므로 이를 영업외수익으로 계상한 경우 **익금불산입(기타)하는 세무조정**을 해야 한다.

③ 화폐성 외화자산이 아닌 외화선급금, 즉 비화폐성 외화자산에 대한 평가는 이를 익금 또는 손금으로 보지 않으므로 그 평가손익을 영업외손익으로 계상한 경우 **익금불산입 (△유보)하는 세무조정**을 해야 한다.

[조세의 환급금과 조세 과오납금의 가산금의 비교]

구분	지출 시점	환급 시점
조세 환급금	손금산입 (ex. 재산세)	익금산입
	손금불산입 (ex. 법인세)	익금불산입
조세 과오납금 환급가산금	해당사항 없음	무조건 익금불산입

정답 ④

04

「법인세법령」상 익금과 그 세무조정에 대한 설명으로 옳지 않은 것으로만 묶은 것은?

┌───┐
│ ㉠「은행법」에 의한 인가를 받아 설립된 은행이 보유 │
│ 하는 화폐성외화자산·부채를 사업연도 종료일 │
│ 현재의 매매기준율 등으로 평가함에 따라 발생하는 평 │
│ 가이익은 익금에 해당한다. │
│ ㉡ 전기에 과오납부한 업무에 직접 사용하는 부동산에 │
│ 대한 종합부동산세와 이에 따른 환급가산금을 │
│ 당기에 환급받아 수익계상한 경우 모두 익금불산입으 │
│ 로 세무조정하여야 한다. │
│ ㉢ 자산수증이익과 채무면제이익은 원칙적으로 익금에 │
│ 해당하나 발생연도의 제한이 없는 세법상의 결손금 │
│ (적격합병 및 적격분할시 승계받은 결손금 제외) │
│ 으로서 결손금 발생 후의 각 사업연도 과세표준 │
│ 계산시 공제되지 않고 당기로 이월된 결손금의 │
│ 보전에 충당한 경우에는 익금으로 보지 않는다. │
│ ㉣ 건물을 저가로 매입하는 경우 매입시점의 시가와 그 │
│ 매입가액과의 차액은 익금에 해당한다. │
└───┘

① ㉠, ㉡   ② ㉠, ㉢   ③ ㉡, ㉣   ④ ㉢, ㉣

기출처 **2017 국가직 7급**

LINK 세법2 48, 55, 62, 105, 113p 오진다 302-303, 310, 331, 334p

난이도 ●●●●○   출제가능지수 ●●●○○

해설

㉡ 손금불산입되는 세금을 제외한 세금은 국세와 지방세를 불문하고 업무와 관련이 있다면 손금에 산입한다. 종합부동산세의 경우 지출하는 사업연도에 손금으로 인정되는 손금산입 항목이다. 따라서 손금항목 세금을 과오납하여 받은 환급금은 익금항목이다. 그러나 그 환급금에 대한 이자(환급가산금)는 국가가 초과하여 수취한 금액에 대한 보상의 성격을 가지기 때문에 어떤 세목이든지 익금으로 인정하지 않는다(법법 18 ⑷). 따라서 전기에 과오납부한 업무에 직접 사용하는 부동산에 대한 종합부동산세에 따른 환급가산금을 당기에 환급받아 수익계상한 경우 익금불산입으로 세무조정하여야 하지만, **종합부동산세 환급금에 대해서는 세무조정을 하지 않는다.**

㉣ **자산의 저가매입에 따른 이익은 일반적으로 매입시점에는 익금에 해당하지 않는다.** → [참고] 특수관계인인 개인으로부터 유가증권을 시가보다 낮은 가액으로 매입하는 경우에 한정하여 자산의 저가매입에 따른 이익을 익금산입하는 특례가 있다. 따라서 건물을 저가로 매입하는 경우 매입시점의 시가와 그 매입가액과의 차액은 익금에 해당하지 않는다.

[세금]

손금산입되는 세금	손금불산입되는 세금
ⓐ 지출하는 사업연도에 손금으로 인정: 인지세, 재산세, 종합부동산세, 자동차세, 주민세 등 ⓑ 원가에 가산 + 추후 손금으로 인정: 취득세(농어촌특별세와 지방교육세 포함)·등록면허세 등 ⓒ 공제할 수 없는 부가가치세 매입세액 중 법인에게 귀책사유가 없는 매입세액	ⓐ 법인세 및 법인지방소득세·농어촌특별세 ⓑ 연결법인세비용 ⓒ 공제할 수 없는 부가가치세 매입세액 중 다음의 매입세액 ㉮ 등록 전 매입세액 ㉯ 사업과 관련없는 매입세액 ㉰ 세금계산서 미수령·부실기재분 매입세액, 매입처별세금계산서합계표 미제출·부실기재분 매입세액 ⓓ 반출하였으나 판매하지 않은 제품에 대한 개별소비세, 주세의 미납액 ⓔ 세법에 따른 의무불이행으로 인한 세액(가산세 포함)

정답 ③

05

「법인세법」상 자산 및 부채의 평가손익이 인정되지 않는 것은?

① 「보험업법」에 의한 유형자산의 평가손실
② 「은행법」에 의한 인가를 받아 설립한 금융기관이 보유하는 통화선도와 통화스왑의 평가손실
③ 「은행법」에 의한 인가를 받아 설립한 금융기관이 보유하는 외화자산 및 부채의 평가이익
④ 파손·부패 등의 사유로 인해 정상가격으로 판매할 수 없는 재고자산 평가손실

기출처 **2008 국가직 7급 수정**

LINK 세법2 112-113p   오진다 333-334p

난이도 ●●●●●   출제 가능 지수 ●●●●●

해설

「보험업법」이나 그 밖의 법률에 따른 유형자산 및 무형자산 등의 평가증을 한 경우에는 그 평가일이 속하는 사업연도 및 그 후의 사업연도의 소득금액을 계산할 때 그 장부가액은 평가한 후의 금액으로 한다. 이때, 장부가액을 증액한 경우만 해당하므로 **감액한 경우는 「법인세법」상 자산 및 부채의 평가손실로 인정되지 않는다.**   정답 ①

04 가상자산

4-01

법인세법령상 내국법인의 손익의 귀속시기와 자산·부채의 평가에 대한 설명으로 옳은 것은?

① 받을어음을 배서양도하는 경우에는 기업회계기준에 의한 손익인식 방법에 따라 관련 손익의 귀속사업연도를 정한다.

② 「보험업법」이나 그 밖의 법률에 따른 유형자산의 평가손실은 평가일이 속하는 사업연도의 소득금액을 계산할 때 손금에 산입한다.

③ 유형자산의 취득과 함께 공채를 매입하는 경우 기업회계기준에 따라 그 공채의 매입가액과 현재가치의 차액을 해당 유형자산의 취득가액으로 계상하더라도 그 차액은 취득가액에 포함하지 아니한다.

④ 「특정 금융거래정보의 보고 및 이용 등에 관한 법률」 제2조제3호에 따른 가상자산은 개별법에 따라 평가해야 한다.

기출처 **2024 국가직 9급**

LINK 세법2 99, 104, 112-113p   오진다 301, 330p

난이도 ●●●●○   출제 가능 지수 ●●●○○

해설

② 다음 어느 하나에 해당하는 경우에는 그 평가일이 속하는 사업연도 및 그 후의 사업연도의 소득금액을 계산할 때 그 장부가액은 평가한 후의 금액으로 한다.

㉠ 「보험업법」이나 그 밖의 법률에 따른 유형자산 및 무형자산 등의 평가(**장부가액을 증액한 경우만 해당**)
㉡ 재고자산, 유가증권, 화폐성 외화자산 등 일정한 자산과 부채의 평가

③ 유형자산의 취득과 함께 공채를 매입하는 경우 기업회계기준에 따라 그 공채의 매입가액과 현재가치의 차액을 해당 유형자산의 취득가액으로 계상한 경우 그 차액은 취득가액에 **포함한다**.

④ 「특정 금융거래정보의 보고 및 이용 등에 관한 법률」 제2조제3호에 따른 가상자산은 **선입선출법**에 따라 평가해야 한다(법령 77).   정답 ①

07

의제배당

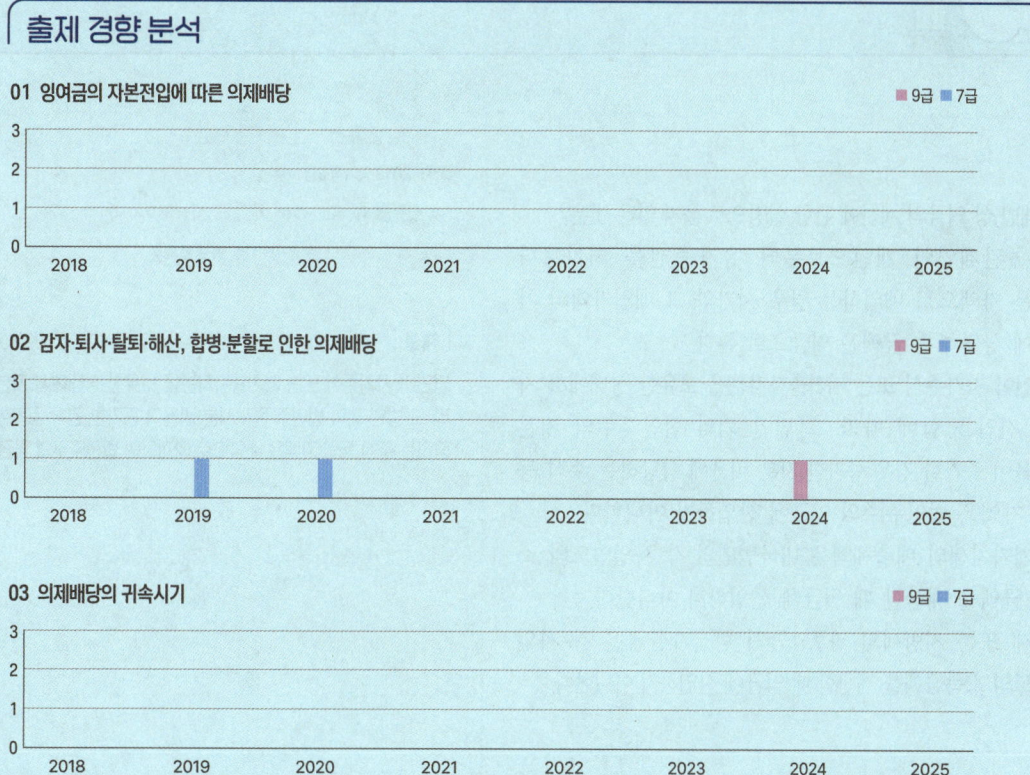

01 잉여금의 자본전입에 따른 의제배당 ■ 9급 ■ 7급

02 감자·퇴사·탈퇴·해산, 합병·분할로 인한 의제배당 ■ 9급 ■ 7급

03 의제배당의 귀속시기 ■ 9급 ■ 7급

기출 분석

'의제배당' 파트는 공무원 수험생들이 부담을 느끼는 주제입니다. 자본거래에 대한 이해를 바탕으로 해석되어야 하는 법규정이기 때문입니다.

그래서 국가직 7급 시험에서 주로 다루던 주제였으나, 2024년 9급에서 오랜만에 출제되었으며, 앞으로도 충분히 반복 출제될 수 있습니다.

법문 자체가 어려운 내용이라 출제되어도 복잡한 응용 문제가 출제되지는 않습니다. 기본 법문을 이해할 수 있으면 충분히 풀어낼 수 있는 문제들이 출제됩니다. 계산형 문제도 기본 개념을 통해 풀어내는 문제가 출제되므로, 관련 계산형 문제들을 '응용 문풀' 과정을 통해 대비하고 들어가시기 바랍니다.

01 잉여금의 자본전입에 따른 의제배당

01

「법인세법」상 익금의 계산에 관한 설명으로 옳지 않은 것은?

① 특수관계인인 개인으로부터 유가증권을 시가보다 낮은 가액으로 매입하는 경우 시가와 그 매입가액의 차액에 상당하는 금액은 익금으로 본다.

② 법인이 자기주식 또는 자기출자지분을 보유한 상태에서 자본 전입을 함에 따라 그 법인 외의 법인주주의 지분 비율이 증가한 경우 증가한 지분 비율에 상당하는 주식 등의 가액은 법인주주의 익금에 산입하지 아니한다.

③ 부가가치세의 매출세액은 내국법인의 각 사업연도의 소득 금액을 계산할 때 익금에 산입하지 아니한다.

④ 국세 또는 지방세의 과오납금의 환급가산금은 각 사업연도의 소득금액을 계산할 때 익금에 산입하지 아니한다.

기출처 **2013 국가직 9급**
LINK 세법2 49, 62, 117p 오진다 304, 310, 336p
난이도 ●●●●● 출제 가능 지수 ●●●●●

해설

법인이 자기주식 또는 자기출자지분을 보유한 상태에서 자본 전입을 함에 따라 그 법인 외의 법인주주의 지분 비율이 증가한 경우 증가한 지분 비율에 상당하는 주식 등의 가액은 배당으로 의제하여 법인주주의 **익금에 산입**한다.

정답 ②

02

2023년 3월 10일 A법인이 잉여금을 자본전입함에 따라 이 회사의 주주인 B법인은 무상주를 교부받았다. 자본전입의 재원이 다음과 같을 때, 교부받은 무상주의 가액이 B법인의 익금에 해당하지 않는 것은? (단, 잉여금의 자본전입에 따른 B법인의 지분비율 변동은 없음)

㉠ 2022년 9월 1일 자기주식을 처분하여 발생한 이익
㉡ 2021년 3월 15일 발생한 상법에 따른 이익준비금
㉢ 자산재평가법에 따른 건물 재평가적립금
㉣ 2021년 5월 1일 발생한 자기주식소각이익 (소각 당시 시가가 취득가액을 초과하지 아니함)

---

① ㉠   ② ㉡
③ ㉢   ④ ㉣

기출처 **2011 국가직 7급**
LINK 세법2 116-117p 오진다 336-337p
난이도 ●●●●● 출제 가능 지수 ●●●●●

해설

㉢ 「자산재평가법」에 따른 재평가적립금에 해당하는 금액을 자본에 전입하는 경우는 이익을 배당받았거나 잉여금을 분배받은 금액으로 의제하지 않는다. 단, 토지의 재평가차액에 상당하는 금액은 제외한다. 즉, 자산재평가법에 따른 **건물 재평가적립금은 의제배당에 해당되지 않는다.**

㉣ 자기주식소각이익은 세법상 과세가 되지 않는 자본잉여금으로서 익금에 산입하는 항목이 아니다. 하지만, 자기주식소각이익이 소각일로부터 2년 이내의 자본전입인 경우에는 의제배당으로 보아 과세한다.

[의제배당으로 보는 자기주식소각이익]

소각 당시 자기주식	2년 이내 자본전입	2년 이후 자본전입
자기주식 시가 > 취득가액	의제배당	의제배당
자기주식 시가 ≤ 취득가액	의제배당	의제배당 아님

정답 ③

02 감자·퇴사·탈퇴·해산, 합병·분할로 인한 의제배당

2-01

법인세법령상 A법인의 주주인 B법인의 각 사업연도의 소득금액을 계산할 때 A법인으로부터 이익을 배당받았거나 잉여금을 분배받은 금액으로 보지 않는 것은? (단, A, B는 영리내국법인이며, 각 답항은 상호 독립적이다)

① A법인의 주식의 소각, 자본의 감소로 인하여 B법인이 취득하는 금전과 그 밖의 재산가액의 합계액이 해당 주식을 취득하기 위하여 사용한 금액을 초과하는 금액

② A법인이 자기주식을 보유한 상태에서 A법인이 감자차익을 자본에 전입함에 따라 B법인의 지분비율이 증가한 경우 증가한 지분비율에 상당하는 주식의 가액

③ A법인의 해산으로 인한 잔여재산의 분배로서 B법인이 취득하는 금전과 그 밖의 재산의 가액이 그 주식을 취득하기 위하여 사용한 금액을 초과하는 금액

④ A법인이 「법인세법」 제17조 제1항 제2호에 따른 주식의 포괄적교환차익을 자본에 전입함으로써 B법인이 취득하는 주식의 가액

기출처 **2024 국가직 9급**

LINK 세법2 116-118p 오진다 335-337p

난이도 ●●●●● 출제가능 지수 ●●●●●

해설

④ 주식의 포괄적 교환·이전차익을 자본에 전입하는 경우에는 **의제배당으로 보지 아니한다.**

자본전입 잉여금			의제배당 여부
자본잉여금	주식발행초과금	일반적인 주식발행초과금	×
		채무면제익 의제액	O
		상환주식의 주식발행초과금 중 이익잉여금으로 상환된 금액	O
	주식의 포괄적 교환차익		**×**
	주식의 포괄적 이전차익		×
	감자차익	일반적인 감자차익	×
		자기주식소각이익 원칙	×
		자기주식소각이익 예외 (2년 내 전입 등)	O
	재평가적립금	3% 세율 적용분(건물 등)	×
		1% 세율 적용분(토지)	O
	기타자본잉여금(자기주식처분이익 등)		O
이익잉여금	법정적립금, 임의적립금, 미처분이익잉여금 등		O

정답 ④

01

「법인세법」상 익금의 계산에 대한 설명으로 옳지 않은 것은?

① 손금에 산입하지 아니한 법인세 또는 법인지방소득세를 환급받았거나 환급받을 금액을 다른 세액에 충당한 금액은 내국법인의 각 사업연도의 소득금액을 계산할 때 익금에 산입하지 아니한다.

② 지방세의 과오납금의 환급금에 대한 이자는 내국법인의 각 사업연도의 소득금액을 계산할 때 익금에 산입하지 아니한다.

③ 주식의 소각으로 인하여 주주인 내국법인이 취득하는 금전과 그 밖의 재산가액의 합계액이 해당 주식을 취득하기 위하여 사용한 금액을 초과하는 금액은 다른 법인의 주주인 내국법인의 각 사업연도의 소득금액을 계산할 때 그 다른 법인으로부터 이익을 배당받았거나 잉여금을 분배받은 금액으로 본다.

④ 각 사업연도의 소득으로 이미 과세된 소득(「법인세법」과 다른 법률에 따라 비과세되거나 면제되는 소득은 제외)은 내국법인의 각 사업연도의 소득금액을 계산할 때 익금에 산입하지 아니한다.

기출처 **2020 국가직 7급**

LINK 세법2 48, 56, 62, 118p 오진다 310, 335p

난이도 ●●○○○ 출제 가능 지수 ●●●○○

해설

각 사업연도의 소득으로 이미 과세된 소득(「법인세법」과 다른 법률에 따라 비과세되거나 면제되는 소득은 **포함**)은 내국법인의 각 사업연도의 소득금액을 계산할 때 익금에 산입하지 아니한다.   정답 ④

02

A법인은 제23기 사업연도(2023년 1월 1일~12월 31일) 중 3년 전에 취득하고 양도일까지 계속 보유하던 B법인의 보통주 지분 25% 중 5%를 B법인에게 1억원에 양도하였다. A법인이 해당 5% 보통주 지분을 취득하기 위하여 사용한 금액은 5천만원이다. 해당 5% 보통주 지분의 양도가 A법인의 제23기 각 사업연도의 소득금액에 미친 영향은? (단, A, B법인 모두 주권상장법인이 아닌 영리내국법인으로 해당 법령에 따른 지주회사가 아니며, 「법인세법」과 「조세특례제한법」에 따른 비과세·면제·감면 및 소득공제와 차입금은 고려하지 아니한다)

① 5천만원 증가
② 3천5백만원 증가
③ 1천만원 증가
④ 5백만원 증가

기출처 2019 국가직 7급 수정
LINK 세법2 57-58, 118p 오진단 308, 335p
난이도 ●●●●○ 출제가능지수 ●●●○○

해설

자본의 감소로 인하여 내국법인 주주인 A법인이 취득하는 금전과 그 밖의 재산가액의 합계액이 해당 주식을 취득하기 위하여 사용한 금액을 초과하는 금액은 이익을 배당받았거나 잉여금을 분배받은 금액(의제배당)으로 보아 과세한다. A법인이 B법인의 보통주 지분 5%를 취득하는데 사용한 금액은 5천만원이고, 이를 1억원에 양도함으로써 취득가액을 초과하여 얻은 금액은 5천만원이다.

> 의제배당액 = 자본의 감소로 주주가 취득하는 금전 - 주식을 취득하기 위하여 사용한 금액
> = 1억원 - 5천만원 = 5천만원

법인주주(또는 개인주주)가 법인으로부터 받은 배당소득에 대하여 다시 법인세를 과세하는 것은 이중과세를 야기한다. 이러한 이중과세문제를 해결하기 위해 수입배당금의 일정액을 익금불산입하고 기타로 소득처분하는데 이를 수입배당금 익금불산입이라고 한다. 이때, 수입배당금에는 의제배당액도 포함한다.

> 익금불산입액
> $= (수입배당금 - 지급이자 × \dfrac{세법상\ 주식가액적수}{기말\ 재무상태표상\ 자산총액적수})$
> × 익금불산입율

여기서, 익금불산입율은 다음과 같다.

피출자법인에 대한 출자비율	익금불산입률
20% 미만	30%
20% 이상 50% 미만	80%
50% 이상	100%

2023 세법 개정으로 기업형태에 따른 구분 및 지주회사 여부에 상관 없이 지분율 기준으로 익금불산입률이 일원화되었으며, 「법인세법」과 「조세특례제한법」에 따른 비과세·면제·감면 및 소득공제와 차입금은 고려하지 아니한다고 하였으니 수입배당금 익금불산입액은 다음과 같이 구할 수 있다.

> 수입배당금 익금불산입액 = 5천만원 × 80% = 4천만원

따라서 해당 5% 보통주 지분의 양도가 A법인의 제23기 각 사업연도의 소득금액에 미친 영향은 다음과 같다.

> 각 사업연도의 소득금액에 미친 영향
> = 의제배당액 - 수입배당금 익금불산입액
> = 5천만원 - 4천만원 = **1천만원**

정답 ③

03

「법인세법」상 의제배당에 대한 설명으로 옳지 않은 것은?

① 자기출자지분을 소각하여 생긴 이익으로서 소각 당시 시가가 취득가액을 초과하지 않고 소각일부터 2년이 지난 후 자본에 전입하는 금액은 의제배당에 해당되지 않는다.

② 분할법인의 주주가 분할신설법인으로부터 분할로 인하여 취득하는 분할대가가 그 분할법인의 주식을 취득하기 위하여 사용한 금액을 초과하는 금액은 배당으로 의제된다.

③ 해산한 법인의 주주 등(법인으로 보는 단체의 구성원을 제외)이 그 법인의 해산으로 인한 잔여재산의 분배로서 취득하는 금전과 그 밖의 재산의 가액이 그 주식을 취득하기 위하여 사용한 금액을 초과하는 금액은 배당으로 의제된다.

④ 피합병법인의 주주가 합병법인으로부터 그 합병으로 인하여 취득하는 합병법인의 합병대가가 그 피합병법인의 주식 등을 취득하기 위하여 사용한 금액을 초과하는 금액은 배당으로 의제된다.

기출처 2016 국가직 7급
LINK 세법2 117-118p 오진다 335-336p
난이도 ●●○○○ 출제 가능 지수 ●●●○○

해설

해산한 법인의 주주 등(법인으로 보는 단체의 구성원을 **포함**)이 그 법인의 해산으로 인한 잔여재산의 분배로서 취득하는 금전과 그 밖의 재산의 가액이 그 주식을 취득하기 위하여 사용한 금액을 초과하는 금액은 배당으로 의제된다.

[용어의 이해]

⊙ 합병법인: 합병에 따라 설립되거나 합병 존속하는 법인
ⓒ 피합병법인: 합병에 따라 소멸하는 법인
ⓒ 분할법인: 분할(분할합병을 포함)에 따라 분할되는 법인
ⓔ 분할신설법인: 분할에 따라 설립되는 법인

[분할의 개괄]

단순분할	A 법인 ⋯ **분할법인** B 사업　　　C 법인 ↓ B 법인 **분할신설법인**
흡수분할합병	A 법인 ⋯ **분할법인** B 사업　　　C 사업 + D 법인 ↓ D 법인 **분할합병의 상대방 법인**
신설분할합병	A 법인 ⋯ **분할법인** B 사업　　　C 사업 + D 법인 ↓ E 법인 **분할신설법인**

정답 ③

04

「법인세법」상 의제배당에 관한 설명으로 옳지 않은 것은?

① 의제배당이란 법인의 잉여금 중 사내에 유보되어 있는 이익이 일정한 사유로 주주나 출자자에게 귀속되는 경우 이를 실질적으로 현금배당과 유사한 경제적 이익으로 보아 과세하는 제도이다.

② 주식의 소각으로 인하여 주주가 취득하는 금전과 그 밖의 재산가액의 합계액이 주주가 해당 주식을 취득하기 위하여 사용한 금액을 초과하는 경우 그 초과 금액을 의제배당 금액으로 한다.

③ 감자 절차에 따라 주식을 주주로부터 반납받아 소각함으로써 발생한 일반적 감자차익은 자본에 전입하더라도 의제배당에 해당하지 않는다.

④ 자기주식을 소각하여 생긴 이익은 소각 당시 시가가 취득가액을 초과하지 아니하는 경우라면 소각 후 2년 내에 자본에 전입하더라도 의제배당에 해당하지 않는다.

기출처 2014 국가직 7급
LINK 세법2 54, 116-118p 오진다 306, 335-336p
난이도 ●●●●○ 출제 가능 지수 ●●○○○

해설

③ 감자차익은 자본감소의 경우로서 그 감소액이 주식의 소각·주금의 반환에 든 금액과 결손의 보전에 충당한 금액을 초과한 경우의 그 초과금액을 말한다(법법 17 ① (4)). 성격상 자본의 납입에 해당하기 때문에 익금항목이 아니다.

④ 자기주식을 소각하여 생긴 이익은 소각 당시 시가가 취득가액을 초과하지 않는다 하더라도 소각 후 2년 내에 자본에 전입한 경우라면 **의제배당에 해당한다.**

[의제배당에 해당하는 자본의 감소(감자) vs 감자차익]

의제배당에 해당하는 자본의 감소(감자)	감자차익
주주인 내국법인이 감자로 인해 받는 금액이 해당 주식을 취득하기 위해 사용한 금액보다 큰 경우	감자를 하면서 자본금의 감소액보다 더 적은 돈을 주주에게 주면 발생되는 차익 ex) 주식의 액면가가 10이라고 가정할 때, 주식을 소각하기 위해 주주로부터 주식을 매입하면서 주주에게 8을 주면 감자차익은 2가 된다.

정답 ④

05

「법인세법」상 의제배당에 해당하지 않는 것은?

① 주식의 소각으로 인하여 주주 등이 취득하는 금전과 그 밖의 재산가액의 합계액이 주주 등이 해당 주식 등을 취득하기 위하여 사용한 금액을 초과하는 금액

② 분할법인 또는 분할신설법인 또는 분할합병의 상대방 법인으로부터 분할로 인하여 취득하는 분할대가가 그 분할법인 또는 소멸한 분할합병의 상대방 법인의 주식(분할법인이 존속하는 경우에는 소각 등에 의하여 감소된 주식만 해당한다)을 취득하기 위하여 사용한 금액을 초과하는 금액

③ 합병법인의 주주 등이 피합병법인으로부터 그 합병으로 인하여 취득하는 합병대가가 그 합병법인의 주식 등을 취득하기 위하여 사용한 금액을 초과하는 금액

④ 해산한 법인의 주주 등이 그 법인의 해산으로 인한 잔여재산의 분배로서 취득하는 금전과 그 밖의 재산의 가액이 그 주식 등을 취득하기 위하여 사용한 금액을 초과하는 금액

기출처 2014 국가직 9급
LINK 세법2 118p 오진다 335p
난이도 ●●○○○ 출제 가능 지수 ●●●○○

해설

피합병법인의 주주 등이 **합병법인**으로부터 그 합병으로 인하여 취득하는 합병대가가 그 **피합병법인**의 주식 등을 취득하기 위하여 사용한 금액을 초과하는 금액은 「법인세법」상 의제배당에 해당한다.

정답 ③

03 의제배당의 귀속시기

01

다음은 「법인세법」상 의제배당의 귀속사업연도에 관한 설명이다. 옳지 않은 것은?

① 자본감소로 인한 의제배당은 그 자본감소등기일이 속하는 사업연도에 귀속한다.

② 잉여금의 자본전입으로 인한 의제배당은 주주총회에서 이를 결의한 날이 속하는 사업연도에 귀속한다.

③ 법인의 해산으로 인한 의제배당은 해당 법인의 잔여재산가액이 확정된 날이 속하는 사업연도에 귀속한다.

④ 법인의 분할로 인한 의제배당은 해당 법인의 분할등기일이 속하는 사업연도에 귀속한다.

기출처 2005 국가직 7급

LINK 세법2 120p 오진다 335p

난이도 ●●○○○ 출제 가능 지수 ●●●○○

해설

자본감소로 인한 의제배당은 그 **자본감소 결의일**이 속하는 사업연도에 귀속한다.

정답 ①

02

「법인세법」상 의제배당의 귀속시기가 옳지 않은 것은?

① 주식의 소각으로 인한 경우 – 주주총회에서 주식소각을 결의한 날

② 법인이 분할한 경우 – 분할등기일

③ 합병으로 인한 경우 – 합병등기일

④ 법인이 보유한 자기주식을 그 법인이 배정받지 아니함에 따라 다른 주주가 배정받은 경우 – 당해 주식을 배정받은 날

기출처 2003 국가직 9급

LINK 세법2 120p 오진다 335p

난이도 ●●●●○ 출제 가능 지수 ●●●○○

해설

법인이 자기주식을 보유한 상태에서 자본전입으로 다른 주주의 지분비율이 증가하는 경우의 의제배당은 **그 권리가 확정되는 잉여금의 자본전입을 결의한 날**이 속하는 사업연도에 귀속한다.

정답 ④

MEMO

CHAPTER

08

감가상각비

출제 경향 분석

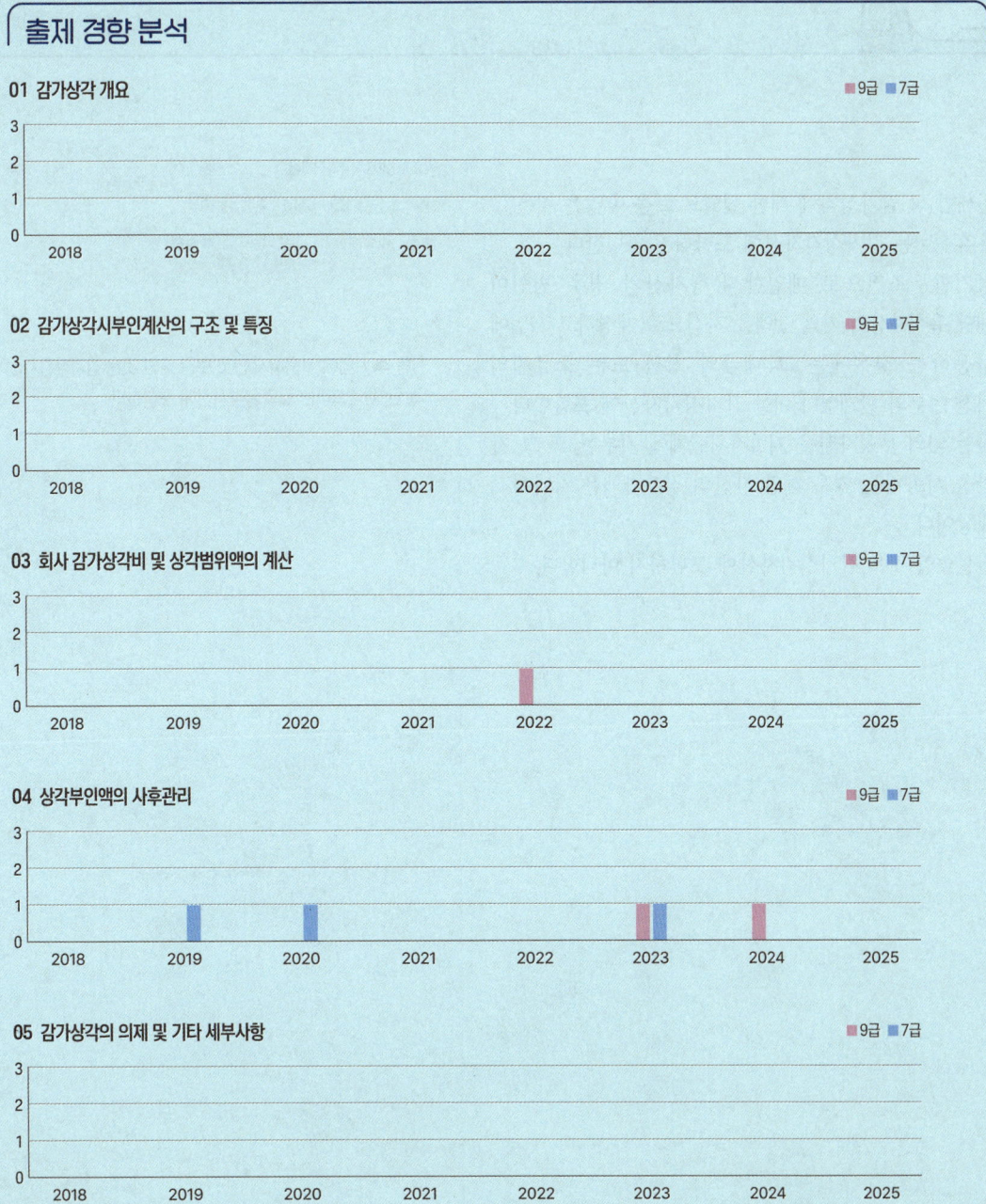

01 감가상각 개요

02 감가상각시부인계산의 구조 및 특징

03 회사 감가상각비 및 상각범위액의 계산

04 상각부인액의 사후관리

05 감가상각의 의제 및 기타 세부사항

기출 분석

'감가상각비'는 주로 7급에서 출제되던 파트였으나, 최근 2022년부터 연속해서 9급 시험에서 출제되었습니다. 특히, 2023년 7급과 2024년 9급에 연속으로 정률법에 대한 세무조정 내용을 묻는 난도 높은 문제가 출제되었습니다. 기본적인 개념을 묻는 문제를 넘어 계산형 문제를 묻기 시작했으니 응용문제들을 통해 대비하셔야 하겠습니다.

01 감가상각 개요

01

「법인세법」상 감가상각에 대한 설명으로 옳지 않은 것은?

① 유휴설비는 감가상각자산에 포함하지 아니한다.

② 장기할부조건으로 매입한 유형자산의 경우 법인이 해당 유형자산의 가액 전액을 자산으로 계상하고 사업에 사용하는 경우에는 그 대금의 청산 또는 소유권의 이전 여부와 관계없이 이를 감가상각자산에 포함한다.

③ 금전 외의 무형자산을 지방자치단체에 기부한 후 그 자산을 사용하는 경우 해당 자산의 장부가액은 감가상각 대상이다.

④ 건설중인 것은 감가상각자산에 포함하지 아니한다.

기출처 **2011 국가직 9급**

LINK 세법2 124-125p 오진다 338p

난이도 ●●●○○ 출제 가능 지수 ●●●○○

해설

취득 후 사업에 사용하지 않고 보관 중인 것은 감가상각자산에 포함하지 않는다. 단, 유휴설비는 **감가상각자산에 포함**한다. 정답 ①

01

다음의 자료는 특정자산에 대한 감가상각과 관련된 것이다. 자료를 이용하여 세무조정을 할 경우 옳은 것은?

• 전기말까지 감가상각비 부인누계액	1,000,000원
• 당기 중 감가상각비 범위액	1,500,000원
• 당기 중 회사계상 감가상각비	1,200,000원

① 감가상각비 부인누계액 중 300,000원은 손금산입하고, 나머지 700,000원은 다음 사업연도로 이월한다.

② 당기 감가상각비 시인부족액 300,000원은 소멸하고, 감가상각비 부인누계액 1,000,000원은 다음 사업연도로 이월한다.

③ 감가상각비 부인누계액 1,000,000원은 소멸하고, 당기 감가상각비 시인부족액 300,000원은 다음 사업연도로 이월한다.

④ 감가상각비 부인누계액 1,000,000원과 감가상각비 시인부족액 300,000원은 각각 다음 사업연도로 이월한다.

기출처 **2014 국가직 9급**

LINK 세법2 125p 오진다 339p

난이도 ●●●○○ 출제 가능 지수 ●●●○○

해설

법인이 상각범위액을 초과해 손금에 산입하지 않는 금액(상각부인액)은 그 후의 사업연도에 해당 법인이 손비로 계상한 감가상각비가 상각범위액에 미달하는 경우에 그 미달하는 금액(시인부족액)을 한도로 손금으로 추인한다. 당기 사업연도의 회사계상 감가상각비 1,200,000원은 당기 상각범위액인 1,500,000원에 미달한다. 따라서 그 미달하는 금액(시인부족액) **300,000원을 한도로 전기이월 상각부인액을 손금산입(△유보)**한다.   정답 ①

01

「법인세법령」상 즉시상각의 의제에 대한 설명으로 옳지 않은 것은?

① 법인이 개별자산별로 수선비로 지출한 금액이 600만원 미만인 경우로서 그 수선비를 해당 사업연도의 손비로 계상한 경우에는 자본적 지출에 포함하지 않는다.

② 자본적 지출이란 법인이 소유하는 감가상각자산의 내용연수를 연장시키거나 해당 자산의 가치를 현실적으로 증가시키기 위하여 지출한 수선비를 말한다.

③ 재해를 입은 자산에 대한 외장의 복구·도장 및 유리의 삽입에 대한 지출은 자본적 지출에 포함한다.

④ 시설의 개체 또는 기술의 낙후로 인하여 생산설비의 일부를 폐기한 경우에는 해당 자산의 장부가액에서 1천원을 공제한 금액을 폐기일이 속하는 사업연도의 손금에 산입할 수 있다.

기출처 **2022 국가직 9급**

LINK 세법2 128-129p   오진다 338-341p

난이도 ●●●○○   출제 가능 지수 ●●●●○

해설

재해를 입은 자산에 대한 외장의 복구·도장 및 유리의 삽입에 대한 지출은 **수익적 지출**에 포함한다.

[자본적 지출과 수익적 지출의 사례 비교]

자본적 지출의 사례	수익적 지출의 사례
㉠ 본래의 용도를 변경하기 위한 개조	㉠ 건물 또는 벽의 도장
㉡ 엘리베이터 또는 냉난방장치의 설치	㉡ 파손된 유리나 기와의 대체
㉢ 빌딩 등에 있어서 피난시설 등의 설치	㉢ 기계의 소모된 부속품 또는 벨트의 대체
㉣ 재해 등으로 인하여 멸실 또는 훼손되어 본래의 용도에 이용할 가치가 없는 건축물·기계·설비 등의 복구	㉣ 자동차의 타이어의 대체
㉤ 설치하는 기계장치로 인한 지반침하와 진동을 방지하기 위한 기초공사	**㉤ 재해를 입은 자산에 대한 외장의 복구·도장 및 유리의 삽입**
㉥ 기타 위와 유사한 성질의 것	㉥ 기타 조업 가능한 상태의 유지 등 위와 유사한 것

정답 ③

02

다음 자료에 의하여 ㈜한국의 제2기(2023년 7월 1일부터 12월 31일까지)의 기계장치에 대한 감가상각범위액을 계산하면 얼마인가? (단, ㈜한국의 사업연도는 6개월임)

- 취득가액 : 50,000,000원
- 취득일자 : 2023년 10월 1일
- 신고내용연수 : 5년
- 감가상각방법 : 정액법

① 2,500,000원　　　　② 3,000,000원
③ 4,500,000원　　　　④ 5,000,000원

기출처 2015 국가직 9급

LINK 세법2 135-136p 오진다 344p

난이도 ●●●●○　출제 가능 지수 ●●●●○

해설

㈜한국의 제2기의 기계장치에 대한 감가상각범위액은 다음과 같이 계산한다.

$$\text{정액법의 상각범위액} = \left(\text{기초 취득가액} + \text{자본적 지출의 취득원가 계상액} + \text{즉시상각 의제액(누계액)} \right) \times \text{상각률}$$

$$= 50,000,000원 \times \frac{1}{10} = 5,000,000원$$

* 상각률 $= \frac{1}{n}$ (n은 내용연수이며, 여기서 사업연도는 6개월 단위이므로 환산내용연수는 10이다.)

환산내용연수 = 본래의 내용연수 (또는 신고내용연수·기준내용연수)

$$\times \frac{12}{\text{사업연도의 개월수}} = 5년 \times \frac{12개월}{6개월} = 10년$$

이때 ㈜한국은 기중에 신규로 기계를 취득하였으므로 감가상각자산에 대한 상각범위액은 사업에 **사용한 날부터 당해 사업연도 종료일까지**의 월수에 따라 계산한다(법령 26 ⑨).

감가상각범위액 환산 = 일반적인 상각범위액

$$\times \frac{\text{사업에 사용한 날부터 해당 사업연도 종료일까지의 개월수}}{\text{해당 사업연도의 개월 수}}$$

$$= 5,000,000원 \times \frac{3개월}{6개월} = \mathbf{2,500,000원}$$

정답 ①

03

「법인세법」상 해당 자산가액에 포함되어 감가상각 대상이 되는 항목으로 옳은 것은?

① 특수관계자로부터의 자산 취득 시 부당행위계산에 의한 시가초과액
② 장기할부조건으로 매입한 자산을 현재가치로 평가함에 따라 기업회계기준에 의해 계상한 현재가치할인차금
③ 지반침하를 방지하기 위해 기계장치에 직접적으로 연결된 기초공사를 수행함에 따른 비용
④ 재해를 입은 자산에 대한 외장의 복구비용

기출처 **2010 국가직 7급**

LINK 세법2 105-106, 129p   오진다 331, 341p

난이도 ●●●○○   출제 가능 지수 ●●●●○

해설

① 특수관계자로부터의 자산 취득 시 부당행위계산에 의한 시가초과액은 「법인세법」상 해당 **자산가액에 포함되지 않는다.**
② 법인이 기업회계기준에 따라 현재가치를 평가한 경우는 그 평가를 인정한다(법령 19의2 ⑤). 따라서 자산을 법령에 따른 장기할부조건 등으로 취득하는 경우 발생한 채무를 기업회계기준이 정하는 바에 따라 현재가치로 평가하여 현재가치할인차금으로 계상한 경우의 당해 **현재가치할인차금은 취득가액에 포함하지 않는다.**
③ 기계장치를 설치함에 있어서 동 기계장치의 무게에 의한 지반침하와 진동을 방지하기 위하여 당해 기계장치 설치장소에만 특별히 실시한 기초공사로서 동 기계장치에 직접적으로 연결된 기초공사에 소요된 금액은 이를 동 기계장치에 대한 자본적 지출로 한다(법기통 23 - 31 … 1).
④ 재해를 입은 자산에 대한 외장의 복구비용은 수익적 지출에 해당되어 지출한 연도의 비용으로 처리하여야 하며, 이를 **자산의 취득원가에 포함하지 않는다.**

[구입단계의 감가상각자산의 취득가액]

구분		감가상각자산의 취득가액
일반적인 경우	㉠ 타인으로부터 매입	매입가액 + 부대비용 (취득세·등록면허세 포함)
	㉡ 자기가 제조·생산·건설, 그 외에 이에 준하는 방법으로 취득	제작원가 + 부대비용
특수한 경우	㉠ 특수관계자로부터 고가매입	시가
	㉡ 특수관계자 외의 자로부터 고가매입	정상가액
	㉢ 장기할부조건하에 매입	명목가액*

* 현재가치할인차금을 계상한 경우에는 현재가치할인차금을 차감한 금액

정답 ③

04

「법인세법」상 유형·무형자산의 감가상각에 관한 설명으로 옳지 않은 것은?

① 재해를 입은 자산에 대한 외장의 복구비 600만원을 지출하고 이를 손비로 계상한 경우 동 지출에 대해서는 시부인 계산을 할 필요가 없다.

② 시험연구용자산에 대해 「법인세법 시행규칙」 [별표2] 시험연구용자산의 내용연수표를 적용한 경우에는 내용연수의 변경 및 특례규정을 적용할 수 없다.

③ 감가상각방법이 서로 다른 법인이 합병하고 상각방법의 변경승인을 받지 아니한 경우에 승계받은 피합병법인의 유형자산은 합병법인의 감가상각방법을 적용한다.

④ 감가상각방법을 변경하는 경우 상각범위액은 감가상각누계액을 공제한 장부가액과 전기이월 상각한도초과액의 합계액에 변경시점 이후의 잔존내용연수에 의한 상각률을 곱하여 계산한다.

기출처 2008 국가직 7급

LINK 세법2 128-129, 137p   오진다 340, 342, 345p

난이도 ●●●●●   출제 가능 지수 ●●●●●

해설

① 재해를 입은 자산에 대한 외장의 복구비는 수익적 지출에 해당하므로 이는 지출한 연도의 비용으로 처리되는 것이 맞다. 따라서 옳은 지문이다. → [참고] 자본적 지출 항목을 비용으로 처리한 경우 해당 금액을 즉시 전액 감가상각한 것으로 의제하는데 이때 해당 지출이 600만원 미만의 소액수선비의 경우에는 시부인계산 없이 전액 손금으로 인정함 주의. 즉 해당 선지가 '재해를 입은 자산에 대한 외장의 복구비(수익적 지출)'가 아닌 '재해 등으로 인하여 멸실 또는 훼손되어 본래의 용도에 이용할 가치가 없는 건축물·기계·설비 등의 복구비(자본적 지출)'였다면 복구비 600만원은 소액수선비(MAX[600만원, 직전 사업연도 종료일 현재 재무상태표상 자산가액의 5%] "미만")에 해당하는지 확인한 뒤 소액수선비에 해당하지 아니할 경우 즉시상각의제 대상임

② 시험연구용자산과 일반 무형자산(특허권 등)의 경우 내용연수를 선택할 수 없으며 자산종류별로 세법에 정한 내용연수를 적용해야 한다(법령 28 ① (1)). 세법에 정한 내용연수란 「법인세법 시행규칙」 제15조에서 정하는 [별표2](시험연구용자산)와 [별표3](무형자산)을 말한다. [별표2]와 [별표3]에서 정한 내용연수는 이미 법에서 시험연구용자산과 무형자산의 특성을 감안하여 정한 내용연수이기 때문이다.

* 참고로 연구비는 자산으로 계상할 수 없으며, 확정된 사업연도의 손금으로 본다. 시험연구용자산과 혼동하지 않도록 주의한다.

③ 감가상각 계산방법이 서로 다른 법인이 합병하고 감가상각방법 변경승인을 받지 아니한 경우에 승계받은 피합병법인의 고정자산에 대한 감가상각방법은 합병법인의 감가상각 계산방법을 적용한다(법기통 23 - 26…3 ①).

④ 감가상각방법을 변경하는 경우 상각범위액은 감가상각누계액을 공제한 장부가액과 전기 이월 상각한도초과액의 합계액에 **당초 신고내용연수**(무신고한 경우에는 기준내용연수)에 의한 상각률을 곱하여 계산한다.

[감가상각방법을 변경한 경우]

정률법·생산량비례법 → 정액법	세법상 장부가액[*1] × 당초 신고내용연수[*2]에 의한 정액법 상각률
정액법·생산량비례법 → 정률법	세법상 장부가액[*1] × 당초 신고내용연수[*2]에 의한 정률법 상각률
정액법·정률법 → 생산량비례법	세법상 장부가액[*1] × $\dfrac{\text{당기의 채굴량 또는 매립량}}{\text{총채굴예정량} - \text{변경 전 사업연도까지의}}$ 또는 총매립예정량 - 총채굴량 또는 매립량

*1 세법상 장부가액 = 취득가액 - 감가상각누계액 + 전기이월 상각부인액

*2 무신고한 경우에는 기준내용연수

정답 ④

05

「법인세법」상 감가상각비의 손금산입에 대한 설명으로 옳지 않은 것은?

① 건물의 감가상각방법으로서는 정액법만이 인정된다.

② 해당 감가상각자산의 장부가액을 직접 감액하는 방법도 인정된다.

③ 취득 후 사용하지 않고 보관중인 기계 및 장치도 감가상각자산에 해당한다.

④ 감가상각방법이 서로 다른 법인이 합병한 경우에는 감가상각방법을 변경할 수 있다.

기출처 **2007 국가직 9급**

LINK 세법2 125-126, 134, 137p   오진다 338-339, 343, 345p

난이도 ●●●●●   출제 가능 지수 ●●●●●

해설

② 법인이 감가상각비를 손비로 계상하거나 손금에 산입하는 경우에는 해당 감가상각 자산의 장부가액을 직접 감액하는 직접상각법 또는 장부가액을 감액하지 않고 감가상각누계액으로 계상하는 간접상각법 중 선택해야 한다(법령 25 ①).

③ 취득 후 사용하지 않고 보관중인 기계 및 장치는 감가상각자산에 **해당하지 않는다.**

정답 ③

06

「법인세법」상 유형ㆍ무형자산의 감가상각에 대한 설명으로 옳지 않은 것은?

① 유휴설비는 감가상각자산에 포함한다.

② 시인부족액은 그 후의 사업연도에 발생하는 상각부인액을 한도로 손금에 산입한다.

③ 유형고정자산의 내용연수는 일정한 범위 안에서 선택이 가능하다.

④ 감가상각비를 손금으로 계상할 것인가의 여부는 법인의 선택에 달려있다.

기출처 **2005 국가직 9급 수정**

LINK 세법2 125-126, 130p   오진다 338-339, 342p

난이도 ●●●●●   출제 가능 지수 ●●●●●

해설

상각부인액은 그 후의 사업연도에 발생하는 **시인부족액**을 한도로 손금에 산입한다.

[감가상각자산에 포함되지 않는 것]

㉠ 미사용자산: 취득 후 사업에 사용하지 않고 보관 중인 것은 감가상각자산에 포함하지 않는다. 단, 유휴설비는 제외한다.

㉡ 건설중인자산: 건설중인자산은 감가상각대상이 아니다. 단, 건설중인자산의 일부가 완성되어 해당 부분이 사업에 사용되는 경우 그 부분은 감가상각자산으로 본다.

㉢ 시간의 경과에 따라 가치가 감소하지 않는 자산: 토지ㆍ서화ㆍ골동품 등은 감가상각자산으로 보지 않는다.

㉣ 합병법인 등이 계상한 영업권: 합병 또는 분할로 인하여 합병법인 등이 계상한 영업권은 감가상각자산으로 보지 않는다.

정답 ②

04 상각부인액의 사후관리

4-01

법인세법령상 내국법인 ㈜A의 제24기(2024.1.1.~12.31.) 기계장치의 감가상각에 대한 세무조정은?

○ 취득가액: 100,000,000원
○ 취득일: 2023.1.5.
○ 정률법에 의한 상각률(가정): 0.2
○ 장부상 감가상각비 계상액: 제23기 30,000,000원, 제24기 20,000,000원

---

① 손금산입 4,000,000원(△유보)
② 손금불산입 4,000,000원(유보)
③ 손금산입 6,000,000원(△유보)
④ 손금불산입 6,000,000원(유보)

기출처 **2024 국가직 9급**
LINK 세법2 135-138p 오진다 344, 346p
난이도 ●●●●● 출제 가능 지수 ●●●●●

해설

(1) 23기

㉠ 상각범위액 = 100,000,000원 × 0.2 × 12월* ÷ 12월 = 20,000,000원
㉡ 장부상 계상액 = 30,000,000원
㉢ 상각부인액 = 10,000,000원

* 사업연도 중에 취득하여 사업에 사용한 감가상각자산에 대한 상각범위액은 사업에 사용한 날부터 당해 사업연도 종료일까지의 월수에 따라 계산하며, 월수는 초일을 산입하여 역에 따라 계산하되, 1개월 미만의 일수는 1개월로 한다.

(2) 24기

㉠ 상각범위액 = (100,000,000원 - 20,000,000원) × 0.2
　　　　　　　= 16,000,000원
㉡ 장부상 계상액 = 20,000,000원
㉢ 상각부인액 = 4,000,000원
㉣ 세무조정 = **손금불산입 4,000,000 (유보)**

정답 ②

4-02

다음은 제조업을 영위하는 영리내국법인 ㈜A의 제24기 (2024.1.1.~2024.12.31.) 감가상각과 관련된 자료이다. 제24기 감가상각비 세무조정과 소득처분으로 옳은 것은? (단, 전기 이전의 모든 세무조정은 적정하였다)

> ○ 기계장치 취득가액: 30,000,000원
> ○ 기계장치 취득일: 2022년 1월 1일
> ○ 감가상각방법: 정률법(상각률: 0.5)
> ○ 감가상각비 장부상 계상금액
> − 2022년: 16,500,000원
> − 2023년: 7,000,000원
> − 2024년: 3,500,000원

① 익금산입·손금불산입 625,000원(유보)
② 손금산입·익금불산입 250,000원(△유보)
③ 손금산입·익금불산입 625,000원(△유보)
④ 손금산입·익금불산입 750,000원(△유보)

기출처 **2023 국가직 7급**

LINK 세법2 135, 138p 오진다 344, 346p

난이도 ●●●●● 출제 가능 지수 ●●●○○

해설

정률법의 상각범위액은 다음과 같이 계산한다.

> **상각범위액**
> = [(기초 취득가액 − 기초 감가상각누계액 ± 유보액 + 자본적 지출의 취득원가 계상액 + 당기 즉시상각의제액)] × 상각률
> = [기초 세법상 장부가액 + 자본적 지출의 취득원가 계상액 + 당기 즉시상각의제액 × 상각률

따라서 각 사업연도의 상각범위액 및 세무조정 내용은 다음과 같다.

사업연도	상각범위액	감가상각비 계상액	세무조정	세무상 감가상각비
2022	30,000,000원 × 0.5 = 15,000,000원	16,500,000원	손금불산입 1,500,000원 (유보)	15,000,000원
2023	(30,000,000원 − 15,000,000원) × 0.5 = 7,500,000원	7,000,000원	손금산입 500,000원 (△유보)	7,500,000원
2024	(30,000,000원 − 15,000,000원 − 7,500,000원) × 0.5 = 3,750,000원	3,500,000원	**손금산입 250,000원 (△유보)**	3,750,000원

정답 ②

01

법인세법령상 감가상각비에 대한 설명으로 옳지 않은 것은?

① 건축물과 무형자산은 정률법 또는 정액법에 의하여 상각범위액을 계산한다.

② 상각부인액은 그 후의 사업연도에 해당 법인이 손비로 계상한 감가상각비가 상각범위액에 미달하는 경우에 그 미달하는 금액을 한도로 손금에 산입하며, 이 경우 법인이 감가상각비를 손비로 계상하지 않은 경우에도 상각범위액을 한도로 그 상각부인액을 손금에 산입한다.

③ 시인부족액은 그 후 사업연도의 상각부인액에 이를 충당하지 못한다.

④ 감가상각자산을 양도한 경우 당해 자산의 상각부인액은 양도일이 속하는 사업연도의 손금에 이를 산입한다.

기출처 **2023 국가직 9급**

LINK [세법2] 125-126, 134, 138p [오진다] 339, 343, 346p

난이도 ●●●○○   출제 가능 지수 ●●○○○

해설

① 건축물과 일반 무형자산은 **정액법**에 의하여 상각범위액을 계산한다.

구분		선택가능한 상각방법	무신고의 경우
① 유형자산	⊙ 건축물	**정액법**	정액법
	ⓛ 광업용 유형자산	생산량비례법, 정률법 또는 정액법	생산량비례법
	ⓒ 폐기물 매립시설	생산량비례법 또는 정액법	생산량비례법
	ⓔ 그 외 유형자산	정률법 또는 정액법	정률법
② 무형자산	⊙ 일반 무형자산	**정액법**	정액법
	ⓛ 광업권 (해저광물 자원 채취권 포함)	생산량비례법 또는 정액법	생산량비례법
	ⓒ 개발비	20년의 범위에서 정액법[1]	정액법[2]
	ⓔ 사용수익 기부자산 가액	해당 자산의 사용수익기간(기간에 관한 특약이 없는 경우 신고 내용연수)에 따라 균등하게 안분한 금액(기간 중에 해당 기부자산이 멸실, 계약이 해지된 경우 그 잔액)을 상각	
	ⓜ 주파수이용권·공항시설관리권 및 항만시설관리권	주무관청에서 고시하거나 주무관청에 등록한 기간 내에서 사용기간에 따라 균등액을 상각	

[1] 관련 제품의 판매 또는 사용이 가능한 시점부터 20년의 범위에서 연단위로 신고한 내용연수에 따라 매 사업연도별 경과월수에 비례하여 상각

[2] 관련 제품의 판매 또는 사용이 가능한 시점부터 5년 동안 매년 균등액을 상각

정답 ①

02

「법인세법령」상 내국법인의 감가상각에 대한 설명으로 옳지 않은 것은?

① 법인이 손비로 계상한 감가상각비가 2,000만원이고 상각범위액이 2,400만원인 경우, 그 차액에 해당하는 400만원은 그 후 사업연도의 상각부인액에 충당한다.

② 내국법인이 감가상각자산을 취득하기 위하여 지출한 금액을 손비로 계상한 경우에는 해당 사업연도의 소득금액을 계산할 때 감가상각비로 계상한 것으로 보아 상각범위액을 계산한다.

③ 법인이 감가상각자산에 대하여 감가상각과 평가증을 병행한 경우에는 먼저 감가상각을 한 후 평가증을 한 것으로 보아 상각범위액을 계산한다.

④ 법인이 각 사업연도에 개별자산별로 수선비로 지출한 금액이 600만원 미만인 경우로서 그 수선비를 해당 사업연도의 손비로 계상한 경우에는 자본적 지출에 포함하지 않는다.

기출처 2020 국가직 7급

LINK 세법2 125, 127-128, 138p   오진다 339-340, 346p

난이도 ●●○○○   출제 가능 지수 ●●●○○

해설

법인이 손비로 계상한 감가상각비가 2,000만원이고 상각범위액이 2,400만원인 경우, 그 차액에 해당하는 400만원을 '시인부족액'이라 하는데 이는 이전 상각부인액이 없는 이상 추가적인 세무조정은 없으며 그 후 사업연도의 상각부인액에는 **충당하지 못한다**(법령 32 ②). 즉, 시인부족액은 차기로 이월되지 않고 소멸된다.

[손비로 계상한 경우에 시부인계산 없이 손금으로 전액 인정되는 즉시상각의제액]

구 분	내 용
⊙ 소액자산의 취득가액	취득가액이 거래단위별로 100만원 이하인 감가상각자산 단, 다음의 자산은 시부인계산을 해야 한다. ⓐ 그 고유업무의 성질상 대량으로 보유하는 자산 ⓑ 그 사업의 개시 또는 확장을 위하여 취득한 자산
ⓛ 어구 등 특정자산 취득가액	ⓐ 어업에 사용되는 어구(어선용구 포함) ⓑ 영화필름, 공구, 가구, 전기기구, 가스기기, 가정용 기구·비품, 시계, 시험기기, 측정기기 및 간판 ⓒ 대여사업용 비디오테이프 및 음악용 콤팩트디스크로서 개별자산의 취득가액이 30만원 미만인 것 ⓓ 전화기(휴대용 전화기 포함) 및 개인용 컴퓨터(주변기기 포함)
ⓒ 소액수선비	개별 자산별로 수선비[*1]로 지출한 금액이 다음 둘 중 큰 금액 미만인 경우 ⓐ 600만원 ⓑ 직전 사업연도 종료일 현재 재무상태표상 자산가액[*2]의 5%
ⓔ 주기적인 수선비	3년 미만의 기간마다 주기적인 수선을 위하여 지출하는 경우
ⓜ 생산설비의 폐기손실	다음 어느 하나에 해당하는 경우에는 해당 자산의 장부가액에서 1천원을 공제한 금액을 폐기일이 속하는 사업연도의 손금에 산입할 수 있다(결산조정사항). ⓐ 시설의 개체·기술의 낙후로 인하여 생산설비의 일부를 폐기한 경우 ⓑ 사업의 폐지 또는 사업장의 이전으로 임대차계약에 따라 임차한 사업장의 원상회복을 위하여 시설물을 철거하는 경우

*1 수선비: 그 자산에 대한 자본적 지출액과 수익적 지출액의 연간 합계액

*2 자산가액 = 취득가액 - 감가상각누계액

정답 ①

03

「법인세법령」상 내국법인의 감가상각에 대한 설명으로 옳지 않은 것은? (단, 「법인세법령」상 해당 요건은 충족하고, 「법인세법」과 「조세특례제한법」에 따른 법인세 면제, 감면 및 감가상각특례는 고려하지 아니한다)

① 내국법인은 「법인세법 시행령」 제28조 제1항 제2호에 해당하는 감가상각자산에 대하여 한국채택국제회계기준을 최초로 적용하는 사업연도에 결산내용연수를 연장한 경우에는 기준내용연수에 기준내용연수의 100분의 25를 가감하는 범위에서 사업장별로 납세지 관할 지방국세청장의 승인을 받아 적용하던 내용연수를 연장할 수 있다.

② 내국법인이 각 사업연도에 지출한 수선비로서 개별 자산별로 600만원 미만인 자본적 지출에 해당하는 금액을 해당 사업연도의 손비로 계상한 경우에는 상각계산의 기초가액을 계산할 때 해당 수선비를 지본적 지출액에 포함하여 상각범위액을 계산한다.

③ 내국법인이 기준내용연수(해당 내국법인에게 적용되는 기준내용연수를 말한다)의 100분의 50 이상이 경과된 자산을 다른 법인으로부터 취득한 경우에는 그 자산의 기준내용연수의 100분의 50에 상당하는 연수와 기준내용연수의 범위에서 선택하여 납세지 관할 세무서장에게 신고한 연수를 내용연수로 할 수 있다.

④ 내국법인이 감가상각자산에 대하여 감가상각과 「법인세법」 제42조 제1항 제1호에 따른 평가증을 병행한 경우에는 먼저 감가상각을 한 후 평가증을 한 것으로 보아 상각범위액을 계산한다.

기출처 2019 국가직 7급

LINK 세법2 128, 132-133, 138p   오진다 340, 342-343, 346p

난이도 ●●○○○   출제가능 지수 ●●○○○

해설

내국법인이 각 사업연도에 지출한 수선비로서 개별 자산별로 600만원 미만인 자본적 지출에 해당하는 금액을 해당 사업연도의 손비로 계상한 경우에는 **시부인계산 없이 그 즉시상각의제액을 손금으로 전액 인정**한다.   정답 ②

04

내국법인 ㈜한국은 제9기에 건물의 일부(취득 당시의 장부가액 3,000,000원)를 양도하였는데, 양도 직전 건물 전체에 관한 자료는 다음과 같다. 제9기에 양도한 건물에 대한 세무조정으로 옳은 것은?

- 건물 전체의 취득 당시의 장부가액 : 15,000,000원
- 건물 전체의 감가상각누계액 : 7,000,000원
- 건물 전체의 상각부인액 : 2,500,000원

① 익금산입 500,000원(유보)
② 손금산입 500,000원(△유보)
③ 익금산입 2,500,000원(유보)
④ 손금산입 2,500,000원(△유보)

기출처 2016 국가직 9급
LINK 세법2 138p 오진단 346p
난이도 ●●●○○ 출제 가능 지수 ●●●○○

해설

감가상각자산의 일부만을 양도하는 경우, 해당 양도자산에 대한 감가상각누계액 및 상각부인액 또는 시인부족액은 해당 양도부분의 취득가액이 당해 감가상각자산의 전체 취득가액에서 차지하는 비율을 곱하여 계산한 금액으로 한다.

건물 전체의 상각부인액, 즉 유보잔액 2,500,000원에서 양도된 감가상각자산에 해당하는 유보금액을 제9기에 추인한다.

$$\text{일부 양도한 자산의 상각부인액} = \text{해당 감가상각자산 전체의 상각부인액} \times \frac{\text{양도부분의 취득가액}}{\text{해당 감가상각자산 전체의 취득가액}}$$

$$= 2,500,000원 \times \frac{3,000,000원}{15,000,000원} = 500,000원$$

따라서 제9기에 양도한 건물에 대한 위 산식에 따라 계산된 500,000원을 손금산입(△유보)으로 추인하는 세무조정이 발생한다.

정답 ②

05

甲법인의 제3기 사업연도의 다음 자료에 의하여 감가상각비 시부인 계산을 한 후의 감가상각비에 대한 유보잔액은? (단, △는 시인부족액이며 세부담 최소화를 가정한다)

구분	건물	비품	기계장치	특허권
전기 상각시부인액	△ ₩300,000	△ ₩400,000	₩600,000	₩200,000
회사상각액	₩1,200,000	₩700,000	-	₩900,000
상각범위액	₩1,400,000	₩500,000	₩300,000	₩800,000
당기 상각시부인액	△ ₩200,000	₩200,000	△ 300,000	₩100,000

① 500,000원
② 600,000원
③ 800,000원
④ 1,100,000원

기출처 2010 국가직 7급
LINK 세법2 125p 오진단 339p
난이도 ●●●●● 출제 가능 지수 ●●●○○

해설

○ 건물: 상각범위액을 초과한 회사상각액이 없으므로 회사상각액 전액 손금산입한다. 당기 시인부족액이 ₩200,000이지만, 전기 이월된 상각시부인액이 없으므로 해당 시인부족액은 소멸한다.

○ 비품: 상각범위액을 초과한 회사상각액, 즉 상각시부인액 ₩200,000은 손금불산입(유보)하고, 해당 상각시부인액 ₩200,000은 차기로 이월된다.

○ 기계장치: 당기 시인부족액이 ₩300,000이 있고 전기 이월된 상각부인액 ₩600,000이 있으므로 MIN[당기의 시인부족액, 전기이월 상각부인액 잔액], 즉 ₩300,000을 손금산입(△유보)한다.

○ 특허권: 상각범위액을 초과한 회사상각액, 즉 상각시부인액 ₩100,000은 손금불산입(유보)하고, 해당 상각시부인액 ₩100,000은 전기 이월된 상각부인액 ₩200,000과 함께 차기로 이월된다.

제3기 사업연도의 감가상각비에 대한 기말유보잔액
= 기초 유보잔액(전기 상각부인액 합계) + 당기유보증감액
= ₩800,000(기계장치 전기상각부인액 ₩600,000
  + 특허권 전기상각부인액 ₩200,000)
  + ₩200,000 (유보, 비품) - ₩300,000(△유보, 기계장치)
  + ₩100,000(유보, 특허권)
= ₩800,000

정답 ③

06

「법인세법」상 감가상각에 관한 설명으로 옳지 않은 것은?

① 감가상각자산에 대한 자본적 지출금액을 손금으로 계상한 경우에는 이를 즉시상각의제로 보아 시부인계산한다.

② 법인이 감가상각자산에 대하여 감가상각과 평가증을 병행하는 경우에는 먼저 감가상각을 한 후 평가증을 하는 것으로 보아 상각범위액을 계산한다.

③ 해당 사업연도에 감가상각비를 손금으로 계상하지 아니한 경우에는 전년도 상각부인액이 있어도 이를 손금으로 산입할 수 없다.

④ 시설의 개체·기술의 낙후 등으로 인하여 생산설비의 일부를 폐기한 경우에는 해당 자산의 장부가액에서 1,000원을 공제한 금액을 폐기일이 속하는 사업연도의 손금에 산입할 수 있다.

기출처 **2007 국가직 7급**

LINK 세법2 126-128, 138p   오진다 339-340, 346p

난이도 ●●○○○   출제 가능 지수 ●●●○

해설

① '즉시상각의제'란 회사가 자산의 취득가액을 구성하는 항목(ex. 취득세, 자본적 지출액)을 비용으로 처리한 경우, 해당 금액을 즉시 전액 감가상각한 것으로 의제하는 것을 의미한다.

③ 해당 사업연도에 감가상각비를 손금으로 계상하지 아니한 경우에도 **상각 범위액을 한도로 전년도 상각부인액을 손금에 산입**한다.

④ 다음 어느 하나에 해당하는 경우에는 해당 자산의 장부가액에서 1천원을 공제한 금액을 폐기일이 속하는 사업연도의 손금에 산입할 수 있다(결산조정사항).

ㄱ 시설의 개체·기술의 낙후로 인하여 생산설비의 일부를 폐기한 경우
ㄴ 사업의 폐지 또는 사업장의 이전으로 임대차계약에 따라 임차한 사업장의 원상회복을 위하여 시설물을 철거하는 경우

정답 ③

07

㈜한국의 제7기 사업연도 감가상각비 조정내용은 다음과 같다. 이 경우 제7기 사업연도에 행하여야 할 감가상각비 세무조정 순액은 얼마인가?

계정과목	건물	기계장치	젖소	특허권
내용연수	60	8	6	10
당기상각범위액(①)	₩500,000	₩200,000	₩400,000	₩200,000
당기상각액(②)	600,000	150,000	500,000	100,000
차감액(② - ①)	100,000	(50,000)	100,000	(100,000)
전기부인액 (시인부족액)	0	100,000	(50,000)	0

① ₩0
② ₩100,000
③ ₩150,000
④ ₩200,000

기출처 **2003 국가직 7급**

LINK 세법2 125p   오진다 339p

난이도 ●●●●○   출제 가능 지수 ●●●○○

해설

○ 건물: 당기상각범위액을 초과한 당기상각액, 즉 상각시부인액 ₩100,000은 손금불산입(유보)하고, 해당 상각시부인액 ₩100,000은 차기로 이월된다.

○ 기계장치: 당기상각액이 당기상각범위액에 미달하여 시인부족액(그 미달하는 금액)이 ₩50,000이 생겼다. 전기 이월된 상각부인액 ₩100,000이 있으므로 MIN[당기의 시인부족액, 전기이월 상각부인액 잔액], 즉 ₩50,000을 손금산입(△유보)한다.

○ 젖소: 당기상각범위액을 초과한 당기상각액, 즉 상각시부인액 ₩100,000은 손금불산입(유보)하고, 해당 상각시부인액 ₩100,000은 차기로 이월된다.

○ 특허권: 당기상각범위액을 초과한 당기상각액이 없으므로 당기상각액 전액 손금산입한다. 당기 시인부족액이 ₩100,000이 있지만, 전기 이월된 상각시부인액이 없으므로 해당 시인부족액은 소멸하고 세무조정은 별도로 하지 않는다.

제7기 사업연도에 행하여야 할 감가상각비 세무조정(순액)
= ₩100,000 (유보, 건물) - ₩50,000(△유보, 기계장치)
  + ₩100,000(유보, 젖소) = ₩150,000(유보)

정답 ③

08

「법인세법」상 유형·무형자산의 감가상각에 대한 설명으로 옳지 않은 것은?

① 상각부인액이 나타나는 경우에는 차기 이후의 시인부족액을 한도로 하여 손금으로 추인한다.

② 시인부족액은 차기 이후의 상각부인액에 충당하지 못한다.

③ 감가상각비는 원칙적으로 법인이 결산서에 손금으로 계상한 경우에 한하여 손금으로 인정한다.

④ 감가상각시부인은 각 사업연도별로 자산의 종류별로 행하므로 같은 종류의 자산 간에는 상각부인액과 시인부족액을 상계하여야 한다.

기출처 **2001 국가직 7급**

LINK 세법2 125-126p 오진다 339p

난이도 ●●●○○   출제 가능 지수 ●●●○○

해설

감가상각시부인은 **개별자산별**로 행하므로 같은 종류의 자산 간에는 상각부인액과 시인부족액을 **상계할 수 없다.**

[결산서에 손금으로 계상하지 않아도 신고조정에 의해 손금산입하는 감가상각비]

강제신고조정	㉠ 2016.1.1. 이후 개시하는 사업연도에 취득한 업무용승용차의 감가상각비 ㉡ 특수관계인으로부터 자산을 양수하면서 기업회계기준에 따라 장부에 계상한 장부가액이 시가에 미달하는 경우 감가상각비 손금산입 특례 ㉢ 세액감면을 받는 경우의 감가상각의제
임의신고조정	㉠ 한국채택국제회계기준을 적용하는 법인의 유형자산과 내용연수가 비한정인 무형자산의 감가상각비 ㉡ 「조세특례제한법」에 따라 2021. 12. 31. 까지 취득한 설비투자자산의 감가상각비

정답 ④

05 감가상각의 의제 및 기타 세부사항

01

「법인세법」상 감가상각에 관한 설명으로 옳지 않은 것은?

① 당기에 법인세 감면을 받은 법인이 감가상각비를 손금으로 계상하지 아니한 경우에는 별도의 세무조정이 발생하지 아니한다.

② 상각부인액은 그 후의 사업연도에 해당 법인이 감가상각비를 손비로 계상하지 않은 경우에도 상각범위액을 한도로 그 상각부인액을 손금에 산입한다.

③ 개별자산별로 수선비 지출액이 600만원 미만인 경우 그 수선비를 해당 사업연도의 손금으로 계상한 경우에는 감가상각 시부인계산 없이 손금으로 인정한다.

④ 정액법에 의해 상각범위액을 계산함에 있어서 감가상각자산의 잔존가액은 "0"으로 한다.

기출처 2007 국가직 9급 수정

LINK 세법2 126-128, 133, 139p   오진다 339-340, 343, 346p

난이도 ●●●○○   출제가능지수 ●●●○○

해설

각 사업연도의 소득에 대하여 「법인세법」과 다른 법률에 따라 법인세를 면제받거나 감면받은 경우에는 감면기간 동안 개별 자산에 대한 감가상각비가 상각범위액이 되도록 감가상각비를 손금에 산입해야 한다(강제신고조정). 이는 법인세가 감면되는 사업연도에 감가상각비를 계상하지 않고 그 후의 사업연도에 감가상각비를 계상함으로써 법인세 부담을 감소시키는 조세회피행위를 방지하기 위해서다. 따라서 당기에 법인세 감면을 받은 법인이 감가상각비를 손금으로 계상하지 아니한 경우에는 별도의 세무조정이 **발생한다**.   정답 ①

CHAPTER

09

지급이자 손금불산입

출제 경향 분석

01 지급이자 손금불산입의 구분과 계산 순서

■ 9급 ■ 7급

	2018	2019	2020	2021	2022	2023	2024	2025
3								
2								
1								
0								

02 1순위: 채권자가 불분명한 사채이자

■ 9급 ■ 7급

	2018	2019	2020	2021	2022	2023	2024	2025
3								
2								
1								
0								

03 2순위: 비실명 채권·증권의 이자
3순위: 건설자금에 충당한 차입금이자

■ 9급 ■ 7급

	2018	2019	2020	2021	2022	2023	2024	2025
3								
2								
1			■					
0								

04 4순위: 업무무관자산 등에 대한 지급이자

■ 9급 ■ 7급

	2018	2019	2020	2021	2022	2023	2024	2025
3								
2								
1								
0								

기출 분석

'지급이자 손금불산입' 파트는 최근에 거의 출제되지 않았습니다.
「법인세법」에서 각론에 대한 문제를 출제할 때는 가장 기본이 되는 법문들을 물어봅니다. 그러므로 상대적으로 난도가 높지 않습니다. 해당 파트는 계산기가 없는 공무원 시험에서 직접 계산을 요구하는 문제를 묻기보다는 원리를 물어보는 문제가 대부분입니다. 관련 규정들을 잘 정리해두시기 바랍니다.

지급이자 손금불산입의 구분과 계산 순서

01

「법인세법」상 법인에게 귀속되는 지급이자의 손금불산입 사항이 다음에 열거한 항목들에서 동시에 발생하는 경우, 지급이자 손금불산입의 적용순서로 옳은 것은?

> ㉠ 건설자금에 충당한 자금의 이자
> ㉡ 채권자가 불분명한 사채이자
> ㉢ 업무무관 자산에 대한 지급이자
> ㉣ 국외지배주주에게 지급하는 배당간주이자

① ㉠ → ㉡ → ㉢ → ㉣
② ㉡ → ㉠ → ㉢ → ㉣
③ ㉢ → ㉡ → ㉠ → ㉣
④ ㉣ → ㉡ → ㉠ → ㉢

기출처 2010 국가직 9급
LINK 세법2 144p 오진다 348p
난이도 ●●●●● 출제 가능 지수 ●●●●●

해설

「국제조세조정에 관한 법률」에서 내국법인이나 외국법인의 국내사업장을 실질적으로 지배하는 자를 국외지배주주라고 한다. 이들에게 지급하는 지급이자의 손금불산입 적용 순서는 「법인세법」보다 우선하여 적용한다(국조법 26 ②, ③).　　　　　　정답 ④

02

「법인세법」제28조의 규정에 의한 지급이자 손금불산입액 중「자본금과 적립금 조정명세서(을)」표에 반영될 수 있는 것은?

① 채권자가 불분명한 사채의 이자를 손금불산입한 경우
② 내국법인이 발행한 채권·증권의 이자를 지급받은 자가 불분명하여 손금불산입한 경우
③ 법인이 업무무관자산을 취득·보유함에 따라 지급한 차입금의 이자 중 법령이 정하는 바에 따라 계산한 지급이자를 손금불산입한 경우
④ 당기 말 현재에 건설 중인 유형 또는 무형 자산의 건설자금에 충당한 차입금의 지급이자를 법인이 기간의 비용으로 계상함에 따라 손금불산입한 경우

기출처 2007 국가직 9급
LINK 세법2 144p 오진다 348p
난이도 ●●●●● 출제 가능 지수 ●●●●●

해설

자본금과 적립금조정명세서(을)은 유보(△유보)를 사후관리하기 위해 작성하는 것이다. 따라서 해당 문제는 지급이자 손금불산입액 중 유보(△유보)를 찾는 문제이다. 당기 말 현재에 건설 중인 유형 또는 무형 자산의 건설자금에 충당한 차입금의 지급이자를 법인이 기간의 비용으로 계상함에 따라 손금불산입한 경우 유보로 소득처분하고「자본금과적립금조정명세서(을)」표에 반영한다.

[지급이자 손금불산입 소득처분]

손금불산입 대상 지급이자		소득처분
1순위	채권자 불분명 사채이자	대표자에 대한 상여
2순위	비실명(지급받은 자가 불분명한) 채권·증권의 이자	(단, 원천징수세액은 기타사외유출)
3순위	건설자금에 충당한 차입금이자	유보
4순위	업무무관자산 등에 대한 지급이자	기타사외유출

정답 ④

03

「법인세법」 규정에 의해 차입금에 대한 지급이자 손금불산입이 동시에 적용 시 가장 먼저 적용되는 거래와 가장 나중에 적용되는 것은?

① 건설자금에 충당한 차입금이자, 채권자불분명사채이자
② 채권자불분명사채이자, 업무무관자산 등에 대한 차입금이자
③ 업무무관자산 등에 대한 차입금이자, 채권자불분명사채이자
④ 지급받은 자가 불분명한 채권·증권의 이자, 건설자금에 충당한 차입금

기출처 **2006 국가직 7급**

LINK 세법2 144p   오진다 348p

난이도 ●●●●●   출제 가능 지수 ●●●●●

해설

지급이자 손금불산입 적용순서는 다음과 같다.

채권자불분명 사채이자	→	지급받은 자가 불분명한 채권·증권의 이자	→	건설자금에 충당한 차입금 이자	→	업무무관자산 등에 대한 차입금 이자

정답 ②

02 1순위: 채권자가 불분명한 사채이자

01

「법인세법」상 채권자가 불분명한 차입금에 해당하지 않는 것은?

① 채권자의 주소 및 성명을 확인할 수 없는 차입금
② 채권자의 능력 및 자산상태로 보아 금전을 대여한 것으로 인정할 수 없는 차입금
③ 채권자와의 금전 거래 사실 및 거래 내용이 불분명한 차입금
④ 채권자의 법정대리인과 소비대차계약이 체결된 차입금

기출처 2006 국가직 9급
LINK 세법2 144p   오진다 348p
난이도 ●●○○○   출제 가능 지수 ●○○○○

해설

①, ②, ③ 「법인세법 시행령」 제51조 제1항에서 채권자가 불분명한 경우로 규정된 차입금이다.
④는 법정대리인과의 계약으로 체결된 차입금은 **채권자가 불분명한 경우로 규정된 차입금이 아니다.**

정답 ④

02

甲법인의 이자비용계정에는 채권자의 주소와 성명을 확인할 수 없는 차입금에 대한 이자 ₩8,000,000 (이 중 ₩2,200,000을 원천징수하여 납부함)이 포함되어 있다. 이 경우에 대한 세무조정과 소득처분으로 옳은 것은?

① 〈손금산입〉 지급이자 ₩8,000,000 (기타)
② 〈손금산입〉 지급이자 ₩2,200,000 (기타)
   〈손금산입〉 지급이자 ₩5,800,000 (상여)
③ 〈손금불산입〉 채권자불분명사채이자 ₩8,000,000 (상여)
④ 〈손금불산입〉 채권자불분명사채이자 ₩2,200,000 (기타사외유출)
   〈손금불산입〉 채권자불분명사채이자 ₩5,800,000 (상여)

기출처 2002 국가직 7급
LINK 세법2 145p   오진다 348p
난이도 ●●○○○   출제 가능 지수 ●●●○○

해설

채권자불분명사채이자는 그 귀속자가 불분명하므로 대표자에 대한 상여로 소득처분한다. 이때 해당 법인이 그 처분에 따른 소득세 등을 대납하고 이를 손비로 계상함에 따라 익금에 산입한 금액에 대해 기타사외유출로 처리한다.
따라서 차입금에 대한 이자 ₩8,000,000 중 원천징수하여 납부한 **₩2,200,000은** 그 귀속자가 국가로서 분명하므로 **기타사외유출**로 처리하고 나머지 **₩5,800,000은 상여**로 처리한다.

정답 ④

03 2순위: 비실명 채권·증권의 이자
3순위: 건설자금에 충당한 차입금이자

01

「법인세법령」상 건설자금에 충당한 차입금의 이자에 대한 설명으로 옳지 않은 것은?

① 특정차입금에 대한 지급이자는 건설등이 준공된 날까지 이를 자본적 지출로 하여 그 원본에 가산하되, 특정차입금의 일시예금에서 생기는 수입이자는 원본에 가산하는 자본적 지출금액에서 차감한다.

② 특정차입금의 일부를 운영자금에 전용한 경우에는 그 부분에 상당하는 지급이자는 이를 손금으로 한다.

③ 특정차입금의 연체로 인하여 생긴 이자를 원본에 가산한 경우 그 가산한 금액은 이를 해당 사업연도의 자본적 지출로 하고, 그 원본에 가산한 금액에 대한 지급이자는 이를 손금으로 한다.

④ 건설자금에 충당한 차입금의 이자에서 특정차입금에 대한 지급이자를 뺀 금액으로서 대통령령으로 정하는 금액은 내국법인의 각 사업연도의 소득금액을 계산할 때 손금에 산입해야 한다.

기출처 **2020 국가직 7급**

LINK 세법2 146-147p 오진다 349p

난이도 ●●●●○   출제가능지수 ●●●○○

해설

「법인세법」에서 건설자금에 충당한 차입금의 이자에서 특정차입금에 대한 지급이자를 뺀 금액(일반차입금)은 내국법인의 각 사업연도의 소득금액을 계산할 때 손금에 산입**할 수 있다**. 즉, 일반차입금이자는 법인의 선택에 따라 손금에 산입하거나 취득원가에 산입할 수 있는 것이다.   정답 ④

04 4순위: 업무무관자산 등에 대한 지급이자

01

「법인세법」상 지급이자 손금불산입에 대한 설명으로 옳은 것은?

① 투자부동산에 대한 건설자금이자를 취득원가로 계상한 경우 그 계상액을 손금산입(△유보)하고 그 투자부동산의 처분 혹은 감가상각 시 익금산입(유보)로 추인한다.

② 특정차입금의 연체로 인하여 생긴 이자를 원본에 가산한 경우 그 가산한 금액과 그 원본에 가산한 금액에 대한 지급이자는 해당 사업연도의 자본적지출로 한다.

③ 특수관계인으로부터 시가를 초과하는 가액으로 업무무관자산을 매입한 경우 부당행위계산의 부인규정에 의한 시가초과액을 포함하지 않은 가액으로 업무무관자산을 평가하여 지급이자를 계산한다.

④ 지급이자에 대한 손금불산입 규정이 동시에 적용되는 경우 지급받은 자가 불분명한 채권·증권이자, 채권자가 불분명한 사채이자, 업무무관자산에 대한 지급이자, 건설자금에 충당한 차입금이자 순으로 부인된다.

02

「법인세법」상 건설자금에 충당한 차입금의 이자에 관한 설명으로 옳지 않은 것은?

① 특정차입한 건설자금의 연체로 인하여 생긴 이자를 원본에 가산한 경우 그 가산한 금액은 이를 해당 사업연도의 자본적 지출로 하고, 그 원본에 가산한 금액에 대한 지급이자는 이를 손금으로 한다.

② 건설자금에 충당한 특정차입금의 일시예금에서 생기는 수입이자는 원본에 가산하는 자본적 지출금액에서 차감한다.

③ 특정차입한 건설자금의 일부를 운영자금에 전용한 경우에는 그 부분에 상당하는 지급이자는 이를 손금에 산입하지 아니한다.

④ 「법인세법」상 특정차입금이자는 반드시 자본화해야 하나, 일반차입금이자는 자본화를 선택할 수 있다.

기출처 2017 국가직 9급
LINK 세법2 144-146, 149p   오진다 348-349, 351p
난이도 ●●●○○   출제 가능 지수 ●●●●○

해설

② 특정차입금의 연체로 인하여 생긴 이자를 원본에 가산한 경우 그 가산한 금액은 해당 사업연도의 자본적 지출로 하고 그 **원본에 가산한 금액에 대한 지급이자는 이를 손금으로 한다**(법령 52 ④).

③ 특수관계인으로부터 시가를 초과하는 가액으로 업무무관자산을 매입한 경우 부당행위계산의 부인규정에 의한 시가초과액을 **포함한** 가액으로 업무무관자산을 평가하여 지급이자를 계산한다.

④ 지급이자에 대한 손금불산입 규정이 동시에 적용되는 경우 지급받은 자가 **채권자가 불분명한 사채이자, 지급받은 자가 불분명한 채권·증권 이자, 건설자금에 충당한 차입금이자, 업무무관자산에 대한 지급이자의 순으**로 부인된다.

정답 ①

기출처 2009 국가직 7급
LINK 세법2 146-147p   오진다 349p
난이도 ●●●○○   출제 가능 지수 ●●●●○

해설

특정차입한 건설자금의 일부를 운영자금에 전용한 경우 그 부분에 상당하는 지급이자는 이를 운영자금 전용분 이자로 보아 손금에 **산입한다**.

[특정차입금에 대한 건설자금이자의 계산식]

특정차입금 건설자금이자 = 준공기간 중의 이자 - 운영자금 전용분 이자 - 일시예금분 수입이자

정답 ③

CHAPTER

10

기업업무추진비와 기부금

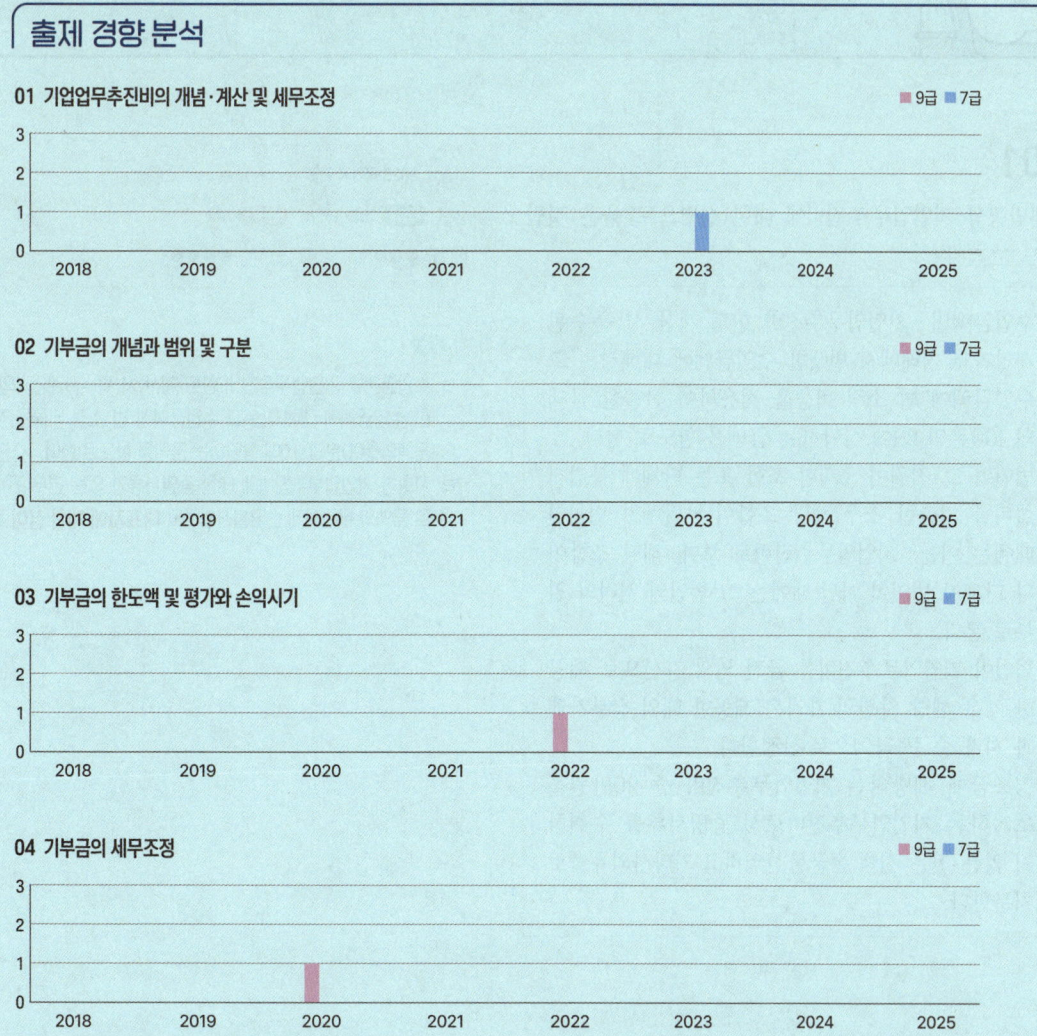

01 기업업무추진비의 개념·계산 및 세무조정

02 기부금의 개념과 범위 및 구분

03 기부금의 한도액 및 평가와 손익시기

04 기부금의 세무조정

기출 분석

'기업업무추진비와 기부금' 파트는 빈출 주제는 아닙니다.

오랜만에 2023년 7급에서 기업업무추진비의 전반적인 내용을 묻는 문제가 출제되었습니다. 이전까지는 일반적인 법문을 물어보는 문제와 기부금과 기업업무추진비를 한 지문에서 통합형으로 묻는 문제가 출제되었으나 전공과목 위주의 공무원 시험 체제로 개편되었으므로 다소 난도가 있는 문제가 나올 수 있는 파트이므로 주제별로 잘 정리해 두시기 바랍니다.

1-01

법인세법령상 기업업무추진비에 대한 설명으로 옳은 것만을 모두 고르면?

ㄱ. 수입금액별 기업업무추진비 한도 계산 시 특수관계인과의 거래에서 발생한 수입금액에 대해서는 그 수입금액에 법 소정 비율을 적용하여 산출한 금액의 100분의 20에 상당하는 금액을 한도로 한다.

ㄴ. 법인이 그 직원이 조직한 조합 또는 단체에 복리시설비를 지출한 경우 해당 조합이나 단체가 법인인 때에는 이를 기업업무추진비로 보며, 해당 조합이나 단체가 법인이 아닌 때에는 그 법인의 경리의 일부로 본다.

ㄷ. 법인이 기업업무추진비를 금전 외의 자산으로 제공한 경우 해당 자산의 가액은 제공한 때의 장부가액과 시가 중 큰 금액으로 산정한다.

ㄹ. 경조금에 해당하는 기업업무추진비 중 20만원을 초과하는 기업업무추진비로서 증명서류를 수취하지 않은 것은 전액 손금불산입하고 기타사외유출로 처분한다.

---

① ㄱ, ㄴ

② ㄱ, ㄹ

③ ㄴ, ㄷ

④ ㄷ, ㄹ

기출처 **2023 국가직 7급**

LINK [세법2] 152-155p [오진다] 352-354p

난이도 ●●●●○ 출제 가능 지수 ●●●●○

해설

ㄱ. 수입금액별 기업업무추진비 한도 계산 시 특수관계인과의 거래에서 발생한 수입금액에 대해서는 그 수입금액에 법 소정 비율을 적용하여 산출한 금액의 100분의 **10**에 상당하는 금액을 한도로 한다.

ㄹ. 지출한 기업업무추진비에 대한 증명서류가 없는 경우 귀속이 불분명하므로 금액과 무관하게 손금불산입하고 **대표자에 대한 상여**로 처분한다.

정답 ③

01

「법인세법」상 기업업무추진비에 대한 설명으로 옳지 않은 것은?

① 임원이 부담하여야 할 성질의 기업업무추진비를 법인이 지출한 것은 이를 기업업무추진비로 보지 아니한다.

② 법인이 그 직원이 조직한 조합(법인)에 복리시설비를 지출한 것은 이를 기업업무추진비로 보지 아니한다.

③ 기업업무추진비를 금전 이외의 자산으로 지출한 경우 해당 기업업무추진비의 가액은 이를 제공한 때의 시가와 장부가액 중 큰 금액으로 평가한다.

④ 내국법인이 경조금으로 지출한 것으로 1회에 20만원을 초과하지 아니하는 금액은 법정지출증명서류를 구비하지 않아도 기업업무추진비로 본다.

기출처 2009 국가직 9급

LINK 세법2 152-155p   오진다 352-353p

난이도 ●●○○○   출제가능 지수 ●●●●○

해설

② 법인이 그 직원이 조직한 조합(법인)에 복리시설비를 지출한 것은 이를 기업업무추진비로 **본다**.

④ 한 차례의 접대에 지출한 기업업무추진비 중 3만원(경조금은 20만원)을 초과하는 경우로서 적격증빙서류를 구비하지 않는 것은 기타사외유출로 손금불산입한다.

[기업업무추진비에 해당하지 않는 항목]

㉠ 주주·출자자·임원·직원이 부담해야 할 성질의 기업업무추진비
㉡ 광고선전 목적으로 기증한 물품의 구입비용
㉢ 판매장려금·판매수당 등 판매부대비용

[기업업무추진비에 대한 법정지출증명서류(적격증빙서류)의 범위]

㉠ 신용카드(신용카드와 유사한 것으로서 직불카드·외국에서 발행된 신용카드·기명식선불카드·직불전자지급수단·기명식선불전자지급수단·기명식전자화폐 포함하되 법인의 명의로 발급받은 것에 한함) 또는 현금영수증을 사용하여 지출한 기업업무추진비
㉡ 세금계산서·계산서를 발급받아 지출한 기업업무추진비
㉢ 「법인세법」에 따른 매입자발행계산서·「부가가치세법」에 따른 매입자발행세금계산서·원천징수영수증을 발행하여 지출한 기업업무추진비

정답 ②

02 기부금의 개념과 범위 및 구분

01

「법인세법」상 일반기부금에 해당하는 것만을 고른 것은?

> ㉠ 사립학교에 시설비로 지출하는 기부금
> ㉡ 국립대학의 고유목적사업비로 지출하는 기부금
> ㉢ 「산업교육진흥 및 산학연협력촉진에 관한 법률」에 따른 산학협력단에 연구비로 지출하는 기부금
> ㉣ 천재지변으로 생기는 이재민을 위한 구호금품의 가액

① ㉠, ㉡, ㉢

② ㉠, ㉡

③ ㉡

④ ㉣

기출처 **2013 국가직 9급 수정**

LINK 세법2 158-160p   오진다 356-357p

난이도 ●●●●○   출제 가능 지수 ●●●○○

해설

㉠, ㉢, ㉣은 특례기부금에 해당한다.
㉡은 일반기부금에 해당한다.

[기부금 범위]

특례기부금	일반기부금
ⓐ 국가·지방자치단체에 무상으로 기증 (기부금품은 법에 따라 접수하는 것만 해당)	ⓐ 다음의 비영리법인에 대한 고유목적사업비 지출 기부금
ⓑ 국방헌금과 국군장병 위문금품의 가액	사회복지법인, 어린이집, 유치원, 학교, 기능대학, 평생교육시설, 「의료법」에 의한 의료법인, 종교의 보급 및 그 외 교화를 목적으로 설립한 비영리법인, 「민법」에 따라 주무관청의 허가를 받아 설립된 비영리법인·비영리외국법인·사회적협동조합·공공기관 또는 법률에 따라 직접 설립된 기관 중 요건을 모두 충족한 법인, 학술연구단체·장학단체·기술진흥단체 및 문화·예술단체·환경보호운동단체에 지출하는 기부금, 국민건강보험공단·박물관·미술관 등 종전 규정에 따라 지정한 공익법인
ⓒ 천재지변으로 생기는 이재민을 위한 구호금품의 가액(특별재난지역으로 선포된 경우 그 선포의 사유가 된 재난을 포함)	
ⓓ 특정 기관에 시설비·교육비·장학금·연구비로 지출하는 기부금(병원 제외)	ⓑ 다음의 용도로 지출하는 기부금
ⓔ 특정 병원에 시설비·교육비 또는 연구비로 지출하는 기부금	㉮ 유치원장·학교장·기능대학의 장· 평생교육시설의 장이 추천하는 개인에게 교육비·연구비 또는 장학금으로 지출하는 기부금
ⓕ 사회복지사업, 그 밖의 사회복지활동의 지원에 필요한 재원을 모집·배분하는 것을 주된 목적으로 하는 비영리법인에 지출하는 기부금	㉯ 공익신탁으로 신탁하는 기부금
	㉰ 사회복지·문화·예술·교육·종교 등 공익목적으로 지출하는 기부금으로서 기획재정부장관이 지정하여 고시하는 기부금
ⓖ 특례기부금 지정기간까지 공공기관(공기업 제외) 또는 법에 따라 직접 설립된 기관으로서 요건을 갖춘 기관에 지출하는 기부금	ⓒ 다음의 기관에 기부하는 금품의 가액
	㉮ 사회복지시설 또는 기관 중 무료·실비로 이용할 수 있는 법정 시설 또는 기관
	㉯ 법에 정한 요건을 갖춘 국제기구

정답 ③

02

「법인세법」상 손금산입에 관한 설명으로 옳지 않은 것은?

① 법령에 의하여 의무적으로 납부하는 것이 아닌 공과금은 손금에 산입한다.
② 주식할인발행차금은 손금에 산입하지 아니한다.
③ 국방헌금의 가액은 법정한도만큼 손금에 산입한다.
④ 채권자의 능력 및 자산상태로 보아 금전을 대여한 것으로 인정할 수 없는 차입금의 이자는 손금에 산입하지 아니한다.

기출처 2009 국가직 7급

LINK 세법2 80-81, 144, 159p 오진다 315, 319, 356p
난이도 ●●○○○ 출제 가능 지수 ●●○○○

해설

① 공과금은 손금에 산입하는 것이 원칙이지만 법령에 따라 의무적으로 납부하는 것이 아닌 공과금은 **손금불산입**한다.
② 주식액면발행초과액이 익금불산입항목이었던 것과 마찬가지로, 주식할인발행차금은 자본거래에서 발생하므로 손금에 산입하지 않는다.
③ 국방헌금의 가액은 특례기부금에 해당되어 법정한도만큼 손금에 산입한다.
④ 채권자의 능력 및 자산상태로 보아 금전을 대여한 것으로 인정할 수 없는 차입금의 이자는 채권자가 불분명한 사채이자에 해당한다. 채권자가 불분명한 사채이자는 손금에 산입하지 아니한다.

[손금불산입 공과금]

> ⓐ 법령에 따라 의무적으로 납부하는 것이 아닌 공과금 (ex. 임의출연금)
> ⓑ 법령에 따른 의무의 불이행 또는 금지·제한 등의 위반을 이유로 부과되는 공과금 (ex. 폐수배출부담금, 장애인고용부담금)

[채권자가 불분명한 사채이자]

> ⓐ 채권자의 주소 및 성명을 확인할 수 없는 차입금
> ⓑ 채권자의 능력 및 자산상태로 보아 금전을 대여한 것으로 인정할 수 없는 차입금
> ⓒ 채권자와의 금전거래 사실 및 거래내용이 불분명한 차입금

정답 ①

03

다음 중 「법인세법」상 손금불산입에 해당하는 것은?

> ⓐ 임원에 지급하는 사회통념상 인정하는 경조사금
> ⓑ 임원에게 지급하는 직장체력단련비, 직장문화비 등
> ⓒ 정당에 기부하는 정치자금
> ⓓ 벌금, 과태료 등

① ㉠, ㉡ 　　　　　　　② ㉡, ㉢
③ ㉢, ㉣ 　　　　　　　④ ㉠, ㉣

기출처 2006 국가직 9급

LINK 세법2 75, 81, 160p 오진다 317, 320, 357p
난이도 ●●○○○ 출제 가능 지수 ●●○○○

해설

ⓐ 사회통념상 타당하면 임원 또는 직원에게 지급하는 대부분의 복리후생비는 손금에 산입한다.
ⓑ 임원에게 지급하는 직장체력단련비, 직장문화비 등은 법인이 그 임원 또는 직원을 위하여 지출한 복리후생비로서 손금에 산입한다.
ⓒ 정당에 기부하는 정치자금은 「법인세법」상 비지정기부금에 해당한다. 따라서 **전액 손금불산입**한다.
ⓓ 벌금, 과료, 과태료(과료와 과태금 포함), 가산금 및 강제징수비는 **전액 손금불산입**한다.

[손금산입되는 복리후생비]

> ⓐ 법에 따른 국민건강보험료·노인장기요양보험료·고용보험료·국민연금료의 사용자부담분
> ⓑ 직장체육비와 직장문화비, 직장회식비, 우리사주조합의 운영비, 「영유아보육법」에 따라 설치된 직장어린이집의 운영비
> ⓒ 그 밖에 임원 또는 직원에게 사회통념상 타당하다고 인정되는 범위에서 지급하는 경조사비 등 위와 유사한 비용

정답 ③

03 기부금의 한도액 및 평가와 손익시기

01

「법인세법령」상 기업업무추진비와 기부금에 대한 설명으로 옳지 않은 것은?

① 법인이 그 직원이 조직한 단체에 복리시설비를 지출한 경우 해당 단체가 법인인 때에는 이를 기업업무추진비로 본다.

② 주주가 부담하여야 할 성질의 기업업무추진비를 법인이 지출한 것은 이를 기업업무추진비로 보지 아니한다.

③ 법인이 천재지변으로 생기는 이재민을 위한 구호금품을 금전 외의 자산으로 제공한 경우 해당 자산의 가액은 기부했을 때의 시가에 따라 산정한다.

④ 법인이 기부금을 미지급금으로 계상한 경우 실제로 이를 지출할 때까지는 당해 사업연도의 소득금액계산에 있어서 이를 기부금으로 보지 아니한다.

기출처 **2022 국가직 9급**

LINK [세법2] 152-153, 158, 161-162p   [오진다] 351-353, 356, 358p

난이도 ●●●○○   출제 가능 지수 ●●●●○

해설

법인이 천재지변으로 생기는 이재민을 위한 구호금품을 금전 외의 자산으로 제공한 경우 해당 자산의 가액은 **기부한 때의 장부가액**으로 산정한다.

정답 ③

02

「법인세법」상 기업업무추진비와 기부금에 대한 설명으로 옳은 것은?

① 영업자가 조직한 단체로서 법인이거나 주무관청에 등록된 조합 또는 협회에 지급한 회비는 기업업무추진비로 보아 한도 내에서 손금인정한다.

② 기업업무추진비를 지출(그 지출사실은 객관적으로 명백함)한 국외에서 현금 외 다른 지출수단이 없어 적격증빙을 갖추지 못한 경우에는 해당 국외 지출을 기업업무추진비로 보지 아니한다.

③ 법인이 새마을금고(특수관계인이 아님)에 정당한 사유 없이 자산을 정상가액보다 낮은 가액으로 양도한 경우 그 차액이 실질적으로 증여한 것으로 인정되는 금액은 일반기부금 의제하여 한도 내에서 손금산입한다.

④ 법인이 특수관계인에게 일반기부금을 금전 외의 자산으로 제공한 경우 해당 자산의 가액은 이를 제공한 때의 장부가액과 시가 중 큰 금액으로 한다.

기출처 **2017 국가직 9급**

LINK [세법2] 78, 155, 160, 162p   [오진다] 312, 353, 357-358p

난이도 ●●○○○   출제 가능 지수 ●●●●○

해설

① 영업자가 조직한 단체로서 법인이거나 주무관청에 등록된 조합 또는 협회에 지급한 일반회비는 **한도 없이 전액 손금에 산입한다.**

② 기업업무추진비를 지출(그 지출사실은 객관적으로 명백함)한 국외에서 현금 외 다른 지출수단이 없어 적격증빙을 갖추지 못한 경우에도 해당 국외 지출을 **기업업무추진비로 보아 한도 내에서 계산하고 손금산입한다.**

③ 새마을금고는 비지정기부금으로서 손금에 산입되는 기부금으로 인정하지 않는 항목이다. 따라서 **전액 손금불산입**한다. 향우회, 종친회, 동창회, 신용협동조합 등에 지출하는 기부금도 비지정기부금에 해당한다.

[「소득세법」에서만 기부금으로 인정되는 항목]

㉠ 특별재난지역의 복구를 위하여 자원봉사한 경우 그 용역의 가액

㉡ 정치자금기부금·고향사랑기부금

㉢ 사회환원기부신탁에 신탁한 금액: 공익성을 고려하여 정하는 기부금

㉣ 노동조합비, 교원단체회비, 공무원직장협의회회비

정답 ④

01

「법인세법령」상 기부금에 대한 설명으로 옳은 것은?

① 특수관계인이 아닌 자에게 기부한 손금산입한도액의 적용을 받는 기부금을 금전 외의 자산으로 제공한 경우 해당 자산의 가액은 이를 기부한 때의 시가로 한다.

② 특례기부금 및 일반기부금의 한도초과액은 해당 사업연도의 다음 사업연도 개시일부터 10년 이내에 끝나는 각 사업연도로 이월하여, 그 이월된 사업연도의 소득금액을 계산할 때 특례기부금 및 일반기부금 각각의 손금산입한도액의 범위에서 손금에 산입한다.

③ 법인이 특수관계인 외의 자에게 정당한 사유 없이 자산을 시가보다 낮은 가액으로 양도하거나 시가보다 높은 가액으로 매입함으로써 그 차액 중 실질적으로 증여한 것으로 인정되는 금액은 기부금으로 본다.

④ 법인이 기부금을 미지급금으로 계상한 경우에는 이를 계상한 사업연도의 기부금으로 하고, 그 후의 사업연도에 있어서 이를 기부금으로 보지 아니한다.

02

「법인세법」상 세무조정에 관한 설명으로 옳지 않은 것만을 모두 고른 것은?

⊙ 기업업무추진비, 일반기부금, 임원에 대한 퇴직급여의 경우 세법에서 정한 일정한 한도를 초과하는 금액은 손금불산입된다.

ⓛ 영리내국법인이 특수관계 없는 개인으로부터 유가증권을 시가보다 낮은 가액으로 양수했을 때, 그 시가와 실제 양수가액과의 차액은 익금이 아니다.

ⓒ 해당 법인의 주주 등(소액주주 등은 제외)이 사용하고 있는 사택의 유지비·관리비·사용료는 손금에 산입된다.

ⓡ 유형자산의 취득에 사용된 특정차입금 중 건설 등이 준공된 후에 남은 차입금에 대한 이자는 손금에 산입하지 않는다.

① ⊙, ⓛ   ② ⓛ, ⓒ   ③ ⓒ, ⓡ   ④ ⊙, ⓡ

기출처 **2020 국가직 9급 수정**

LINK 세법2 158-162p 오진다 355, 358p

난이도 ●●●○○   출제 가능 지수 ●●●○○

해설

① 특수관계인이 아닌 자에게 기부한 손금산입한도액의 적용을 받는 기부금을 금전 외의 자산으로 제공한 경우 해당 자산의 가액은 이를 기부한 때의 **장부가액**으로 한다.

③ 법인이 특수관계인 외의 자에게 정당한 사유 없이 자산을 **정상가액**보다 낮은 가액으로 양도하거나 **정상가액**보다 높은 가액으로 매입함으로써 그 차액 중 실질적으로 증여한 것으로 인정되는 금액은 기부금으로 본다.

④ 법인이 기부금을 미지급금으로 계상한 경우에는 **실제로 이를 지출할 때까지** 기부금으로 보지 않는다.

정답 ②

기출처 **2014 국가직 7급**

LINK 세법2 49, 74, 85, 146, 152, 158p 오진다 304, 316, 323, 349, 355p

난이도 ●●○○○   출제 가능 지수 ●●●○○

해설

ⓒ 해당 법인의 주주 등(소액주주 등은 제외) 또는 출연자인 임원 또는 그 친족이 사용하고 있는 사택의 유지비·관리비·사용료와 이와 관련되는 지출금은 **손금에 산입되지 않는다.**

ⓡ 유형자산의 취득에 사용된 특정차입금 중 건설 등이 준공된 후에 남은 차입금에 대한 이자는 **각 사업연도의 손금**으로 한다.

정답 ③

11

충당금

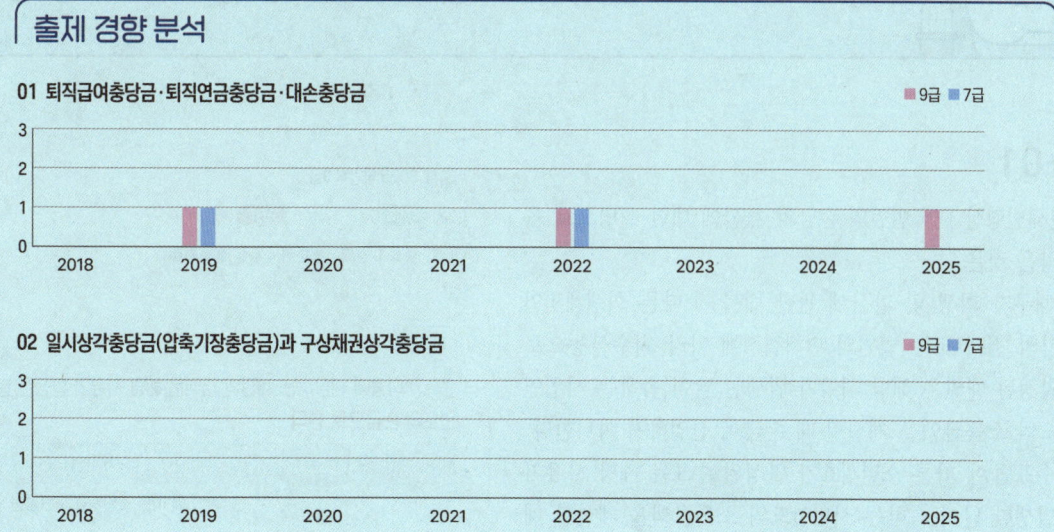

01 퇴직급여충당금·퇴직연금충당금·대손충당금 ■9급 ■7급

02 일시상각충당금(압축기장충당금)과 구상채권상각충당금 ■9급 ■7급

기출 분석

'충당금'은 '대손충당금'이 주로 출제됩니다. 해당 주제는 기업회계기준의 처리 방식과 차이가 있으므로 「법인세법」에서 중요하게 다루는 주제입니다.

9급 시험에서도 계산형 문제가 출제된 바 있으며, 수험생들에게 계산형 문제는 언제나 부담이 됩니다. 이미 기출된 계산형 문제가 다시 출제될 가능성이 높으므로 대손과 관련해서는 계산형 문제에 대한 대비(응용문제 풀이 단계에서 진행)를 꼭 하시기 바랍니다.

1-01

법인세법령상 내국법인의 손금의 계산에 대한 설명으로 옳지 않은 것은?

① 「채무자 회생 및 파산에 관한 법률」에 따른 회생계획인가의 결정 또는 법원의 면책결정에 따라 회수불능으로 확정된 채권은 해당 사유가 발생한 날이 속하는 사업연도의 소득금액을 계산할 때 손금에 산입하지 아니한다.

② 「수표법」에 따른 소멸시효가 완성된 수표는 해당 사유가 발생한 날이 속하는 사업연도의 소득금액을 계산할 때 손금에 산입한다.

③ 회수할 수 없는 부가가치세 매출세액미수금은 손비의 범위에 포함되지만, 「부가가치세법」 제45조에 따라 대손세액공제를 받지 아니한 것에 한정한다.

④ 내국법인이 기업회계기준에 따른 채권의 재조정에 따라 채권의 장부가액과 현재가치의 차액을 대손금으로 계상한 경우에는 이를 손금에 산입하며, 손금에 산입한 금액은 기업회계기준의 환입방법에 따라 익금에 산입한다.

기출처 **2025 국가직 9급**

LINK **세법2** 173-175p **오진다** 363-364p

난이도 ●●●○○ 출제 가능 지수 ●●●●○

해설

①, ② 다음에 해당하는 채권의 금액은 해당 사유가 발생한 날이 속하는 사업연도의 **손금으로 한다**.

구분	구체적인 대손사유
① 소멸시효가 완성된 채권	㉠ 「상법」에 따른 소멸시효가 완성된 외상매출금 및 미수금 ㉡ 「어음법」에 따른 소멸시효가 완성된 어음 ㉢ **「수표법」에 따른 소멸시효가 완성된 수표** ㉣ 「민법」에 따른 소멸시효가 완성된 대여금 및 선급금
② 그 밖의 채권	㉤ **「채무자 회생 및 파산에 관한 법률」에 따른 회생계획인가의 결정 또는 법원의 면책결정에 따라 회수불능으로 확정된 채권** ㉥ 「서민의 금융생활 지원에 관한 법률」에 따른 채무조정을 받아 신용회복지원 협약에 따라 면책으로 확정된 채권 ㉦ 「민사집행법」에 따라 채무자의 재산에 대한 경매가 취소된 압류채권

정답 ①

01

법인세법령상 내국법인의 대손금의 손금불산입에 대한 설명으로 옳은 것은?

① 「민사소송법」에 따른 화해에 따라 회수불능으로 확정된 채권은 해당 사유가 발생하여 손비로 계상한 날이 속하는 사업연도의 소득금액을 계산할 때 손금에 산입한다.

② 「채무자 회생 및 파산에 관한 법률」에 따른 회생계획인가의 결정에 따라 회수불능으로 확정된 채권은 해당 사유가 발생한 날이 속하는 사업연도와 관계없이 해당 채권을 실제 손비로 계상한 날이 속하는 사업연도의 소득금액을 계산할 때 손금에 산입한다.

③ 채무보증(「법인세법 시행령」에서 별도로 정하는 채무보증은 제외)으로 인하여 발생한 구상채권은 해당 구상채권을 회수할 수 없는 사실이 확정된 날이 속하는 사업연도의 소득금액을 계산할 때 손금에 산입한다.

④ 「법인세법」에 따라 손금에 산입한 대손금을 그 다음 사업연도에 회수한 경우 그 회수금액은 해당 대손금을 손금에 산입한 사업연도에 익금 산입한다.

기출처 2022 국가직 7급
LINK 세법2 173-174p 오진다 363-364p
난이도 ●●●●○ 출제 가능 지수 ●●●●○

해설

② 「채무자 회생 및 파산에 관한 법률」에 따른 회생계획인가의 결정에 따라 회수불능으로 확정된 채권은 **해당 사유가 발생한 날**이 속하는 사업연도의 소득금액을 계산할 때 손금에 산입한다.

③ 다음의 채권은 대손사유가 충족되더라도 **손금에 산입할 수 없다.**

> ⊙ **채무보증(법령에서 허용하는 채무보증 등 일정한 채무보증은 제외)으로 인하여 발생한 구상채권**
> ⓛ 대여시점 기준 특수관계인에게 지급한 업무무관가지급금
> ⓒ 「부가가치세법」에 따른 대손세액공제를 받은 부가가치세 매출세액

④ 「법인세법」에 따라 손금에 산입한 대손금을 그 다음 사업연도에 회수한 경우 그 회수금액은 해당 대손금을 **회수한 날이 속하는** 사업연도에 익금 산입한다.

정답 ①

02

「법인세법령」상 내국법인의 대손금에 대한 설명으로 옳지 않은 것은?

① 「민법」에 따른 소멸시효가 완성된 대여금은 해당 사유가 발생한 날이 속하는 사업연도의 손금으로 한다.

② 부도발생일부터 6개월 이상 지난 어음상의 채권(해당 법인이 채무자의 재산에 대하여 저당권을 설정하고 있는 경우는 제외한다)은 해당 사유가 발생한 날이 속하는 사업연도의 손금으로 한다.

③ 채무자의 파산으로 회수할 수 없는 채권은 해당 사유가 발생하여 손비로 계상한 날이 속하는 사업연도의 손금으로 한다.

④ 회수기일이 6개월 이상 지난 채권 중 채권가액이 30만원 이하(채무자별 채권가액의 합계액을 기준으로 한다)인 채권은 해당 사유가 발생하여 손비로 계상한 날이 속하는 사업연도의 손금으로 한다.

기출처 2022 국가직 9급

LINK 세법2 173p 오진다 363p

난이도 ●●●○○ 출제가능지수 ●●●●○

해설

부도발생일부터 6개월 이상 지난 어음상의 채권(해당 법인이 채무자의 재산에 대하여 저당권을 설정하고 있는 경우는 제외한다)은 해당 사유가 발생하여 **손비로 계상한 날**이 속하는 사업연도의 손금으로 한다.

[신고조정사항 채권 vs 결산조정사항 채권]

신고조정사항 채권	결산조정사항 채권
㉠「상법」에 따른 소멸시효가 완성된 외상매출금 및 미수금 ㉡「어음법」에 따른 소멸시효가 완성된 어음 ㉢「수표법」에 따른 소멸시효가 완성된 수표 ㉣「민법」에 따른 소멸시효가 완성된 대여금 및 선급금 ㉤「채무자 회생 및 파산에 관한 법률」에 따른 회생계획인가의 결정 또는 법원의 면책결정에 따라 회수불능으로 확정된 채권 ㉥「서민의 금융생활 지원에 관한 법률」에 따른 채무조정을 받아 신용회복지원 협약에 따라 면책으로 확정된 채권 ㉦「민사집행법」에 따라 채무자의 재산에 대한 경매가 취소된 압류채권	㉠ 부도발생일부터 6개월 이상 지난 수표 또는 어음상의 채권 및 외상매출금(중소기업의 외상매출금으로서 부도발생일 이전의 것에 한정). 단, 해당 법인이 채무자의 재산에 대하여 저당권을 설정하고 있는 경우는 제외 ㉡ 회수기일이 6개월 이상 지난 채권 중 채권가액이 30만원 이하(채무자별 채권가액의 합계액 기준)인 채권 ㉢ 중소기업의 외상매출금 및 미수금으로서 회수기일이 2년 이상 지난 것. 다만, 특수관계인과의 거래로 인하여 발생한 것은 제외 ㉣ 채무자의 파산, 강제집행, 형의 집행, 사업의 폐지, 사망, 실종, 행방불명으로 인하여 회수할 수 없는 채권 ㉤ 재판상 화해 등 확정판결과 같은 효력을 가지는 것으로 회수불능으로 확정된 채권 ㉥ 금융회사 등의 채권으로서 금융감독원장이 대손을 인정한 채권 ㉦ 물품의 수출 또는 외국에서 용역제공으로 발생한 채권으로 법에 정하는 사유로 무역에 관한 법령에 따라 회수불능으로 확인된 채권 ㉧ 중소기업창업투자회사의 창업자에 대한 채권으로서 법에 정한 기준에 해당한다고 인정한 채권

정답 ②

03

제조업을 영위하는 영리내국법인인 ㈜한국의 제17기 사업연도(1월 1일 ~ 12월 31일) 자료를 이용하여 「법인세법」상 각 사업연도의 소득금액을 계산할 때 대손충당금에 대한 세무조정의 결과가 제17기 각 사업연도의 소득금액에 미친 영향은?

○ 매출채권과 관련된 대손충당금 계정은 다음과 같다.

대손충당금 (단위 : 원)

당기상계	10,000,000	전기이월	12,000,000
차기이월	15,000,000	당기설정	13,000,000
계	25,000,000	계	25,000,000

– 전기이월 중에는 전기에 한도초과로 부인된 금액 3,000,000원이 포함되어 있다.
– 당기상계는 「법인세법」에 따른 대손요건을 충족한 매출채권과 상계된 것이며, 그 외 대손처리된 매출채권은 없다.

○ 대손충당금 설정대상이 되는 「법인세법」상 매출채권 잔액은 다음과 같다.
– 제16기 말 현재 매출채권 : 250,000,000원
– 제17기 말 현재 매출채권 : 300,000,000원

① 2,000,000원 감소
② 1,000,000원 감소
③ 0원(변동 없음)
④ 1,000,000 증가

기출처 2019 국가직 9급

LINK 세법2 172-176p 오진다 362-364p

난이도 ●●●●● 출제 가능 지수 ●●●○○

해설

세법에서는 대손충당금을 계산하는 방법으로 총액법을 채택하고 있다. 여기서 총액법이라고 함은 단순하게 기존의 사항을 전부 제거하고, 새롭게 당기 말 한도를 계산하는 것을 말한다. 따라서 전기까지 계상된 대손충당금 한도초과액은 당기에 전부 익금불산입 (△유보)으로 추인하고 당기의 대손충당금 한도액은 당기 설정액이 아닌 기말잔액과 비교하여 새롭게 한도를 계산한다. 회사가 당기에 설정한 대손충당금이 한도액을 초과하는 경우에는 그 금액을 손금불산입(유보)한다.

○ 전기 대손충당금 과다환입액에 대한 세무조정: 3,000,000원 익금불산입 (△유보)

○ 대손충당금 한도초과액에 대한 세무조정: 3,000,000원 손금불산입 (유보)

$$일반법인\ 대손실적률 = \frac{해당\ 사업연도의\ 대손금(당기\ 대손\ 금액)}{직전\ 사업연도\ 종료일\ 현재의\ 채권잔액}$$

$$= \frac{10,000,000원}{250,000,000원} = 4\%$$

손금산입 한도액 = 당기말 설정대상채권의 장부가액 합계 × 설정률
= (기말 재무상태표상 채권가액 - 설정제외대상 채권가액 ± 채권 유보) × 설정률
= 300,000,000원 × MAX[대손실적률, 1%]
= 12,000,000원

대손충당금 한도초과액 = 대손충당금 기말잔액 - 한도액 = 15,000,000원 - 12,000,000원 = 3,000,000원

그러므로 대손충당금에 대한 세무조정의 결과가 제17기 각 사업연도의 소득금액에 미친 영향은 다음과 같다.

3,000,000원 익금불산입 (△유보) + 3,000,000원 손금불산입 (유보)
= **0원**

정답 ③

04

「법인세법령」상 내국법인의 대손금 및 대손충당금에 대한 설명으로 옳지 않은 것은? (단, 「법인세법령」에 따른 손금산입요건은 충족하고, 「조세특례제한법」에 따른 특례는 고려하지 아니한다)

① 법인이 다른 법인과 합병하거나 분할하는 경우로서 채무자의 파산으로 회수할 수 없는 채권에 해당하는 대손금을 합병등기일 또는 분할등기일이 속하는 사업연도까지 손비로 계상하지 아니한 경우 그 대손금은 해당 법인의 합병등기일 또는 분할등기일이 속하는 사업연도의 손비로 보지 아니한다.

② 「채무자 회생 및 파산에 관한 법률」에 따른 회생계획인가의 결정 또는 법원의 면책결정에 따라 회수불능으로 확정된 채권은 해당 사유가 발생한 날이 속하는 사업연도의 소득금액을 계산할 때 손금에 산입한다.

③ 「법인세법」제34조제1항에 따라 대손충당금을 손금에 산입한 내국법인이 합병하는 경우 그 법인의 합병등기일 현재의 해당 대손충당금 중 합병법인이 승계(해당 대손충당금에 대응하는 채권이 함께 승계되는 경우만 해당한다)받은 금액은 그 합병법인이 합병등기일에 가지고 있는 대손충당금으로 본다.

④ 「법인세법」제34조제1항에 따라 대손충당금을 손금에 산입한 내국법인은 대손금이 발생한 경우 그 대손금을 대손충당금과 먼저 상계하여야 하고, 상계하고 남은 대손충당금의 금액은 다음 사업연도의 소득금액을 계산할 때 익금에 산입한다.

기출처 2019 국가직 7급

LINK 세법2 172-174, 176p 오진다 362-364p

난이도 ●●○○○   출제 가능 지수 ●●●●○

해설

법인이 다른 법인과 합병하거나 분할하는 경우로서 채무자의 파산으로 회수할 수 없는 채권에 해당하는 대손금을 합병등기일 또는 분할등기일이 속하는 사업연도까지 손비로 계상하지 아니한 경우 그 대손금은 해당 법인의 합병등기일 또는 분할등기일이 속하는 사업연도의 **손비로 한다**. 채무자의 파산으로 회수할 수 없는 채권에 해당하는 대손금은 결산조정사항이다. 따라서 해당 대손금을 법인이 대손처리하지 않은 경우 신고조정으로 손금산입할 수 없는 것이 원칙이다. 그러나 합병하거나 분할하는 경우에는 예외적으로 손비로 계상하지 아니하더라도 손금산입하는 것이다.   정답 ①

05

다음 자료에 의하여 영리내국법인 ㈜한국의 제5기 (2023년 1월 1일 ~ 12월 31일) 대손충당금 손금산입 한도초과액을 계산하면?

- 제5기 회계장부상 대손충당금 당기상계액 : 20,000,000원(전액 「법인세법」상 대손금의 손금산입 요건을 충족함)
- 제5기 회계장부상 대손충당금 당기설정액 : 30,000,000원
- 제5기 회계장부상 대손충당금 기말잔액 : 50,000,000원
- 제4기말 「법인세법」상 대손충당금 설정대상 채권 잔액 : 10억원
- 제5기말 「법인세법」상 대손충당금 설정대상 채권 잔액 : 12억원

① 6,000,000원
② 24,000,000원
③ 26,000,000원
④ 28,000,000원

06

「법인세법」상 대손금과 대손충당금에 대한 설명으로 옳지 않은 것은?

① 대손충당금을 손금으로 계상한 내국법인은 대손금이 발생한 경우 그 대손금을 대손충당금과 먼저 상계하여야 하고, 상계 후 남은 대손충당금의 금액은 다음 사업연도의 소득금액계산에 있어서 이를 익금에 산입한다.

② 내국법인이 기업회계기준에 따른 채권의 재조정에 따라 채권의 장부가액과 현재가치의 차액을 대손금으로 계상한 경우에는 이를 손금에 산입하며, 손금에 산입한 금액은 기업회계기준의 환입방법에 따라 익금에 산입한다.

③ 법인이 다른 법인과 합병하는 경우로서 결산조정사항에 해당하는 대손금을 합병등기일이 속하는 사업연도까지 손금으로 계상하지 아니한 경우 그 대손금은 해당 법인의 합병등기일이 속하는 사업연도의 손금으로 한다.

④ 채무보증(법령으로 정하는 일정한 채무보증은 제외)으로 인하여 발생한 구상채권에 대하여는 주 채무자에 대해 구상권을 행사한 결과 무재산 등으로 회수할 수 없는 경우에 대손처리할 수 있다.

기출처 2016 국가직 9급
LINK 세법2 175-176p 오진다 364p
난이도 ●●●●○ 출제 가능 지수 ●●●○○

해설

대손충당금 손금산입 한도초과액은 다음과 같이 계산한다.

$$\text{일반법인 대손실적률} = \frac{\text{해당 사업연도의 대손금(당기 대손 금액)}}{\text{직전 사업연도 종료일 현재의 채권잔액}}$$

$$= \frac{20,000,000원}{1,000,000,000원} = 2\%$$

손금산입 한도액 = 당기말 설정대상채권의 장부가액 합계 × 설정률
= (기말 재무상태표상 채권가액 - 설정제외대상 채권가액 ± 채권 유보) × 설정률
= 1,200,000,000원 × MAX[대손실적률, 1%]
= 24,000,000원

대손충당금 한도초과액 = 대손충당금 기말잔액 - 한도액
= 50,000,000원 - 24,000,000원
= **26,000,000원**

정답 ③

기출처 2011 국가직 9급
LINK 세법2 173, 174-175p 오진다 362, 364p
난이도 ●●○○○ 출제 가능 지수 ●●●●○

해설

채무보증(법령으로 정하는 일정한 채무보증은 제외)으로 인하여 발생한 구상채권에 대하여는 주 채무자에 대해 구상권을 행사한 결과 무재산 등으로 회수할 수 없는 경우에도 대손처리할 수 **없다**.

[대손금 손금산입 대상 배제 채권]

㉠ 채무보증(법령에서 허용하는 채무보증 등 일정한 채무보증은 제외)으로 인하여 발생한 구상채권
→ 건실한 재무구조를 유도하기 위해 제외

㉡ 대여시점 기준 특수관계인에게 지급한 업무무관가지급금 → 제재성격으로 제외

㉢ 「부가가치세법」에 따른 대손세액공제를 받은 부가가치세 매출세액 → 대손세액공제라는 부가가치세의 혜택과 이중으로 받을 수 없게 하기 위하여 제외

정답 ④

07

「법인세법」상 해당 사유가 발생하여 손금으로 계상한 날이 속하는 사업연도의 손금으로 인정되는 채권은 모두 몇 개인가?

> ㉠ 「상법」에 따른 소멸시효가 완성된 외상매출금
> ㉡ 「채무자회생 및 파산에 관한 법률」에 따른 회생계획 인가의 결정에 따라 회수불능으로 확정된 채권
> ㉢ 물품의 수출 또는 외국에서의 용역제공으로 발생한 채권으로서 무역에 관한 법령에 따라 기획재정부령으로 정하는 사유에 해당하여 「무역보험법」에 따른 한국무역보험공사로부터 회수불능으로 확인된 채권
> ㉣ 채무자의 행방불명으로 인하여 회수할 수 없는 채권

① 1개   ② 2개   ③ 3개   ④ 4개

기출처 **2011 국가직 7급**
LINK 세법2 173p   오진다 362p
난이도 ●●●●○   출제 가능 지수 ●●●○○

해설

해당 사유가 발생하여 손비로 계상한 날이 속하는 사업연도의 손금으로 인정되는 채권이란 결산조정사항에 해당하는 채권을 말한다.
㉠, ㉡ 신고조정사항에 해당한다.
㉢, ㉣ **결산조정사항**에 해당한다.   정답 ②

08

다음 중 결산조정과 신고조정에 관한 설명으로 옳지 않은 것은?

① 파손·부패로 인한 재고자산 평가차손의 손금산입은 결산조정사항이다.
② 일시상각충당금은 본래 결산조정사항이나, 신고조정도 허용된다.
③ 「상법」에 따른 소멸시효가 완성된 외상매출금 및 미수금의 손금산입은 결산조정사항이다.
④ 대손충당금의 손금산입은 결산조정사항이다.

기출처 **2010 국가직 9급**
LINK 세법2 109, 172-173, 177p   오진다 332, 362-363, 365p
난이도 ●●●●○   출제 가능 지수 ●●●○○

해설

「상법」에 따른 소멸시효가 완성된 외상매출금 및 미수금의 손금산입은 **신고조정사항**이다.   정답 ③

09

다음 중 「법인세법」상 대손충당금 설정대상채권이 아닌 것은?

① 외상매출금
② 금전소비대차 계약에 의하여 타인에게 대여한 금액
③ 미수금
④ 채무보증으로 인하여 발생한 구상채권

기출처 **2008 서울시 9급**
LINK 세법2 174p   오진다 364p
난이도 ●●●○○   출제 가능 지수 ●●●○○

해설

채무보증으로 인하여 발생한 구상채권은 대손사유가 충족되더라도 손금에 산입할 수 없는 채권이다.   정답 ④

02 일시상각충당금(압축기장충당금)과 구상채권상각충당금

01

「법인세법」상 충당금에 대한 설명으로 옳지 않은 것은?

① 내국법인이 동일인에 대하여 매출채권과 매입채무를 가지고 있는 경우에는 당해 매입채무를 상계하지 아니하고 대손충당금으로 계상할 수 있다. (단, 당사자 간의 약정에 의하여 상계하기로 한 경우는 제외함)

② 일시상각충당금 또는 압축기장충당금은 신고조정에 의한 손금산입이 허용된다.

③ 대손충당금을 손금으로 계상한 내국법인은 대손금이 발생한 경우 그 대손금을 대손충당금과 먼저 상계하여야 하고, 대손금과 상계하고 남은 대손충당금의 금액은 다음 사업연도의 소득금액을 계산할 때 손금에 산입한다.

④ 국고보조금 등 상당액을 손금에 산입한 내국법인이 손금에 산입한 금액을 기한 내에 사업용 자산의 취득에 사용하기 전에 합병하고, 손금에 산입한 금액을 합병법인에게 승계하는 경우 그 금액은 합병법인이 손금에 산입한 것으로 본다.

기출처 2016 국가직 7급

기출처 2016 국가직 7급
LINK 세법2 172, 176-178p 오진다 362, 364-366p
난이도 ●●●○○ 출제가능지수 ●●●○○

해설

대손충당금을 손금으로 계상한 내국법인은 대손금이 발생한 경우 그 대손금을 대손충당금과 먼저 상계하여야 하고, 대손금과 상계하고 남은 대손충당금의 금액은 다음 사업연도의 소득금액을 계산할 때 **익금**에 산입한다(법법 34 ③).

정답 ③

02

결산과정에 반영하여 손금인정 받는 방법인 결산조정으로만 손금산입이 가능한 항목으로 옳은 것은?

① 퇴직보험료의 손금산입

② 국고보조금으로 취득한 사업용 자산가액의 손금산입

③ 고유목적사업준비금의 손금산입

④ 부도발생일로부터 6개월 이상 경과한 수표 또는 어음상의 채권에 대한 대손금의 손금산입

기출처 2010 국가직 7급
LINK 세법2 173, 177, 183p 오진다 363, 365, 368p
난이도 ●●●●○ 출제가능지수 ●●●○○

해설

① 퇴직보험료의 손금산입은 신고조정사항이다.

②③ 결산조정사항이지만 예외적으로 신고조정도 허용한다.

④ 부도발생일로부터 6개월 이상 경과한 수표 또는 어음상의 채권에 대한 대손금의 손금산입은 **결산조정사항이다.**

정답 ④

12

준비금

01 「법인세법」및「조세특례제한법」상 준비금

■ 9급 ■ 7급

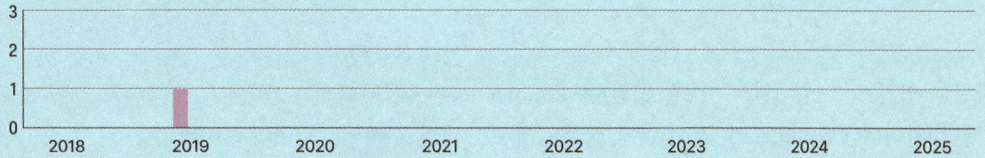

```
3
2
1
0
   2018    2019    2020    2021    2022    2023    2024    2025
```

기출 분석

'준비금'은 거의 출제되지 않은 주제입니다. 그러나 2019년 국가직 9급 시험에서 비영리법인에 대한 계산형 문제가 출제되어 수험생들이 매우 어렵게 느꼈습니다.

다만, 그 주제가 중요하다기 보다는 난이도 조절 차원에서 출제되었다고 추정되며, 계산형 문제 위주보다는 기본 법문을 중심으로 정리하시기 바랍니다.

「법인세법」 및 「조세특례제한법」상 준비금

01

갑을복지재단(사업연도 : 1월 1일 ~ 12월 31일)은 2023년에 설립된 비영리내국법인으로서 2023년에 국내에서 예금이자 1억원을 받고 14%의 원천징수세액을 제외한 8천6백만원을 수령하였다. 또한 2023년에 수익사업에 해당하는 건물의 임대소득 1억원이 있다. 갑을복지재단이 예금이자를 과세표준신고에 포함한다는 가정하에 법인세를 최소화하고자 한다면 신고해야 할 2023년 각 사업연도의 소득금액은? (단, 갑을복지재단은 고유목적사업준비금의 손금산입 요건을 충족하고, 고유목적사업 등에 대한 지출액 중 100분의 50 이상의 금액을 장학금으로 지출하는 법인이 아니며, 기부금과 지방소득세 및 「조세특례제한법」상의 특례는 고려하지 않는다)

① 0원
② 5천만원
③ 1억원
④ 1억 8천6백만원

기출처 **2019 국가직 9급**

LINK 세법2 182-183p 오진다 368p

난이도 ●●●●○ 출제 가능 지수 ●●●●○

해설

고유목적사업준비금은 고유목적사업준비금 손금산입 한도액의 범위에서 해당 사업연도의 소득금액을 계산할 때 손금에 산입한다. 따라서 법인세를 최소화하고자 한다면 한도액만큼 고유목적사업준비금을 손금산입하면 된다. 고유목적사업준비금 손금산입 한도액은 다음과 같이 계산한다.

고유목적사업준비금 손금산입 한도액

= 이자·배당소득금액 + (수익사업소득금액 − 이자·배당소득금액

− 이월 결손금 − $\dfrac{\text{특례기부금}}{\text{손금산입액}}$) × 50%

= 이자소득금액 + (건물임대소득금액 × 50%) = 1억원 + 1억원 × 50%[*1]
= 1.5억원

따라서 법인세를 최소화하고자 한다면 신고해야 할 2023년 각 사업연도의 소득금액은 다음과 같다.

2023년 각 사업연도의 소득금액

= 갑을복지재단의 수익사업소득금액 2억원 − 1.5억원 = 5천만원

*1 비영리내국법인이 다음과 같은 경우 50%가 아닌 특례비율을 적용한다.

㉠ 고유목적사업 등에 대한 지출액 중 장학금으로 지출하는 비율이 50% 이상인 법인 = 80%

㉡ 고유목적사업 등에 대한 지출액 중 장학금으로 지출하는 비율이 80% 이상인 법인 = 100%

㉢ 「사립학교법」에 따른 학교법인, 산학협력단, 정부로부터 허가 또는 인가를 받은 문화예술단체 및 체육단체 등 법에서 열거하는 법인 등 = 100%

(㉡, ㉢은 2025. 12. 31. 이전에 끝나는 사업연도까지 적용함)

정답 ②

02

다음 중 「법인세법」상 손금산입이 불가능한 것은?

① 책임준비금

② 수선충당금

③ 고유목적사업준비금

④ 대손충당금

기출처 **2006 국가직 7급**

LINK [세법2] 166, 182p [오진다] 359, 367p

난이도 ●●○○○   출제 가능 지수 ●●●○○

해설

「법인세법」에서는 권리의무확정주의에 따라 손익을 인식하기 때문에 원칙적으로 아직 실현(확정)되지 않은 충당부채와 충당금을 인정하지 않는다. 단, 「법인세법」상 열거된 충당금에 한하여 인정하고 있다. **수선충당금은 열거된 충당금에 해당하지 않으므로 손금산입이 불가능하다.**

[「법인세법」상 열거된 충당금]

㉠ 퇴직급여충당금 (결산조정사항)

㉡ 퇴직연금충당금 (강제신고조정사항)

㉢ 대손충당금 (결산조정사항)

㉣ 일시상각충당금·압축기장충당금 (임의신고조정 가능)

㉤ 구상채권상각충당금

정답 ②

CHAPTER

13

부당행위계산의 부인

출제 경향 분석

01 부당행위계산의 부인 개괄

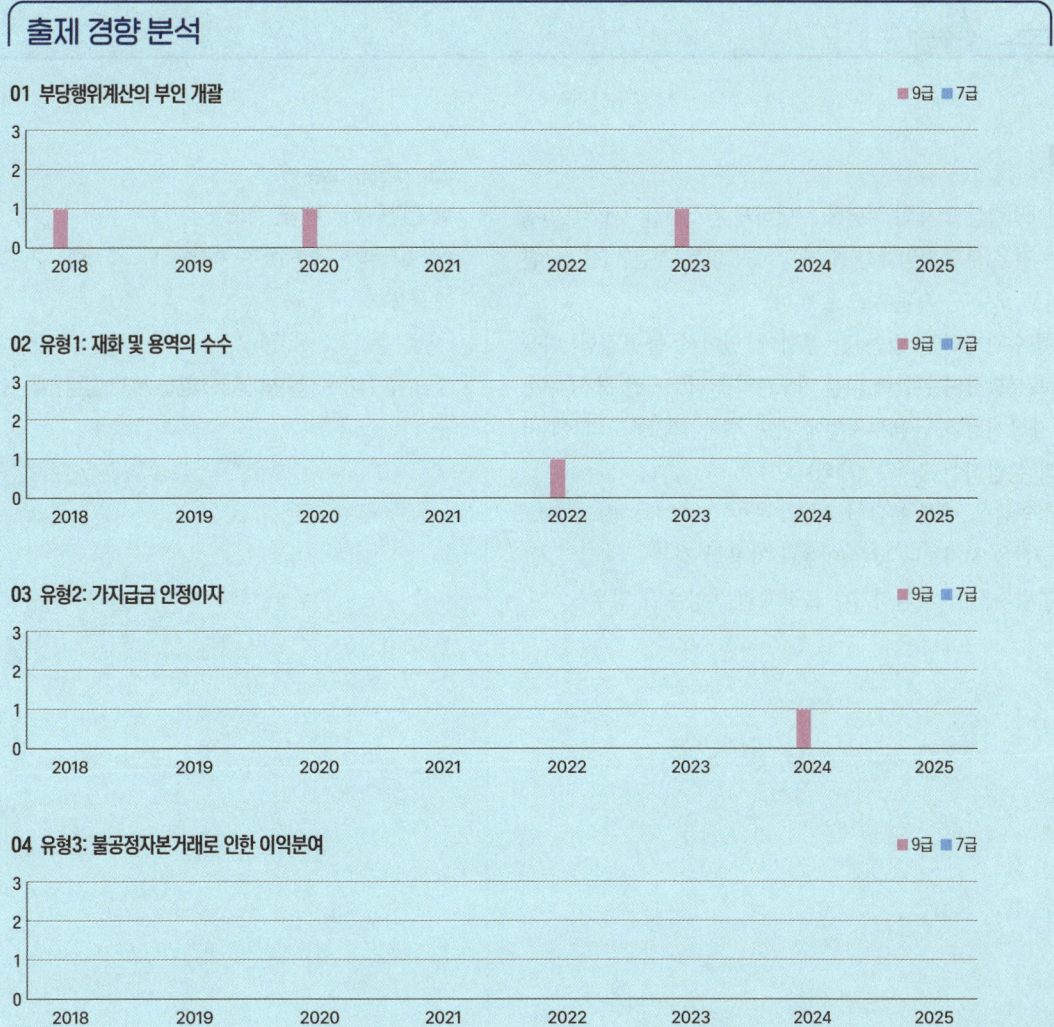

02 유형1: 재화 및 용역의 수수

03 유형2: 가지급금 인정이자

04 유형3: 불공정자본거래로 인한 이익분여

기출 분석

7급에서는 최근 출제되지 않고 있으나 9급에서는 꾸준히 출제되고 있는 파트입니다. '부당행위계산의 부인'은 법인세 전반에 걸쳐서 개념 등이 연결되므로 관련 법문에 대한 완벽한 이해가 선행되어야 합니다. 과거 기출 중에는 구체적인 사례를 통한 세무조정까지를 물어보기도 하였으므로, 사례를 중심으로 응용 문제도 대비하셔야 합니다. 다만, 계산형 문제 등은 기본 개념만 묻는 형태로 출제되므로 기본 법문을 외우는 데 그치지 말고, 완벽히 이해하는 데서 출발하셔야 합니다.

01 부당행위계산의 부인 개괄

01

법인세법령상 조세의 부담을 부당하게 감소시킨 것으로 인정되는 경우(부당행위계산)에 해당하지 않는 것은? (단, 다른 요건은 모두 충족된 것으로 본다)

① 특수관계인인 법인 간 분할에 있어서 불공정한 비율로 분할하여 분할에 따른 양도손익을 감소시킨 경우(다만, 「자본시장과 금융투자업에 관한 법률」 제165조의4에 따라 분할하는 경우는 제외)

② 출연금을 대신 부담한 경우

③ 금전을 시가보다 낮은 이율로 차용한 경우

④ 불량자산을 차환하거나 불량채권을 양수한 경우

기출처 **2023 국가직 9급**

LINK 세법2 192p 오진다 371p

난이도 ●●●●● 출제 가능 지수 ●●●●●

해설

③ 금전을 시가보다 **높은** 이율로 차용한 경우 부당행위계산에 해당한다.

정답 ③

02

「법인세법령」상 조세의 부담을 부당하게 감소시킨 것으로 인정되는 경우(부당행위계산)에 해당하는 것은? (단, 다른 요건은 모두 충족된 것으로 본다)

① 내국법인이 자산을 시가보다 낮은 가격으로 매입한 경우

② 내국법인이 자산을 시가보다 높은 가격으로 현물출자한 경우

③ 내국법인이 용역을 시가보다 낮은 요율로 제공받은 경우

④ 내국법인이 무수익자산을 매입하는 경우

기출처 **2020 국가직 9급**

LINK 세법2 192p 오진다 371p

난이도 ●●●●● 출제 가능 지수 ●●●●●

해설

조세부담을 감소시켜야 하므로, 부당행위계산의 부인은 정당한 거래보다 거래에 참여하는 **본인(법인)의 손해로 거래처가 이익을 취해야 한다.**

①, ②, ③ 정당한 거래보다 거래에 참여하는 본인(법인)의 이익이 발생한 거래다.

④ 정당한 거래보다 거래에 참여하는 **본인(법인)의 손해가 발생한 거래**다.

정답 ④

03

「법인세법령」상 부당행위 계산의 부인에 대한 설명으로 옳지 않은 것은?

① 부당행위계산부인규정에 의하여 행위 또는 소득금액의 계산을 부인하려는 법인(부인대상법인)에 100분의 30 이상을 출자하고 있는 법인에 100분의 30 이상을 출자하고 있는 법인도 그 부인대상법인의 특수관계인에 해당한다.

② 특수관계인인 법인 간 합병에 있어서 불공정한 비율로 합병하여 합병에 따른 양도손익을 감소시킨 거래에 대해 부당행위계산으로 부인함에 있어서 특수관계인인 법인의 판정은 합병등기일이 속하는 사업연도의 전전 사업연도 개시일부터 합병등기일 전날까지의 기간에 의한다.

③ 시가보다 높은 가액으로 부동산을 매입한 거래를 부당행위계산으로 부인하기 위해서는 시가와 거래가액의 차액이 3억원 이상이거나 시가의 100분의 5에 상당하는 금액 이상인 경우이어야 한다.

④ 부당행위계산부인규정은 국내지점을 가진 외국법인의 소득금액 계산에 대해서도 준용한다.

기출처 2018 국가직 9급
LINK 세법2 191-192p 오진다 370-371p
난이도 ●●●○○ 출제 가능 지수 ●●●○○

해설

특수관계인인 법인 간 합병에 있어서 불공정한 비율로 합병하여 합병에 따른 양도손익을 감소시킨 거래에 대해 부당행위계산으로 부인함에 있어서 특수관계인인 법인의 판정은 합병등기일이 속하는 사업연도의 **직전** 사업연도 개시일(개시일이 서로 다른 법인이 합병한 경우에는 먼저 개시한 날)부터 **합병등기일**까지의 기간에 의한다.

정답 ②

04

「법인세법」상 조세의 부담을 부당히 감소시킨 것으로 인정되는 경우에 해당하지 않는 것은?

① 자산을 시가보다 높은 가액으로 매입 또는 현물출자 받았거나 그 자산을 과대상각한 경우

② 무수익 자산을 매입 또는 현물출자 받았거나 그 자산에 대한 비용을 부담한 경우

③ 불량자산을 차환하거나 불량채권을 양수한 경우

④ 주식매수선택권의 행사에 따라 주식을 양도한 경우로서 주식을 시가보다 낮은 가액으로 양도한 경우

기출처 2012 국가직 9급
LINK 세법2 192p 오진다 371p
난이도 ●●●○○ 출제 가능 지수 ●●●○○

해설

자산을 무상 또는 시가보다 낮은 가액으로 양도 또는 현물출자한 경우는 부당행위계산의 유형에 해당하지만 주식매수선택권의 행사에 따라 주식을 양도한 경우로서 주식을 시가보다 낮은 가액으로 양도한 경우는 조세의 부담을 부당히 감소시킨 것으로 인정되는 경우에 **해당하지 않는다.**

정답 ④

05

「법인세법」상 부당행위계산의 부인에 대한 설명으로 옳은 것을 모두 고른 것은?

> ㉠ 법인이 특수관계인으로부터 무수익 자산을 2억원에 매입한 경우에는 부당행위계산의 부인을 적용한다.
> ㉡ 부당행위계산의 부인은 법인과 특수관계에 있는 자 간의 거래를 전제로 하며, 특수관계인 외의 자를 통하여 이루어진 거래는 이에 포함하지 않는다.
> ㉢ 부당행위계산의 부인에서 특수관계의 존재 여부는 해당 법인과 법령이 정하는 일정한 관계에 있는 자를 말하며, 이 경우 해당 법인도 그 특수관계인의 특수관계인으로 본다.
> ㉣ 부당행위계산의 부인을 적용할 때 시가가 불분명한 경우에는 「부동산가격공시 및 감정평가에 관한 법률」에 의한 감정평가법인 등이 감정한 가액과 「상속세 및 증여세법」에 따른 보충적 평가방법을 준용하여 평가한 가액 중 큰 금액을 시가로 한다.

① ㉠, ㉡
② ㉠, ㉢
③ ㉡, ㉣
④ ㉢, ㉣

기출처 **2015 국가직 9급**
LINK 세법2 191-193p 오진다 370-372p
난이도 ●●○○○ 출제 가능 지수 ●●●○○

해설

㉡ 부당행위계산의 부인은 법인과 특수관계에 있는 자 간의 거래를 전제로 한다. 즉, 특수관계인 외의 자와 거래한 경우는 부당행위계산의 부인에 해당하지 않는다. 하지만, 특수관계인 외의 자를 **통하여 이루어진 거래는 부당행위계산의 부인에 해당**한다.

㉣ 부당행위계산의 부인을 적용할 때 시가가 불분명한 경우에는 「부동산가격공시 및 감정평가에 관한 법률」에 의한 감정평가법인이 감정한 가액과 「상속세 및 증여세법」에 따른 보충적 평가방법을 준용하여 평가한 가액 중 **「부동산가격공시 및 감정평가에 관한 법률」에 의한 감정평가법인이 감정한 가액을 우선적으로 따른다.**

정답 ②

06

「법인세법」상 부당행위계산 부인에 관한 설명으로 옳지 않은 것은?

① 부당성 여부는 경제적 합리성을 기준으로 판단한다는 것이 판례의 입장이다.

② 부당행위계산 부인은 특수관계인과의 거래에만 적용된다.

③ 허위의 거래이든 실제의 거래이든 관계없이 부당성의 요건을 충족하면 부당행위계산부인의 대상이 된다.

④ 행위 또는 계산의 결과 조세부담이 부당히 감소하여야 한다.

기출처 **2010 국가직 7급**
LINK 세법2 190-191p 오진다 370p
난이도 ●○○○○ 출제 가능 지수 ●●●●○

해설

부당행위계산의 부인 규정은 실질과세의 원칙에 근거를 두고 있다. 즉, **허위의 거래일 경우에는 부당행위계산부인의 대상이 되지 않는다.**

[부당행위계산 부인의 실질과세에 대한 대법원 판례]

> 부당행위계산의 부인 규정은 법인과 특수관계 있는 자와의 **진실한 실제 거래행위**가 있고, **경제적 합리성**을 무시하였다고 인정되어 비정상적이고 조세법적인 측면에서 부당한 것이라고 여겨질 때 소득이 있었던 것으로 의제하여 과세하는 것으로 실질과세의 원칙에 근거를 두고 있다는 것이다(대법원판례 87누925, 1988. 2. 9.).

정답 ③

07

법인세법상 부당행위계산의 부인에 관한 설명으로 옳지 않은 것은?

① 자산을 시가보다 높은 가액으로 매입한 경우에는 시가와 거래가액의 차액이 3억원 이상이거나 시가의 5%에 상당하는 금액 이상인 경우에 한하여 부당행위계산의 부인규정을 적용한다.

② 행위 당시에는 특수관계가 성립하였으나 그 이후 사업연도 종료일 현재 특수관계가 소멸된 경우에도 부당행위계산 부인대상에 해당된다.

③ 기업회계기준에 따른 선물거래에 근거한 권리를 행사하지 않는 방법으로 이익을 분여하는 경우에는 부당행위계산의 유형에 해당하지 아니한다.

④ 주권상장법인이 소액주주인 임원에게 사택을 제공한 경우에는 부당행위계산의 유형에 해당되지 아니한다.

기출처 2009 지방직 9급
LINK 세법2 191-192p 오진다 370-371p
난이도 ●●●○○ 출제 가능 지수 ●●●○○

해설

② 부당행위계산의 부인에 해당하는지 여부는 그 행위 당시를 기준으로 판정하므로 해당 선지는 옳은 선지다.

③ 법으로 정하는 파생상품에 근거한 권리를 행사하지 아니하거나 그 행사기간을 조정하는 등의 방법으로 이익을 분여하는 경우는 부당행위계산의 유형에 해당한다. 여기서 말하는 '법으로 정하는 파생상품'이란, 기업회계기준에 따른 선도거래, 선물, 스왑, 옵션, 그 밖에 이와 유사한 거래 또는 계약을 말한다. 즉, 기업회계기준에 따른 선물거래에 근거한 권리를 행사하지 않는 방법으로 이익을 분여하는 경우에는 부당행위계산의 유형에 **해당한다**.

[고리차용·저리대여 중 부당행위계산의 유형에 해당하지 않는 경우]

㉠ 주식매수선택권 등의 행사 또는 지급에 따라 금전을 제공하는 경우
㉡ 비출자임원(소액주주 임원 포함)과 직원에게 사택(임차사택 포함)을 제공하는 경우
㉢ 연결납세방식을 적용받는 연결법인 간에 연결법인세액의 변동이 없는 등 일정한 요건을 갖추어 용역을 제공하는 경우

정답 ③

08

「법인세법」상 시가와 거래가액의 차액이 3억원 이상이거나 시가의 5% 이상인 경우에 한하여 부당행위계산부인의 규정이 적용되는 유형에 해당하지 않는 것은?

① 자산을 무상 또는 시가보다 낮은 가격으로 양도 또는 현물 출자한 경우

② 주권상장법인이 발행한 주식을 거래할 경우

③ 자산을 시가보다 높은 가액으로 매입한 경우

④ 금전 또는 기타자산을 시가보다 높은 이율·요율이나 임차료로 차용하거나 제공받은 경우

기출처 2007 국가직 7급
LINK 세법2 192p 오진다 371p
난이도 ●●○○○ 출제 가능 지수 ●●●○○

해설

주권상장법인이 발행한 주식을 거래한 경우 **중요성 기준을 적용하지 않는다** (법령 88 ④).

정답 ②

09

「법인세법」상 부당행위계산부인에 대한 설명으로 틀린 것은?

① 조세포탈범으로 처벌된다.

② 시가와의 차액을 익금산입하고, 귀속자에 따라 사외유출 처분한다.

③ 사법상 거래는 그대로 유지된다.

④ 특수관계인과의 거래로 인하여 조세부담이 부당히 감소한 경우에 적용된다.

기출처 2006 국가직 9급
LINK 세법2 190-191p 오진다 371p
난이도 ●●●●● 출제 가능 지수 ●●●●●

해설

세법상으로만 부당행위계산부인 거래에 대해 계산을 다시 하는 것일 뿐이므로 당사자 간에 이루어진 해당 거래에 대한 법적 효과는 그대로 유지되며, 조세포탈범으로 **처벌되지 않는다**. 정답 ①

10

다음은 ㈜한국의 제5기 사업연도에 행하여진 거래의 내역이다. 부당행위계산부인이 적용되는 금액의 합계액을 구하시오.

㉠ 특수관계 있는 자에게 건물을 20억원에 구입(시가: 8억원)

㉡ 특수관계 있는 자에게 토지를 10억원에 구입(시가: 15억원)

㉢ 특수관계 있는 자에게 기계를 3억원에 판매(시가: 1억원)

㉣ 특수관계 있는 자에게 비품을 5억원에 판매(시가: 8억원)

㉤ 특수관계 없는 자에게 토지를 2억원에 구입(시가: 1억원)

㉥ 특수관계 없는 자에게 건물을 3억원에 판매(시가: 5억원)

---

① 12억원   ② 15억원

③ 18억원   ④ 20억원

기출처 2004 국가직 7급
LINK 세법2 191-192p 오진다 370-371p
난이도 ●●●●● 출제 가능 지수 ●●●●●

해설

조세부담을 감소시켜야 하므로, 부당행위계산의 부인은 정당한 거래보다 거래에 참여하는 본인(법인)의 손해로 거래처가 이익을 취해야 한다.

㉠ 특수관계 있는 자에게 건물을 시가(8억원) 보다 높은 가액인 20억원에 구입하였으므로 부당행위계산부인 적용되는 거래다. 해당 거래에서 부당행위계산부인이 **적용되는 금액은 12억원**이다.

㉡ 특수관계 있는 자에게 토지를 시가(15억원) 보다 낮은 가액(10억원)으로 구입하였으므로 법인이 이익을 본 거래다.

㉢ 특수관계 있는 자에게 기계를 시가(1억원) 보다 높은 가액(3억원)에 판매하였으므로 법인이 이익을 본 거래다.

㉣ 특수관계 있는 자에게 비품을 시가(8억원) 보다 낮은 가액(5억원)에 판매하였으므로 부당행위계산부인 적용되는 거래다. 해당 거래에서 부당행위계산부인이 **적용되는 금액은 3억원**이다.

㉤, ㉥ 특수관계 없는 자와의 거래이므로 부당행위계산부인이 적용되지 않는다. 정답 ②

02 유형 1: 재화 및 용역의 수수

01

다음은 제조업을 영위하는 영리내국법인 ㈜한국의 세무조정 관련 자료이다. 「법인세법령」상 각 사업연도의 소득금액을 계산하면? (단, 주어진 자료에서 제시되지 않은 사항은 고려하지 않는다)

- 포괄손익계산서상 당기순이익은 1억원이다.
- 보유 중인 토지에 대한 평가이익(법률에 따른 평가이익은 아님) 1천만원을 수익으로 계상하였다.
- 소액주주인 임원이 사용하고 있는 사택의 유지비 1천만원을 비용으로 계상하였다.
- 포괄손익계산서상 복리후생비에는 우리사주조합의 운영비가 5백만원 계상되어 있다.
- 상근이 아닌 임원에게 지급한 보수 1백만원을 비용으로 계상하였다(부당행위계산의 부인에는 해당하지 않음).

① 9천만 원
② 9천 1백만 원
③ 1억 원
④ 1억 1백만 원

기출처 2022 국가직 9급
LINK 세법2 73, 75, 85, 112p   오진다 301, 315, 317, 323p
난이도 ●●●○○   출제 가능 지수 ●●●○○

해설

- 보유 중인 토지에 대한 평가이익(법률의 규정에 따른 평가이익은 아님)은 **익금불산입**한다.
- 소액주주인 임원이 사용하고 있는 사택의 유지비는 **손금으로 인정**한다.
- 포괄손익계산서상 복리후생비에 우리사주조합의 운영비는 **손금으로 인정**한다.
- 상근이 아닌 임원에게 지급한 보수 중 부당행위계산부인에 해당하지 않는 보수는 **손금으로 인정**한다.

당기순이익 1억원 - 임의평가익 1천만원 = **9천만원**

정답 ①

02

영리내국법인 ㈜C는 제10기 중 출자사용인으로부터 토지(시가 150백만원)를 구입하면서 현금지급액 200백만원을 장부에 계상하였다. 매입한 토지와 관련하여 ㈜C가 수행해야 할 제10기 세무조정으로 옳은 것은?

	익금산입	손금산입
①	부당행위계산의 부인 50백만(배당)	–
②	부당행위계산의 부인 50백만(배당)	토지 50백만(△유보)
③	부당행위계산의 부인 50백만(상여)	토지 50백만(△유보)
④	부당행위계산의 부인 50백만(기타소득)	토지 50백만(△유보)

기출처 2017 국가직 9급
LINK 세법2 194p   오진다 373p
난이도 ●●○○○   출제 가능 지수 ●●●○○

해설

영리내국법인 ㈜C는 토지를 특수관계인인 출자사용인으로부터 시가보다 높은 가액으로 매입하였으므로 부당행위계산 해당 여부를 판단해야 한다. 해당 거래는 다음의 중요성 요건을 만족하므로 부당행위계산으로 보아 부인한다.

시가와 거래가액의 차액 ≥ MIN[시가 × 5%, 3억원]
5,000만원 ≥ MIN[15,000만원 × 5%, 3억원]
5,000만원 ≥ MIN[750만원, 3억원]

고가매입의 경우 아래와 같은 세무조정을 행한다.
○ 부당행위계산부인을 한 후 부당금액 익금산입(배당, 상여 등) ➡ 50백만원 익금산입(상여)
  ∵ 귀속자가 출자사용인이므로 상여로 소득처분한다.
○ 자산의 시가초과액을 손금산입(△유보) ➡ 50백만원 손금산입(△유보)
○ 감가상각자산이라면 시가초과액에 대한 감가상각비 손금불산입 ➡ 토지는 감가상각자산이 아니므로 생략

정답 ③

03

㈜A는 특수관계에 있는 ㈜B로부터 2025년 1월 1일 건물을 10억원에 매입하였다. ㈜A가 다음과 같이 회계처리한 경우 2025년 세무조정(소득처분 포함)으로 옳은 것은? (단, ㈜A의 사업연도는 1월 1일 ~ 12월 31일임)

• 건물의 시가는 불분명하고, 「상속세 및 증여세법」상 평가액은 8억원이며, 「부동산가격공시 및 감정평가에 관한 법률」에 의한 감정평가법인의 감정가액은 7억원임.

(차) 건물	10억	(대) 현금 및 현금성자산	10억

• 2025년말 이 건물에 대해 감가상각비 1억원(정액법, 신고내용연수 10년)을 계상함.

(차) 건물 감가상각비	1억	(대) 건물 감가상각누계액	1억

	시가초과액 (손금산입)	고가매입 (익금산입)	초과상각액 (손금불산입)
①	2억원, △유보	2억원, 배당	2천만원, 유보
②	2억원, △유보	2억원, 기타사외유출	2천만원, 유보
③	3억원, △유보	3억원, 배당	3천만원, 유보
④	3억원, △유보	3억원 기타사외유출	3천만원, 유보

기출처 2011 국가직 7급

LINK 세법2 193-194p 오진다 372-373p

난이도 ●●●○○ 출제 가능 지수 ●●●○○

해설

㈜A가 특수관계인인 ㈜B로부터 매입한 건물의 시가가 불분명하므로 감정평가법인의 감정가액에 따른다. 즉, ㈜A는 건물을 특수관계인인 ㈜B로부터 시가(감정평가법인의 감정가액) 7억보다 높은 가액인 10억에 매입하였으므로 부당행위계산에 해당하는지 여부를 판단해야 한다. 해당 거래는 다음의 중요성 요건을 만족하므로 부당행위계산으로 보아 부인한다.

시가(감정가액)와 거래가액의 차액 ≥ MIN[시가(감정가액) × 5%, 3억원]
3억원 ≥ MIN[7억원 × 5%, 3억원]
3억원 ≥ MIN[3.5천만원, 3억원]

고가매입의 경우 아래와 같은 세무조정을 행한다.

○ 부당행위계산부인을 한 후 부당금액 익금산입(배당, 상여 등): **3억원 익금산입(기타사외유출)**

∵ 귀속자가 법인이므로 기타사외유출로 소득처분한다.

○ 자산의 시가초과액을 손금산입(△유보): **3억원 손금산입(△유보)**

○ 감가상각자산이라면 시가초과액에 대한 감가상각비 손금불산입: **3천만원 손금불산입(유보)**

손금불산입할 시가초과액에 대한 감가상각비는 다음과 같이 구한다.

계상된 감가상각비: 1억원 (정액법, 신고내용연수 10년)

「법인세법」상 감가상각비: $7억원 × \dfrac{1}{10}$

= 7천만원 (정액법, 신고내용연수 10년)

∴ 세무조정: 회사계상감가상각비와 「법인세법」상 감가상각비의 차액인 3천만원만큼 손금불산입(유보)

[자산(주식·출자지분 및 가상자산 제외) 시가가 불분명한 경우]

부당행위계산의 부인 규정을 적용할 때 시가가 불분명한 경우 다음의 순서로 적용하여 계산

<1순위> 감정평가업자의 감정가액 (감정가액이 둘 이상일 경우 그 평균액)
<2순위> 「상속세 및 증여세법」에 따른 보충적 평가방법을 준용한 평가액

정답 ④

04

㈜한국의 대주주이자 대표이사인 김서울 씨는 보유하던 토지(시가 2억원, 취득가액 5천만원)를 ㈜한국에 2억 5천만원을 받고 매각하였다. ㈜한국이 장부상 해당 토지를 2억 5천만원으로 계상한 경우 ㈜한국의 입장에서 필요한 세무조정과 소득처분으로 옳은 것은?

① 5천만원 익금산입(상여) 및 5천만원 손금산입(△유보)
② 5천만원 익금산입(배당) 및 5천만원 손금산입(△유보)
③ 5천만원 익금산입(상여) 및 5천만원 손금산입(기타)
④ 5천만원 익금산입(기타사외유출) 및 5천만원 손금산입(△유보)

기출처 2007 국가직 9급

LINK 세법2 194p   오진다 372p

난이도 ●●●○○   출제 가능 지수 ●●●○○

해설

㈜한국은 토지를 특수관계인인 대표이사(대주주)인 김서울씨로부터 시가보다 높은 가액으로 매입하였으므로 부당행위계산에 해당하는지 여부를 판단해야 한다. 해당 거래는 다음의 중요성 요건을 만족하므로 부당행위계산으로 보아 부인한다.

시가와 거래가액의 차액 ≥ MIN[시가 × 5%, 3억원]
5천만원 ≥ MIN[2억원 × 5%, 3억원]
5천만원 ≥ MIN[1천만원, 3억원]

고가매입의 경우 아래와 같은 세무조정을 행한다.

○ 부당행위계산부인을 한 후 부당금액 익금산입(배당, 상여 등) ➡ 5천만원 익금산입(상여)
  ∵ 귀속자가 대주주이나 동시에 대표자이기도 하므로 상여로 소득처분한다.
○ 자산의 시가초과액을 손금산입(△유보) ➡ 5천만원 손금산입(△유보)
○ 감가상각자산이라면 시가초과액에 대한 감가상각비 손금불산입 ➡ 토지는 감가상각자산이 아니므로 생략

정답 ①

03 유형 2: 가지급금 인정이자

3-01

법인세법령상 부당행위계산의 유형에 해당하는 금전의 대여 또는 차용의 경우 시가의 범위 등에 대한 설명으로 옳지 않은 것은?

① 가중평균차입이자율의 적용이 불가능한 경우로서 차입금 전액이 채권자가 불분명한 사채로 조달된 경우에는 해당 차입금에 한정하여 당좌대출이자율을 시가로 한다.

② 가중평균차입이자율의 적용이 불가능한 경우로서 특수관계인으로부터 차입한 차입금만 있는 경우에는 해당 차입금에 한정하여 당좌대출이자율을 시가로 한다.

③ 대여한 날부터 해당 사업연도 종료일까지의 기간이 3년인 대여금이 있는 경우에는 해당 대여금에 한정하여 당좌대출이자율을 시가로 한다.

④ 내국법인이 「법인세법」 제60조(과세표준 등의 신고)에 따른 신고와 함께 당좌대출이자율을 시가로 선택하는 경우에는 당좌대출이자율을 시가로 하여 선택한 사업연도와 이후 2개 사업연도는 당좌대출이자율을 시가로 한다.

기출처 2024 국가직 9급
LINK 세법2 196-197p 오진다 374p
난이도 ●●●●● 출제 가능 지수 ●●●●●

해설

③ 대여한 날부터 해당 사업연도 종료일까지의 기간이 **5년을 초과하는** 대여금이 있는 경우에는 해당 대여금에 한정하여 당좌대출이자율을 시가로 한다.

정답 ③

01

「법인세법」상 부당행위계산의 부인 규정을 적용하기 위한 시가에 대한 설명으로 옳은 것은?

① 시가를 산정할 때 해당 거래와 유사한 상황에서 해당 법인이 특수관계인 외의 불특정다수인과 계속적으로 거래한 가격 또는 특수관계인이 아닌 제3자 간에 일반적으로 거래된 가격에 따른다.

② 금전의 대여기간이 5년을 초과하는 대여금이 있는 경우 해당 대여금에 한정하여 가중평균차입이자율을 시가로 한다.

③ 시가가 확인되는 경우에도 「부동산가격공시 및 감정평가에 관한 법률」에 의한 감정평가법인이 감정한 가액에 따를 수 있다.

④ 주권상장법인이 발행한 주식을 증권시장 외에서 거래하는 방법으로 거래한 경우 해당 주식의 시가는 그 거래일의 전후 3개월간 최종시세가액의 평균으로 한다.

기출처 **2016 국가직 7급**

LINK 세법2 193, 197p 오진다 372, 374p

난이도 ●●○○○   출제 가능 지수 ●●●○○

해설

② 금전의 대여기간이 5년을 초과하는 대여금이 있는 경우 해당 대여금에 한정하여 **당좌대출이자율**을 시가로 한다.

③ 시가를 계산함에 있어 해당 거래와 유사한 상황에서 해당 법인이 특수관계인 외의 불특정다수인과 계속적으로 거래한 가격 또는 특수관계인이 아닌 제3자 간에 일반적으로 거래된 가격이 있는 경우에는 그 가격에 따른다(법령 89 ①). 시가가 불분명한 경우 감정평가법인 등의 감정가액(감정가액이 둘 이상일 경우 그 평균액)을 적용(주식 등 및 가상자산은 제외)하여 계산한 금액에 따르며 감정가액이 없을 시 「상속세 및 증여세법」에 따른 보충적 평가방법을 준용한 평가액을 따른다. 즉, 시가가 확인되는 경우에 「부동산가격공시 및 감정평가에 관한 법률」에 의한 감정평가법인이 감정한 가액에 따를 수 **없다**.

④ 주권상장법인이 발행한 주식을 증권시장 외에서 거래하는 방법으로 거래한 경우 해당 주식의 시가는 그 거래일의 **거래소 최종시세가액**(거래소 휴장 중에 거래한 경우에는 그 거래일의 직전 최종시세가액)으로 한다.

정답 ①

04 유형 3: 불공정자본거래로 인한 이익분여

01

「법인세법」상 영리내국법인의 익금과 손금에 대한 설명으로 옳지 않은 것은?

① 내국법인이 직원(임원 제외)과 사전에 서면약정을 하고, 이에 따라 잉여금의 처분에 의해 그 근로자에게 지급하는 성과배분상여금은 손금에 산입한다.

② 특수관계자가 아닌 개인으로부터 유가증권을 시가에 미달하는 가액으로 매입하는 경우 시가와 해당 매입가액의 차액에 상당하는 금액은 익금에 해당하지 않는다.

③ 법인의 감자에 있어서 주주의 소유주식의 비율에 의하지 아니하고 일부 주주의 주식을 소각하는 자본거래로 인하여 법인이 특수관계자인 다른 주주에게 이익을 분여한 경우 그 분여 받은 이익은 익금에 해당한다.

④ 비영업용승용자동차의 유지에 관한 부가가치세 매입세액(자본적 지출은 제외)은 손금에 산입한다.

기출처 **2010 국가직 9급**

LINK 세법2 49, 71, 73, 198p 오진다 314-315, 331, 375p

난이도 ●●○○○ 출제 가능 지수 ●●●○○

해설

'이익처분에 의해 지급하는 상여금'이란 법인의 이익잉여금을 주주총회에서 처분하여 임직원에게 지급하는 상여금을 말한다. 일반적인 상여금과 달리 이익처분에 의해 지급하는 상여금은 임직원을 구분하지 않고 손금에 산입하지 않는다. 따라서 내국법인이 직원(임원 제외)과 사전에 서면약정을 하고, 이에 따라 잉여금의 처분에 의해 그 근로자에게 지급하는 성과배분상여금은 손금에 **산입하지 않는다.**   정답 ①

14

과세표준의 계산

01 과세표준의 계산 및 이월결손금 ■9급 ■7급

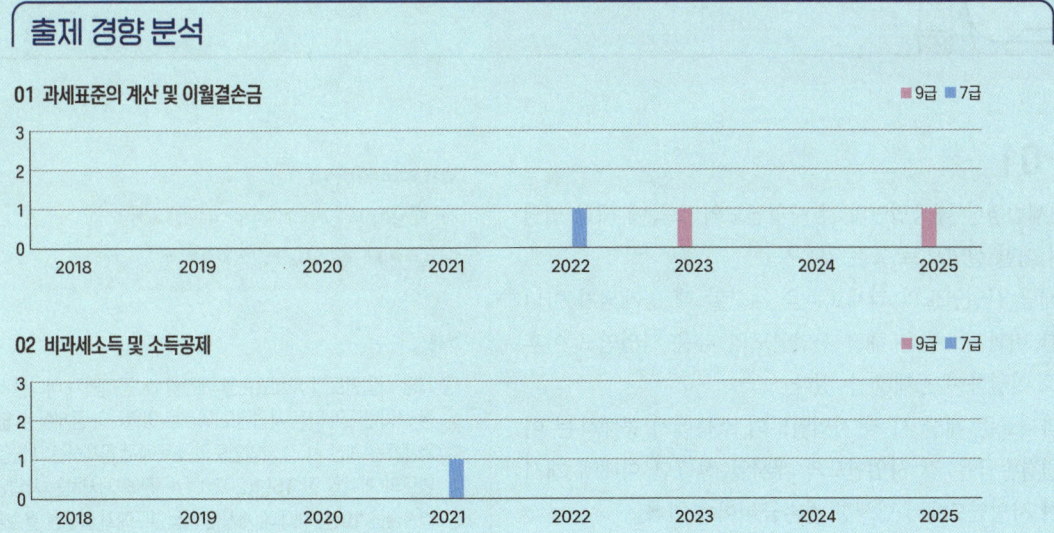

02 비과세소득 및 소득공제 ■9급 ■7급

기출 분석

「법인세법」상 '과세표준의 계산' 파트는 빈출 주제가 아니였으나, 최근 3년 동안 7급 및 9급 시험에 꾸준히 출제되고 있습니다. 특히, 2021년 국가직 7급 시험에 출제된 내용은 기존에 출제되지 않은 내용들을 구제적으로 묻는 난도 높은 문제였습니다.

해당 파트는 기출된 내용을 중심으로 세부적인 조항들을 보충해서 정리해두시기 바랍니다.

과세표준의 계산 및 이월결손금

1-01

법인세법령상 내국법인의 각 사업연도의 소득에 대한 법인세에 대한 설명으로 옳은 것은?

① 해당 사업연도의 과세표준을 계산할 때 공제되지 아니한 비과세소득은 해당 사업연도의 다음 사업연도 이후로 이월하여 공제할 수 있다.

② 과세표준 계산 시 각 사업연도의 소득에서 공제하는 이월결손금은 각 사업연도의 개시일 전 7년 이내에 개시한 사업연도에서 발생한 결손금이어야 한다.

③ 「채무자 회생 및 파산에 관한 법률」 제245조에 따라 법원이 인가결정한 회생계획을 이행 중인 법인의 이월결손금 공제는 각 사업연도 소득의 100분의 80을 한도로 한다.

④ 납세지 관할 세무서장은 중소기업에 해당하지 아니하는 내국법인이 결손금 소급공제에 따른 법인세를 환급받은 경우에는 환급세액에 대통령령으로 정하는 바에 따라 계산한 이자상당액을 더한 금액을 해당 결손금이 발생한 사업연도의 법인세로서 징수한다.

01

「법인세법」상 과세표준과 그 계산에 대한 설명으로 옳지 않은 것은?

① 내국법인의 이월결손금은 각 사업연도의 개시일 전 발생한 각 사업연도의 결손금으로서 그 후의 각 사업연도의 과세표준을 계산할 때 공제되지 아니한 금액으로 한다.

② 특수관계인인 개인으로부터 유가증권을 시가보다 낮은 가액으로 매입하는 경우 시가와 그 매입가액의 차액에 상당하는 금액은 익금으로 본다.

③ 익금은 자본 또는 출자의 납입을 제외하고 해당 법인의 순자산을 증가시키는 모든 거래로 인하여 발생하는 이익 또는 수입의 금액으로 한다.

④ 결산을 확정할 때 잉여금의 처분을 손비로 계상한 금액은 내국법인의 각 사업연도의 소득금액을 계산할 때 손금에 산입하지 아니한다.

기출처 **2025 국가직 9급**

LINK 세법2 203-204, 206-207p 오진다 377-379p

난이도 ●●●○○   출제 가능 지수 ●●●●○

해설

① 해당 사업연도의 과세표준을 계산할 때 공제되지 아니한 비과세소득은 해당 사업연도의 다음 사업연도 이후로 이월하여 공제할 수 **없다.**

② 과세표준 계산 시 각 사업연도의 소득에서 공제하는 이월결손금은 각 사업연도의 개시일 전 **15년**(2020.1.1. 전에 개시하는 사업연도에서 발생한 결손금은 **10년**) 이내에 개시한 사업연도에서 발생한 결손금이어야 한다.

③ 「채무자 회생 및 파산에 관한 법률」 제245조에 따라 법원이 인가결정한 회생계획을 이행 중인 법인의 이월결손금 공제는 각 사업연도 소득의 **100**분의 **100**을 한도로 한다.

정답 ④

기출처 **2023년 국가직 9급**

LINK 세법2 46, 49, 80, 203p 오진다 300, 304, 320, 377p

난이도 ●●●●○   출제 가능 지수 ●●●●○

해설

③ 익금은 자본 또는 출자의 납입 **및 「법인세법」상 익금불산입 항목으로 규정한 것은** 제외하고 해당 법인의 순자산을 증가시키는 모든 거래로 인하여 발생하는 이익 또는 수입의 금액으로 한다.

정답 ③

514   제5편 법인세법

02

다음은 법인세법령상 중소기업에 해당하는 내국법인 ㈜A의 제22기(2022.1.1.~2022.12.31.)와 제23기(2023.1.1.~2023.12.31.) 자료이다. ㈜A가 제22기 법인세액의 환급을 신청하는 경우 제23기 법인세법령상 결손금 중 최대로 받을 수 있는 소급공제 결손금액은? (단, 결손금 소급공제에 따른 환급요건을 충족하며, 조세특례는 고려하지 않는다)

> (1) 제23기 「법인세법」상 결손금 600,000,000원
> (2) 제22기 「법인세법」상 과세표준 500,000,000원
> (3) 제22기 공제·감면된 법인세액 40,000,000원
> (4) 제22기 가산세액 5,000,000원
> (5) 제22기와 제23기에 적용되는 법인세율: 과세표준 2억 원 이하 10%, 2억 원 초과 200억 원 이하분 20%로 가정한다.

① 100,000,000원   ② 200,000,000원
③ 250,000,000원   ④ 300,000,000원

기출처 2022년 국가직 7급
LINK 세법2 205p 오진다 378p
난이도 ●●●●● 출제 가능 지수 ●●○○○

해설

(1) 결손금 소급공제에 따른 환급세액의 한도액은 다음과 같이 계산한다.
    한도액 = 직전 사업연도 법인세 산출세액* - 직전 사업연도 공제·감면세액
    = 80,000,000원* - 40,000,000원 = 40,000,000원
    *(2억 × 10%) + (5억 -2억) × 20%

(2) 환급대상액이 한도액인 40,000,000원일 때 소급공제 결손금액은 최대가 되며, 이때의 소급공제 결손금액을 ⓐ라고 하면 환급대상액은 다음과 같이 계산한다.
    환급대상액 = 한도액 = 40,000,000
    = 직전 사업연도 법인세 산출세액 - (직전 사업연도 과세표준 - ⓐ) × 직전 사업연도 법인세율
    = 80,000,000원 - (500,000,000원 - ⓐ) × 직전 사업연도 법인세율

(3) 최대 소급공제 결손금액 = ⓐ = **200,000,000원**   정답 ②

03

「법인세법」상 내국법인의 각 사업연도 소득에서 공제하는 이월결손금에 대한 설명으로 옳지 않은 것은?

① 한 사업연도에서 발생한 결손금을 다른 사업연도의 소득에서 공제하는 방법과 관련하여, 예외적으로 법령에 의하여 소급공제를 허용하는 경우를 제외하고는, 그 후 사업연도의 소득에서 이월공제한다.

② 이월결손금공제에 있어서는 먼저 발생한 사업연도의 결손금부터 순차로 공제한다.

③ 법인세 과세표준을 추계결정하는 경우에도 이월결손금을 공제할 수 있는 경우가 있다.

④ 이월결손금으로 공제될 수 있는 결손금은 법인세 과세표준 신고에 포함되었거나 과세행정청의 법인세 결정·경정에 포함된 결손금이어야 하며, 그 외 납세자가 「국세기본법」 제45조에 따라 수정신고하면서 과세표준에 포함된 경우에는 그 대상이 될 수 없다.

기출처 2015 국가직 7급
LINK 세법2 202-205p 오진다 375-378p
난이도 ●●○○○ 출제 가능 지수 ●●●●○

해설

③ 법인의 장부기장을 장려하기 위하여 법인세 과세표준을 추계결정·경정하는 경우에는 이월결손금 공제규정을 적용하지 않는다. 다만 천재지변 등으로 장부나 그 밖의 증빙서류가 멸실되어 추계하는 경우에는 이월결손금공제를 적용할 수 있다.

④ 이월결손금으로 공제될 수 있는 결손금은 법인세 과세표준 신고에 포함되었거나 과세행정청의 법인세 결정·경정에 포함된 결손금이어야 하며, 그 외 납세자가 「국세기본법」 제45조에 따라 수정신고하면서 과세표준에 포함된 경우에도 그 대상이 될 수 **있다.**   정답 ④

04

「법인세법」상 내국법인의 각 사업연도의 소득과 과세표준의 계산에 관한 설명 중 옳지 않은 것은?

① 각 사업연도의 소득은 그 사업연도에 속하는 익금의 총액에서 그 사업연도에 속하는 손금의 총액을 공제한 금액으로 한다.

② 각 사업연도의 결손금은 그 사업연도에 속하는 손금의 총액이 그 사업연도에 속하는 익금의 총액을 초과하는 경우에 그 초과하는 금액으로 한다.

③ 각 사업연도의 개시일 전 7년 이내에 발생한 이월결손금에 한해서 각 사업연도의 소득에서 공제할 수 있다.

④ 각 사업연도의 소득에 대한 과세표준은 총익금에서 총손금을 공제하여 산출한 소득에서 이월결손금, 비과세소득, 소득공제액을 순차로 공제한 금액으로 한다.

기출처 **2009 국가직 9급**

LINK 세법2 202p 오진다 376-377p

난이도 ●●●●● 출제 가능 지수 ●●●●●

해설

각 사업연도의 개시일 전 **15년**(2020.1.1. 전에 개시하는 사업연도에서 발생한 결손금은 **10년**) 이내에 발생한 이월결손금에 한해서 각 사업연도의 소득에서 공제할 수 있다.   정답 ③

05

「법인세법」에 의하여 각 사업연도소득에서 공제하는 이월결손금에 대한 설명으로 옳은 것은?

① 각 사업연도에 발생한 이월결손금은 합산되어 차기 이후 사업연도소득에서의 공제는 발생연도에 관계없이 적용한다.

② 이월결손금은 법인의 종류와 관계없이 공제시한 이내의 이월결손금을 각 사업연도 소득의 범위 내에서 전액 공제받을 수 있다.

③ 장부를 기장하지 아니하여 법인세 과세표준을 추계 결정하는 경우에는 이월결손금을 공제할 수 없다.

④ 공제시한 경과로 각 사업연도소득에서 공제하지 아니하고 소멸된 이월결손금은 더 이상 자산수증이익이나 채무면제이익에도 충당할 수 없다.

기출처 **2005 국가직 9급**

LINK 세법2 55, 202-204p 오진다 302, 377-378p

난이도 ●●●●● 출제 가능 지수 ●●●●●

해설

① 각 사업연도에 발생한 이월결손금은 **각 사업연도의 개시일 전 15년**(2020.1.1. 전에 개시하는 사업연도에서 발생한 결손금은 10년) **이내에 개시한 사업연도에서 발생한 결손금에 한정하여 공제**된다(법법 13 ① (1)).

② 이월결손금은 법인의 종류와 관계없이 공제시한 이내의 이월결손금을 각 사업연도 소득의 **80%(중소기업과 법에 정한 법인은 100%)** 범위 내에서 공제받을 수 있다.

④ 자산수증이익이나 채무면제이익은 **결손금 발생연도의 제한 없이** 세법상의 결손금(적격합병 및 적격분할 시 승계받은 결손금은 제외)을 보전하는 데에 충당할 수 있다.   정답 ③

02 비과세소득 및 소득공제

01

「법인세법령」상 내국법인의 각 사업연도 소득에 대한 비과세 및 소득공제에 대한 설명으로 옳은 것은?

① 공익신탁의 신탁재산에서 생기는 소득에 대하여는 각 사업연도 소득에 대한 법인세를 과세한다.

② 「기업구조조정투자회사법」에 따른 기업구조조정투자회사가 법령으로 정하는 배당가능이익의 100분의 90 이상을 배당한 경우 그 금액은 해당 배당을 결의한 잉여금 처분의 대상이 되는 사업연도의 소득금액에서 공제한다.

③ 유동화전문회사 등에 대한 소득공제를 받으려는 법인은 소득공제신청서를 배당일로부터 2주 이내에 본점소재지·관할 세무서장에게 제출하여야 한다.

④ 배당을 지급하는 내국법인이 사모방식으로 설립되었고, 개인 2인이 발행주식총수의 100분의 95의 주식을 소유한 법인 (개인에게 배당 및 잔여재산의 분배에 관한 청구권이 없는 경우는 제외)인 경우에는 유동화전문회사 등에 대한 소득공제 규정을 적용할 수 있다.

02

「법인세법」상 과세표준계산에 관한 설명 중 옳지 않은 것은?

① 법인세의 과세표준은 각사업연도소득의 범위 안에서 이월결손금, 비과세소득, 소득공제액 순으로 공제하여 계산한다.

② 법인세과세표준을 추계경정·결정하는 경우에는 이월결손금 공제 규정을 적용하지 않지만, 천재지변 등으로 장부 기타 증빙서류가 멸실되어 추계하는 경우에는 그러하지 아니한다.

③ 공익신탁의 재산에서 생기는 소득은 「법인세법」상 비과세소득이다.

④ 세무상 결손금이 발생한 법인은 결손금의 소급공제와 이월공제 중 한가지 방법을 제한 없이 선택할 수 있다.

기출처 **2021 국가직 7급**

LINK 세법2 207-208p 오진다 379-380p

난이도 ●●●●○ 출제 가능 지수 ●●●●○

해설

① 공익신탁의 신탁재산에서 생기는 소득에 대하여는 순자산이 증가했으나 정책적인 목적으로 **비과세**한다.

③ 유동화전문회사 등에 대한 소득공제를 받으려는 법인은 **법인세 과세표준 신고와 함께** 소득공제신청서에 해당 배당소득에 대한 실질귀속자별 명세를 첨부하여 납세지 관할 세무서장에게 제출해야 한다. 유동화전문회사나 투자회사 등은 주주로부터 자금을 조달받아 운용하여 이익을 창출하고, 해당 이익을 주주에게 배당한 후, 법인은 사라지게 된다.

즉, 이러한 회사는 서류상의 회사일 뿐 그 실질은 주주의 이익을 창출하는 하나의 도구에 가깝기 때문에, 이러한 경우 법인 소득의 이중과세문제를 완화하기 위해 해당 회사에 법인세를 과세하지 않겠다는 취지로 배당소득공제를 받을 수 있도록 하였다. 그러나 이러한 공제를 받으려면 해당 회사가 반드시 신청을 해야 받을 수 있도록 하였다.

④ 배당을 지급하는 내국법인이 사모방식으로 설립되었고, 개인 2인이 발행주식총수의 100분의 95의 주식을 소유한 법인 (개인에게 배당 및 잔여재산의 분배에 관한 청구권이 없는 경우는 제외)인 경우에는 유동화전문회사 등에 대한 소득공제 규정을 적용할 수 **없다**. 정답 ②

기출처 **2002 국가직 9급**

LINK 세법2 202, 204-205, 207p 오진다 376-379p

난이도 ●○○○○ 출제 가능 지수 ●●●○○

해설

세무상 결손금이 발생한 **중소**법인은 결손금의 소급공제와 이월공제 중 한가지 방법을 선택할 수 있는데 결손금의 소급공제를 적용받기 위해서는 법에 정한 **요건을 모두 충족해야 한다.**

[소급공제 요건]

중소기업 요건	결손금이 발생한 중소기업이어야 하고, 직전 사업연도 소득에 대하여 과세된 법인세가 존재해야 함
신청 요건	법인세 과세표준 신고기한 내에 납세지 관할 세무서장에게 소급공제 신청을 해야 함
신고 요건	과세표준 신고기한 내 결손금이 발생한 사업연도와 그 직전 사업연도의 소득에 대한 법인세 과세표준 및 세액을 각각 신고한 경우에만 적용함

정답 ④

CHAPTER

15

산출세액 및
차감납부세액의 계산

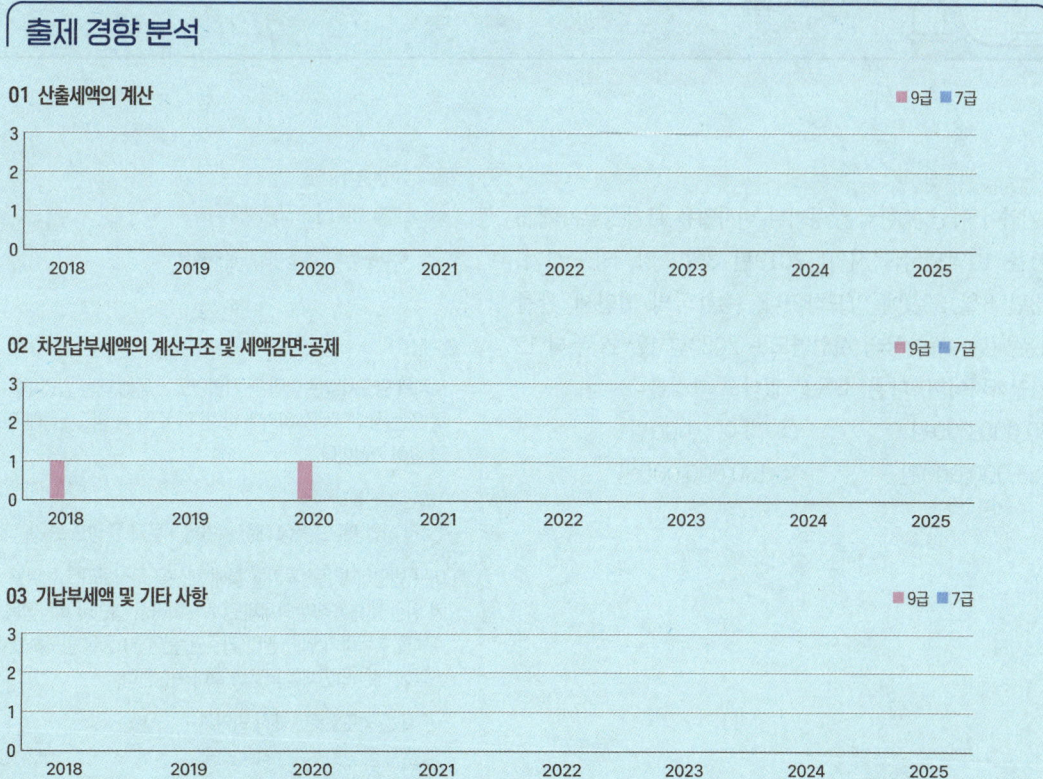

01 산출세액의 계산

02 차감납부세액의 계산구조 및 세액감면·공제

03 기납부세액 및 기타 사항

기출 분석

해당 파트는 간단한 계산형 문제가 출제되는 파트입니다. '토지 등 양도소득에 대한 산출세액' 계산형과, '외국납부세액공제'의 계산형 문제가 출제되었으므로 관련 응용 문제에 대한 대비는 필수입니다.
또한 이미 기출로 출제된 법규정들은 정확히 정리해두시기 바랍니다.

01

중소기업이 아닌 ㈜한국은 등기된 비사업용 토지(장부가액 5억원)를 10억원(취득시기: 2019년 3월 2일, 양도시기: 2023년 3월 3일)에 양도하였다. ㈜한국의 법인세 산출세액은? (단, ㈜한국의 사업연도는 2023년 1월 1일부터 12월 31일까지이며, 다른 소득은 없다고 가정한다)

① 50,000,000원   ② 75,000,000원

③ 125,000,000원   ④ 130,000,000원

기출처 **2014 국가직 9급**

LINK 세법2 212-213p   오진다 381p

난이도 ●●●●●   출제 가능 지수 ●●●●○

해설

토지의 양도차익은 이미 각 사업연도 소득에 대한 법인세를 구할 때는 포함되어 있는 상태이지만 여기에 한 번 더 토지 등 양도소득에 대한 법인세를 다음과 같이 가산한다.

> 법인세 산출세액
> = 각 사업연도 소득에 대한 법인세 + 토지 등 양도소득에 대한 법인세

이는 법인이 부동산투기를 통해 재산을 증식하려는 행위를 하는 것을 방지하기 위한 제재성격의 과세제도이다. 따라서 법인이 비사업용 토지, 별장, 주택, 주택을 취득하기 위한 권리(입주권, 분양권) 등을 양도하는 때에 토지 등 양도소득에 대한 법인세를 다음과 같이 계산한다.

> 토지 등 양도소득에 대한 법인세
> = 토지 등 양도소득 × 적용 세율
> = (10억원 - 5억원) × 10% (등기된 비사업용 토지) = 5천만원

각 사업연도 소득에 대한 법인세는 다음과 같이 계산한다.

> 각 사업연도 소득에 대한 법인세
> = 각 사업연도 소득 × 기본 세율 = (10억원 - 5억원) × 기본 세율
> = 2억원 × 9% + 3억원 × 19% = 7천5백만원

따라서 ㈜한국의 법인세 산출세액은 다음과 같다.

> 법인세 산출세액 = 5천만원 + 7천5백만원 = **1억 2천5백만원**

[일반 법인의 기본세율]

과세표준	세율
① 2억원 이하	9%
② 2억원 초과 200억원 이하	1천800만원 + 2억원 초과금액 × 19%
③ 200억원 초과 3천억원 이하	37억 8천만원 + 200억원 초과금액 × 21%
④ 3천억원 초과	625억 8천만원 + 3천억원 초과금액 × 24%

[토지 등 양도소득 적용 세율]

등기된 자산	국내에 소재하는 주택 및 별장	20%
	비사업용토지	10%
	주택을 취득할 수 있는 권리로서 조합원입주권 및 분양권	20%
미등기자산		40%

정답 ③

02 차감납부세액의 계산구조 및 세액감면·공제

01

㈜대한은 「법인세법」에 따른 외국자회사(A국 소재)로부터 4천만원의 배당금을 받았는데 당해 외국자회사의 해당사업연도의 소득금액과 법인세액은 각각 1억원과 2천만원이다. ㈜대한의 외국납부세액공제가 적용되는 외국법인세액은? (단, 외국자회사는 외국납부세액공제 대상이 되는 요건을 충족하며, 「법인세법」상 외국자회사 수입배당금 익금불산입 규정 및 제시된 자료 이외는 고려하지 않는다.)

① 8백만원　　　　　　② 1천만원
③ 1천2백만원　　　　　④ 2천만원

기출처 2020 국가직 9급 수정

LINK 세법2 217p ┃ 오진다 383p

난이도 ●●●●○ ┃ 출제 가능 지수 ●●●○○

해설

내국법인의 각 사업연도의 소득금액에 외국자회사로부터 받는 수입배당금액이 포함되어 있는 경우에 외국자회사가 납부한 법인세액 중 일정액을 내국법인이 납부한 것으로 간주하는데 이를 간접외국납부세액이라 한다. 따라서 ㈜대한의 외국납부세액공제가 적용되는 외국법인 세액은 다음과 같이 계산된다.

$$간접외국납부세액 = \text{외국자회사의 해당 사업연도의 법인세액}$$

$$\times \frac{수입배당금액}{\text{외국자회사의 해당 사업연도의 소득금액} - \text{외국자회사의 해당 사업연도의 법인세액}}$$

$$= 2천만원 \times \frac{4천만원}{1억원 - 2천만원} = \textbf{1천만원}$$

정답 ②

02

「법인세법」상 세액감면과 세액공제에 관한 규정이 동시에 적용되는 경우 그 적용 순서로 옳은 것은?

> ㉠ 재해손실세액공제
> ㉡ 사실과 다른 회계처리에 기인한 경정에 따른 세액공제
> ㉢ 외국납부세액공제
> ㉣ 중소기업에 대한 특별세액감면

① ㉡ - ㉣ - ㉠ - ㉢　　② ㉣ - ㉡ - ㉢ - ㉠
③ ㉣ - ㉢ - ㉠ - ㉡　　④ ㉣ - ㉠ - ㉢ - ㉡

기출처 2008 국가직 7급

LINK 세법2 215-216p ┃ 오진다 382-383p

난이도 ●●●●○ ┃ 출제 가능 지수 ●●●○○

해설

세액감면과 세액공제에 관한 규정이 동시에 적용되는 경우 그 적용순위는 「법인세법」 및 다른 법률에 별도의 규정이 있는 경우 외에는 다음의 순서에 따른다(법법 59 ①).

세액감면 →	이월공제가 인정되지 않는 세액공제	→	이월공제가 인정되는 세액공제	→	사실과 다른 회계처리로 인한 경정에 따른 세액공제

㉣ 중소기업에 대한 특별세액감면은 세액감면이므로 세액감면과 세액공제에 관한 규정이 동시에 적용되는 경우 가장 먼저 적용받는다.
㉠ 재해손실세액공제는 이월공제가 인정되지 않는 세액공제다.
㉢ 외국납부세액공제는 해당 사업연도의 다음 사업연도 개시일부터 10년 이내에 끝나는 각 사업연도로 이월하여, 그 이월된 사업연도의 공제한도 내에서 공제받을 수 있다.
㉡ 사실과 다른 회계처리에 기인한 경정에 따른 세액공제는 세액감면과 세액공제에 관한 규정이 동시에 적용되는 경우 가장 후순위로 적용된다.

정답 ④

03

「법인세법령」상 제조업을 영위하는 내국법인이 자신의 국외사업장에서 발생한 소득(국외원천소득)에 대해 부담한 외국법인세액에 대한 국제적 이중과세조정을 위한 조치와 관련한 설명으로 옳은 것만을 모두 고른 것은?

> ㉠ 내국법인은 외국법인세액을 납부하였거나 납부할 것이 있는 경우 공제한도금액 내에서 외국법인세액을 해당 사업연도의 산출세액에서 공제할 수 있다.
> ㉡ 외국납부세액공제방식의 적용 시 공제한도를 계산함에 있어서 국외사업장이 2 이상의 국가에 있는 경우에는 국가별로 구분하지 않고 일괄하여 이를 계산한다.
> ㉢ 외국납부세액이 공제한도를 초과하는 경우 그 초과하는 금액은 해당 사업연도의 다음 사업연도 개시일부터 10년 이내에 끝나는 각 사업연도에 이월하여 그 이월된 사업연도의 공제한도 범위에서 공제받을 수 있다.
> ㉣ 국외원천소득이 있는 내국법인이 조세조약의 상대국에서 해당 국외원천소득에 대하여 법인세를 감면받은 세액 상당액은 그 조세조약으로 정하는 범위에서 외국납부세액 공제방식에 따른 세액공제의 대상이 되는 외국법인세액으로 본다.

① ㉠, ㉡, ㉢　　　　② ㉠, ㉡, ㉣
③ ㉠, ㉢, ㉣　　　　④ ㉡, ㉢, ㉣

기출처 2018 국가직 9급 수정
LINK 세법2 216-218p　오진다 383-384p
난이도 ●●●○　출제 가능 지수 ●●●●●

해설

㉡ 외국납부세액공제방식의 적용 시 공제한도를 계산함에 있어서 국외사업장이 2 이상의 국가에 있는 경우에는 **국가별로 구분하여** 이를 계산한다.

정답 ③

04

법인세의 이월세액공제가 허용되는 것으로 바르게 묶인 것은?

> ㉠ 외국납부세액공제
> ㉡ 재해손실세액공제
> ㉢ 사실과 다른 회계처리에 기인한 경정에 따른 세액공제
> ㉣ 배당세액공제
> ㉤ 투자세액공제

① ㉠, ㉢, ㉤　　　　② ㉠, ㉡, ㉢
③ ㉡, ㉢, ㉣　　　　④ ㉢, ㉣, ㉤

기출처 2005 국가직 7급
LINK 세법2 216p　오진다 383p
난이도 ●●●○　출제 가능 지수 ●●●●○

해설

㉠ 외국법인세액이 해당 사업연도의 공제한도를 초과하는 경우 그 초과하는 금액은 해당 사업연도의 다음 사업연도 개시일부터 **10년** 이내에 끝나는 각 사업연도로 이월하여, 그 이월된 사업연도의 공제한도 내에서 공제받을 수 있다(법법 57 ②).

㉢ 사실과 다른 회계처리에 기인한 경정에 따른 세액공제는 각 사업연도별로 과다납부한 세액의 20%를 한도로 공제하고, 공제 후 남아 있는 과다납부세액은 이후 사업연도에 **기한 제한 없이** 이월하여 공제한다(법법 58의3 ①).

㉤ 투자세액공제는 「조세특례제한법」상 세액공제로서 공제받지 못한 부분에 상당하는 금액은 해당 과세연도의 다음 과세연도 개시일부터 **10년** 이내에 끝나는 각 과세연도에 이월하여 공제한다.

정답 ①

01

원천징수에 대한 설명으로 옳지 않은 것은?

① 내국법인에 이자소득, 배당소득, 기타소득을 지급하는 경우에는 원천징수하여야 한다.

② 국내에서 법인에게 지급하는 모든 이자소득에 대하여는 원칙적으로 그 지급받은 법인의 법인세를 원천징수하여야 하나, 국외에서 지급하는 이자소득에 대하여는 원천징수를 하지 않는다.

③ 국내에서 개인에게 배당소득을 지급하는 경우에는 소득세 원천징수를 하여야 한다.

④ 법인세가 비과세되거나 면제되는 소득은 원천징수대상 소득에 포함되지 않는다.

02

다음은 법인세 중간예납에 관한 설명이다. 틀린 것은?

① 중간예납세액은 중간예납기간이 경과한 날로부터 2개월 이내에 납부하여야 한다.

② 신설법인(합병신설법인 포함) 또는 사업연도가 6개월 이내인 법인은 중간예납세액에 대한 납부의무가 없다.

③ 중간예납세액을 직전 사업연도에 확정된 법인세에 의하여 계산하는 경우 직전연도의 산출세액에 가산세액을 포함한다.

④ 「국세기본법」 제45조의 수정신고 규정은 중간예납에는 적용하지 아니한다.

기출처 **2005 국가직 7급**

LINK **세법2** 222-223p **오진다** 387-388p

난이도 ●●○○○   출제 가능 지수 ●●●○○

해설

① 내국법인에 이자소득, **집합투자기구로부터의 이익 중 투자신탁의 이익**을 지급하는 경우에는 원천징수하여야 한다. → 이때 투자신탁이익을 지급하는 원천징수의무자가 해당 투자신탁이익에 대하여 외국법인세액을 납부한 경우에는 원천징수세액에서 그 외국법인세액을 뺀 금액(그 금액이 0보다 작은 경우에는 0으로 본다)을 원천징수함 주의   **정답 ①**

기출처 **2005 국가직 7급**

LINK **세법1** 101p **세법2** 224-225p **오진다** 50, 388-389p

난이도 ●●○○○   출제 가능 지수 ●●●●○

해설

② **합병이나 분할에 의하지 아니하고** 새로 설립된 법인은 최초 사업연도에 중간예납을 납부할 의무가 없다.

④ 법정신고기한까지 과세표준신고서를 제출한 납세의무자가 수정신고를 할 수 있으므로(신고납부제도 세목, 부과과세제도 세목 불문) 「국세기본법」 제45조의 수정신고 규정은 중간예납에는 적용하지 아니한다.

[중간예납의무 배제 대상]

㉠ 「고등교육법」에 따른 사립학교를 경영하는 학교법인, 국립대학법인 서울대학교, 국립대학법인 인천대학교 및 산학협력단, 「초·중등교육법」에 따른 사립학교를 경영하는 학교법인

㉡ 합병이나 분할에 의하지 아니하고 새로 설립된 법인 (단, 최초 사업연도에만 중간예납을 납부할 의무가 없다)

㉢ 중간예납기간 중 휴업 등의 사유로 사업수입금액이 없는 법인

㉣ 청산법인과 국내사업장이 없는 외국법인

㉤ 직전 사업연도의 중소기업으로서 직전 사업연도의 산출세액을 기준으로 하는 방법에 따라 계산한 중간예납세액이 50만원 미만인 내국법인

[「법인세법 기본통칙」에 따른 법인세 중간예납의 수정신고]

「국세기본법」 제45조에 따른 수정신고 또는 같은 법 제45조의 2에 따른 경정 등의 청구는 과세표준신고서상의 누락·오류가 있는 때에 과세표준수정신고서 또는 경정청구서를 제출 또는 청구하는 것이므로 중간예납에는 이를 적용하지 아니한다(법기통 63-0…7).

정답 ②

CHAPTER

16

법인세 납세절차

01 법인세의 신고와 납부

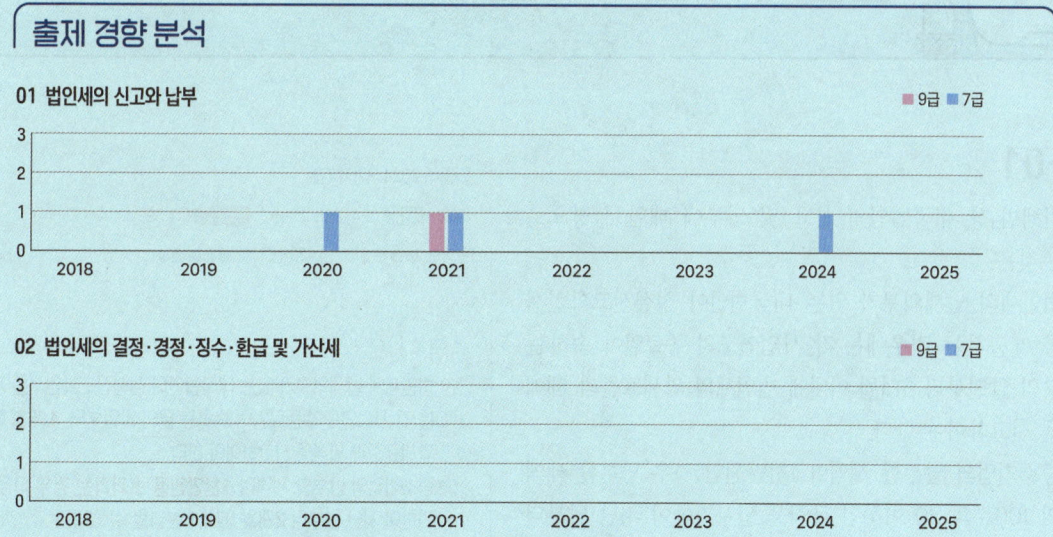

02 법인세의 결정·경정·징수·환급 및 가산세

기출 분석

'법인세의 납세절차' 파트는 빈출 주제는 아니었으나 최근 '01. 법인세의 신고와 납부'에서 신고와 관련된 세부적인 규정들이 출제되고 있어 꼼꼼한 학습이 필요합니다.

반면, 가산세와 관련된 규정은 「국세기본법」상 내용이 주로 출제되므로 「법인세법」상 내용은 간단히 정리하셔도 충분합니다.

01 법인세의 신고와 납부

1-01

「법인세법」상 내국법인의 신고 및 납부에 대한 설명으로 옳은 것은?

① 법인세의 납세의무가 있는 내국법인이 성실신고확인서를 제출하는 경우에는 각 사업연도의 종료일이 속하는 달의 말일부터 3개월 이내에 법인세의 과세표준과 세액을 신고하여야 한다.

② 중소기업의 납부할 세액이 1천만원인 경우 납부할 세액의 100분의 50 이하인 금액을 납부기한이 지난 날부터 2개월 이내에 분납할 수 있다.

③ 직전 사업연도의 중소기업으로서 '직전 사업연도의 산출세액을 기준으로 하는 방법'에 따라 계산한 중간예납세액이 50만원 미만인 내국법인은 중간예납세액을 납부할 의무가 없다.

④ 「주식회사 등의 외부감사에 관한 법률」 제4조에 따라 감사인에 의한 감사를 받은 내국법인은 법인세의 과세표준과 세액을 신고할 때 첨부서류에 더하여 성실신고확인서를 납세지 관할 세무서장에게 제출하여야 한다.

기출처 **2024 국가직 7급**

LINK 세법2 224, 233-234p 오진다 388, 393p

난이도 ●●●○○   출제 가능 지수 ●●●○○

해설

① 법인세의 납세의무가 있는 내국법인이 성실신고확인서를 제출하는 경우에는 각 사업연도의 종료일이 속하는 달의 말일부터 **4개월** 이내에 법인세의 과세표준과 세액을 신고하여야 한다.

② 중소기업의 납부할 세액이 **1천만원을 초과하는 경우** 다음의 금액을 납부기한이 지난 날부터 2개월 이내에 분납할 수 있다.

구분	분납가능금액
㉠ 납부세액이 1천만원 초과 2천만원 이하	1천만원을 초과하는 금액
㉡ 납부세액이 2천만원 초과	그 세액의 50% 이하의 금액

④ 「주식회사 등의 외부감사에 관한 법률」 제4조에 따라 감사인에 의한 감사를 받은 내국법인은 법인세의 과세표준과 세액을 신고할 때 첨부서류에 더하여 성실신고확인서를 납세지 관할 세무서장에게 **제출하지 아니할 수 있다.**

정답 ③

01

「법인세법」상 내국법인(비영리법인은 제외)의 각 사업
연도의 소득에 대한 과세표준과 세액의 신고에 대한 설명
으로 옳지 않은 것은?

① 과세표준과 세액의 신고를 할 때에는 그 신고서에 기업
회계기준을 준용하여 작성한 개별 내국법인의 재무
상태표를 첨부하여야 한다.

② 내국법인이 합병으로 해산하는 경우에 과세표준과
세액의 신고를 할 때에는 그 신고서에 합병등기일 현재
의 피합병법인의 재무상태표와 합병법인이 그 합병에
따라 승계한 자산 및 부채의 명세서를 첨부하여야 한다.

③ 과세표준과 세액의 신고를 할 때에는 그 신고서에 세무조
정계산서를 첨부하여야 한다.

④ 「주식회사 등의 외부감사에 관한 법률」에 따라 감사인
에 의한 감사를 받은 내국법인의 성실신고확인서는
과세표준과 세액을 신고할 때 반드시 제출해야 하는 서
류에 해당한다.

기출처 **2021 국가직 9급**

LINK 세법2 232p 오진다 392p

난이도 ●●●○○ 출제가능지수 ●●●●○

해설

「주식회사 등의 외부감사에 관한 법률」에 따라 감사인에 의한 감사를 받은 내
국법인은 성실신고확인서를 **제출하지 않을 수 있다**.   정답 ④

02

중소기업인 ㈜A의 제10기(2023. 1. 1.~12. 31.) 사업연도의 법
인세 납부세액이 22,000,000원인 경우, 「법인세법령」상 ㈜
A의 최대 분납가능금액과 분납기한에 대한 설명으로 옳
은 것은? (단, ㈜A는 성실신고확인서를 제출한 경우에
해당하지 않으며, 「국세기본법」에 따른 기한의 특례는
고려하지 않는다)

① 최대 10,000,000원을 2024년 4월 30일까지 분납할 수
있다.

② 최대 10,000,000원을 2024년 5월 31일까지 분납할 수
있다.

③ 최대 11,000,000원을 2024년 4월 30일까지 분납할 수
있다.

④ 최대 11,000,000원을 2024년 5월 31일까지 분납할 수
있다.

기출처 **2021 국가직 7급**

LINK 세법2 234p 오진다 393p

난이도 ●●○○○ 출제가능지수 ●●●●○

해설

납부할 세액이 1천만원을 초과하는 경우 납부기한이 지난 날부터 1개월(중소
기업은 2개월)이내 분납할 수 있다(법법 64 ②, 법령 101 ②). ㈜A의 경우,
중소기업이므로 납부기한이 지난 날부터 **2개월 이내** 분납할 수 있으며, 납부
세액이 2천만원 초과하므로 그 세액의 **50% 이하의 금액**으로 분납가능하다.
따라서 ㈜A의 제10기 사업연도의 법인세 납부기한은 2024년 3월 31일이고
최대 11,000,000원을 2024년 5월 31일까지 분납할 수 있다.   정답 ④

03

「법인세법령」상 내국법인의 신고 및 납부에 대한 설명으로 옳은 것만을 모두 고르면?

> ㉠ 성실신고확인서를 제출하는 법인의 경우 과세표준과 세액의 신고기한은 각 사업연도의 종료일이 속하는 달의 말일부터 3개월이다.
>
> ㉡ 중소기업에 해당하는 내국법인의 납부할 세액이 2천만원인 경우에는 1천만원을 초과하는 금액을 납부기한이 지난 날부터 2개월 이내에 분납할 수 있다.
>
> ㉢ 「주식회사 등의 외부감사에 관한 법률」에 따라 감사인에 의한 감사를 받아야 하는 내국법인이 해당 사업연도의 감사가 종결되지 아니하여 결산이 확정되지 아니하였다는 사유로 대통령령으로 정하는 바에 따라 신고기한의 연장을 신청한 경우에는 그 신고기한을 2개월의 범위에서 연장할 수 있다.
>
> ㉣ 사업연도의 기간이 6개월을 초과하는 「고등교육법」에 따른 사립학교를 경영하는 학교법인은 각 사업연도 (합병이나 분할에 의하지 아니하고 새로 설립된 법인의 최초 사업연도는 제외) 중 중간예납세액을 납부할 의무가 있다.

① ㉡

② ㉣

③ ㉠, ㉢

④ ㉡, ㉣

기출처 **2020 국가직 7급**

LINK 세법2 224, 232, 234p   오진다 388, 392-393p

난이도 ●●●○○   출제 가능 지수 ●●●●○

해설

㉠ 성실신고확인서를 제출하는 법인의 경우 과세표준과 세액의 신고기한은 각 사업연도의 종료일이 속하는 달의 말일부터 **4개월 이내**이다.

㉢ 「주식회사 등의 외부감사에 관한 법률」에 따라 감사인의 의한 감사를 받아야 하는 내국법인이 해당 사업연도의 감사가 종결되지 아니하여 결산이 확정되지 아니하였다는 사유로 대통령령으로 정하는 바에 따라 신고기한의 연장을 신청한 경우에는 그 신고기한을 **1개월의** 범위에서 연장할 수 있다.

㉣ 「고등교육법」에 따른 사립학교를 경영하는 학교법인은 각 사업연도가 6개월을 초과하더라도 중간예납세액을 납부할 의무가 **없다**.

[중간예납세액을 납부할 의무가 없는 법인]

> ㉠ 「고등교육법」에 따른 사립학교를 경영하는 학교법인, 국립대학법인 서울대학교, 국립대학법인 인천대학교 및 산학협력단, 「초·중등교육법」에 따른 사립학교를 경영하는 학교법인
>
> ㉡ 합병이나 분할에 의하지 아니하고 새로 설립된 법인(단, 최초 사업연도에만 중간예납을 납부할 의무가 없다)
>
> ㉢ 중간예납기간 중 휴업 등의 사유로 사업수입금액이 없는 법인
>
> ㉣ 청산법인과 국내사업장이 없는 외국법인
>
> ㉤ 직전 사업연도의 중소기업으로서 직전 사업연도의 산출세액을 기준으로 하는 방법에 따라 계산한 중간예납세액이 50만원 미만인 내국법인

정답 ①

04

다음 「법인세법」과 관련된 내용 중 옳지 않은 것으로만 묶어진 것은?

> ㉠ 내국법인은 국내에 본점·주사무소 또는 사업의 실질적 관리장소가 있는 법인이다.
> ㉡ 법인세의 사업연도는 원칙적으로 1년을 초과할 수 없다.
> ㉢ 법인세과세표준의 신고는 각 사업연도 종료일로부터 3개월 이내에 하여야 한다.
> ㉣ 영리목적 유무에 불구하고 모든 내국법인은 청산소득에 대하여 법인세 납세의무가 있다.
> ㉤ 비영리내국법인도 법령이 정한 수익사업에 대하여는 각 사업연도소득에 대한 법인세 납세의무가 있다.
> ㉥ 법인이 법령이 정하는 비사업용 토지를 양도한 경우에는 각 사업연도소득에 대한 법인세에 추가하여 토지 등 양도소득에 대한 법인세를 납부하여야 한다.

① ㉠, ㉢, ㉣　　② ㉡, ㉢, ㉥
③ ㉢, ㉣, ㉤　　④ ㉢, ㉣

기출처 2008 국가직 9급
LINK 세법2 15-17, 20, 232p 오진다 281-282, 284, 392p
난이도 ●●●●● 출제 가능 지수 ●●●●●

해설

㉢ 법인세과세표준의 신고는 각사업연도 종료일**이 속하는 달의 말일부터** 3개월 이내에 하여야 한다.
㉣ **영리내국법인만**이 청산소득에 대하여 법인세 납세의무가 있다. 비영리내국법인과 외국법인은 청산소득에 대한 법인세 납세의무를 지지 않는다.

정답 ④

01

「법인세법」상 규정되어 있는 가산세가 아닌 것은?

① 사업장현황신고 불성실가산세
② 지급명세서제출 불성실가산세
③ 증명서류 수취 불성실가산세
④ 주주 등의 명세서 등 제출불성실가산세

기출처 2007 국가직 9급
LINK 세법2 237-238, 492p 오진다 -
난이도 ●●●●● 출제 가능 지수 ●●●●●

해설

사업장현황신고 불성실가산세는 「법인세법」상 규정되어 있는 가산세가 아니라 **「소득세법」상 규정되어 있는 가산세에 해당**한다. 정답 ①

02

가산세에 대한 설명으로 틀린 것은?

① 비영리내국법인에 대하여는 장부의 기록·보관 불성실가산세를 적용하지 않는다.
② 산출세액이 없는 경우에도 지급명세서 미제출에 대한 가산세는 적용된다.
③ 법인이 사업과 관련하여 일정한 법인 또는 개인사업자로부터 재화 또는 용역을 공급받고 법정지출증명서류를 수취하지 않은 경우에는 미수취한 금액의 2%를 가산세로 징수하며, 이때 산출세액이 없는 경우에도 가산세는 징수한다.
④ 비영리내국법인이 기부금영수증을 사실과 다르게 발급하거나 기부법인별 발급내역을 작성·보관하지 아니한 경우에도 가산세가 부과되지 않는다.

기출처 2005 국가직 7급
LINK 세법2 237p 오진다 -
난이도 ●●●●● 출제 가능 지수 ●●●●●

해설

① 비영리내국법인과 법인세가 비과세되거나 전액 면제되는 소득만 있는 법인은 장부의 기록·보관 불성실 가산세를 적용하지 않는다.
② 지급명세서 또는 간이지급명세서를 제출하여야 할 자가 다음 어느 하나에 해당하는 경우에는 관련 가산세를 해당 사업연도의 법인세액에 더하여 납부하여야 하며 산출세액이 없는 경우에도 적용한다.

㉠ 간이지급명세서 미제출, 불분명지급액 × 0.25% (제출기한이 지난 후 3개월[*1] 이내 제출 시 0.125%)
㉡ 일용근로자의 근로소득에 대한 지급명세서 미제출, 불분명지급액 × 0.25% (제출기한이 지난 후 1개월 이내 제출 시 0.125%)
㉢ 이외 지급명세서 미제출, 불분명지급금액 × 1% (제출기한이 지난 후 3개월 이내 제출 시 0.5%)

*1 2024.1.1.부터는 1개월로 기간 축소
④ 비영리내국법인이 기부금영수증을 사실과 다르게 발급하거나 기부법인별 발급내역을 작성·보관하지 아니한 경우에는 **가산세가 부과된다**. 기부금영수증(전자기부금영수증 포함)을 발급하는 영리·비영리내국법인이 다음 중 어느 하나에 해당하는 경우에는 다음 구분에 따른 금액을 가산세로 해당 사업연도의 법인세액에 더하여 납부하여야 한다(법법 74의4 ①).

㉠ 사실과 다른 금액으로 발급 시: 사실과 다르게 발급한 차액 × 5%
㉡ 사실과 다른 인적사항으로 발급 시: 영수증에 적힌 금액 × 5%
㉢ 보관 불성실: 해당 금액 × 0.2%

정답 ④

CHAPTER

17

기타 법인세

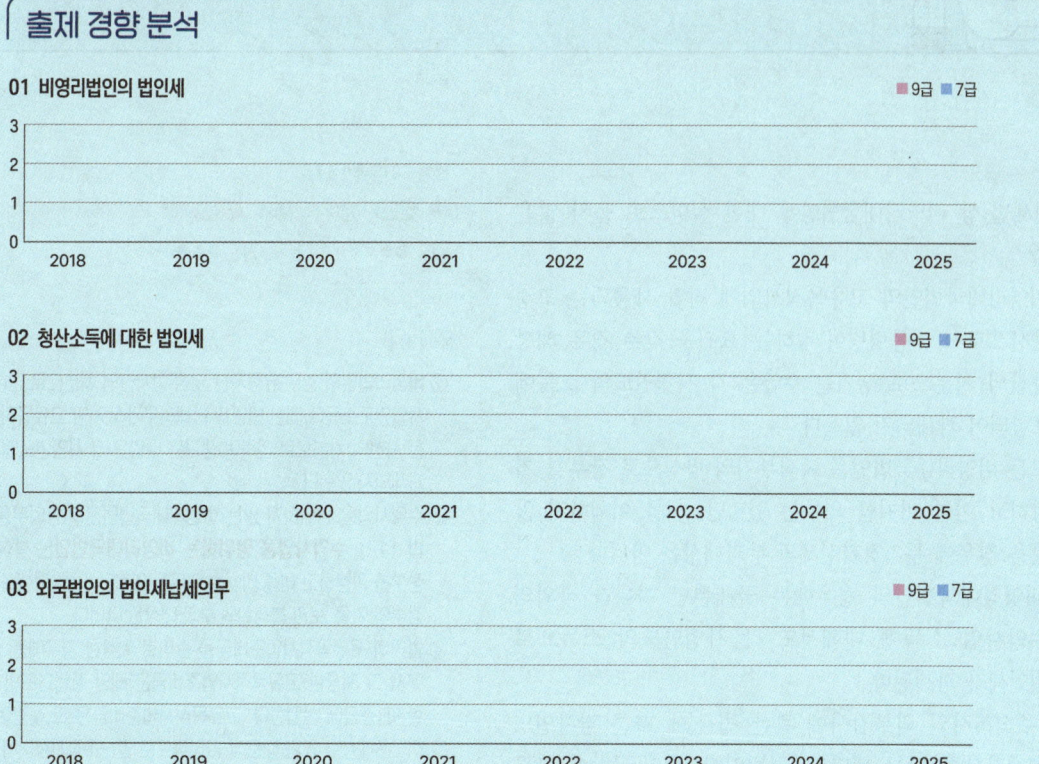

01 비영리법인의 법인세 ■9급 ■7급

02 청산소득에 대한 법인세 ■9급 ■7급

03 외국법인의 법인세납세의무 ■9급 ■7급

기출 분석

'기타의 법인세' 파트는 최근에 거의 출제되지 않고 있습니다.
다만, 비영리법인이나 청산소득에 대한 법인세 파트는 충분히 출제될 수 있는 주제이므로 주요 내용들을 중심으로 정리해 두시기 바랍니다.

01 비영리법인의 법인세

01

「법인세법」상 비영리내국법인에 대한 설명으로 옳지 않은 것은?

① 비영리내국법인의 고유목적사업에 직접 사용되는 고정자산으로서 대통령령이 정하는 요건을 갖춘 경우 해당 자산의 처분으로 생기는 수입은 각 사업연도의 소득에 포함되어 과세되지 않는다.

② 모든 비영리내국법인은 복식부기의 방식으로 장부를 기장하고 이를 비치할 의무는 있지만, 이를 이행하지 않았을 경우에 무기장가산세의 부과대상은 아니다.

③ 비영리내국법인의 경우에는 국내뿐만 아니라 국외의 수익사업 소득에 대해서도 각 사업연도의 소득으로 법인세가 과세된다.

④ 「주식회사의 외부감사에 관한 법률」에 따른 감사인의 회계감사를 받는 비영리내국법인이 「법인세법」에 따른 고유목적사업준비금을 세무조정계산서에 계상한 경우로서 그 금액에 상당하는 금액이 해당 사업연도의 이익처분에 있어서 그 준비금의 적립금으로 적립되어 있는 경우 그 금액은 손금으로 계상한 것으로 본다.

기출처 **2015 국가직 7급**

LINK 세법2 182, 242, 245p   오진다 368, 395-396p

난이도 ●●●○○   출제 가능 지수 ●●●○○

해설

① 비영리법인의 경우 유형자산 및 무형자산의 처분으로 인한 수입에 대해 각 사업연도소득에 대한 법인세 납세의무가 있지만 고유목적사업에 직접 사용한 자산의 처분으로 인하여 생기는 수입은 각 사업연도의 소득에 포함되어 과세되지 않는다.

② 수익사업을 영위하지 않는 비영리내국법인은 기장의무를 지지 않는다(법법 112). **수익사업을 영위하는 비영리내국법인**은 복식부기의 방식으로 장부를 기장하고 이를 비치할 의무는 있지만, 이를 이행하지 않았을 경우에 장부의 기록·보관 불성실의 부과 대상은 아니다.

④ 법인이 고유목적사업준비금을 손비로 계상한 경우에는 일정한 금액 범위에서 그 계상한 고유목적사업준비금을 해당 사업연도의 소득금액을 계산할 때 손금에 산입한다. 고유목적사업준비금은 그 설정여부를 비영리법인이 선택할 수 있기 때문에 원칙적으로 결산조정사항이다. 다만, 「주식회사의 외부감사에 관한 법률」에 따른 감사인의 회계감사를 받는 비영리내국법인은 기업회계기준에 따라 고유목적사업준비금을 손익계산서에 비용으로 계상할 수 없기 때문에 예외적으로 잉여금처분에 의한 신고조정을 허용한다. 따라서 감사인의 회계감사를 받는 비영리내국법인이 고유목적사업준비금을 세무조정계산서에 계상하였고 그에 상당하는 금액이 해당 사업연도의 이익처분에 있어서 그 준비금의 적립금으로 적립되어 있는 경우에는 그 금액을 손비로 계상한 것으로 본다.

[고유목적사업에 직접 사용한 자산의 처분으로 인하여 생기는 수입]

'고유목적사업에 직접 사용하는 자산의 처분으로 인하여 생기는 수입'이란 해당 유형자산 및 무형자산의 처분일(「국가균형발전 특별법」 제18조에 따라 이전하는 공공기관의 경우에는 공공기관 이전일) 현재 3년 이상 계속하여 법령 또는 정관에 규정된 고유목적사업(수익사업은 제외)에 직접 사용한 유형자산 및 무형자산의 처분으로 인하여 생기는 수입을 말한다. 이 경우 해당 자산의 유지·관리 등을 위한 관람료·입장료수입 등 부수수익이 있는 경우에도 이를 고유목적사업에 직접 사용한 자산으로 보며, 비영리법인이 수익사업에 속하는 자산을 고유목적사업에 전입한 후 처분하는 경우에는 전입 시 시가로 평가한 가액을 그 자산의 취득가액으로 하여 처분으로 인하여 생기는 수입을 계산한다(법령 3 ②).

정답 ②

02

「법인세법」상 비영리법인에 관한 설명으로 옳지 않은 것은?

① 비영리내국법인의 수익사업에서 발생한 소득에 대하여 법에 따른 세액공제를 적용받는 경우에는 고유목적사업준비금의 손금산입 규정의 적용을 배제한다. 다만, 고유목적사업 준비금만을 적용받는 것으로 수정신고한 경우를 제외한다.

② 주식·신주인수권 또는 출자지분의 양도로 인하여 생기는 수입은 비영리내국법인의 수익사업에 해당한다.

③ 비영리법인이 수익사업을 영위하는 경우에는 자산·부채 및 손익을 해당 수입사업에 속하는 것과 수익사업이 아닌 기타의 사업에 속하는 것을 각각 다른 회계로 구분하여 경리 하여야 한다.

④ 내국법인 중 「민법」 제32조 규정에 의하여 설립된 법인의 청산소득에 대하여 법인세를 부과하지 아니한다.

기출처 2009 국가직 7급

LINK 세법2 182, 242, 244p 오진다 368, 395-396p

난이도 ●●●○○ 출제 가능 지수 ●●●○○

해설

① 비영리내국법인의 수익사업에서 발생한 소득에 대하여 법에 따른 비과세·면제, 준비금의 손금산입, 소득공제 또는 세액감면(**세액공제 제외**)을 적용받는 경우에는 고유목적사업준비금의 손금산입 규정의 적용을 배제한다. 다만, 고유목적사업 준비금만을 적용받는 것으로 수정신고한 경우를 제외한다.

④ 내국법인 중 「민법」 제32조 규정에 의하여 설립된 법인이란 주무관청의 허가를 얻어 설립등기를 함으로써 성립된 비영리법인을 말하며, 비영리법인은 청산소득에 대하여 법인세 납세의무가 없다.

[비영리법인의 수익사업에서 생기는 소득 범위]

㉠ 사업소득: 제조업, 건설업, 도매 및 소매업 등 한국표준산업분류에 따른 사업 (법에 규정된 축산업·농업 등, 연구 개발업, 교육서비스업, 사회복지사업 제외)

㉡ 「소득세법」상 이자소득, 배당소득

㉢ 주식·신주인수권 또는 출자지분의 양도로 인한 수입

㉣ 유형자산 및 무형자산의 처분으로 인한 수입 (다만, 고유목적사업에 직접 사용한 자산의 처분으로 인하여 생기는 수입은 제외)

㉤ 「소득세법」상 양도소득세 과세대상자산인 부동산에 관한 권리와 기타자산의 양도로 인한 수입

㉥ 채권매매익 (단, 예금보험제도 운영사업 또는 부실자산 등의 인수·정리와 관련된 사업에 귀속되는 채권매매익은 제외)

[「민법」 제32조]

학술, 종교, 자선, 기예, 사교 기타 영리아닌 사업을 목적으로 하는 사단 또는 재단은 주무관청의 허가를 얻어 이를 법인으로 할 수 있다(민법 32).

정답 ①

02 청산소득에 대한 법인세

01

「법인세법」상 청산소득에 대한 설명으로 옳은 것은?

① 비영리내국법인은 청산소득에 대하여 법인세의 납세의무를 진다.

② 법인이 해산등기일 현재의 자산을 청산기간 중에 처분한 금액은 청산소득에 포함하지만, 청산기간 중에 해산 전의 사업을 계속하여 영위하는 경우 당해 사업에서 발생한 사업수입이나 임대수입, 공·사채 및 예금의 이자수입 등은 포함하지 않는다.

③ 청산소득 금액을 계산할 때 해산등기일 전 3년 이내에 자본금 또는 출자금에 전입한 잉여금이 있는 경우에는 해당 금액을 자본금 또는 출자금에 전입하지 아니한 것으로 보고 계산한다.

④ 청산소득에 대한 법인세를 납부기한까지 완납하지 아니하였을 때에는 그 납부기한이 지난 날부터 체납된 법인세의 100분의 3에 상당하는 납부지연 가산세를 징수한다.

기출처 **2016 국가직 7급**

LINK [세법2] 246-247, 249p [오진다] 397-398p

난이도 ●●●●●   출제 가능 지수 ●●●●●

해설

① 비영리내국법인과 외국법인은 청산소득에 대한 납세의무가 **없다.**

③ 청산소득 금액을 계산할 때 해산등기일 전 **2년** 이내에 자본금 또는 출자금에 전입한 잉여금이 있는 경우에는 해당 금액을 자본금 또는 출자금에 전입하지 아니한 것으로 보고 계산한다.

④ 청산소득에 대한 법인세를 징수할 때에는 납부지연가산세 중 1일 0.022%씩 부과되는 가산세(납부고지서에 따른 납부기한의 다음 날부터 부과되는 분에 한정) 및 **납부기한까지 완납하지 않는 경우 부과되는 3% 가산세 규정을 적용하지 않는다.**   정답 ②

02

「법인세법」상 내국법인의 청산소득에 대한 설명으로 옳지 않은 것은?

① 비영리내국법인은 어떠한 경우라도 청산소득에 대한 법인세의 납세의무를 지지 않는다.

② 합병이나 분할에 의한 해산하는 내국법인을 제외한 내국법인이 해산한 경우 그 청산소득의 금액은 그 법인의 해산에 의한 잔여재산의 가액에서 해산등기일 현재의 자본금 또는 출자금과 잉여금의 합계액을 공제한 금액으로 한다.

③ 내국법인의 해산에 의한 청산소득의 금액을 계산할 때 그 청산기간에 「국세기본법」에 따라 환급되는 법인세액이 있는 경우 이에 상당하는 금액은 그 법인의 해산등기일 현재의 자기자본의 총액에는 포함되지 아니한다.

④ 특별법에 따라 설립한 법인이 그 특별법의 개정으로 인하여 「상법」에 따른 회사로 조직변경하는 경우에는 청산소득에 대한 법인세를 과세하지 아니한다.

기출처 2013 국가직 7급
LINK 세법2 246, 248p   오진다 397-398p
난이도 ●●●●○   출제 가능 지수 ●●●○○

해설

② 내국법인이 해산(합병이나 분할에 의한 해산은 제외)한 경우 그 청산소득의 금액은 그 법인의 해산에 의한 잔여재산의 가액에서 해산등기일 현재의 자본금 또는 출자금과 잉여금의 합계액(자기자본의 총액)을 공제한 금액으로 한다.

해산에 의한 청산소득 = 잔여재산가액 - 자기자본총액

③ 내국법인의 해산에 의한 청산소득의 금액을 계산할 때 그 청산기간에 「국세기본법」에 따라 환급되는 법인세액이 있는 경우 이에 상당하는 금액(아래 산식의 ㉣)은 그 법인의 해산등기일 현재의 자기자본의 총액에는 **포함된다**.

자기자본총액 = ㉠ 납입자본금(출자금) + ㉡ 잉여금 - ㉢ 이월결손금 + ㉣ 법인세환급액

[청산소득에 대한 법인세의 납세의무 면제대상 영리내국법인]

㉠ 「상법」에 따라 조직변경하는 경우

㉡ 특별법에 따라 설립된 법인이 해당 특별법의 개정이나 폐지로 인하여 「상법」에 따른 회사로 조직변경하는 경우

㉢ 「변호사법」에 따라 법무법인이 법무법인(유한)으로 조직변경하는 경우

㉣ 「관세사법」에 따라 관세사법인이 관세법인으로 조직변경하는 경우

㉤ 「변리사법」에 따라 특허법인이 특허법인(유한)으로 조직변경하는 경우

㉥ 「협동조합 기본법」에 따라 법인 등이 협동조합으로 조직변경하는 경우

㉦ 「지방공기업법」에 따라 지방공사가 지방공단으로 조직변경하거나 지방공단이 지방공사로 조직변경하는 경우

정답 ③

03

「법인세법」상 법인세에 관한 설명으로 옳지 않은 것은?

① 사업연도를 변경하고자 하는 법인은 그 법인의 직전 사업연도 종료일부터 3개월 이내에 대통령령이 정하는 바에 따라 납세지 관할 세무서장에게 이를 신고하여야 한다.

② 내국법인의 각 사업연도의 소득 중 공익신탁의 신탁재산에서 생기는 소득에 대하여는 각 사업연도의 소득에 대한 법인세를 과세하지 아니한다.

③ 천재지변 기타 재해로 인하여 대통령령이 정하는 자산총액의 100분의 20 이상이 상실된 경우에는 재해손실에 대한 세액공제를 받을 수 있다.

④ 「상법」의 규정에 의하여 내국법인이 조직변경하는 경우에는 청산소득에 대한 법인세를 과세한다.

기출처 2007 국가직 9급
LINK 세법2 21, 207, 219, 246p   오진다 285, 379, 385, 397p
난이도 ●●○○○   출제 가능 지수 ●●●○○

해설

영리내국법인이라고 하더라도 「상법」의 규정에 의하여 내국법인이 조직변경하는 경우에는 청산소득에 대한 법인세를 **과세하지 않는다.**   정답 ④

03 외국법인의 법인세납세의무

01

「법인세법」상 외국법인의 과세에 대한 설명으로 옳지 않은 것은?

① 외국법인의 국내사업장은 6개월을 초과하여 존속하는 건축장소 또는 이와 관련되는 감독활동을 수행하는 장소를 포함한다.

② 외국법인의 국내에 있는 토지 등 양도소득금액의 계산 시 취득가액 및 양도가액은 원칙적으로 실지거래가액으로 한다.

③ 외국법인이 판매를 목적으로 하지 아니하는 자산의 저장이나 보관만을 위하여 사용하는 일정한 장소는 국내사업장에 포함되지 아니한다.

④ 외국법인이 국내에 있는 자산을 증여받아 생기는 소득은 국내원천소득에 해당하지 않는다.

기출처 2012 국가직 9급

LINK 세법2 251, 253p   오진다 400p

난이도 ●●●●○   출제 가능 지수 ●●●○○

해설

② 외국법인의 각 사업연도의 국내원천소득의 금액 중 국내원천 부동산 등 양도소득금액은 그 소득을 발생시키는 자산의 양도가액에서 취득가액과 토지 등을 양도하기 위하여 직접 지출한 비용을 뺀 금액으로 한다(법법 92 ③). 이때 취득가액과 양도가액은 실지거래가액으로 하되, 실지거래가액이 불분명한 경우에는 「소득세법」을 준용하여 계산한 가액으로 한다(법법 92 ④).

④ 외국법인이 국내에 있는 자산을 증여받아 생기는 소득은 국내원천소득에 **해당한다.**

[국내사업장에 해당되는 장소 vs 국내사업장에 해당되지 않는 장소]

국내사업장에 해당되는 장소	국내사업장에 해당되지 않는 장소
㉠ 지점·사무소 또는 영업소, 상점 그 밖의 고정된 판매장소, 작업장·공장 또는 창고 ㉡ 6개월을 초과하여 존속하는 건축장소, 건설·조립·설치공사의 현장 또는 이와 관련되는 감독활동을 수행하는 장소 ㉢ 고용인을 통하여 용역을 제공하는 경우로서 용역의 제공이 계속되는 12개월 중 총 6개월을 초과하는 기간 동안 용역이 수행되는 장소 ㉣ 고용인을 통하여 용역을 제공하는 경우로서 용역의 제공이 계속되는 12개월 중 총 6개월을 초과하지 아니하는 경우에는 유사한 종류의 용역이 2년 이상 계속적 반복적으로 수행되는 장소 ㉤ 광산·채석장 또는 해저천연자원이나 그 외 천연자원의 탐사 및 채취장소	외국법인의 사업 수행상 예비적 또는 보조적인 성격을 가진 활동을 하기 위하여 사용되는 다음의 장소 ㉠ 자산의 단순한 구입만을 위하여 사용하는 일정한 장소 ㉡ 판매를 목적으로 하지 아니하는 자산의 저장이나 보관을 위하여 사용하는 일정한 장소 ㉢ 광고, 선전, 정보의 수집 및 제공, 시장조사, 그 밖에 이와 유사한 활동만을 하기 위하여 사용하는 일정한 장소 ㉣ 자기의 자산을 타인으로 하여금 가공하게 할 목적으로만 사용하는 장소

정답 ④

02

「법인세법」상 외국법인의 납세의무에 관한 설명으로 옳지 않은 것은?

① 국내사업장을 가진 외국법인은 국내사업장과 실질적으로 관련되고 그 사업장에 귀속되는 국내원천소득에 대하여 원칙적으로 내국법인에 관한 규정을 준용하여 법인세를 신고·납부하여야 한다.

② 국내사업장이 없는 외국법인도 국내에 부동산소득이 있는 경우에는 원칙적으로 내국법인에 관한 규정을 준용하여 법인세를 신고·납부하여야 한다.

③ 외국법인 중 외국의 정부·지방자치단체는 국내원천소득 중 수익사업에서 생기는 소득에 대하여 납세의무를 진다.

④ 외국법인이 영리법인인 경우에는 청산소득에 대하여 납세의무를 진다.

03

「법인세법」상 외국법인의 국내사업장에 관한 설명으로 옳지 않은 것은?

① 외국법인이 국내사업장을 가지고 있지 아니한 경우에도 국내에 자기를 위하여 계약을 체결할 권한을 가지고 그 권한을 반복적으로 행사하는 자를 두고 사업을 영위하는 경우에는 그 자의 사업장소재지(사업장이 없는 경우에는 주소지로 하고, 주소지가 없는 경우에는 거소지로 한다)에 국내사업장을 둔 것으로 본다.

② 외국법인이 자산의 단순한 구입만을 위하여 사용하는 일정한 장소는 국내사업장에 포함되지 아니한다.

③ 외국법인이 국내에 사업의 전부를 수행하는 고정된 장소를 가지고 있는 경우에는 국내사업장이 있는 것으로 한다.

④ 외국법인이 국내에서 사업의 일부를 수행하는 작업장·공장 또는 창고를 가지고 있는 경우에는 국내사업장이 없는 것으로 본다.

기출처 **2009 지방직 9급**
LINK (세법2) 17, 252p   오진다 282, 400p
난이도 ●●○○○   출제 가능 지수 ●●●○○

해설

③ 외국법인 중 외국의 정부·지방자치단체 및 영리를 목적으로 하지 아니하는 법인(법인으로 보는 단체를 포함)은 비영리외국법인으로서 각 사업연도의 국내원천소득 중 수익사업에서 생기는 소득에 대하여 법인세가 과세된다.

④ 외국법인이 영리법인인 경우에도 **청산소득에 대하여 납세의무를 지지 않는다.** 오직 영리내국법인만이 청산소득에 대하여 납세의무를 진다.

정답 ④

기출처 **2009 국가직 7급**
LINK (세법2) 253p   오진다 400p
난이도 ●●○○○   출제 가능 지수 ●●●○○

해설

외국법인이 국내에서 사업의 일부를 수행하는 작업장·공장 또는 창고를 가지고 있는 경우에는 국내사업장이 **있는** 것으로 본다.

[국내사업장을 둔 것으로 보는 경우]

외국법인이 고정된 장소를 가지고 있지 아니한 경우에도 다음의 종속대리인을 두고 사업을 영위하는 경우 그 자의 사업장 소재지(사업장이 없는 경우 주소지, 주소지가 없는 경우 거소지)에 국내사업장을 둔 것으로 본다.

㉠ 국내에서 그 외국법인을 위하여 다음 어느 하나의 계약을 체결할 권한을 가지고 그 권한을 반복적으로 행사하는 자
  ⓐ 외국법인의 명의의 계약
  ⓑ 외국법인이 소유하는 자산의 소유권 이전 또는 소유권이나 사용권을 갖는 자산의 사용권 허락을 위한 계약
  ⓒ 외국법인의 용역제공을 위한 계약

㉡ 국내에서 그 외국법인을 위하여 외국법인 명의 계약 등을 체결할 권한을 가지고 있지 아니하더라도 계약을 체결하는 과정에서 중요한 역할(외국법인이 계약의 중요사항을 변경하지 아니하고 계약을 체결하는 경우로 한정)를 반복적으로 수행하는 자

㉢ 외국법인의 자산을 상시 보관하고 관례상 이를 배달 또는 인도하는 자

㉣ 중개인 일반위탁매매인 기타 독립적 지위의 대리인으로서 주로 특정 외국법인만을 위하여 계약체결 등 사업에 관한 중요한 부분의 행위를 하는 자(이들이 자기사업의 정상적인 과정에서 활동하는 경우를 포함)

㉤ 보험사업(재보험사업을 제외)을 경영하는 외국법인을 위하여 보험료를 징수하거나 국내 소재 피보험물에 대한 보험을 인수하는 자

정답 ④

18

합병 및 분할

01 합병·분할 및 현물출자 시 과세이연 특례 ■9급 ■7급

기출 분석

공무원 시험의 성격상 '합병과 분할'의 주제는 부담되는 주제입니다. 거의 출제되지 않았으나, 2018년 국가직 9급에서 합병과 관련하여 기본적인 원리를 중심으로 출제되었습니다.

그러므로 합병 전체를 자세히 학습하기보다는 기본 틀을 중심으로만 간략히 정리하시면 됩니다.

01 합병·분할 및 현물출자 시 과세이연 특례

01

「법인세법」상 내국법인 간 합병과 관련한 설명으로 옳지 않은 것은?

① 합병법인이 「법인세법」 제44조제2항 및 제3항에 따라 양도손익이 없는 것으로 한 합병(적격합병)이 아닌 합병으로 피합병법인의 자산을 승계한 경우에는 그 자산을 피합병법인으로부터 합병등기일 현재의 시가로 양도받은 것으로 본다.

② 「법인세법」 제44조제2항 각호의 요건을 모두 갖춘 합병 시 피합병법인이 합병법인으로부터 받은 양도가액을 피합병법인의 합병등기일 현재의 순자산 장부가액(자산의 장부가액 총액에서 부채의 장부가액 총액을 뺀 가액)으로 보아 피합병법인에 양도손익이 없는 것으로 할 수 있다.

③ 내국법인이 발행주식총수를 소유하고 있는 다른 법인을 합병하는 경우에는 피합병법인에 양도손익이 없는 것으로 할 수 있다.

④ 합병법인은 피합병법인의 자산을 시가로 양도받은 것으로 보는 경우에 피합병법인에 지급한 양도가액이 피합병법인의 합병등기일 현재의 자산총액에서 부채총액을 뺀 금액보다 적은 경우에는 그 차액을 합병등기일부터 3년간 균등하게 나누어 손금에 산입한다.

기출처 2018 국가직 9급

LINK 세법2 262-263p   오진다 403-404p

난이도 ●●○○○   출제 가능 지수 ●●●●○

해설

합병법인이 피합병법인의 자산을 시가로 양도받은 것으로 보는 경우란 비적격합병의 경우라는 뜻이다(적격합병의 경우 합병법인은 피합병법인의 자산을 장부가액으로 양도받은 것으로 본다). 피합병법인에 지급한 양도가액이 피합병법인의 합병등기일 현재의 자산총액에서 부채총액을 뺀 금액보다 적은 경우 그 차액은 합병매수차익이다. 비적격합병의 경우 합병매수차익은 합병등기일부터 **5년**간 균등하게 나누어 **익금**에 산입한다.

[양도차익과 합병매수차익]

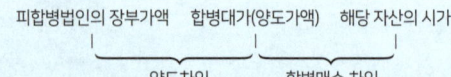

피합병법인은 양도차익에 대해 과세된다. 피합병법인의 양도손익은 다음과 같다.

> 양도손익 = 피합병법인이 합병법인으로부터 받은 양도가액 - 피합병법인의 순자산장부가액
> = (합병대가 + 합병법인이 대납하는 피합병법인의 법인세 등) - {(자산 장부가액 - 부채 장부가액) + 환급법인세액}

합병법인은 합병매수차익에 대해 과세된다. 합병법인의 합병매수차손익은 다음과 같다.

> 합병매수차손익 = 피합병법인 순자산 시가 - 피합병법인에게 지급한 합병대가(양도가액)

[5년에 걸쳐 추인하도록 규정된 「법인세법」상 규정]

㉠ 한국채택국제회계기준을 적용하게 되는 법인이 후입선출법에서 다른 재고자산 평가방법으로 변경하는 경우: "다음 사업연도 개시일부터" 60개월에 걸쳐 익금산입함 (세법2 109p)

㉡ 비적격합병과 비적격분할의 경우, 합병(분할)법인의 합병(분할)매수차손익의 추인 (세법2 254p)

정답 ④

02

「법인세법」상 합병법인이 피합병법인으로부터 이월결손금을 승계받아 공제할 수 있는 요건으로 옳지 않은 것은?

① 합병법인이 피합병법인의 자산을 시가에 의하여 승계할 것

② 승계받은 피합병법인의 사업에서 소득금액이 발생할 것

③ 합병등기일 현재 1년 이상 계속하여 사업을 영위하던 내국법인 간의 합병일 것

④ 피합병법인의 주주 등이 합병법인으로부터 합병대가를 받은 경우에는 그 합병대가의 총합계액 중 주식 등의 가액이 100분의 80 이상일 것

기출처 2009 국가직 9급
LINK 세법2 260p 오진다 402p
난이도 ●●●○○ 출제 가능 지수 ●●●○○

해설

적격합병을 한 합병법인은 피합병법인의 합병등기일 현재 이월결손금과 세무조정사항을 승계하고, 합병 전에 피합병법인에 적용되는 세액공제 및 세액감면의 혜택을 받을 수 있다.

적격합병을 한 경우, 양도받은 자산 및 부채의 가액을 합병등기일 현재의 시가로 계상하되, 피합병법인의 자산을 **장부가액으로** 양도받은 것으로 한다(법법 44의3 ①).   정답 ①

03

「법인세법」상 적격합병의 규정이 적용되기 위한 요건으로 옳지 않은 것은?

① 합병등기일 현재 1년 이상 계속하여 사업을 영위하던 내국법인간 합병일 것

② 피합병법인의 주주 등이 합병으로 인하여 받은 합병대가의 총합계액 중 주식가액이 80% 이상일 것

③ 합병등기일 현재 피합병법인에 종사하는 근로자 중 합병법인이 승계한 근로자의 비율이 90% 이상이고, 합병등기일이 속하는 사업연도의 종료일까지 그 비율을 유지할 것

④ 합병법인이 합병등기일이 속하는 사업연도가 끝나는 날까지 피합병법인으로부터 승계받은 사업을 계속할 것

기출처 2007 국가직 7급
LINK 세법2 260p 오진다 402p
난이도 ●●○○○ 출제 가능 지수 ●●●○○

해설

합병등기일 **1개월 전 당시** 피합병법인에 종사하는 근로자 중 합병법인이 승계한 근로자의 비율이 **80%** 이상이고, 합병등기일이 속하는 사업연도의 종료일까지 그 비율을 유지할 것   정답 ③

CHAPTER

19

연결납세제도

01 연결납세제도 개괄

02 연결납세방식의 적용과 변경

03 연결소득금액 등의 계산 및 신고·납부

기출 분석

'연결납세제도'도 '합병 및 분할'과 더불어 공무원 시험에서 자주 다루어지는 주제가 아닙니다만, 2024년부터 적용되는 개정사항이 있어 이와 관련된 내용이 출제될 수 있으니 잘 대비하시기 바랍니다.

01 연결납세제도 개괄

01

「법인세법」상 주요 용어에 관한 설명으로 옳지 않은 것은?

① 연결납세방식이란 둘 이상의 내·외국법인을 하나의 과세표준과 세액을 계산하는 단위로 하여 법인세를 신고·납부하는 방식을 말한다.

② 연결모법인이란 연결집단 중 다른 연결법인을 연결지배하는 연결법인을 말한다.

③ 사업연도란 법인의 소득을 계산하는 1회계기간을 말한다.

④ 손금이란 자본 또는 출자의 환급, 잉여금의 처분 및 「법인세법」에서 규정하는 것을 제외하고 해당 법인의 순자산을 감소시키는 거래로 인하여 발생하는 손비의 금액을 말한다.

기출처 2010 국가직 7급

LINK 세법2 20, 66, 276p   오진다 284, 311, 412p

난이도 ●●○○○   출제가능지수 ●●●○○

해설

연결납세방식이란 둘 이상의 **내국법인**을 하나의 과세표준과 세액을 계산하는 단위로 하여 법인세를 신고·납부하는 방식을 말한다. 연결납세방식은 외국법인에 적용할 수 없다.   정답 ①

02 연결납세방식의 적용과 변경

01

「법인세법」상 연결납세방식에 대한 설명으로 옳은 것은?

① 비영리내국법인도 연결가능 모법인이 될 수 있다.
② 내국법인이 다른 내국법인의 발행주식총수의 50%를 보유한 경우에는 연결납세방식을 적용할 수 있다.
③ 연결법인의 납세지는 본래의 납세지에 불구하고 연결모법인의 납세지로 한다.
④ 연결법인이 원하는 경우에는 언제든지 연결납세방식의 적용을 포기할 수 있다.

기출처 **2011 국가직 9급 수정**
LINK 세법2 276-279p 오진다 412-413, 415p
난이도 ●●●○○ 출제 가능 지수 ●●●○○

해설

① 비영리내국법인은 **연결가능 모법인이 될 수 없는** 법인이다.
② 내국법인이 다른 내국법인의 발행주식총수의 **90%** 이상을 보유한 경우에 연결납세방식을 적용할 수 있다.
④ 연결납세방식을 **최초로 적용받은 연결사업연도와 그 다음 연결사업연도의 개시일부터 4년 이내에 끝나는 연결사업연도까지는** 연결납세방식의 적용을 **포기할 수 없다**(법법 76의10 ①). **정답 ③**

02

「법인세법」상 연결납세제도에 대한 설명으로 옳은 것만을 모두 고른 것은?

> ㉠ 다른 내국법인을 연결지배하는 내국법인이 비영리내국법인인 경우에도 연결납세제도가 적용된다.
> ㉡ 연결자법인이 다른 연결법인에 흡수합병되어 해산하는 경우에는 해산등기일이 속하는 연결사업연도에 연결납세 방식을 적용할 수 없다.
> ㉢ 연결법인은 연결납세방식의 적용을 포기할 수 있지만, 연결납세방식을 최초로 적용받은 연결사업연도와 그 다음 연결사업연도의 개시일부터 4년 이내에 끝나는 연결사업 연도까지는 연결납세방식의 적용을 포기할 수 없다.
> ㉣ 연결지배란 내국법인이 다른 내국 법인의 발행주식총수 또는 출자총액의 100분의 90 이상을 보유하고 있는 경우를 말한다.

① ㉠, ㉡
② ㉠, ㉣
③ ㉡, ㉢
④ ㉢, ㉣

기출처 **2015 국가직 7급 수정**
LINK 세법2 276-280p 오진다 412, 415p
난이도 ●●●●○ 출제 가능 지수 ●●●●○

해설

㉠ 다른 내국법인을 연결지배하는 내국법인이 비영리내국법인인 경우에는 연결납세방식을 **적용받을 수 없다**. 비영리내국법인은 연결가능 모법인이 될 수 없는 법인이다.
㉡ 연결자법인이 다른 연결법인에 흡수합병되어 해산하는 경우에는 해산등기일이 속하는 연결사업연도에 연결납세방식을 적용할 수 **있다**.

[연결납세방식 적용대상 배제]

연결가능 모법인이 될 수 없는 법인	연결가능 자법인이 될 수 없는 법인
㉠ 해산으로 청산 중인 법인	㉠ 해산으로 청산 중인 법인
㉡ 소득공제를 적용받을 수 있는 유동화전문회사 등과 프로젝트 금융투자회사의 명목회사	㉡ 소득공제를 적용받을 수 있는 유동화전문회사 등과 프로젝트 금융투자회사의 명목회사
㉢ 동업기업과세특례를 적용하는 동업기업	㉢ 동업기업과세특례를 적용하는 동업기업
㉣ 해운기업에 대한 법인세 과세표준계산특례를 적용하는 법인	㉣ 해운기업에 대한 법인세 과세표준계산특례를 적용하는 법인
㉤ **비영리내국법인**	
㉥ 다른 내국법인(비영리내국법인은 제외)으로부터 연결지배를 받는 법인	

정답 ④

03

다음 중 「법인세법」의 연결납세방식에 대한 설명으로 옳은 것은?

① 연결납세방식은 내국영리법인이 직접적으로 총 발행주식의 100%를 소유하는 내국법인에 대해서만 적용한다.

② 연결납세방식을 적용하고자 하는 법인은 최초의 사업연도 개시일 전 3개월 이내에 적용 신청을 하여 연결모법인의 관할 세무서장의 승인을 얻어야 한다.

③ 연결납세방식을 신청하여 승인을 얻은 내국법인은 언제든지 연결납세방식을 포기할 수 있다.

④ 동업기업과세특례를 적용받는 법인은 연결납세방식의 적용대상이 아니다.

기출처 2007 서울시 9급

LINK 세법2 276-279p   오진다 412-415p

난이도 ●●●○○   출제 가능 지수 ●●●○○

해설

① 연결납세방식의 적용대상은 내국영리법인이 직접적 **또는 간접적**으로 총 발행주식의 **90% 이상**을 소유하는 내국법인에 대해서 적용한다.

② 연결납세방식을 적용하고자 하는 법인은 최초의 사업연도 개시일**부터 10일** 이내에 적용 신청을 하여 연결모법인의 관할 **지방국세청장**의 승인을 얻어야 한다.

③ 연결납세방식을 **최초로 적용받은 연결사업연도와 그 다음 연결사업연도의 개시일부터 4년 이내에 끝나는 연결사업연도까지**는 연결납세방식의 적용을 **포기할 수 없다.**

④ 동업기업과세특례를 적용하는 동업기업은 완전모법인이 될 수 없으며 완전자법인도 될 수 없다. 따라서 연결납세방식의 적용대상이 아니다.   정답 ④

01

「법인세법」상 연결납세제도에 관한 설명으로 옳지 않은 것은?

① 내국법인과 연결가능 자법인에 연결납세방식을 적용하는 경우 연결가능 자법인이 2 이상인 때에는 해당 법인 모두에 연결납세방식을 적용하여야 하는 것은 아니다.

② 연결납세방식을 적용받는 각 연결법인의 사업연도는 연결사업연도와 일치하여야 한다.

③ 연결납세방식을 최초로 적용받은 연결사업연도와 그 다음 연결사업연도의 개시일부터 4년 이내에 종료하는 연결사업연도까지는 연결납세방식의 적용을 포기할 수 없다.

④ 연결모법인은 각 연결사업연도의 종료일이 속하는 달의 말일부터 4개월 이내에 해당 연결사업연도의 소득에 대한 법인세의 과세표준과 세액을 납세지 관할 세무서장에게 신고하여야 한다.

기출처 **2009 국가직 9급**

LINK 세법2 277, 279, 284p   오진다 413, 415, 418p

난이도 ●●●●●   출제가능지수 ●●●●●

해설

내국법인과 연결가능 자법인에 연결납세방식을 적용하는 경우 연결가능 자법인이 2 이상인 때에는 해당 법인 모두에 연결납세방식을 **적용하여야 한다.**

정답 ①

제 **6** 편

소득세법

01

총칙

출제 경향 분석

01 소득세 개요

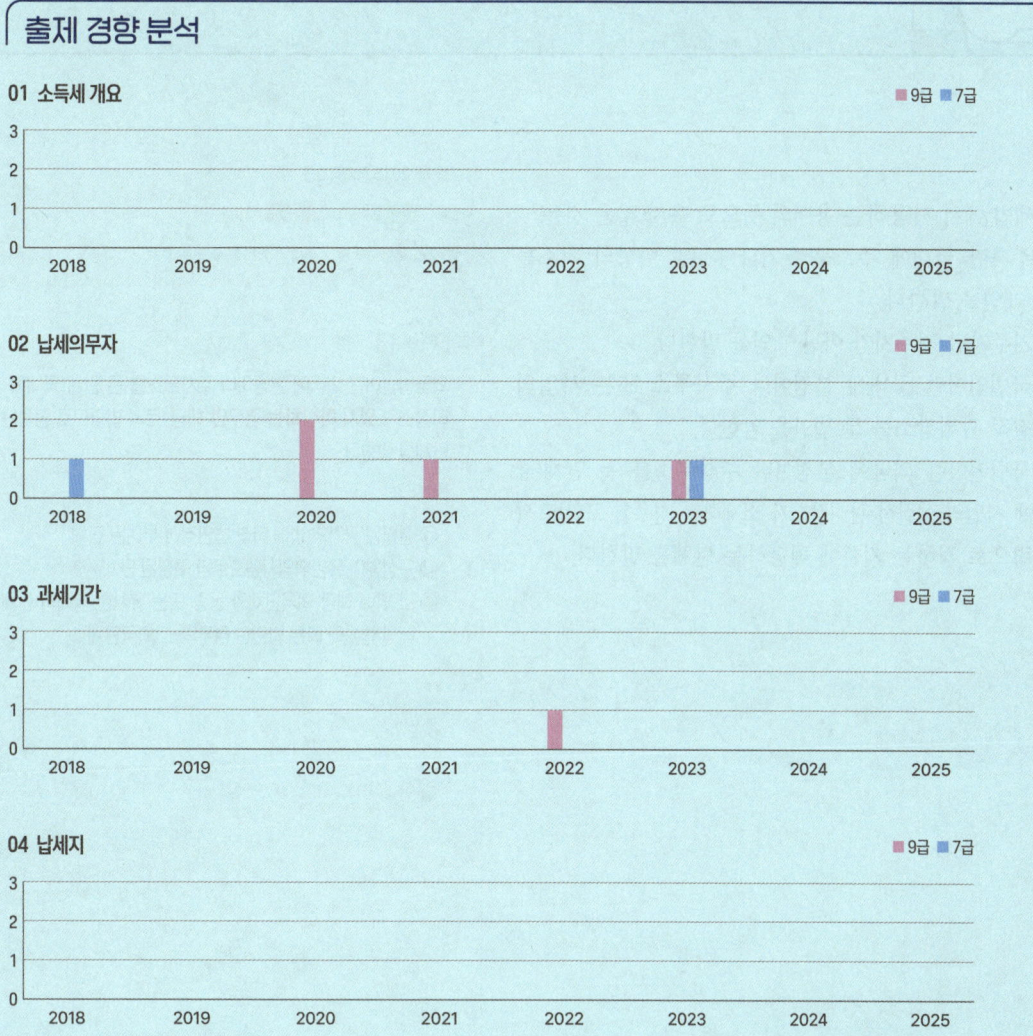

02 납세의무자

03 과세기간

04 납세지

기출 분석

「소득세법」에서 '02. 납세의무자'에 대한 규정은 빈출 주제입니다. 국가직 9급과 7급 모두 자주 다루어지고 있는 주제입니다.
대부분 난도가 낮은 문제들이 출제되고 있으나, '신탁재산'과 관련된 규정들이 개정과 관련된 내용이 있으므로 정확히 정리해 둘 필
요가 있습니다. 또한 2023년 9급 및 7급 시험에서는 거주자와 비거주자에 대한 빈출 내용이 출제되었으며, 2022년 시험에서는
「소득세법」의 과세기간이 「법인세법」의 사업연도와 함께 복합적으로 출제되었으니 「소득세법」의 총칙은 「법인세법」과 함께 비교하
여 정리해 둘 필요가 있습니다.

01 소득세 개요

01

「소득세법」에서 사용하는 용어의 뜻으로 옳지 않은 것은?

① 거주자란 국내에 주소를 두거나 183일 이상의 거소를 둔 개인을 말한다.

② 비거주자란 거주자가 아닌 개인을 말한다.

③ 내국법인이란 국내에 본점이나 주사무소 또는 사업의 실질적 관리장소를 둔 법인을 말한다.

④ 외국법인이란 외국에 본점이나 주사무소를 둔 단체(국내에 사업의 실질적 관리장소가 소재하는 경우를 포함)로서 법령으로 정하는 기준에 해당하는 단체를 말한다.

기출처 2016 국가직 9급

LINK 세법2 292p 오진다 424p

난이도 ●●●●● 출제 가능 지수 ●●●●●

해설

외국법인이란 외국에 본점이나 주사무소를 둔 단체(국내에 사업의 실질적 관리장소가 **있지 아니하는 경우만 해당**)로서 법령으로 정하는 기준에 해당하는 단체를 말한다.

[법령으로 정하는 기준]

㉠ 설립된 국가의 법에 따라 법인격이 부여된 단체

㉡ 구성원이 유한책임사원으로만 구성된 단체

㉢ 그 밖에 해당 외국단체와 동종 또는 유사한 국내의 단체가 「상법」 등 국내의 법률에 따른 법인인 경우의 그 외국단체

정답 ④

02

「소득세법」 제4조 소득의 구분에서 종합소득을 구성하는 것만을 모두 고른 것은?

ㄱ. 이자소득	ㄴ. 양도소득	ㄷ. 근로소득
ㄹ. 기타소득	ㅁ. 퇴직소득	ㅂ. 연금소득

① ㄱ, ㄴ

② ㄴ, ㄷ, ㄹ

③ ㄷ, ㅁ, ㅂ

④ ㄱ, ㄷ, ㄹ, ㅂ

기출처 2013 국가직 9급

LINK 세법2 292p 오진다 424p

난이도 ●●●●● 출제 가능 지수 ●●●●●

해설

퇴직소득과 양도소득은 종합소득에 합산하지 않고 달리 분류하여 별도의 계산구조를 통해 계산하며 이를 '분류과세'라고 한다.

정답 ④

03

소득세에 대한 설명으로 옳지 않은 것은?

① 신고납부제도에 의하므로 납세의무자의 신고에 의해 납세의무가 확정되는 효력이 있다.

② 소득세는 이자·배당·사업·근로·연금·기타소득에 대하여 종합과세하며, 퇴직소득과 양도소득에 대하여는 분류과세한다.

③ 현행 「소득세법」상 모든 소득에 대하여 초과누진세율을 적용하고 있다.

④ 이자소득과 배당소득 및 사업소득에 대해서는 유형별 포괄주의를 채택하고 있다.

기출처 2006 국가직 7급
LINK 세법1 59p 세법2 292-294p 오진다 29, 424p
난이도 ●●●●● 출제 가능 지수 ●●●●●

해설

양도소득은 자산의 종류나 보유기간 등에 따라 별도의 세율을 적용한다. 또한 분리과세하는 소득은 원천징수로 인하여 과세가 종결되는데 이때 적용하는 원천징수세율은 각 소득별로 법에서 정한 일정한 세율이다. 따라서, 현행 「소득세법」상 모든 소득에 대하여 초과누진세율을 **적용하는 것은 아니다.**

[열거주의 과세와 유형별 포괄주의 과세]

원칙: 열거주의	「소득세법」상 법령에 구체적으로 열거된 소득에 대해서만 과세함	유형별 포괄주의 적용소득을 제외한 과세대상 소득
예외: 유형별 포괄주의	별도로 열거되지 않은 경우에도 그와 유사한 소득에 대해서는 과세함	이자소득·배당소득·사업소득

정답 ③

04

「소득세법」상 종합소득에 포함되지 않는 것은?

① 연금소득　　　　② 배당소득
③ 양도소득　　　　④ 기타소득

기출처 2001 국가직 9급
LINK 세법2 292p 오진다 424p
난이도 ●●●●● 출제 가능 지수 ●●●●●

해설

퇴직소득과 양도소득은 장기간에 걸쳐 발생한 소득이 일시에 실현되는 소득이므로 종합소득과 합산하여 과세한다면 그 실현시점에 지나치게 높은 세율이 적용되는 현상이 발생한다. 따라서 퇴직소득과 양도소득은 종합소득에 포함되지 않고 분류과세된다.

정답 ③

납세의무자

2-01

소득세법령상 납세의무에 대한 설명으로 옳지 않은 것은?

① 해당 과세기간 종료일 10년 전부터 국내에 주소나 거소를 둔 기간의 합계가 5년 이하인 외국인 거주자에게는 과세대상 소득 중 국외원천소득의 경우 국내에서 지급되거나 국내로 송금된 소득만 과세한다.

② 국외에서 근무하는 공무원 또는 내국법인의 국외사업장에 파견된 임원은 거주자로 본다.

③ 국내에 거소를 둔 기간이 1과세기간 동안 183일 이상인 경우에는 국내에 183일 이상 거소를 둔 것으로 본다.

④ 거주자가 비거주자로 되는 시기는 거주자가 주소 또는 거소의 국외 이전을 위하여 출국하는 날이다.

기출처 **2023 국가직 7급**

LINK 세법2 296-298p   오진다 426-427p

난이도 ●●●○○   출제 가능 지수 ●●●●●

해설

④ 거주자가 비거주자로 되는 시기는 거주자가 주소 또는 거소의 국외 이전을 위하여 출국하는 날의 **다음날**이다.   정답 ④

01

소득세법령상 거주자와 비거주자에 관한 설명으로 옳지 않은 것은?

① 거주자나 내국법인의 국외사업장 또는 해외현지법인(내국법인이 발행주식총수 또는 출자지분의 100분의 100을 직접 또는 간접 출자한 경우에 한정한다) 등에 파견된 임원 또는 직원이나 국외에서 근무하는 공무원은 거주자로 본다.

② 비거주자는 국내에 거소를 둔 기간이 183일이 되는 날에 거주자가 된다.

③ 국내에 거소를 둔 기간은 입국하는 날부터 출국하는 날까지로 한다.

④ 국내에 거소를 두고 있던 개인이 출국 후 다시 입국한 경우에 생계를 같이하는 가족의 거주지나 자산소재지 등에 비추어 그 출국 목적이 관광, 질병의 치료 등으로서 명백하게 일시적인 것으로 인정되는 때에는 그 출국한 기간도 국내에 거소를 둔 기간으로 본다.

기출처 **2023 국가직 9급**

LINK 세법2 296-298p   오진다 426-427p

난이도 ●●●○○   출제 가능 지수 ●●●●○

해설

③ 국내에 거소를 둔 기간은 **입국하는 날의 다음 날**부터 출국하는 날까지로 한다.   정답 ③

02

「소득세법」상 납세의무에 대한 설명으로 옳지 않은 것은?

① 주된 공동사업자에게 합산과세되는 경우 그 합산과세되는 소득금액에 대해서는 주된 공동사업자의 특수관계인은 손익분배비율에 해당하는 그의 소득금액을 한도로 주된 공동사업자와 연대하여 납세의무를 진다.

② 외국법인의 국내지점 또는 국내영업소는 원천징수한 소득세를 납부할 의무를 진다.

③ 공동으로 소유한 자산에 대한 양도소득금액을 계산하는 경우에는 해당 자산을 공동으로 소유하는 거주자가 연대하여 납세의무를 진다.

④ 피상속인의 소득금액에 대해서 과세하는 경우에는 그 상속인이 납세의무를 진다.

기출처 **2021 국가직 9급**

LINK **세법2** 298-300p **오진다** 427-428p

난이도 ●●●○○ 출제 가능 지수 ●●●○○

해설

「국세기본법」에서는 공동사업 또는 그 공동사업에 속하는 재산과 관계되는 국세 및 강제징수비는 공동사업자가 연대하여 납부할 의무를 진다(국기법 25 ①)고 규정하고 있으나 세법에 별도의 규정이 있는 경우는 해당 법에서 정하는 바에 따른다(국기법 3)고 규정하고 있다. 「소득세법」의 경우 공동사업자별로 납세의무가 있다고 별도의 규정이 있다. 따라서 소득세에 대하여는 **연대납세의무가 없다**(주된 공동사업자에게 합산과세되는 경우 제외). 즉, 공동으로 소유한 자산에 대한 양도소득금액을 계산하는 경우에는 해당 자산을 공동으로 소유하는 **각 거주자가 납세의무를 진다.**

정답 ③

03

신탁재산에 대한 설명으로 옳지 않은 것은? (단, 신탁은 2022년 부가가치세 1기에 설정된 것으로 한다)

① 「소득세법」상 신탁재산에 귀속되는 소득은 그 신탁의 이익을 받을 수익자(수익자가 사망하는 경우에는 그 상속인)에게 귀속되는 것으로 본다.

② 「소득세법령」상 신탁업을 경영하는 자는 각 과세기간의 소득금액을 계산할 때 신탁재산에 귀속되는 소득과 그 밖의 소득을 구분하여 경리하여야 한다.

③ 「법인세법」상 「자본시장과 금융투자업에 관한 법률」의 적용을 받는 법인의 신탁재산(보험회사의 특별계정은 제외)에 귀속되는 수입과 지출은 그 법인에 귀속되는 수입과 지출로 보지 아니한다.

④ 「부가가치세법」상 신탁재산과 관련된 재화 또는 용역을 공급하는 때에는 「신탁법」 제2조에 따른 위탁자가 신탁재산별로 각각 별도의 납세의무자로서 부가가치세를 납부할 의무가 있다.

기출처 **2020 국가직 9급 수정**

LINK **세법1** 270p **세법2** 19, 300p **오진다** 163, 282-283, 428p

난이도 ●●●●● 출제 가능 지수 ●●●●●

해설

「부가가치세법」상 신탁재산과 관련된 재화 또는 용역을 공급하는 때에는 「신탁법」 제2조에 따른 **수탁자**가 신탁재산별로 각각 별도의 납세의무자로서 부가가치세를 납부할 의무가 있다.

[신탁 관련 부가가치세 납세의무]

㉠ 원칙적 납세의무자: **수탁자**	신탁재산과 관련된 재화 또는 용역을 공급하는 때에는 「신탁법」에 따른 수탁자가 신탁재산별로 각각 별도의 납세의무자로서 부가가치세를 납부할 의무가 있다.
㉡ 예외적 납세의무자: **위탁자**	다음 중 어느 하나에 해당하는 경우 위탁자 ⓐ 신탁재산과 관련된 재화 또는 용역을 위탁자 명의로 공급하는 경우 ⓑ 위탁자가 신탁재산을 실질적으로 지배·통제하는 경우 ⓒ 위탁자의 지위 이전을 신탁재산의 공급으로 보는 경우 → 이 경우 기존 위탁자가 납세의무자임

정답 ④

04

납세의무와 그 범위에 대한 설명으로 옳지 않은 것은?

① 「국세기본법」은 공유물(共有物) 또는 공동사업에 관계되는 국세 및 강제징수비는 공유자 또는 공동사업자가 연대하여 납부할 의무를 지도록 규정하고 있다.

② 공동으로 소유한 자산에 대한 양도소득금액을 계산하는 경우에는 해당 자산을 공동으로 소유하는 각 거주자가 납세의무를 진다.

③ 「국세기본법」 제13조 제1항에 따른 법인 아닌 단체 중 같은 조 제4항에 따른 법인으로 보는 단체 외의 법인 아닌 단체의 일부 구성원들에게만 이익이 분배되는 것으로 확인되는 경우에는 해당 단체는 납세의무를 지지 않는다.

④ 「소득세법」 제127조에 따라 원천징수되는 소득으로서 같은 법 제14조 제3항 또는 다른 법률에 따라 같은 법 제14조 제2항에 따른 종합소득과세표준에 합산되지 아니하는 소득이 있는 자는 그 원천징수되는 소득세에 대해서 납세의무를 진다.

기출처 2020 국가직 9급
LINK 세법1 75p 세법2 298-299p 오진다 39, 427-428p
난이도 ●●●○○ 출제 가능 지수 ●●●○○

해설

「국세기본법」 제13조 제1항에 따른 법인 아닌 단체 중 같은 조 제4항에 따른 법인으로 보는 단체 외의 법인 아닌 단체의 일부 구성원들에게만 이익이 분배되는 것으로 확인되는 경우에는 해당 단체는 확인되지 아니하는 부분에 대해 해당 단체를 1거주자 또는 1비거주자로 보아 소득세에 대한 **납세의무를 진다.**

[이익이 분배되는 경우 납세의무 정리]

구성원의 이익 분배가 **전부** 확인되는 경우	⊙ 이익 분배비율이 정해져 있고 그 비율이 확인되는 경우	해당 단체의 각 구성원별로 「소득세법」 또는 「법인세법」에 따라 소득에 대한 소득세 또는 법인세 납세의무 부담
	ⓒ 이익 분배비율이 정해져 있지 않으나, 사실상 구성원별 이익분배가 확인되는 경우	
구성원의 이익 분배가 **일부만** 확인되는 경우	⊙ 확인되는 부분	해당 구성원별로 소득세 또는 법인세에 대한 납세의무 부담
	ⓒ 확인되지 아니하는 부분	해당 단체를 1거주자 또는 1비거주자로 보아 소득세에 대한 납세의무 부담

정답 ③

05

세법상 납세의무에 대한 설명으로 옳지 않은 것은?

① 사업 목적이 비영리이며 사업상 독립적으로 재화를 공급하는 개인사업자는 부가가치세를 납부할 의무가 있다.

② 거주자 또는 비거주자로 보는 법인이 아닌 단체로서 구성원 간 이익의 분배방법이나 분배비율이 정하여져 있지 않거나 확인되지 않는 경우에는 해당 단체를 1 거주자 또는 1 비거주자로 보아 소득세의 납세의무를 진다.

③ 원천징수되는 소득으로서 종합소득과세표준에 합산되지 아니하는 소득이 있는 자는 그 원천징수되는 소득세의 납세의무를 지지 아니한다.

④ 내국법인 중 국가와 지방자치단체에 대하여는 법인세를 부과하지 아니한다.

기출처 2018 국가직 7급
LINK 세법1 269p 세법2 17, 298-299, 330p 오진다 162, 427-428p
난이도 ●●●●● 출제 가능 지수 ●●●●○

해설

원천징수되는 소득으로서 종합소득과세표준에 합산되지 아니하는 소득이 있는 자는 그 원천징수되는 소득세의 납세의무를 **진다.** 정답 ③

06

「소득세법」 상 납세의무의 범위에 대한 설명으로 옳지 않은 것은?

① 상속에 따라 피상속인의 소득금액에 대하여 과세하는 경우에는 그 상속인이 납세의무를 진다.

② 증여를 통한 우회양도 규정에 따라 증여자가 자산을 직접 양도한 것으로 보는 경우에 증여받은 자는 그 양도소득에 대한 납세의무를 지지 않는다.

③ 원천징수되는 소득으로서 「소득세법」 제14조 제3항에 따른 종합소득과세표준에 합산되지 않는 소득이 있는 자는 그 원천징수 되는 소득세에 대해서 납세의무를 진다.

④ 신탁재산에 귀속되는 소득은 그 신탁의 이익을 받을 수익자(수익자가 사망하는 경우에는 그 상속인)에게 귀속되는 것으로 본다.

기출처 **2017 국가직 9급**

LINK 세법2 299-300p 오진다 428p

난이도 ●●●○○ 출제가능지수 ●●●●○

해설

증여를 통한 우회양도 규정에 의하여 증여자가 자산을 직접 양도한 것으로 보는 경우 그 양도소득에 대해서는 **증여자와 증여받은 자가 연대하여 납세의무를 진다**(소법 2의2 ③).

[신탁재산에 귀속되는 소득에 대한 납세의무]

㉠ 원칙: **수익자**	신탁재산에 귀속되는 소득은 그 신탁의 이익을 받을 수익자(수익자가 사망하는 경우에는 그 상속인)에게 귀속되는 것으로 본다(소법 2의3 ①).
㉡ 예외: **위탁자**	위탁자가 신탁재산을 실질적으로 통제하는 신탁의 경우에는 그 신탁재산에 귀속되는 소득은 위탁자에게 귀속되는 것으로 본다 [위탁자가 신탁재산을 실질적으로 통제한다고 보는 요건(소령 4의2 ④)] 다음의 어느 하나에 해당하는 신탁을 말한다. ⓐ 위탁자가 신탁을 해지할 수 있는 권리, 수익자를 지정하거나 변경할 수 있는 권리, 신탁 종료 후 잔여재산을 귀속 받을 권리를 보유하는 등 신탁재산을 실질적으로 지배·통제할 것 ⓑ 신탁재산 원본을 받을 권리에 대한 수익자는 위탁자로, 수익을 받을 권리에 대한 수익자는 그 배우자 또는 같은 주소 또는 거소에서 생계를 같이 하는 직계존비속(배우자의 직계존비속을 포함)으로 설정했을 것

정답 ②

07

「소득세법」상 주소와 거주자 여부 판정에 대한 설명으로 옳지 않은 것은?

① 내국법인의 국외사업장에 파견된 직원은 비거주자로 본다.

② 국외에 근무하는 자가 외국국적을 가진 자로서 국내에 생계를 같이하는 가족이 없고 그 직업 및 자산상태에 비추어 다시 입국하여 주로 국내에 거주하리라고 인정되지 아니하는 때에는 국내에 주소가 없는 것으로 본다.

③ 국내에 거주하는 개인이 계속하여 183일 이상 국내에 거주할 것을 통상 필요로 하는 직업을 가진 때에는 국내에 주소를 가진 것으로 본다.

④ 외국을 항행하는 선박 또는 항공기의 승무원의 경우 그 승무원과 생계를 같이하는 가족이 거주하는 장소 또는 그 승무원이 근무기간 외의 기간 중 통상 체재하는 장소가 국내에 있는 때에는 당해 승무원의 주소는 국내에 있는 것으로 본다.

기출처 2015 국가직 7급

LINK 세법2 297p   오진다 426-427p

난이도 ●●●●●   출제 가능 지수 ●●●○○

해설

거주자나 내국법인의 국외사업장 또는 해외현지법인(내국법인이 발행주식총수 또는 출자지분의 100%를 직접 또는 간접 출자한 경우에 한정) 등에 파견된 임원 또는 직원이나 국외에서 근무하는 공무원은 국내에 주소를 가진 것으로 본다. 즉, 내국법인의 국외사업장에 파견된 직원은 **거주자**로 본다.

원칙적인 기준에도 불구하고 거주자로 보는 경우	원칙적인 기준에도 불구하고 비거주자로 보는 경우
㉠ 계속하여 183일 이상 국내에 거주할 것을 통상 필요로 하는 직업을 가진 때 ㉡ 국내에 생계를 같이하는 가족이 있고, 그 직업 및 자산상태에 비추어 계속하여 183일 이상 국내에 거주할 것으로 인정되는 때 ㉢ 거주자나 내국법인의 국외사업장 또는 해외현지법인(내국법인이 발행주식총수 또는 출자지분의 100%를 직접 또는 간접 출자한 경우에 한정) 등에 파견된 임원 또는 직원이나 국외에서 근무하는 공무원 ㉣ 외국을 항행하는 선박 또는 항공기 승무원의 경우 그 승무원과 생계를 같이하는 가족이 거주하는 장소 또는 그 승무원이 근무기간 이외의 기간 중 통상 체재하는 장소가 국내에 있는 자	㉠ 국외에 거주 또는 근무하는 자가 외국국적을 가졌거나 외국법령에 의하여 그 외국의 영주권을 얻은 자로서 국내에 생계를 같이하는 가족이 없고 그 직업 및 자산 상태에 비추어 다시 입국하여 주로 국내에 거주하리라고 인정되지 아니하는 때 ㉡ 주한외교관과 그 외교관의 세대에 속하는 가족(단, 대한민국 국민은 예외) ㉢ 한미행정협정에 규정한 합중국 군대의 구성원·군무원 및 그들의 가족(단, 합중국의 소득세를 회피할 목적으로 국내에 주소가 있다고 신고한 경우에는 예외) ㉣ 외국을 항행하는 선박 또는 항공기 승무원의 경우 그 승무원과 생계를 같이하는 가족이 거주하는 장소 또는 그 승무원이 근무기간 이외의 기간 중 통상 체재하는 장소가 국외에 있는 자

정답 ①

08

「소득세법」상 법인격 없는 단체에 대한 설명으로 옳지 않은 것은?

① 1거주자로 보는 법인격 없는 단체의 소득은 그 단체의 대표자나 관리인의 다른 소득과 합산하여 과세한다.

② 법인격 없는 단체를 구성원들의 공동사업으로 보는 경우 그 단체는 납세의무를 지지 아니하며 구성원들이 각자 납세의무를 진다.

③ 「국세기본법」상 법인으로 보는 단체 외의 단체 중 대표자 또는 관리인이 선임되어 있으나 이익의 분배방법이나 분배비율이 정해져 있지 아니한 경우 그 단체를 1거주자 또는 1비거주자로 본다.

④ 1거주자로 보는 법인격 없는 단체로서 명시적으로 이익의 분배방법이나 분배비율이 정해져 있지 아니하더라도 사실상 이익이 분배되는 경우에는 구성원의 공동사업으로 본다.

기출처 2009 국가직 9급

LINK 세법2 298p   오진다 426p

난이도 ●●●○○   출제 가능 지수 ●●●○○

해설

1거주자로 보는 법인격 없는 단체의 소득은 그 단체의 대표자나 관리인의 다른 소득과 **합산하여서는 안되며 별도로 과세해야 한다.**   정답 ①

03 과세기간

01

법인세의 사업연도와 소득세의 과세기간에 대한 설명으로 옳지 않은 것은?

① 법인의 최초 사업연도의 개시일은 내국법인의 경우 설립등기일로 한다.

② 사업연도 신고를 하여야 할 법인이 그 신고를 하지 아니하는 경우에는 매년 1월 1일부터 12월 31일까지를 그 법인의 사업연도로 한다.

③ 소득세의 과세기간은 신규사업개시자의 경우 사업개시일부터 12월 31일까지로 하며, 폐업자의 경우 1월 1일부터 폐업일까지로 한다.

④ 사업연도를 변경하려는 법인은 그 법인의 직전 사업연도 종료일부터 3개월 이내에 납세지 관할 세무서장에게 이를 신고하여야 한다.

기출처 **2022 국가직 9급**
LINK 세법2 20-21, 300p   오진다 284-285, 428p
난이도 ●●●○○   출제 가능지수 ●●●○○

해설

소득세의 과세시간은 **1월 1일부터 12월 31일까지로 한다.** 이는 개인사업자의 사업개시일이나 폐업일과 무관하게 일괄적으로 적용하기 때문에 법인세와 다르게 임의로 납세의무자가 과세기간을 결정할 수 없다.

[사업연도 정리]

사업연도 변경 신고기한	직전 사업연도 종료일부터 3개월 이내
사업연도가 변경된 경우의 사업연도	종전의 사업연도 개시일 ~ 변경된 사업연도 개시일 전날 1개월 미만인 경우에는 변경된 사업연도에 포함
변경신고서를 늦게 제출한 경우	그 다음 사업연도부터 사업연도가 변경
신설법인의 사업연도	최초 사업연도가 경과하기 전에는 사업연도 변경 불가

[사업연도의 변경 vs 납세지의 변경 vs 재고자산 평가방법 및 감가상각방법의 변경]

구분	사업연도	납세지	재고자산 평가방법	감가상각방법
신고기한	직전 사업연도 종료일부터 **3개월** 이내	변경된 날부터 **15일** 이내	적용하려는 사업연도의 종료일 전 **3개월**이 되는 날까지	적용하려는 사업연도 종료일까지
신고기한 후 신고 시	다음 사업연도부터 적용	변경신고일부터 적용	MAX[무신고 시의 평가방법에 따른 가액, 당초 적법 신고방법에 따른 가액]	변경하기 전의 상각방법에 의하여 계산

정답 ③

02

「소득세법」상 과세소득의 범위로 옳지 않은 것은?

① 거주자에 해당하는 자는 국내원천소득뿐 아니라 국외원천소득에 대하여도 납세의무를 진다.

② 비거주자에 해당하는 자는 국내원천소득에 대하여만 납세의무를 진다.

③ 거주자가 출국으로 인하여 비거주자가 되는 경우 1월 1일부터 출국일까지의 소득에 대하여 과세한다.

④ 비거주자는 내국법인의 해외지점에서 근무함으로써 발생한 소득에 대하여도 소득세 납세의무가 있다.

기출처 **2006 국가직 9급**
LINK 세법2 298, 302p   오진다 426, 428p
난이도 ●●○○○   출제 가능지수 ●●●○○

해설

비거주자가 내국법인 해외지점에서 근무함으로써 발생한 소득은 국외원천소득으로 보므로 해당 소득에 대해서는 소득세 납세의무가 **없다.**   정답 ④

04 납세지

01

「소득세법」상 납세의무자 및 납세지에 관한 설명으로 옳지 않은 것은?

① 공동으로 소유한 자산에 대한 양도소득금액을 계산하는 경우에는 해당 자산을 공동으로 소유하는 각 거주자에게 연대납세의무를 지우지 아니한다.

② 비거주자의 국내사업장이 둘 이상 있는 경우 소득세의 납세지는 각각의 사업장 소재지로 한다.

③ 국내원천소득이 있는 비거주자는 소득세를 납부할 의무를 진다.

④ 원천징수하는 자가 법인인 경우 원천징수하는 소득세의 납세지는 그 법인의 본점 또는 주사무소의 소재지로 한다(그 법인의 지점 등이 독립채산제에 따라 독자적으로 회계 사무를 처리하는 경우 제외).

기출처 2013 국가직 9급

LINK [세법2] 296, 299-302p [오진다] 426-429p

난이도 ●●○○○ 출제 가능 지수 ●●●○○

[해설]

① 공동으로 소유한 자산에 대한 양도소득금액을 계산하는 경우에는 해당 자산을 공동으로 소유하는 각 거주자가 납세의무를 진다. 즉, 연대납세의무를 지우지 않는다.

② 비거주자의 국내사업장이 둘 이상 있는 경우 소득세의 납세지는 **주된 국내 사업장의 소재지**로 한다. 정답 ②

02

「소득세법」상 원천징수 등의 경우의 납세지에 대한 설명으로 옳은 것은? (단, 해당 납세지는 가지고 있다고 전제한다)

① 원천징수하는 거주자가 주된 사업장 외의 사업장에서 원천징수를 하는 경우에는 그 거주자의 주소지 또는 거소지를 원천징수하는 소득세의 납세지로 한다.

② 원천징수하는 비거주자가 국내사업장이 없는 경우에는 그 비거주자의 거류지 또는 체류지를 원천징수하는 소득세의 납세지로 한다.

③ 소득세를 원천징수하는 자가 법인인 경우로서 그 법인의 지점·영업소 기타 사업장이 독립채산제에 의하여 독자적으로 회계 사무를 처리하는 경우에는 그 사업장의 소재지만이 원천징수하는 소득세의 납세지가 된다.

④ 납세조합이 원천징수하는 소득세의 납세지는 업무를 집행하는 조합원의 주소지로 한다.

기출처 2011 국가직 9급

LINK [세법2] 302p [오진다] 429p

난이도 ●●○○○ 출제 가능 지수 ●●●○○

[해설]

① 원천징수하는 거주자가 주된 사업장 외의 사업장에서 원천징수를 하는 경우에는 **그 사업장의 소재지**를 원천징수하는 소득세의 납세지로 한다.

③ 소득세를 원천징수하는 자가 법인인 경우로서 그 법인의 지점, 영업소, 그 밖의 사업장이 독립채산제에 따라 독자적으로 회계사무를 처리하는 법인의 경우에는 그 사업장의 소재지(그 사업장의 소재지가 국외에 있는 경우는 제외)를 납세지로 한다. 단, 「부가가치세법」에 따라 사업자단위로 등록한 경우 또는 법인이 지점 등에서 지급하는 소득에 대한 원천징수세액의 납세지를 본점 또는 주사무소의 소재지로 신고한 경우에는 **그 법인의 본점 또는 주사무소의 소재지를 소득세 원천징수세액의 납세지로 할 수 있다.**

④ 납세조합이 원천징수하는 소득세의 납세지는 **그 납세조합의 소재지**로 한다. 정답 ②

03

「소득세법」상 원천징수하는 소득세의 납세지에 관한 설명으로 옳지 않은 것은?

① 원천징수하는 자가 거주자로서 사업장이 없는 경우에는 그 거주자의 주소지 또는 거소지를 납세지로 한다.

② 원천징수하는 자가 비거주자로서 주된 국내사업장에서 원천징수를 하는 경우에는 그 비거주자의 주된 국내사업장의 소재지를 납세지로 한다.

③ 소득세를 원천징수하는 자가 법인인 경우에는 그 법인의 대표자의 주소지 또는 거소지를 납세지로 한다.

④ 납세조합이 그 조합원의 원천징수대상이 아닌 근로소득에 대한 소득세를 매월 징수하는 경우 그 납세조합의 소재지를 납세지로 한다.

기출처 **2007 국가직 9급**

LINK 세법2 302p   오진다 429p

난이도 ●●○○○   출제 가능 지수 ●●●○○

해설

소득세를 원천징수하는 자가 법인인 경우에는 그 법인의 **본점 또는 주사무소의 소재지**를 납세지로 한다.   정답 ③

MEMO

CHAPTER

02

금융소득

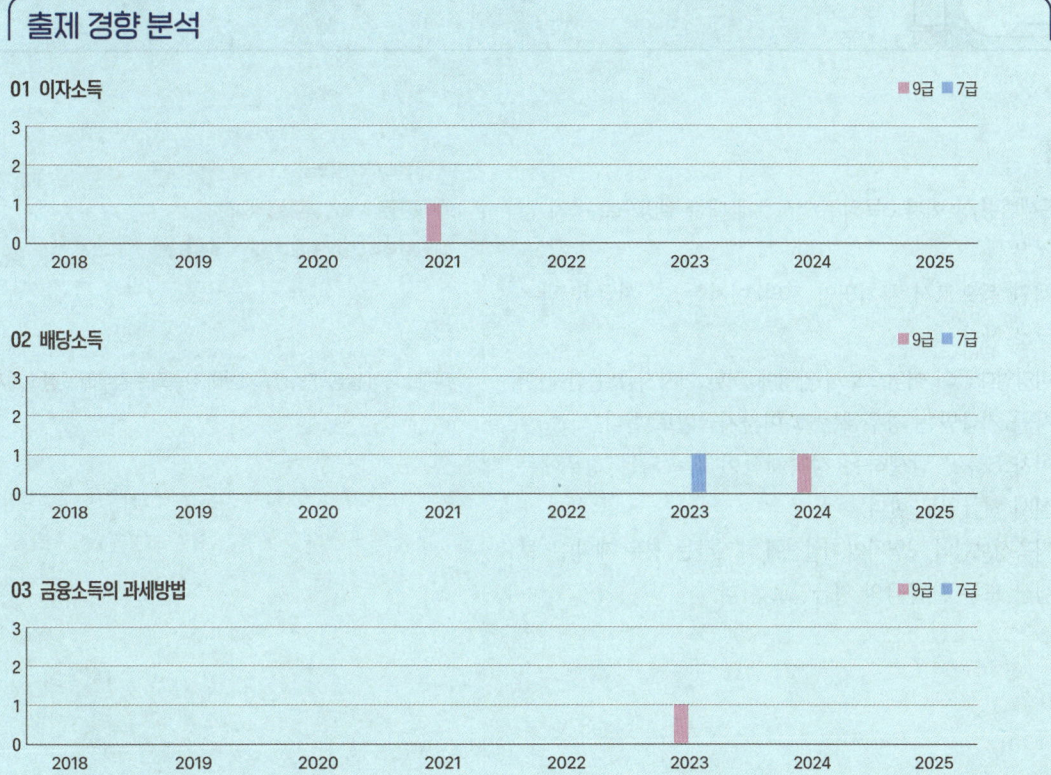

01 이자소득

■9급 ■7급

3
2
1
0
2018 2019 2020 2021 2022 2023 2024 2025

02 배당소득

■9급 ■7급

3
2
1
0
2018 2019 2020 2021 2022 2023 2024 2025

03 금융소득의 과세방법

■9급 ■7급

3
2
1
0
2018 2019 2020 2021 2022 2023 2024 2025

기출 분석

'금융소득' 파트는 빈출되는 파트는 아니었으나 2023년 7급 및 2024년 9급 시험에서 '02. 배당소득'의 전반적인 내용을 묻는 문제가 연속 출제되었고, 2023년 9급에서는 원천징수세율의 개정사항이 출제되어 개정세법 학습의 중요성을 확인시켜 주었습니다. 금융소득은 다루는 주제와 산출방식이 복잡한 것에 비하여 공무원 시험에서는 비교적 난도가 높지 않은 기본적인 내용을 위주로 출제되었습니다. 대체로 난이도가 평이한 문제들 중심이었으므로, 관련 규정들을 잘 정리하고 응용문제들을 충분히 다루어 보는 것이 중요합니다.

01

「소득세법령」상 이자소득의 수입시기에 대한 설명으로 옳지 않은 것은?

① 채권 등으로서 무기명인 것의 이자는 그 지급을 받은 날로 한다.
② 비영업대금의 이익으로서 약정에 의한 이자지급일 전에 이자를 지급받는 경우에는 그 이자지급일로 한다.
③ 이자소득이 발생하는 상속재산이 상속되는 경우에는 실제 지급일로 한다.
④ 저축성보험의 보험차익(기일전에 해지하는 경우 제외)은 보험금 또는 환급금의 지급일로 한다.

기출처 **2021 국가직 9급**
LINK 세법2 312p 오진다 433p
난이도 ●●●○○ 출제 가능 지수 ●●●●○

해설

이자소득이 발생하는 상속재산이 상속되는 경우에는 **상속개시일**로 한다.

정답 ③

02

「소득세법」상 이자소득에 해당하지 않는 것은?

① 내국법인이 발행한 채권 또는 증권의 이자와 할인액
② 대금업을 영위하는 자가 영리를 목적으로 금전을 대여하고 받은 이자
③ 국가나 지방자치단체가 발행한 채권 또는 증권의 이자와 할인액
④ 비영업대금의 이익

기출처 **2014 국가직 9급**
LINK 세법2 308, 310p 오진다 431-432p
난이도 ●●○○○ 출제 가능 지수 ●●●●○

해설

② 대금업을 영위하는 자가 영리를 목적으로 금전을 대여하고 받은 이자는 **사업소득**에 해당한다.
④ 비영업대금의 이익은 금전의 대여를 사업목적으로 하지 아니하는 자가 일시적·우발적으로 금전을 대여하고 그 대가로 수령하는 이자 또는 수수료(기한 경과 등의 사유로 지급받는 추가금액을 포함)를 뜻하며 이는 이자소득으로 과세한다.

정답 ②

03

「소득세법」상 이자소득에 관한 설명으로 옳지 않은 것은?

① 근로자가 퇴직하거나 탈퇴하여 그 규약에 따라 직장 공제회로부터 받는 반환금에서 납입공제료를 뺀 금액 (납입금 초과이익)과 반환금을 분할하여 지급하는 경우 그 지급하는 기간 동안 추가로 발생하는 이익(반환금 추가 이익)은 이자소득으로 과세된다.

② 공동사업에서 발생한 소득금액 중 출자공동사업자의 손익분배비율에 해당하는 금액은 이자소득으로 과세된 다.

③ 이자소득을 발생시키는 거래 또는 행위와 이를 기초로 한 파생상품이 결합되어 실질상 하나의 상품과 같이 운 용되는 경우 해당 파생상품의 거래 또는 행위로부터의 이익 은 이자소득으로 과세된다.

④ 거주자가 일정기간 후에 같은 종류로서 같은 양의 채권을 반환받는 조건으로 채권을 대여하고 해당 채권의 차 입자로부터 지급받는 해당 채권에서 발생하는 이자에 상당 하는 금액은 이자소득에 포함된다.

기출처 **2014 국가직 7급**

LINK 세법2 310-311, 313p 오진다 431-432, 434p

난이도 ●●●○○ 출제 가능 지수 ●●●○○

해설

공동사업에서 발생한 소득금액 중 출자공동사업자의 손익분배비율에 해당하 는 금액은 **배당**소득으로 과세된다.

[직장공제회 초과반환금]

초과반환금 = 퇴직·탈퇴로 인하여 직장공제회로부터 받는 반환금 - 납입공 제료 + 반환금 추가이익

[공동사업에서 발생한 소득금액]

구분	의미	과세
경영참가사업자	㉠ 경영에 참여하는 자 ㉡ 성명 또는 상호를 사용하게 한 자 ㉢ 채무 등에 대하여 무한책임을 부담하기로 약정된 자	사업소득으로 과세
출자공동사업자	경영에 참여하지 않고 출자만 하는 자	배당소득으로 과세

[채권대차거래와 주식대차거래]

구분	의미	과세
채권대차거래	거주자가 일정기간 후에 같은 종류로서 같은 양의 채권을 반환받는 조건으로 채권을 대여하고 해당 채권의 차입자로부터 지급받는 해당 채권에서 발생하는 이자에 상당하는 금액	이자소득으로 과세
주식대차거래	거주자가 일정기간 후에 같은 종류로서 같은 양의 주식을 반환받는 조건으로 주식을 대여하고 해당 주식의 차입자로부터 지급받는 해당 주식에서 발생하는 배당에 상당하는 금액	배당소득으로 과세

정답 ②

04

「소득세법」상 이자소득에 해당하지 않는 것은?

① 비영업대금의 이익
② 채권의 환매조건부매매차익
③ 선지급한 외상매입금의 할인액
④ 직장공제회초과반환금

기출처 **2001 국가직 7급**

LINK 세법2 308, 310-311p 오진다 431-432p

난이도 ●●○○○ 출제 가능 지수 ●●●○○

해설

선지급한 외상매입금의 할인액은 매입할인액이므로 **사업소득과 관련된 금액**으로 본다.

[환매조건부 매매차익]

의의	금융회사 등이 환매기간에 따른 사전약정이율을 적용하여 환매수(다시 사는 것) 또는 환매도(다시 파는 것)하는 조건으로 매매하는 채권·증권의 매매차익
성격	명목상 매매차익이지만 실질적으로 사전약정된 이자를 지급하는 것 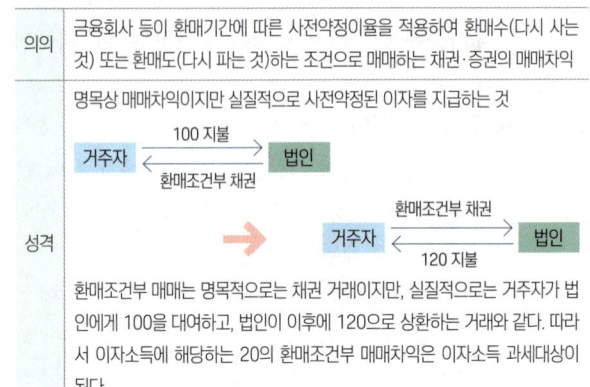 환매조건부 매매는 명목적으로는 채권 거래이지만, 실질적으로는 거주자가 법인에게 100을 대여하고, 법인이 이후에 120으로 상환하는 거래와 같다. 따라서 이자소득에 해당하는 20의 환매조건부 매매차익은 이자소득 과세대상이 된다.

[이자소득으로 보지 않는 소득]

사업관련 발생분	㉠ 매입에누리와 매입할인 ㉡ 물품을 판매하고 대금의 결제방법에 따라 추가로 지급받는 금액 ㉢ 외상매출금이나 미수금의 지급기일을 연장하여 주고 추가로 지급받는 금액 (단, 외상매출금이나 미수금이 소비대차로 전환된 경우에는 이자소득으로 본다.) ㉣ 장기할부조건으로 판매함으로써 현금거래 또는 통상적인 대금의 결제방법에 의한 거래의 경우보다 추가로 지급받는 금액 (단, 당초 계약내용에 의하여 매입가액이 확정된 후 그 대금의 지급지연으로 실질적인 소비대차로 전환되어 발생되는 이자는 이자소득으로 본다.)
손해배상금과 법정이자	㉠ 계약의 위약 또는 해약을 원인으로 인해 지급받는 손해배상금과 법정이자: 기타소득 ㉡ 그 외의 손해배상금과 법정이자: 과세하지 않음

정답 ③

02 배당소득

2-01

소득세법령상 거주자의 배당소득에 대한 설명으로 옳은 것은?

① 거주자가 일정 기간 후에 같은 종류로서 같은 양의 주식을 반환받는 조건으로 주식을 대여하고 해당 주식의 차입자로부터 지급받는 해당 주식에서 발생하는 배당에 상당하는 금액은 배당소득에 포함된다.

② 자기주식의 소각 당시 그 시가가 취득가액을 초과하지 않는 경우로서 소각일로부터 2년이 지난 후 자기주식소각이익을 자본에 전입함으로써 취득하는 주식의 가액은 배당으로 본다.

③ 배당소득금액은 해당 과세기간의 총수입금액에서 필요경비를 공제한 금액으로 한다.

④ 채무의 출자전환으로 주식을 발행함으로써 발생하는 주식발행초과금 중 시가를 초과하여 발행된 금액을 자본에 전입함으로써 취득하는 주식의 가액은 배당으로 보지 아니한다.

기출처 **2024 국가직 9급**
LINK 세법2 314-317p 오진단 306, 336, 434-435p
난이도 ●●●○○ 출제 가능 지수 ●●●○○

해설

② 다음 중 하나에 해당하는 경우에 의제배당으로 보아 과세한다.

㉠ 소각일로부터 **2년 이내**의 자본전입인 경우
㉡ 소각 당시 시가가 취득가액을 **초과한** 경우

③ 종합소득금액에 합산되는 배당소득금액은 배당소득 총수입금액에 **Gross - up 금액(귀속법인세액)을 가산한 금액으로 계산**하며, 이자소득금액과 마찬가지로 **필요경비를 인정하지 않는다.**

④ 일반적인 주식발행초과금을 자본에 전입하는 경우에는 의제배당으로 보지 아니하나, 채무의 출자전환으로 주식을 발행함으로써 발생하는 주식발행초과금 중 시가를 초과하여 발행된 금액(채무면제익 의제액)을 자본에 전입함으로써 취득하는 주식의 가액은 배당으로 **본다.**   정답 ①

2-02

소득세법령상 배당소득에 대한 설명으로 옳은 것만을 모두 고르면?

> ㄱ. 잉여금 처분에 따른 배당소득의 수입시기는 당해 법인의 잉여금처분결의일이다.
>
> ㄴ. 「법인세법」에 따라 처분된 배당소득의 수입시기는 당해 법인의 당해 과세기간 종료일이다.
>
> ㄷ. 거주자가 일정기간 후에 같은 종류로서 같은 양의 주식을 반환받는 조건으로 주식을 대여하고 해당 주식의 차입자로부터 지급받는 해당 주식에서 발생하는 배당에 상당하는 금액은 배당소득에 포함된다.
>
> ㄹ. 법인으로 보는 단체 외의 단체 중 수익을 구성원에게 배분하지 아니하는 단체로서 단체명을 표기하여 금융거래를 하는 단체가 「금융실명거래 및 비밀보장에 관한 법률」에 따른 금융회사 등으로부터 받는 배당소득은 종합소득과세표준을 계산할 때 합산하지 아니한다.

① ㄱ, ㄷ   ② ㄴ, ㄹ

③ ㄱ, ㄷ, ㄹ   ④ ㄴ, ㄷ, ㄹ

기출처 2023 국가직 7급

LINK 세법2 316, 319, 321p   오진다 434, 436, 438p

난이도 ●●●○○   출제 가능 지수 ●●●●○

해설

ㄴ. 「법인세법」에 따라 처분된 배당소득의 수입시기는 **해당 사업연도의 결산 확정일**이다.   정답 ③

01

「소득세법」상 배당소득의 수입시기에 대한 설명으로 옳지 않은 것은?

① 집합투자기구로부터의 이익 ― 이익을 지급받기로 약정된 날

② 법인이 해산으로 인하여 소멸한 경우 의제배당 ― 잔여재산의 가액이 확정된 날

③ 출자공동사업자의 배당 ― 과세기간 종료일

④ 「법인세법」에 의하여 처분된 배당 ― 당해 법인의 당해 사업연도의 결산확정일

기출처 2014 국가직 9급

LINK 세법2 319p   오진다 436p

난이도 ●●●○○   출제 가능 지수 ●●●●○○

해설

집합투자기구로부터의 이익의 경우 배당소득의 수입시기는 집합투자기구로부터의 **이익을 지급받은 날**로 한다. 다만, 원본에 전입하는 뜻의 특약이 있는 분배금은 그 특약에 따라 원본에 전입되는 날로 한다.   정답 ①

02

「소득세법」상 의제배당의 원인이 아닌 것은?

① 합병
② 소득처분
③ 해산
④ 이익잉여금의 자본전입

기출처 2004 국가직 9급
LINK 세법2 313-314p   오진다 434p
난이도 ●●●○○   출제 가능 지수 ●●○○○

해설

「법인세법」에 따라 배당으로 소득처분된 금액은 **인정배당**에 해당한다. 정답 ②

03

「소득세법」상 의제배당에 해당하지 않는 것은?

① 법인의 해산으로 받은 대가가 주식의 취득가액을 초과하는 경우
② 감가상각자산에 대한 재평가적립금을 자본전입하는 경우
③ 이익잉여금을 자본전입하는 경우
④ 피투자회사가 자기주식을 보유한 상태에서 주식발행초과금을 자본전입함에 따라 추가로 무상주를 배정받은 경우

기출처 2004 국가직 7급
LINK 세법2 314p   오진다 337p
난이도 ●●○○○   출제 가능 지수 ●●●○○

해설

재평가적립금의 자본전입의 경우 재평가세 1% 적용 토지의 재평가적립금만 의제배당에 해당한다. 그러므로 감가상각자산에 대한 재평가적립금을 자본전입하는 경우는 **의제배당에 해당하지 않는다**. 정답 ②

금융소득의 과세방법

01

소득세법령상 이자소득과 배당소득의 과세방법에 대한 설명으로 옳지 않은 것은?

① 대통령령으로 정하는 실지명의가 확인되지 아니하는 배당소득은 분리과세배당소득이며, 원천징수세율은 30%를 적용한다.

② 법인으로 보는 단체 외의 단체 중 수익을 구성원에게 배분하지 아니하는 단체로서 단체명을 표기하여 금융거래를 하는 단체가 금융회사 등으로부터 받는 배당소득은 분리과세배당소득이며, 원천징수세율은 14%를 적용한다.

③ 직장공제회 초과반환금은 분리과세이자소득이며, 원천징수세율은 기본세율을 적용한다.

④ 「민사집행법」 제113조 및 같은 법 제142조에 따라 법원에 납부한 보증금 및 경락대금에서 발생하는 이자소득은 분리과세 이자소득이며, 원천징수세율은 14%를 적용한다.

기출처 **2023 국가직 9급**

LINK 세법2 320-321p 오진다 437-438p

난이도 ●●●○○ 출제 가능 지수 ●●●○○

해설

① 대통령령으로 정하는 실지명의가 확인되지 아니하는 배당소득은 분리과세 배당소득이며, 원천징수세율은 **45%**를 적용한다.

[원천징수세율]

구분		세율
이자소득	일반적인 경우의 이자소득	14%
	비영업대금의 이익	25%
	「온라인투자연계금융업 및 이용자 보호에 관한 법률」에 따라 금융위원회에 등록한 온라인투자연계금융업자를 통하여 지급받는 P2P 투자 이자소득	14%
	비실명 이자소득	45%
	금융실명제에 위배된 비실명 이자소득	90%
	직장공제회 초과반환금	기본세율
	개인종합자산관리계좌(ISA) 과세분	9%
배당소득	일반적인 경우의 배당소득	14%
	법인으로 보지 아니하는 법인 아닌 단체 중 수익을 구성원에게 분배하지 아니하는 단체가 단체명을 표시하여 금융거래	14%
	출자공동사업자 배당	25%
	비실명 배당소득	45%
	금융실명제에 위배된 비실명 배당소득	90%

정답 ①

02

「소득세법」상 이자소득, 배당소득의 과세에 관한 설명으로 옳은 것은?

① 이자소득금액 또는 배당소득금액을 계산할 때 필요경비에 산입할 금액은 해당 과세기간의 총 수입금액에 대응하는 비용으로서 일반적으로 용인되는 통상적인 것의 합계액으로 한다.

② 국내 또는 국외에서 받는 파생결합증권으로부터의 이익은 배당소득으로 과세된다.

③ 공동사업에서 발생하는 소득금액 중 출자공동사업자에 대한 손익분배비율에 상당하는 금액은 100분의 25의 세율로 원천징수하고 분리과세한다.

④ 직장공제회초과반환금은 분리과세하는 것이 원칙이나 기준금액을 초과하는 경우에는 종합과세한다.

기출처 2010 국가직 9급 수정
LINK 세법2 311, 315, 317, 320-321p 오진다 432, 435, 437-438p
난이도 ●●●○○ 출제 가능 지수 ●●●○○

해설

① 이자소득금액 또는 배당소득금액을 계산할 때에는 **필요경비가 인정되지 않는다.**

③ 공동사업에서 발생하는 소득금액 중 출자공동사업자에 대한 손익분배비율에 상당하는 금액은 100분의 25의 세율로 원천징수하고 **무조건 종합과세한다.**

④ 직장공제회초과반환금은 **무조건 분리과세한다.**   정답 ②

03

「소득세법」상 배당소득에 관한 설명으로 옳지 않은 것은?

① 「국제조세조정에 관한 법률」상 특정외국법인의 배당 가능한 유보소득 중 거주자에게 귀속될 금액은 배당소득으로 본다.

② 공동사업에서 발생하는 소득금액 중 공동사업에 성명 또는 상호를 사용하게 한 자에 대한 손익분배비율에 상당하는 금액은 배당소득으로 보고 종합과세한다.

③ 주식의 소각이나 자본의 감소로 인하여 주주가 취득하는 금전 기타 재산의 가액이 주주가 해당 주식을 취득하기 위하여 소요된 금액을 초과하는 금액은 배당소득에 해당된다.

④ 법인이 이익 또는 잉여금의 처분에 의한 배당소득(처분일: 2/20)을 그 처분을 결정한 날부터 3월이 되는 날까지 지급하지 아니한 때에는 그 3월이 되는 날에 배당소득을 지급한 것으로 본다.

기출처 2008 국가직 7급
LINK 세법2 149, 314, 316, 321p 오진다 335, 434, 438p
난이도 ●●○○○ 출제 가능 지수 ●●●○○

해설

② 공동사업에서 발생하는 소득금액 중 **공동사업의 경영에 참여하지 아니하고 출자만 하는 자**에 대한 손익분배비율에 상당하는 금액은 배당소득으로 보고 종합과세하며, 공동사업에 성명 또는 상호를 사용하게 한 자에 대한 손익분배비율에 상당하는 금액은 사업소득으로 과세한다.

④ 법인이 이익 또는 잉여금의 처분에 의한 배당소득(또는 상여)을 그 처분을 결정한 날로부터 3월이 되는 날까지 지급하지 않은 때에 그 3월이 되는 날에 배당소득(또는 상여)을 지급한 것으로 보아 원천징수해야 한다(소법 135 ①, ③).

[「국제조세조정에 관한 법률」상 특정외국법인]

본점, 주사무소 또는 실질적 관리장소를 둔 국가 또는 지역에서의 실제부담세액이 그 외국법인의 실제발생소득에 법정 세율[1]을 곱한 금액 이하인 외국법인(이하 '특정외국법인')에 대하여 그 법인과 특수관계에 있는 내국인(특정외국법인의 각 사업연도 말 현재 발행주식의 총수 또는 출자총액의 10% 이상을 직접 또는 간접으로 보유한 자로서 특수관계에 해당하는지를 판단할 때에는 내국인의 친족 등이 직접 또는 간접으로 보유하는 주식을 포함한다)이 출자한 경우에는 특정외국법인의 각 사업연도 말 현재 배당 가능한 유보소득 중 내국인에게 귀속될 금액은 내국인이 배당받은 것으로 보아 과세한다(소법 17 ① (7), 국조법 27).

[1] 「법인세법」에 따른 각 사업연도 소득에 대한 법인세율 중 최고세율의 70%   정답 ②

04

다음 「소득세법」과 관련된 내용 중 옳은 것으로만 묶어진 것은?

> ㉠ 대한민국 국적을 가진 자는 모두 우리나라에서 소득세를 납부할 의무가 있다.
> ㉡ 소득세는 원칙적으로 순자산증가설을 기초로 과세소득의 범위를 규정하고 있다.
> ㉢ 거주자에 대한 소득세의 납세지는 원칙적으로 소득이 발생한 장소를 관할하는 세무서이다.
> ㉣ 배당세액공제는 이중과세를 방지하기 위한 제도이다.
> ㉤ 퇴직소득과 양도소득은 종합소득에 포함하지 않으며, 분류과세된다.
> ㉥ 외국에서 납부한 세금은 원칙적으로 우리나라에서 공제가 허용되지 아니한다.

① ㉠, ㉡, ㉤, ㉥
② ㉡, ㉢, ㉣, ㉤
③ ㉢, ㉣, ㉥
④ ㉣, ㉤

기출처 2008 국가직 9급

LINK 세법2 292-293, 296, 301, 317, 322p   오진다 424, 426, 428, 438p
난이도 ●●●●○   출제 가능 지수 ●●○○○

해설

㉠ 「소득세법」에서 납세의무자에는 개인(자연인)과 법인으로 보는 단체 외의 법인 아닌 단체로 나뉜다. 개인의 경우 국적 또는 영주권 여부와 관계없이 거주자와 비거주자에 따라 구분하여 각자의 소득에 대한 소득세를 납부할 의무를 진다. 따라서 주소·거소 요건에 따라 대한민국 국적을 가진 자라 하더라도 비거주자가 될 수 있다. 비거주자 중 국외원천소득만 있는 자는 대한민국 국적자라 하더라도 우리나라에서 소득세를 납부할 의무가 **없다**.

㉡ 소득세는 원칙적으로 **소득원천설**을 기초로 과세소득의 범위를 규정하고 있다.

㉢ 거주자에 대한 소득세의 납세지는 원칙적으로 **거주자의 주소지**를 관할하는 세무서이다.

㉥ 거주자의 종합소득금액에 국외원천소득이 합산되어 있는 경우로서 그 국외원천소득에 대하여 외국에서 외국소득세액을 납부하였거나 납부할 것이 있을 때에는 공제한도금액 내에서 외국소득세액을 해당 과세기간의 종합소득 산출세액 또는 퇴직소득 산출세액에서 공제할 수 있다(소법 57 ①). 따라서 외국에서 납부한 세금은 우리나라에서 공제가 **허용된다**.   정답 ④

03

사업소득

출제 경향 분석

01 사업소득의 범위

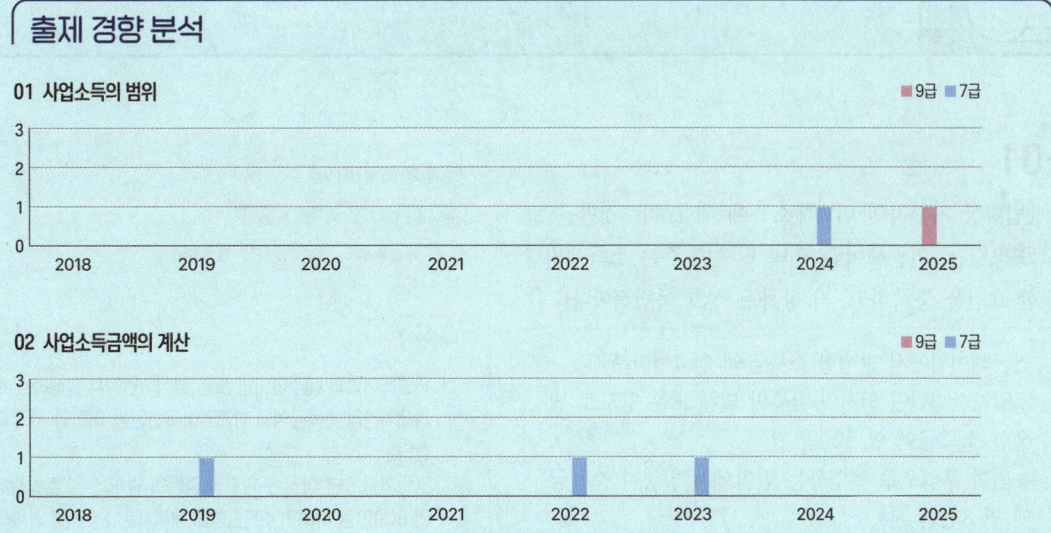

■9급 ■7급

(2018, 2019, 2020, 2021, 2022, 2023, 2024, 2025)

02 사업소득금액의 계산

■9급 ■7급

(2018, 2019, 2020, 2021, 2022, 2023, 2024, 2025)

기출 분석

'사업소득' 파트는 주로 7급 시험에서 출제되었으며 사업소득금액의 계산과 관련된 문항 위주로 출제되었으나, 24년 7급 시험과 25년 9급 시험에서 비과세 소득의 내용을 자세히 묻는 문제가 연속 출제되었습니다. 따라서 주로 7급 시험에서 물어보는 수입금액과 필요경비를 구분하는 문제도 언제든지 9급 시험에 출제될 수 있으며, 10년 이전의 과거에 기출된 계산형 문제도 출제될 수도 있으므로 기출문제를 통해 대비해 두시기 바랍니다.

01 사업소득의 범위

1-01

소득세법령상 거주자의 비과세소득에 해당하는 것만을 모두 고르면? (단, 연근해어업, 민박 및 전통주는 소득세법령에 정한 요건을 충족하고, 각 항목은 상호 독립적이다)

ㄱ. 연근해어업에서 발생한 소득금액 연 4천만 원
ㄴ. 조림기간 3년인 임지의 임목의 벌채 또는 양도로 발생한 소득금액 연 800만 원
ㄷ. 농민이 부업으로 경영하는 민박에서 발생한 소득금액 연 3천만 원
ㄹ. 밭을 주차장으로 이용하게 함으로써 발생한 소득금액 연 1천200만 원
ㅁ. 수도권 지역에서 전통주를 제조함으로써 발생한 소득금액 연 1천300만 원

① ㄱ, ㄷ
② ㄴ, ㄷ
③ ㄱ, ㄹ, ㅁ
④ ㄴ, ㄹ, ㅁ

기출처 **2025 국가직 9급**
LINK **세법2** 328-329p **오진다** 441p
난이도 ●●●●○ 출제 가능 지수 ●●●○○

해설

ㄱ. 연근해어업과 내수면어업 또는 양식어업에서 발생하는 소득으로서 해당 과세기간의 소득금액의 합계액이 **5천만원 이하**의 것에 대해서는 비과세한다.

ㄴ. 조림기간 **5년 이상**인 임지의 임목의 벌채·양도로 발생하는 소득으로서 **연 600만원 이하**의 소득금액에 대해서는 소득세를 과세하지 않는다.

ㄷ. 농·어민이 경영하는 축산·고공품 제조·**민박**·음식물판매·특산물(전통식품, 수산전통식품 및 수산특산물)제조·전통차제조 및 그 밖에 이와 유사한 활동에서 발생한 소득 중 다음의 소득에 대해서는 소득세를 과세하지 않는다.

ⓐ 농가부업규모의 축산에서 발생하는 소득
ⓑ 위 ⓐ 외의 소득으로서 소득금액의 합계액이 **연 3,000만원** 이하인 경우

ㄹ. 논·밭을 **작물생산에 이용하게 함**으로써 발생하는 소득에 대해서는 소득세를 과세하지 않는다. 따라서 주차장으로 이용하게 하는 경우에는 소득세를 과세한다.

ㅁ. 법령으로 정하는 전통주를 **수도권 밖의 읍·면 지역**에서 제조함으로써 발생하는 소득으로서 소득금액의 합계액이 **연 1,200만원 이하**의 것에 대해서는 소득세를 과세하지 아니한다.

정답 ①

1-02

소득세법령상 거주자의 비과세 주택임대소득과 관련하여 주택 수의 계산 및 주택임대소득의 산정 등에 대한 설명으로 옳은 것은?

① 다가구주택은 구분 등기된 경우에는 각각을 1개의 주택으로 계산하지 않는다.

② 공동소유하는 주택의 기준시가가 12억원을 초과하는 경우로서 그 주택의 지분을 100분의 30 초과 보유하는 사람은 법령에 따라 공동소유의 주택을 소유하는 것으로 계산되지 않는 경우라도 그의 소유로 계산한다.

③ "기준시가가 12억원을 초과하는 주택"은 해당 주택의 취득일을 기준으로 판단한다.

④ 임차 또는 전세 받은 주택을 전대하거나 전전세하는 경우에는 당해 임차 또는 전세 받은 주택을 임차인 또는 전세 받은 자의 주택으로 계산하지 않는다.

기출처 **2024 국가직 7급**
LINK 세법2 329p 오진다 441p
난이도 ●●●●○ 출제 가능 지수 ●●○○○

해설

① 다가구주택은 구분 등기된 경우에는 각각을 1개의 주택으로 **계산한다.**

③ "기준시가가 12억원을 초과하는 주택"은 **과세기간 종료일 또는 해당 주택의 양도일 현재**를 기준으로 판단한다.

④ 임차 또는 전세 받은 주택을 전대하거나 전전세하는 경우에는 당해 임차 또는 전세 받은 주택을 임차인 또는 전세 받은 자의 주택으로 **계산한다.**

정답 ②

01

「소득세법」상 사업소득으로 과세되는 소득유형으로 옳지 않은 것은?

① 가구 내 고용활동에서 발생하는 소득

② 연예인이 사업활동과 관련하여 받는 전속계약금

③ 「공익사업을 위한 토지 등의 취득 및 보상에 관한 법률」에 따른 공익사업과 관련하여 지역권·지상권을 설정하거나 대여함으로써 발생하는 소득

④ 계약에 따라 그 대가를 받고 연구 또는 개발용역을 제공하는 연구개발업에서 발생하는 소득

기출처 **2015 국가직 9급**
LINK 세법2 326-327p 오진다 439-440p
난이도 ●●○○○ 출제 가능 지수 ●●●○○

해설

일반적인 지역권·지상권을 대여함으로써 발생하는 소득은 사업소득으로 과세한다. 그러나 「공익사업을 위한 토지 등의 취득 및 보상에 관한 법률」에 따른 공익사업과 관련하여 지역권·지상권을 설정하거나 대여함으로써 발생하는 소득은 **기타소득으로 과세**한다.

정답 ③

02 사업소득금액의 계산

2-01

법인세법령과 소득세법령상 과세소득의 범위 및 계산에 대한 설명으로 옳지 않은 것은?

① 법인은 유가증권처분손익을 각 사업연도 소득금액 계산에서 익금 또는 손금에 산입하나, 개인(제조업 영위)은 사업소득금액 계산에서 유가증권처분손익을 총수입금액 또는 필요경비에 산입하지 않는다.

② 법인은 추계에 의한 간주임대료 계산에서 건설비상당액을 보증금 등에서 공제하지 않으나, 개인은 추계에 의한 간주임대료 계산에서 건설비상당액을 보증금 등에서 공제한다.

③ 법인은 수입이자를 각 사업연도 소득금액 계산에서 익금에 산입하나, 개인(제조업 영위)은 사업소득금액 계산에서 이자수익을 총수입금액에 산입하지 않는다.

④ 법인은 자산수증익을 각 사업연도 소득금액 계산에서 익금에 산입하나, 개인은 사업소득금액 계산에서 사업과 관련이 있는 자산수증익만 총수입금액에 산입한다.

기출처 2023 국가직 7급

LINK 세법2 308, 331, 333, 338p   오진단 302, 305, 442, 445, 450p

난이도 ●●●○○   출제 가능 지수 ●●●○○

해설

② 법인 및 개인 모두 추계에 의한 간주임대료 계산에서 건설비상당액을 보증금 등에서 **공제하지 않는다.**   정답 ②

01

소득세법령상 제조업을 영위하는 복식부기의무자인 거주자 甲의 2023년도 사업소득금액의 계산에 대한 설명으로 옳은 것은?(단, 소득세를 최소화한다고 가정한다)

① 2023년말 현재 외상매출금 100,000,000원과 금전소비대차거래로 인한 대여금 30,000,000원의 합계액 130,000,000원에 대해 100분의 1과 대손실적률 100분의 2를 곱하여 계산한 금액 중 큰 금액인 2,600,000원을 대손충당금으로 필요경비에 산입하였다.

② 2023년 중 사업용 유형자산에 대한 자본적 지출에 해당하는 수선비 5,000,000원을 필요경비로 계상하면서 이 금액 중 상각범위액을 초과하는 금액 1,000,000원을 필요경비에 산입하지 아니하였다.

③ 2023년 9월 중 재고자산(매입가격 1,200,000원, 시가 1,800,000원)을 가사용으로 소비하였으므로 시가 1,800,000원을 총수입금액에 산입하고 매입가격 1,200,000원을 필요경비에 산입하였다.

④ 2023년에 「국민건강보험법」에 의한 직장가입자로서 부담하는 사용자 본인 甲의 보험료 3,000,000원과 甲의 사업장에서 근무하는 아들 乙에 대한 「국민건강보험법」, 「고용보험법」에 의하여 사용자로서 부담하는 보험료 2,500,000원이 지출되었으나 아들 乙에 대한 보험료 2,500,000원만을 필요경비에 산입하였다.

02

「소득세법령」상 거주자가 해당 과세기간에 지급하였거나 지급할 금액 중 사업소득금액을 계산할 때 필요경비에 산입하지 않는 것만을 모두 고르면? (단, 다음 항목은 거주자에게 모두 해당된다)

> ㄱ. 통고처분에 따른 벌금 또는 과료에 해당하는 금액
> ㄴ. 사업용자산의 합계액이 부채의 합계액에 미달하는 경우에 그 미달하는 금액에 상당하는 부채의 지급이자로서 법령에 따라 계산한 금액
> ㄷ. 선급비용
> ㄹ. 「부가가치세법」에 따른 간이과세자가 납부한 부가가치세액

① ㄷ, ㄹ
② ㄱ, ㄴ, ㄷ
③ ㄱ, ㄴ, ㄹ
④ ㄱ, ㄴ, ㄷ, ㄹ

기출처 2022 국가직 7급
LINK 세법2 331, 336, 344p 오진다 445, 449p
난이도 ●●●●○ 출제 가능 지수 ●●●○○

해설

① 제조업을 영위하는 사업자의 경우 금전소비대차거래로 인한 대여금은 **대손충당금 설정대상 채권에 해당하지 않는다.**
② 사업자가 각 과세기간에 지출한 수선비가 다음의 어느 하나에 해당하는 경우로서 해당 수선비를 필요경비로 계상한 경우에는 자본적 지출에 포함되지 않은 것으로 한다. 즉 **전액 필요경비에 산입한다.**

> ㉠ 개별 자산별로 수선비로 지출한 금액이 **600만원 미만**인 경우
> ㉡ 개별 자산별로 수선비로 지출한 금액이 직전 과세기간종료일 현재의 재무상태표상 자산가액(취득가액에서 감가상각누계상당액을 차감한 금액을 말한다)의 100분의 5에 미달하는 경우
> ㉢ 3년 미만의 주기적인 수선을 위하여 지출하는 비용의 경우

③ 가사용으로 소비된 임목 또는 재고자산의 경우 **시가를 총수입금액**으로 하며, **원가를 필요경비에 산입**한다.
④ 「국민건강보험법」 및 「노인장기요양보험법」에 의한 사용자로서 부담하는 보험료·부담금 및 **직장가입자로서 부담하는 사용자 본인의 보험료는 필요경비에 산입한다.**   정답 ③

기출처 2019 국가직 7급
LINK 세법2 337p 오진다 444p
난이도 ●●●●○ 출제 가능 지수 ●●●○○

해설

ㄱ. 벌금, 과료(통고처분에 따른 벌금 또는 과료에 해당하는 금액 포함)와 과태료는 위반에 대한 제재로서 부과되는 징벌적 비용이므로 **필요경비에 불산입**하도록 한다.
ㄴ. 사업용 자산의 합계액이 부채(충당금 및 준비금을 제외)의 합계액에 미달하는 경우 그 미달하는 금액을 초과인출금이라 한다. 이런 초과인출금은 업무와 무관한 자금의 이자로 보아 **필요경비에 불산입**하도록 한다.
ㄷ. 선급비용은 차기 이후의 필요경비를 미리 계상한 자산에 해당하므로 해당 과세기간에는 **필요경비에 불산입**하도록 한다.
ㄹ. 일반과세자의 부가가치세의 매입세액은 필요경비에 산입되지 않는 항목이지만, 간이과세자가 납부한 부가가치세액은 **필요경비에 산입**된다.   정답 ②

03

「소득세법령」상 총수입금액의 계산에 대한 내용으로 옳지 않은 것은?

① 거주자가 재고자산 또는 임목을 가사용으로 소비하거나 종업원 또는 타인에게 지급한 경우에도 이를 소비하거나 지급하였을 때의 가액에 해당하는 금액은 그 소비하거나 지급한 날이 속하는 과세기간의 사업소득금액 또는 기타소득금액을 계산할 때 총수입금액에 산입한다.

② 복식부기의무자가 업무용승용차를 매각하는 경우 그 매각가액을 매각일이 속하는 과세기간의 사업소득금액을 계산할 때에 총수입금액에 산입한다.

③ 건설업을 경영하는 거주자가 자기가 생산한 물품을 자기가 도급받은 건설공사의 자재로 사용한 경우 그 사용된 부분에 상당하는 금액은 해당 과세기간의 소득금액을 계산할 때 총수입금액에 산입하지 않는다.

④ 해당 과세기간에 2개의 주택을 임대하여 받은 임대료의 합계액이 2,000만원(전액 해당 과세기간의 귀속임대료임)인 거주자의 주택임대소득은 주거용 건물임대업의 소득금액 계산 시 총수입금액에 산입하여 종합과세한다.

기출처 2017 국가직 7급
LINK 세법2 330, 332, 338, 343p   오진다 441, 445p
난이도 ●●○○○   출제 가능 지수 ●●●○○

해설

2018년 12월 31일 이전에 끝나는 과세기간까지 발생하는 소득에 한해서 2개 이상의 주택을 소유하는 자의 해당 과세기간에 주택임대업 총수입금액의 합계액이 2천만원 이하인 자의 주택임대소득은 비과세하였다. 2019년 1월 1일 이후 해당 규정은 폐지되고, 해당 과세기간에 주거용 건물 임대업에서 발생한 수입금액의 합계액(공동사업자인 경우 공동사업장에서 발생한 주택임대수입금액의 합계액을 손익분배비율에 의하여 공동사업자에게 분배한 금액을 합산한 금액)이 **2천만원 이하인 자의 주택임대소득은 분리과세와 종합과세 중 과세방법을 선택할 수 있도록 개정되었다.**

[재고자산의 가사소비 또는 타인제공 시 세법별 과세방식 비교]

부가가치세법	간주공급을 규정하여 해당 재고자산의 시가로 과세
소득세법	시가를 총수입금액에 산입하고, 원가를 필요경비에 산입하여 과세
법인세법	부당행위계산의 부인에 해당하는 경우에만 과세

[사업소득 중 간편장부대상자와 복식부기의무자에 대한 차별적 과세 규정]

구분	간편장부 대상자	복식부기의무자
사업용 유형자산 처분손익 (토지, 건물 제외)	총수입금액이나 필요경비로 인정하지 않음	사업용 유형고정자산의 처분손익은 총수입금액이나 필요경비로 인정함
업무용승용차	관련 규정 적용하지 않음	업무용승용차 규정 적용

정답 ④

04

「소득세법」상 거주자가 해당 과세기간에 지급한 금액 중 사업소득금액을 계산할 때 필요경비에 산입하는 것은?

① 소득세와 개인지방소득세

② 「국세징수법」에 따른 강제징수비

③ 부가가치세 간이과세자인 거주자가 납부한 부가가치세액

④ 선급비용

기출처 2016 국가직 9급
LINK 세법2 337p   오진다 444p
난이도 ●●○○○   출제 가능 지수 ●●●○○

해설

일반과세자의 부가가치세의 매입세액은 필요경비에 산입되지 않는 항목이다. 그러나 간이과세자의 경우 그 총수입금액에 공급대가로서 부가가치세 매출세액이 포함되어 있다. 따라서 이에 대한 매입세액도 **필요경비에 산입**하는 것이다.

정답 ③

05

「소득세법」상 대손충당금에 대한 설명으로 옳지 않은 것은?

① 필요경비에 산입하는 대손충당금은 해당 과세기간 종료일 현재의 외상매출금·미수금, 그 밖에 사업과 관련된 채권의 합계액(채권잔액)의 100분의 1에 상당하는 금액과 채권잔액에 대손실적률을 곱하여 계산한 금액 중 적은 금액으로 한다.

② 대손충당금과 상계한 대손금 중 회수된 금액은 그 회수한 날이 속하는 과세기간의 총수입금액에 산입한다.

③ 대손실적률은 당해 과세기간의 대손금을 직전 과세기간 종료일 현재의 채권잔액으로 나누어 계산한다.

④ 「소득세법」에 따라 필요경비에 산입한 대손충당금의 잔액은 다음 과세기간의 소득금액을 계산할 때 총수입금액에 산입한다.

기출처 2015 국가직 7급
LINK 세법2 344p 오진다 449p
난이도 ●●●●○ 출제 가능 지수 ●●●○○

해설

필요경비에 산입하는 대손충당금은 해당 과세기간 종료일 현재의 외상매출금·미수금, 그 밖에 사업과 관련된 채권의 합계액(채권잔액)의 100분의 1에 상당하는 금액과 채권잔액에 대손실적률을 곱하여 계산한 금액 중 **큰** 금액으로 한다.

[대손금을 회수한 경우]

부가가치세법	대손세액공제를 적용한 이후에 대손금을 회수한 경우 대손세액을 회수한 날이 속하는 과세기간의 **매출세액에 더한다.**
소득세법	대손충당금과 상계한 대손금 중 회수된 금액은 그 회수한 날이 속하는 과세기간의 **총수입금액에 산입한다.**
법인세법	손금산입한 대손금 중 회수한 금액은 그 회수한 날이 속하는 사업연도의 소득금액을 계산할 때 **익금에 산입한다.**

정답 ①

06

「소득세법」상 거주자가 과세기간에 지급하였거나 지급할 금액 중 사업소득금액을 계산할 때 필요경비에 산입하지 않는 것은 모두 몇개인가?

> ㄱ. 업무와 관련하여 중대한 과실로 타인의 권리를 침해한 경우에 지급되는 손해배상금
> ㄴ. 조세에 관한 법률에 따른 징수의무의 불이행으로 인하여 납부하였거나 납부할 세액
> ㄷ. 부가가치세 간이과세자가 납부한 부가가치세액
> ㄹ. 선급비용
> ㅁ. 법령에 따른 의무의 불이행 또는 금지·제한 등의 위반을 이유로 부과되는 공과금

① 2개　　　　　　② 3개
③ 4개　　　　　　④ 5개

기출처 2013 국가직 9급
LINK 세법2 337p 오진다 444p
난이도 ●●●●○ 출제 가능 지수 ●●●●○

해설

ㄱ. 「법인세법」에서도 손해배상금이 업무와 관련된 것이고, 임원·직원의 고의·중과실로 인한 것이 아니면 그 손해배상금을 손금에 산입하였다. 즉, 임원·직원의 고의·중과실로 인한 것이라면 업무와 관련된 것이라 하더라도 손금불산입하였다. 「소득세법」에서도 마찬가지로 업무와 관련하여 고의 또는 중대한 과실로 타인의 권리를 침해한 경우에 지급되는 손해배상금은 **필요경비에 산입되지 않는 항목**이다.

ㄴ. 조세에 관한 법률에 따른 징수의무의 불이행으로 인하여 납부하였거나 납부할 세액(가산세액을 포함)은 **필요경비에 산입되지 않는 항목**이다.

ㄹ. 선급비용은 차기 이후의 필요경비를 미리 계상한 자산에 해당하므로 해당 과세기간에는 **필요경비에 산입되지 않는다.**

ㅁ. 법령에 따른 의무의 불이행 또는 금지·제한 등의 위반을 이유로 부과되는 공과금은 **필요경비에 산입되지 않는 항목**이다.

정답 ③

07

법인기업과 개인기업의 세법상 차이에 관한 설명으로 옳지 않은 것은?

① 개인기업의 소득에 대하여는 종합소득세가 과세되나, 법인기업에 대해서는 법인세가 과세된다.

② 개인기업이 기계장치를 폐기하는 경우에는 그 폐기손실을 필요경비로 산입할 수 있다.

③ 법인기업의 대표이사가 법인으로부터 급여를 받는 경우 그 법인기업은 대표이사에게 지급한 급여에 대하여 손비로 인정받을 수 있다.

④ 법인기업의 경우 사업용 유형·무형자산(부동산 포함)을 양도하여 얻은 이익이 있는 경우 법인세가 과세되며, 또 일부 부동산에 대하여서는 양도소득에 대한 법인세도 추가하여 과세된다.

기출처 2010 국가직 7급
LINK 세법2 47, 73, 338p 오진다 302, 315, 445p
난이도 ●●○○○ 출제 가능 지수 ●●●○○

해설

개인기업이 기계장치를 폐기하는 경우에는 그 폐기손실을 **필요경비 불산입**한다.

[시설개체 및 기술낙후에 의한 생산설비]

구분	법인세법	소득세법
폐기	결산서에 계상하면 1,000원을 제외한 금액을 손금인정한다.	폐기손실을 필요경비 불산입한다.
처분	1,000원을 손금산입한다.	처분손실을 필요경비에 산입할 수 있다.

정답 ②

08

「소득세법」상 사업소득의 총수입금액에 포함되지 않는 것은?

① 사업과 관련하여 해당 사업용 자산의 손실로 인하여 취득하는 보험차익

② 관세환급금 등 필요경비로 지출된 세액이 환입되었거나 환입될 경우에 그 금액

③ 이월결손금의 보전에 충당된 자산수증이익

④ 거래상대방으로부터 받는 장려금

기출처 2009 국가직 9급
LINK 세법2 331p 오진다 442, 444p
난이도 ●●○○○ 출제 가능 지수 ●●●○○

해설

사업과 관련된 자산수증이익 및 채무면제이익은 사업소득을 계산할 때 총수입금액으로 산입되는 항목이지만 이월결손금의 보전에 충당된 자산수증이익은 **총수입금액에 산입되지 않는 항목**이다.

정답 ③

09

「소득세법」상 거주자가 해당연도에 지급하였거나 지급할 금액 중 사업소득금액 또는 기타소득금액의 계산에 있어서 필요경비에 불산입되는 항목에 해당되지 않는 것은?

① 개인지방소득세

② 조세에 관한 법률에 의한 징수의무의 불이행으로 인하여 납부하였거나 납부할 세액

③ 사업자가 가사와 관련하여 지출하였음이 확인되는 경비

④ 천재 등으로 인하여 파손된 유형자산의 정상가액과 장부가액과의 평가차손

기출처 2009 지방직 9급
LINK 세법2 337p 오진다 444p
난이도 ●●○○○ 출제 가능 지수 ●●●○○

해설

자산의 평가차손은 일반사업소득을 계산할 때 필요경비에 산입되지 않는 항목이나 파손·부패 등에 의한 재고자산 평가차손과 천재지변 등의 사유로 파손·멸실된 유형자산 평가차손은 **필요경비에 산입되는 항목**이다.

정답 ④

10

「소득세법」상 부동산임대업에서 발생한 사업소득에 관한 설명으로 옳지 않은 것은?

① 부동산을 대여하고 임대료 외에 보증금을 받은 경우에는 임대료만 총수입금액에 산입한다.

② 전답을 작물생산에 이용하게 함으로써 발생하는 임대소득에 대하여는 소득세를 과세하지 않는다.

③ 1개의 주택을 소유하는 자의 주택임대소득에 대하여는 소득세를 과세하지 아니하나, 대통령령에서 정하는 고가주택의 임대소득은 비과세대상에서 제외한다.

④ 부동산임대업에서 발생한 사업소득에 대해서도 필요경비 공제가 인정된다.

기출처 2007 국가직 9급

LINK 세법2 328-329, 333p 오진다 441-442p

난이도 ●●○○○   출제 가능 지수 ●●●○○

해설

① 부동산을 대여하고 임대료 외에 보증금을 받은 경우에는 임대료뿐만 아니라 보증금도 정기예금이자율을 적용한 만큼을 **임대료로 간주하여 총수입금액에 산입**한다.

③ 1개의 주택(주택부수토지 포함)을 소유하는 자의 주택임대소득은 비과세하지만, 고가주택(과세기간 종료일 또는 해당 주택의 양도일 현재 기준시가가 12억원을 초과하는 주택)과 국외에 소재하는 주택의 임대소득은 주택수와 관계없이 과세한다.

④ 부동산임대업의 경우 사업소득금액은 다음과 같이 계산된다.

> 부동산임대업의 사업소득금액
> = 부동산임대업의 총수입금액 - 부동산임대업의 필요경비
> = (임대료 + 간주임대료 + 관리비수입 + 보험차익) - 필요경비

정답 ①

11

부동산임대업에서 발생한 사업소득의 소득세 과세에 관한 설명으로 옳지 않은 것은?

① 부동산상의 권리 대여는 부동산임대업에서 발생한 사업소득으로 간주된다.

② 공장재단의 대여로 인하여 발생하는 소득은 부동산임대업에서 발생한 사업소득이다.

③ 부동산임대업에서 발생한 사업소득 총수입금액의 수입할 시기는 계약 또는 관습에 의하여 지급일이 정하여진 경우에는 그 정하여진 날이다.

④ 광업권자 등이 자본적 지출이나 수익적 지출의 일부 또는 전부를 제공하는 조건으로 광업권에 관한 권리를 대여하고 덕대 또는 분덕대로부터 받는 분철료는 부동산임대업에서 발생한 사업소득에 포함된다.

기출처 2007 국가직 7급

LINK 세법2 327, 347p 오진다 440, 451p

난이도 ●●●●○   출제 가능 지수 ●●●●○

해설

① 부동산(ex. 토지) 또는 부동산상의 권리(ex. 전세권)를 계속적·반복적으로 대여하는 사업을 영위하는 경우 부동산임대업에 해당하는 것으로 보아 사업소득으로 과세한다. 따라서 일시적으로 대여하는 사업은 사업소득에 해당하지 않고 기타소득으로 과세한다.

④ 광업권자·조광업자 또는 덕대(이하 '광업권자 등')가 채굴을 할 수 있는 시설과 함께 **광산을 대여**함으로 인하여 발생하는 소득은 **부동산임대업에서 발생한 사업소득**으로 본다. 광업권자 등이 자본적 지출이나 수익적 지출의 일부 또는 전부를 제공하는 조건으로 광업권에 관한 **권리를 대여**하고 덕대 또는 분덕대로부터 받는 분철료는 **일반사업소득**에 포함된다.

[부동산임대업의 수입시기]

계약 또는 관습에 의하여 지급일이 정하여진 것	그 정하여진 날
계약 또는 관습에 의하여 지급일이 정하여지지 아니한 것	그 지급을 받은 날

정답 ④

12

아래 자료를 보고 제조업을 영위하는 사업자 甲(복식부기의무자)의 「소득세법」상 사업소득금액을 구하면?

> (1) 당기순이익: ₩ 50,000
> (2) 수익: ① 기계장치처분이익: ₩ 1,000
>   ② 정기예금이자: ₩ 1,500
> (3) 비용: ① 대표자급여: ₩ 10,000
>   ② 기부금한도초과액: ₩ 4,000

① ₩ 47,500   ② ₩ 60,000
③ ₩ 62,500   ④ ₩ 365,000

기출처 2006 국가직 9급
LINK 세법2 308, 338, 342p   오진다 431, 445, 448p
난이도 ●●●●○   출제 가능 지수 ●●●○○

해설

(2) 수익 ① 기계장치 처분이익 ₩ 1,000: 간편장부대상자의 유형자산 처분이익은 과세하지 않지만, 복식부기의무자의 유형자산의 처분이익은 사업소득으로 과세한다. 따라서 세무조정이 없다.

(2) 수익 ② 정기예금이자 ₩ 1,500: 사업소득으로 과세하지 않는다. 따라서 총수입액불산입한다.

(3) 비용 ① 대표자급여 ₩ 10,000: 개인사업자의 본인의(대표자) 급여는 일반사업소득을 계산할 때 필요경비에 산입되지 않는다. 따라서 필요경비불산입한다.

(3) 비용 ② 기부금한도초과액 ₩ 4,000: 기부금 한도초과액은 일반사업소득을 계산할 때 필요경비에 산입되지 않는다. 따라서 필요경비불산입한다.

이를 종합하면 다음과 같다.

당기순이익	50,000
(+) 총수입금액산입·필요경비불산입	10,000[대표자 급여]
(-) 필요경비산입·총수입금액불산입	(1,500)[정기예금이자]
(=) 차가감소득금액	58,500
(+) 기부금한도 초과액	4,000
(=) 사업소득금액	62,500

[사업용유형자산 처분이익]

구분	간편장부 대상자	복식부기 의무자
토지, 건물	양도소득	양도소득
토지, 건물 외 사업용 유형자산	과세하지 않음	사업소득

정답 ③

13

「소득세법」상 거주자가 지급한 다음의 금액 중 사업소득금액의 계산에 있어서 필요경비에 산입하는 것은?

① 채권자가 불분명한 차입금의 이자
② 소득세와 지방소득세
③ 벌금
④ 「소득세법 시행령」이 정하는 범위 안에서의 대손충당금

기출처 2005 국가직 9급
LINK 세법2 337, 344p   오진다 444, 449p
난이도 ●●○○○   출제 가능 지수 ●●○○○

해설

사업자는 외상매출금, 미수금, 그 밖에 이에 준하는 채권에 대한 대손충당금을 필요경비로 계상한 경우에는 「소득세법 시행령」으로 정하는 범위에서 이를 해당 과세기간의 소득금액을 계산할 때 **필요경비에 산입**한다(소법 28 ①).

정답 ④

14

제조업을 영위하는 개인사업자(중소기업)인 甲은 2024년 3월 1일 사업을 시작하여 2024년도 사업수입액이 80억원이고, 기업업무추진비 발생액이 6천만원일 때, 기업업무추진비 필요경비불산입액을 구하면? (단, 기장오류는 없고, 특수관계자와의 거래는 없으며, 기업업무추진비 중 문화기업업무추진비는 없는 것으로 가정한다)

① ₩6,000,000
② ₩8,000,000
③ ₩9,000,000
④ ₩14,000,000

기출처 2005 국가직 7급
LINK 세법2 345p 오진다 449p
난이도 ●●●●● 출제가능지수 ●●●●●

해설

기업업무추진비 필요경비불산입액을 구하기 위한 한도액은 다음과 같이 계산한다.

각 사업장별 기업업무추진비 한도액 = 일반기업업무추진비 한도액 + 문화기업업무추진비 한도액

일반기업업무추진비 한도액

$$= \left(3{,}600만원^{*1} \times \frac{월수}{12} \times \frac{각\ 사업장의\ 당기\ 수입금액}{각\ 사업장의\ 당기\ 수입금액\ 합산액}\right)$$
$$+\ (각\ 사업장의\ 당기\ 수입금액 \times 적용률^{*2})$$

$$= \left(3{,}600만원 \times \frac{10}{12} \times 1\right) + (80억원 \times 0.3\%)$$

= 3,000만원 + 2,400만원 = 5,400만원

문화기업업무추진비 한도액 = MIN[문화기업업무추진비, 일반기업업무추진비 한도액 × 20%]

그러나 개인사업자(중소기업)인 甲이 지출한 문화기업업무추진비는 없으므로 문화기업업무추진비 한도액은 0원이다.

∴ 각 사업장별 기업업무추진비 한도액 = 5,400만원

*1 중소기업이므로 3,600만원, 그 외의 경우 1,200만원

*2 적용률

100억원 이하	0.3%
100억원 초과 500억원 이하	3천만원 + 100억원 초과금액의 0.2%
500억원 초과	1억 1천만원 + 500억원 초과금액의 0.03%

기업업무추진비 필요경비불산입액

= 지출액 − 한도액

= 6,000만원 − 5,400만원 = **600만원**

정답 ①

15

법인세와 소득세의 차이점에 대한 설명으로 옳지 않은 것은?

① 배당소득에 대한 이중과세를 조정하기 위하여 「소득세법」에서는 배당세액 공제제도를 두고 있으며, 「법인세법」에서는 주권상장법인이나 코스닥상장법인으로부터 받은 수입배당금액에 한하여 그의 일정부분을 익금불산입하도록 규정하고 있다.

② 법인사업자가 얻은 유가증권처분이익은 익금에 산입하나, 개인사업자가 얻은 유가증권처분이익은 사업소득의 총수입금액에 산입하지 아니한다.

③ 일시상각충당금의 손금산입 또는 필요경비 산입과 관련해서 「법인세법」에서는 신고조정을 허용하는 반면 「소득세법」에서는 허용하고 있지 않다.

④ 「법인세법」에서 대표자에 대한 인건비는 손금에 산입하는데 비하여, 「소득세법」에서는 사업자에 대한 급여를 사업소득의 필요경비에 산입하지 아니한다.

기출처 2005 국가직 9급

LINK (세법2) 57, 317, 338, 344p (오진다) 308, 365, 445p

난이도 ●●●●● 출제 가능 지수 ●●●●●

해설

배당소득에 대한 이중과세를 조정하기 위하여 「소득세법」에서는 배당세액 공제제도를 두고 있으며, 「법인세법」에서는 **법인**으로부터 받은 수입배당금액에 대하여 그의 일정부분을 익금불산입하도록 규정하고 있다. 즉, 주권상장법인이나 코스닥상장법인뿐만 아니라 비상장법인으로부터 받은 수입배당금액도 수입배당금의 일정액을 익금불산입한다.

[충당금과 준비금 비교]

구분	법인세법	소득세법
퇴직급여충당금	① 설정대상: 대표자를 포함한 종업원 ② 추계액의 계산: 일시퇴직기준 퇴직급여추계액과 보험수리적기준 퇴직급여추계액 중 큰 값	① 설정대상: 대표자를 제외한 종업원(사업에 종사하는 가족 포함) ② 추계액의 계산: 일시퇴직기준 퇴직급여추계액
대손충당금	설정대상 채권: 대여금, 유형자산 처분과 관련된 미수금 등 배제대상을 제외한 모든 채권	설정대상 채권: 대여금, 유형자산 처분과 관련된 미수금은 충당금 설정이 불가능[*1]
일시상각충당금	① 설정대상: 국고보조금과 보험차익뿐만 아니라, 공사부담금, 물적 분할·현물출자·교환 등으로 인한 자산양도차익 ② 손금산입 방법: 신고조정도 허용	① 설정대상: 국고보조금과 보험차익 ② 손금산입 방법: 결산조정만 인정
「조세특례제한법」상 준비금	손금산입 방법: 이익처분에 의한 신고조정도 허용	손금산입 방법: 결산조정만 인정

[*1] 단, 금융업자의 경우 대여금, 복식부기의무자의 유형자산처분 미수금에 대해 대손충당금 설정이 가능하다.

정답 ①

16

「법인세법」과 「소득세법」에서 규정하고 있는 내용이다. 옳지 않은 것은?

① 「법인세법」에서는 유보(△유보), 배당, 상여, 기타사외유출 등의 소득처분이 있으나 「소득세법」에서는 소득처분이 없다.

② 「법인세법」에서는 대표자의 인건비를 손금으로 인정하나, 「소득세법」에서는 필요경비 불산입한다.

③ 「소득세법」에서는 재고자산을 외부에 판매하지 않고 가사용으로 소비하거나 이를 종업원에게 지급한 경우에는 그 재고자산의 시가를 총수입금액에 산입하고 원가상당액은 필요경비에 산입한다.

④ 「법인세법」은 업무용승용차의 매각가액과 매각 당시 장부가액을 각각 익금과 손금으로 인정하나 「소득세법」상 복식부기의무자의 경우 이를 사업소득금액 계산 시 반영하지 아니한다.

기출처 2004 국가직 9급

LINK 세법2 36, 338, 343p 오진다 294, 445, 449p

난이도 ●●●●● 　 출제 가능 지수 ●●●●●

해설

「소득세법」상 복식부기의무자의 업무용승용차도 매각가액과 매각 당시 장부가액을 각각 총수입금액과 필요경비로 인정하여 이를 사업소득금액 계산 시 **반영한다.**　　　　　　　　　　　　　　　 정답 ④

04

근로소득

출제 경향 분석

01 근로소득의 범위

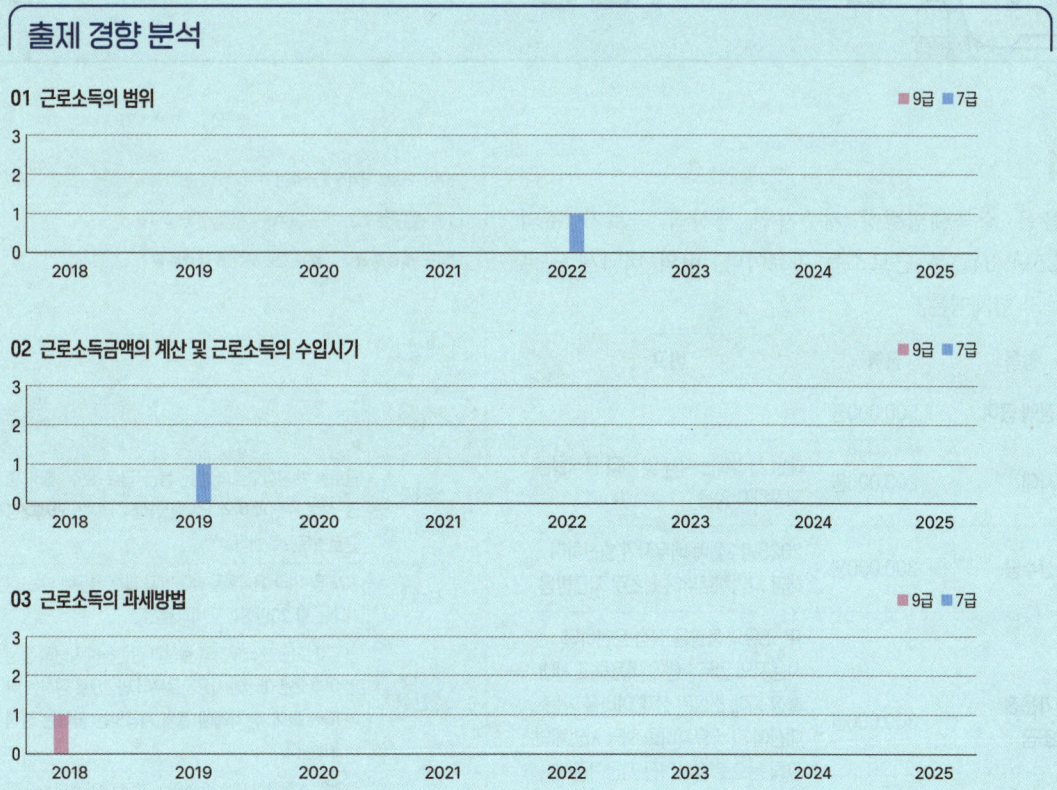

02 근로소득금액의 계산 및 근로소득의 수입시기

03 근로소득의 과세방법

기출 분석

'근로소득' 파트는 빈출 주제는 아니지만, 22년 7급 시험에서 계산형 문제가 출제되었습니다.

다만, 복잡한 원리의 계산이 아닌 과세와 비과세를 구분하는 정도의 단순 계산형 문제로 관련 규정들을 세세히 학습했다면 풀 수 있는 유형입니다. 근로소득은 과세되는 소득과 비과세 소득의 구분이 가장 중요합니다.

기본서에서 다룬 주요 내용을 꼼꼼하게 정리해서 반복 암기해두시기 바랍니다.

근로소득의 범위

01

다음은 소득세법령상 거주자인 생산직 근로자 甲의 2025년 3월 분 근로소득 자료이다. 甲의 비과세 근로소득의 합계액은?

항목	금액	비고
월정액 급여	2,500,000원	
식사대	200,000원	해당 사업체는 식사 및 기타 음식물을 제공하지 않음
출산수당	300,000원	2025년 2월에 배우자가 출산하여 해당 사업체로부터 최초로 지급받음
자가운전 보조금	300,000원	甲 소유의 차량을 직접 운전하여 사용자의 업무수행에 이용하고 시내 출장 등에 소요된 실제 여비를 받는 대신에 그 소요경비를 해당 사업체의 규칙 등으로 정하여진 지급기준에 따라 받는 금액임
연장근로수당	200,000원	「근로기준법」에 따른 연장근로수당으로 통상임금에 더해 받은 급여임
계	3,500,000원	

① 400,000원
② 500,000원
③ 600,000원
④ 700,000원

기출처 2022 국가직 7급 수정

LINK 세법2 352, 357-360p 오진다 454-455p

난이도 ●●●●○   출제 가능 지수 ●●●●○

해설

항목	내용	비과세 근로소득 금액
월정액 급여	근로를 제공함으로써 받는 봉급·급료·보수·세비·임금·상여·수당과 이와 유사한 성질의 급여는 **과세대상 근로소득**으로 한다.	-
식사대	식사 및 기타 음식물을 제공받지 않는 경우에 받는 식사대는 **월 20만원**까지 비과세한다.	200,000원
출산수당	근로자 또는 그 배우자의 출산과 관련하여 자녀의 출생일 이후 2년 이내에 사용자로부터 법령으로 정하는 바에 따라 **최대 두 차례에 걸쳐 지급받는 급여는 전액** 비과세한다.	300,000원
자가운전 보조금	종업원 소유차량 또는 종업원이 본인 명의로 임차한 차량을 직접 업무수행에 이용하고 소요된 실제 여비 대신 받는 소요경비는 **월 20만원**까지 비과세한다.	200,000원
연장근로 수당	생산직 근로자가 받는 「근로기준법」에 따른 연장근로수당으로 통상임금에 더해 받은 급여는 월정액급여 **210만원 이하**로서 직전 과세기간의 총급여액이 3천만원 이하인 근로자에 대해 연 240만원 이하의 금액(광산근로자 및 일용근로자의 경우에는 해당 급여총액)을 비과세한다. 甲은 월정액급여가 210만원을 초과하므로 비과세 대상에 해당하지 않는다.	-
계		**700,000원**

정답 ④

02

「소득세법」상 과세되는 근로소득에 포함되는 것을 모두 고르면?

ㄱ 식사 기타 음식물을 사내급식 또는 이와 유사한 방법으로 제공받지 아니하는 근로자가 받는 월 20만원 이하의 식사대

ㄴ 판공비를 포함한 기밀비, 교제비 기타 이와 유사한 명목으로 받는 것으로서 업무를 위하여 사용된 것이 분명하지 아니한 급여

ㄷ 계약기간 만료 전 또는 만기에 종업원에게 귀속되는 단체환급부보장성보험금의 환급금

ㄹ 임직원의 고의(중과실 포함) 외의 업무상 행위로 인한 손해의 배상청구를 보험금의 지급사유로 하고 임직원을 피보험자로 하는 보험의 보험료를 사용자가 부담하는 경우

ㅁ 퇴직 전에 부여받은 주식매수선택권을 퇴직 후에 행사하거나 고용관계 없이 주식매수선택권을 부여받아 이를 행사함으로써 얻는 이익

---

① ㄱ, ㄴ   ② ㄴ, ㄷ

③ ㄷ, ㄹ   ④ ㄹ, ㅁ

기출처 2013 국가직 7급

LINK 세법2 352-353, 358-359p   오진다 453, 455p

난이도 ●●○○○   출제 가능 지수 ●●●○○

해설

ㄱ 식사 기타 음식물을 사내급식 또는 이와 유사한 방법으로 제공받지 아니하는 근로자가 받는 월 20만원 이하의 식사대는 근로소득에서 **비과세한다**.

ㄴ 기밀비·판공비·교제비 기타 이와 유사한 명목으로 받는 것으로서 업무를 위하여 사용한 것이 분명하지 아니한 급여는 **근로소득으로 보아** 과세한다.

ㄷ 계약기간 만료 전 또는 만기에 종업원에게 귀속되는 단체환급부보장성보험의 환급금은 **근로소득으로 보아** 과세한다.

ㄹ 임직원의 고의(중과실 포함) 외의 업무상 행위로 인한 손해의 배상청구를 보험금의 지급사유로 하고 임직원을 피보험자로 하는 보험의 보험료를 사용자가 대납한 금액은 근로소득에서 **비과세한다**.

ㅁ 퇴직 전에 부여받은 주식매수선택권을 퇴직 후에 행사하거나 고용관계 없이 주식매수선택권을 부여받아 이를 행사함으로써 얻는 이익은 **기타소득으로 과세**한다.   정답 ②

03

다음 중 근로소득에 포함되지 않는 것으로 묶인 것은?

ㄱ 비중소기업의 종업원이 주택의 구입·임차에 소요되는 자금을 저리 또는 무상으로 대여받음으로써 얻는 이익

ㄴ 종업원이 계약자이거나 종업원 또는 그 배우자 기타의 가족을 수익자로 하는 보험·신탁 또는 공제와 관련하여 사용자가 부담하는 보험금·신탁부금 또는 공제부금

ㄷ 근로관계 없이 부여받은 주식매수선택권을 행사하여 발생한 행사차익

ㄹ 퇴직으로 인하여 받는 소득으로서 퇴직소득에 속하지 아니하는 소득

ㅁ 종업원의 수학 중인 자녀가 사용자로부터 받는 학자금 또는 장학금

---

① ㄴ   ② ㄷ

③ ㄴ, ㄷ   ④ ㄴ, ㄷ, ㅁ

기출처 2008 서울시 9급

LINK 세법2 352-353p   오진다 452-453, 455p

난이도 ●●●○○   출제 가능 지수 ●●●○○

해설

ㄱ 중소기업 종업원이 주택(주택에 부수된 토지 포함)의 구입·임차 소요되는 자금을 저리 또는 무상으로 대여받음으로써 얻은 이익은 비과세하지만(종업원이 중소기업과 친족관계 등에 해당하는 경우는 제외), 비중소기업의 종업원이 주택의 구입·임차에 소요되는 자금을 저리 또는 무상으로 대여받음으로써 얻는 이익은 **근로소득으로 본다**.

ㄷ 근로관계 없이 부여받은 주식매수선택권을 행사하여 발생한 행사차익은 **기타소득으로 과세**한다.

ㅁ 종업원이 받는 공로금·위로금·개업축하금·학자금·장학금(종업원의 수학 중인 자녀가 사용자로부터 받는 학자금·장학금을 포함) 기타 이와 유사한 성질의 급여는 **근로소득으로 본다**.   정답 ②

01

내국법인(중소기업 아님)의 영업사원으로 근무하고 있는 거주자 甲의 2024년도 자료이다. 「소득세법령」에 따른 2024년도 총급여액은?

- 근로의 제공으로 받은 봉급: 36,000,000원 (비과세소득이 포함되지 아니함)
- 「법인세법」에 따라 상여로 처분된 금액: 5,000,000원
  - 근로를 제공한 날이 속하는 사업연도는 2023년이며, 결산확정일은 2024년 3월 15일임
- 식사대: 2,400,000원 (월 200,000원 × 12개월)
  - 식사대 외 사내급식을 별도로 제공받음
- 자기차량운전보조금: 3,600,000원(월 300,000원 × 12개월)
  - 甲의 소유차량을 직접 운전하여 법인의 업무수행에 이용하고 소요된 실제여비를 지급받는 대신에 법인의 규칙 등에 의하여 정하여진 지급기준에 따라 받은 금액임
- 甲의 자녀(5세) 보육과 관련하여 받은 수당: 3,600,000원(월 300,000 × 12개월)
- 시간외근무수당: 2,000,000원
- 주택구입자금을 무상으로 대여받음으로써 얻은 이익: 1,000,000원

① 42,600,000원 ② 43,800,000원
③ 45,000,000원 ④ 50,000,000원

기출처 2019 국가직 7급 수정

LINK 세법2 352-353, 357-363p   오진다 452, 454-457p

난이도 ●●●●○   출제 가능 지수 ●●●●○

해설

> 2024년도 총급여액 = 36,000,000원 + 2,400,000원 + 1,200,000원
> +1,200,000원 + 2,000,000원 + 1,000,000원
> = 43,800,000원

○ 근로의 제공으로 받은 봉급 **36,000,000원**은 비과세소득이 포함되어 있지 않으므로 전액 근로소득으로 과세한다.

○ 「법인세법」에 따라 상여로 처분된 금액 5,000,000원은 근로를 제공한 날이 속하는 사업연도의 근로소득으로 과세한다. 근로를 제공한 날이 속하는 사업연도는 2023년이므로 2024년도 총급여액에 합산될 금액은 **없다**.

○ 식사대 **2,400,000원**은 식사대 외 사내급식을 별도로 제공받고 있으므로 전액 근로소득으로 과세한다.

○ 업무수행에 소요된 실제 여비를 지급받는 대신에 법인의 규칙 등에 의하여 정하여진 지급기준에 따라 받은 자기차량운전보조금 3,600,000원 중 월 200,000원(연 2,400,000원) 이하의 금액은 실비변상적 성질이 있는 것으로 보아 비과세한다. 따라서 근로소득으로 보는 금액은 **1,200,000원**이다.

○ 6세 이하 자녀의 보육과 관련하여 받은 수당은 월 200,000원을 한도로 비과세한다. 甲의 자녀는 5세이므로 보육과 관련하여 받은 수당 3,600,000원 중 2,400,000원은 비과세한다. 따라서 근로소득으로 보는 금액은 **1,200,000원**이다.

○ 생산직 및 관련직에 종사하는 법에 정한 근로자로 월정액급여 210만원 이하이면서 직전 과세기간의 총급여액이 3천만원 이하인 근로자(일용근로자 포함)가 받는 시간외근무수당 (연장근로·야간근로 또는 휴일근로를 하여 통상 임금에 더하여 받는 급여)은 일정 금액을 한도로 비과세한다. 그러나 **甲의 경우는** 이러한 비과세 대상 근로자가 지급받는 시간외근무수당에 해당하지 아니하므로 **2,000,000원**은 전액 근로소득으로 과세한다.

○ 종업원(중소기업에 근무하는 법령으로 정하는 종업원은 제외)이 주택과 그 부수토지의 구입·임차에 소요되는 자금을 저리 또는 무상으로 대여받음으로써 얻는 이익은 과세대상 근로소득으로 본다. 거주자 甲은 중소기업이 아닌 내국법인에서 근무하고 있으므로 甲이 지급받은 무상대여금으로 인한 이익 **1,000,000원**은 전액 근로소득으로 과세한다.

정답 ②

02

「소득세법」상 근로소득에 대한 설명으로 옳지 않은 것은?

① 판공비 명목으로 받는 것으로서 업무를 위하여 사용된 것이 분명하지 아니한 급여는 근로소득으로 과세한다.

② 주주인 임원이 법령으로 정하는 사택을 제공받음으로서 얻은 이익이지만 근로소득으로 과세하지 않는 경우도 있다.

③ 근로자가 사내급식의 방법으로 제공받는 식사는 월 20만원 한도로 근로소득에서 비과세한다.

④ 법령으로 정하는 일용근로자의 근로소득은 원천징수는 하지만 종합소득과세표준을 계산할 때 합산하지는 않는다.

기출처 **2015 국가직 9급**
LINK 세법2 352, 358-360p 오진단 452, 455-457p
난이도 ●●●○○ 출제 가능 지수 ●●●○○

해설

③ 근로자가 사내급식의 방법으로 제공받는 식사는 근로소득에서 **전액** 비과세한다. 또한 근로자가 식사나 그 밖의 음식물을 제공받지 않는 경우 받는 월 20만원 이하의 식사대는 근로소득에서 비과세한다.

④ 일용근로자는 상용근로자와 다르게 근로소득공제액을 적용하며, 이에 따른 금액을 종합과세하지 않고, 분리과세로 납세의무를 종결한다. 정답 ③

03

「소득세법」상 소득세의 과세대상 소득에 대한 설명으로 옳지 않은 것은?

① 연예인 및 직업운동선수 등이 사업활동과 관련하여 받는 전속계약금은 기타소득이다.

② 주식의 소각 또는 자본감소로 인하여 주주가 취득하는 금전의 가액이 주주가 그 주식을 취득하기 위하여 사용한 금액을 초과하는 금액은 배당소득에 해당한다.

③ 기획재정부령으로 정하는 중소기업인 법인의 종업원(해당 법인의 지배주주 등에 해당하지 아니함)이 주택의 구입에 소요되는 자금을 저리로 대여받음으로써 얻는 이익은 과세대상 근로소득에 해당하지 아니한다.

④ 대통령령으로 정하는 일용근로자의 근로소득의 금액은 종합소득 과세표준을 계산할 때 합산하지 아니한다.

기출처 **2010 국가직 9급**
LINK 세법2 314, 326, 353, 362p 오진단 434, 440, 453, 457p
난이도 ●●●○○ 출제 가능 지수 ●●●○○

해설

연예인 및 직업운동선수 등이 사업활동과 관련하여 받는 전속계약금은 **사업소득**으로 본다. 정답 ①

03 근로소득의 과세방법

01

「소득세법」상 일용근로자인 거주자 갑의 일당이 190,000원인 경우에 원천징수의무자 A가 징수해야 하는 갑의 근로소득 원천징수세액으로 옳은 것은?

① 1,080원
② 1,320원
③ 2,160원
④ 2,700원

기출처 **2018 국가직 9급**

LINK 세법2 366p 오진다 457p

난이도 ●●●●○   출제 가능 지수 ●●●○○

해설

상용근로자의 근로소득금액은 종합소득금액에 합산하지만, 일용근로자의 근로소득금액은 다음과 같은 구조로 구하고 원천징수를 적용하여 과세를 종결한다.

산출세액 = (일용근로소득 - 근로소득공제*) × 6%
= (190,000원 - 150,000원) × 6% = 2,400원
근로소득세액공제 = 산출세액 × 55%(한도 없음) = 2,400원 × 55%
= 1,320원
원천징수세액 = 산출세액 - 근로소득세액공제 = 2,400원 - 1,320원
= 1,080원

* 일용근로자에 대한 근로소득공제는 1일 15만원으로 한다.   정답 ①

MEMO

CHAPTER

05

연금소득 및 기타소득

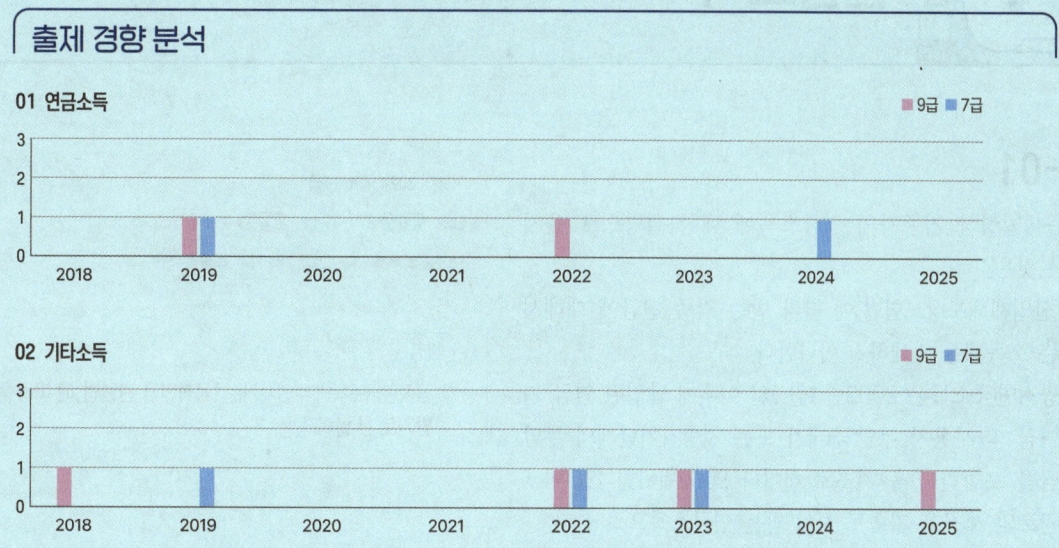

01 연금소득

02 기타소득

기출 분석

「소득세법」에서 '기타소득' 파트는 빈출되는 주제입니다. 2022년에는 계산형 문제가 출제되었는데 이에 대비되어 있지 않은 수험생들에게는 다소 쉽지 않은 문제였으며, 2025년 9급 시험에서는 필요경비에 대해 자세히 묻는 문제가 출제되었습니다. '기타소득' 파트는 기타소득 항목의 구분이 가장 중요하고, 그 외에도 필요경비 등을 반영한 계산문제도 출제된 적이 있으므로 기타소득과 관련된 응용문제를 충분히 다룸으로써 계산형 문제에 완벽하게 대비해 두시기 바랍니다.

연금소득은 다루는 주제의 복잡함에 비해 시험에서는 가장 기본적인 연금소득의 내용들을 중심으로 출제되었습니다.

기본서를 중심으로 중요하게 다룬 내용들을 잘 정리해두시면 되겠습니다.

01 연금소득

1-01

소득세법령상 거주자의 연금소득에 대한 설명으로 옳지 않은 것은?

① 「산업재해보상보험법」에 따라 받는 각종 연금에 대해서는 소득세를 과세하지 아니한다.

② 공적연금소득은 2002년 1월 1일 이후에 납입된 연금 기여금 및 사용자 부담금(국가 또는 지방자치단체의 부담금을 포함한다)을 기초로 하거나 2002년 1월 1일 이후 근로의 제공을 기초로 하여 받는 연금소득으로 한다.

③ 연금소득이 있는 거주자의 해당 과세기간에 받은 총연금액(분리과세연금소득은 제외한다)에서 공제하는 연금소득공제액이 900만원을 초과하는 경우에는 900만원을 공제한다.

④ 공적연금소득의 수입시기는 연금을 수령한 날이다.

기출처 **2024 국가직 7급**

LINK 세법2 371-374p 오진다 460-463p

난이도 ●●●○○ 출제 가능 지수 ●●●○○

해설

④ 공적연금소득의 수입시기는 **「공적연금 관련법」에 따라 공적연금을 지급받기로 한 날**이다.   정답 ④

01

「소득세법령」상 거주자의 총수입금액의 수입시기로 옳지 않은 것은?

① 잉여금의 처분에 의한 배당 – 잉여금 처분결의일

② 금융보험업에서 발생하는 이자 및 할인액 – 실제로 수입된 날

③ 임원의 퇴직소득금액 중 한도초과금액 – 지급받거나 지급받기로 한 날

④ 공적연금소득 – 해당 연금을 지급받은 날

기출처 **2022 국가직 9급**

LINK 세법2 319, 347, 363, 373p 오진다 436, 451, 457, 464p

난이도 ●●●●○ 출제 가능 지수 ●●●●○

해설

공적연금소득의 수입시기는 **「공적연금 관련법」에 따라 공적연금을 지급받기로 한 날**이다.   정답 ④

02

「소득세법령」상 거주자의 연금소득에 대한 설명으로 옳지 않은 것은? (단, 「소득세법령」에 따른 해당 요건과 공제요건을 충족하는 것으로 본다)

① 연금계좌에서 인출된 금액이 연금수령한도를 초과하는 경우에는 연금외수령분이 먼저 인출되고 그 다음으로 연금수령분이 인출되는 것으로 본다.

② 종합소득이 있는 거주자가 공적연금 관련법에 따른 기여금 또는 개인부담금을 납입한 경우에는 해당 과세기간의 종합소득금액에서 그 과세기간에 납입한 연금보험료를 공제한다.

③ 공적연금소득을 지급하는 자가 연금소득의 일부 또는 전부를 지연하여 지급하면서 지연지급에 따른 이자를 함께 지급하는 경우 해당 이자는 공적연금소득으로 본다.

④ 「소득세법」 제59조의3 제1항에 따라 세액공제를 받은 연금계좌 납입액 및 연금계좌의 운용실적에 따라 증가된 금액을 그 소득의 성격에도 불구하고 연금외수령한 소득은 기타소득으로 본다.

기출처 2019 국가직 7급
LINK 세법2 348, 366, 376p   오진다 461-462, 476p
난이도 ●●●○○   출제 가능 지수 ●●○○○

해설

연금계좌에서 인출된 금액이 연금수령한도를 초과하는 경우에는 **연금수령분**이 먼저 인출되고 그 다음으로 **연금외수령분**이 인출되는 것으로 본다. 즉, 한도 내 금액은 연금소득으로 보아 과세하고, 그 외의 금액은 연금외수령으로 보아 퇴직소득 또는 기타소득으로 한다.

[연금보험료 및 보험료 납입액에 대한 세법상 공제 및 감면 혜택]

구분	연금보험료 납입액	보험료 납입액
공적인 경우	연금보험료공제 (소득공제)	보험료공제 (소득공제)
사적인 경우	연금계좌세액공제 (세액공제)	보험료세액공제 (세액공제)

정답 ①

03

「소득세법령」상 거주자의 연금소득에 대한 설명으로 옳지 않은 것은?

① 「공적연금 관련법」에 따라 받는 각종 연금도 연금소득에 해당한다.

② 연금소득금액은 해당 과세기간의 총연금액에서 법령에 따른 연금소득공제를 적용한 금액으로 한다.

③ 연금소득공제액이 900만원을 초과하는 경우에는 900만원을 공제한다.

④ 공적연금소득만 있는 자는 다른 종합소득이 없는 경우라 하더라도 과세표준확정신고를 하여야 한다.

기출처 2019 국가직 9급
LINK 세법2 371, 373-375p   오진다 459, 462-463p
난이도 ●●○○○   출제 가능 지수 ●●●○○

해설

공적연금소득은 연말정산으로 과세가 종결되기 때문에 다른 종합소득이 없이 공적연금소득만 있는 자는 **확정신고를 하지 않아도 된다**.   정답 ④

04

「소득세법」상 연금과세에 관한 설명으로 옳지 않은 것은?

① 사적연금(연금계좌)의 운용실적에 따라 증가된 금액을 기초로 한 것은 연금수령하는 경우에도 이를 기타소득으로 본다.

② 「공무원연금법」에 의하여 지급받은 연금으로서 2002년 1월 1일 이후에 불입된 연금기여금 및 사용자부담금을 기초로 한 것은 「소득세법」상 연금소득에 해당된다.

③ 「군인연금법」에 의하여 2002년 1월 1일 이후 불입한 연금을 일시금으로 지급받으면 퇴직소득으로 과세한다.

④ 「근로자퇴직급여 보장법」에 따른 연금계좌에서 연금수령하는 경우의 그 연금은 「소득세법」상 연금소득이다.

기출처 **2007 국가직 7급**

LINK 세법2 370-371, 438p 오진다 459-461, 490p

난이도 ●●○○○ 출제 가능 지수 ●●●○○

해설

사적연금(연금계좌)의 운용실적에 따라 증가된 금액을 기초로 한 것을 연금수령하는 경우 이를 **연금소득**으로 본다. 사적연금(연금계좌)의 운용실적에 따라 증가된 금액을 기초로 한 것을 **연금외수령**하는 경우 이를 기타소득으로 본다. 　　　정답 ①

05

「소득세법」상 연말정산대상이 포함되어 있지 아니한 소득은?

① 근로소득　　　　② 배당소득

③ 연금소득　　　　④ 사업소득

기출처 **2004 국가직 9급**

LINK 세법2 348, 366, 376p 오진다 451, 458, 464p

난이도 ●●○○○ 출제 가능 지수 ●●○○○

해설

① 근로소득의 지급자는 해당 과세기간의 다음 연도 2월분의 근로소득을 지급할 때 연말정산을 해야 한다.

② 「소득세법」상 연말정산대상소득은 **근로소득, 공적연금소득, 사업소득 중 간편장부대상자 및 기타소득 중 종교인소득**에 한한다.

③ 공적연금소득의 경우 해당 과세기간의 다음 연도 1월분 연금소득을 지급할 때(해당 과세기간 중에 사망한 경우에는 사망일이 속하는 달의 다음다음 달 말일까지)에 연말정산한다.

④ 사업소득 중 간편장부대상자(보험모집인 등)의 사업소득(수당)을 지급하는 원천징수의무자는 해당 사업소득에 대한 소득세를 연말정산해야 한다. 　　　정답 ②

02 기타소득

2-01

소득세법령상 거주자의 기타소득금액을 계산할 때 필요경비에 대한 설명으로 옳은 것은?

① 골동품의 양도로 발생하는 소득으로서 거주자가 받은 금액이 1억 원 이하인 경우에는 받은 금액의 100분의 80과 실제 소요된 필요경비 중 큰 금액을 필요경비로 한다.

② 문예창작품에 대한 원작자로서 받는 원고료에 대해서는 실제 소요된 필요경비가 거주자가 받은 금액의 100분의 60에 상당하는 금액을 초과하면 그 초과하는 금액은 필요경비에 산입하지 아니한다.

③ 계약의 위약 또는 해약으로 인하여 받는 소득으로서 위약금과 배상금 중 주택입주 지체상금에 대해서는 실제 소요된 필요경비가 거주자가 받은 금액의 100분의 80에 상당하는 금액을 초과하면 그 초과하는 금액은 필요경비에 산입하지 아니한다.

④ 슬롯머신 등을 이용하는 행위에 참가하여 받는 당첨금품 등에 대하여는 그 당첨금품 등의 당첨 당시에 슬롯머신 등에 투입한 금액을 필요경비로 한다.

기출처 2025 국가직 9급
LINK 세법2 382-383p   오진다 467p
난이도 ●●●○○   출제 가능 지수 ●●○○○

해설

① 골동품의 양도로 발생하는 소득으로서 거주자가 받은 금액이 1억 원 이하인 경우에는 받은 금액의 100분의 **90**과 실제 소요된 필요경비 중 큰 금액을 필요경비로 한다.

② 문예창작품에 대한 원작자로서 받는 원고료에 대해서는 MAX[필요경비 계산제도에 따른 필요경비, 실제 소요 필요경비]를 필요경비로 적용한다. 따라서 실제 소요된 필요경비가 거주자가 받은 금액의 100분의 60에 상당하는 금액을 초과하면 그 초과하는 금액은 필요경비에 **산입한다.**

③ 계약의 위약 또는 해약으로 인하여 받는 소득으로서 위약금과 배상금 중 주택입주 지체상금에 대해서는 MAX[필요경비 계산제도에 따른 필요경비, 실제 소요 필요경비]를 필요경비로 적용한다. 따라서 실제 소요된 필요경비가 거주자가 받은 금액의 100분의 80에 상당하는 금액을 초과하면 그 초과하는 금액은 필요경비에 **산입한다.**　　　정답 ④

2-02

「소득세법」상 기타소득에 해당하지 않는 것은?

① 「사행행위 등 규제 및 처벌특례법」에서 규정하는 불법행위에 참가하여 얻은 재산상의 이익

② 유실물의 습득 또는 매장물의 발견으로 인하여 보상금을 받거나 새로 소유권을 취득하는 경우 그 보상금 또는 자산

③ 대학에 재직하고 있는 교직원이 지급받는 직무발명보상금

④ 소유자가 없는 물건의 점유로 소유권을 취득하는 자산

기출처 2023 국가직 7급
LINK 세법2 352, 377-379p   오진다 464-465p
난이도 ●●○○○   출제 가능 지수 ●●●●○

해설

③ 대학에 재직하고 있는 교직원이 지급받는 직무발명보상금은 **근로소득**에 해당하며, 퇴직 후에 지급받는 직무발명보상금이 기타소득에 해당한다.　　　정답 ③

01

소득세법령상 거주자의 소득의 종류에 대한 설명으로 옳지 않은 것은?

① 법인의 임원 또는 종업원이 해당 법인으로부터 부여받은 주식매수선택권을 해당 법인에서 근무하는 기간 중 행사함으로써 얻은 이익(주식매수선택권 행사 당시의 시가와 실제 매수가액과의 차액을 말하며, 주식에는 신주인수권을 포함한다)은 근로소득에 해당한다.

② 「공익사업을 위한 토지 등의 취득 및 보상에 관한 법률」 제4조에 따른 공익사업과 관련하여 지역권·지상권(지하 또는 공중에 설정된 권리를 포함한다)을 설정하거나 대여함으로써 발생하는 소득은 사업소득에 해당한다.

③ 기밀비(판공비를 포함한다)·교제비 기타 이와 유사한 명목으로 받는 것으로서 업무를 위하여 사용된 것이 분명하지 아니한 급여는 근로소득에 해당한다.

④ 「사행행위 등 규제 및 처벌특례법」에서 규정하는 행위(적법 또는 불법 여부는 고려하지 아니한다)에 참가하여 얻은 재산상의 이익은 기타소득에 해당한다.

기출처 2023 국가직 9급

LINK 세법2 327, 352-353, 377p 오진다 453, 464p

난이도 ●●●○○ 출제 가능 지수 ●●●○○

해설

① 주식매수선택권 행사에 따른 이익은 행사 시기에 따라 다음과 같이 구분한다.

구분	소득의 종류
㉠ 해당 법인 등에서 근무하는 기간 중 행사함으로써 얻은 이익	**근로소득**
㉡ 퇴직 전에 부여받은 주식매수선택권을 퇴직 후에 행사하거나 고용관계 없이 주식매수선택권을 부여받아 이를 행사함으로써 얻은 이익	기타소득

② 「공익사업을 위한 토지 등의 취득 및 보상에 관한 법률」 제4조에 따른 공익사업과 관련하여 지역권·지상권(지하 또는 공중에 설정된 권리를 포함한다)을 설정하거나 대여함으로써 발생하는 소득은 **기타소득**에 해당한다.

구분	소득의 종류
㉠ 일반적인 지역권·지상권의 대여소득	사업소득
㉡ 「공익사업을 위한 토지 등의 취득 및 보상에 관한 법률」에 따른 공익사업과 관련한 지역권·지상권의 설정·대여소득	**기타소득**

정답 ②

02

「소득세법령」상 국내에서 거주자에게 지급하는 기타소득으로서 원천징수의 대상이 아닌 것은? (단, 기타소득의 비과세, 과세최저한, 원천징수의 면제·배제 등 특례는 고려하지 아니한다)

① 복권에 당첨되어 받는 금품

② 「소득세법」 제21조 제1항 제10호에 따른 위약금(계약금이 대체된 것임)

③ 「법인세법」 제67조에 따라 기타소득으로 처분된 소득

④ 슬롯머신을 이용하는 행위에 참가하여 받는 당첨금품

기출처 2019 국가직 7급

LINK 세법2 383-385p 오진다 467-468p

난이도 ●●○○○ 출제 가능 지수 ●●●○○

해설

계약금이 위약금·배상금으로 대체되는 경우의 그 위약금·배상금은 원천징수 대상이 아니며 분리과세를 선택하더라도 확정신고를 해야 한다. 원천징수가 되지 아니한 상태에서 다른 소득을 합산하지 아니하는 해당 기타소득에 대한 결정세액은 그 기타소득금액에 20% 세율을 적용하여 계산한 금액으로 한다.

정답 ②

03

소득세법령상 거주자의 기타소득 중 최소 80% 이상의 필요경비를 인정받을 수 있는 것만을 모두 고르면?

> ㄱ. 「소득세법」에 따른 위약금과 배상금 중 주택입주 지체상금
> ㄴ. 산업재산권을 양도하거나 대여하고 그 대가로 받는 금품
> ㄷ. 「공익법인의 설립·운영에 관한 법률」의 적용을 받는 공익법인이 주무관청의 승인을 받아 시상하는 상금
> ㄹ. 「법인세법」에 따라 기타소득으로 처분된 소득

① ㄱ, ㄷ
② ㄱ, ㄹ
③ ㄴ, ㄷ
④ ㄴ, ㄹ

기출처 2022 국가직 7급

기출처 2022 국가직 7급
LINK 세법2 381-382p 오진다 467p
난이도 ●●●○○ 출제 가능 지수 ●●●○○

해설

구분	최소경비율
㉠ 공익법인이 주무관청의 승인을 받아 시상하는 상금 및 부상	80%
㉡ 다수순위경쟁대회 입상자의 상금·부상	
㉢ 위약금·배상금 중 주택입주지체상금	
㉣ 공익사업 관련 지역권·지상권 설정·대여	60%
㉤ 고용관계없이 다수인에게 강연	
㉥ 라디오·텔레비전방송 등을 통하여 해설·계몽·심사 등을 하고 받은 보수	
㉦ 변호사·공인회계사·세무사·건축사·측량사·변리사, 그 외 전문가의 보수	
㉧ 일간지에 기고하고 받은 원고료 등 일시적인 문예창작소득	
㉨ 광업권·어업권·산업재산권·산업정보·산업상비밀·상표권·영업권·점포임차권·토사석 채취허가권 등의 무체재산권을 양도·대여하고 받는 금품	
㉩ 통신판매중개를 하는 자를 통하여 물품·장소를 대여하고 연간 수입금액이 500만원 이하의 사용료	
㉪ 받은 금액 1억 이하 또는 보유기간 10년 이상의 서화·골동품 양도소득	90%
㉫ 받은 금액 1억 초과 + 보유기간 10년 미만의 서화·골동품 양도소득	9천만원 + 초과액 × 80%
㉬ 종교인소득	20%~80%

정답 ①

04

「소득세법」상 소득의 구분에 대한 설명으로 옳은 것은?

① 전세권의 대여로 발생하는 소득은 사업소득이 되고, 공익사업과 관련된 지역권 또는 지상권의 대여로 받는 금품은 기타소득이 된다.

② 알선수재에 의하여 받는 금품은 기타소득이 되고, 재산권에 관한 알선 수수료는 사업소득이 된다.

③ 퇴직 전에 부여받은 주식매수선택권을 퇴직 후에 행사함으로써 얻는 이익은 근로소득이 되고, 고용관계 없이 주식매수선택권을 부여받아 이를 행사함으로써 얻는 이익은 기타소득이 된다.

④ 슬롯머신을 이용하는 행위에 계속적으로 참가하여 받는 당첨금품은 사업소득이 되고, 일시적으로 참가하여 받는 당첨금품은 기타소득이 된다.

기출처 **2016 국가직 7급**

LINK 세법2 327, 353, 378-379p   오진다 440, 453, 465p

난이도 ●●○○○   출제가능지수 ●●●○○

해설

② 뇌물, 알선수재 및 배임수재에 의하여 받는 금품도 기타소득이 되고, 재산권에 관한 알선 수수료도 **기타소득**이 된다.

③ 퇴직 전에 부여받은 주식매수선택권을 퇴직 후에 행사함으로써 얻는 이익은 **기타소득**이 되고, 고용관계 없이 주식매수선택권을 부여받아 이를 행사함으로써 얻는 이익도 기타소득이 된다.

④ **계속적이든 일시적이든 상관없이** 슬롯머신을 이용하는 행위에 참가하여 받는 당첨금품은 **기타소득**이 된다.

정답 ①

05

「소득세법령」상 거주자 갑의 2024년 귀속 소득 자료에 의해 종합과세되는 기타소득금액을 계산하면? (단, 필요경비의 공제요건은 충족하며, 주어진 자료 이외의 다른 사항은 고려하지 않는다)

- 산업재산권의 양도로 인해 수령한 대가 300만원(실제 소요된 필요경비는 150만원임)
- 문예 창작품에 대한 원작자로서 받는 원고료 300만원 (실제 소요된 필요경비는 100만원임)
- 고용관계 없이 다수인에게 일시적으로 강연을 하고 받은 강연료 400만원(실제 소요된 필요경비는 100만 원임)
- ㈜한국의 종업원으로서 퇴직한 후에 수령한 직무발명보상금 400만원(실제 소요된 필요경비는 없으며, 직무발명보상금을 지급한 사용자 등과 법령으로 정하는 특수관계에 있지 아니함)

① 360만원　　　　② 400만원
③ 600만원　　　　④ 800만원

기출처 2022 국가직 9급 수정
LINK 세법2 381-384p 오진다 467p
난이도 ●●●○○　출제가능지수 ●●●○○

해설

(1) 산업재산권의 양도로 인해 수령한 대가는 별도로 필요경비를 입증하지 못하더라도 총수입금액의 **60%를 공제할 수 있다.**
(2) 문예 창작품에 대한 원작자로서 받은 원고료는 별도로 필요경비를 입증하지 못하더라도 총수입금액의 **60%를 공제할 수 있다.**
(3) 고용관계 없이 다수인에게 일시적으로 강연을 하고 받은 강연료는 별도로 필요경비를 입증하지 못하더라도 총수입금액의 **60%를 공제할 수 있다.**
(4) 종업원 등이 퇴직한 후에 지급받은 직무발명보상금(직무발명보상금을 지급한 사용자 등 또는 산학협력단과 법령으로 정하는 특수관계에 있는 자가 받는 직무발명보상금은 제외)으로서 **연 700만원 이하의 금액은 비과세** 한다.

따라서 필요경비 개산제도에 따른 필요경비는 아래와 같다.

(1) 산업재산권 양도로 인해 수령한 대가: 300만원 × 60% = 180만원
(2) 문예 창작품에 대한 원작자로서 받는 원고료: 300만원 × 60% = 180만원
(3) 고용관계 없이 다수인에게 일시적으로 강연을 하고 받은 강연료: 400만원 × 60% = 240만원

따라서 종합과세되는 기타소득금액은 다음과 같다.

(1) 산업재산권의 양도로 인해 수령한 대가	300만원 - MAX[150만원, 180만원] = 120만원
(2) 문예 창작품에 대한 원작자로서 받은 원고료	300만원 - MAX[100만원, 180만원] = 120만원
(3) 고용관계 없이 다수인에게 일시적으로 강연을 하고 받은 강연료	400만원 - MAX[100만원, 240만원] = 160만원
(4) 퇴직한 후에 수령한 직무발명보상금	비과세
종합과세되는 기타소득금액	**400만원**

정답 ②

06

「소득세법」상 기타소득에 포함되지 않는 것은?

① 지상권을 설정함으로써 발생하는 소득(「공익사업을 위한 토지 등의 취득 및 보상에 관한 법률」제4조에 따른 공익사업과 관련하여 지상권을 설정하는 경우는 제외)

② 비거주자의 대통령령으로 정하는 특수관계인이 그 특수관계로 인하여 그 비거주자로부터 받는 경제적 이익으로서 급여·배당 또는 증여로 보지 아니하는 금품

③ 유가증권을 일시적으로 대여하고 사용료로서 받는 금품

④ 종교관련종사자가 종교의식을 집행하는 등 종교관련종사자로서의 활동과 관련하여 대통령령으로 정하는 종교단체로부터 받은 소득(근로소득으로 원천징수하거나 과세표준확정신고를 한 경우는 제외)

기출처 **2018 국가직 9급**
LINK 세법2 327, 377-379p 오진다 440, 464-466p
난이도 ●●●○○ 출제 가능 지수 ●●●○○

해설

지상권을 설정함으로써 발생하는 소득(「공익사업을 위한 토지 등의 취득 및 보상에 관한 법률」제4조에 따른 공익사업과 관련하여 지상권을 설정하는 경우는 제외)은 **사업소득으로 과세**한다. 정답 ①

07

「소득세법」상 기타소득에 대한 설명으로 옳지 않은 것은?

① 사업용 부동산과 함께 영업권을 양도하여 받는 영업권 양도이익은 기타소득으로 과세한다.

② 저작자 외의 자가 저작권 사용의 대가로 받는 금품은 기타소득으로 과세한다.

③ 「사행행위 등 규제 및 처벌특례법」에서 규정하는 사행행위에 참가하여 얻은 재산상 이익은 사행행위가 불법적인 경우에도 기타소득으로 과세한다.

④ 공무원이 직무와 관련하여 받는 뇌물은 기타소득으로 과세한다.

기출처 **2015 국가직 9급**
LINK 세법2 377-379, 448p 오진다 464-465, 495p
난이도 ●●●○○ 출제 가능 지수 ●●●●●

해설

사업용 부동산과 함께 영업권을 양도하여 받는 영업권 양도이익은 **양도소득**으로 과세한다. 정답 ①

08

「소득세법」상 국내에서 거주자에게 소득을 지급하는 경우 원천징수대상이 되는 소득을 모두 고른 것은? (단, 원천징수의 면제 또는 배제 등 원천징수의 특례를 고려하지 아니함)

ㄱ. 이자소득	ㄴ. 배당소득
ㄷ. 뇌물	ㄹ. 연금소득
ㅁ. 알선수재 및 배임수재에 의하여 받는 금품	

① ㄱ, ㄴ, ㄷ
② ㄱ, ㄴ, ㄹ
③ ㄴ, ㄹ, ㅁ
④ ㄷ, ㄹ, ㅁ

기출처 **2016 국가직 9급**
LINK 세법2 319, 376, 385p 오진다 437, 464, 467p
난이도 ●●●○○ 출제 가능 지수 ●●○○○

해설

뇌물·알선수재·배임수재에 의하여 받는 금품에 해당하는 기타소득은 원천징수 대상에서 제외되며 무조건 종합과세한다(소법 127 ① (6)). 정답 ②

09

「소득세법」상 소득의 수입시기에 대한 설명으로 옳지 않은 것은?

① 기타소득으로 과세되는 미술·음악 또는 사진에 속하는 창작품에 대한 대가로 원작자가 받는 소득의 경우에는 그 지급을 받는 날을 수입시기로 한다.

② 「법인세법」에 따라 발생한 인정상여가 임원 등에 대한 근로소득으로 과세되는 경우에는 해당 법인의 결산확정일을 그 수입시기로 한다.

③ 법인의 해산으로 주주 등이 법인의 잔여재산을 분배받은 것이 의제배당이 되어 배당소득으로 과세하는 경우에는 그 잔여재산가액이 확정된 날을 수입시기로 한다.

④ 사업소득으로 과세되는 상품의 위탁판매로 인한 소득의 경우에는 수탁자가 그 위탁품을 판매하는 날을 수입시기로 한다.

기출처 2015 국가직 9급

LINK 세법2 319, 347, 363, 381p   오진다 436, 451, 457, 466p

난이도 ●●●○○   출제 가능 지수 ●●●○○

해설

「법인세법」에 따라 발생한 인정상여가 임원 등에 대한 근로소득으로 과세되는 경우에는 **해당 사업연도 중의 근로를 제공하는 날**을 그 수입시기로 한다.

정답 ②

10

「소득세법」상 소득금액에 대한 설명으로 옳지 않은 것은?

① 이자소득금액은 해당 과세기간의 총이자수입금액에서 필요경비를 공제한 금액으로 한다.

② 근로소득금액은 해당 과세기간의 총급여액에서 근로소득공제를 적용한 금액으로 한다.

③ 연금소득금액은 해당 과세기간의 총연금액에서 연금소득공제를 적용한 금액으로 한다.

④ 기타소득금액은 해당 과세기간의 총수입금액에서 이에 사용된 필요경비를 공제한 금액으로 한다.

기출처 2012 국가직 9급

LINK 세법2 311, 362, 373, 381p   오진다 432, 452, 462, 467p

난이도 ●○○○○   출제 가능 지수 ●●●○○

해설

① 종합소득금액에 합산되는 이자소득금액은 다음과 같이 총이자수입금액으로 계산하며, **필요경비를 인정하지 않는다.**

이자소득금액 = 이자소득 총수입금액 = 이자소득 - 비과세소득 - 분리과세소득

② 근로소득금액은 해당 과세기간의 총급여액에서 근로소득공제를 적용한 금액으로 한다.

근로소득금액 = 총급여액 - 근로소득공제 = (근로소득 - 비과세소득) - 근로소득공제

③ 연금소득금액은 해당 과세기간의 총연금액에서 연금소득공제를 적용한 금액으로 한다.

연금소득금액 = 총연금액 - 연금소득공제 = (총연금소득 - 비과세소득 - 분리과세소득) - 연금소득공제

④ 기타소득금액은 해당 과세기간의 총수입금액에서 이에 사용된 필요경비를 공제한 금액으로 한다.

기타소득금액 = 기타소득 총수입금액 - 필요경비 = (기타소득 - 비과세소득 - 분리과세소득) - 필요경비

정답 ①

11

「소득세법」상 종합소득금액에 합산되는 기타소득금액은?

- 복권당첨금: 8,000,000원
- 분실물 습득 보상금: 4,000,000원
- 교통사고 손해보상금: 2,500,000원
- 위약금 중 주택입주지체상금: 2,000,000원(필요경비는 1,500,000원)

① 1,200,000원　　② 1,300,000원
③ 4,400,000원　　④ 4,500,000원

기출처 2014 국가직 9급
LINK 세법2 378, 382, 384p　오진다 432, 464, 467p
난이도 ●●●●● 출제 가능 지수 ●●●○○

해설

'필요경비 개산제도'란 필요경비를 입증하지 못하더라도 최소한 총수입금액의 일정비율을 필요경비로 공제할 수 있도록 MAX[필요경비 계산제도에 따른 필요경비, 실제 소요 필요경비]를 필요경비로 적용 공제하도록하는 제도이다. 각 필요경비 개산제도에 따른 경비율은 수입별로 다른데 이를 알아야 풀 수 있는 문제다.

○ 복권의 당첨금은 무조건 분리과세 기타소득이므로 원천징수(3억원 이하이므로 원천징수세율 20%을 적용하여 8,000,000원 × 20% = 1,600,000원)로 납세의무가 종결된다.

○ 유실물의 습득 또는 매장물의 발견으로 인하여 보상금을 받거나 새로 소유권을 취득하는 경우 그 보상금 또는 자산은 기타소득으로 종합과세한다. 분실물 습득 보상금은 필요경비가 없으니 **4,000,000원** 전액 기타소득으로 과세한다.

○ 교통사고로 인하여 사망 또는 상해를 입은 자 또는 그 가족이 그 피해보상으로 받는 사망·상해보상이나 위자료는 소득세과세대상 소득에 해당되지 아니한다(소기통 21-1…2). 따라서 교통사고 손해보상금 2,500,000원은 **전액 비과세**한다.

○ 위약금 중 주택입주지체상금은 경우 필요경비 개산제도 경비율이 80%이다. 실제 소요 필요경비는 1,500,000원이므로 공제할 필요경비는 다음과 같다.

MAX[필요경비 계산제도에 따른 필요경비, 실제 소요 필요경비]
= MAX[2,000,000원 × 80%, 1,500,000원] = 1,600,000원

따라서 종합소득금액에 합산되는 기타소득금액은 다음과 같이 계산한다.

종합소득금액에 합산되는 기타소득금액 = 기타소득 총수입금액 - 필요경비
= 4,000,000원 + (2,000,000원 - 1,600,000원) = 4,400,000원

정답 ③

12

「소득세법」상 소득에 대한 설명으로 옳지 않은 것은?

① 뇌물, 알선수재 및 배임수재에 의하여 받는 금품과 같은 위법소득은 기타소득에 해당한다.
② 주식소각에 의하여 주주가 받는 금액 중 출자에 소요된 금액을 초과하는 금액은 배당소득에 해당한다.
③ 종업원이 퇴직함으로써 받는 소득 중 퇴직소득에 속하지 아니하는 소득은 근로소득에 해당한다.
④ 법인으로 보는 단체로부터 받은 분배금은 이자소득에 해당한다.

기출처 2012 국가직 9급
LINK 세법2 313-314, 352, 379p　오진다 434, 452, 465p
난이도 ●●○○○ 출제 가능 지수 ●●●○○

해설

법인으로 보는 단체로부터 받은 분배금은 **배당소득**에 해당한다.　정답 ④

13

「소득세법」상 비과세소득으로 옳지 않은 것은?

① 기초생활수급자인 휴학생이 대학으로부터 받는 근로장학금

② 「국민건강보험법」, 「고용보험법」에 따라 사용자가 부담하는 보험료

③ 서화·골동품을 박물관 또는 미술관에 양도함으로써 발생하는 소득

④ 경찰청장이 정하는 바에 따라 범죄 신고자가 받는 보상금

기출처 2013 국가직 7급

LINK 세법2 355, 379-380p   오진다 454, 465p

난이도 ●●●○○   출제 가능 지수 ●●●○○

해설

「교육기본법」에 따라 받는 장학금 중 대학생(대학, 산업대학, 교육대학, 전문대학에 **재학하는 대학생에 한함**)이 근로의 대가로 지급받는 장학금은 소득세를 과세하지 않는다. 따라서 휴학생이 대학으로부터 받는 근로장학금은 비과세소득에 **해당하지 않는다**.

[비과세되는 기타소득]

○ 국가유공자 등의 보훈급여금·학습보조비 및 북한이탈주민의 정착금·보로금과 그 밖의 금품

○ 「국가보안법」에 따라 받는 상금과 보로금

○ 「상훈법」에 따른 훈장과 부상, 국가·지방자치단체로부터 받는 상금과 부상 등

○ 종업원 등 또는 대학의 교직원(퇴직한 후) 또는 학생이 받는 연 700만원 이하의 직무발명보상금(직무발명보상금을 지급한 사용자 등 또는 산학협력단과 법령으로 정하는 특수관계에 있는 자가 받는 직무발명보상금은 제외)

○ 「국군포로의 송환 및 대우 등에 관한 법률」에 따라 국군포로가 받는 위로지원금과 그 밖의 금품

○ 「문화재보호법」에 따라 국가지정문화재로 지정된 서화·골동품의 양도로 발생하는 소득

○ 서화·골동품을 박물관 또는 미술관에 양도함으로써 발생하는 소득

○ 종교인소득 중 다음의 어느 하나에 해당하는 소득
  ⓐ 종교관련종사자가 종교 관련 교육·훈련을 위한 입학금·수업료·수강료 등의 학자금 및 사택을 제공받아 얻는 이익
  ⓑ 종교관련종사자가 받는 월 20만원 이하의 식사 또는 식사대
  ⓒ 종교관련종사자가 받는 법령으로 정하는 실비변상적 성질의 지급액
  ⓓ 종교단체로부터 받는 월 20만원 이내의 종교관련종사자·배우자의 출산·보육(6세 이하 자녀)비

○ 법령·조례에 따른 위원회 등의 보수를 받지 않는 위원(학술원 및 예술원의 회원 포함) 등이 받는 수당

정답 ①

14

「소득세법」상 기타소득에 관한 설명으로 옳지 않은 것은?

① 사업용 토지·건물과 함께 영업권을 양도하는 경우 그 대가로 받는 금품은 기타소득으로 본다.

② 뇌물과 알선수재 및 배임수재에 따라 받은 금품은 기타소득에 해당한다.

③ 계약의 위약 또는 해약으로 인하여 받는 위약금과 배상금 중 주택입주지체상금의 필요경비 산입액은 거주자가 받은 금액의 100분의 80에 상당하는 금액과 실제 소요된 필요경비 중 큰 금액으로 한다.

④ 한국마사회법에 따른 승마투표권의 구매자가 받는 환급금에 대해서는 그 구매자가 구입한 적중된 투표권의 단위투표금액을 필요경비로 한다.

기출처 2010 국가직 9급

LINK 세법2 379, 382, 448p   오진다 465, 467, 495p

난이도 ●●●○○   출제 가능 지수 ●●●●○

해설

사업에 사용하는 양도소득세 과세대상 토지·건물·부동산에 관한 권리와 함께 양도하는 영업권(영업권을 별도로 평가하지 아니하였으나 사회통념상 자산에 포함되어 함께 양도된 것으로 인정되는 영업권과 행정관청으로부터 인가·허가·면허 등을 받음으로써 얻는 경제적 이익을 포함)을 양도한 경우에는 양도소득세를 과세한다(소법 94 ① ⑷). 즉, 사업용 토지·건물과 함께 영업권을 양도하는 경우 그 대가로 받는 금품은 **양도소득**으로 본다.

정답 ①

15

아래에 제시된 거주자 홍길동의 2023년 기타소득 자료를 참고로 2023년도 종합소득금액에 합산되는 기타소득 금액을 계산하면?

> (1) 어업권을 대여하고 받는 대가: ₩10,000,000
>   (필요경비 확인불가)
> (2) 「복권 및 복권기금법」상 복권의 당첨금:
>   ₩20,000,000
> (3) 일간지에 기고하고 받은 원고료: ₩2,000,000
> (4) 슬롯머신에 의한 당첨금품: ₩2,000,000
>   (필요경비 ₩1,000,000)
> (5) 유실물의 습득으로 인한 보상금: ₩2,000,000
>   (필요경비 없음)

① ₩35,000,000   ② ₩15,000,000

③ ₩6,800,000   ④ ₩5,600,000

기출처 2008 국가직 7급

LINK 세법2 377-378, 382-384p   오진다 465-467p

난이도 ●●●●○   출제 가능 지수 ●●●○○

해설

2023년도 종합소득금액에 합산되는 기타소득금액
= 기타소득 총수입금액 - 필요경비
= (₩10,000,000 + ₩2,000,000 + ₩2,000,000) - 필요경비

(1) 어업권을 대여하고 받는 대가의 경우 필요경비 개산제도 경비율이 60%이다. 필요경비 확인 불가이므로 공제할 필요경비는 다음과 같다.

MAX[필요경비 계산제도에 따른 필요경비, 실제 소요 필요경비]
= MAX[₩10,000,000 × 60%, ₩0] = ₩6,000,000

(2) 「복권 및 복권기금법」상 복권의 당첨금은 무조건 분리과세 기타소득이므로 원천징수(3억원 이하이므로 원천징수세율 20%)로 납세의무가 종결된다.

(3) 일간지에 기고하고 받은 원고료의 경우 필요경비 개산제도 경비율이 60%이다. 필요경비에 대한 언급이 없으므로 공제할 필요경비는 다음과 같다.

MAX[필요경비 계산제도에 따른 필요경비, 실제 소요 필요경비]
= MAX[₩2,000,000 × 60%, ₩0] = ₩1,200,000

(4) 슬롯머신에 의한 당첨금품은 무조건 분리과세 기타소득이지만 당첨금품이 건별로 200만원 이하인 경우 소득세를 과세하지 않는다. 거주자 홍길동의 당첨금품이 ₩2,000,000이므로 전액 비과세한다.

(5) 유실물의 습득으로 인한 보상금은 필요경비가 없으므로 ₩2,000,000 전액 기타소득으로 한다.

따라서 2023년도 종합소득금액에 합산되는 기타소득금액은 다음과 같이 계산한다.

2023년도 종합소득금액에 합산되는 기타소득금액
= 기타소득 총수입금액 - 필요경비
= (₩10,000,000 + ₩2,000,000 + ₩2,000,000) - (₩6,000,000 + ₩1,200,000)
= ₩14,000,000 - ₩7,200,000 = **₩6,800,000**

정답 ③

16

다음 중 총수입금액의 80%를 필요경비로 의제할 수 있는 기타소득에 해당하는 것은?

> ⊙ 공익법인이 주무관청의 승인을 얻어 시상하는 상금과 부상 및 다수가 순위 경쟁하는 대회에서 입상자가 받는 상금과 부상
> ⓛ 재산권알선수수료
> ⓒ 유실물습득으로 인하여 받은 보상금
> ⓔ 사진창작품에 대한 원작자로서 받는 일시적인 문예창작소득
> ⓜ 위약금과 배상금 중 주택입주지체상금
> ⓗ 통신판매중개업자를 통하여 물품·장소를 대여하고 연간 500만원 이하의 사용료로서 받은 금품
> ⓢ 고용관계 없이 일시적으로 다수인에게 강연을 하고 받는 강사료
> ⓞ 서화·골동품의 양도소득으로서 양도가액이 8천만원인 경우

① ⊙, ⓛ ② ⊙, ⓜ ③ ⊙, ⓔ, ⓜ ④ ⊙, ⓒ, ⓔ

기출처 2007 서울시 9급
LINK 세법2 382p 오진다 467p
난이도 ●●●○○ 출제 가능 지수 ●●●○○

해설

⊙ 공익법인이 주무관청의 승인을 얻어 시상하는 상금과 부상 및 다수가 순위 경쟁하는 대회에서 입상자가 받는 상금과 부상의 경우 필요경비 개산제도 경비율이 **80%**이다.

ⓛ, ⓒ 필요경비 개산제도에 열거된 소득이 아니다.

ⓔ 사진창작품에 대한 원작자로서 받는 일시적인 문예창작소득의 경우 필요경비 개산제도 경비율이 60%이다.

ⓜ 위약금과 배상금 중 주택입주지체상금의 경우 필요경비 개산제도 경비율이 **80%**이다.

ⓗ 통신판매중개업자를 통하여 물품·장소를 대여하고 연간 500만원 이하의 사용료로서 받은 금품의 경우 필요경비 개산제도 경비율이 60%이다.

ⓢ 고용관계 없이 일시적으로 다수인에게 강연을 하고 받는 강사료의 경우 필요경비 개산제도 경비율이 60%이다.

ⓞ 서화·골동품의 양도소득으로서 양도가액이 8천만원인 경우 필요경비 개산제도 경비율이 90%이다.

정답 ②

17

소득세의 과세대상으로 틀린 것은?

① 농업소득 중 곡물재배업소득
② 공장재단 또는 광업재단의 대여로 인하여 발생하는 소득
③ 한국마사회법에 의한 승마투표권 및 경륜·경정법에 의한 승자투표권의 구매자가 받는 환급금
④ 이익잉여금의 자본전입으로 인한 의제배당

기출처 2006 국가직 7급
LINK 세법2 314, 326-327, 377p 오진다 434, 440, 464p
난이도 ●●○○○ 출제 가능 지수 ●●●○○

해설

① 농업소득 중 곡물재배업소득은 소득이 발생하더라도 **소득세를 과세하지 않는다.**

② 공장재단 또는 광업재단의 대여로 인하여 발생하는 소득은 부동산임대업에 해당하는 것으로 보아 사업소득으로 과세한다.

③ 한국마사회법에 의한 승마투표권 및 경륜·경정법에 의한 승자투표권의 구매자가 받는 환급금은 기타소득으로서 과세대상 소득에 해당한다.

④ 이익잉여금의 자본전입으로 인한 의제배당은 배당소득으로 과세한다.

정답 ①

18

「소득세법」상 소득의 종류를 구분한 것으로 옳지 않은 것은?

① 직장공제회 초과반환금 — 이자소득
② 공익사업과 관련된 지역권, 지상권을 설정 또는 대여하고 받는 금품 — 기타소득
③ 일시적 문예창작소득 — 사업소득
④ 「법인세법」에 의하여 상여로 처분된 금액 — 근로소득

기출처 2005 국가직 9급
LINK 세법2 310, 327, 352, 378p 오진다 431, 440, 452, 465p
난이도 ●●○○○ 출제 가능 지수 ●●○○○

해설

일시적 문예창작소득은 **기타소득**으로 과세한다.

정답 ③

06

소득금액계산의 특례

출제 경향 분석

01 부당행위계산의 부인

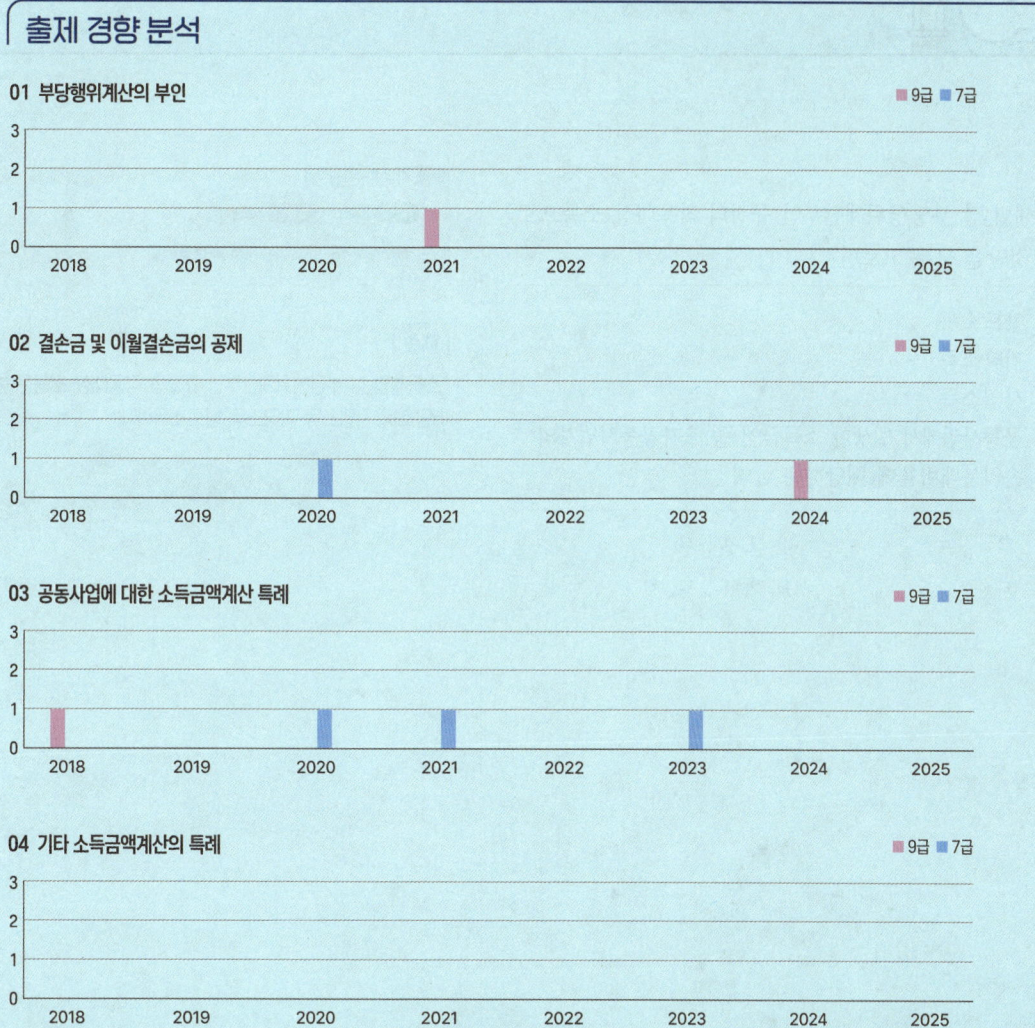

02 결손금 및 이월결손금의 공제

03 공동사업에 대한 소득금액계산 특례

04 기타 소득금액계산의 특례

기출 분석

'소득금액계산 특례' 규정은 시험에서 자주 다루어졌던 빈출 파트입니다. 이중에서도 '03. 공동사업에 대한 소득금액계산 특례'는 최근 국가직 9급과 7급에 자주 출제됩니다. 대부분 단순 조항을 묻는 문제라서 기본적인 내용들을 중심으로 정리하시면 됩니다. 오히려 '01. 부당행위 계산의 부인'은 사례형으로 부당행위를 판단하는 문제가 주어질 경우 수험생들이 어렵게 느낄 수 있습니다. 부당행위계산부인 관련 다양한 응용 문제를 꼭 풀어보시기를 바랍니다.

01 부당행위계산의 부인

01

「소득세법」상 부당행위계산부인 규정의 적용대상 소득으로 옳은 것만을 모두 고르면?

ㄱ. 양도소득
ㄴ. 기타소득
ㄷ. 사업소득
ㄹ. 공동사업에서 발생한 소득금액 중 출자공동사업자의 손익분배비율에 해당하는 금액

① ㄱ, ㄹ   ② ㄱ, ㄴ, ㄷ
③ ㄴ, ㄷ, ㄹ   ④ ㄱ, ㄴ, ㄷ, ㄹ

기출처 2021 국가직 9급
LINK 세법2 388p   오진다 469p
난이도 ●●●●●   출제 가능 지수 ●●●●●

해설

「소득세법」상 부당행위계산부인 규정의 적용대상 소득은 출자공동사업자의 배당소득, 사업소득, 기타소득, 양도소득이다.   정답 ④

02

「소득세법」상 부당행위계산부인대상이 되는 소득을 모두 고르면?

⊙ 이자소득   ⓒ 양도소득
ⓒ 퇴직소득   ⓔ 사업소득
ⓜ 기타소득   ⓗ 연금소득

① ⊙, ⓒ, ⓗ   ② ⊙, ⓒ, ⓜ
③ ⓒ, ⓔ, ⓜ   ④ ⓒ, ⓔ, ⓗ

기출처 2013 국가직 7급
LINK 세법2 388p   오진다 469p
난이도 ●●●●●   출제 가능 지수 ●●●●●

해설

「소득세법」상 부당행위계산부인 규정의 적용대상 소득은 출자공동사업자의 배당소득, 사업소득, 기타소득, 양도소득이다.   정답 ③

03

「소득세법」상 특수관계인인 甲과 乙간의 거래내용이다. 甲의 소득금액계산에 있어 부당행위계산의 부인대상으로 옳지 않은 것은?

① 甲은 乙에게 시가 5억원의 토지를 6억원에 양도하였다.
② 甲은 乙로부터 무수익자산을 5억원에 매입하여 그 유지비용을 매년 3억원씩 부담하고 있다.
③ 甲은 乙로부터 정상적 요율이 4억원인 용역을 제공받고 5억원을 지불하였다.
④ 甲은 乙로부터 시가 6억원의 토지를 9억원에 매입하였다.

기출처 2011 국가직 9급
LINK 세법2 388p 오진다 469p
난이도 ●●●○○ 출제 가능 지수 ●●●○○

해설

조세부담을 감소시켜야 하므로, 부당행위계산의 부인은 정당한 거래보다 거래에 참여하는 본인의 손해로 특수관계인인 상대방이 이익을 취해야 한다.

① 시가 5억원의 토지를 6억원에 양도하였으므로 거래에 참여하는 본인의 이익이 발생한 거래다. 즉, 甲의 조세부담이 감소되지 않으므로 부당행위계산의 부인대상이 아니다.

②, ③, ④ 정당한 거래보다 거래에 참여하는 본인의 손해가 발생한 거래다.

정답 ①

04

소득세 과세표준의 산정에 관한 설명으로 옳은 것은?

① 「소득세법」상 부당행위계산의 부인 규정은 실제 소요된 필요경비가 인정되는 소득에만 적용되는 것이 원칙이므로 이자소득이나 근로소득에 대해서는 적용되지 아니한다.
② 사업소득이 발생하는 점포의 임차인으로서의 지위를 양도함으로써 얻는 경제적 이익인 점포임차권을 양도하고 받은 대가는 양도소득으로 분류된다.
③ 총 연금액이 연 600만원인 납세자의 연금소득은 원천징수에 의하여 소득세 납세의무가 종결되기 때문에 종합과세 대상이 될 수 없다.
④ 근로자를 수익자로 하여 사업자가 불입한 확정급여형 퇴직연금제도의 보험차익은 해당 사업자의 이자소득으로 본다.

기출처 2010 국가직 7급 수정
LINK 세법2 331, 375, 377, 388p 오진다 434, 463, 469p
난이도 ●●○○○ 출제 가능 지수 ●●●○○

해설

② 사업소득이 발생하는 점포의 임차인으로서의 지위를 양도함으로써 얻는 경제적 이익인 점포임차권을 양도하고 받은 대가는 **기타소득**으로 분류된다.

③ 사적연금소득의 합계액이 연 1,500만원 이하인 경우 그 연금소득은 **분리과세와 종합과세 중 하나를 선택**할 수 있으며 종합과세를 선택할 경우 확정신고를 해야 한다.

④ 근로자를 수익자로 하여 사업자가 불입한 확정급여형 퇴직연금제도의 보험차익은 해당 사업자의 **사업소득**으로 본다.

정답 ①

05

「소득세법」상 부당행위계산 부인에 관한 설명으로 옳은 것은?

① 특수관계인에게 시가가 50억원인 자산을 48억원에 양도하는 경우 부당행위계산부인의 요건을 충족한다.

② 거주자인 갑이 거주자인 그의 아들 을에게 시가 10억원인 제품을 7억원에 판매한 경우 과세관청은 을에 대하여 매입가액을 10억원으로 하여 세법을 적용한다.

③ 거주자인 병이 거주자인 그의 동생 정에게 주택을 무상으로 사용하게 하고 정이 해당 주택에 실제 거주하는 경우에는 조세의 부담을 부당하게 감소시킨 것으로 인정하는 때에 해당되지 않는다.

④ 부당행위계산 부인규정은 당사자 간에 약정한 법률행위의 효과를 부인하거나 기존 법률행위의 변경·소멸을 가져오게 할 수 없다.

기출처 2010 국가직 7급
LINK 세법2 388-389p 오진다 469p
난이도 ●●●○○ 출제 가능 지수 ●●●●○

해설

'부당행위계산의 부인'이란, 「소득세법」상 부당행위계산의 부인 대상이 되는 소득이 있는 거주자가 해당 소득과 관련하여 특수관계인과의 거래로 인하여 부당하게 감소시킨 것으로 인정되는 경우 납세지 관할 세무서장 또는 지방국세청장이 과세기간의 소득금액을 계산하는 것을 말한다.

① 특수관계인에게 시가가 50억원인 자산을 48억원에 양도하는 경우 저가양도에 해당하므로 중요성 요건(시가와 거래가액과의 차액이 3억원 이상이거나 시가의 5% 이상)을 만족하는지 보아야 한다. 해당 거래는 시가와 거래가액과의 차액이 2억원으로, 이는 3억원에 미달하고 시가의 5%인 2.5억원에도 미달하므로 부당행위계산부인의 요건을 **충족하지 않는다.**

② 거주자인 갑이 거주자인 그의 아들 을에게 시가 10억원인 제품을 7억원에 판매한 경우 을의 입장에서는 저가양수에 해당하므로 거래에 참여하는 본인(을)의 이익이 발생한 거래다. 따라서 을의 조세감소를 가져오지 않기 때문에 **부당행위계산부인 대상이 되지 않는다.**

③ 거주자인 병이 **직계존비속**에게 주택을 무상으로 사용하게 하고 정이 해당 주택에 실제 거주하는 경우에는 조세의 부담을 부당하게 감소시킨 것으로 인정하는 때에 해당되지 않는다. 형제·자매는 직계존비속에 해당되지 않으므로 **부당행위계산부인 대상이 된다.** 　　　　　정답 ④

06

「소득세법」상 부당행위계산 부인규정이 적용될 수 있는 소득으로만 짝지어진 것은?

① 기타소득, 이자소득, 배당소득

② 사업소득, 기타소득, 양도소득

③ 기타소득, 사업소득, 연금소득

④ 배당소득, 이자소득, 근로소득

기출처 2006 국가직 9급
LINK 세법2 388p 오진다 469p
난이도 ●○○○○ 출제 가능 지수 ●●●●○

해설

「소득세법」상 부당행위계산부인 규정의 적용대상 소득은 출자공동사업자의 배당소득, 사업소득, 기타소득, 양도소득이다. 　　　　　정답 ②

02 결손금 및 이월결손금의 공제

2-01

「소득세법」상 거주자의 사업소득의 결손금과 이월결손금의 공제에 대한 설명으로 옳은 것은? (단, 거주자는 장부와 증명서류를 비치·기록하고 있다)

① 해당 과세기간의 사업소득금액을 계산할 때 발생한 결손금은 그 과세기간의 종합소득 과세표준을 계산할 때 이자소득금액·배당소득금액·근로소득금액·연금소득금액·기타소득금액에서 순서대로 공제한다.

② 주거용 건물 임대업에서 발생한 결손금은 해당 과세기간의 종합소득 과세표준을 계산할 때 공제하지 아니한다.

③ 결손금 및 이월결손금을 공제할 때 해당 과세기간에 결손금이 발생하고 이월결손금이 있는 경우에는 이월결손금을 먼저 소득금액에서 공제한다.

④ 「국세기본법」제26조의2에 따른 국세부과의 제척기간이 지난 후에 그 제척기간 이전 과세기간의 이월결손금이 확인된 경우 그 이월결손금은 공제하지 아니한다.

기출처 2024 국가직 9급

LINK 세법2 390-391p 오진다 470p

난이도 ●●●○○ 출제 가능 지수 ●●●●○

해설

①, ② 사업소득(부동산임대업 제외) 및 주거용 건물 임대업에서 발생한 결손금은 그 과세기간의 종합소득과세표준을 계산할 때 사업성이 있는 부동산임대업 사업소득에서 공제한 후 다른 종합소득에서 공제하며, 그 순서는 다음과 같다.

> **부동산임대업 소득금액 → 근로소득금액 → 연금소득금액 → 기타소득금액 → 이자소득금액 → 배당소득금액**

③ 결손금 및 이월결손금을 공제할 때 해당 과세기간에 결손금이 발생하고 이월결손금이 있는 경우에는 **그 과세기간의 결손금**을 먼저 소득금액에서 공제한다.

정답 ④

01

「소득세법」상 거주자의 결손금 및 이월결손금의 공제에 대한 설명으로 옳은 것으로만 묶은 것은? (단, 이월결손금은 세법상 공제 가능하고, 국세부과의 제척기간이 지난 후에 그 제척기간 이전 과세기간의 이월결손금이 확인된 경우가 아니며, 추계신고·추계조사 결정하는 경우에도 해당하지 않는다)

기출처 2020 국가직 7급

LINK 세법2 390-391p   오진다 470p

난이도 ●●●●● 출제 가능 지수 ●●●●●

ㄱ. 사업자(부동산임대업은 제외하되 주거용 건물 임대업은 포함)가 비치·기록한 장부에 의하여 해당 과세기간의 사업소득금액을 계산할 때 발생한 결손금은 그 과세기간의 종합소득과세표준을 계산할 때 근로소득금액·연금소득금액·기타소득금액·이자소득금액·배당소득금액에서 순서대로 공제한다.

ㄴ. 부동산임대업(주거용 건물 임대업 포함)에서 발생한 이월결손금은 해당 과세기간의 부동산임대업의 소득금액에서만 공제한다.

ㄷ. 결손금 및 이월결손금을 공제할 때 종합과세되는 배당소득 또는 이자소득이 있으면 그 배당소득 또는 이자소득 중 기본세율을 적용받는 부분에 대해서는 사업자가 그 소득금액의 범위에서 공제 여부 및 공제금액을 결정할 수 있다.

ㄹ. 결손금 및 이월결손금을 공제할 때 해당 과세기간에 결손금이 발생하고 이월결손금이 있는 경우에는 그 과세기간의 이월결손금을 먼저 소득금액에서 공제한다.

① ㄱ, ㄴ   ② ㄱ, ㄷ   ③ ㄴ, ㄹ   ④ ㄷ, ㄹ

해설

ㄴ. 부동산임대업(주거용 건물 임대업 **제외**)에서 발생한 이월결손금은 해당 과세기간의 부동산임대업의 소득금액에서만 공제한다. 부동산임대업 중 주거용 건물 임대업에서 발생한 이월결손금은 해당 과세기간의 다른 소득금액에서 공제할 수 있다.

ㄹ. 결손금 및 이월결손금을 공제할 때 해당 과세기간에 결손금이 발생하고 이월결손금이 있는 경우에는 그 과세기간의 **결손금**을 먼저 소득금액에서 공제한다.

정답 ②

02

「소득세법」상 결손금소급공제에 의한 환급에 관한 설명으로 옳지 않은 것은?

① 환급규정은 해당 거주자가 과세표준 확정신고기한까지 결손금이 발생한 과세기간과 그 직전 과세기간의 소득에 대한 소득세의 과세표준 및 세액을 각각 신고한 경우에만 적용한다.

② 납세지 관할 세무서장은 소득세를 환급한 후 결손금이 발생한 과세기간에 대한 소득세의 과세표준과 세액을 경정함으로써 이월결손금이 감소된 경우에는 그 환급세액과 그에 대한 이자상당액을 법령으로 정하는 바에 따라 그 이월결손금이 발생한 과세기간의 소득세로서 징수한다.

③ 중소기업을 경영하는 거주자가 그 중소기업의 사업소득금액을 계산할 때 해당 과세기간의 이월결손금(부동산 임대업에서 발생한 이월결손금 포함)이 발생한 경우에는 이를 소급공제하여 직전 과세기간의 그 중소기업의 사업소득에 대한 종합소득세액을 환급신청 할 수 있다.

④ 소급공제한 이월결손금에 대해서 이월결손금의 이월공제규정을 적용할 때에는 그 이월결손금을 공제받은 금액으로 본다.

기출처 2011 국가직 7급
LINK 세법2 391-392p 오진다 471p
난이도 ●●●○○ 출제 가능 지수 ●●●●○

해설

부동산임대업에서 발생한 이월결손금은 소급공제할 수 없다. 따라서 중소기업을 경영하는 거주자가 그 중소기업의 사업소득금액을 계산할 때 해당 과세기간의 이월결손금(부동산 임대업에서 발생한 이월결손금 **제외**)이 발생한 경우에는 이를 소급공제하여 직전 과세기간의 그 중소기업의 사업소득에 대한 종합소득세액을 환급신청 할 수 있다.   정답 ③

03

「소득세법」상 결손금소급공제에 대한 설명으로 옳지 않은 것은?

① 법령 소정의 중소기업을 영위하는 거주자는 이월결손금이 발생한 경우 결손금소급공제에 의한 세액환급을 신청할 수 있다.

② 사업소득에서 발생한 결손금이 결손금소급공제의 대상이 된다.

③ 결손금소급공제는 거주자가 결손금이 발생한 과세기간과 그 직전 과세기간의 소득에 대한 소득세의 과세표준 및 세액을 각각 신고한 경우에 한하여 적용된다.

④ 결손금소급공제에 의하여 환급을 받았다 하더라도 동일한 결손금을 이월하여 공제할 수 있다.

기출처 2009 국가직 9급
LINK 세법2 391-392p 오진다 471p
난이도 ●●○○○ 출제 가능 지수 ●●●●○

해설

소급공제한 이월결손금에 대해서 이월결손금 공제를 적용할 때에는 그 이월결손금을 공제받은 금액으로 본다. 따라서 결손금소급공제에 의하여 환급을 받았다면 동일한 결손금을 이월하여 공제할 수 **없다**.   정답 ④

04

「소득세법」상 과세소득금액을 계산함에 있어서 결손금의 통산방법을 설명한 것으로 옳지 않은 것은?

① 사업소득에서 발생한 결손금은 근로소득금액, 연금소득금액, 기타소득금액, 이자소득금액, 배당소득금액에서 순차로 공제한다.

② 사업소득의 결손금을 다른 종합소득금액에서 공제하고 남은 경우에는 양도소득금액에서 공제한다.

③ 상가건물의 임대사업소득에서 발생한 결손금은 다른 종합소득금액에서 공제할 수 없다.

④ 부동산임대사업소득에서 발생한 이월결손금은 해당 이월결손금이 발생한 연도의 종료일부터 15년 이내에 종료하는 과세기간의 소득금액을 계산함에 있어서 먼저 발생한 연도의 이월결손금부터 순차로 부동산임대사업소득에서 공제한다.

기출처 2008 국가직 9급

LINK 세법2 390p 오진다 470p

난이도 ●●●●● 출제가능지수 ●●●●●

해설

사업소득에서 발생한 결손금은 **양도소득금액에서 공제하지 않는다**.
사업소득(부동산임대업 제외) 및 주거용 건물 임대업에서 발생한 결손금은 그 과세기간의 종합소득과세표준을 계산할 때 사업성이 있는 부동산임대업 사업소득에서 공제한 후 다른 종합소득에서 공제하는데 그 순서는 다음과 같다.

부동산임대업 소득금액 → 근로소득금액 → 연금소득금액 → 기타소득금액 → 이자소득금액 → 배당소득금액

정답 ②

03 공동사업에 대한 소득금액계산 특례

3-01

소득세법령상 공동사업에 대한 설명으로 옳지 않은 것은?

① 특수관계인의 소득금액이 주된 공동사업자에게 합산과세되는 경우 그 합산과세되는 소득금액에 대해서 주된 공동사업자의 특수관계인은 그의 손익분배비율에 해당하는 그의 소득금액을 한도로 주된 공동사업자와 연대하여 납세의무를 진다.

② 출자공동사업자의 배당소득을 과세기간 종료일까지 지급하지 아니한 경우 해당 과세기간 종료일에 지급한 것으로 보아 소득세를 원천징수한다.

③ 공동사업에서 발생한 채무에 대하여 무한책임을 부담하기로 약정한 자는 출자공동사업자가 될 수 없다.

④ 공동사업장에서 발생한 소득금액에 대하여 원천징수된 세액은 각 공동사업자의 손익분배비율에 따라 배분한다.

01

「소득세법」상 공동사업에 대한 소득금액 계산과 납세의무의 범위에 대한 설명으로 옳은 것은?

① 사업소득이 발생하는 사업을 공동으로 경영하고 그 손익을 분배하는 공동사업의 경우에는 공동사업장을 1거주자로 보아 공동사업장별로 그 소득금액을 계산한다.

② 공동사업에서 발생한 소득금액은 해당 공동사업을 경영하는 각 거주자 간에 약정된 손익분배비율이 있더라도 지분비율에 의하여 분배되었거나 분배될 소득금액에 따라 각 공동사업자별로 분배한다.

③ 거주자 1인과 그의 특수관계인이 공동사업자에 포함되어 있는 경우 그 특수관계인의 소득금액은 손익분배비율이 큰 공동사업자의 소득금액으로 본다.

④ 주된 공동사업자에게 합산과세되는 경우 그 합산과세되는 소득금액에 대해서는 주된 공동사업자의 특수관계인은 공동사업소득금액 전액에 대하여 주된 공동사업자와 연대하여 납세의무를 진다.

기출처 **2023 국가직 7급**

LINK 세법2 316, 394-395, 430p 오진다 434, 472, 487p

난이도 ●●●●○ 출제 가능 지수 ●●●●○

해설

② 출자공동사업자의 배당소득을 **과세기간 종료 후 3개월이 되는 날**까지 지급하지 아니한 경우 **과세기간 종료 후 3개월이 되는 날**에 지급한 것으로 보아 소득세를 원천징수한다.　　　　　　　　　　　정답 ②

기출처 **2021 국가직 7급**

LINK 세법2 393-394p 오진다 472-473p

난이도 ●●○○○ 출제 가능 지수 ●●●●○

해설

② 공동사업에서 발생한 소득금액은 해당 공동사업을 경영하는 각 사업자 간에 약정된 **손익분배비율(약정된 손익분배비율이 없는 경우에는 지분비율)에 의하여 분배되었거나 분배될 소득금액에 의하여** 각 공동사업자별로 분배한다.

③ 거주자 1인과 그의 특수관계인이 공동사업자에 포함되어 있는 경우로서 **손익분배비율을 거짓으로 정하는 등 법에 정하는 사유가 있는 경우**에는 그 특수관계인의 소득금액은 그 손익분배비율이 큰 공동사업자(손익분배비율이 같은 경우에는 법으로 정하는 자)의 소득금액으로 본다(소법 43 ②).

④ 주된 공동사업자에게 합산과세되는 경우 그 합산과세되는 소득금액에 대해서는 주된 공동사업자의 특수관계인은 **손익분배비율에 해당하는 그의 소득금액을 한도로** 주된 공동사업자와 연대하여 납세의무를 진다.　정답 ①

02

「소득세법령」상 출자공동사업자에 대한 설명으로 옳지 않은 것은?

① 출자공동사업자가 있는 공동사업의 경우에는 공동사업장을 1거주자로 보아 공동사업장별로 그 소득금액을 계산한다.

② 출자공동사업자의 배당소득 수입시기는 그 지급을 받은 날로 한다.

③ 출자공동사업자의 배당소득은 부당행위계산부인의 규정이 적용되는 소득이다.

④ 출자공동사업자의 배당소득에 대해서는 100분의 25의 원천징수세율을 적용한다.

기출처 **2020 국가직 7급**

LINK 세법2 319-320, 388, 393p   오진다 436-437, 469, 472p

난이도 ●●●○○   출제 가능 지수 ●●●○○

해설

출자공동사업자의 배당소득 수입시기는 **과세기간 종료일**로 한다.   정답 ②

03

「소득세법」상 공동사업에 대한 거주자의 소득세 납세의무에 대한 설명으로 옳지 않은 것은?

① 공동사업자가 과세표준확정신고를 하는 때에는 과세표준확정신고서와 함께 당해 공동사업장에서 발생한 소득과 그 외의 소득을 구분한 계산서를 제출하여야 한다.

② 특수관계자 아닌 자와 공동사업을 경영하는 경우 그 사업에서 발생한 소득금액은 공동사업을 경영하는 각 거주자 간에 약정된 손익분배비율의 존재여부와 관계없이 지분비율에 의하여 분배되었거나 분배될 소득금액에 따라 각 공동사업자별로 분배한다.

③ 공동사업에 관한 소득금액이 「소득세법」 제43조제3항에 따른 주된 공동사업자에게 합산과세되는 경우 그 합산과세되는 소득금액에 대해서는 주된 공동사업자의 특수관계인은 법률규정에 따른 손익분배비율에 해당하는 그의 소득금액을 한도로 주된 공동사업자와 연대하여 납세의무를 진다.

④ 공동사업에서 발생한 소득금액 중 법령에서 정하는 바에 따라 출자공동사업자에게 분배된 금액은 배당소득으로 과세한다.

기출처 **2018 국가직 9급**

LINK 세법2 313, 393-394, 396p   오진다 434, 472-473p

난이도 ●●●●●   출제 가능 지수 ●●●●○

해설

개인단위 과세원칙에 따라 공동사업에서 발생한 소득금액은 해당 공동사업을 경영하는 각 사업자 간에 약정된 손익분배비율(**약정된 손익분배비율이 없는 경우에는 지분비율**)에 의하여 분배되었거나 분배될 소득금액에 의하여 각 공동사업자별로 분배한다(소법 43 ②).   정답 ②

04

「소득세법」상 공동사업에 대한 설명으로 옳지 않은 것은?

① 공동사업의 경우에는 해당 사업을 경영하는 장소를 1거주자로 보아 공동사업자별로 각각 그 소득금액을 계산한다.

② 공동사업의 출자공동사업자에게 분배된 소득금액은 배당소득으로 보고 무조건 종합과세한다.

③ 공동사업장에 대해서는 해당 공동사업장을 1사업자로 보아 장부기장 및 사업자등록에 관한 규정을 적용한다.

④ 공동사업장에서 발생한 소득금액에 대하여 원천징수된 세액은 각 공동사업자의 손익분배비율에 따라 배분한다.

기출처 **2011 국가직 9급**

LINK 세법2 321, 393-395p 오진다 438, 472-473p

난이도 ●●○○○ 출제 가능 지수 ●●●●○

해설

공동사업의 경우에는 해당 **공동사업장**을 1거주자로 보아 **공동사업장**별로 각각 그 소득금액을 계산한다. 정답 ①

05

「소득세법」 사업소득이 발생하는 사업을 공동으로 경영하고 그 손익을 분배하는 공동사업에 관한 설명으로 옳지 않은 것은?

① 공동사업에 관한 소득금액을 계산할 때에는 해당 공동사업장별로 납세의무를 지는 것이 원칙이다.

② 공동사업장을 1거주자로 보아 공동사업장별로 그 소득금액을 계산한다.

③ 공동사업장에서 발생한 소득금액은 해당 공동사업을 경영하는 공동사업자 간에 약정된 손익분배비율에 의하여 분배되었거나 분배될 소득금액에 따라 각 공동사업자별로 분배한다.

④ 거주자 1인과 그와 법령이 정하는 특수관계에 있는 자가 공동사업자에 포함되어 있는 경우로서 손익분배비율을 허위로 정하는 등 조세를 회피하기 위하여 공동으로 사업을 경영하는 것이 확인되는 경우에는 해당 특수관계자의 소득금액은 주된 공동사업자의 소득금액으로 본다.

기출처 **2008 국가직 9급**

LINK 세법2 393-394p 오진다 472-473p

난이도 ●●○○○ 출제 가능 지수 ●●●●○

해설

공동사업에 관한 소득금액을 계산할 때에는 해당 **공동사업자**별로 납세의무를 지는 것이 원칙이다. 소득금액을 계산할 때만 공동사업장을 1거주자로 보아 계산하고, 이 금액은 각 공동사업자의 손익분배비율대로 배분하고 그 금액을 공동사업자의 사업소득으로 보아 과세한다. 따라서 납세의무는 각 공동사업자가 부담하는 것이지, 공동사업장이 부담하는 것이 아니다. 정답 ①

06

「소득세법」상 공동사업에 대한 소득금액계산에 관한 설명으로 옳지 않은 것은?

① 사업소득이 발생하는 사업을 공동으로 경영하고 그 손익을 분배하는 공동사업의 경우에는 공동사업장을 1거주자로 보아 공동사업장별로 그 소득금액을 계산한다.

② 공동사업에서 발생한 소득금액은 공동사업자 간에 약정된 손익분배비율(약정된 손익분배비율이 없는 경우에는 지분비율)에 의하여 분배되었거나 분배될 소득금액에 따라 각 공동사업자별로 분배한다.

③ 거주자 1인과 그와 법령에서 정하는 특수관계에 있는 자가 공동사업자에 포함되어 있는 경우로서 손익분배비율을 허위로 정하는 등 법령이 정하는 사유가 있는 때에는 해당 특수관계자의 소득금액은 주된 공동사업자의 소득금액으로 본다.

④ 공동사업장의 소득금액을 계산하는 경우 기업업무추진비 한도액, 일반기부금 한도액 계산은 공동사업에 출자한 공동사업자별로 각각 계산한다.

기출처 2007 국가직 9급

LINK 세법2 393-395p 오진다 472-473p

난이도 ●●○○○ 출제가능 지수 ●●●●○

해설

공동사업장에 대해서는 그 공동사업장을 1사업자로 보아 장부기장 및 사업자등록에 관한 규정을 적용한다(소법 87 ②). 이는 거주자 단위로 계산하는 기업업무추진비 한도액 및 기부금 한도액 등도 **각 공동사업장별로 계산해야 한다**는 것을 뜻한다.   정답 ④

04 기타 소득금액계산의 특례

01

「소득세법령」상 소득금액계산의 특례에 대한 설명으로 옳지 않은 것은?

① 주거용 건물 임대업에서 발생하는 이월결손금은 해당 과세기간의 사업소득금액을 계산할 때 먼저 공제하고, 남은 금액은 근로소득금액, 기타소득금액, 연금소득금액, 배당소득금액, 이자소득금액에서 순서대로 공제한다.

② 사업소득이 발생하는 사업을 공동으로 경영하고 그 손익을 분배하는 공동사업(출자공동사업자가 있는 공동사업 포함)의 경우에는 공동사업장을 1거주자로 보아 공동사업장별로 그 소득금액을 계산한다.

③ 연금계좌의 가입자가 사망하였으나 그 배우자가 연금외수령 없이 해당 연금계좌를 상속으로 승계하는 경우에는 해당 연금계좌에 있는 피상속인의 소득금액은 상속인의 소득금액으로 보아 소득세를 계산한다.

④ 거주자가 채권 등을 내국법인에게 매도(환매조건부채권매매거래 등 대통령령으로 정하는 경우는 제외)하는 경우에는 대통령령으로 정하는 기간계산방법에 따른 원천징수기간의 이자 등 상당액을 거주자의 이자소득으로 보고 채권 등을 매수하는 법인이 소득세를 원천징수한다.

기출처 **2017 국가직 7급**

LINK 세법2 390, 393, 396-397p   오진다 470, 472, 474p

난이도 ●●●○○   출제가능지수 ●●●●○

해설

주거용 건물 임대업에서 발생하는 이월결손금은 해당 과세기간의 사업소득금액을 계산할 때 먼저 공제하고, 남은 금액은 **근로소득금액, 연금소득금액, 기타소득금액, 이자소득금액, 배당소득금액에서** 순서대로 공제한다.   정답 ①

02

「소득세법」상 소득금액계산의 특례에 대한 설명으로 옳지 않은 것은?

① 납세지 관할 세무서장은 사업소득이 있는 거주자의 행위 또는 계산이 그 거주자와 특수관계인과의 거래로 인하여 그 소득에 대한 조세부담을 부당하게 감소시킨 것으로 인정되는 경우 그 거주자의 행위 또는 계산과 관계없이 해당 과세기간의 소득금액을 계산할 수 있다.

② 조세조약의 상호 합의 규정에 따라 거주자와 국외에 있는 비거주자 간 거래금액에 대하여 권한 있는 당국 간에 합의를 하는 경우 그 합의에 따라 납세지 관할 세무서장은 그 거주자의 각 과세기간의 소득금액을 조정하여 계산할 수 있다.

③ 사업소득이 발생하는 사업을 공동으로 경영하고 그 손익을 분배하는 공동사업의 경우에는 해당 사업을 공동으로 경영하는 자 각각을 1거주자로 보아 거주자별로 소득금액을 계산한다.

④ 연금계좌의 가입자가 사망하였으나, 그 배우자가 연금 외 수령 없이 해당 연금계좌를 상속으로 승계하는 경우 해당 연금계좌에 있는 피상속인의 소득금액은 상속인의 소득금액으로 보아 소득세를 계산한다.

03

「소득세법」상 납세의무의 범위에 대한 설명으로 옳지 않은 것은?

① 피상속인의 소득금액에 대한 소득세로서 상속인에게 과세할 것과 상속인의 소득금액에 대한 소득세는 구분하여 계산하여야 하며, 피상속인의 소득금액에 대하여 과세하는 경우에는 그 상속인이 납세의무를 진다.

② 원천징수되는 소득(이자소득, 배당소득 등)으로서 종합소득 과세표준을 계산할 때 합산되지 아니하는 소득이 있는 자는 그 원천징수되는 소득세에 대해서 납세의무를 진다.

③ 신탁업을 경영하는 자는 각 과세기간의 소득금액을 계산할 때 신탁재산에 귀속되는 소득과 그 밖의 소득을 구분하여 경리하여야 한다.

④ 위탁자가 수익자를 지정하거나 변경할 수 있는 권리를 보유하는 신탁의 경우 그 신탁재산에 귀속되는 소득은 수익자에게 귀속되는 것으로 본다.

기출처 2017 국가직 9급
LINK 세법2 388, 393, 397p   오진다 469, 472, 474p
난이도 ●●○○○   출제 가능 지수 ●●○○○

해설

사업소득이 발생하는 사업을 공동으로 경영하고 그 손익을 분배하는 공동사업의 경우에는 해당 **공동사업장**을 1거주자로 보아 **공동사업장별**로 소득금액을 계산한다.

[외국법인 등 또는 비거주자 등과의 거래에 대한 소득금액 계산의 특례]

비거주자 등과의 거래에 대한 소득금액 계산의 특례	외국법인 등과의 거래에 대한 소득금액 계산의 특례
납세지 관할 세무서장 또는 지방국세청장은 우리나라가 조세의 이중과세 방지를 위하여 체결한 조약(이하 "조세조약")의 상대국과 그 조세조약의 상호 합의 규정에 따라 거주자가 국외에 있는 비거주자 또는 외국법인과 거래한 그 금액에 대하여 권한 있는 당국 간에 합의를 하는 경우에는 그 합의에 따라 그 거주자의 각 과세기간의 소득금액을 조정하여 계산할 수 있다(소법 42 ①).	납세지 관할 세무서장 또는 관할 지방국세청장은 우리나라가 조세의 이중과세 방지를 위하여 체결한 조약(이하 "조세조약")의 상대국과 그 조세조약의 상호합의 규정에 따라 내국법인이 국외에 있는 지점·비거주자 또는 외국법인과 한 거래의 거래금액에 대하여 권한이 있는 당국 간에 합의를 하는 경우에는 그 합의에 따라 그 법인의 각 사업연도의 소득금액을 조정하여 계산할 수 있다(법법 53 ①).

정답 ③

기출처 2012 국가직 7급 수정
LINK 세법2 299-300, 396p   오진다 428, 474p
난이도 ●●○○○   출제 가능 지수 ●●●●●

해설

위탁자가 신탁재산을 실질적으로 통제하는 등 다음의 어느 하나에 해당하는 신탁의 경우에는 그 신탁재산에 귀속되는 소득은 **위탁자**에게 귀속되는 것으로 본다(소법 2의3 ②).

㉠ 위탁자가 신탁을 해지할 수 있는 권리, **수익자를 지정하거나 변경할 수 있는 권리**, 신탁 종료 후 잔여재산을 귀속 받을 권리를 보유하는 등 신탁재산을 실질적으로 지배·통제할 것

㉡ 신탁재산 원본을 받을 권리에 대한 수익자는 위탁자로, 수익을 받을 권리에 대한 수익자는 그 배우자 또는 같은 주소 또는 거소에서 생계를 같이 하는 직계존비속(배우자의 직계존비속을 포함한다)으로 설정했을 것

정답 ④

04

「소득세법」상 소득금액계산에 관한 설명으로 옳지 않은 것은?

① 사업소득이 발생하는 사업을 공동으로 경영하고 그 손익을 분배하는 공동사업의 경우(출자공동사업자가 있는 공동사업 포함)에는 공동사업장을 1거주자로 보아 공동사업장별로 그 소득금액을 계산한다.

② 결손금 및 이월결손금의 공제에 있어서 해당 연도에 결손금이 발생하고 이월결손금이 있는 경우에는 먼저 발생한 연도의 이월결손금부터 소득금액에서 공제하고 다음으로 해당 연도의 결손금을 소득금액에서 공제한다.

③ 사업소득에서 발생한 이월결손금은 사업소득금액, 근로소득금액, 연금소득금액, 기타소득금액, 이자소득금액 및 배당소득금액에서 순차로 공제한다.

④ 피상속인의 소득금액에 대한 소득세를 상속인에게 과세할 것은 이를 상속인의 소득금액에 대한 소득세와 구분하여 계산하여야 한다.

기출처 2009 국가직 7급
LINK 세법2 390-391, 393-396p   오진다 470-472, 474p
난이도 ●●○○○   출제 가능 지수 ●●●●○

해설

결손금 및 이월결손금의 공제에 있어서 해당 과세기간에 결손금이 발생하고 이월결손금이 있는 경우에는 **그 과세기간의 결손금을 먼저 공제한다.** 또한 먼저 발생한 과세기간의 이월결손금부터 순서대로 소득금액에서 공제한다.

정답 ②

05

「소득세법」상 소득금액계산의 특례에 관한 설명으로 옳지 않은 것은?

① 부동산임대사업소득이 있는 거주자에 대하여 해당 연도의 소득금액을 추계결정하는 경우(천재지변 기타 불가항력으로 장부 기타 증빙서류가 멸실되어 추계결정하는 경우는 제외)에는 이월결손금의 공제규정을 적용하지 않는다.

② 모든 배당소득·사업소득 및 기타소득은 부당행위계산부인 규정의 적용을 받는다.

③ 내국법인이 발행한 채권에서 발생하는 이자와 할인액은 해당 채권의 상환기간 중에 보유한 거주자 또는 비거주자에게 그 보유기간별 이자상당액이 각각 귀속되는 것으로 보아 소득금액을 계산한다.

④ 피상속인의 소득금액에 대한 소득세를 상속인에게 과세할 것은 이를 상속인의 소득금액에 대한 소득세와 구분하여 계산하여야 한다.

기출처 2007 국가직 9급
LINK 세법2 388, 391, 396-397p   오진다 469-470, 474p
난이도 ●●○○○   출제 가능 지수 ●●●●○

해설

출자공동사업자에 대한 배당소득·사업소득·기타소득 및 **양도소득**은 「소득세법」상 부당행위계산부인 규정의 적용을 받는다.

정답 ②

06

「소득세법」상 소득금액계산의 특례에 대한 설명으로 옳지 않은 것은?

① 조세조약의 상대국과 해당 조세조약의 상호합의규정에 따라 거주자가 외국법인과 행한 거래의 거래금액에 대하여 권한 있는 당국 간에 합의를 하는 경우에는 그 합의에 따라 납세지 관할 세무서장 또는 지방국세청장은 거주자의 각 과세기간의 소득금액을 조정하여 계산할 수 있다.

② 사업소득이 발생하는 사업을 공동으로 경영하고 그 손익을 분배하는 공동사업의 경우에는 공동사업장을 1 거주자로 보아 공동사업장별로 그 소득금액을 계산한다.

③ 사업소득에서 발생한 이월결손금은 사업소득금액, 연금소득금액, 근로소득금액, 기타소득금액, 이자소득금액 및 배당소득금액에서 순차로 공제한다.

④ 이월결손금은 해당 이월결손금이 발생한 과세기간의 종료일부터 15년 이내에 끝나는 과세기간의 소득금액을 계산할 때 먼저 발생한 과세기간의 이월결손금부터 순서대로 다른 소득금액에서 결손금의 공제순서에 따라 공제한다.

기출처 **2007 국가직 9급**

LINK 세법2 390, 393p 오진다 470, 472, 474p

난이도 ●●●○○ 출제가능지수 ●●●●○

해설

사업소득에서 발생한 이월결손금은 사업소득금액, **근로소득금액, 연금소득금액,** 기타소득금액, 이자소득금액 및 배당소득금액에서 순차로 공제한다.

정답 ③

CHAPTER

07

종합소득과세표준의 계산

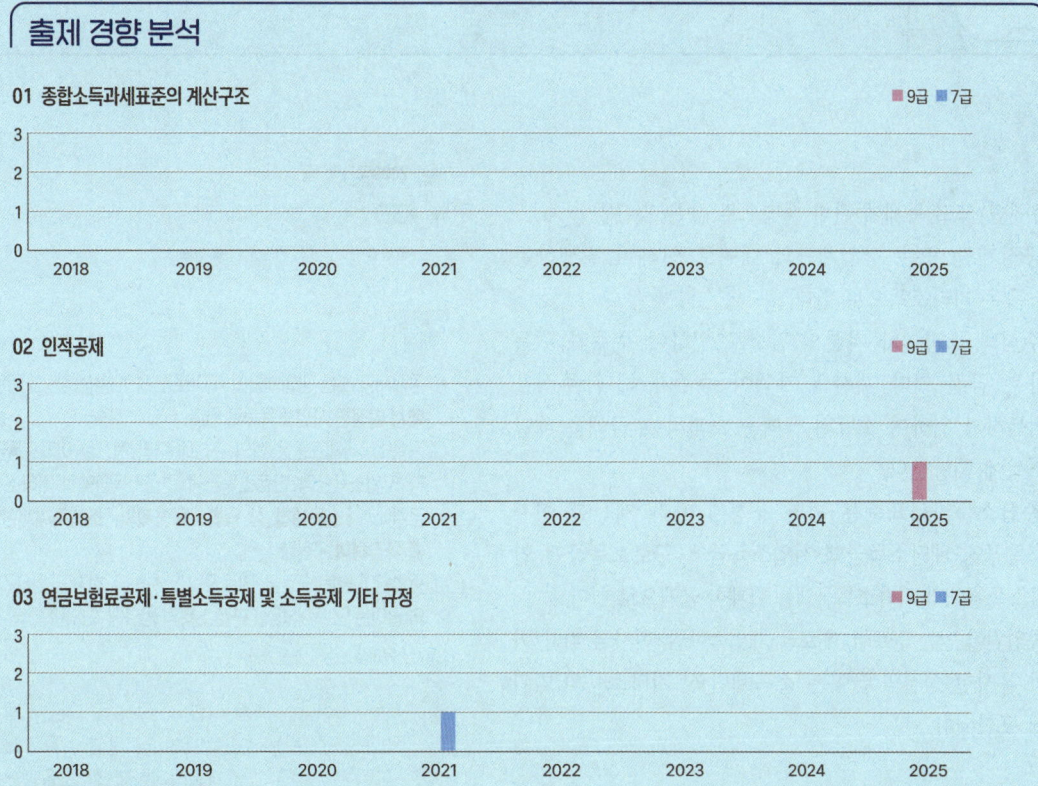

01 종합소득과세표준의 계산구조 ■9급 ■7급

02 인적공제 ■9급 ■7급

03 연금보험료공제·특별소득공제 및 소득공제 기타 규정 ■9급 ■7급

기출 분석

'종합소득과세표준의 계산'파트에서 '02. 인적공제'는 과거 공무원 시험에서 간혹 다루어지는 주제였으나, 최근에는 거의 출제되지 않다가 2025년 9급 시험에 계산형 문제로 출제되었습니다.

또한, 2021년 국가직 7급에서는 인적공제와 기타 소득공제의 모든 규정을 정확히 알고 있어야 판단해서 풀 수 있는 복합형 문제가 출제되었습니다.

자주 출제되진 않지만 출제될 경우 난도가 높은 문제가 출제되므로 해당 내용을 정확히 이해하고 문제에 적용하는 응용 문제를 연습해주시기 바랍니다.

01 종합소득과세표준의 계산구조

01

「소득세법」상 소득세에 관한 설명으로 옳은 것은?

① 공장재단 또는 광업재단의 대여로 인하여 발생하는 소득은 기타소득으로 한다.

② 주식의 소각이나 자본의 감소로 인하여 주주가 취득하는 금전 기타 재산의 가액이 주주가 해당 주식을 취득하기 위하여 소요된 금액을 초과하는 금액은 배당소득에 해당한다.

③ 종합소득과세표준은 법의 규정에 따라 계산한 이자소득금액·배당소득금액·사업소득금액·근로소득금액·연금소득금액과 기타소득금액을 합계한 금액으로 한다.

④ 종업원이 받는 공로금·위로금·개업축하금·학자금 기타 이와 유사한 성질의 급여는 「소득세법」상 기타소득의 범위에 포함된다.

기출처 **2009 국가직 7급**

LINK 세법2 314, 327, 355, 400p 오진다 434, 440, 453, 475p

난이도 ●●●○○ 출제 가능 지수 ●●●○○

해설

① 공장재단 또는 광업재단의 대여로 인하여 발생하는 소득은 **부동산임대업에서 발생한 사업소득**으로 한다.

③ 종합소득과세표준은 법의 규정에 따라 계산한 이자소득금액·배당소득금액·사업소득금액·근로소득금액·연금소득금액과 기타소득금액을 합계한 금액에서 **「소득세법」상 종합소득공제와 「조세특례제한법」상 소득공제를 차감하여** 구한다.

④ 종업원이 받는 공로금·위로금·개업축하금·학자금 기타 이와 유사한 성질의 급여는 「소득세법」상 **근로소득**의 범위에 포함된다.

[종합소득과세표준의 계산]

```
        종 합 소 득 금 액
( - )  「소득세법」상 종합소득공제
( - )  「조세특례제한법」상 소득공제
        종 합 소 득 과 세 표 준
```

정답 ②

02 인적공제

02-1

다음은 거주자 甲(50세, 남성)의 2025년 12월 31일 현재 배우자와 생계를 같이하는 부양가족 관련 자료이다. 소득세법령상 甲의 2025년 귀속 종합소득과세표준을 계산할 때 종합소득금액에서 공제되는 인적공제의 합계액은? (단, 배우자가 인적공제를 받거나 배우자와 부양가족이 다른 거주자의 인적공제 대상에 해당되는 경우가 아니며, 인적공제의 합계액은 종합소득금액을 초과하지 않는다)

구분	나이	비고
배우자	47세	근로소득만 있음(총급여액 500만 원)
부친	80세	2025년 9월 1일 사망함. 소득 없음
모친	68세	소득 없음
장모	68세	소득 없음
아들	23세	장애인임. 사업소득금액 300만 원 있음
딸	18세	소득 없음

① 900만 원   ② 1,000만 원
③ 1,100만 원   ④ 1,200만 원

기출처 2025 국가직 9급

LINK 세법2 400-402p 오진다 475p

난이도 ●●●●○   출제 가능 지수 ●●●●○

해설

구분	기본공제 대상 여부	추가공제 대상 여부	공제금액
본인	본인이므로 기본공제 대상임	-	150만원
배우자	㉠ 나이요건: 없음 ㉡ 소득요건: 근로소득금액만 있는 경우로서 총급여액 500만원 이하인 경우 해당함	-	150만원
부친	과세기간 종료일 전에 사망한 사람에 대해서는 사망일 전날의 상황에 따름 ㉠ 나이요건: 60세 이상이므로 해당함 ㉡ 소득요건: 소득이 없으므로 해당함	기본공제대상자가 70세 이상인 경우 경로우대자공제 100만원을 적용함	250만원
모친	㉠ 나이요건: 60세 이상이므로 해당함 ㉡ 소득요건: 소득이 없으므로 해당함	-	150만원
장모	㉠ 나이요건: 60세 이상이므로 해당함 ㉡ 소득요건: 소득이 없으므로 해당함	-	150만원
아들	㉠ 나이요건: 장애인은 나이요건을 고려하지 않으므로 해당함 ㉡ 소득요건: 연간소득금액이 100만원 이하여야 하므로 해당하지 않음	기본공제대상자가 아니므로 장애인공제도 적용하지 않음	-
딸	㉠ 나이요건: 20세 이하이므로 해당함 ㉡ 소득요건: 소득이 없으므로 해당함		150만원
합계			1,000만원

정답 ②

01

「소득세법」에 따라 다음 자료를 이용하여 2023년 종합소득공제액을 계산할 때 인적공제의 합계액은? [단, 공제대상임을 증명하는 서류는 정상적으로 제출하였고, 부양가족은 모두 당해 과세연도 종료일 현재(모친은 사망일 현재) 주거형편상 별거 중, 연령은 당해 과세연도 종료일 현재(모친은 사망일 현재)임]

부양가족	연령	소득현황	비고
본인(남성)	51세	총급여액 5천만원	-
배우자	48세	총급여액 1천만원	장애인
아들	18세	-	장애인
딸	13세	-	-
모친	72세	-	당해연도 12월 1일 사망

① 900만원
② 1,050만원
③ 1,100만원
④ 1,250만원

기출처 2016 국가직 7급
LINK 세법2 400-402p 오진다 475p
난이도 ●●●●○ 출제 가능 지수 ●●●●●

해설

인적공제의 합계액 = 기본공제 + 추가공제 = (기본공제대상 가족 수 × 1명당 연 150만원) + 추가공제
= (4명 × 1명당 연 150만원) + 200만원(아들) + 100만원(모친) = **900만원**

부양가족	기본공제 대상 여부	추가공제 대상 여부
본인(남성)	본인이므로 기본공제 대상이다.	-
배우자	연간소득금액이 100만원(근로소득금액만 있는 경우 총급여액 500만원)을 초과하므로 **기본공제 대상이 아니다.**	장애인이나, 기본공제 대상이 아니므로 **추가공제 대상도 아니다.**
아들	나이 (20세 이하) 요건을 만족하고, 소득이 없으므로 기본공제 대상이다.	장애인이므로 200만원 공제
딸		-
모친	나이 (60세 이상) 요건을 만족하고, 소득이 없으므로 기본공제 대상이다.	70세 이상이므로 경로우대자공제 100만원 공제

정답 ①

02

「소득세법」상 종합소득공제 중 인적공제에 대한 설명으로 옳은 것은?
① 직계비속이 해당 과세기간 중 20세가 된 경우에는 기본공제대상이 될 수 없다.
② 기본공제대상자가 아닌 자도 추가공제 대상자가 될 수 있다.
③ 총급여액이 500만원이고 이외의 소득금액이 없는 배우자는 기본공제대상에 해당한다.
④ 해당 과세기간 중 장애가 치유되어 해당 과세기간에는 장애인이 아닌 경우 추가공제(장애인공제)를 적용받을 수 없다.

기출처 2011 국가직 9급
LINK 세법2 400-402p 오진다 475-476p
난이도 ●●○○○ 출제 가능 지수 ●●●●○

해설

① 과세기간 종료일을 기준으로 나이요건을 만족하지 못하더라도 해당 과세기간 중에 해당 나이에 해당하는 날이 하루라도 있는 경우에는 공제대상자로 본다. 따라서 직계비속이 해당 과세기간 중 20세가 된 경우에도 기본공제 대상이 될 수 **있다.**
② 추가공제를 적용받기 위해서는 먼저 기본공제 대상자에 해당해야 하므로 기본공제대상자가 아닌 자는 추가공제 대상자가 될 수 **없다.**
④ 과세기간 종료일 전에 사망한 사람 또는 장애가 치유된 사람에 대해서는 사망일 전날 또는 치유일 전날의 상황에 따른다. 즉, 해당 과세기간 중 장애가 치유되어 해당 과세기간에는 장애인이 아닌 경우 추가공제(장애인공제)를 적용받을 수 **있다.**

정답 ③

03

「소득세법」상 추가공제에 대한 설명이다. 틀린 것은? (단, 이들은 거주자 A씨 본인(여성)과 생계를 같이하는 동거가족이다)

부양 가족	연령	소득현황	
본인	49세	사업소득금액	1,500만원
배우자	47세	이자소득금액	150만원
장남	6년10월	소득없음	
장녀	26세	근로소득금액	90만원(장애인)
시아버지	77세	양도소득금액	100만원
어머니	73세	사업소득금액	300만원(장애인)

① 본인이 배우자 있는 부녀자이므로 부녀자 공제대상이다.
② 장녀에 대하여는 장애인 공제를 받을 수 있다.
③ 장남에 대하여는 추가 공제를 받을 수 없다.
④ 시아버지는 기본공제대상자가 아니므로 경로우대공제를 받을 수 없다.
⑤ 어머니는 사업소득금액이 300만원이므로 기본공제를 받을 수 없다.

기출처 2007 서울시 9급
LINK 세법2 400-402p   오진다 475p
난이도 ●●○○○   출제 가능 지수 ●●●○○

해설

부양가족에는 배우자의 직계존속도 요건을 만족할 경우 기본공제 대상 가족으로 본다. 시아버지의 경우 나이 요건(60세 이상)도 만족하고, 양도소득금액이 100만원으로서 소득 요건(100만원 이하)도 만족하므로 기본공제 대상자다. 따라서 추가공제 사유에 해당하는 경우 추가공제도 적용받을 수 있다. 시아버지의 경우 70세 이상이므로 경로우대공제를 받을 수 **있다**.   정답 ④

04

「소득세법」상 소득공제에 대한 설명으로 옳지 않은 것은?
① 「소득세법」상 인적공제의 합계액이 종합소득금액을 초과하는 경우 그 초과하는 공제액은 없는 것으로 한다.
② 거주자의 부양가족 중 거주자(그 배우자 포함)의 직계존속이 주거의 형편에 따라 별거하고 있는 경우에도 이를 생계를 같이하는 자로 본다.
③ 「소득세법」은 20세 이상 60세 이하인 직계존비속에 대하여는 근로능력이 있는 것으로 보아 기본공제 대상에서 제외하고 있다. 다만, 기본공제 대상자가 장애인인 경우에는 연령제한을 받지 아니한다.
④ 배우자가 있는 여성인 경우에도 해당 과세기간의 종합소득금액이 4천만원인 경우에 부녀자공제를 적용 받을 수 없다.

기출처 2007 국가직 9급
LINK 세법2 401-402p   오진다 475-476p
난이도 ●●○○○   출제 가능 지수 ●●●○○

해설

③ 「소득세법」은 20세 **초과** 60세 **미만**인 직계존비속에 대하여는 근로능력이 있는 것으로 보아 기본공제 대상에서 제외하고 있다. 다만, 기본공제 대상자가 장애인인 경우에는 연령제한을 받지 아니한다.
④ 거주자(해당 과세기간에 종합소득과세표준을 계산할 때 합산하는 종합소득금액이 3,000만원 이하인 거주자로 한정한다) 본인이 배우자가 있는 여성인 경우 부녀자공제 50만원을 적용받을 수 있다.

[동거가족이 아니더라도 생계를 같이 하는 부양가족으로 보는 경우]

㉠ 배우자와 직계비속·입양자
㉡ 동거가족이 취학·질병의 요양·근무상 또는 사업상의 형편 등으로 본래의 주소·거소에서 일시 퇴거한 경우
㉢ 거주자의 부양가족 중 거주자(그 배우자를 포함함)의 직계존속이 주거 형편에 따라 별거하고 있는 경우

정답 ③

05

다음 자료에 의하여 거주자 甲의 인적공제의 합계액을 계산하면? (단, 부양가족은 모두 본인과 생계를 같이 하는 동거 가족이다)

> • 본인(여성): 50세, 총급여액 ₩25,000,000 (다른 소득금액 없음)
> • 부양가족: 배우자(45세), 딸(18세), 모친(70세), 부양가족은 모두 소득 없음

① ₩7,500,000
② ₩5,500,000
③ ₩4,500,000
④ ₩4,000,000

기출처 2002 국가직 7급
LINK 세법2 400-402p 오진다 475p
난이도 ●●●●○ 출제 가능 지수 ●●●○○

해설

거주자 甲의 인적공제의 합계액을 계산하면 다음과 같다.

> 인적공제의 합계액 = 기본공제 + 추가공제 = (기본공제대상 가족 수 × 1명당 연 150만원) + 추가공제
> = (4명 × 1명당 연 150만원) + 100만원(경로우대자공제) + 50만원(부녀자공제)
> = 750만원

○ 기본공제: 부양가족 모두 소득이 없으므로 소득요건은 만족한다. 배우자는 나이 제한이 없고, 딸(18세)은 20세 이하이며, 모친(70세)은 60세 이상이므로 나이요건도 모두 만족한다. 따라서 기본공제 대상은 총 4명이다.

○ 추가공제: 모친은 기본공제대상자이면서 나이 70세 이상이므로 경로우대자공제 대상이다. 본인은 배우자가 있는 여성으로서 종합소득금액이 3천만원 이하인 경우에 해당하므로 부녀자공제 대상이다.

정답 ①

연금보험료공제·특별소득공제 및 소득공제 기타 규정

01

「소득세법」상 거주자의 종합소득공제에 대한 설명으로 옳은 것만을 모두 고르면?

ㄱ. 기본공제대상자가 70세 이상인 경우 1명당 연 100만원을 추가로 공제한다.
ㄴ. 거주자의 직계존속은 나이와 소득에 관계없이 기본공제대상자가 된다.
ㄷ. 분리과세이자소득, 분리과세배당소득, 분리과세연금소득과 분리과세기타소득만이 있는 자에 대해서는 종합소득공제를 적용하지 아니한다.
ㄹ. 주택담보노후연금에 대해서 발생한 이자비용 상당액은 연금소득금액을 초과하지 않는 범위에서 300만원을 연금소득금액에서 공제한다.

① ㄱ, ㄴ   ② ㄱ, ㄷ   ③ ㄴ, ㄹ   ④ ㄷ, ㄹ

기출처 2021 국가직 7급
LINK 세법2 401-402, 404, 409p   오진다 475, 477, 479p
난이도 ●●●○○   출제 가능 지수 ●●●○○

해설

ㄴ. 거주자의 직계존속은 나이요건과 소득요건, 생계요건을 **모두 만족해야** 기본공제대상자가 된다.
ㄹ. 주택담보노후연금에 대해서 발생한 이자비용 상당액은 연금소득금액을 초과하지 않는 범위에서 연 **200만원을 한도로** 연금소득금액에서 공제한다.

정답 ②

02

「소득세법」상 거주자를 대상으로 하는 종합소득공제에 대한 설명으로 옳지 않은 것은?

① 분리과세이자소득, 분리과세배당소득, 분리과세연금소득과 분리과세기타소득만이 있는 자에 대해서는 종합소득공제를 적용하지 아니한다.
② 종합소득공제 중 인적공제의 합계액이 종합소득금액을 초과하는 경우 그 초과하는 공제액은 없는 것으로 한다.
③ 수시부과 결정(「소득세법」 제82조)의 경우에는 기본공제 중 거주자 본인에 대한 분(分)만을 공제한다.
④ 둘 이상의 거주자가 공제대상가족을 서로 자기의 공제대상 가족으로 하여 신고서에 적은 경우에는 먼저 신고한 거주자의 공제대상가족으로 한다.

기출처 2015 국가직 7급
LINK 세법2 402-403, 409p   오진다 476, 479p
난이도 ●●●○○   출제 가능 지수 ●●●○○

해설

둘 이상의 거주자가 공제대상가족을 서로 자기의 공제대상가족으로 하여 신고서에 적은 경우 또는 누구의 공제대상가족으로 할 것인가를 알 수 없는 경우에는 **다음의 기준에 따른다.**

㉠ 거주자의 공제대상배우자가 다른 거주자의 공제대상부양가족에 해당하는 때에는 공제대상배우자로 한다.
㉡ 거주자의 공제대상부양가족이 다른 거주자의 공제대상부양가족에 해당하는 때에는 직전 과세기간에 부양가족으로 인적공제를 받은 거주자의 공제대상 부양가족으로 한다. 다만, 직전 과세기간에 부양가족으로 인적공제를 받은 사실이 없는 때에는 해당 과세기간의 종합소득금액이 가장 많은 거주자의 공제대상부양가족으로 한다.

정답 ④

CHAPTER

08

차감납부세액의 계산

출제 경향 분석

01 종합소득 차감납부세액 및 산출세액의 계산 등

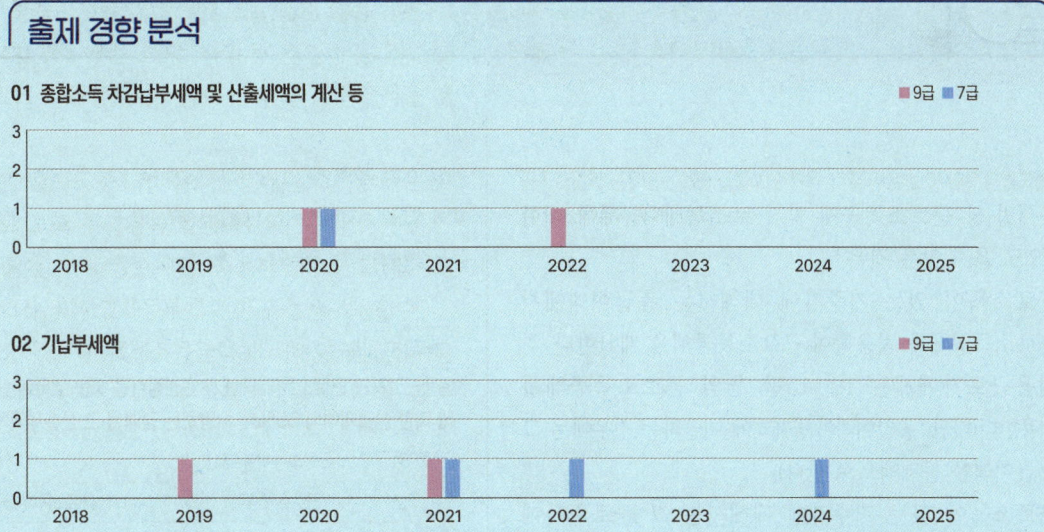

02 기납부세액

기출 분석

공무원 시험에서 '03. 세액감면 및 세액공제'의 주제와 '04. 기납부세액'은 빈출되는 주제입니다. 국가직 9급에서 출제된 경우, 관련 주제를 국가직 7급에서 같은 해에 좀더 난도를 높여 출제하는 특징을 보입니다. 국가직 7급을 준비하시는 분들은 참고하시기 바랍니다.

자주 묻는 지문들 위주로 출제되므로 핵심 내용들을 잘 정리해두시기 바랍니다.

01 종합소득 차감납부세액 및 산출세액의 계산 등

01

「소득세법」상 근로소득공제 및 근로소득세액공제에 대한 설명으로 옳지 않은 것은?

① 근로소득이 있는 거주자에 대해서는 총급여액에서 근로소득공제를 적용하여 근로소득금액을 계산한다.

② 일용근로자에게는 1일 15만 원의 근로소득공제를 적용한다(다만, 총급여액이 공제액에 미달하는 경우에는 그 총급여액을 공제액으로 한다).

③ 근로소득이 있는 거주자에 대해서는 그 근로소득에 대한 종합소득산출세액에서 근로소득세액을 공제하되 한도가 있다.

④ 일용근로자의 근로소득에 대해서 원천징수를 하는 경우에는 근로소득세액공제를 적용하지 아니한다.

기출처 **2022 국가직 9급**

LINK 세법2 362-363, 417p   오진다 457, 482p

난이도 ●●□□□   출제 가능지수 ●●●□□

해설

일용근로자의 근로소득에 대해서 원천징수를 하는 경우에는 **해당 근로소득에 대한 산출세액의 55%에 해당하는 금액을 그 산출세액에서 공제**한다.

[근로소득공제 vs 근로소득세액공제]

구분	근로소득공제	근로소득세액공제
상용근로자	법에 따른 산식에 따라 차별적으로 계산함 (2천만원 한도)	㉠ 130만원 이하분: 55% ㉡ 130만원 초과분: 30% (법정 한도가 있음)
일용근로자	1일 15만원	55% (한도 없음)

정답 ④

02

「소득세법령」상 조세에 관한 법률을 적용할 때 소득세의 감면에 관한 규정과 세액공제에 관한 규정이 동시에 적용되는 경우 그 적용순위를 순서대로 바르게 나열한 것은?

> ㉠ 이월공제가 인정되지 아니하는 세액공제
> ㉡ 해당 과세기간 중에 발생한 세액공제액
> ㉢ 이전 과세기간에서 이월된 미공제 세액공제액
> ㉣ 해당 과세기간의 소득에 대한 소득세의 감면
> ※ ㉡, ㉢은 이월공제가 인정되는 세액공제임

① ㉠ → ㉡ → ㉢ → ㉣   ② ㉠ → ㉢ → ㉡ → ㉣
③ ㉣ → ㉠ → ㉡ → ㉢   ④ ㉣ → ㉠ → ㉢ → ㉡

기출처 **2020 국가직 9급**

LINK 세법2 414p   오진다 481p

난이도 ●●□□□   출제 가능지수 ●●●□□

해설

소득세의 감면에 관한 규정과 세액공제에 관한 규정이 동시에 적용되는 경우 그 적용 순위는 다음의 순서로 한다(소법 60 ①). 세액감면과 세액공제의 합계액이 납부할 세액을 초과하는 경우 초과하는 금액은 없는 것으로 보며 이월공제가 인정되는 세액공제를 적용할 때, **이전 과세기간에서 이월된 미공제액을 먼저 공제한다.**

세액감면 → 이월공제가 인정되지 아니하는 세액공제 → 이월공제가 인정되는 세액공제

정답 ④

03

「소득세법」상 세액공제에 대한 설명으로 옳지 않은 것은?

① 간편장부대상자가 과세표준확정신고를 할 때 복식부기에 따라 기장하여 소득금액을 계산하고 「소득세법」에 따른 서류를 제출하는 경우에는 해당 장부의 의하여 계산한 사업소득금액이 종합소득금액에서 차지하는 비율을 종합소득 산출세액에 곱하여 계산한 금액의 100분의 20에 해당하는 금액(다만, 공제세액이 100만원을 초과하는 경우에는 100만원으로 한다)을 종합소득 산출세액에서 공제한다.

② 종합소득이 있는 거주자가 해당과세기간에 출산하거나 입양 신고한 공제대상자녀가 둘째인 경우에는 연 50만원을 종합소득산출세액에서 공제한다.

③ 일용근로자의 근로소득에 대해서 원천징수를 하는 경우에는 해당 근로소득에 대한 산출세액의 100분의 55에 해당하는 금액을 그 산출세액에서 공제한다.

④ 근로소득이 있는 거주자에 한하여 특별세액공제를 적용하므로 근로소득이 없는 거주자로서 종합소득이 있는 사람은 특별세액공제를 적용받을 수 없다.

기출처 2020 국가직 7급

LINK 세법2 415, 417, 420, 424-425p 오진다 482-485p

난이도 ●●●○○ 출제 가능 지수 ●●●○○

해설

근로소득이 없는 거주자(사업소득만 있는 자는 제외하되, 연말정산대상사업자는 포함)라 하더라도 **기부금세액공제는 적용받을 수 있다.** 또한 근로소득이 없는 자의 경우라도 표준세액공제를 적용받을 수 있다.

[특별세액공제]

- ㉠ 보험료 세액공제
- ㉡ 의료비 세액공제
- ㉢ 교육비 세액공제
- ㉣ 기부금 세액공제

정답 ④

04

거주자인 근로자 甲(일용근로자 아님)이 근로소득세액의 연말정산을 위해 종합소득공제 및 특별세액공제를 신청할 때 적용할 종합소득공제 및 특별세액공제 중 甲의 총급여액에 의해 영향을 받을 수 있는 공제항목으로만 묶인 것은?

① 교육비세액공제, 추가공제 중 장애인 공제

② 교육비세액공제, 신용카드 등 사용금액에 대한 소득공제

③ 의료비세액공제, 자녀세액공제

④ 의료비세액공제, 신용카드 등 사용금액에 대한 소득공제

기출처 2011 국가직 7급

LINK 세법2 407, 421p 오진다 478, 484p

난이도 ●●●●○ 출제 가능 지수 ●●○○○

해설

거주자인 근로자 甲의 총급여액에 의해 영향을 받을 수 있는 공제항목은 **의료비세액공제와 신용카드 사용금액에 대한 소득공제**다.

정답 ④

05

「소득세법」과 「법인세법」상에 공통으로 해당하는 세액공제로 옳은 것은?

① 배당세액공제와 재해손실세액공제
② 기장세액공제와 외국납부세액공제
③ 근로소득세액공제와 재해손실세액 공제
④ 재해손실세액공제와 외국납부세액공제

기출처 2016 국가직 7급
LINK 세법2 216, 415p 오진다 383, 482-483p
난이도 ●●●●○ 출제 가능 지수 ●●○○○

해설

배당세액공제, 기장세액공제, 근로소득세액공제는 「소득세법」에서만 적용된다.

[세액공제 비교]

「소득세법」 세액공제	「법인세법」 세액공제
㉠ 자녀세액공제	㉠ **외국납부세액공제**
㉡ 연금계좌세액공제	㉡ **재해손실세액공제**
㉢ 근로소득세액공제	㉢ 간접투자회사 등의 외국납부세액 공제 및 환급 특례 (2023년에는 해당 특례 폐지)
㉣ 배당세액공제	㉣ 사실과 다른 회계처리로 인한 경정에 따른 세액공제
㉤ **재해손실세액공제**	㉤ 「조세특례제한법」상 세액공제
㉥ **외국납부세액공제**	
㉦ 기장세액공제	
㉧ 특별세액공제 (보험료세액공제, 의료비세액공제, 교육비세액공제, 기부금세액공제)	
㉨ 표준세액공제	
㉩ 「조세특례제한법」상 세액공제 (정치자금기부금 세액공제, 고향사랑기부금 세액공제, 월세세액공제, 성실신고확인비용에 대한 세액공제, 혼인에 대한 세액공제 등)	

정답 ④

06

「소득세법」상 세액공제에 대한 설명으로 옳은 것은?

① 기장세액공제와 관련된 장부 및 증명서류를 해당 납세의무성립일로부터 5년간 보관하는 경우 기장세액공제를 적용받을 수 있다.

② 2025년도 귀속분 종합소득이 있는 거주자의 기본공제대상자에 해당하는 자녀가 3명(8세인 장녀, 4세인 장남, 2025년 2월 1일 출생인 차녀)인 경우 자녀세액공제로 95만원을 종합소득산출세액에서 공제한다.

③ 근로소득이 있는 거주자(일용근로자 제외)가 해당 과세기간에 「국민건강보험법」 또는 「고용보험법」에 따라 근로자가 부담하는 보험료를 지급한 경우에는 그 금액의 12%를 보험료세액공제로 해당 과세기간의 종합소득산출세액에서 공제한다.

④ 외국납부세액공제액이 공제한도를 초과하는 경우 그 초과하는 금액은 해당 과세기간의 다음 과세기간 개시일부터 3년 이내에 끝나는 과세기간으로 이월하여 그 이월된 과세기간의 공제한도 범위 내에서 공제받을 수 있다.

기출처 2017 국가직 9급

LINK 세법2 405, 415, 419-420p 오진다 477, 482-483p

난이도 ●●●●○ 출제 가능 지수 ●●●●○

해설

① 기장세액공제와 관련된 장부 및 증명서류를 해당 **확정신고기간 종료일**부터 5년간 보관하는 경우 기장세액공제를 적용받을 수 있다.

② 2025년도 귀속분 종합소득이 있는 거주자의 기본공제대상자에 해당하는 8세 이상의 자녀(입양자 및 위탁아동을 포함)는 장녀 1명이므로 기본공제는 25만원이다. 또한 해당 과세기간에 출산한 공제대상자녀가 있는데, 해당 자녀가 셋째이므로 출산공제는 70만원이다.

> 자녀세액공제 = 기본공제 + 출산·입양공제 = 25만원 + 70만원 = 95만원

③ 근로소득이 있는 거주자(일용근로자 제외)가 해당 과세기간에 「국민건강보험법」, 「고용보험법」 또는 「노인장기요양보험법」에 따라 근로자가 부담하는 보험료를 지급한 경우 지급한 **보험료 전액**을 해당 과세기간의 **근로소득금액에서 공제**한다(소법 52 ①). 즉, 「국민건강보험법」, 「고용보험법」 또는 「노인장기요양보험법」에 따라 근로자가 부담하는 보험료를 지급한 경우, 보험료세액공제로써 해당 과세기간의 종합소득산출세액에서 공제를 하는 것이 아니라 보험료소득공제로써 근로소득금액에서 공제한다.

④ 외국납부세액공제액이 공제한도를 초과하는 경우 그 초과하는 금액은 해당 과세기간의 다음 과세기간 개시일부터 **10년 이내**에 끝나는 과세기간으로 이월하여 그 이월된 과세기간의 공제한도 범위 내에서 공제받을 수 있다.

[보험료소득공제 vs 보험료세액공제]

보험료소득공제	보험료세액공제
근로소득이 있는 거주자(일용근로자 제외)가 해당 과세기간에 「국민건강보험법」, 「고용 보험법」 또는 「노인장기요양보험법」에 따라 근로자가 부담하는 보험료를 지급한 경우 지급한 **보험료 전액을 해당 과세기간의 근로소득금액에서 공제**한다(소법 52 ①).	근로소득이 있는 거주자(일용근로자 제외)가 해당 과세기간에 만기에 환급되는 금액이 납입보험료를 초과하지 아니하는 보험의 보험계약에 따라 지급하는 다음의 보험료를 지급한 경우 **그 금액의 12%(아래 ⓐ의 경우에는 15%)에 해당하는 금액을 해당 과세기간의 종합소득산출세액에서 공제**한다. 다만, 보험료별로 그 합계액이 각각 연 100만원을 초과하는 경우 그 초과하는 금액은 각각 없는 것으로 한다(소법 59의4 ①). ⓐ 장애인을 피보험자·수익자로 하는 장애인전용 보장성보험료 ⓑ 기본공제대상자를 피보험자로 하는 일반 보장성보험료 (위 ⓐ 제외)

정답 ②

기납부세액

2-01

「소득세법」상 원천징수에 대한 설명으로 옳은 것은?

① 원천징수의무자는 소득세가 과세되지 아니하거나 면제되는 소득을 지급할 때에는 소득세를 원천징수하여야 한다.

② 원천징수하여야 하는 소득으로서 발생 후 지급되지 아니함으로써 소득세가 원천징수되지 아니한 소득이 종합소득에 합산되어 종합소득에 대한 소득세가 과세된 경우 그 소득을 지급할 때에는 소득세를 원천징수하여야 한다.

③ 비거주 연예인등이 국내에서 제공한 용역과 관련하여 지급받는 보수 또는 대가에 대해서 조세조약에 따라 국내사업장이 없거나 국내사업장에 귀속되지 아니하는 등의 이유로 과세되지 아니하는 외국법인에 비거주 연예인등이 국내에서 제공한 용역과 관련하여 보수 또는 대가를 지급하는 자는 원천징수의무가 없다.

④ 외국인 직업운동가가 한국표준산업분류에 따른 스포츠 클럽운영업 중 프로스포츠구단과의 계약에 따라 용역을 제공하고 받는 소득에 대한 원천징수세율은 100분의 20으로 한다.

기출처 **2024 국가직 7급 수정**

LINK **세법2** 348, 430, 432p   **요진다** 451, 486, 488p

난이도 ●●●○○   출제 가능 지수 ●●●○○

해설

①② 다음의 경우에는 **원천징수를 하지 않는다.**

㉠ **소득세가 과세되지 아니하거나 면제되는 소득을 지급할 때**

㉡ **소득 발생 후 지급되지 아니함으로써 소득세가 원천징수되지 아니한 소득이 이미 종합소득에 합산되어 소득세가 과세된 경우에는 그 후 그 소득을 실제로 지급할 때**

③ 비거주 연예인등이 국내에서 제공한 용역과 관련하여 지급받는 보수 또는 대가에 대해서 조세조약에 따라 국내사업장이 없거나 국내사업장에 귀속되지 아니하는 등의 이유로 과세되지 아니하는 외국법인에 비거주 연예인등이 국내에서 제공한 용역과 관련하여 보수 또는 대가를 지급하는 자는 조세조약에도 불구하고 **그 지급하는 금액의 20%를 원천징수한다.**   정답 ④

01

소득세법령상 소득세 원천징수에 대한 설명으로 옳은 것은? (단, 원천징수의 면제·배제 등 원천징수의 특례는 고려하지 않는다)

① 국내에서 거주자에게 배당소득을 지급하는 자는 소득세 원천징수의무를 지지만, 비거주자에게 배당소득을 지급하는 자는 원천징수의무를 지지 않는다.

② 직전 연도의 상시고용인원이 20명 이하인 원천징수의무자는 「국제조세조정에 관한 법률」에 따라 처분된 배당소득에 대한 원천징수세액을 그 징수일이 속하는 반기의 마지막 달의 다음 달 10일까지 납부할 수 있다.

③ 외국인 직업운동가가 한국표준산업분류에 따른 스포츠 클럽 운영업 중 프로스포츠구단과의 계약(계약기간이 3년 이하인 경우로 한정함)에 따라 용역을 제공하고 받는 소득에 대한 원천징수세율은 100분의 10으로 한다.

④ 원천징수의무자가 공적연금소득을 지급할 때에는 연금소득간이세액표에 따라 소득세를 원천징수한다.

기출처 **2022 국가직 7급**

LINK 세법2 319, 350, 376, 430p 오진다 451, 486-487p

난이도 ●●●○○ 출제 가능 지수 ●●●○○

해설

① 국내에서 거주자나 비거주자에게 「소득세법」상 원천징수 대상 소득을 지급하는 자는 그 거주자나 비거주자에 대한 소득세를 원천징수하여야 한다. 비거주자에게 지급하는 배당소득도 원천징수 대상 소득이므로 비거주자에게 배당소득을 지급하는 자는 원천징수를 **하여야 한다**.

② 직전 연도의 상시고용인원이 20명 이하인 원천징수의무자(금융 및 보험업을 영위하는 자는 제외) 및 종교단체는 그 징수일이 속하는 반기의 마지막 달의 다음 달 10일까지 원천징수세액을 납부할 수 있다. 다만 다음의 원천징수세액에 대해서는 **반기별 납부를 적용하지 않는다**.

㉠ 「법인세법」에 따라 배당·상여 및 기타소득으로 소득처분된 금액에 대한 원천징수세액

㉡ **「국제조세조정에 관한 법률」에 따라 처분된 배당소득에 대한 원천징수세액**

㉢ 비과세 연예인 등의 용역제공과 관련된 원천징수절차 특례규정에 따른 원천징수세액

③ 외국인 직업운동가가 한국표준산업분류에 따른 스포츠 클럽운영업 중 프로스포츠구단과의 계약(**계약기간과 관계없이**)에 따라 용역을 제공하고 받는 소득에 대한 원천징수세율은 100분의 **20**으로 한다.

정답 ④

02

「소득세법령」상 원천징수에 대한 설명으로 옳은 것은?

① 매월분의 근로소득에 대한 원천징수세율을 적용할 때에는 기본세율(일용근로자의 근로소득은 100분의 6)을 적용한다.

② 매월분의 공적연금소득에 대한 원천징수세율을 적용할 때에는 100분의 3을 적용한다.

③ 비거주자가 원천징수하는 소득세의 납세지는 국내사업장과 관계없이 그 비거주자의 거류지 또는 체류지로 한다.

④ 서화·골동품의 양도로 발생하는 소득에 대하여 양수자인 원천징수의무자가 국내사업장이 없는 비거주자 또는 외국법인인 경우로서 원천징수를 하기 곤란하여 원천징수를 하지 못하는 경우에는 서화·골동품의 양도로 발생하는 소득을 지급받는 자를 원천징수의무자로 본다.

기출처 2021 국가직 9급

LINK 세법2 303, 429p 오진다 429, 486p

난이도 ●●●○○ 출제 가능 지수 ●●●○○

해설

① 매월분의 근로소득에 대한 원천징수세율을 적용할 때에는 기본세율에도 불구하고 법령으로 정한 **근로소득 간이세액표를 적용**한다.

② 매월분의 공적연금소득에 대한 원천징수세율을 적용할 때에는 기본세율에도 불구하고 법령으로 정한 **연금소득 간이세액표를 적용**한다.

③ 비거주자가 원천징수하는 소득세의 납세지는 그 비거주자의 주된 국내사업장 소재지로 한다. **국내사업장이 없는 경우**에는 그 비거주자의 거류지 또는 체류지로 한다.

정답 ④

03

「소득세법령」상 원천징수에 대한 설명으로 옳은 것은?

① 원천징수의무자는 소득세가 과세되지 아니하거나 면제되는 소득에 대해서도 원천징수를 하여야 한다.

② 법인세 과세표준을 결정 또는 경정하는 경우 「법인세법」에 따라 소득처분되는 배당에 대하여는 소득금액변동통지서를 받은 날에 그 배당소득을 지급한 것으로 보아 소득세를 원천징수한다.

③ 직전 연도의 상시고용인원이 30명인 원천징수의무자는 그 징수일이 속하는 반기의 마지막 달의 다음 달 10일까지 원천징수세액을 납부할 수 있다.

④ 직장공제회 초과반환금에 대한 원천징수세율은 100분의 14이다.

기출처 2021 국가직 7급

LINK 세법2 429-431p 오진다 485-487p

난이도 ●●○○○ 출제 가능 지수 ●●●○○

해설

① 원천징수의무자는 소득세가 과세되지 아니하거나 면제되는 소득에 대해서는 원천징수를 **하지 않는다.**

③ 직전 연도의 상시고용인원이 **20명**인 원천징수의무자는 그 징수일이 속하는 반기의 마지막 달의 다음 달 10일까지 원천징수세액을 납부할 수 있다.

④ 직장공제회 초과반환금에 대한 원천징수세율은 **기본세율에 따른 연분연승법**에 의한다.

[원천징수의 면제]

㉠ 소득세가 과세되지 아니하거나 면제되는 소득을 지급할 때

㉡ 소득 발생 후 지급되지 아니함으로써 소득세가 원천징수되지 아니한 소득이 이미 종합소득에 합산되어 소득세가 과세된 경우에는 그 후 그 소득을 실제로 지급할 때

[반기별 납기 가능 대상]

㉠ 직전 과세기간 상시고용인원수가 20명 이하인 원천징수의무자(금융 및 보험업을 영위하는 자는 제외)

㉡ 종교단체

정답 ②

04

「소득세법령」상 국내에서 거주자에게 발생한 소득의 원천
징수에 대한 설명으로 옳지 않은 것은?

① 원천징수의무자가 국내에서 지급하는 이자소득으로서
소득세가 과세되지 아니하는 소득을 지급할 때에는
소득세를 원천징수하지 아니한다.

② 내국인 직업운동가가 직업상 독립된 사업으로 제공하는
인적용역의 공급에서 발생하는 소득의 원천징수
세율은 100분의 3이다.

③ 법인세 과세표준을 결정 또는 경정할 때 익금에 산입한
금액을 배당으로 처분한 경우에는 법인세 과세표준
신고일 또는 수정신고일에 그 배당소득을 지급한 것으로 보
아 소득세를 원천징수한다.

④ 근로소득을 지급하여야 할 원천징수의무자가 1월부터
11월까지의 근로소득을 해당 과세기간의 12월 31일까지 지
급하지 아니한 경우에는 그 근로소득을 12월 31일에 지급
한 것으로 보아 소득세를 원천징수한다.

기출처 2019 국가직 9급
LINK 세법2 429-431p   오진다 485-487p
난이도 ●●●○○   출제 가능 지수 ●●●○○

해설

법인세 과세표준을 결정 또는 경정하는 경우의 인정소득에 대한 지급시기의제
일은 **소득금액변동통지서를 받은 날**로 한다.

[배당·상여·기타소득으로 소득처분된 소득의 지급시기]

구분	지급시기의제 시점
배당·상여·기타소득으로 소득처분된 소득을 법인이 신고하는 경우	법인의 과세표준 및 세액의 신고일 또는 수정신고일
배당·상여·기타소득으로 소득처분된 소득을 세무서장이 경정하는 경우	소득금액변동통지서를 받은 날

정답 ③

05

「소득세법」상 소득세의 과세방법에 관한 설명으로 옳지 않
은 것은?

① 피상속인의 소득금액에 대한 소득세를 상속인에게
과세할 것은 이를 상속인의 소득금액에 대한 소득세와
구분하여 계산하여야 한다.

② 개인사업자의 유가증권처분이익은 사업소득의 총수입
금액에 포함하지 아니한다.

③ 퇴직으로 인하여 받는 소득으로서 퇴직소득에 속하지 않
는 급여는 근로소득에 포함된다.

④ 수시부과 후 추가로 발생한 소득이 없는 경우에도
과세표준 확정신고는 하여야 한다.

기출처 2007 국가직 9급
LINK 세법2 340, 354, 396, 433p   오진다 428, 445, 452, 489p
난이도 ●●○○○   출제 가능 지수 ●●●○○

해설

수시부과 후 추가로 발생한 소득이 없을 경우에는 **과세표준확정신고를 하지
않고** 수시부과로만 과세를 종결할 수 있다.

정답 ④

06

「소득세법령」상 세액공제에 대한 설명으로 옳지 않은 것은?

① 종합소득이 있는 거주자의 공제대상자녀로서 8세 이상의 자녀가 3명(해당 과세기간에 입양 신고한 자는 없으며 자녀장려금 환급 신청은 하지 아니함)인 경우 95만원을 자녀세액공제로 종합소득산출세액에서 공제한다.

② 해당 과세기간에 총급여액 5,000만원의 근로소득만 있는 거주자(만 48세)가 같은 과세기간에 연금저축계좌에 400만원을 납입한 경우, 연금저축계좌 납입액의 100분의 12에 해당하는 48만원을 해당 과세기간의 종합소득산출세액에서 공제한다.

③ 근로소득이 없는 거주자로서 종합소득이 있는 사람(성실사업자는 제외)에 대해서는 연 7만원을 종합소득산출세액에서 공제한다.

④ 재학 중인 학교로부터 해당 과세기간에 받은 장학금 등 소득세 또는 증여세가 비과세되는 교육비는 종합소득산출세액에서 공제하지 아니한다.

기출처 **2017 국가직 7급 수정**

LINK 세법2 415-416, 422, 425p   오진다 482, 484p

난이도 ●●●●○   출제 가능 지수 ●●●○○

해설

① 종합소득이 있는 거주자의 기본공제대상자에 해당하는 8세 이상의 자녀(입양자 및 위탁아동을 포함)가 3명일 경우 다음과 같이 계산한다.

> 자녀세액공제 기본공제[1] = 연 55만원 + (자녀수 - 2명) × 연 40만원
> = 연 55만원 + 1명 × 연 40만원 = 연 95만원

[1] 1명인 경우 25만원, 2명인 경우 55만원

② 종합과세되는 종합소득금액이 4,500만원 이하(근로소득만 있는 경우에는 총급여액 5,500만원 이하)인 거주자의 공제율은 15%이다. 따라서, 해당 과세기간에 총급여액 5,000만원의 근로소득만 있는 거주자(만 48세)가 같은 과세기간에 연금저축계좌에 400만원을 납입한 경우, 연금저축계좌 납입액의 100분의 **15**에 해당하는 **60만원**을 해당 과세기간의 종합소득산출세액에서 공제한다.

[표준세액공제]

구분	표준세액공제
근로소득이 있는 거주자로서 「소득세법」상 특별소득공제, 특별세액 공제, 월세세액공제를 신청하지 않은 사람	연 13만원
종합소득이 있는 거주자(근로소득이 있는 자는 제외)로서 「조세특례제한법」상 성실사업자에게 적용되는 의료비세액공제, 교육비세액공제, 월세세액공제를 신청하지 않은 다음의 사람 ㉠ 성실사업자 ㉡ 위 외의 자	 연 12만원 연 7만원

정답 ②

07

「소득세법」상 원천징수에 대한 설명으로 옳지 않은 것은?

① 법인이 해산한 경우에 원천징수한 소득세를 납부하지 아니하고 잔여재산을 분배하였을 때에는 청산인은 그 분배액을 한도로 하여 분배를 받은 자와 연대하여 납세의무를 진다.

② 기획재정부장관이 고시하는 지역에 소재하는 비거주자(국내사업장 없음)가 얻는 내국법인 발행주식(양도일이 속하는 연도와 그 직전 5년간 지분율 30% 계속 소유)의 양도소득에 대한 원천징수의무자는 국세청장의 사전 승인이 없더라도 조세조약의 비과세 등에 관한 규정을 우선 적용하여 원천징수하여야 한다.

③ 비거주 연예인 등이 국내에서 제공한 용역과 관련하여 조세조약상 국내사업장이 없다는 이유로 과세되지 않는 '비과세 외국연예 등 법인'에 대가를 지급하는 자는 그 지급하는 금액의 100분의 20을 원천징수하여야 한다.

④ 법인이 합병한 경우에 합병 후 존속하는 법인은, 합병으로 소멸된 법인이 원천징수를 하여야 할 소득세를 납부하지 아니하면 그 소득세에 대한 납세의무를 진다.

기출처 2014 국가직 7급
LINK 세법2 432-433p 오진다 487-488p
난이도 ●●●● 출제 가능 지수 ●●●●●

해설

기획재정부장관이 고시하는 지역에 소재하는 비거주자의 국내원천소득 중 양도소득 등에 대하여 원천징수하는 경우에도 **조세조약에 따른 비과세·면제 또는 제한세율에 관한 규정에도 불구하고 법에 따른 세율을 우선 적용**하여 원천징수하여야 한다. 다만, 법으로 정하는 바에 따라 조세조약에 따른 비과세·면제 또는 제한세율에 관한 규정을 적용받을 수 있음을 국세청장이 사전 승인하는 경우에는 그러하지 않는다(소법 156의4).　　　정답②

08

소득세 과세에 대한 설명으로 틀린 것은?

① 피상속인의 소득금액에 대한 소득세를 상속인에게 과세할 경우, 피상속인의 소득세는 상속인 소득세와 구분 계산한다.

② 분리과세 이자, 배당, 연금소득만 있는 자는 기본공제, 추가공제 및 특별소득공제를 하지 않는다.

③ 직전연도의 상시고용인원이 20명 이하인 금융업을 영위하는 사업자의 원천징수의무는 원천징수 관할 세무서장의 승인을 얻은 경우 원천징수한 소득세를 그 징수일이 속하는 반기의 다음 달 10일까지 납부할 수 있다.

④ 비거주자의 국내원천 퇴직·양도소득은 국내사업장 존재여부와 관계없이 분류과세한다.

기출처 2006 국가직 7급
LINK 세법2 293, 396, 409, 430p 오진다 428, 479, 486p
난이도 ●●●○ 출제 가능 지수 ●●●●●

해설

직전 연도의 상시고용인원이 20명 이하인 사업자(**금융 및 보험업을 영위하는 자는 제외**)의 원천징수의무는 원천징수 관할 세무서장의 승인을 얻은 경우 원천징수한 소득세를 그 징수일이 속하는 반기의 다음 달 10일까지 납부할 수 있다.　　　정답③

CHAPTER

09

퇴직소득세

출제 경향 분석

01 퇴직소득 개괄 ■9급 ■7급

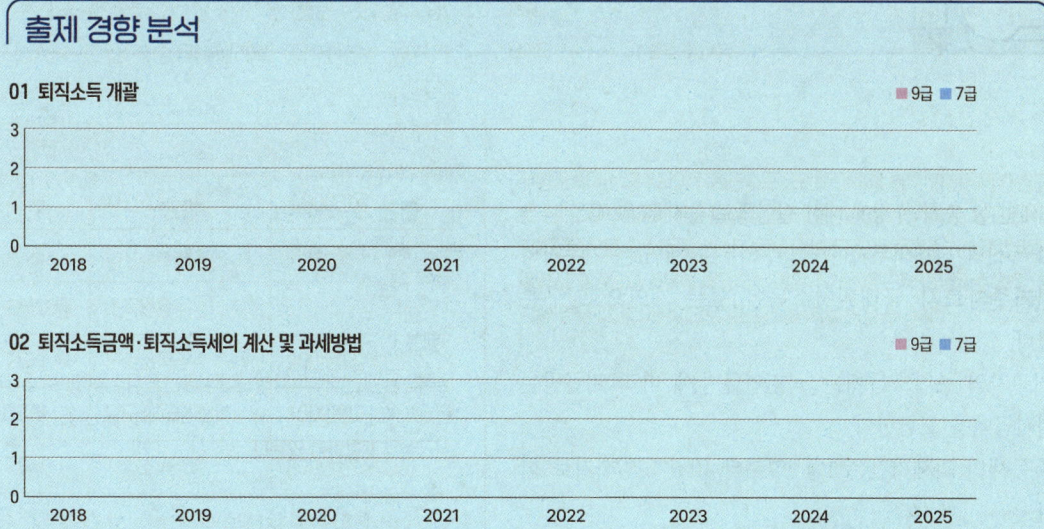

02 퇴직소득금액·퇴직소득세의 계산 및 과세방법 ■9급 ■7급

기출 분석

'퇴직소득세'는 공무원 시험에서 거의 다루고 있지 않습니다. 과거 기출은 단순 개념과 구분을 묻는 정도로만 출제되었습니다. 가볍게 정리하셔도 되는 파트입니다.

01 퇴직소득 개괄

01

「소득세법」상 총칙 규정에 대한 설명으로 옳지 않은 것은?

① 소득세의 납세의무자(원천징수의무자 제외)는 거주자와 비거주자로서 국내원천소득이 있는 개인으로 구분한다.

② 거주자의 종합소득에는 「국민연금법」에 따라 지급받는 일시금액을 포함한다.

③ 소득세의 과세기간은 1월 1일부터 12월 31일까지로 한다.

④ 거주자의 소득세 납세지는 그 주소지로 하되, 주소지가 없는 경우에는 그 거소지로 한다.

기출처 2012 국가직 9급

LINK 세법2 296, 300-301, 438p   오진다 426, 428, 490p

난이도 ●●○○○   출제 가능 지수 ●●●○○

해설

공적연금 관련법에 따라 받는 일시금은 퇴직소득이므로 종합과세하지 않고 분류과세한다. 따라서 거주자의 종합소득에는 「국민연금법」에 따라 지급받는 일시금액을 **포함하지 않는다**.   정답 ②

02 퇴직소득금액·퇴직소득세의 계산 및 과세방법

01

현행 「소득세법」상 근로소득, 연금소득, 기타소득 및 퇴직소득에 대한 다음 설명 중 옳은 것은?

① 인정상여의 수입시기는 해당 사업연도 중의 근로를 제공한 날이다.

② 연금소득은 무조건 예외 없이 종합과세된다.

③ 기타소득금액이 500만원 이하인 경우 납세의무자의 선택에 따라 종합소득과세표준에 합산하지 않을 수 있다.

④ 퇴직소득세 계산에서는 외국납부세액공제가 없다.

⑤ 퇴직소득에 대한 총수입금액의 수입시기는 원칙적으로 퇴직급여를 실제로 지급받는 날이다.

기출처 2008 서울시 9급

LINK 세법2 363, 375, 383, 439, 442p   오진다 458, 463, 467, 491-492p

난이도 ●●●●●   출제 가능 지수 ●●●●●

해설

② 연금소득은 원칙적으로 종합과세하기 때문에 확정신고를 통해 정산하는 것을 원칙으로 한다. 다만, 공적연금소득만 있는 경우 연말정산으로 과세가 종결되기 때문에 확정신고를 하지 않아도 된다. 또한 이연퇴직소득을 연금 수령하는 연금소득 등 **일정한 사적연금소득의 경우 종합소득과세표준을 계산할 때 합산하지 않고 분리과세**한다.

③ 기타소득금액이 **300만원** 이하인 경우 납세의무자의 선택에 따라 종합소득과세표준에 합산하지 않을 수 있다.

④ 거주자의 퇴직소득금액에 국외원천소득이 합산되어 있는 경우로서 그 국외원천소득에 대하여 외국에서 법으로 정하는 외국소득세액을 납부하였거나 납부할 것이 있을 때에는 공제한도 내에서 외국소득세액을 해당 과세기간의 퇴직소득산출세액에서 공제할 수 있다. 즉, 퇴직소득세 계산에서는 외국납부세액공제가 **있다**.

⑤ 퇴직소득에 대한 총수입금액의 수입시기는 원칙적으로 **퇴직한 날**이다.

정답 ①

CHAPTER

10

양도소득세

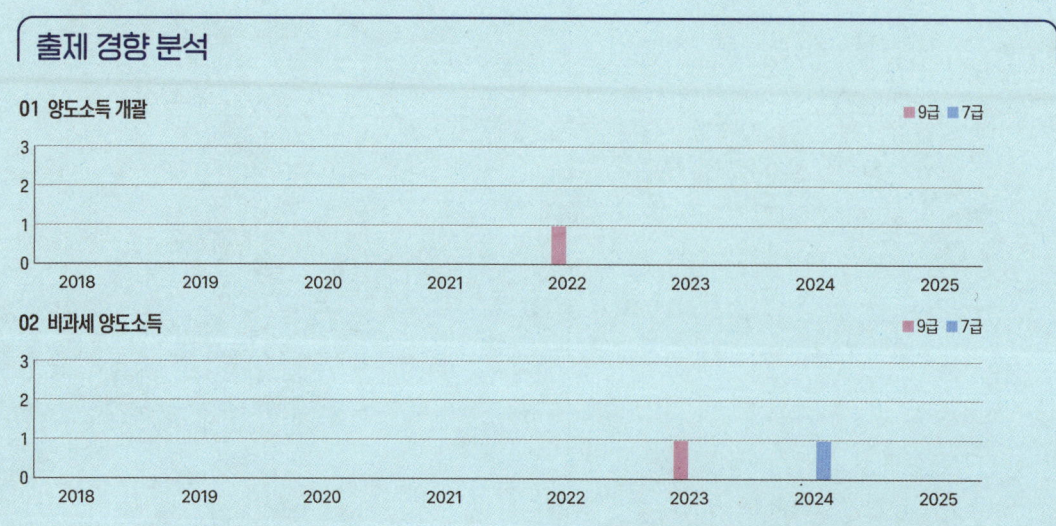

출제 경향 분석

01 양도소득 개괄
■9급 ■7급

02 비과세 양도소득
■9급 ■7급

03 취득 및 양도시기

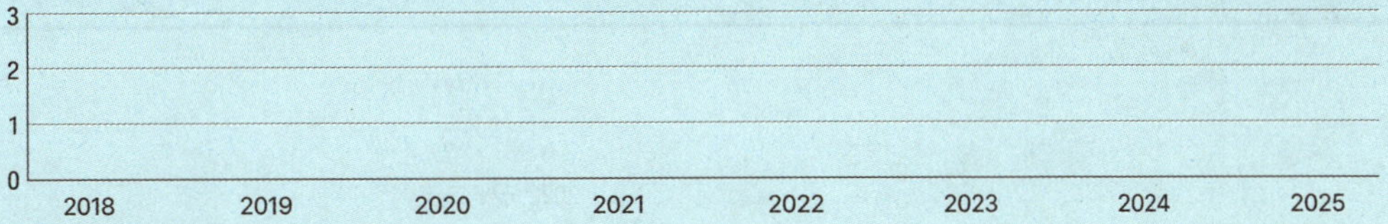
9급 7급
3
2
1
0
2018 2019 2020 2021 2022 2023 2024 2025

04 양도소득세의 계산

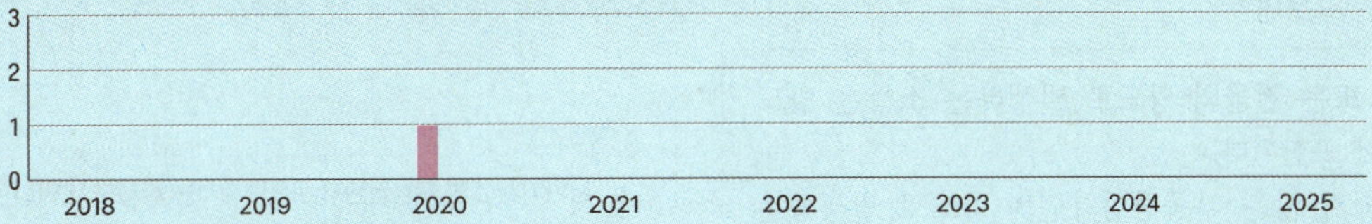
9급 7급
3
2
1
0
2018 2019 2020 2021 2022 2023 2024 2025

05 특수한 경우의 양도소득 산출세액의 계산

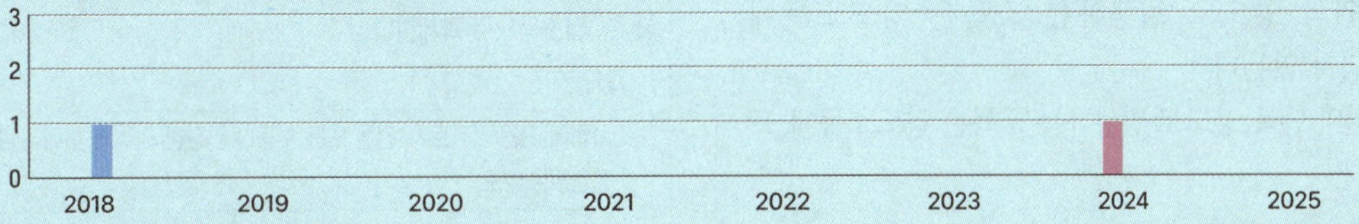
9급 7급
3
2
1
0
2018 2019 2020 2021 2022 2023 2024 2025

06 미등기양도자산에 대한 불이익

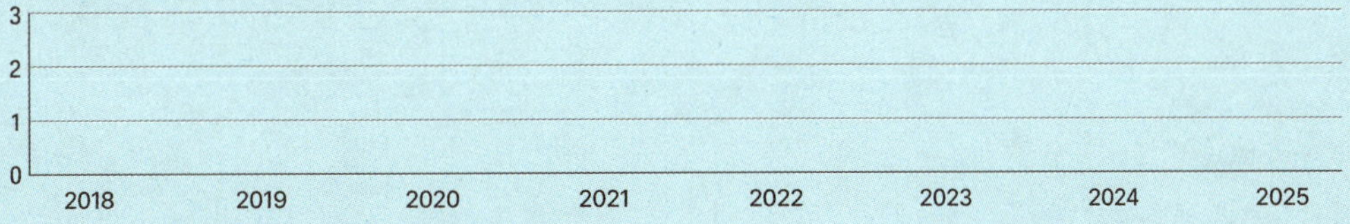
9급 7급
3
2
1
0
2018 2019 2020 2021 2022 2023 2024 2025

07 양도소득 차감납부세액의 계산 및 국외자산에 대한 양도소득세

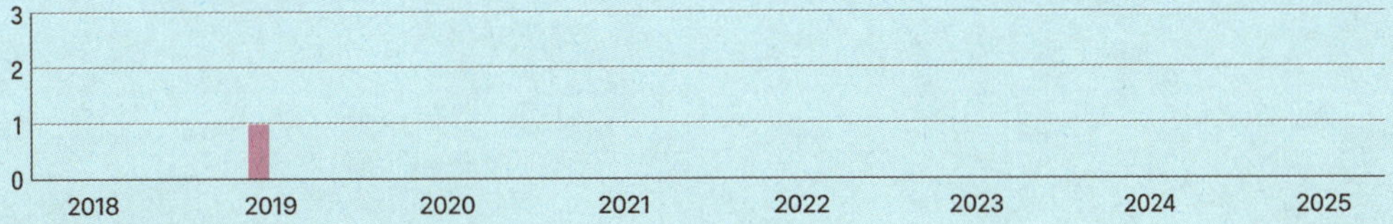
9급 7급
3
2
1
0
2018 2019 2020 2021 2022 2023 2024 2025

08 거주자 출국 시 국내 주식 등에 대한 과세특례

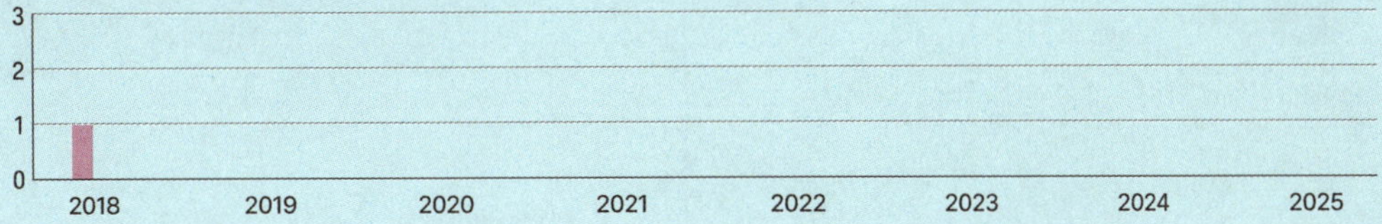
9급 7급
3
2
1
0
2018 2019 2020 2021 2022 2023 2024 2025

기출 분석

'양도소득세' 파트는 꾸준히 출제되는 주제입니다. 내용도 많지만, 빈출 주제이므로 정확히 정리할 필요가 있습니다.
다만, 부동산과 관련되어 자주 개정되는 규정들은 비교적 출제되지 않고, 양도소득세의 전반적인 과세체계와 계산구조를 묻는 문제들이 출제되고 있습니다. 기출된 내용들을 중심으로 잘 정리해두시기 바랍니다.

양도소득 개괄

01

「소득세법」상 거주자의 양도소득의 범위에 대한 설명으로 옳은 것만을 모두 고르면?

> ㄱ. 토지 또는 건물의 양도로 발생하는 소득은 양도소득에 포함된다.
> ㄴ. 등기되지 않은 부동산임차권의 양도로 발생하는 소득은 양도소득에 포함된다.
> ㄷ. 지상권의 양도로 발생하는 소득은 양도소득에 포함되지 않는다.
> ㄹ. 영업권의 단독 양도로 발생하는 소득은 양도소득에 포함된다.

① ㄱ
② ㄴ, ㄷ
③ ㄷ, ㄹ
④ ㄱ, ㄴ, ㄹ

기출처 **2022 국가직 9급**

LINK 세법2 448p 오진다 495p

난이도 ●●●●○   출제 가능 지수 ●●●●○

해설

ㄴ. 등기되지 않은 부동산임차권에 대해서는 **과세하지 아니한다.**
ㄷ. 지상권의 양도로 발생하는 소득은 **양도소득세 과세대상이다.**
ㄹ. 영업권의 단독 양도로 발생하는 소득은 **양도소득에 포함되지 않는다.** 기타소득으로 과세한다.

[영업권]

사업에 사용하는 토지·건물 또는 부동산에 관한 권리와 함께 영업권을 양도	양도소득으로 과세
시설이나 집기비품 등과 함께 영업권을 양도하거나 영업권을 대여하여 그를 대가로 얻은 소득	기타소득으로 과세

정답 ①

02

「소득세법」상 양도소득세의 과세대상이 되는 부동산 양도에 해당하는 것으로만 묶인 것은?

> ㄱ. 대물변제에 의한 소유권 이전
> ㄴ. 공유물의 소유지분별 분할(공유지분 변동 없음)
> ㄷ. 경매에 의한 소유권 이전
> ㄹ. 「도시개발법」에 의한 보류지 충당
> ㅁ. 이혼 시 재산분할에 따른 소유권 이전

① ㄱ, ㄷ
② ㄱ, ㅁ
③ ㄴ, ㄷ
④ ㄴ, ㄹ

기출처 2013 국가직 9급
LINK 세법2 446-447p 오진다 494p
난이도 ●●○○○   출제 가능 지수 ●●●○○

해설

ㄱ. 손해배상에 있어서 당사자 간의 합의에 의하거나 법원의 확정판결에 의하여 일정액의 위자료를 지급하기로 하고, 동 위자료의 지급에 갈음하여 당사자 일방이 소유하고 있던 부동산으로 대물변제한 때에는 그 자산을 양도한 것으로 본다(소기통 88-0…3). 즉, 대물변제에 의한 소유권 이전은 **양도소득세의 과세대상이 되는 부동산 양도**이다.

ㄷ. 경매 절차에 의해 부동산에 대한 매각허가결정이 확정되고 그 대금이 완납된 경우라면 양도에 해당하며, 수용자체도 대가수반이 이루어지는 양도에 해당한다. 즉, 경매에 의한 소유권 이전은 **양도소득세의 과세대상이 되는 부동산 양도**이다.

ㄴ, ㄹ, ㅁ 유상으로 대가를 받고 과세대상 자산을 이전하였다고 하더라도 사실상 양도로 보지 않아 양도소득세를 과세하지 않는다.

[양도로 보지 않는 경우]

> ㉠ 양도담보: 채무변제 담보를 위하여 채무자가 자산을 양도하는 계약을 체결하고 이러한 뜻을 포함한 계약서의 사본을 과세표준확정신고서에 첨부하여 신고하는 경우(단, 해당 자산을 변제에 충당할 경우 실질적인 소유권 이전에 해당하므로 양도로 본다.)
>
> ㉡ 법률에 따른 환지처분으로 지목·지번이 변경되거나 보류지로 충당되는 경우
>
> ㉢ 토지 경계를 변경하기 위한 토지의 교환: 다음의 요건을 모두 만족하는 경우
>
> > ⓐ 불합리한 지상경계를 합리적으로 바꾸기 위하여 법률에 따라 토지를 분할하여 교환할 것
> >
> > ⓑ 분할된 토지 전체 면적이 분할 전 토지 전체 면적의 20%를 초과하지 않을 것
>
> ㉣ 위탁자의 자산에 신탁이 설정되고 그 신탁재산의 소유권이 수탁자에게 이전된 경우로서 위탁자가 신탁재산을 실질적으로 지배하고 소유하는 것으로 볼 수 있는 경우
>
> ㉤ 법원의 확정판결에 의한 신탁해지를 원인으로 하는 소유권이전등기를 하는 경우
>
> ㉥ 매매원인 무효의 소에 의해 그 매매사실이 원인무효로 판시되어 환원될 경우
>
> ㉦ 공유토지의 분할: 공동소유의 토지를 소유지분별로 단순히 분할만 하거나 공유자지분 변경 없이 2개 이상의 공유토지로 분할하였다가 그 공유토지를 소유지분별로 단순히 재분할하는 경우(다만, 공유 지분이 변경되는 경우에는 변경되는 부분은 양도로 봄)
>
> ㉧ 증여추정: 배우자·직계존비속에게 재산을 양도한 경우로서 실제 양도거래라고 입증하지 못한 경우
>
> ㉨ 이혼으로 인하여 혼인 중에 형성된 부부공동재산을 「민법」에 따라 재산분할하는 경우
>
> ㉩ 경매 등을 통한 소유자산 재취득: 경매나 공매로 인해 소유자산을 자신이 재취득하는 경우

정답 ①

03

거주자가 2023년에 양도한 다음의 거래 중 양도소득세 과세대상인 것은 모두 몇 개인가?

> ㄱ. 법원의 확정판결에 따른 손해배상의 위자료 지급에 갈음하여 소유하고 있던 부동산으로 대물변제를 한 경우
> ㄴ. 양도일이 속하는 사업연도의 직전 사업연도 종료일 현재 코스닥시장상장법인의 주식 3%(시가 총액 20억원)를 소유한 주주(친족, 그 밖의 특수관계에 있는 자는 없음)가 「자본시장과 금융투자업에 관한 법률」에 따른 증권시장에서 당해 주식을 양도하는 경우
> ㄷ. 「도시개발법」에 따른 환지처분으로 소유하던 토지가 보류지로 충당되는 경우
> ㄹ. 사업용 건물과 함께 영업권을 양도하는 경우
> ㅁ. 지상권, 전세권과 등기된 부동산임차권을 양도하는 경우

① 2개
② 3개
③ 4개
④ 5개

기출처 2011 국가직 7급
LINK 세법2 446-448, 450p   오진다 494-495p
난이도 ●●●●○   출제 가능 지수 ●●●○○

해설

- ㄱ. 손해배상에 있어서 당사자 간의 합의에 의하거나 법원의 확정판결에 의하여 일정액의 위자료를 지급하기로 하고, 동 위자료의 지급에 갈음하여 당사자 일방이 소유하고 있던 부동산으로 대물변제한 때에는 그 자산을 **양도한 것으로 보아 양도소득세가 과세**된다.
- ㄴ. 양도일이 속하는 사업연도의 직전 사업연도 종료일 현재 코스닥시장상장법인의 주식 3% (시가 총액 20억원)를 소유한 주주(친족, 그 밖의 특수관계에 있는 자는 없음)가 「자본시장과 금융투자업에 관한 법률」에 따른 증권시장에서 당해 주식을 양도하는 경우는 주권상장법인이 발행한 주식을 대주주가 양도하는 것으로서 **양도소득세가 과세**된다.
- ㄷ. 「도시개발법」에 따른 환지처분으로 소유하던 토지가 보류지로 충당되는 경우는 유상으로 대가를 받고 과세대상 자산을 이전하였다고 하더라도 사실상 양도로 보지 않아 **양도소득세를 과세하지 않는다.**
- ㄹ. 사업용 건물과 함께 영업권을 양도하는 경우 **양도소득세를 과세**한다.
- ㅁ. 지상권, 전세권과 등기된 부동산임차권을 양도하는 경우 **양도소득세를 과세**한다.

정답 ③

04

「소득세법」상 토지의 소유권이 다음의 사유로 이전되었을 경우 양도소득세 과세대상에 해당되는 것만을 모두 고른 것은?

> ㄱ. 채무자의 변제에 충당
> ㄴ. 타인의 건물과 교환
> ㄷ. 보류지로 충당
> ㄹ. 공익사업 시행자의 수용
> ㅁ. 부동산업자의 상가 신축판매

① ㄱ, ㄴ, ㄷ
② ㄱ, ㄴ, ㄹ
③ ㄴ, ㄷ, ㄹ
④ ㄷ, ㄹ, ㅁ

기출처 2010 국가직 9급
LINK 세법2 326, 446-447p   오진다 439, 494-495p
난이도 ●●○○○   출제 가능 지수 ●●●●○

해설

- ㄱ. 채무자의 변제에 충당은 실질적인 소유권 이전에 해당하므로 **양도소득세 과세대상**이다.
- ㄴ. 타인의 건물과 교환은 실질적인 소유권 이전에 해당하므로 **양도소득세 과세대상**이다.
- ㄷ. 보류지로 충당하는 것은 유상으로 대가를 받고 과세대상 자산을 이전하였다고 하더라도 사실상 양도로 보지 않아 **양도소득세를 과세하지 않는다.**
- ㄹ. 「공익사업을 위한 토지 등의 취득 및 보상에 관한 법률」에 의한 협의매수·수용 및 그 밖의 법률에 의하여 수용되는 경우 **양도소득세 과세대상**이다.
- ㅁ. 부동산업자의 상가 신축판매는 사업성이 있으므로 **사업소득으로 과세**한다.

정답 ②

05

양도소득세의 과세대상에 속하지 않는 것은?
① 사업용 부동산 및 부동산에 관한 권리와 함께 양도하는 영업권
② 건물이 완성되는 때에 그 건물과 이에 부수되는 토지를 취득할 수 있는 권리
③ 지상권과 전세권
④ 미등기된 부동산임차권

기출처 2007 국가직 9급
LINK 세법2 448p   오진다 495p
난이도 ●●●○○   출제 가능 지수 ●●●●○

해설

지상권, 전세권과 등기된 부동산임차권은 양도소득세 과세대상이다. 이때, **등기되지 않은 부동산임차권에 대해서는 과세하지 아니하며**, 지역권은 양도할 수 있는 권리가 아니므로 과세대상으로 규정되지 않는다. 즉, 부동산임차권을 양도하는 경우에는 등기된 경우에 한하여 양도소득세가 과세된다. 참고로, 지역권·지상권의 대여소득은 사업소득이나 공익사업 관련 지역권·지상권의 대여소득은 기타소득이다.   정답 ④

06

「소득세법」상 소득의 구분에 관한 설명으로 옳지 않은 것은?
① 비상장법인 주식의 양도에 따른 소득: 양도소득
② 파생결합증권으로부터의 이익: 배당소득
③ 비영업대금의 이익: 이자소득
④ 「국민연금법」에 의하여 지급받는 각종 연금: 기타소득

기출처 2007 국가직 9급
LINK 세법2 310, 313, 369, 450p   오진다 431, 434, 495p
난이도 ●●○○○   출제 가능 지수 ●●●○○

해설

「국민연금법」에 의하여 지급받는 각종 연금은 **연금소득으로 과세**한다.
정답 ④

07

다음 중 양도소득이 아닌 것은?
① 미등기된 지상권의 양도소득
② 미등기된 부동산임차권의 양도소득
③ 계약금만 지급한 상태에서 부동산을 양도하는 권리의 양도
④ 상장법인의 대주주가 양도하는 주식
⑤ 신탁의 이익을 받을 권리의 양도로 발생하는 소득

기출처 2007 서울시 9급
LINK 세법2 448, 450-451p   오진다 494-495p
난이도 ●●○○○   출제 가능 지수 ●●●●○

해설

부동산임차권을 양도하는 경우에는 등기된 경우에 한하여 양도소득세가 과세된다. 즉, 미등기된 부동산임차권의 양도는 **과세하지 않는다.**   정답 ②

08

「소득세법」상 양도소득세의 과세대상이 되는 '양도'에 해당하는 것은?

① 수용

② 「도시개발법」에 의한 환지처분으로 인한 지목변경

③ 이혼 시 재산분할에 의한 양도

④ 공유자지분 변경 없는 공유물 분할로 인한 취득

기출처 2005 국가직 7급

LINK 세법2 446-447p 오진다 494p

난이도 ●●○○○   출제 가능 지수 ●●●○○

해설

법에 따라 공익사업을 위해 **수용되는 경우 양도소득세의 과세대상**이다.

정답 ①

09

소득세 과세대상이 되는 소득에 대한 설명 중 옳지 않은 것은?

① 점포임차권의 양도로 인하여 발생하는 소득은 기타소득에 포함된다.

② 「법인세법」에 의하여 배당으로 소득처분된 금액은 배당소득에 포함된다.

③ 영업권을 양도하고 그 대가로 받은 금품이 양도소득으로 과세되지 않는 경우에는 기타소득에 포함된다.

④ 저축성보험의 보험차익은 모두 이자소득에 포함된다.

기출처 2002 국가직 7급

LINK 세법2 309, 314, 377, 449p 오진다 431, 434p

난이도 ●●○○○   출제 가능 지수 ●●●○○

해설

특정 요건을 만족하는 장기저축성보험과 보장성보험의 보험차익은 과세대상에서 제외한다. 또한 사업용자산의 손실로 인한 보장성 보험의 보험차익은 사업소득의 총 수입금액에 산입하여 과세한다. 따라서 저축성보험의 보험차익이 모두 이자소득에 **포함되는 것은 아니다.**

정답 ④

02 비과세 양도소득

2-01

「소득세법」상 거주자의 양도소득세에 대한 설명으로 옳지 않은 것은?

① 양도란 자산에 대한 등기 또는 등록과 관계없이 매도, 교환, 법인에 대한 현물출자 등을 통하여 그 자산을 유상으로 사실상 이전하는 것을 말한다.

② 「도시개발법」에 따른 환지처분으로 지목 또는 지번이 변경되거나 보류지로 충당되는 경우에는 양도로 보지 아니한다.

③ 파산선고에 의한 처분으로 발생하는 소득에 대해서는 양도소득세를 과세한다.

④ 「소득세법」 제104조제3항에서 규정하는 미등기양도자산에 대하여는 「소득세법」 또는 「소득세법」 외의 법률 중 양도소득에 대한 소득세의 비과세에 관한 규정을 적용하지 아니한다.

01

소득세법령상 1세대와 주택에 대한 설명으로 옳지 않은 것은?

① 1세대를 구성하는 배우자에는 법률상 이혼을 하였으나 생계를 같이 하는 등 사실상 이혼한 것으로 보기 어려운 관계에 있는 사람을 포함한다.

② 1세대에서 생계를 같이 하는 자란 거주자 및 그 배우자의 직계존비속(그 배우자를 포함한다) 및 형제자매를 말하며, 취학, 질병의 요양, 근무상 또는 사업상의 형편으로 본래의 주소 또는 거소에서 일시 퇴거한 사람은 포함하지 않는다.

③ 1세대와 관련하여 해당 거주자의 나이가 30세 이상인 경우에는 배우자가 없어도 1세대로 본다.

④ 주택이란 허가 여부나 공부상의 용도구분과 관계없이 세대의 구성원이 독립된 주거생활을 할 수 있는 구조로서 법령으로 정하는 구조를 갖추어 사실상 주거용으로 사용하는 건물을 말하며, 이 경우 그 용도가 분명하지 아니하면 공부상의 용도에 따른다.

기출처 **2024 국가직 7급**
LINK 세법2 446-447, 452, 459p 오진다 494, 496, 504p
난이도 ●●●●○ 출제가능지수 ●●●●○

> **해설**

③ 파산선고에 의한 처분으로 발생하는 소득에 대해서는 양도소득세를 **과세하지 아니한다.**   정답 ③

기출처 **2023 국가직 9급 수정**
LINK 세법2 453-454p 오진다 496p
난이도 ●●○○○ 출제가능지수 ●●●●○

> **해설**

② 1세대에서 생계를 같이 하는 자란 거주자 및 그 배우자의 직계존비속(그 배우자를 포함한다) 및 형제자매를 말하며, 취학, 질병의 요양, 근무상 또는 사업상의 형편으로 본래의 주소 또는 거소에서 일시 퇴거한 사람을 **포함한다**.   정답 ②

02

「소득세법」상 양도소득에 대한 설명으로 옳지 않은 것은?

① 사업용 토지, 건물 및 부동산에 관한 권리와 함께 양도하는 영업권은 양도소득세의 과세대상에 포함된다.

② 양도란 자산에 대한 등기 또는 등록과 관계없이 매도·교환·법인에 대한 현물출자 등으로 인하여 그 자산이 유상 또는 무상으로 사실상 이전되는 것을 말한다.

③ 손해배상에 있어서 당사자 간의 합의에 의하거나 법원의 확정판결에 의하여 일정액의 위자료를 지급하기로 하고, 동 위자료의 지급에 갈음하여 당사자 일방이 소유하고 있던 부동산으로 대물변제한 때에는 그 자산을 양도한 것으로 본다.

④ 상속받은 주택과 그 밖의 주택을 국내에 각각 1개씩 소유하고 있는 1세대가 그 밖의 주택을 양도하는 경우 국내에 1개의 주택을 소유하고 있는 것으로 보아 1세대 1주택 비과세 여부를 판정한다.

기출처 2012 국가직 7급
LINK 세법2 446-447, 456p   오진다 494-495, 497p
난이도 ●●○○○   출제 가능 지수 ●●●○○

해설

양도란 자산에 대한 등기 또는 등록과 관계없이 매도·교환·법인에 대한 현물출자 등으로 인하여 그 자산이 **유상으로** 사실상 이전되는 것을 말한다. 무상으로 이전된 자산의 경우 수증자에게 증여세(영리법인의 경우 자산수증익으로 법인세)를 과세한다.   정답 ②

03

「소득세법」상 1세대 1주택에 관한 설명으로 옳은 것은?

① 조합원입주권을 1개 보유한 1세대가 양도일 현재 1개의 조합원입주권 외에 1주택을 보유한 경우(분양권을 보유하지 아니함)로서 해당 1주택을 취득한 날부터 3년 이내에 해당 조합원입주권을 양도하는 경우에는 이를 1세대 1주택으로 본다.

② 거주자가 그 배우자와 같은 주소에서 생계를 같이하고 있다면 1세대로 보되, 별거하고 있으면 각각 별도의 세대로 본다.

③ 상속받은 주택과 일반주택을 국내에 각각 1개씩 소유하고 있는 1세대가 상속주택을 양도하는 경우에는 국내에 1개의 주택을 소유하고 있는 것으로 본다.

④ 비과세되는 1세대 1주택에 있어서 부부가 각각 단독세대를 구성하였을 경우에는 동일한 세대로 보지 아니한다.

기출처 2010 국가직 7급 수정
LINK 세법2 453, 456, 458p   오진다 496-497p
난이도 ●●○○○   출제 가능 지수 ●●●○○

해설

② '1세대'라 함은 거주자 및 그 배우자(법률상 이혼을 하였으나 생계를 같이 하는 등 사실상 이혼한 것으로 보기 어려운 관계에 있는 사람을 포함)가 그들과 같은 주소 또는 거소에서 생계를 같이 하는 가족과 함께 구성하는 가족단위를 말한다(소법 88 (6)). 즉, 원칙적으로 배우자 외 다른 가족구성원은 거주자와 같은 주소 또는 거소에서 생계를 같이 해야 하지만, 그 배우자는 같은 주소에서 **생계를 같이하는지 여부와 관계없이 1세대로 본다.**

③ 상속받은 주택과 일반주택을 국내에 각각 1개씩 소유하고 있는 1세대가 **일반주택**을 양도하는 경우에는 국내에 1개의 주택을 소유하고 있는 것으로 본다.

④ 비과세되는 1세대 1주택에 있어서 부부가 각각 단독세대를 구성하였을 경우에도 **동일한 세대로 본다.**   정답 ①

04

1세대 1주택의 양도소득세 비과세에 대한 설명으로 옳지 않은 것은?

① 거주자가 그 배우자와 생계를 같이 하고 있다면 1세대로 보되, 별거하고 있으면 각각 별개의 세대로 본다.

② 상속받은 주택과 일반주택을 국내에 각각 1채씩 소유하고 있는 1세대가 일반주택을 양도하는 경우에는 국내에 1개의 주택을 소유하고 있는 것으로 본다.

③ 1세대가 1주택을 소유하고 2년 이상 보유하는 것을 원칙으로 한다.

④ 주택개발사업의 관리처분계획 인가일 현재 기존주택을 소유하는 자가 주택재개발조합으로부터 취득한 입주자 지위를 양도하는 경우 양도일 현재 다른 주택이 없는 경우 1세대 1주택으로 본다.

기출처 **2005 국가직 9급**

LINK 세법2 453-454, 456, 458p   오진다 496-497p

난이도 ●●●●○○   출제 가능 지수 ●●●○○○

해설

① 거주자가 그 배우자와 같은 주소에서 생계를 같이하는지 여부와 관계없이 1세대로 본다. 즉, 별거하고 있더라도 **1세대로 본다**.

③ '1세대 1주택'이란 1세대가 양도일 현재 국내에 1주택(주택 및 부수토지의 실지거래가 합계액이 12억원을 초과하는 고가주택은 제외)을 보유하고 있는 경우로서 해당 주택의 보유기간이 2년 이상인 것(취득 당시 조정 대상 지역에 있는 주택은 보유기간 2년 이상이고 그 보유기간 중 거주기간이 2년 이상인 것)을 말한다(소령 154 ①).

④ 조합원입주권 1개를 보유한 1세대(비과세되는 1세대1주택에 해당하는 기존주택을 소유하는 세대)가 다음 중 어느 하나의 요건을 충족하여 조합원입주권을 양도할 경우 조합원입주권 양도소득은 1세대1주택 비과세 규정을 적용하여 비과세한다.

ㄱ 양도일 현재 다른 주택 또는 분양권(2022.1.1. 이후 취득한 분양권을 말하며 이는 아래 ㄴ도 동일)을 보유하지 않을 것

ㄴ 양도일 현재 1개의 조합원입주권 외에 1주택을 소유한 경우(분양권을 보유하지 아니하는 경우로 한정)로서 해당 1주택을 취득한 날부터 3년 이내에 해당 조합원입주권을 양도(3년 이내에 양도하지 못하는 경우로서 「국세징수법」에 따른 공매가 진행 중인 경우 등법으로 정하는 사유에 해당하는 경우를 포함)할 것

정답 ①

05

「소득세법」상 양도소득세에 관한 설명으로 옳은 것은?

① 양도소득세가 과세되는 양도란 매도, 교환, 법인에 대한 현물출자 등으로 인하여 유상 여부에 관계없이 자산이 사실상 이전되는 것을 말한다.

② 파산선고에 의한 처분으로 인하여 발생하는 소득에 대하여도 양도소득세가 과세된다.

③ 양도자산은 등기 여부에 관계없이 일정한 요건을 갖춘 경우에는 양도소득에 대한 소득세의 비과세에 관한 규정이 적용된다.

④ 거주자의 양도소득에 대한 과세표준은 종합소득 및 퇴직소득에 대한 과세표준과 구분하여 계산한다.

기출처 2007 국가직 9급

LINK 세법2 293, 446, 452, 459p   오진다 494, 496, 504p

난이도 ●●○○○   출제 가능 지수 ●●●○○

해설

① 양도소득세가 과세되는 양도란 매도, 교환, 법인에 대한 현물출자 등으로 인하여 **유상으로** 자산이 사실상 이전되는 것을 말한다.

② 파산선고에 의한 처분으로 인하여 발생하는 소득에 대하여는 양도소득세가 **과세되지 않는다.**

③ 원칙적으로 양도자산은 **등기된 자산에 한하여** 양도소득에 대한 소득세의 비과세에 관한 규정이 적용된다.

[비과세 적용을 받을 수 있는 미등기양도자산 = 등기할 수 없는 정당한 사유가 있는 것으로 간주하는 미등기양도자산]

㉠ 장기할부조건으로 취득한 자산으로서 그 계약조건에 의하여 양도 당시 그 자산의 취득에 관한 등기가 불가능한 자산

㉡ 법률의 규정 또는 법원의 결정에 의하여 양도 당시 그 자산의 취득에 관한 등기가 불가능한 자산

㉢ 비과세가 적용되는 교환·분합하는 농지, 감면이 적용되는 자경농지 및 대토하는 농지

㉣ 비과세가 적용되는 1세대 1주택(1세대 2주택 특례 포함)으로서 건축허가를 받지 않아 등기가 불가능한 자산

㉤ 도시개발사업이 종료되지 아니하여 토지 취득등기를 하지 아니하고 양도하는 토지

㉥ 공사용역 대가로 취득한 체비지를 토지구획환지처분공고 전에 양도하는 토지

정답 ④

03 취득 및 양도시기

01

「소득세법」상 양도소득금액 계산 시 자산의 취득시기 및 양도시기에 대한 설명으로 옳지 않은 것은?

① 대금을 청산하기 전에 소유권이전등기를 한 경우에는 등기부에 기재된 등기접수일로 한다.

② 점유로 인한 부동산소유권의 취득시효(「민법」 제245조 제1항)에 의하여 부동산의 소유권을 취득하는 경우에는 당해 부동산의 등기부에 기재된 등기접수일로 한다.

③ 건축허가를 받지 아니하고 자기가 건축물을 건설한 경우에는 그 건축물의 사실상 사용일로 한다.

④ 완성 또는 확정되지 아니한 자산을 양도 또는 취득한 경우로서 해당 자산의 대금을 청산한 날까지 그 목적물이 완성 또는 확정되지 아니한 경우에는 그 목적물이 완성 또는 확정된 날로 한다.

기출처 2015 국가직 7급

LINK 세법2 459-460p 오진다 498p

난이도 ●●●●●   출제 가능 지수 ●●●●●

해설

점유로 인한 부동산소유권의 취득시효(「민법」 제245조 제1항)에 의하여 부동산의 소유권을 취득하는 경우에는 당해 부동산의 **점유개시일**로 한다.

정답 ②

01

「소득세법」상 양도소득에 대한 설명으로 옳은 것은?

① 실지거래가액에 따른 양도차익 산정과 관련하여, 토지와 건물 등을 함께 취득하거나 양도한 경우로서 그 토지와 건물 등을 구분기장한 가액이 대통령령으로 정하는 바에 따라 안분계산한 가액과 100분의 30 이상 차이가 있는 경우에는 토지와 건물 등의 가액 구분이 불분명한 때로 본다.

② 양도소득과 관련하여 「도시개발법」이나 그 밖의 법률에 따른 환지처분으로 지목 또는 지번이 변경되거나 보류지로 충당되는 경우에는 "양도"로 본다.

③ 양도소득과 관련하여 "주택"이란 공부상의 용도에 주택으로 구분된 것을 말한다.

④ 관련 법령이 정하는 대주주에 해당하지 아니하는 자가 「자본시장과 금융투자업에 관한 법률」에 따른 증권시장에서의 거래에 의하여 양도하는 주권상장법인의 주식 관련 양도소득은 '양도소득의 범위'에는 포함되나 비과세소득으로 열거되어 있어 과세되지 아니한다.

기출처 2020 국가직 9급

LINK 세법2 447, 450, 454, 462p   오진다 494-496, 499p

난이도 ●●●○○   출제 가능 지수 ●●○○○

해설

② 양도소득과 관련하여 「도시개발법」이나 그 밖의 법률에 따른 환지처분으로 지목 또는 지번이 변경되거나 보류지로 충당되는 경우에는 "양도"로 **보지 않는다.**

③ 양도소득과 관련하여 "주택"이란 **허가 여부나 공부상의 용도구분과 관계 없이** 세대의 구성원이 독립된 주거생활을 할 수 있는 구조로서 법령으로 정하는 구조를 갖추어 사실상 주거용으로 사용하는 건물을 말한다. 이 경우 그 용도가 분명하지 아니하면 공부상의 용도에 따른다.

④ 관련 법령이 정하는 대주주에 해당하지 아니하는 자가 「자본시장과 금융투자업에 관한 법률」에 따른 증권시장에서의 거래에 의하여 양도하는 주권상장법인의 주식 관련 양도소득은 '양도소득의 범위'에 **포함되지 않으므로** 과세되지 아니하며, 비과세소득으로 **열거되어 있지도 않다.** 현행 「소득세법」상 비과세소득으로 열거되어 있어 양도소득세가 과세되지 않는 소득은 다음과 같다.

㉠ 파산선고에 의한 처분으로 발생하는 소득
㉡ 농지의 교환 및 분합으로 발생하는 소득
㉢ 1세대 1주택(고가주택 제외)과 그 부수토지의 양도로 발생하는 소득
㉣ 요건을 충족한 조합원입주권 양도소득
㉤ 법정조정금

정답 ①

02

「소득세법령」상 거주자의 국내자산 양도에 따른 양도차익을 계산할 때 양도가액과 취득가액에 대한 설명으로 옳지 않은 것은?

① 양도소득세 과세대상자산을 「법인세법」에 따른 특수관계인(외국법인 포함)으로부터 취득한 경우로서 「법인세법」에 따라 거주자의 상여·배당 등으로 처분된 금액이 있으면 그 상여·배당 등으로 처분된 금액을 취득가액에 더한다.

② 양도차익을 계산할 때 양도가액을 기준시가에 따를 때에는 취득가액도 기준시가에 따른다.

③ 특수관계법인 외의 자에게 양도소득세 과세대상자산을 시가보다 높은 가격으로 양도한 경우로서 「상속세 및 증여세법」에 따라 해당 거주자의 증여재산가액으로 하는 금액이 있는 경우에는 그 양도가액에 증여재산가액을 더한 금액을 양도당시의 실지거래가액으로 본다.

④ 벤처기업 외의 법인으로부터 부여받은 주식매수선택권을 행사하여 취득한 주식을 양도하는 때에는 주식매수선택권을 행사하는 당시의 시가를 「소득세법」 제97조제1항제1호의 규정에 의한 취득가액으로 한다.

기출처 2017 국가직 7급

LINK 세법2 461, 463p   오진다 499p

난이도 ●●●○○   출제가능지수 ●●○○○

해설

특수관계법인 외의 자에게 양도소득세 과세대상자산을 시가보다 높은 가격으로 양도한 경우로서 「상속세 및 증여세법」에 따라 해당 거주자의 증여재산가액으로 하는 금액이 있는 경우에는 그 양도가액에 증여재산가액을 **뺀** 금액을 양도 당시의 실지거래가액으로 본다.

[「조세특례제한법」에 따른 벤처기업 주식매수선택권의 취득가액]

> 대통령령으로 정하는 요건을 갖춘 벤처기업의 주식매수선택권을 양도하는 때에 양도소득세를 과세하는 경우에는 주식매수선택권 **행사 당시의 실제 매수가액**을 「소득세법」 제97조제1항제1호에 따른 취득가액으로 한다(조특법 16의4 ③).

정답 ③

03

다음 중 양도소득세에 관한 설명으로 틀린 것은?

① 무상양도는 양도소득세 대상이 아니다.

② 법원의 파산결정에 따른 양도는 비과세 양도소득대상이다.

③ 1세대가 양도하는 1주택(고가주택 포함)과 그 부수토지에 대하여는 2년 이상 보유 시 거주 여부에 관계없이 비과세 대상이다.

④ 양도소득금액은 양도차익에서 장기보유특별공제액을 차감하여 산출한다.

기출처 2006 국가직 9급

LINK 세법2 452-454, 460, 526p   오진다 496, 499p

난이도 ●●○○○   출제가능지수 ●●●○○

해설

1세대가 양도하는 1주택(고가주택 **제외**)과 그 부수토지에 대하여는 2년 이상 보유 시 거주 여부에 관계없이 비과세 대상이다. 참고로, 취득 당시 조정 대상지역에 있는 주택은 보유기간 2년 이상이고 그 보유기간 중 거주기간이 2년 이상이어야 한다.

정답 ③

04

거주자가 등기된 건물양도 시 기준시가와 실지거래가액의 양도차익을 바르게 계산한 것은?

구분	건물취득 시	건물양도 시	자본적지출액	양도비용
기준시가	₩30,000,000	₩50,000,000		
실지거래가액	₩63,000,000	₩90,000,000	₩4,000,000	₩3,000,000

	기준시가 양도차익	실지거래가액 양도차익
①	₩20,000,000	₩20,000,000
②	₩19,100,000	₩24,000,000
③	₩20,000,000	₩24,000,000
④	₩19,100,000	₩20,000,000

기출처 2006 국가직 7급

LINK 세법2 464p 오진다 500p

난이도 ●●●●○ 출제 가능 지수 ●●●○○

해설

기준시가 양도차익은 다음과 같다.

$$\text{기준시가 양도차익} = \dfrac{\text{양도가액}}{\text{(기준시가)}} - \left\{ \dfrac{\text{취득가액}}{\text{(기준시가)}} + \text{필요경비개산공제액} \right\}$$

= ₩50,000,000 - (₩30,000,000 + ₩30,000,000 × 3%*)

= **₩19,100,000**

*건물의 경우 3%

실지거래가액 양도차익은 다음과 같다.

실지거래가액 양도차익

= 양도가액(실지거래가액) - {취득가액(실지거래가액) + 자본적지출액 + 양도비용}

= ₩90,000,000 - ₩63,000,000 - ₩4,000,000 - ₩3,000,000

= **₩20,000,000**

[필요경비의 계산]

실지거래가액에 의하는 경우	취득가액을 매매사례가액, 감정가액, 기준시가로 하는 경우	취득가액을 환산취득가액으로 하는 경우
① + ② + ③ ① 취득가액(실지거래가) ② 자본적지출 ③ 양도비용	① + ② ① 취득가액(매매사례가액, 감정가액, 기준시가) ② 필요경비개산공제	MAX [①, ②] ① 취득가액(환산취득가액) + 필요경비개산공제 ② 자본적지출액 + 양도비용

정답 ④

05 특수한 경우의 양도소득 산출세액의 계산

5-01

「소득세법」상 거주자와 특수관계인 간 자산의 양도에 대한 설명으로 옳은 것만을 모두 고르면?

> ㄱ. 거주자가 양도일부터 소급하여 10년 이내에 직계존비속으로부터 증여받은 양도소득세 과세대상 토지의 양도차익을 계산할 때 취득가액은 그 직계존비속의 취득 당시 「소득세법」 제97조 제1항 제1호에 따른 금액으로 한다.
>
> ㄴ. 납세지 관할 세무서장 또는 지방국세청장은 양도소득이 있는 거주자의 행위 또는 계산이 그 거주자의 특수관계인과의 거래로 인하여 그 소득에 대한 조세 부담을 부당하게 감소시킨 것으로 인정되는 경우에는 그 거주자의 행위 또는 계산과 관계없이 해당 과세기간의 소득금액을 계산할 수 있다.
>
> ㄷ. 거주자가 배우자나 직계존비속이 아닌 특수관계인에게 자산을 증여한 후 그 자산을 증여받은 자가 그 증여일부터 15년 지난 후 다시 타인에게 양도한 경우 증여자가 그 자산을 직접 양도한 것으로 본다. 다만, 양도소득이 해당 수증자에게 실질적으로 귀속되지 아니한 것으로 본다.

① ㄱ, ㄴ ② ㄱ, ㄷ
③ ㄴ, ㄷ ④ ㄱ, ㄴ, ㄷ

기출처 **2024 국가직 9급**

LINK 세법2 471-472p 오진다 502p

난이도 ●●●○○ 출제 가능 지수 ●●●●○

해설

ㄷ. 거주자가 배우자나 직계존비속이 아닌 특수관계인에게 자산을 증여한 후 그 자산을 증여받은 자가 그 증여일부터 **10년 이내에** 다시 타인에게 양도한 경우 증여자가 그 자산을 직접 양도한 것으로 본다. 정답 ①

01

「소득세법령」상 거주자 甲이 등기된 국내 소재의 상가 건물을 아버지 乙에게서 증여받고 그 건물을 특수관계가 없는 거주자 丙(부동산임대업 영위)에게 양도한 경우에 대해 양도소득세 이월과세(「소득세법」 제97조의2 제1항)를 적용한다고 할 때, 이에 대한 설명으로 옳은 것만을 모두 고른 것은?

> ㄱ. 甲이 양도일부터 소급하여 10년 이내에 乙에게서 증여를 받아야 한다.
> ㄴ. 그 건물의 취득가액은 甲이 증여받은 당시 취득가액에 해당하는 금액으로 한다.
> ㄷ. 甲이 그 건물에 대하여 납부한 증여세 상당액이 있는 경우 그 금액은 양도차익을 한도로 필요경비에 산입한다.
> ㄹ. 장기보유특별공제에 관한 보유기간의 산정은 甲이 그 건물을 취득한 날부터 기산한다.

① ㄱ, ㄴ   ② ㄱ, ㄷ
③ ㄴ, ㄷ   ④ ㄷ, ㄹ

기출처 **2018 국가직 7급**
LINK 세법2 472p   오진다 502p
난이도 ●●●○○   출제 가능 지수 ●●●●●

해설

ㄴ. 그 건물의 취득가액은 **증여자인 아버지 乙이 취득한 당시 취득가액**에 해당하는 금액으로 한다.
ㄹ. 장기보유특별공제에 관한 보유기간의 산정은 乙이 그 건물을 취득한 날부터 기산한다.

정답 ②

02

「소득세법」상 납세의무의 범위에 대한 설명으로 옳지 않은 것은?

① 상속에 따라 피상속인의 소득금액에 대하여 과세하는 경우에는 그 상속인이 납세의무를 진다.

② 증여 후 양도행위의 부인규정에 따라 증여자가 자산을 직접 양도한 것으로 보는 경우에 증여받은 자는 그 양도소득에 대한 납세의무를 지지 않는다.

③ 원천징수되는 소득으로서 「소득세법」 제14조 제3항에 따른 종합소득과세표준에 합산되지 않는 소득이 있는 자는 그 원천징수 되는 소득세에 대해서 납세의무를 진다.

④ 신탁재산에 귀속되는 소득은 그 신탁의 이익을 받을 수익자(수익자가 사망하는 경우에는 그 상속인)에게 귀속되는 것으로 본다.

기출처 **2017 국가직 9급**
LINK 세법2 299-300, 472p   오진다 428, 502p
난이도 ●●●○○   출제 가능 지수 ●●●●●

해설

증여 후 양도행위의 부인규정에 따라 증여자가 자산을 직접 양도한 것으로 보는 경우에 양도소득세는 **증여자와 수증자가 연대하여 납세의무를 진다**(소법 2 ④).

정답 ②

03

「소득세법」상 양도소득에 대한 설명으로 옳지 않은 것은?

① 주권상장법인이 아닌 법인의 신주인수권의 양도로 발생하는 소득은 양도소득세의 과세대상이다.

② 전세권의 양도로 발생하는 소득은 양도소득세의 과세대상이다.

③ 파산선고에 의한 처분으로 발생하는 소득은 양도소득세의 과세대상이다.

④ 납세지 관할 세무서장 또는 지방국세청장은 양도소득이 있는 거주자의 행위 또는 계산이 그 거주자의 특수관계인과의 거래로 인하여 그 소득에 대한 조세 부담을 부당하게 감소시킨 것으로 인정되는 경우에는 그 거주자의 행위 또는 계산과 관계없이 해당 과세기간의 소득금액을 계산할 수 있다.

기출처 2012 국가직 9급

LINK 세법2 448, 450, 452, 471p   오진다 495-496, 502p

난이도 ●●○○○   출제 가능 지수 ●●●○○

해설

「파산법」에 따른 파산선고에 의하여 처분한 자산에서 발생한 소득에 대하여는 **양도소득세를 과세하지 않는다.**   정답 ③

04

양도소득의 부당행위계산 등에 관한 설명으로 옳지 않은 것은?

① 특수관계자(배우자 및 직계존비속 제외)에게 재산을 증여한 후 수증자가 증여일로부터 10년 내에 다시 이를 타인에게 양도한 경우 증여받은 자의 증여세와 양도소득세를 합한 세액이 증여자가 직접 양도하는 경우로 보아 계산한 양도소득세보다 적은 경우에는 증여자가 그 자산을 직접 타인에게 증여한 것으로 본다.

② 특수관계에 있는 자와의 거래에 있어서 토지 등을 시가보다 4억원 미달하게 양도한 때에는 양도소득의 계산은 시가에 의한다.

③ 거주자가 그 배우자로부터 수증한 부동산을 수증일로부터 10년 이내에 양도하는 경우에는 해당 배우자의 취득가액을 해당 거주자의 취득가액으로 한다.

④ 거주자가 특수관계에 있는 법인에게 자산을 양도한 것이 부당행위계산에 해당하여 거주자의 상여, 배당 등으로 소득처분된 금액이 있는 경우 해당 자산의 시가를 양도 당시의 실지거래가액으로 한다.

기출처 2010 국가직 7급

LINK 세법2 461, 471-472p   오진다 499, 502p

난이도 ●●●○○   출제 가능 지수 ●●●○○

해설

① 특수관계인(배우자 및 직계존비속 제외)에게 재산을 증여한 후 수증자가 증여일로부터 10년 내에 다시 이를 타인에게 양도한 경우 증여받은 자의 증여세와 양도소득세를 합한 세액이 증여자가 직접 양도하는 경우로 보아 계산한 양도소득세보다 적은 경우에는 증여자가 그 자산을 직접 타인에게 **양도**한 것으로 본다.

② 조세 부담을 부당하게 감소시킨 것으로 인정되는 경우로서 시가와 거래가액의 차액이 3억원 이상이거나 시가의 5% 이상인 경우 그 취득가액 또는 양도가액을 시가에 의하여 계산한다는 부당행위계산의 부인에 해당되는 선지다.   정답 ①

05

「소득세법」상 국내자산 양도 시 양도소득세에 관한 설명으로 옳지 않은 것은?

① 양도소득과세표준은 양도소득금액에서 양도소득기본공제를 한 금액으로 한다.
② 양도소득의 과세대상 자산에는 건물이 완성되는 때에 그 건물과 이에 부수되는 토지를 취득할 수 있는 권리도 포함된다.
③ 양도소득금액은 양도가액에서 필요경비를 공제한 금액으로 한다.
④ 거주자인 갑이 양도일로부터 소급하여 10년 이내에 그의 아들 을로부터 증여받은 건물의 양도차익을 계산함에 있어서 취득가액은 을의 취득 당시를 기준으로 계산한다.

기출처 2009 지방직 9급
LINK 세법2 448, 460, 466p 오진다 499, 502p
난이도 ●●●●○ 출제 가능 지수 ●●●●○

해설

양도소득금액은 양도가액에서 필요경비(취득가액 및 기타의 필요경비)를 **공제하고, 그 금액(양도차익)에서 장기보유 특별공제액을** 공제한 금액으로 한다.

[양도소득금액 계산구조]

양 도 차 익
(-) 장 기 보 유 특 별 공 제
양 도 소 득 금 액

정답 ③

06

「소득세법」상 양도소득세에 관한 설명으로 옳지 않은 것은?

① 파산선고에 의한 처분으로 인하여 발생하는 소득에 대하여는 양도소득세를 과세하지 아니한다.
② 거주자인 갑이 갑의 아들 을로부터 증여받은 국내에 소재하는 골프회원권을 10년 이내에 양도하는 경우 그 양도차익을 계산함에 있어서 취득가액은 을의 취득 당시를 기준으로 계산한다.
③ 「도시개발법」 기타 법률의 규정에 의한 환지처분으로 지목 또는 지번이 변경되거나 보류지로 충당되는 경우에는 「소득세법」에서 규정하는 양도로 보지 아니한다.
④ 대금을 청산하기 전에 소유권이전등기를 한 경우에는 해당 자산의 대금을 청산한 날을 양도시기로 본다.

기출처 2009 국가직 7급
LINK 세법2 447, 452, 459, 471-472p 오진다 494, 496, 498, 502p
난이도 ●●●○○ 출제 가능 지수 ●●●●○

해설

대금을 청산하기 전에 소유권이전등기를 한 경우에는 **등기접수일**을 양도시기로 본다.

정답 ④

07

「소득세법」상 배우자 간 증여재산의 양도에 대한 이월과세와 관련된 설명으로 옳지 않은 것은?

① 거주자가 양도일로부터 소급하여 10년 이내에 그 배우자(양도 당시에는 이혼에 의하여 혼인관계가 소멸됨)로부터 증여받은 토지의 양도 차익을 계산함에 있어서 취득가액은 토지를 증여한 배우자의 취득 당시의 금액으로 한다.

② 증여받은 재산의 양도소득에 대하여는 증여한 배우자와 증여받은 배우자가 연대하여 납세의무를 진다.

③ 이월과세가 적용되는 경우에는 거주자가 증여받은 자산에 대하여 납부하였거나 납부할 증여세 상당액은 양도차익을 한도로 필요경비에 산입한다.

④ 배우자 간 증여재산에 대한 이월과세가 적용되는 경우에는 증여 후 우회양도행위에 대한 부당행위계산부인 규정이 적용되지 않는다.

기출처 **2008 국가직 9급**
LINK 세법2 472p   오진다 502p
난이도 ●●●○○   출제 가능 지수 ●●●●○

해설

특수관계인에게 자산을 '증여(배우자·직계존비속을 통한 양도 시 이월과세가 적용되는 경우는 제외)한' 후 그 자산을 증여받은 자가 그 증여일부터 10년 이내에 다시 타인에게 양도한 경우로서 증여받은 자의 증여세와 양도소득세를 합한 세액이 증여자가 직접 양도하는 경우로 보아 계산한 양도소득세보다 적은 경우에는 증여자가 그 자산을 직접 타인에게 양도한 것으로 보는 우회양도에 해당된다. 이러한 우회양도의 경우 양도소득세는 증여자와 수증자가 연대하여 납세의무를 진다. 그러나 양도일로부터 소급하여 10년 이내 배우자(양도 당시 혼인관계가 소멸된 경우를 포함, 사망으로 혼인관계가 소멸한 경우 제외) 또는 직계존비속으로부터 '증여받은' 토지·건물·부동산을 취득할 수 있는 권리·시설물 이용권을 양도함으로써 적용되는 이월과세의 경우 수증자의 양도소득세에 대해 증여자는 **연대납세의무가 없다.**   정답 ②

06 미등기양도자산에 대한 불이익

01

「소득세법」상 거주자가 국내에 소재하는 주택을 취득에 관한 등기를 하지 아니하고 양도하는 경우 적용될 수 있는 것은? (단, 주택은 「소득세법」상 미등기양도제외자산 및 고가주택에 해당하지 아니함)

① 1세대 1주택(양도일 현재 5년 보유)을 양도하는 경우 양도소득세 비과세
② 양도소득기본공제
③ 주택을 3년 이상 보유한 경우의 장기보유특별공제
④ 취득가액을 실지거래가액에 의하지 않는 경우 주택 취득 당시 법령이 정하는 가격에 일정비율을 곱한 금액을 필요경비로 공제

기출처 **2016 국가직 9급**
LINK 세법2 475p 오진다 504p
난이도 ●●●●● 출제 가능 지수 ●●●●●

해설

취득가액을 실지거래가액에 의하지 않는 경우 주택 취득 당시 법령이 정하는 가격에 일정비율을 곱한 금액을 필요경비로 공제하는 제도를 필요경비 개산제도라고 한다.
미등기양도자산(주택)의 경우 주택 취득 당시 법령이 정하는 가격에 0.3%을 곱한 금액을 필요경비로 공제한다. 정답 ④

02

현행 「소득세법」상 양도소득세에 대한 다음 설명 중 옳지 않은 것은?

① 환지처분, 보류지에의 충당 및 양도담보는 양도로 보지 않는다.
② 미등기 양도자산에 대해서는 장기보유특별공제와 양도소득 기본공제가 배제된다.
③ 양도가액 및 취득가액 추계 시 감정가액, 매매사례가액, 환산가액, 기준시가 순으로 적용한다.
④ 장기보유특별공제는 토지, 건물(미등기양도자산과 조정대상지역 특례에 해당하는 주택 제외)로서 그 자산의 보유기간이 3년 이상인 것 및 조합원입주권(조합원으로부터 취득한 것은 제외)에 대해 적용한다.

기출처 **2008 국가직 9급**
LINK 세법2 447, 463, 466, 475p 오진다 494, 499-500, 504p
난이도 ●●●●● 출제 가능 지수 ●●●●●

해설

양도가액 및 취득가액 추계 시 다음과 같이 시가에 근접한 것부터 순차적으로 적용하여 산정한 가액에 의한다.

㉠ 양도가액: 매매사례가액 → 감정가액 → 기준시가
㉡ 취득가액: 매매사례가액 → 감정가액 → 환산가액 → 기준시가

양도가액은 환산할 수 없으므로 환산가액이 없음을 주의한다. 정답 ③

03

「소득세법」상 양도소득세에 관한 설명으로 옳은 것은?

① 법원의 확정판결에 의하여 신탁해지를 원인으로 소유권 이전 등기를 하는 경우에는 양도소득세 과세대상인 양도에 해당한다.

② 동일한 과세기간에 발생한 토지의 양도소득금액과 주권상장법인 주식의 양도차손은 서로 통산할 수 있다.

③ 사업용 기계장치와 영업권을 함께 양도함으로써 발생한 소득은 양도소득세의 과세대상이다.

④ 법원의 결정에 의하여 양도 당시 그 자산의 취득에 관한 등기가 불가능한 자산을 양도한 경우에는 양도소득 기본공제가 적용된다.

기출처 2008 국가직 7급
LINK 세법2 447-448, 471, 475p 오진다 494-495, 502, 504p
난이도 ●●●●○ 출제 가능성 지수 ●●●○○

해설

① 법원의 확정판결에 의하여 신탁해지를 원인으로 소유권이전 등기를 하는 경우에는 유상으로 대가를 받고 과세대상 자산을 이전하였다고 하더라도 사실상 양도로 보지 않아 **양도소득세를 과세하지 않는다.**

② 양도차손이 발생한 경우 양도자산을 양도소득 기본공제에 따른 자산의 그룹별로 나누고, 양도차손을 그 그룹 내의 다른 자산에서 발생한 양도소득금액에서만 공제한다. 따라서 다른 그룹에 속하는 양도차손은 공제할 수 없다. 토지는 [1그룹]에 해당되며, 주권상장법인 주식은 [2그룹]에 해당되므로 동일한 과세기간에 발생하였더라도 토지의 양도소득금액과 주권상장법인 주식의 양도차손은 서로 통산할 수 **없다.**

③ 사업용 양도소득 과세대상 자산과 영업권을 함께 양도함으로써 발생한 소득은 양도소득세의 과세대상이다. 사업용 기계장치와 영업권을 함께 양도함으로써 발생한 소득은 **기타소득으로 과세**한다.

[자산을 등기할 수 없는 정당한 사유]

ㄱ 장기할부조건으로 취득한 자산으로서 그 계약조건에 의하여 양도 당시 그 자산의 취득에 관한 등기가 불가능한 자산

ㄴ 법률의 규정 또는 법원의 결정에 의하여 양도 당시 그 자산의 취득에 관한 등기가 불가능한 자산

ㄷ 비과세가 적용되는 교환·분합하는 농지, 감면이 적용되는 자경농지 및 대토하는 농지

ㄹ 비과세가 적용되는 1세대 1주택(1세대 2주택 특례 포함)으로서 건축허가를 받지 않아 등기가 불가능한 자산

ㅁ 도시개발사업이 종료되지 아니하여 토지 취득등기를 하지 아니하고 양도하는 토지

ㅂ 공사용역 대가로 취득한 체비지를 토지구획환지처분 공고 전에 양도하는 토지

정답 ④

04

「소득세법」상 양도소득과세표준의 계산에 대한 설명으로 옳지 않은 것은?

① 부동산을 취득할 수 있는 권리(조합원입주권 제외)를 양도하는 때에는 장기보유특별공제를 적용하지 아니한다.

② 거주자가 1과세연도에 국내자산의 양도소득기본공제로 공제받을 수 있는 최대 금액은 1,000만원이다.

③ 1984년 12월 31일 이전에 취득한 토지 또는 건물은 1985년 1월 1일 취득한 것으로 본다.

④ 미등기 양도자산에 대한 양도소득기본공제는 미등기 양도자산의 취득 당시 기준시가의 1,000분의 3에 상당하는 가액으로 한다.

기출처 2007 국가직 9급
LINK 세법2 465-466, 468p 오진다 500p
난이도 ●●○○○ 출제 가능성 지수 ●●●○○

해설

② 양도소득이 있는 거주자에 대해서 '자산 그룹'별로 양도소득금액으로부터 각각 연 250만원을 공제하므로 최대 1,000만원(4그룹 × 250만원)을 공제받을 수 있다.

③ 「소득세법 부칙」 양도자산의 취득시기에 관한 의제에 따르면 1984년 12월 31일 이전에 취득한 자산은 1985년 1월 1일에 취득한 것으로 본다(소법 부칙 8).

④ 미등기양도자산에 대한 **양도소득기본공제를 적용하지 않는다.** 미등기 양도자산에 대해 미등기 양도자산의 취득 당시 법령이 정하는 가격의 1,000분의 3에 상당하는 가액을 **필요경비로 공제**할 수 있다.

정답 ④

01

거주자의 「소득세법」 상 퇴직소득, 양도소득을 종합소득과 달리 구분하여 과세하는 것에 대한 설명으로 옳지 않은 것은?

① 양도소득은 다른 종합소득과 합산하지 않고 별도의 과세표준을 계산하고 별도의 세율을 적용한다.

② 양도소득은 기간별로 합산하지 않고 그 소득이 지급될 때 소득세를 원천징수함으로써 과세가 종결된다.

③ 퇴직소득, 양도소득은 장기간에 걸쳐 발생한 소득이 일시에 실현되는 특징을 가지고 있다.

④ 퇴직소득, 양도소득을 다른 종합소득과 합산하여 과세한다면, 그 실현시점에 지나치게 높은 세율이 적용되는 현상이 발생한다.

기출처 **2019 국가직 9급**
LINK 세법2 293, 475-476p 오진다 505p
난이도 ●●●○○ 출제 가능 지수 ●●●●○

해설

양도소득세 과세대상 자산을 양도한 거주자는 양도소득과세표준을 예정신고기한 또는 확정신고기한까지 신고 및 납부하여야 한다. 거주자의 양도소득은 **원천징수대상이 아니다.**   정답 ②

02

「소득세법」상 국외자산 양도에 대한 양도소득세에 대한 설명으로 옳은 것은?

① 국외자산의 양도소득에 대하여 해당 외국에서 과세를 하는 경우에 그 양도소득에 대하여 대통령령으로 정하는 국외자산 양도소득에 대한 세액을 납부하였거나 납부할 것이 있을 때에는 그 세액을 해당 과세기간의 양도소득금액 계산상 필요경비에 산입하는 방법만 적용받을 수 있다.

② 국외자산의 양도에 대한 양도소득세는 해당 자산의 양도일까지 계속 3년 이상 국내에 주소 또는 거소를 둔 거주자에 한하여 납세의무를 진다.

③ 국외자산의 양도가액은 양도 당시의 실지거래가액을 확인할 수 없는 경우에 양도자산이 소재하는 국가의 양도 당시 현황을 반영한 시가에 따르되, 시가를 산정하기 어려울 때에는 그 자산의 종류, 규모, 거래상황 등을 고려하여 대통령령으로 정하는 방법에 따른다.

④ 국외자산 양도에 따른 양도소득 과세표준 계산 시 양도소득기본공제 및 장기보유특별공제를 적용한다.

기출처 **2016 국가직 7급**
LINK 세법2 479-480p 오진다 505-506p
난이도 ●●●○○ 출제 가능 지수 ●●●●○

해설

① 국외자산의 양도소득에 대하여 해당 외국에서 과세를 하는 경우에 그 양도소득에 대하여 대통령령으로 정하는 국외자산 양도소득에 대한 세액을 납부하였거나 납부할 것이 있을 때에는 그 세액을 해당 과세기간의 양도소득금액 계산상 **필요경비에 산입하는 방법과 외국납부세액공제액을 계산하여 산출세액에서 공제하는 방법 중 납세자가 선택**할 수 있다.

② 국외자산의 양도에 대한 양도소득세는 해당 자산의 양도일까지 계속 **5년** 이상 국내에 주소 또는 거소를 둔 거주자에 한하여 납세의무를 진다.

④ 국외자산 양도에 따른 양도소득 과세표준 계산 시 양도소득기본공제는 적용하되 **장기보유특별공제는 적용하지 않는다.** 이때 국외자산의 양도소득에 대한 양도소득기본공제는 등기 여부와 상관없이 양도소득이 있는 거주자에 대해서 해당 과세기간의 양도소득금액에서 연 250만원을 공제한다.
   정답 ③

03

「소득세법」상 국외자산양도에 대한 설명으로 옳지 않은 것은?

① 해당 자산의 양도일까지 계속하여 3년 동안 국내에 주소를 둔 자는 국외에 있는 토지 또는 건물의 양도로 발생하는 소득에 대하여 과세한다.

② 국외자산의 양도에 대한 양도차익을 계산할 때 양도가액에서 공제하는 필요경비는 해당 자산의 취득에 든 실지거래가액을 확인할 수 있는 경우에는 그 가액과 대통령령으로 정하는 자본적지출액 및 양도비를 합한 금액으로 한다.

③ 양도차익의 외화 환산, 취득에 드는 실지거래가액, 시가의 산정 등 필요경비의 계산은 양도가액 및 필요경비를 수령하거나 지출한 날 현재 외국환거래법에 의한 기준환율 또는 재정환율에 의하여 계산한다.

④ 국외자산 양도소득세액을 납부하였을 때에는 해당 과세기간의 양도소득 산출세액에서 국외자산 양도소득세액을 공제하거나 해당 과세기간의 양도소득금액 계산상 필요경비에 국외자산 양도소득세액을 산입하는 방법 중 하나를 선택하여 외국납부세액의 공제를 적용받을 수 있다.

기출처 2013 국가직 7급

LINK 세법2 479-480p 오진다 505-506p

난이도 ●●○○○ 출제가능지수 ●●●●○

해설

해당 자산의 양도일까지 계속하여 **5년** 동안 국내에 **주소 또는 거소를** 둔 자는 국외에 있는 토지 또는 건물의 양도로 발생하는 소득에 대하여 과세한다.

정답 ①

04

거주자의 양도소득세에 관한 설명으로 옳지 않은 것은?

① 토지 및 건물의 양도가액계산 시 양도가액은 원칙적으로 당해 자산의 양도 당시의 양도자와 양수자 간에 실제로 거래한 실지거래가액에 의한다.

② 파산선고에 의한 처분으로 인하여 발생하는 소득에 대해서는 양도소득세를 과세하지 아니한다.

③ 미등기 양도자산의 경우에는 양도소득세의 비과세 조항이 적용되지 아니한다.

④ 국외자산 양도소득세의 납세의무자는 해당 자산의 양도일까지 계속 3년 이상 국내에 주소 또는 거소를 둔 자에 한한다.

기출처 2007 국가직 7급

LINK 세법2 452, 461, 475, 479p 오진다 496, 500, 504, 506p

난이도 ●●○○○ 출제가능지수 ●●●○○

해설

국외자산 양도소득세의 납세의무자는 해당 자산의 양도일까지 계속 **5년** 이상 국내에 주소 또는 거소를 둔 자에 한한다.

정답 ④

08 거주자 출국 시 국내 주식 등에 대한 과세특례

01

「소득세법」상 거주자·비거주자에 관한 설명으로 옳지 않은 것은?

① 국내에 주소가 없더라도 183일 이상의 거소를 둔 개인은 거주자에 해당한다.

② 「국세기본법」 제13조제1항에 따른 법인 아닌 단체 중 같은 조 제4항에 따른 법인으로 보는 단체 외의 법인 아닌 단체는 국내에 주사무소 또는 사업의 실질적 관리장소를 두었는지 여부를 불문하고 거주자로 보아 「소득세법」을 적용한다.

③ 거주자가 사망한 경우의 소득세 과세기간은 1월 1일부터 사망한 날까지로 한다.

④ 내국법인의 주식을 보유한 거주자가 출국하는 경우 출국 당시 소유한 주식의 평가이익에 대해 소득세 납세의무를 부과하는 경우에는 그 평가이익을 양도소득으로 보아 과세표준과 세액을 계산한다.

기출처 2018 국가직 9급

LINK 세법2 481-482p 오진다 506p

난이도 ●●●○○ 출제 가능 지수 ●●●○○

해설

「국세기본법」 제13조제1항에 따른 법인 아닌 단체 중 같은 조 제4항에 따른 법인으로 보는 단체 외의 법인 아닌 단체는 국내에 주사무소 또는 사업의 실질적 관리장소를 **둔 경우에는 1거주자로, 그 밖의 경우에는 1비거주자**로 보아 「소득세법」을 적용한다.

정답 ②

11

소득세의 납세절차

출제 경향 분석

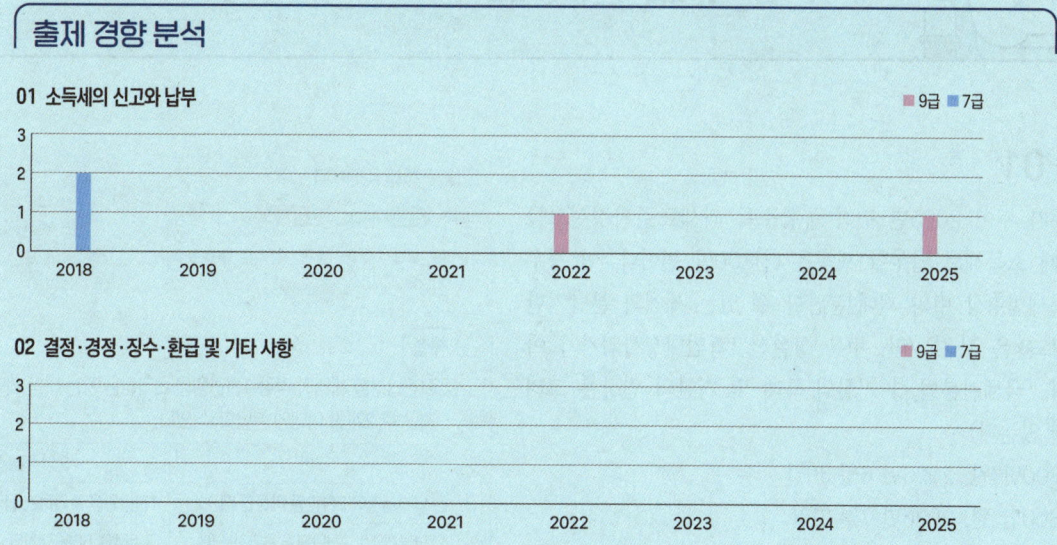

01 소득세의 신고와 납부

■9급 ■7급

	2018	2019	2020	2021	2022	2023	2024	2025

02 결정·경정·징수·환급 및 기타 사항

■9급 ■7급

	2018	2019	2020	2021	2022	2023	2024	2025

기출 분석

'소득세의 납세절차'는 빈출 파트는 아니나 '01. 소득세의 신고와 납부' 관련된 규정은 간혹 출제되는 주제입니다. 2022년 9급 시험에서는 「국세기본법」 내용과 함께 복합문제로 출제되었으며 2025년 9급 시험에서는 분납의 사례형 문제가 출제되었습니다. 대부분 단순 규정을 묻는 내용들이므로 세세한 조항을 파고들기보다는 일반적으로 강조한 내용을 위주로 정리하시면 충분합니다.

01 소득세의 신고와 납부

1-01

거주자 甲이 2025년 귀속 종합소득 과세표준확정신고를 할 때 소득세로 납부할 세액은 1천800만 원이다. 이 경우 소득세법령상 甲의 최대 분납할 수 있는 세액과 분납기한으로 옳은 것은? (단, 甲은 성실신고확인대상사업자가 아니며, 「국세기본법」상 기한의 특례 및 기한의 연장은 고려하지 않는다)

① 800만 원, 2026년 6월 30일
② 800만 원, 2026년 7월 31일
③ 900만 원, 2026년 6월 30일
④ 900만 원, 2026년 7월 31일

기출처 **2025 국가직 9급**
LINK 세법2 489p 오진다 508p
난이도 ●●●●● 출제 가능 지수 ●●●●●

해설

② 자진납부할 세액이 각각 1천만원을 초과하는 자는 다음 세액을 납부기한이 지난 후 **2개월** 이내에 분납할 수 있다.

구분	분납가능금액
㉠ **납부세액이 2천만원 이하인 때**	**1천만원을 초과하는 금액**
㉡ 납부세액이 2천만원을 초과하는 때	그 세액의 50% 이하의 금액

2025년 귀속 종합소득 과세표준확정신고납부기한은 2026년 5월 31일이다. 따라서 2개월 이내인 **2026년 7월 31일**까지 **800만 원**을 분납할 수 있다.   정답 ②

01

「국세기본법령」과 「소득세법」의 기간 및 기한에 대한 설명으로 옳은 것은?

① 수시부과 후 추가발생소득이 없는 거주자는 그 종합소득 과세표준을 다음 연도 5월 1일부터 5월 31일까지 확정신고하고 종합소득 산출세액을 자진납부하여야 한다.

② 부담부증여의 채무액에 해당하는 부분으로서 양도로 보는 경우 그 양도일이 속하는 달의 말일부터 4개월 이내에 양도소득과세표준을 납세지 관할 세무서장에게 신고하여야 한다.

③ 세무조사의 결과에 대한 서면통지를 받은 자는 통지를 받은 날로부터 90일 이내에 과세전적부심사 청구를 할 수 있다.

④ 「국세기본법」 또는 세법에서 규정하는 납부기한 만료일에 정전으로 국세정보통신망의 가동이 정지되어 전자납부를 할 수 없는 경우 그 장애가 복구되어 납부할 수 있게 된 날의 다음 날을 기한으로 한다.

기출처 2022 국가직 9급

LINK 세법1 30, 162p 세법2 434, 476p 오진다 17, 89, 490, 505p

난이도 ●●●○○ 출제 가능 지수 ●●●○○

해설

① 수시부과 후 추가로 발생한 소득이 없는 경우에는 **과세표준 확정신고를 하지 않고 수시부과로만 과세를 종결할 수 있다.**

② 부담부증여의 채무액에 해당하는 부분으로 양도로 보는 경우 양도일이 속하는 달의 말일부터 **3개월** 이내에 양도소득 과세표준을 납세지 관할 세무서장에게 신고하여야 한다.

③ 세무조사 결과에 대한 서면통지를 받은 자는 통지를 받은 날부터 **30일** 이내에 통지를 한 세무서장이나 지방 국세청장에게 통지 내용의 적법성에 관한 '과세전적부심사'를 청구할 수 있다.

[확정신고의 면제]

㉠ 근로소득만 있는 자
㉡ 퇴직소득만 있는 자
㉢ 공적연금소득만 있는 자
㉣ 원천징수되는 사업소득으로서 연말정산대상이 되는 사업소득만 있는 자
㉤ 원천징수되는 기타소득으로서 종교인소득만 있는 자
㉥ 퇴직소득과 근로소득만 있는 자
㉦ 퇴직소득과 공적연금소득만 있는 자
㉧ 퇴직소득과 원천징수되는 사업소득으로서 연말정산대상이 되는 사업소득만 있는 자
㉨ 퇴직소득과 원천징수되는 기타소득으로서 종교인소득만 있는 자
㉪ 위 ㉠~㉨에 해당하는 자로서 분리과세이자소득 · 분리과세배당소득 · 분리과세연금소득 및 분리과세기타소득 (「소득세법」에 따라 원천징수되지 아니한 소득은 제외)이 있는 자
㉠ 분리과세이자소득 · 분리과세배당소득 · 분리과세연금소득 및 분리과세기타소득만 있는 자
㉢ 소득세를 수시부과한 후 추가로 발생한 소득이 없을 경우
㉤ 양도소득에 대한 과세표준 예정신고를 한 자[*1]
㉥ 원천징수제외대상 근로소득 · 퇴직소득이 있는 자로, 납세조합이 연말정산에 의해 소득세를 원천징수하여 납부한 자

[*1] 양도소득에 대한 과세표준 예정신고를 한 자라도 확정신고를 해야하는 예외는 있음

정답 ④

02

「소득세법」상 거주자 중 반드시 과세표준확정신고를 하여야 하는 자는?

① 원천징수대상이 아닌 사업소득만 있는 자
② 분리과세이자소득만 있는 자
③ 공적연금소득만 있는 자
④ 수시부과 후 추가로 발생한 소득이 없는 자

기출처 **2018 국가직 7급**
LINK [세법2] 488p [오진다] 508p
난이도 ●●●○○ 출제 가능 지수 ●●●○○

해설

② 분리과세이자소득만 있는 자는 원천징수로 납세의무가 종결된다.
③ 공적연금소득만 있는 경우 연말정산으로 과세가 종결되기 때문에 확정신고를 하지 않아도 된다.
④ 수시부과 후 추가로 발생한 소득이 없는 경우에는 과세표준 확정신고를 하지 않고 수시부과로만 과세를 종결할 수 있다.

정답 ①

03

「소득세법령」상 성실신고확인서 제출에 대한 설명으로 옳지 않은 것은?

① 성실신고확인대상사업자는 종합소득과세표준 확정신고를 할 때에 사업소득금액의 적정성을 세무사 등이 확인하고 작성한 성실신고확인서를 납세지 관할 세무서장에게 제출하여야 한다.
② 성실신고확인대상사업자가 성실신고확인서를 제출하는 경우에는 종합소득과세표준 확정신고를 그 과세기간의 다음 연도 5월 1일부터 6월 30일까지 하여야 한다.
③ 세무사가 성실신고확인대상사업자에 해당하는 경우에는 자신의 사업소득금액의 적정성에 대하여 해당 세무사가 성실신고 확인서를 작성·제출해서는 아니 된다.
④ 성실신고확인대상사업자가 성실신고확인서를 납세지 관할 세무서장에게 제출하지 아니한 경우에는 사업소득금액이 종합소득금액에서 차지하는 비율을 종합소득산출세액에 곱하여 계산한 금액의 100분의 20에 해당하는 금액을 결정세액에 더한다.

기출처 **2018 국가직 7급**
LINK [세법2] 489p [오진다] 509p
난이도 ●●○○○ 출제 가능 지수 ●●●○○

해설

성실신고확인대상사업자가 성실신고확인서를 납세지 관할 세무서장에게 제출하지 아니한 경우에는 사업소득금액이 종합소득금액에서 차지하는 비율을 종합소득산출세액에 곱하여 계산한 금액의 **100분의 5에 해당하는 금액과 사업소득 총수입금액의 10,000분의 2에 해당하는 금액 중 큰 금액**을 결정세액에 더한다.

정답 ④

04

「소득세법」상 신고에 대한 설명으로 옳지 않은 것은?

① 근로소득과 퇴직소득만 있는 자는 과세표준확정신고를 하지 아니할 수 있다.

② 부동산매매업자는 토지 등의 매매차익(매매차익이 없거나 매매차손이 발생한 경우 포함)과 그 세액을 매매일이 속하는 달의 말일부터 2개월이 되는 날까지 납세지 관할 세무서장에게 신고하여야 한다.

③ 종합소득금액과 분리과세 주택임대소득이 있는 거주자(종합소득과세표준이 없거나 결손금이 있는 거주자를 포함)는 종합소득 과세표준을 그 과세기간의 다음 연도 5월 1일부터 5월 31일까지(성실신고확인대상사업자가 성실신고확인서를 제출하는 경우에는 6월 30일까지) 납세지 관할 세무서장에게 신고하여야 한다.

④ 거주자가 사망한 경우 그 상속인은 그 상속개시일이 속하는 달의 말일부터 3개월이 되는 날(이 기간 중 상속인이 출국하는 경우에는 출국일 전날)까지 사망일이 속하는 과세기간에 대한 그 거주자의 과세표준을 납세지 관할 세무서장에게 신고하여야 한다.

기출처 **2017 국가직 9급**

LINK 세법2 435, 487~488p 오진다 490, 508p

난이도 ●●○○○ 출제 가능 지수 ●●●○○

해설

거주자가 사망한 경우 그 상속인은 그 상속개시일이 속하는 달의 말일부터 **6개월**이 되는 날(이 기간 중 상속인이 출국하는 경우에는 출국일 전날)까지 사망일이 속하는 과세기간에 대한 그 거주자의 과세표준을 납세지 관할 세무서장에게 신고하여야 한다.

정답 ④

05

「소득세법」상 성실신고확인제도에 대한 설명으로 옳지 않은 것은?

① 성실신고확인대상사업자가 성실신고확인서를 제출하는 경우에는 종합소득세과세표준 확정신고를 그 과세기간의 다음 연도 5월 1일부터 6월 30일까지 하여야 한다.

② 세무사가 성실신고확인대상사업자에 해당하는 경우에는 자신의 사업소득금액의 적정성에 대하여 해당 세무사가 성실신고확인서를 작성·제출해서는 아니된다.

③ 법률에 따라 비치·기록된 장부와 증명서류에 의하여 계산한 사업소득금액의 적정성을 세무사 등 법령으로 정하는 자가 확인하고 작성한 확인서를 납세지 관할 세무서장에게 제출하여야 한다.

④ 성실신고확인비용에 대한 세액공제를 받은 성실신고확인대상자가 해당 과세연도의 사업소득금액을 과소 신고한 경우로서 그 과소 신고한 사업소득금액이 경정된 사업소득금액의 20% 이상인 경우에는 세액공제 받은 금액을 전액 추징한다.

기출처 **2014 국가직 9급 수정**

LINK 세법2 487, 489~490p 오진다 508~509p

난이도 ●●○○○ 출제 가능 지수 ●●●●○

해설

성실신고확인비용에 대한 세액공제를 받은 성실신고확인대상자가 해당 과세연도의 사업소득금액을 과소 신고한 경우로서 그 과소신고한 사업소득금액이 경정된 사업소득금액의 **10% 이상**인 경우에는 세액공제 받은 금액을 전액 추징한다.

정답 ④

01

비거주자의 국내원천소득에 해당하지 않는 것은?

① 국내에서 일정한 인적용역을 제공함으로써 발생하는 소득 (이 경우 그 인적용역을 제공받는 자가 인적용역의 제공과 관련하여 항공료 등 대통령령이 정하는 비용을 부담하는 경우에는 그 비용을 포함한 금액을 말한다)

② 비거주자로부터 받는 소득으로서 그 소득을 지급하는 비거주자의 국내사업장과 실질적으로 관련하여 그 국내사업장의 소득금액을 계산할 때 필요경비에 산입되는 것

③ 국내에 있는 부동산 또는 부동산상의 권리와 국내에서 취득한 광업권, 조광권, 지하수의 개발·이용권, 어업권, 토사석 채취에 관한 권리의 양도·임대, 그 밖에 운영으로 인하여 발생하는 소득

④ 국내에 있는 부동산 및 그 밖의 자산 또는 국내에서 경영하는 사업과 관련하여 받은 보험금, 보상금 또는 손해배상금

기출처 **2012 국가직 7급**

LINK (세법2) 251-252p (오진다) 399-400p

난이도 ●●●○○ 출제 가능 지수 ●●●●○

해설

국내에서 일정한 인적용역을 제공함으로써 발생하는 소득(이 경우 그 인적용역을 제공받는 자가 인적용역의 제공과 관련하여 항공료 등 대통령령이 정하는 비용을 부담하는 경우에는 그 비용을 **제외**한 금액을 말한다)은 비거주자의 국내원천소득에 해당한다. 정답 ①

02

「소득세법」상 비거주자의 국내사업장에 해당하는 것으로 옳지 않은 것은?

① 비거주자가 6월을 초과하여 존속하는 건축장소, 건설·조립·설치공사의 현장 또는 이와 관련되는 감독활동을 수행하는 장소

② 비거주자가 고용인을 통하여 용역을 제공하는 장소로서 용역의 제공이 계속되는 12월 기간 중 합계 6월을 초과하지 아니하는 경우로서 유사한 종류의 용역이 2년 이상 계속적·반복적으로 수행되는 장소

③ 비거주자가 자기의 자산을 타인으로 하여금 가공하게 하기 위하여만 사용하는 일정한 장소

④ 비거주자가 고용인을 통하여 용역을 제공하는 장소로서 용역의 제공이 계속되는 12월 기간 중 합계 6월을 초과하는 기간 동안 용역이 수행되는 장소

기출처 **2009 국가직 7급**

LINK (세법2) 254p (오진다) 400p

난이도 ●●●○○ 출제 가능 지수 ●●●●○

해설

비거주자가 자기의 자산을 타인으로 하여금 가공하게 하기 위하여만 사용하는 일정한 장소는 **국내사업장에 해당하지 않는다.**

[국내사업장에 해당되지 않는 장소]

㉠ 자산의 단순한 구입만을 위하여 사용하는 일정한 장소
㉡ 판매를 목적으로 하지 아니하는 자산의 저장이나 보관을 위하여 사용하는 일정한 장소
㉢ 광고, 선전, 정보의 수집 및 제공, 시장조사, 그 밖에 이와 유사한 활동만을 하기 위하여 사용하는 일정한 장소
㉣ 자기의 자산을 타인으로 하여금 가공하게 할 목적으로만 사용하는 장소

정답 ③

03

「소득세법」상 납세의무에 관한 설명으로 옳지 않은 것은?

① 거주자는 국내외소득에 대해 납세의무가 있지만 비거주자는 국내원천소득에 대해서만 납세의무가 있다.

② 국내사업장이 없는 비거주자가 이자소득과 배당소득을 얻은 경우 소득별로 분리과세된다.

③ 해당 과세기간종료일 10년 전부터 국내에 주소나 거소를 둔 기간이 5년 이하인 외국인 거주자의 국외원천소득은 국내에서 지급되거나 국내로 송금된 소득에 대하여만 과세한다.

④ 국내에 해당 자산의 양도일까지 계속하여 3년간 주소 또는 거소를 둔 자의 국외에 있는 자산의 양도에 대한 양도소득은 거주자의 국외원천소득으로 보아 과세한다.

기출처 2009 국가직 9급

LINK 세법2 296, 477, 496p   오진다 426, 505-506, 511p

난이도 ●●○○○   출제 가능 지수 ●●●○○

해설

국내에 해당 자산의 양도일까지 계속하여 **5년 이상** 주소 또는 거소를 둔 자의 국외에 있는 자산의 양도에 대한 양도소득은 거주자의 국외원천소득으로 보아 과세한다.   정답 ④

제 7 편

상속세 및 증여세법

01

상속세

01 재산의 이전에 대한 과세체계

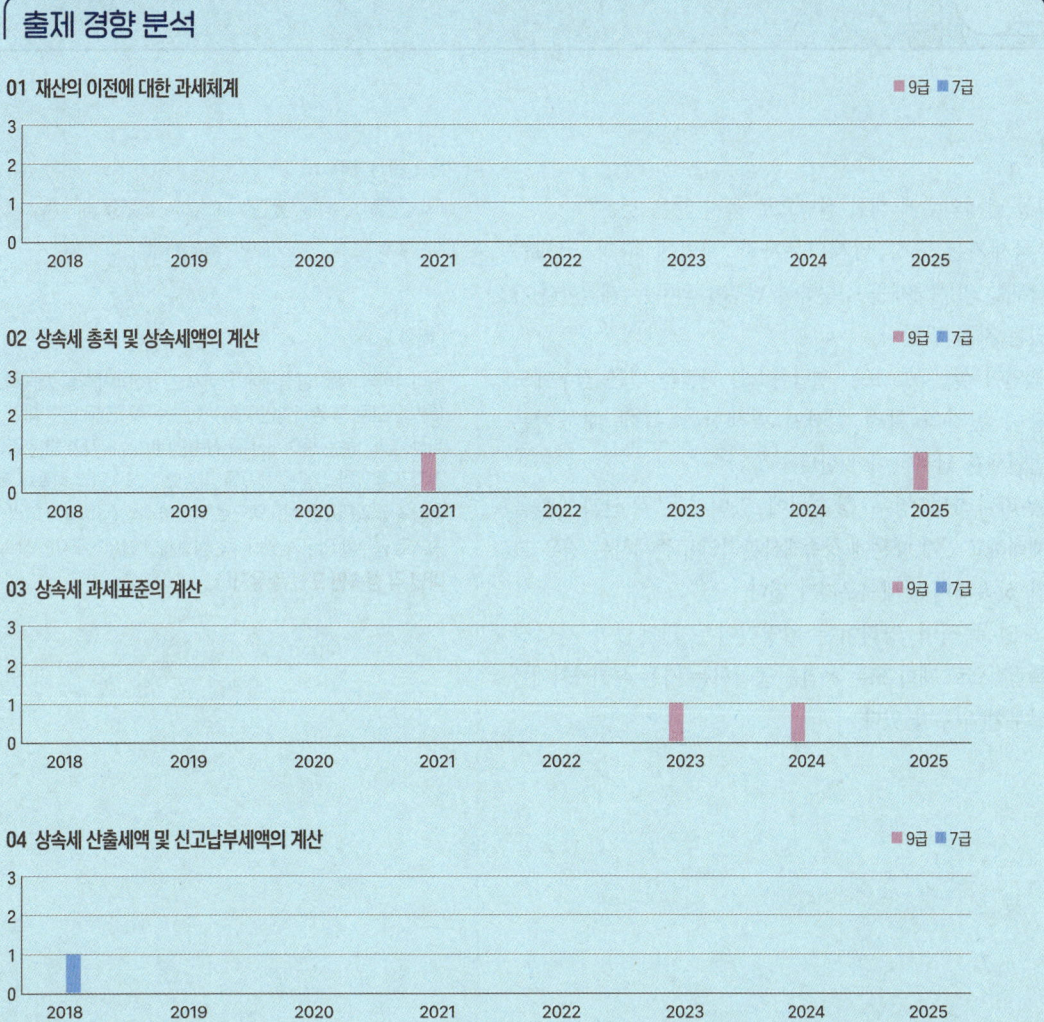

02 상속세 총칙 및 상속세액의 계산

03 상속세 과세표준의 계산

04 상속세 산출세액 및 신고납부세액의 계산

기출 분석

공무원 시험에서의 「상속세 및 증여세법」은 일반적으로 격년으로 1문항 정도 출제됩니다. 대부분의 문제가 증여세보다는 상속세에서 출제가 되며, 2025년 9급 시험에서는 상속재산에 대한 기본적인 내용이 출제되었습니다. 계산형 문제가 아닌 상속세의 과세 여부를 판단하는 일반 규정 위주로 출제되므로 기출된 지문들을 중심으로 큰 틀에서 정리하시면 됩니다.

01 재산의 이전에 대한 과세체계

01

세법상 납세의무에 대한 설명으로 옳지 않은 것은?

① 「국세기본법」상 납세의무자란 세법에 따라 국세를 납부할 의무(국세를 징수하여 납부할 의무는 제외한다)가 있는 자를 말한다.

② 법인이 설립무효 또는 설립취소의 판결을 받은 경우에도 당해 판결의 확정 시까지 발생한 소득에 대하여는 법인세를 납부하여야 한다.

③ 우리나라의 경우 상속세에 있어서는 유산과세형을 채택하고 있기 때문에 상속재산관리인이 존재하는 경우 그가 상속세의 납세의무자가 된다.

④ 사업 목적이 영리이든 비영리이든 관계없이 사업상 독립적으로 재화 또는 용역을 공급하는 자는 부가가치세를 납부할 의무가 있다.

기출처 2014 국가직 7급

LINK 세법1 25, 269p 세법2 24, 503p 오진다 15, 162, 286, 514p

난이도 ●●●○○ 출제 가능 지수 ●●●○○

해설

우리나라의 경우 상속세에 있어서는 유산과세형을 채택하고 있으나 상속인(특별연고자 중 영리법인 제외) 또는 수유자(영리법인 제외)가 상속재산(상속재산에 가산하는 증여재산 중 상속인이나 수유자가 받은 증여재산을 포함) 중 각자가 받았거나 받을 재산을 기준으로 상속인별 상속세 과세표준 상당액을 총상속세 과세표준 상당액으로 나누어 계산한 비율에 따라 계산한 금액을 상속세로 납부할 의무가 있다. 즉, 상속세의 납세의무자는 **상속재산관리인 등이 아닌 각 상속인 또는 수유자**다.　　　　　　　　　　정답 ③

02 상속세 총칙 및 상속세액의 계산

2-01

「상속세 및 증여세법」상 상속재산에 대한 설명으로 옳지 않은 것은?

① 상속세가 부과되는 재산의 가액은 상속개시일 현재의 시가에 따르는 것이므로 상속재산의 가액에 가산하는 증여재산의 가액은 상속개시일 현재의 시가에 따른다.

② 피상속인이 신탁으로 인하여 타인으로부터 신탁의 이익을 받을 권리를 소유하고 있는 경우에는 그 이익에 상당하는 가액을 상속재산에 포함한다.

③ 피상속인의 사망으로 인하여 받는 생명보험의 보험금으로서 피상속인이 보험계약자인 보험계약에 의하여 받는 것은 상속 재산으로 본다.

④ 피상속인의 사망으로 인하여 「국민연금법」에 따라 지급되는 유족연금은 상속재산으로 보지 아니한다.

기출처 **2025 국가직 9급**
LINK 세법2 507-508, 511p 오진다 518-519p
난이도 ●●○○○ 출제 가능 지수 ●●●○○

해설

① 상속세가 부과되는 재산의 가액은 상속개시일 현재의 시가에 따르는 것이나, 상속재산의 가액에 가산하는 증여재산의 가액은 **증여일** 현재의 시가에 따른다.

정답 ①

01

「상속세 및 증여세법」상 상속재산에 대한 설명으로 옳지 않은 것은?

① 「국민연금법」에 따라 지급되는 유족연금은 상속재산으로 본다.

② 피상속인이 신탁으로 인하여 타인으로부터 신탁의 이익을 받을 권리를 소유하고 있는 경우에는 그 이익에 상당하는 가액을 상속재산에 포함한다.

③ 피상속인의 사망으로 인하여 받는 생명보험의 보험금으로서 피상속인이 보험계약자인 보험계약에 의하여 받는 것은 상속재산으로 본다.

④ 수익자연속신탁의 수익자가 사망함으로써 타인이 새로 신탁의 수익권을 취득하는 경우 그 타인이 취득한 신탁의 이익을 받을 권리의 가액은 사망한 수익자의 상속재산에 포함한다.

기출처 **2021 국가직 9급**
LINK 세법2 507-508p 오진다 518p
난이도 ●●○○○ 출제 가능 지수 ●●●●○

해설

「국민연금법」에 따라 지급되는 유족연금은 상속재산으로 **보지 않는다**.

[퇴직금 등의 상속]

상속재산으로 보는 퇴직금 등	상속재산으로 보지 않는 퇴직금 등
피상속인에게 지급될 퇴직금, 퇴직수당·공로금·연금 또는 이에 유사한 것	① 「국민연금법」·「공무원연금법」·「사립학교교원연금법」·「군인연금법」·「전직대통령 예우에 관한 법률」·「별정우체국법」에 따라 지급되는 유족연금·유족보상금·유족일시금 등 ⓛ 「산업재해보상보험법」에 따라 지급되는 유족보상연금·유족보상일시금 또는 유족특별급여 ⓒ 근로자의 업무상 사망으로 인하여 「근로기준법」 등을 준용하여 사업자가 해당 근로자의 유족에게 지급하는 유족보상금 또는 재해보상금과 그 밖에 이와 유사한 것

정답 ①

02

「상속세 및 증여세법」상 거주자인 피상속인의 사망으로 상속이 개시되는 경우 상속재산에 대한 설명으로 옳지 않은 것은?

① 「공무원연금법」 또는 「사립학교교직원 연금법」에 따라 지급되는 유족연금, 유족연금부가금, 유족연금일시금, 유족일시금 또는 유족보상금은 상속재산으로 보지 아니한다.

② 상속개시일 전 8년 전에 피상속인이 상속인에게 증여한 재산가액은 상속개시 당시의 시가로 평가하여 상속재산에 가산한다.

③ 피상속인이 신탁으로 인하여 타인으로부터 신탁의 이익을 받을 권리를 소유하고 있는 경우에는 그 이익에 상당하는 가액을 상속재산에 포함한다.

④ 피상속인의 사망으로 인하여 받는 생명보험 또는 손해보험의 보험금으로서 피상속인이 보험계약자인 보험계약(피상속인이 사망 시까지 보험료 전액을 납입함)에 의하여 받는 것은 상속재산으로 본다.

기출처 **2017 국가직 7급**
LINK 세법2 507~508, 511p   오진다 518~519p
난이도 ●●○○○ 출제 가능 지수 ●●●●○

해설

피상속인이 상속개시일 전 10년 이내에 상속인에게 증여한 재산가액이 있는 경우 그 증여재산가액은 상속재산의 가액에 가산한다. 상속개시일 전 8년 전에 피상속인이 상속인에게 재산을 증여하였으므로, 해당 증여재산가액은 상속재산가액에 가산하는데 이때 가산하는 증여재산가액은 **증여 당시의 현황에 의하여** 평가한다. 즉, 상속재산의 가액에 가산하는 증여재산의 가액은 **증여일 현재의 시가**에 따른다.

[상속재산의 가액에 가산하는 증여재산가액]

상속인에게 증여한 경우	상속개시일 전 10년 이내에 증여한 재산가액
상속인이 아닌 자에게 증여한 경우	상속개시일 전 5년 이내에 증여한 재산가액

[상속세 과세가액에 가산하지 않는 증여재산가액]

㉠ 증여세가 비과세되는 증여재산가액
㉡ 증여세과세가액에 불산입되는 증여재산가액
㉢ 합산배제증여재산가액
   ⓐ 재산 취득 후 해당 자산의 가치가 증가하는 경우
   ⓑ 전환사채 등의 주식전환이익
   ⓒ 전환사채 등을 특수관계인에게 양도하며 양도인이 얻는 이익
   ⓓ 주식의 상장 등에 따른 이익, 합병에 따른 상장 등 이익
   ⓔ 재산 취득 후 재산가치 증가에 따른 이익의 증여
   ⓕ 재산 취득자금 등의 증여 추정
   ⓖ 명의신탁재산의 증여의제, 특수관계법인과의 거래를 통한 이익의 증여의제
   ⓗ 특수관계법인으로부터 제공받은 사업기회로 발생한 이익의 증여의제

정답 ②

03

상속세 과세가액을 계산할 때 가산(또는 산입)하지 않는 것은? (단, 피상속인과 상속인 모두 거주자이며, 증여재산은 「상속세 및 증여세법」상 비과세, 과세가액불산입 및 합산배제증여재산에 해당하지 아니함)

① 피상속인이 상속개시일 8년 전에 상속인에게 증여한 재산가액
② 피상속인이 상속개시일 4년 전에 상속인이 아닌 자에게 증여한 재산가액
③ 피상속인이 상속개시일 6개월 전에 토지를 처분하고 받은 금액 3억원의 용도가 객관적으로 명백하지 아니한 경우 그 금액
④ 피상속인이 상속개시일 1년 6개월 전에 부담한 금융회사에 대한 채무 4억원의 용도가 객관적으로 명백하지 아니한 경우 그 금액

기출처 2016 국가직 9급

LINK 세법2 508, 511p   오진다 518-519p

난이도 ●●●●●   출제 가능 지수 ●●●●○

해설

① 피상속인이 상속개시일 10년 전에 상속인에게 증여한 재산가액이므로 가산한다.
② 피상속인이 상속개시일 5년 전에 상속인이 아닌 자에게 증여한 재산가액이므로 가산한다.
③ 피상속인이 토지를 처분하여 받은 금액 중 용도가 객관적으로 명백하지 아니한 금액이 상속개시일 전 1년 이내에 재산종류별로 계산하여 2억원 이상인 경우이므로 이를 상속받은 것으로 추정하여 상속세 과세가액에 산입한다.
④ 피상속인이 부담한 채무를 합친 금액 중 용도가 객관적으로 명백하지 아니한 금액이 상속개시일 전 2년 이내에 5억원 미만인 경우이므로 이를 상속받은 것으로 추정하여 **상속세 과세가액에 산입하지 않는다**.

[상속받은 것으로 추정]

⊙ 재산처분·인출	피상속인이 재산을 처분하여 받은 금액이나 피상속인의 재산에서 인출한 금액이 다음 어느 하나에 해당하는 경우로서 용도가 객관적으로 명백하지 아니한 경우
	ⓐ 상속개시일 전 1년 이내에 재산종류별로 계산하여 2억원 이상인 경우
	ⓑ 상속개시일 전 2년 이내에 재산종류별로 계산하여 5억원 이상인 경우
ⓛ 채무부담	피상속인이 부담한 채무를 합친 금액이 다음 어느 하나에 해당하는 경우로서 용도가 객관적으로 명백하지 아니한 경우
	ⓐ 상속개시일 전 **1년 이내**에 **2억원 이상**인 경우
	ⓑ 상속개시일 전 **2년 이내**에 **5억원 이상**인 경우
ⓒ 가공채무	피상속인이 국가·지방자치단체 및 금융회사 등이 아닌 자에 대하여 부담한 채무로서 서류 등에 의하여 상속인이 변제할 의무가 없는 것으로 추정되는 경우

정답 ④

04

「상속세 및 증여세법」상 상속세에 관한 설명으로 옳지 않은 것은?

① 상속인 또는 수유자는 각자가 받았거나 받을 재산을 한도로 연대하여 상속세를 납부할 의무를 진다.

② 피상속인이 신탁한 재산은 상속재산으로 보지만, 타인이 신탁의 이익을 받을 권리를 소유하고 있는 경우 그 이익에 상당하는 가액은 상속재산으로 보지 아니한다.

③ 상속개시일 전 10년 이내에 피상속인이 상속인이 아닌 자에게 진 증여채무는 상속재산의 가액에서 빼지 아니한다.

④ 피상속인의 사망으로 인하여 받는 생명보험의 보험금으로서 피상속인이 보험계약자인 보험계약에 의하여 받는 것은 상속 재산으로 본다.

기출처 2013 국가직 9급
LINK 세법2 504, 507, 511p 오진다 518-519p
난이도 ●●○○○ 출제 가능 지수 ●●●●○

해설

상속개시일 전 **5년** 이내에 피상속인이 상속인이 아닌 자에게 진 증여채무는 상속재산의 가액에서 빼지 아니한다.　　　　　　정답 ③

05

「상속세 및 증여세법」상 상속세의 과세대상 및 납세의무에 관한 설명으로 옳은 것은?

① 상속재산에는 피상속인의 일신에 전속하는 것으로서 피상속인의 사망으로 인하여 소멸되는 것도 포함된다.

② 피상속인의 사망으로 인하여 지급받는 생명보험의 보험금으로서 피상속인이 보험계약자인 보험계약에 의하여 지급받는 것은 상속재산에서 제외된다.

③ 수유자가 영리법인인 경우에는 상속세를 납부할 의무가 있다.

④ 비거주자가 사망한 경우에는 상속개시일 현재 국내에 있는 비거주자의 모든 상속재산에 대하여 상속세를 부과한다.

기출처 2010 국가직 9급
LINK 세법2 504, 507p 오진다 515-516, 518p
난이도 ●●○○○ 출제 가능 지수 ●●●○○

해설

① 상속재산에는 피상속인의 일신에 전속하는 것으로서 피상속인의 사망으로 인하여 소멸되는 것은 **제외**된다.

② 피상속인의 사망으로 인하여 지급받는 생명보험의 보험금으로서 피상속인이 보험계약자인 보험계약에 의하여 지급받는 것은 상속재산에서 **포함**된다.

③ 수유자가 영리법인인 경우에는 상속세를 납부할 의무가 **없다**.　　정답 ④

03 상속세 과세표준의 계산

3-01

「상속세 및 증여세법」상 거주자의 사망으로 상속이 개시된 경우 상속세 과세표준에 대한 설명으로 옳지 않은 것은? (단, 공제 적용의 한도와 피상속인의 배우자가 단독으로 상속받는 경우는 고려하지 아니한다)

① 「상속세 및 증여세법」 제67조 또는 「국세기본법」 제45조의3에 따른 신고가 없는 경우에는 상속세 과세가액에서 5억 원을 공제한다.

② 「정당법」에 따른 정당에 유증(遺贈)등을 한 재산에 대해서는 상속세를 부과하지 아니한다.

③ 상속세의 과세표준이 50만 원 미만이면 상속세를 부과하지 아니한다.

④ 상속개시일 전 10년 이내에 피상속인이 상속인에게 진 증여채무는 상속재산의 가액에서 뺀다.

기출처 2024 국가직 9급
LINK 세법2 505, 509, 511, 513p 오진다 517, 519-520p
난이도 ●●●●○ 출제 가능 지수 ●●●○○

해설

④ 피상속인이 진 다음의 증여채무는 채무로서 **공제하지 아니한다.**

㉠ **상속개시일 전 10년 이내에 상속인에게 진 증여채무**
㉡ 상속개시일 전 5년 이내에 상속인 이외의 자에게 진 증여채무

정답 ④

01

「상속세 및 증여세법」상 거주자의 사망으로 상속이 개시되는 경우 상속공제에 대한 설명으로 옳은 것만을 모두 고르면?

ㄱ. 배우자가 실제 상속받은 금액이 없거나 상속받은 금액이 5억원 미만이면 5억원을 공제한다.
ㄴ. 상속개시일 현재 상속재산가액 중 순금융재산의 가액이 2천만원인 경우에는 2천만원을 상속세 과세가액에서 공제한다.
ㄷ. 상속인(배우자는 제외한다) 및 동거가족 중 미성년자에 대해서는 2천만원에 19세가 될 때까지의 연수를 곱하여 계산한 금액을 상속세 과세가액에서 공제한다.
ㄹ. 법령의 요건을 모두 갖춘 경우에는 상속주택가액의 100분의 100에 상당하는 금액을 상속세 과세가액에서 공제하되, 그 공제할 금액은 5억원을 한도로 한다.

① ㄱ ② ㄱ, ㄴ ③ ㄷ, ㄹ ④ ㄴ, ㄷ, ㄹ

기출처 2023 국가직 9급
LINK 세법2 512-513, 517-518p 오진다 520-521p
난이도 ●●●●○ 출제 가능 지수 ●●●●○

해설

ㄷ. 상속인(배우자는 제외한다) 및 동거가족 중 미성년자에 대해서는 **1천만원**에 19세가 될 때까지의 연수를 곱하여 계산한 금액을 상속세 과세가액에서 공제한다.

ㄹ. 법령의 요건을 모두 갖춘 경우에는 상속주택가액의 100분의 100에 상당하는 금액을 상속세 과세가액에서 공제하되, 그 공제할 금액은 **6억원**을 한도로 한다.

정답 ②

02

「상속세 및 증여세법」상 상속공제에 관한 설명으로 옳지 않은 것은?

① 부와 모가 동시에 사망하였을 경우 상속세의 과세는 부와 모의 상속재산에 대하여 각각 개별로 계산하여 과세하며, 이 경우 배우자상속공제는 적용되지 아니한다.

② 상속인 및 동거가족 중 장애인에 대해서는 장애인 1명당 1,000만원에 기대여명(「통계법」에 따라 통계청장이 승인하여 고시하는 통계표상의 기대여명)의 연수를 곱하여 계산한 금액을 공제한다.

③ 피상속인의 배우자가 단독으로 상속받는 경우에는 기초공제와 그 밖의 인적공제액을 합친 금액으로만 공제하며, 일괄공제는 선택할 수 없다.

④ 인적공제 대상자가 상속인으로서 상속을 포기한 경우라면 그 상속포기인에 대하여는 인적공제를 적용하지 않는다.

기출처 2014 국가직 7급

LINK 세법2 512-514p 오진다 520-521p

난이도 ●●○○○ 출제가능지수 ●●●○○

해설

인적공제 대상자가 상속인으로서 상속을 포기한 경우라도 그 상속포기인에 대하여 인적공제를 **적용한다**.

[기본통칙 20 - 18…②]

인적공제는 공제요건에 해당하는 자가 상속의 포기 등으로 상속을 받지 아니하는 경우에도 적용한다(상증통 20-18…②).

정답 ④

04 상속세 산출세액 및 신고납부세액의 계산

01

「상속세 및 증여세법령」상 상속세에 대한 설명으로 옳지 않은 것은?

① 거주자의 사망으로 상속이 개시되어 배우자가 실제 상속받은 금액이 있는 경우 배우자 상속공제는 최고 30억원 한도로 상속세 과세가액에서 공제한다.

② 상속인(대습상속인이 아님)이 피상속인의 자녀를 제외한 직계비속이며 성년인 경우는 상속세 산출세액에 상속재산(상속재산에 가산한 증여재산 중 상속인이 받은 증여재산을 포함) 중 그 상속인이 받았거나 받을 재산이 차지하는 비율을 곱하여 계산한 금액의 100분의 30에 상당하는 금액을 가산한다.

③ 상속세 신고납부를 위하여 상속재산을 「감정평가 및 감정평가사에 관한 법률」 제2조제4호에 따른 감정평가법인 등에게 평가를 받아 그 평가수수료를 상속세 과세가액에서 공제받을 수 있는 경우에는 500만원을 한도로 한다.

④ 거주자의 사망으로 상속이 개시되는 경우로서 자녀(태아를 포함) 1명에 대해서는 3천만원을 상속세 과세가액에서 공제한다.

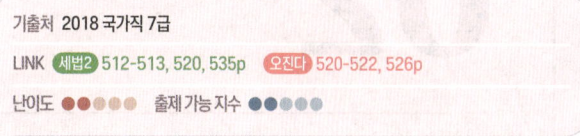

기출처 **2018 국가직 7급**

LINK 세법2 512-513, 520, 535p   오진다 520-522, 526p

난이도 ●●○○○   출제 가능 지수 ●●○○○

해설

거주자의 사망으로 상속이 개시되는 경우 **자녀(태아를 포함) 1명에 대해서는 5천만원**을 상속세과세가액에서 공제한다.   정답 ④

02

증여세

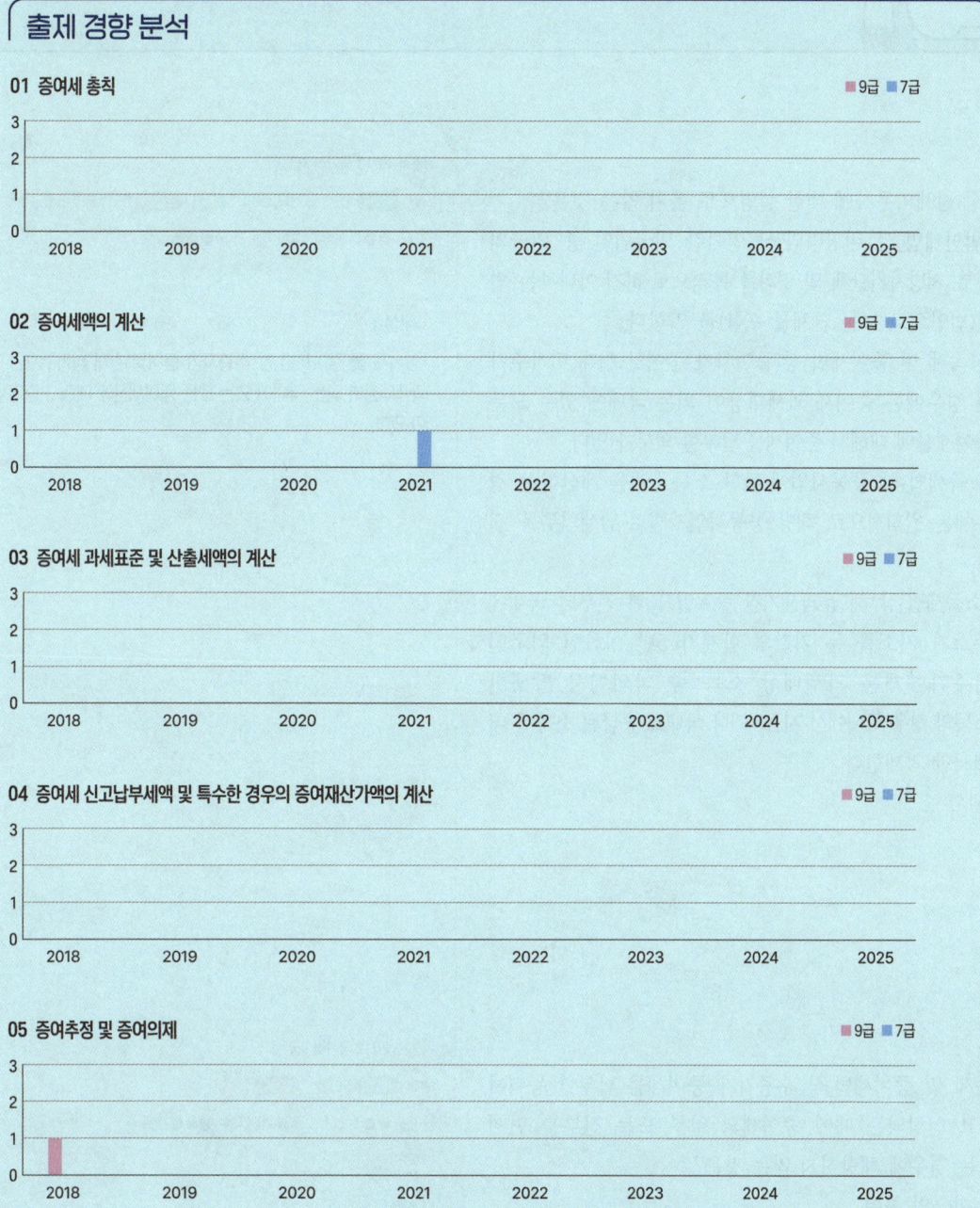

01 증여세 총칙

■9급 ■7급

02 증여세액의 계산

■9급 ■7급

03 증여세 과세표준 및 산출세액의 계산

■9급 ■7급

04 증여세 신고납부세액 및 특수한 경우의 증여재산가액의 계산

■9급 ■7급

05 증여추정 및 증여의제

■9급 ■7급

기출 분석

공무원 시험에서 '증여세' 파트에서는 최근 거의 출제되지 않고 있습니다. 1문항 정도가 상속세와 증여세에서 출제될 때 주로 상속세에서 출제되어 왔습니다. 또한 증여세 단독의 문제보다는 상속세와 증여세의 통합 규정을 묻는 문제가 대부분이었습니다. 기출문제를 중심으로 정리하시면 됩니다.

01 증여세 총칙

01

세법상 납세의무자에 대한 설명으로 옳지 않은 것은?

① 「법인세법」상 비영리외국법인이란 외국법인 중 외국의 정부·지방자치단체 및 영리를 목적으로 하지 아니하는 법인(법인으로 보는 단체를 포함)을 말한다.

② 「상속세 및 증여세법」상 증여자가 증여일 현재 비거주자인 경우에는 증여세 과세대상이 되는 국내에 있는 모든 증여재산에 대해서 증여세를 납부할 의무가 있다.

③ 「소득세법」상 공동사업에 관한 소득금액을 계산하는 경우에는 원칙적으로 해당 공동사업자별로 납세의무를 진다.

④ 「소득세법」상 해당 과세기간 종료일 10년 전부터 국내에 주소가 거소를 둔 기간의 합계가 5년 이하인 외국인 거주자에게는 과세대상 소득 중 국외에서 발생한 소득의 경우 국내에서 지급되거나 국내로 송금된 소득에 대해서만 과세한다.

기출처 **2013 국가직 7급**
LINK 세법2 15-16, 296, 299, 526p 오진다 281, 428, 515p
난이도 ●●○○○ 출제 가능 지수 ●●●○○

해설

「상속세 및 증여세법」상 **수증자**가 증여일 현재 비거주자인 경우에는 증여세 과세대상이 되는 국내에 있는 모든 증여재산에 대해서 증여세를 납부할 의무가 있다.

정답 ②

02

「상속세 및 증여세법」상 수증자가 증여세를 납부할 능력이 없다고 인정되는 때에 증여세의 일부 또는 전부를 면제해주는 경우에 해당하지 않는 것은?

① 보험금의 증여

② 저가양수·고가양도에 따른 이익의 증여

③ 채무면제에 따른 증여

④ 부동산 무상사용에 따른 이익의 증여

기출처 **2012 국가직 9급**
LINK 세법2 527p 오진다 523p
난이도 ●●●●● 출제 가능 지수 ●●●○○

해설

보험금의 증여는 수증자가 증여세를 납부할 능력이 없다고 인정되는 때에 증여세의 일부 또는 전부를 면제해주는 경우에 **해당하지 않는다.**

[수증자의 자력상실 시 증여세 면제]

㉠ 저가양수·고가양도에 따른 이익의 증여
㉡ 채무면제 등에 따른 이익의 증여
㉢ 부동산 무상사용에 따른 이익의 증여
㉣ 금전무상대부 등에 따른 이익의 증여

정답 ①

03

다음은 상속세 및 증여세에 대한 설명이다. 옳지 않은 것은?

① 증여세는 취득과세형 과세방식을 취하고 있다.

② 상속인이 비거주자인 경우에는 국내에 소재하는 상속재산에 한하여 상속세를 부과한다.

③ 유증이나 사인증여에 의해 재산을 취득하는 자는 상속세의 납부의무가 있다.

④ 유산과세형 방식의 상속세는 피상속인의 주소지가 관할세무서이며, 취득과세형 방식의 증여세는 각 수증자의 주소지가 관할세무서이다.

기출처 2009 지방직 9급

LINK 세법2 502-505, 528p   오진다 514-516p

난이도 ●●●○○   출제가능지수 ●●○○○

해설

피상속인이 비거주자인 경우에는 국내에 소재하는 상속재산에 한하여 상속세를 부과한다.

[상속세 및 증여세 관할세무서]

상속세	상속개시지가 국내인 경우	**피상속인**의 주소지 (주소지가 없거나 분명하지 아니한 경우에는 거소지)
	상속개시지가 국외인 경우	**상속재산** 소재지 (상속재산이 둘 이상의 세무서장 등의 관할구역에 있을 경우에는 주된 재산의 소재지)
증여세	원칙	**수증자**의 주소지 (주소지가 없거나 분명하지 아니한 경우에는 거소지)
	예외	다음의 경우 **증여자**의 주소지 ㉠ 수증자가 비거주자인 경우 ㉡ 수증자의 주소 및 거소가 분명하지 아니한 경우 ㉢ 명의신탁재산의 증여의제 규정에 따라 재산을 증여한 것으로 보는 경우

정답 ②

04

세목별 납세의무자에 대한 예시로 옳지 않은 것은?

① 증여세: 증여자

② 소득세: 거주자가 아닌 자로서 국내원천소득이 있는 개인

③ 법인세: 국내원천소득이 있는 외국법인

④ 부가가치세: 사업상 독립적으로 재화 또는 용역을 공급하는 자

기출처 2007 국가직 9급

LINK 세법1 269p   세법2 15, 296, 526p   오진다 162, 281, 426, 523p

난이도 ●●●○○   출제가능지수 ●●●○○

해설

증여세의 납세의무자는 원칙적으로 증여자가 아닌 **수증자**이다. 단, 수증자가 다음 중 어느 하나에 해당하는 경우 증여자는 수증자가 납부할 증여세를 연대하여 납부할 의무가 있다(「상증법」 4의2 ⑥).

㉠ 수증자의 주소나 거소가 분명하지 아니한 경우로서 증여세에 대한 조세채권을 확보하기 곤란한 경우

㉡ 수증자가 증여세를 납부할 능력이 없다고 인정되는 경우로서 강제징수를 하여도 증여세에 대한 조세채권을 확보하기 곤란한 경우

㉢ 수증자가 비거주자인 경우

정답 ①

02 증여세액의 계산

01

부담부증여에 대한 설명으로 옳지 않은 것은?

① 부담부증여 시 수증자가 부담하는 채무액에 해당하는 부분은 양도로 본다.

② 직계존비속 간의 부담부증여의 경우 인수되는 채무가 국가 및 지방자치단체에 대한 채무라 하더라도 그 채무액은 수증자에게 인수되지 않는 것으로 추정한다.

③ 부담부증여 시 수증자의 증여세 과세가액은 증여일 현재 「상속세 및 증여세법」에 따른 증여재산가액(합산배제증여재산의 가액은 제외)을 합친 금액에서 그 증여재산에 담보된 채무로서 수증자가 인수한 금액을 뺀 금액으로 한다.

④ 부담부증여의 채무액에 해당하는 부분으로서 양도로 보는 경우 그 양도일이 속하는 달의 말일부터 3개월 내에 양도소득과세표준을 납세지 관할 세무서장에게 신고하여야 한다.

기출처 **2021 국가직 7급**

LINK 세법2 475, 478, 533p 오진다 494, 505, 525p

난이도 ●●●●○ 출제 가능 지수 ●●●○○

해설

직계존비속 간의 부담부증여의 경우 인수되는 채무가 국가 및 지방자치단체에 대한 채무라면 그 채무액은 수증자에게 **인수되는 것으로 본다**.

[부담부증여 시 과세문제]

채무인수액	유상양도로 보아 양도소득세를 '양도자'에게 과세 → 「소득세법」
위 외의 부분	무상양도로 보아 증여세를 '수증자'에게 과세 → 「상속세 및 증여세법」

[배우자 간 또는 직계존비속 간의 부담부증여 시 인수한 채무액을 인정하는 경우]

채무액이 다음 중 어느 하나에 따라 증명되는 경우 채무의 인수를 인정한다.
㉠ 국가·지방자치단체 및 금융회사등에 대한 채무는 해당 기관에 대한 채무임을 확인할 수 있는 서류
㉡ 위 ㉠ 외의 자에 대한 채무는 채무부담계약서, 채권자확인서, 담보설정 및 이자지급에 관한 증빙 등에 의하여 그 사실을 확인할 수 있는 서류

정답 ②

02

거주자 甲은 아들인 거주자 乙에게 2023년 4월 20일 소유하던 상가를 증여하였으며, 乙은 증여세 과세표준을 신고하지 아니하였다. 이와 관련한 설명으로 옳은 것은 모두 몇 개인가? (단, 세무서장으로부터 과세표준과 세액을 결정받지 아니함)

> ㉠ 2023년 7월 25일 당사자 간의 합의에 따라 乙이 甲에게 상가를 반환하는 경우에는 처음부터 증여가 없었던 것으로 본다.
> ㉡ 2023년 10월 10일 乙이 甲에게 상가를 반환하는 경우에는 그 반환하는 상가에 대하여 증여세를 부과하지 아니한다.
> ㉢ 2023년 10월 15일 乙이 甲에게 상가를 다시 증여하는 경우에는 그 증여하는 상가에 대하여 증여세를 부과하지 아니한다.

① 0개   ② 1개
③ 2개   ④ 3개

기출처 2011 국가직 7급
LINK 세법2 531p 오진다 524p
난이도 ●●●●○ 출제 가능 지수 ●●○○○

해설

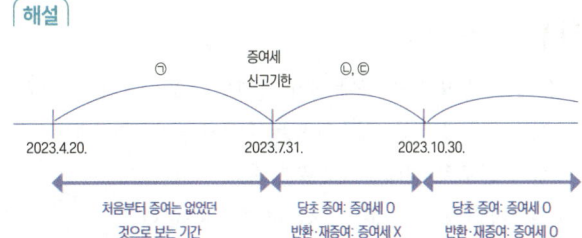

거주자 甲이 아들인 거주자 乙에게 소유하던 상가를 증여한 날이 2023년 4월 20일이므로 증여세 신고기한은 증여일이 속한 달의 말일부터 3개월인 2023년 7월 31일까지이다.

㉠ 수증자가 증여재산(금전은 제외)을 당사자 간의 합의에 따라 증여세 과세표준 신고기한 이내에 증여자에게 반환하는 경우에는 처음부터 증여가 없었던 것으로 본다(다만, 반환하기 전에 과세표준과 세액을 결정받은 경우에는 그러하지 아니하다). 즉 당초 증여와 반환 모두 증여세 과세 대상이 아니다.

㉡, ㉢ 증여세 신고기한이 지난 후 3개월 이내에 증여자에게 반환하거나 증여자에게 다시 증여하는 경우에는 그 반환하거나 다시 증여하는 것에 대해서는 증여세를 부과하지 아니한다.   정답 ④

03 증여세 과세표준 및 산출세액의 계산

01

다음 상속세 및 증여세에 대한 설명으로 옳지 않은 것은?

① 상속세에 대해서는 상속인 또는 수유자가 받았거나 받을 재산을 한도로 연대납세의무를 진다.

② 우리나라의 상속세는 유산과세형 체계이다.

③ 상속세와 증여세의 세율은 서로 같다.

④ 수증자가 영리법인인 경우에는 해당 영리법인도 증여세의 납세의무자가 된다.

기출처 **2009 지방직 9급**

LINK 세법2 503-504, 526, 537p   오진다 514, 516, 522, 526p

난이도 ●●●●●   출제 가능 지수 ●●●●●

해설

영리법인의 경우에는 증여받은 재산가액을 익금으로 보아 각사업연도에 대한 법인세로 과세된다. 따라서 수증자가 영리법인인 경우에는 해당 영리법인은 **증여세의 납세의무가 없다**.

[상속세 및 증여세 세율]

1억원 이하	과세표준의 10%
1억원 초과 5억원 이하	1천만원 + 1억원을 초과하는 금액의 20%
5억원 초과 10억원 이하	9천만원 + 5억원을 초과하는 금액의 30%
10억원 초과 30억원 이하	2억 4천만원 + 10억원을 초과하는 금액의 40%
30억원 초과	10억 4천만원 + 30억원을 초과하는 금액의 50%

정답 ④

04 증여세 신고납부세액 및 특수한 경우의 증여재산가액의 계산

01

증여세 납세의무가 없는 자는? (단, 증여일 현재 증여자, 수증자 모두 거주자이다)

① 특수관계자가 아닌 타인으로부터 2천만원의 채무를 면제받은 자

② 작은 아버지로부터 시가 1억원의 재산을 8천만원에 매입한 조카

③ 특수관계자가 아닌 타인이 계약하고 불입한 생명보험의 보험금(상속재산이 아님) 1억원을 수취한 자

④ 아버지의 상가건물을 무상 이용하여 무상사용이익 1억원(5년간 환산액임)을 얻은 딸

기출처 **2008 국가직 7급**

LINK **세법2** 507, 538-539p **오진다** 518, 529-530p

난이도 ●●●○○ 출제 가능 지수 ●●●○○

해설

① 채권자로부터 채무를 면제받거나 제3자로부터 채무의 인수 또는 변제를 받은 경우에는 그 면제·인수·변제로부터 받은 이익에서 그에 대한 보상액 지급액을 뺀 금액을 그 이익을 얻은 자의 증여재산가액으로 한다. 따라서, 2천만원에 대해 그 이익을 얻은 자가 **증여세 납세의무가 있다.**

② 특수관계인으로부터 재산을 시가보다 낮은 가액으로 양수하거나 특수관계인에게 재산을 시가보다 높은 가액으로 양도한 경우로서 시가와 대가와의 차액이 시가의 30% 이상이거나 3억원 중 적은 금액 이상인 경우에는 그 초과하는 금액을 그 이익을 얻은 자의 증여재산가액으로 한다. 그러나 해당 거래의 경우, 특수관계인인 작은 아버지로부터 시가(1억원)보다 낮은 가액(8천만원)으로 재산을 매입하였지만 그 차액이 3억원에 미달하면서 시가의 30%(3천만원)에도 미달하므로 **증여에 해당하지 않는다.**

③ 보험금 수령인과 보험료 납부자가 다른 경우로서 생명보험이나 손해보험에서 보험사고(만기보험금 지급의 경우를 포함)가 발생한 경우 보험금 수령인이 아닌 자가 납부한 보험료 납부액에 대한 보험금 상당액을 보험금 수령인의 증여재산가액으로 한다(「상증법」 34 ①). 따라서 특수관계자가 아닌 타인이 계약하고 불입한 생명보험의 보험금(상속재산이 아님) 1억원에 대해 수령인은 **증여세 납세의무가 있다.**

④ 타인의 부동산(그 부동산 소유자와 함께 거주하는 주택과 그에 딸린 토지는 제외)을 무상으로 사용함에 따라 이익을 얻는 경우 그 이익에 상당하는 금액을 부동산 무상사용자의 증여재산가액으로 한다. 따라서 아버지의 상가건물을 무상 이용하는 딸은 무상사용이익 1억원(5년간 환산액임)에 대해 **증여세 납세의무가 있다.**

[부당행위계산의 부인 거래]

특수관계인이 아닌 자 간의 거래	특수관계인 간의 거래
특수관계인이 아닌 자 간에 거래의 관행상 정당한 사유 없이 재산을 시가보다 현저히 낮은 가액으로 양수하거나 시가보다 현저히 높은 가액으로 양도한 경우로서 그 대가와 시가의 차액이 시가의 30% 이상인 경우에는 다음의 금액을 그 이익을 얻은 자의 증여재산가액으로 한다.	특수관계인으로부터 재산을 시가보다 낮은 가액으로 양수하거나 특수관계인에게 재산을 시가보다 높은 가액으로 양도한 경우로서 시가와 대가와의 차액이 시가의 30% 이상이거나 3억원 중 적은 금액 이상인 경우에는 다음의 금액을 그 이익을 얻은 자의 증여재산가액으로 한다.
증여재산가액 = 시가와 대가와의 차액 - 3억원	증여재산가액 = 시가와 대가와의 차액 - MIN[시가 × 30%, 3억원]

정답 ②

05 증여추정 및 증여의제

01

「상속세 및 증여세법」상 권리의 이전이나 그 행사에 등기 등이 필요한 재산의 명의신탁에 대해 증여의제과세를 하는 것과 관련한 설명으로 옳지 않은 것은?

① 토지와 건물의 명의신탁에 대해서는 증여의제과세를 하지 않는다.

② 비거주자가 법정대리인 또는 재산관리인의 명의로 등기 등을 한 경우에는 증여의제과세를 하지 않는다.

③ '조세회피'의 목적 없이 타인의 명의로 재산의 등기 등을 한 경우에는 증여의제과세를 하지 않는데, 이때 회피하려는 '조세'는 상속세와 증여세에 한한다.

④ 주식명의신탁에 대해 증여의제과세를 할 때 주주명부가 작성되지 아니하였다면 「법인세법」 제109조제1항 및 제119조에 따라 납세지 관할 세무서장에게 제출한 주주 등에 관한 서류 및 주식등변동상황명세서에 의하여 명의개서 여부를 판정한다.

02

「상속세 및 증여세법」상 증여추정에 대한 설명으로 옳지 않은 것은?

① 파산선고로 인하여 재산이 처분된 경우에는 배우자 또는 직계존비속에 대한 증여추정 규정을 적용하지 아니한다.

② 甲 소유의 빌딩을 「국세징수법」에 따른 공매를 통하여 甲의 자녀가 취득하는 경우 증여로 추정하지 않는다.

③ 미성년자인 거주자 甲이 20억원인 상가를 취득한 경우에 자금출처로 입증된 금액이 16억원인 경우 증여추정 대상금액은 2억원이다.

④ 특수관계인에게 양도한 재산을 그 특수관계인이 양수일부터 3년 이내에 당초 양도자의 배우자에게 다시 양도한 경우에는 증여로 추정될 수 있다.

기출처 **2018 국가직 9급**

LINK 세법2 545p   오진다 533p

난이도 ●●●●○   출제 가능 지수 ●●●○○

해설

'조세회피'의 목적 없이 타인의 명의로 재산의 등기 등을 한 경우에는 증여의제과세를 하지 않는데, 이때 회피하려는 '조세'는 상속세와 증여세를 포함한 **「국세기본법」에 따른 모든 국세 및 지방세와 「관세법」에 규정된 관세가 해당**된다.

[명의신탁재산의 증여의제 적용 배제]

㉠ 조세[*1] 회피의 목적 없이 타인의 명의로 재산의 등기 등을 하거나 소유권을 취득한 실제소유자 명의로 명의개서를 하지 않은 경우
㉡ 「자본시장과 금융투자업에 관한 법률」에 따른 신탁재산인 사실의 등기 등을 한 경우
㉢ 비거주자가 법정대리인 또는 재산관리인의 명의로 등기 등을 한 경우

*1 여기서 조세란, 국세, 지방세 및 관세를 포함함   정답 ③

기출처 **2016 국가직 7급**

LINK 세법2 543-544p   오진다 532-533p

난이도 ●●●○○   출제 가능 지수 ●●●●○

해설

재산 취득자의 직업, 연령, 소득 및 재산 상태 등으로 볼 때 재산을 자력으로 취득하였다고 인정하기 어려운 경우에는 그 재산을 취득한 때에 그 재산의 취득자금을 그 재산 취득자가 증여받은 것으로 추정하여 이를 그 재산 취득자의 증여재산가액으로 하는데 이를 재산취득자금 등의 증여추정이라 한다. 이때 입증되지 않은 금액이 취득재산의 가액 또는 채무의 상환금액의 20%에 상당하는 금액과 2억원 중 적은 금액에 미달하는 경우에는 증여추정으로 보지 않는다(상증령 34 ①).

판단기준금액 = MIN[㉠,㉡]
㉠ 취득재산의 가액 또는 채무의 상환액 × 20% = 20억원 × 20% = 4억원
㉡ 2억원

자금출처로 입증되지 않은 금액이 4억원이며 이는 위 산식에 따라 구한 판단기준금액 2억원 이상이므로, 증여추정대상금액은 **4억원**이다. 상속세의 추정상속재산 계산과는 달리 증여세의 경우 '입증되지 않은 금액'이 판단기준 금액 미만이 아니면 **'입증되지 않은 금액' 전액**을 추정증여재산으로 계산함을 주의한다.

정답 ③

03

증여세와 소득세의 상관관계에 대한 설명으로 옳지 않은 것은?

① 소득세의 과세대상인 소득의 개념을 순자산증가설로 이해하면 수증자산도 소득세의 과세대상이 될 수 있다.

② 「상속세 및 증여세법」은 기본적으로 수증자에게 증여세가 과세되는 경우에는 소득세를 부과하지 않도록 규정하고 있다.

③ 특수관계인에게 양도한 재산을 그 특수관계인(이하 "양수자"라 한다)이 양수일부터 3년 이내에 당초 양도자의 배우자 등에게 다시 양도한 경우에는 양수자가 그 재산을 양도한 당시의 재산가액을 그 배우자 등이 증여받은 것으로 추정하여 이를 배우자 등의 증여자산가액으로 한다. 다만, 당초 양도자 및 양수자가 부담한 「소득세법」에 따른 결정세액을 합친 금액이 그 배우자 등이 증여받은 것으로 추정할 경우의 증여세액보다 큰 경우에는 그러하지 아니하다.

④ 거주자가 양도일부터 소급하여 10년 이내에 그 배우자로부터 증여받은 토지를 양도한 경우에 양도차익을 계산함에 있어서 취득가액을 그 배우자의 취득가액으로 하여 계산할 수 있는 경우가 있는데, 이 경우 거주자가 증여받은 자산에 대하여 납부한 증여세는 그 거주자의 양도차익 계산에서 필요경비로 산입한다.

기출처 **2012 국가직 7급**

LINK 세법2 292-293, 473-474, 526, 543p 오진다 424, 502, 532p

난이도 ●●●●● 출제가능지수 ●●●●●

해설

증여재산에 대하여 수증자에게 **「소득세법」에 따른 소득세 또는 「법인세법」에 따른 법인세**가 부과되는 경우에는 **증여세**를 부과하지 아니한다. 소득세 또는 법인세가 「소득세법」, 「법인세법」 또는 다른 법률에 따라 비과세되거나 감면되는 경우에도 또한 같다(「상증법」 4의2 ③). 정답 ②

03

상속세 및 증여세의 납세절차

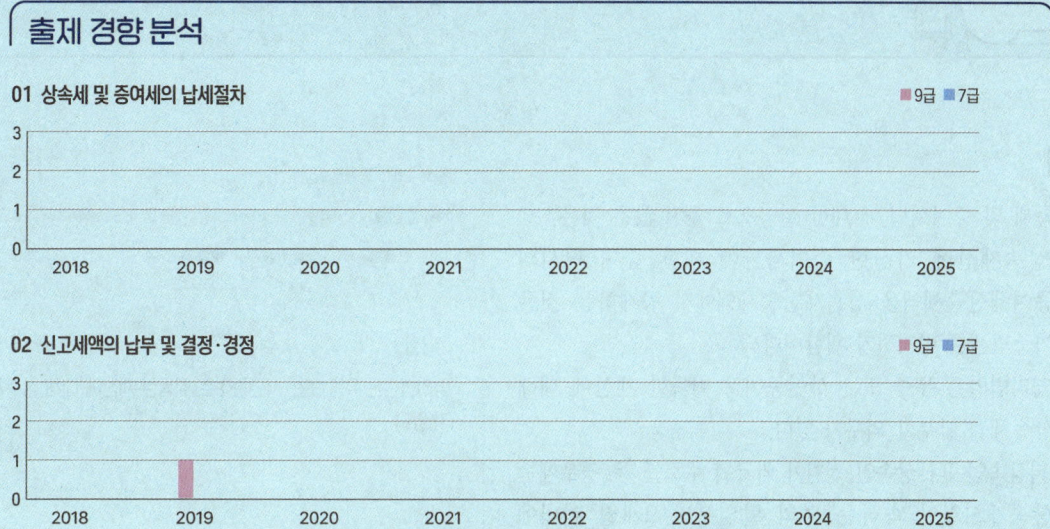

01 상속세 및 증여세의 납세절차

■9급 ■7급

02 신고세액의 납부 및 결정·경정

■9급 ■7급

기출 분석

'상속세와 증여세의 납세절차'와 관련해서 '신고세액의 납부' 규정이 9급에서 종종 출제되었습니다.
대부분이 납부와 관련된 단순 조항을 물어보는 문제로 어렵지 않은 유형들이 출제되었으므로 가장 기본적인 내용들을 중심으로
정리하시면 충분합니다.

01 상속세 및 증여세의 납세절차

01

「상속세 및 증여세법」에 대한 설명으로 옳지 않은 것은?

① 상속재산에 가산한 증여재산에 대한 증여 당시의 증여세산출세액을 상속세산출세액에서 공제하는 것은 이중과세를 방지하기 위함이다.

② 영리법인은 유증 또는 사인증여로 취득한 재산에 대해 상속세를 납부할 의무가 있다.

③ 피상속인이나 상속인 전원이 외국에 주소를 둔 경우에는 상속개시일이 속하는 달의 말일부터 9개월 이내에 납세지 관할 세무서장에게 상속세 과세가액 및 과세표준을 신고하여야 한다.

④ 기초공제와 배우자 상속공제 외의 인적공제는 그 공제요건에 해당하는 자가 상속의 포기 등으로 상속을 받지 아니하는 경우에도 적용된다.

기출처 **2017 국가직 9급**

LINK 세법2 502, 511-512, 550p   오진다 514, 522, 534p

난이도 ●●●●●   출제가능지수 ●●●●●

해설

영리법인은 유증 또는 사인증여로 취득한 재산에 대해 상속세를 납부할 의무가 **없다**.   정답 ②

02 신고세액의 납부 및 결정·경정

01

「상속세 및 증여세법령」상 물납에 대한 설명으로 옳은 것은?

① 법령에 따라 물납에 충당하는 재산은 세무서장이 인정하는 정당한 사유가 없는 한 국내에 소재하는 부동산을 국채 및 공채보다 먼저 신청 및 허가하여야 한다.

② 세무서장은 법령에 의하여 물납신청을 받은 재산이 지상권·지역권·전세권·저당권 등 재산권이 설정되어 관리·처분상 부적당하다고 인정하는 경우에는 물납허가를 하지 아니할 수 있다.

③ 국외에 소재하는 부동산도 물납에 충당할 수 있다.

④ 재산을 분할하거나 재산의 분할을 전제로 하여 물납신청을 하는 경우에는 물납을 신청한 재산의 가액이 분할 전보다 감소되더라도 물납을 허가할 수 있다.

기출처 2019 국가직 9급

LINK 세법2 554-555p 오진다 537-538p

난이도 ●●●●● 출제 가능 지수 ●●●●●

해설

① 법령에 따라 물납에 충당하는 재산은 세무서장이 인정하는 정당한 사유가 없는 한 **국채 및 공채**를 **국내에 소재하는 부동산**보다 먼저 신청 및 허가하여야 한다.

③ 국외에 소재하는 부동산은 물납에 충당할 수 **없다**.

④ 재산을 분할하거나 재산의 분할을 전제로 하여 물납신청을 하는 경우에는 물납을 신청한 재산의 가액이 분할 전보다 **감소되지 않는 경우에만 물납을 허가할 수 있다.** 정답 ②

02

국세를 물납하는 것에 대한 설명으로 옳지 않은 것은?

① 물납에 의하여 납세의무가 소멸하기 위해서는 물납을 허용하는 법률규정이 있어야 가능하다.

② 법인세와 소득세는 물납이 허용되는 경우에 대한 규정을 두고 있지 않다.

③ 납세자가 「상속세 및 증여세법」 제73조에 따라 상속세를 물납한 후 그 부과의 전부 또는 일부를 취소하거나 감액하는 경정 결정에 따라 환급하는 경우에는 해당 물납재산으로 환급하여야 한다. 이 경우 제52조에 따른 국세환급가산금은 지급하지 아니한다.

④ 상속세도 물납할 수 있는 경우가 있는데, 이때 물납할 수 있는 재산의 종류는 부동산에 한한다.

기출처 **2015 국가직 7급 수정**

LINK 세법1 14, 125p 세법2 553-554p 오진다 31, 63, 537p

난이도 ●●●○○ 출제 가능 지수 ●●●○○

해설

상속세도 물납할 수 있는 경우가 있는데, 이때 물납할 수 있는 재산의 종류는 **국내 소재 부동산과 일정한 유가증권**이다.

[물납에 충당할 수 있는 재산 범위]

㉠ 국내에 소재하는 부동산

㉡ 국채·공채·주권 및 내국법인이 발행하는 채권 또는 증권과 그 밖의 법으로 정하는 유가증권. 다만, 다음 중 어느 하나에 해당하는 유가증권은 제외한다.

　ⓐ 거래소에 상장된 것. 단, 최초로 거래소에 상장되어 물납허가통지서 발송일 전일 현재 법에 따라 처분이 제한된 경우에는 그러하지 아니하다.

　ⓑ 거래소에 상장되어 있지 아니한 법인의 주식 등. 다만, 상속의 경우로서 그 밖의 다른 상속재산이 없거나 법에 의한 충당순서에 따라 상속세 물납에 충당하더라도 부족하면 그러하지 아니하다.

정답 ④

03

「상속세 및 증여세법」에 대한 설명으로 옳은 것은?

① 상속세의 연부연납은 관할 세무서장의 허가 없이 신청 요건을 갖추기만 하면 허용한다.

② 증여세의 납세의무자는 수증자이므로 수증자가 납부할 증여세에 대하여 증여자가 연대납부의무를 지는 경우는 없다.

③ 상속세의 경우 부과과세방식의 조세이므로 법령에서 상속인에게 상속세 과세표준 등을 신고·납부할 협력의무를 요구하지 않는다.

④ 상속세의 물납에 충당하는 재산은 부동산뿐만 아니라 주식(상장주식 및 비상장주식)으로도 가능하다.

기출처 **2015 국가직 9급**

LINK 세법2 527, 550, 552, 554p 오진다 29, 516, 536-537p

난이도 ●●●○○ 출제 가능 지수 ●●●●○

해설

① 상속세의 연부연납은 납세의무자의 신청에 의해 **관할 세무서장이 허가하는 경우에만 허용**한다.

② 증여세의 납세의무자는 수증자이지만 다음의 경우 수증자가 납부할 증여세에 대하여 증여자가 **연대납부의무를 진다**.

㉠ 수증자의 주소나 거소가 분명하지 아니한 경우로서 증여세에 대한 조세채권을 확보하기 곤란한 경우

㉡ 수증자가 증여세를 납부할 능력이 없다고 인정되는 경우로서 강제징수를 하여도 증여세에 대한 조세채권을 확보하기 곤란한 경우

㉢ 수증자가 비거주자인 경우

③ 상속세의 경우 부과과세방식의 조세이지만 법령에서 상속인에게 상속세 과세표준 등을 신고 · 납부할 협력의무를 **요구한다**.

정답 ④

04

「상속세 및 증여세법」상 물납에 충당할 수 있는 재산에 대한 설명으로 옳지 않은 것은?

① 물납하는 재산의 충당순위는 세무서장이 인정하는 정당한 사유가 없는 한 국채 및 공채를 우선하여 신청 및 허가하여야 한다.

② 세무서장은 물납신청을 받은 재산이 관리처분상 부적당하다고 인정하는 경우에는 관리처분이 가능한 다른 물납재산으로의 변경을 명할 수 있다.

③ 한국거래소에 상장된 주식은 제한 없이 물납재산으로 제공할 수 있다.

④ 상속의 경우로서 비상장주식을 제외하고 조세채무를 이행할 수 있는 재산이 없는 경우에는 비상장주식으로 물납이 가능하다.

기출처 2011 국가직 9급
LINK 세법2 554-555p   오진다 537-538p
난이도 ●●○○○   출제 가능 지수 ●●●●○

해설

국채·공채·주권 및 내국법인이 발행하는 채권 또는 증권과 그 밖의 법으로 정하는 유가증권을 물납재산으로 제공할 수 있지만, 한국거래소에 상장된 주식은 물납재산으로 제공할 수 **없다**. 단 최초로 거래소에 상장되어 물납허가통지서 발송일 전일 현재 법에 따라 처분이 제한된 경우에는 한국거래소에 상장된 주식도 물납이 가능하다. 　　　　　　　　정답 ③

05

상속세에 대한 다음 설명 중 틀린 것은?

① 상속세 신고기한은 거주자, 비거주자 구분 없이 모두 상속개시일이 속한 달의 말일부터 6개월 이내이다.

② 물납은 상속재산 중 부동산과 유가증권의 가액이 전체 재산가액의 1/2을 초과해야 그 대상이 될 수 있다.

③ 연부연납과 물납은 모두 세무서장의 허가를 얻어야 한다.

④ 상속세 납부세액이 2천만원을 초과하는 경우에는 연부연납할 수 있다.

기출처 2008 서울시 9급
LINK 세법2 550-553p   오진다 535-538p
난이도 ●●○○○   출제 가능 지수 ●●●○○

해설

상속세 신고기한은 거주자의 경우 상속개시일이 속한 달의 말일부터 **6개월 이내**이며 비거주자의 경우 상속개시일이 속한 달의 말일부터 **9개월 이내**이다.

[상속세 및 증여세의 신고·납부기한 및 결정기한의 비교]

상속세	증여세
상속개시일이 속하는 달 말일 — 신고납부 기한 — 결정기한　　6개월 이내　9개월 이내 (9개월)	증여받은 날이 속하는 달 말일 — 신고납부 기한 — 결정기한　　3개월 이내　6개월 이내

[분납, 연부연납, 물납의 비교]

구분	분납	연부연납	물납
납부세액	1천만원 초과 시	2천만원 초과 시	2천만원 초과 시
신청	필요	필요	필요
승인	필요	필요	필요
담보제공	불필요	필요	불필요
이자세액	X	O	X

정답 ①

04

재산의 평가